本书由大连市人民政府资助出版

催化与材料化学研究生教学丛书

现代催化化学

辛 勤　徐 杰　主编

科学出版社

北　京

内 容 简 介

本书的创作主旨是：能够给读者提供较为详尽、广博的催化专业基础知识。本书首先以催化作用的核心——活性中心的本质、结构、性能及调变规律的认识展开，以期让人们了解关于催化作用在理论上的认识过程。继而讲述催化剂制备科学，试图从最常用的催化剂制备过程阐明其化学原理。最后介绍催化化学的主要应用领域，即氨合成化学、石油炼制化学、三大合成催化（合成纤维、合成橡胶、合成树脂）、合成气化学、石油化工-精细化工、环境催化及生物质催化转化。

本书适合催化化学、材料化学等相关专业的本科高年级学生、硕士研究生、博士研究生、青年教师和研究技术人员阅读学习。

图书在版编目（CIP）数据

现代催化化学/辛勤，徐杰主编. —北京：科学出版社，2016.9
（催化与材料化学研究生教学丛书）
ISBN 978-7-03-049983-7

Ⅰ. ①现… Ⅱ. ①辛… ②徐… Ⅲ. ①催化-研究生-教材 Ⅳ. ①O643.3

中国版本图书馆 CIP 数据核字（2016）第 225077 号

责任编辑：李明楠 李丽娇 / 责任校对：彭珍珍 贾娜娜
责任印制：赵 博 / 封面设计：铭轩堂

科学出版社 出版
北京东黄城根北街 16 号
邮政编码：100717
http://www.sciencep.com

北京中石油彩色印刷有限责任公司印刷
科学出版社发行 各地新华书店经销
*
2016 年 9 月第 一 版 开本：720×1000 1/16
2025 年 2 月第六次印刷 印张：30 1/2
字数：615 000
定价：98.00 元
（如有印装质量问题，我社负责调换）

催化与材料化学研究生教学丛书

总策划：辛 勤　徐 杰

《现代催化化学》
辛 勤　徐 杰　主编

《固体催化剂研究方法》
辛 勤　主编

《现代催化研究方法（第二版）》
辛 勤　罗孟飞　徐 杰　主编

《催化反应工程》
阎子峰　陈诵英　徐 杰　辛 勤　主编

《催化史料和中国催化名家》
辛 勤　徐 杰　编著

"催化与材料化学研究生教学丛书"序

受科学出版社之邀，组织编写一套催化和材料领域研究生教学丛书。与一些同仁讨论、考虑再三，这套研究生教学丛书的定位和作用为何？大家一致认为：应当是在催化和材料领域起"路线图"、"地图"、"标志性建筑"的基本入门知识的作用，强调基础，不求最新。在此基础上启发学生学会利用概念去判断、推理及运用综合分析方法去解决问题，进而培养提高其科学思维和创新能力。基于此，规划设计了如下五本教材。

《现代催化化学》，简略给出有关催化的几乎全部主要内容，以期对催化有一大概了解，如催化研究的主要命题、当前科研瓶颈及工业化状况（计划 2016 年出版）。

《固体催化剂研究方法》，介绍近 20 种用于催化和材料方面研究入门的物理化学方法，强调这些方法是如何用于催化和材料研究的（2004 年初版，2016 年第三次印刷）。

《现代催化研究方法（第二版）》，给出催化和材料领域的科研人员必须掌握的基本方法手段，在第一版基础上充实、更新部分内容（计划 2017 年出版）。

《催化反应工程》，给出从实验室研究成果到工业化应用所必需的基础知识，它包含"三传一反"、反应分离等，并通过范例加以说明。这方面内容弥补了目前研究生教育的短板（计划 2017 年出版）。

《催化史料和中国催化名家》，其设计背景为，化学工业占人类社会 GDP 的 15%～20%，而化学工业 80%产值都是由催化剂和催化过程产生。近百年来中国的催化工业从无到有、从小到大，尤其是改革开放至今中国已发展成 GDP 第二的世界大国，也成长为世界催化大国（当然，要成为催化强国还有很长的路要走）。如此辉煌的业绩同几代催化人的奋发努力分不开，作为后人有必要了解这段历史和有选择地传承。应中国化学会的邀请，我们收集、撰写了 1932～1982 年（张大煜、蔡启瑞、闵恩泽撰写）、1982～2012 年（辛勤、林励吾撰写）逾八十年的中国催化发展史，为便于比较，我们还整理了这一历史时期的世界催化发展史，如欧洲、法国、日本的催化发展史等。与此同时，我们还花了逾十年的时间汇集、收集、撰写了近百位催化名家介绍。在做这些介绍时尽可能做到表达准确、客观、全面，不做评议、修改，允许有歧义，只想将这些"砖头"、"瓦块"收集起来留做他人后用（计划 2017 年出版）。

上述是我们关于这套丛书的基本想法，能否实现，待观后效！由于知识面和水平受限必有不到之处，敬请斧正！

辛　勤

2016 年 8 月于大连

前　　言

　　催化科学和技术遍及人们生活的各个领域，从衣、食、住、行到环境、健康、生命及国防安全。当前中国的石油炼制能力已经超过 5 亿吨/年，炼钢产能超过亿吨/年，化肥生产量居世界首位，亦已成为世界最大的三大合成材料（合成纤维、合成橡胶、合成树脂）生产国和需求国。据统计，化学工业的 80%产值是经催化作用取得，占国民经济 GDP 约 20%，可见其重要性。了解和掌握由成千个反应和上万种催化剂构成的庞大知识领域，对催化和材料专业研究生教育至关重要。本书《现代催化化学》和它的姊妹篇《现代催化研究方法》（将于 2017 年由科学出版社出版第二版）能够给其一个广博和扎实的专业基础。根据目前中国的国情，对催化科学和技术的需求是大量的、多方面的。各高等院校、企事业研究单位和科研院所从事催化、材料相关研究的队伍相当庞大，尽快普及和提高这方面的专业知识有重要意义和广阔的前景。

　　近年来，国内催化化学的书有几本，多是从反应种类（反应别）来阐述或是按催化剂材料种类（元素别）来撰写的，有的则是两者的混合，这些写法可以方便于深刻阐述其作用原理、反应机理、科学分类等。但是，由于催化化学的领域庞大且繁多，例如，在石油炼制领域就有上千种催化剂和上百个反应，学生在走向工作岗位时或实际应用时往往很难"对接"。为了便于实用，本书采取按领域分类，进一步吸取按催化材料分类和按反应分类的优势重点介绍其关键命题的原理作为本书的经纬。另外，本书兼顾"路线图"、"网络性"和"科学性"三个方面的作用，试图有利于读者同实际"对接"。

　　为此，本书第一章以催化作用的核心——活性中心的本质、结构、性能及调变规律的认识展开，以期给人们理论上的认识。继而在第二章讲述催化剂制备科学，试图从最常用的催化剂制备过程阐明其化学原理，达到举一反三的作用。其后各章，相继介绍催化化学的主要应用领域：氨合成化学、石油炼制化学、三大合成、合成气化学、石油化工—精细化工、环境催化和生物质催化转化。

　　本书以从事催化化学、材料化学等相关专业的本科高年级学生、硕士研究生、博士研究生、青年教师和研技人员为读者群。本书的出版得到大连市人民政府资助，在此深表谢意！

由于编者知识面有限，疏漏和不足之处在所难免，敬请各位专家、学者斧正。

辛 勤　徐 杰

2016 年 8 月

目 录

"催化与材料化学研究生教学丛书"序
前言
第1章 催化活性中心/活性相概念的认知 ··· 1
  1.1 引言 ··· 1
  1.2 经典的催化基础研究（1900～1960年） ··· 3
    1.2.1 在金属催化剂表面的化学吸附 ·· 3
    1.2.2 化学吸附的分子轨道描述 ·· 4
    1.2.3 化学吸附的主要研究方法 ·· 5
    1.2.4 金属催化剂的 d 电子理论 ·· 10
    1.2.5 在金属氧化物催化剂表面的化学吸附 ·· 13
    1.2.6 表面键的研究 ·· 16
  1.3 表面科学对催化研究的推动 ··· 19
    1.3.1 活性相/活性中心的识别 ·· 21
    1.3.2 氨合成活性相研究 ·· 21
    1.3.3 探针分子的红外光谱 ·· 23
    1.3.4 参与反应的活性相/活性中心的识别 ·· 25
  1.4 纳米科学与技术对催化科学的冲击 ··· 28
    1.4.1 催化剂活性中心/活性相粒子大小、分布、组成、结构的控制合成和表征 ····· 28
    1.4.2 催化剂活性中心/活性相的形貌控制 ·· 32
    1.4.3 在多孔材料孔中活性相的调控和表征 ·· 33
    1.4.4 纳米反应器的设计合成 ·· 34
    1.4.5 全紫外-可见区激光共振拉曼光谱 ·· 36
    1.4.6 多孔催化材料合成原位表征 ·· 37
    1.4.7 催化中的限域效应 ·· 40
  1.5 展望 ··· 42
  参考文献 ··· 43
第2章 固体催化剂制备技术原理 ··· 46
  2.1 引言 ··· 46
  2.2 本体催化剂 ··· 47

2.2.1 沉淀/共沉淀法 …… 47
2.2.2 溶胶-凝胶法 …… 56
2.3 负载催化剂 …… 61
2.3.1 金属离子在载体表面的吸附 …… 61
2.3.2 浸渍法 …… 66
2.3.3 沉积沉淀法 …… 70
2.4 固体催化剂制备技术进展 …… 78
2.4.1 微波和等离子体技术 …… 78
2.4.2 原子层沉积法 …… 81
2.4.3 微/纳乳液法 …… 83
2.5 结语和展望 …… 87
参考文献 …… 88

第3章 氨合成化学 …… 98
3.1 引言 …… 98
3.2 工业合成氨过程 …… 99
3.2.1 原料气制取 …… 99
3.2.2 原料气净化 …… 100
3.2.3 氨合成及其热力学 …… 101
3.3 氨合成催化剂 …… 102
3.3.1 催化剂的化学组成 …… 102
3.3.2 熔铁催化剂的制备过程与化学反应 …… 104
3.3.3 氨合成催化剂的还原 …… 106
3.3.4 熔铁催化剂的结构 …… 109
3.4 氨合成催化反应机理 …… 113
3.4.1 氢气和氮气的活化 …… 113
3.4.2 氮化物的形成 …… 115
3.4.3 基元步骤 …… 116
3.4.4 氨合成反应机理 …… 119
3.4.5 氨分解反应机理 …… 121
3.4.6 结构敏感与结构非敏感反应 …… 122
3.5 氨合成总包反应动力学 …… 124
3.5.1 Temkin 方程式 …… 124
3.5.2 Temkin-Pyzhev 氨合成反应速率方程 …… 126
3.5.3 氨合成反应宏观动力学 …… 127

　　　　3.5.4　氨合成反应器 130
　3.6　新型氨合成催化剂和技术 132
　　　　3.6.1　新型氨合成催化剂 132
　　　　3.6.2　新型氨合成技术 134
　参考文献 138

第4章　石油炼制催化作用 143
　4.1　引言 143
　4.2　石油的性质及化学组成 144
　4.3　催化裂化及加氢裂化中的催化作用 144
　　　　4.3.1　催化裂化反应 145
　　　　4.3.2　催化裂化催化剂 148
　　　　4.3.3　催化裂化工艺流程 154
　　　　4.3.4　加氢裂化反应 154
　　　　4.3.5　加氢裂化催化剂 158
　　　　4.3.6　加氢裂化工艺流程 161
　4.4　加氢精制中的催化作用 165
　　　　4.4.1　加氢精制中的化学反应 165
　　　　4.4.2　加氢精制催化剂 172
　4.5　催化重整中的催化作用 176
　　　　4.5.1　催化重整中的化学反应 177
　　　　4.5.2　催化重整催化剂 179
　　　　4.5.3　催化重整原料的选择和预处理 183
　　　　4.5.4　催化重整工艺流程 184
　参考文献 186

第5章　三大合成催化 189
　5.1　引言 189
　　　　5.1.1　合成高分子的历史发展 189
　　　　5.1.2　合成高分子材料的重要价值 190
　　　　5.1.3　合成高分子材料分类 191
　5.2　高分子材料合成中典型催化问题 195
　　　　5.2.1　聚烯烃材料及其催化剂 195
　　　　5.2.2　合成橡胶材料及其催化聚合 207
　　　　5.2.3　合成聚酯材料及其催化聚合 209
　5.3　展望 211

参考文献 212

第6章 合成气化学 215
6.1 引言 215
6.2 合成气中枢 216
6.2.1 合成气中枢的概念 216
6.2.2 合成气中枢的催化技术 217
6.3 合成气制造 218
6.3.1 煤气化制合成气 219
6.3.2 天然气（含煤层气、页岩气等）制合成气 219
6.3.3 生物质气化制合成气 225
6.4 合成气转化利用 229
6.4.1 合成气转化利用概述 229
6.4.2 合成气转化制含氧化合物 229
6.4.3 合成气转化制烃燃料 236
6.4.4 合成气转化制低碳烯烃 239
6.5 结论和展望 243
参考文献 243

第7章 石油化工-精细化工 249
7.1 引言 249
7.2 催化加氢 251
7.2.1 加氢催化剂 252
7.2.2 苯加氢制环己烯 253
7.2.3 硝基化合物加氢制芳香胺 254
7.2.4 脂肪酸及其酯加氢 255
7.2.5 生物质来源化合物加氢制化学品 256
7.3 烃类催化氧化 258
7.3.1 烃类氧化催化剂 260
7.3.2 环己烷氧化制环己酮和己二酸 268
7.3.3 对二甲苯氧化制对苯二甲酸 270
7.3.4 甲苯和乙苯氧化 273
7.3.5 苯氧化制苯酚 274
7.3.6 环己烯氧化制己二酸 277
7.3.7 丙烯环氧化制环氧丙烷 278
7.4 醇催化氧化制醛（酮） 279

	7.4.1	贵金属催化体系	279
	7.4.2	非贵金属体系	282
	7.4.3	有机催化体系	284
7.5	氨氧化		286
	7.5.1	丙烯氨氧化	286
	7.5.2	丙烷氨氧化	287
	7.5.3	甲苯及取代甲苯氨氧化	287
	7.5.4	结语	288
7.6	羰基化		288
	7.6.1	烯烃氢甲酰化	289
	7.6.2	烯烃氢羧基化	290
	7.6.3	甲醇羰基化	291
	7.6.4	卤代烷与 CO 的羰基化反应	292
	7.6.5	胺与 CO 的羰基化反应	292
7.7	酯化		292
	7.7.1	酯化反应的类型	292
	7.7.2	酯化反应历程与热力学	293
	7.7.3	酯化反应的催化剂	294
	7.7.4	酯化工艺	295
7.8	展望		295
参考文献			296

第 8 章 环境催化 306

- 8.1 环境催化及其特殊性 306
  - 8.1.1 环境催化的定义、研究对象和任务 307
  - 8.1.2 环境催化的特殊性 309
- 8.2 移动源燃烧排放的催化净化 310
  - 8.2.1 汽油车尾气催化净化 311
  - 8.2.2 柴油机和稀燃汽油机尾气催化净化 316
  - 8.2.3 清洁燃料车尾气催化净化 322
- 8.3 固定源燃烧排放的催化净化 324
  - 8.3.1 烟气选择性催化还原脱硝原理和技术 325
  - 8.3.2 烟气催化脱硫 330
  - 8.3.3 同时催化脱硫脱硝技术 333
- 8.4 室内空气催化净化 335

8.4.1　室内空气光催化净化 ·· 336
　　　8.4.2　室内空气常温催化净化 ·· 337
　　　8.4.3　低温等离子体协同催化技术 ·· 339
　8.5　水处理过程中的多相催化 ·· 342
　　　8.5.1　光催化水处理技术 ·· 342
　　　8.5.2　绿化催化新工艺——芬顿技术的发展及应用 ······························· 344
　　　8.5.3　臭氧催化氧化水处理技术 ·· 346
　　　8.5.4　湿式催化氧化技术 ·· 347
　　　8.5.5　双金属催化剂催化去除水中硝酸盐 ·· 350
　8.6　温室效应和臭氧层消耗物质的催化转化 ·· 352
　　　8.6.1　甲烷二氧化碳催化重整 ·· 352
　　　8.6.2　氧化亚氮的催化消除 ·· 353
　　　8.6.3　氯氟烃的无害化 ·· 357
　　　8.6.4　羰基硫的催化水解和氧化 ·· 358
　参考文献 ··· 360
第9章　生物质催化转化 ·· 368
　9.1　生物质简介 ·· 368
　　　9.1.1　生物质的定义 ·· 368
　　　9.1.2　生物质的分类 ·· 369
　　　9.1.3　生物质的主要组分 ·· 369
　　　9.1.4　生物质的转化利用 ·· 371
　9.2　纤维素转化 ·· 371
　　　9.2.1　组成结构 ·· 371
　　　9.2.2　理化性质 ·· 373
　　　9.2.3　纤维素的催化转化 ·· 374
　9.3　半纤维素转化 ·· 384
　　　9.3.1　组成 ·· 385
　　　9.3.2　理化性质 ·· 387
　　　9.3.3　半纤维素的催化转化 ·· 387
　9.4　木质素 ··· 393
　　　9.4.1　组成结构 ·· 393
　　　9.4.2　木质素的性质 ·· 394
　　　9.4.3　木质素的催化转化 ·· 395
　9.5　糖及其衍生物的转化 ·· 409

  9.5.1 糖的基本知识 · 410

  9.5.2 单糖、寡糖和多糖 · 411

  9.5.3 单糖的催化转化 · 415

9.6 多元醇的转化 · 426

  9.6.1 多元醇性质和来源 · 426

  9.6.2 多元醇的转化利用 · 428

9.7 油脂和藻类生物质 · 438

  9.7.1 油脂的分类与组成 · 438

  9.7.2 油脂的利用 · 439

  9.7.3 微藻的利用 · 446

  9.7.4 微藻的催化转化利用 · 448

参考文献 · 449

作者简介 · 463

第1章 催化活性中心/活性相概念的认知

1.1 引　　言

自从 1835 年瑞典化学家 J. J. Berzelius 发现催化现象（catalysis）以来，催化作用被认为是在化学反应中能够加快反应速率而反应后本身不发生变化的现象。然而催化概念的诞生从 1835 年到 1900 年历经了几十年的时间，Berzelius、Faraday、Davy、Dobereiner、Dulong、Thenard、Philips、Ostwald、Henry、Wilhelmy、Kuhlmann 等在不同反应中都发现了这一现象。1901 年德国物理化学家 W. Ostwald 提出了催化剂的定义，即"催化剂是可以改变化学反应速率，但最后不出现在生成物中的物质"[1]。

日本东京大学田丸教授在《动态多相催化》一书的引言中采用如下例子说明催化剂的作用[2]：把氢气和氧气两种气体在室温下混合，尽管这种混合物在热力学上很不稳定，但它们并不发生反应；当把 NO 与 O_2 混合时，虽然这个反应的自由能降低远不及氢气和氧气反应的大，但却能立刻反应生成 NO_2。

$$2H_2+O_2 =\!=\!= 2H_2O \quad \Delta G^{\ominus}_{298K} = -54.64 \text{kcal/mol}(1\text{kcal}=4186.8\text{J})$$

$$2NO+O_2 =\!=\!= 2NO_2 \quad \Delta G^{\ominus}_{298K} = -8.33 \text{kcal/mol}$$

这个例子说明，不应把那些处于平衡条件下，用来确定反应进行得"多远"的热力学量与那些用来确定反应发生的"多快"的动力学参数混为一谈。

催化科学与技术对整个人类社会发展所产生的推动作用是无与伦比的。例如，催化合成氨及化肥的生产技术解决了 60 亿人吃的问题；齐格勒-纳塔（Ziegler-Natta）催化剂（Z-N 催化剂）及三大合成解决了人类穿和用的需求问题；石油炼制催化技术解决了人类行的需要问题；三效催化剂等环境治理解决了人类生存环境的要求问题；而不对称催化合成医药的技术保证了人类健康生活和延长人类的寿命问题；等等。上述工作在解决人类生存需求的同时，也极大地提高了人类的生活质量，是催化科学与技术对人类社会贡献的里程碑[3]。正是由于这些技术对科学和社会的巨大贡献，其中的部分科学家们曾获得诺贝尔化学奖。

追溯催化科学的历史发展，其目的不仅要再现这个科学领域的历史进程，而且还要激励那些从事研究的学子们继续传承和探究奥妙无穷的催化世界。

图 1.1 和图 1.2 是目前各式各样的石油化工装置和催化剂，核心是反应器中填装的催化剂，即我们研究的对象。

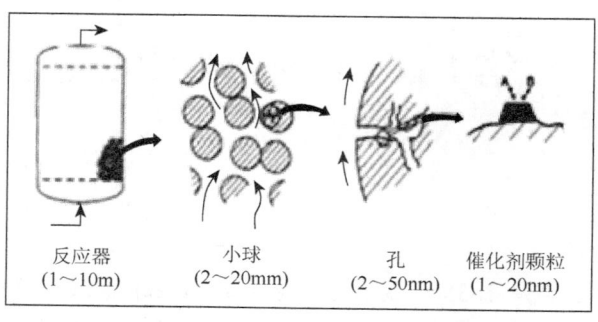

化学反应器 | 反应器 (1~10m) | 小球 (2~20mm) | 孔 (2~50nm) | 催化剂颗粒 (1~20nm)

图 1.1 催化反应的空间

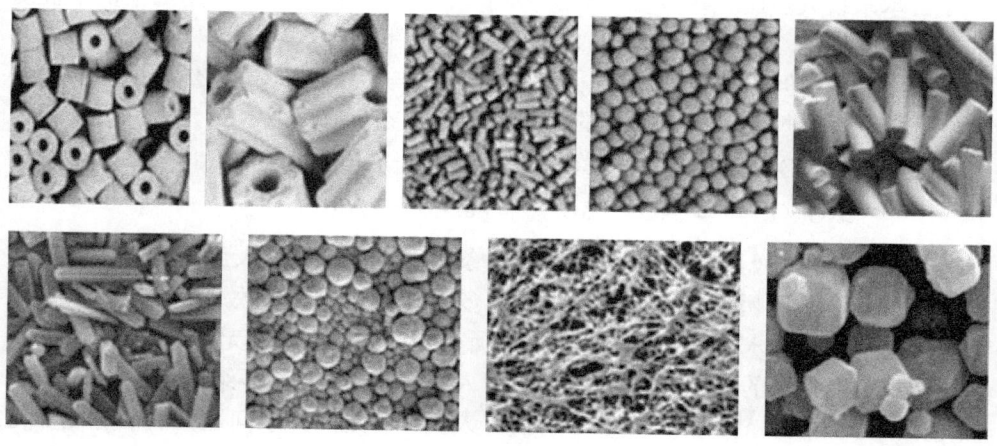

图 1.2 催化剂和催化材料

目前，催化界同仁普遍认为：一个催化过程是反应物从气相扩散到催化剂颗粒间（外扩散），再扩散到催化剂孔内（内扩散），吸附到表面，活化/反应，然后产物脱附，扩散到孔外，再扩散到尾气气流中完成催化反应的历程。这样反应要经扩散、吸附、活化反应、脱附、扩散五步过程。对于气-固反应而言，从形式动力学出发，催化剂表面上反应物浓度可以由各种等温方程获得，如 Langmuir 等温方程、Freundlich 等温方程和 Temkin 等温方程。根据理想吸附模型的表面速率方程，如表面反应为双分子反应过程时，经常碰到的两种著名的机理是 Langmuir-Hinshelwood

机理和 Langmuir-Rideal 机理。根据这一思路可以对气-固表面催化反应进行动力学、机理和速控步骤研究。有时，还需要进行复杂反应动力学解析。对于从事实用催化剂基础研究的人而言，关键是理解反应物是如何被活化并发生反应的？所以研究首先应在动力学区进行，这样才能抓住核心问题。人们从大量的实践中还认识到，要了解催化作用本质，必须在催化剂工作状态下（原位，in situ）开展科研工作[4,5]。

探索催化作用本质并了解其真谛是多少代催化界同仁梦寐以求的。根据几代催化界同仁的共识，当前，对催化作用最本质的认识，首先是研究催化剂活性中心/活性相，即解开所谓"黑匣子"的秘密；研讨其大小、形貌、组成、组成之间的相互作用同催化性能的关联，特别是利用各种现代物理化学手段在原子、分子层次在实时、实空间获取基本信息加以研究[6]。

人类对催化剂表面活性中心/活性相及其吸附物种的研究，可以分三个阶段来介绍：①经典的催化研究是以形式动力学为主线（作为艺术的催化）；②表面科学对催化基础研究的推动（走向科学的催化）；③纳米科学与技术对催化的冲击（走进科学的催化）。

1.2 经典的催化基础研究（1900～1960年）

发现催化现象后，物理吸附研究使人们可以准确测定催化剂的比表面积（BET）和孔结构，尤其是 1925 年 H.S.Taylor 提出活性中心概念，意味着催化作用"部位"并不是催化剂的整个表面，而是催化剂的某些特定"部位"，即活性中心/活性相。它促使人们开始对化学吸附进行大量系统深入的研究，进一步引申对催化剂活性的表述，引用转化频率（turn over frequency, TOF）的概念（单个活性中心的转化数），加深在多相催化反应动力学中对活化能的理解。化学吸附研究可以测定活性中心数，也可以获取活性物种参与反应的信息。20 世纪 60 年代，Ehrlich、Redhead、Beek、Oda、Wagener、Bloomer、DeBeer、Trapnell、Dowden、雨宫良三等在化学吸附方面做了大量拓展性的研究。当时人们研究的重点聚焦在活性中心数的测定、组成、结构、相互影响，以及吸附物种的测定、活性中心数同催化性能的关系，进一步确立形式动力学表达式。由于当时科学技术水平的限制，大部分工作还局限在各种物理化学参数和其催化性能的关联上[7-12]。

1.2.1 在金属催化剂表面的化学吸附

大量的探索和系统的研究使人们发现周期表中大部分元素、化合物都有吸附能力，如表 1.1 所示。

表 1.1　金属对分子的吸附能力

元素名称	气体						
	O_2	C_2H_2	C_2H_4	CO	H_2	CO_2	N_2
Ti, Zr, Hf, V, Nb, Ta, Cr, Mo, W, Fe, Ru, Os	+	+	+	+	+	+	+
Ni, Co	+	+	+	+	+	+	+
Rh, Pd, Pt, Ir	+	+	+	+	+	+	+
Mn, Cu	+	+	+	+	±	+	+
Al, Au	+	+	+	+	−	−	−
Na, K	+	+	−	−	−	−	−
Ag, Zn, Cd, In, Si, Ge, Sn, Pd, As, Sb, Bi	+	−	−	−	−	−	−

人们发现，这些吸附体系和物理吸附不同，化学吸附物种可以是非解离吸附也可以是解离吸附。从吸附物种在表面的活动性看，有的是定位吸附，有的是非定位吸附，有的类似二维气体。从吸附能量随覆盖度变化看，大多数表面是不均匀的。人们还发现在有些化学吸附体系中存在溢流效应（spillover effect）。当时利用热力学方法可以由吸附等温式计算微分吸附热，从统计力学出发利用配分函数方法计算吸附过程的热力学参数。为了说明吸附键的键合模型，人们利用当时量子化学的基本理论进行了深入的探讨。

1.2.2　化学吸附的分子轨道描述

量子化学的发展使人们可以利用分子轨道描述吸附分子的键合模型。吸附的位能曲线可对分子吸附过程中的能量变化给出一个概念性的描述，为了了解导致分子解离化学吸附的机理，需要分析在吸附分子和催化剂表面间的相互作用。因此，把金属-吸附质体系看作"表面分子络合物"，该络合物的分子轨道由金属和吸附分子轨道组成。

首先考虑单原子的吸附，由于金属和吸附原子之间电子密度的重叠，可形成一对新的宽轨道，该轨道可被吸附原子和金属的电子填充。如果电子占据成键轨道，则发生相互吸引作用；如果占据反键轨道，则造成化学键的削弱，可能出现以下几种情况。

（1）反键的化学吸附轨道完全落在 Fermi 能级以上，这时形成一个强的化学吸附键。

(2) 如果被吸附原子和金属轨道之间的相互作用弱，则在化学吸附键劈裂开的成键和反键间的能量差小。反键轨道落在 Fermi 能级以下，同时被占据。这时不能成键，而是互相排斥，原子离开表面。

(3) 出现中间情况，反键的化学吸附轨道扩展跨过 Fermi 能级。在这种情况下，轨道仅部分被占据，这时原子将被化学吸附在表面上，但是化学吸附键的强度比在 (1) 的情况下要弱。

为了解释 N_2 和 CO 这些双原子分子发生解离化学吸附的条件，必须考虑两个轨道，即前线轨道概念中的最高占有轨道 (HOMO) 和最低未占有轨道 (LUMO)。现在考虑一个简单情况：分子 A_2，它有占有轨道 σ 和未占有轨道 $σ^*$。在比较中，必须考虑分子的每一个轨道和金属的 s 轨道和 d 轨道之间的相互作用：①由 HOMO 组合新的分子轨道，在 A_2 这种情况中，由它的成键轨道 σ 和金属具有适合方向及对称性的表面能级来构建；②对 LUMO 做相同的处理，将 A_2 的反键轨道与金属其他具有适合方向及对称性的表面能级进行组合；③观察这些轨道相对于金属 Fermi 能级的位置，并且找出是哪一个轨道被填充了，以及填充的程度。

注意观察：第一，在占有的分子轨道 σ 和占有的表面轨道之间相互作用，原则上产生一个排斥作用。因为成键和反键的化学吸附，轨道都将是占据的。然而，如果反键轨道落在 Fermi 能级之上，这种排斥作用将会部分或全部地被解除（例如，CO 在铑金属上 5σ 轨道的相互作用）。第二，成键轨道的相互作用，可能出现在 Fermi 能级之上或之下。由于吸附分子所参与的 LUMO 轨道相对于分子的原子间相互作用是反键的，相应轨道的占据将导致分子的解离。如果它是部分地占据，则对 A_2 和表面间的成键贡献小，同时化学吸附分子内 A-A 的相互作用被削弱（例如，CO 在大多数Ⅷ族金属上 2π 轨道的情况）。

1.2.3 化学吸附的主要研究方法

气体在催化剂上吸附时，借助不同的吸附化学键而形成多种吸附态。吸附态不同，最终的反应产物也可能不同。早期人们根据电导测定、吸附等温线、吸附等压线、程序升温脱附、闪烁脱附、动态质谱、场电子发射显微镜、场离子发射显微镜等结果对吸附态进行间接推论。当时，由于红外光谱技术、电子顺磁共振技术等近代方法的出现，已经可以较为直接地研究吸附态。场电子发射显微镜和场离子发射显微镜可以获得不同晶面上吸附前后的电子功函数的变化（利用赤极投影定晶面归属和由发射斑点亮度变化定功函数变化），从而得知吸附分子迁移和在不同晶面上相互作用的信息（图 1.3）。电子顺磁共振 (ESR) 则可以获取氧化物催化剂不同氧物种结构信息（不同结构氧物种的 g 值不同，g 值为 Lande 因子顺磁谱线出现的磁场位置，包含许多相关分子的结构信息）。

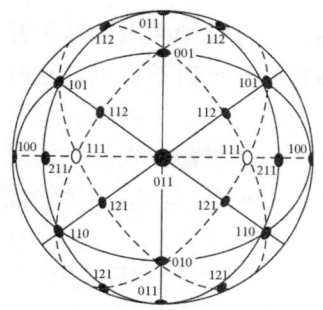 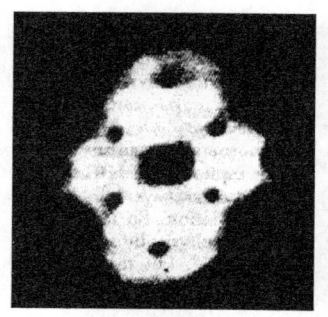 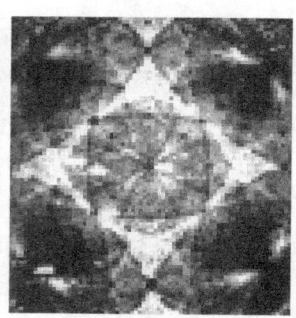

图 1.3　W 靶的场发射显微镜衍射图

这些方法广泛地应用在金属催化剂表面关于氢、氮、一氧化碳、烃等分子的化学吸附研究中[13-17]。

1. 氢的吸附

由于在许多反应中都涉及简单的氢分子，因此有关氢的吸附研究最早，也最多。

氢分子在化学吸附时通常分解为氢原子或氢离子，即发生所谓的解离吸附（dissociative adsorption）。氢分子在金属上吸附时，氢键均匀断裂，即均裂，形成两个氢原子的吸附物。

对于不同晶面，它们的具体脱附温度也不同，有不同的脱附活化能。可以看出，即使在同一晶面上的吸附，由于吸附位的区别，吸附质与表面的结合能不同，往往会出现几种不同的吸附态。图 1.4 为 H_2 在 W(100) 晶面上的热脱附谱。H_2 可形成三种形态的化学吸附。γ 态被认为是氢的分子吸附态，而 β_1 态和 β_2 态则为不同吸附位上的原子吸附态。

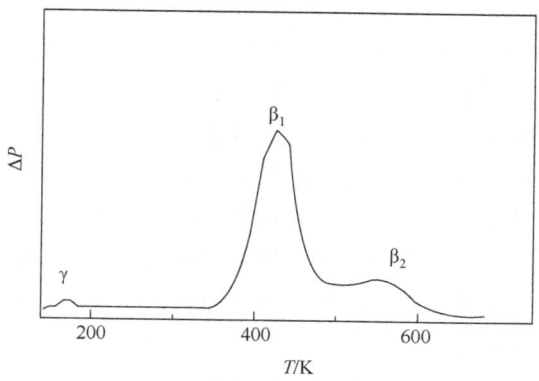

图 1.4　H_2/W(100) 的热闪脱附谱

2. CO 的吸附

由于 CO 是 Fischer-Tropsch 合成和羰基化反应的重要反应物,因此对 CO 吸附和活化的研究开始得较早。CO 的吸附方式主要有线式、桥式和孪生态,而且都是缔合吸附,见图 1.5。

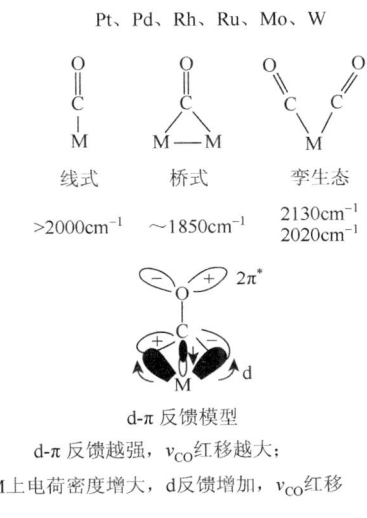

图 1.5 CO 的吸附模型

从红外光谱吸收峰可以区别它们,线式吸附吸收峰靠近 $v_{CO}=2100\sim2000\text{cm}^{-1}$,而桥式吸附吸收峰靠近 $v_{CO}=1900\text{cm}^{-1}$。CO 的络合物研究表明,一个 CO 可以和几个金属中心结合形成多桥式,结合的金属中心越多,红外波数下降得也越多。孪生吸附态一般是一个金属中心同时吸附两个(或以上)CO,被吸附 CO 分子的红外吸收带位于 2130cm^{-1} 和 2020cm^{-1}(此时的金属中心一般带正电)。

金属的种类不同,吸附态会发生变化。在 Pt 上发生线式吸附和桥式吸附,在 Pd 上有桥式和线式两种吸附态。此外,在高温下可发生解离吸附。例如,CO 在 Fe 和 Ni 上吸附,此时就不出现属于 CO 的紫外光电子谱,却得到电子结合能数值分别为 283eV 和 530eV 的 C_{1s} 和 O_{1s} 的谱,这意味着 CO 吸附时已解离为 C 和 O。

分子轨道理论告诉我们,异核双原子分子 CO 采用 sp 杂化轨道结合,从其能级和轨道可以看出,CO 中 C 端具有孤对电子的轨道较松弛且具有相对较高的能量。它具有给出电子的性质,易与具有空 d 轨道的过渡金属配位。它的空反键 2π 轨道具有更多的 p 轨道性质,使 CO 又具有接受电子的性质。这样,CO 可通过 C 端提供的孤对电子与金属空 d 轨道形成 σ 键。同时,金属占据的 d 轨道的电子加到 CO 空的 2π 轨道中,形成 π 键,使 CO 吸附在金属上。可预期,由于反馈键的作用，使 C—O 键削弱和活化（图 1.5 和图 1.6）。20 世纪 50 年代美国 Eischens 等首先利用红外光谱研究了负载 Pt、Ni 上 CO 的吸附，从实验上证明了上述吸附模型。

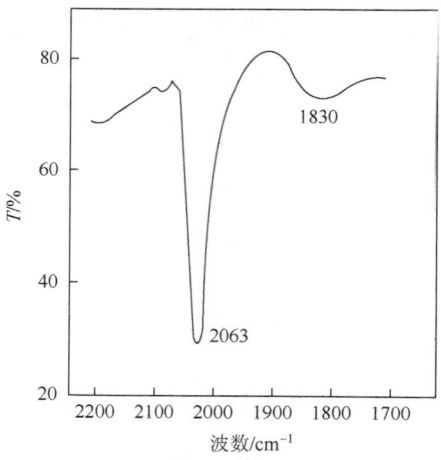

图 1.6　CO 在 3% Pt/Al_2O_3 吸附的 IR 谱图

图 1.7 是 CO/W 的闪热脱附结果，与其他方法对比，α 峰对应的线式 CO 吸附脱附活化能为 62.8kJ/mol；β_1、β_2 和 β_3 峰分别代表不同强吸附物种的脱附活化能。

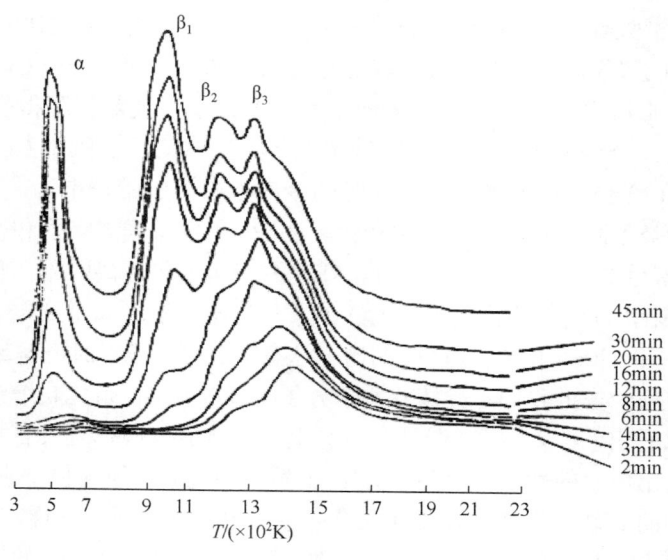

图 1.7　CO/W 的闪热脱附

3. 烃分子的吸附

烷烃分子在过渡金属及其氧化物上的化学吸附类似于氢的，总是发生解离吸附。例如，甲烷在金属上可按下面方式发生吸附（M代表金属原子），在较高的温度下，甚至逐渐脱氢发生完全解离吸附。

$$CH_4 + 2M \longrightarrow \overset{CH_3}{\underset{M}{|}} + \overset{H}{\underset{M}{|}}$$

对于烯烃，可以发生解离吸附，也可以发生缔合吸附。例如，乙烯在金属上的吸附，在解离吸附时发生脱氢。

乙烯在金属上吸附时，也发现不同吸附态，这表明发生了解离吸附，并出现了自加氢。类似于烷烃，烯烃也会发生完全解离，生成C和H。

$$C_2H_4 + 2M \longrightarrow \overset{HC=CH_2}{\underset{M}{|}} + \overset{H}{\underset{M}{|}}$$

在发生缔合吸附时，主要有两种方式（图1.8）。(A)为打开C=C双键，碳原子由sp^2杂化转变为sp^3杂化，以σ键与金属键合；(B)为以π键与金属键合。这两种吸附方式可以通过红外光谱加以识别。例如，乙烯的C—C键振动吸收为$v_{C-C}=1608cm^{-1}$，而当它以π键与金属键合时，如乙烯在Pd/SiO_2上的吸附，C=C双键振动吸收在$v_{C=C}=1510cm^{-1}$。在烯烃以π络合方式吸附时，也发生与CO类似的情况，过渡金属d轨道的电子可能填充到烯烃空的反键上，形成反馈键，削弱和活化C=C双键，这在催化反应中具有重要意义。图1.8给出了人们公认的烃类分子吸附的模型，大量的化学吸附实验结果和规律为人们认识活性中心的催化性能和认知提供了丰富的依据。

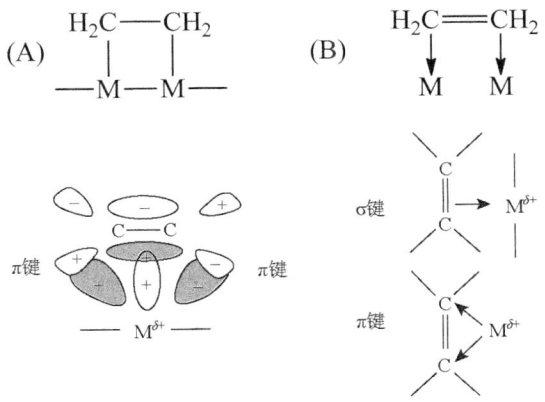

图1.8 烃类分子在金属表面吸附模型

在众多的解释中被多数人接受的是"d 电子理论",它同当时固体物理学科的发展密切相关。

1.2.4 金属催化剂的 d 电子理论

金属催化剂是催化剂中的一大类型,主要用于加氢、脱氢反应,也有一部分用于氧化反应,举例如下所示。

$$选择加氢 \quad RC{\equiv}CH + H_2 \xrightarrow{Pd\text{-}Ag/Al_2O_3} RCH{=}CH_2$$

脱氢:
$$C_6H_{12} \xrightarrow{Pt/\eta\text{-}Al_2O_3} C_6H_6 + 3H_2$$

$$C{-}C{-}C{-}C{-}C{-}C{-}C{-}C \longrightarrow \text{环己基} \xrightarrow{-H_2} \text{苯基}$$

氧化:
$$CH_2{=}CH_2 + \tfrac{1}{2}O_2 \xrightarrow{Ag/\alpha\text{-}Al_2O_3} \text{环氧乙烷}$$

$$CH_3OH + \tfrac{1}{2}O_2 \xrightarrow{\text{电解银}} HCHO + H_2O$$

加氢:
$$N_2 + 3H_2 \xrightarrow{\alpha\text{-}Fe/Al_2O_3\text{-}K_2O} 2NH_3$$

$$CO + 3H_2 \xrightarrow{Ni/Al_2O_3} CH_4 + H_2O$$

$$C_6H_5OH + 3H_2 \xrightarrow[\text{雷尼镍}]{\text{骨架Ni}} C_6H_{11}OH$$

由上述例子可以看出,这一类反应的有效催化剂都是周期表中的过渡元素。在结构上有两个主要因素决定其催化活性。

第一,由于金属表面所暴露的空配位,代表了金属原子没有得到满足的化学作用力,其数量级与使金属原子聚集在一起的化学作用力相当,因此只要轨道对称性、轨道的能级匹配得当,它们对反应物分子所发生的作用及活化反应物分子的能力是相当大的。通常在较低的温度下就能表现出催化能力,这种能力表现在它们对反应物分子的选择性化学吸附及吸附作用的强弱上,而这一切都与这些过渡元素所持有的 d 轨道特性密切相关。

第二,由于金属原子之间的化学键是非定域化的,因此金属的晶体结构、取向、颗粒大小、分散度及其他金属元素的电子迁移作用或轨道杂化作用都会对催化性能有直接的影响。

在认识金属催化作用本质的过程中，人们往往企图从上述两个特点出发去解释已有的一些催化作用事实。例如，以能级理论中的d空穴概念和Pauling价键理论中的d特性百分数（用d%表示）概念来总结一系列催化现象；又如，苏联学者提出的多位理论也可解释某些现象。然而前者是单纯的电子观点，后者又是单纯的几何观点。由于金属化学键理论的发展未到达成熟阶段，所以至今尚未有一个完整的金属催化理论。

1. d空穴概念及其与催化的关系

按照固体物理的能级理论，金属原子中的价电子在原子间是高度共有化的。用化学键的观点来看，就是金属原子间所形成的化学键是一个很大的共轭体系，电子云处于高度共有化状态，外层价电子在形成金属键后再也不为某一个别原子所有，原子的孤立能级成为共有化能级。

对于过渡元素而言，共有化电子来自两个电子层，以 Ni 为例，外层电子结构为 $3d^84s^2$。在金属能带中 4s 能带较宽，3d 能带较窄，s 带和 d 带有部分是重叠的。这样原来 10 个价电子并不是按 2 个在 s 能带，8 个在 d 能带，而留下 2 个 d 带空穴的方式分配。磁化率测定结果表明，平均有 9.4 个 d 电子和 0.6 个 s 电子，并有 0.6 个空穴。由此可见，所谓 d 空穴就是 d 能带上有能级而无电子，它具有获得电子的能力。d 带空穴越多，说明未配对的 d 电子越多（磁化率越大），对反应分子的化学吸附也越强。表 1.2 为一些过渡金属的 d 空穴和 d%值。

表 1.2 某些过渡金属的 d 空穴和 d%

金属	d 空穴	d%	金属	d 空穴	d%	金属	d 空穴	d%
Cr	4～5	39	Mo	4～5	43	W	4～6	43
Mn	3～5	40.1	Te	3～4	46	Re	3～5	46
Fe	2～3	39.7	Ru	2～3	50	Os	2～4	49
Co	1～3	39.5	Rh	1～2	50	Ir	1～3	49
Ni	0～2	40	Pd	0～2	46	Pt	0～1	44
Cu	0～1	36	Ag	0～1	36	Au	约为 1	—

催化剂的作用在于加速反应物之间的电子转移，这就要求催化剂既具有接受电子的能力，又有给出电子的能力。过渡金属的 d 空穴就具有这种特性，然而对一定的反应，要求催化剂具有一定的 d 空穴，而不是越多越好。

下面以 Ni-Cu 合金催化剂为例作扼要的说明。

Ni 有 0.6 个 d 空穴，而 Cu 的 d 带已填满，只有 s 带上有未成对电子，这样

Ni-Cu 合金中 Cu 的 s 电子将会填充到 Ni 的 d 带空穴中去。不同组分比例的 Ni-Cu 合金，其 d 空穴值会有差异，它们对活性的表现也就不同。例如，在苯加氢反应中，

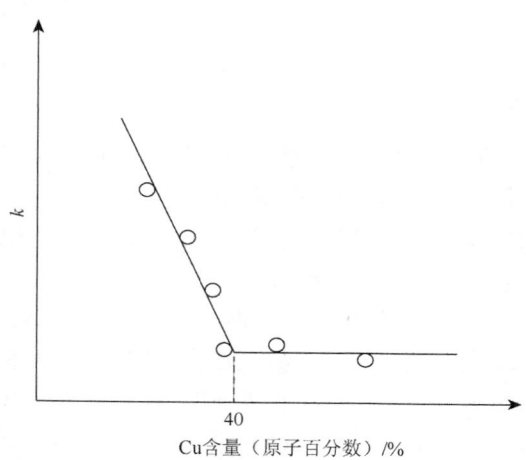

反应活性与 Ni-Cu 合金中 Cu 含量的关系如图 1.9 所示。

图 1.9　合金中铜含量与反应活性的关系

由图 1.9 可以看出，随着 Cu 含量的增加，合金中的 d 空穴减少，磁化率降低，反应速率常数也随之迅速下降，直至 Cu 含量增加至 40%以上时有一个明显的转折，说明此时 d 空穴已填满。

2. d%及其与催化活性的关系

所谓的 d%是指在成键轨道（包括空轨道）中，d 轨道所占的百分数，d%越大，成键轨道中占用原来的 d 轨道越多，就有可能使 d 轨道减少。以金属 Ni 为例，根据磁化率的测定，金属 Ni 的成键有两种杂化方式：A 和 B。它们在金属 Ni 中分别占 30%和 70%。A 和 B 的成键情况如图 1.10 所示。

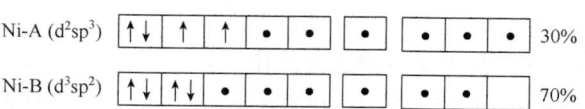

图 1.10　金属 Ni 成键的两种杂化方式

图 1.10 中，"↑"代表原子电子或称未结合电子，对形成金属键不起作用，

但与磁化率和化学吸附有关。"●"代表成键电子，是参与形成金属键的电子。

从图中可以看出，在 Ni-A 中除 4 个电子占据 3 个 d 轨道外，杂化轨道 d^2sp^3 中，d 轨道成分为 2/6。在 Ni-B 中除 4 个原子电子占据 2 个 d 轨道外，杂化轨道 d^3sp^2 和一个空轨道中的 d 轨道占 3/7。每个 Ni 原子的 d 轨道对成键贡献的百分数为

$$30\% \times (2/6) + 70\% \times (3/7) = 40\%$$

这个百分数就称为 d%。金属键中的 d%越大，相应的 d 能级中的电子越多，因而它的空穴也可能减小。若将 d%与催化活性相关联，也会得到一定的关联，从而为选择合适催化剂提供信息。

1.2.5 在金属氧化物催化剂表面的化学吸附

与金属不同，氧化物催化无论从结构还是从性能方面都要复杂得多。金属氧化物与金属相比，应该说是一种应用更加广泛的催化剂。这是因为它既可以和金属一样应用于许多氧化-还原型反应中，如氧化（V_2O_5、CoO、NiO）、加氢（Ln_2O_3）、脱氢（Cr_2O_3、MgO）等，还可以在一般不被金属所催化的酸碱型反应中使用，如裂解（$Al_2O_3 \cdot SiO_2$）、脱水（Al_2O_3、ThO_2）等。显而易见，对氧化物催化剂，无论在实验方面还是在理论方面都还需要做大量的研究。文献中有许多在氧化物的晶体结构、电子结构及各种物理化学和催化化学之间所做的关联。

通常人们将氧化物催化剂分为简单氧化物、混合氧化物和复合氧化物三大类。简单氧化物是指结构单一的氧化物催化剂；混合氧化物是指几种氧化物混合后依然保留各自结构，至多只在界面上形成新相的氧化物催化剂；复合氧化物则指几种氧化物混合后形成在结构上与原氧化物不同的氧化物催化剂。尽管杂多酸在结构上可归属于复合氧化物，但它却同时具有酸-碱和氧化-还原的催化性能（表1.3）。

表1.3 氧化物催化剂的分类及举例

催化剂类型	简单氧化物	混合氧化物	复合氧化物
酸-碱型催化剂	Al_2O_3、ZnO、TiO_2、CeO_2、As_2O_3、V_2O_5、SiO_2、Cr_2O_3、MoO_3	BeO-SiO_2、MgO-SiO_2、CaO-SiO_2、SrO-SiO_2、Y_2O_3-SiO_2	SiO_2-Al_2O_3、Cr_2O_3-Al_2O_3、ZrO_2-SiO_2、TiO_2-ZnO、杂多酸、分子筛
	BeO、MgO、CaO、SrO、BaO、SiO_2、Al_2O_3、ZnO、Li_2O、Ln_2O_3、Y_2O_3	SiO_2-MgO、SiO_2-CaO、SiO_2-SrO、SiO_2-BaO	SiO_2-Al_2O_3、MgO-Al_2O_3、碱性分子筛
氧化-还原型催化剂	V_2O_5、CoO、NiO、MnO、CeO_2	V_2O_5-TiO_2、V_2O_5-SiO_2、FeO-TiO_2、V_2O_5-SrO	$LaCoO_3$、$LaMnO_3$、Co_3O_4、Fe_3O_4、$BiMoO_4$、杂多酸

吴越等将氧化物催化剂分成酸-碱型和氧化-还原型两大类。

（1）氧化-还原型氧化物催化剂在工业催化剂中应该说是应用最广的一种，因为由两种以上的氧化物可以组合成无数个具有催化性能和有应用价值的催化剂。自20世纪50年代末，美国Sohio公司成功地采用Mo-Bi系催化剂，由丙烯氨氧化合成丙烯腈之后的50年间，使用这类氧化物为催化剂工业化的重要催化过程主要包括丙烯氨氧化制丙烯腈（六电子氧化）、丁烯氧化脱氢制丁二烯（双电子氧化）、丙烯氧化制丙烯醛（四电子氧化）及进一步氧化成丙烯酸（双电子氧化）等多种催化新工艺。这类氧化物已成为一类重要的氧化物催化剂。同时，由于这类催化剂在活性部位的形成及作用机理上都比酸-碱型氧化物催化剂复杂，氧物种的研究，以及这类选择性氧化反应的机理和控制这类催化剂的活性和选择性一直是热门课题。

我们现在知道，用于这类选择性氧化反应的高效催化剂，从结构上来说都是一些复合金属氧化物，其中最有效的是铝酸盐、铁酸盐、杂多酸盐等。

1954年P. Mars和D. W. van Krevelen在研究氧化钒催化氧化芳烃、苯、萘、甲苯时发现：这些反应系按图1.11所示，反应物氧不是直接来自气相而是来自氧化钒，气相氧补充不断消耗的氧化钒的晶格氧。这一机理被称为Mars-van Krevelen氧化-还原机理。

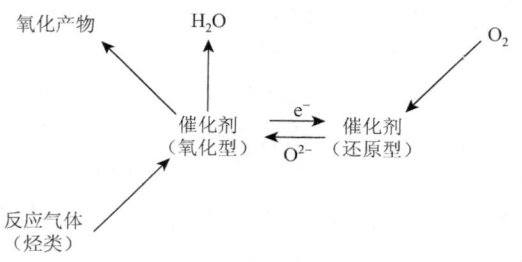

图1.11　氧化-还原机理

（2）酸-碱型（固体酸和固体碱型）氧化物催化剂，大多数金属氧化物及由它们组成的混合和复合氧化物，都具有酸性或碱性，有的甚至同时具有这两种性质。所谓的固体酸催化剂和固体碱催化剂大部分就是这些氧化物。与均相酸-碱催化剂一样，固体酸也包括可以给出质子的Brønsted酸（B酸）和可从反应物接受电子对的Lewis酸（L酸），固体碱则刚好与此相反，是指那些能向反应物给出电子对的固体。各种分子筛也可同属这类复合氧化物。同样在氧化物表面也可吸附各种气体分子形成不同结构的吸附物种。

1. 氢的吸附

H_2在金属氧化物上，通常在液氮温度下即可观察到有吸附发生，几乎不需要活化能，吸附速率很快，在室温以上时就发生活化吸附。前者，如在 Cr_2O_3 上吸附热为 21.3kJ/mol，由于比氢的蒸发热 0.75kJ/mol 要大得多，因此被认为是化学吸附。

根据 Chen 等由 IR 谱在 ZnO 上获得 Zn-H 及 O-H 的信息，认为该化学吸附属于异裂解离吸附。这时 Zn-H 为氢化物，而 O-H 则以质子的形式存在。

2. 烯烃的吸附

许多氧化物对乙烯、乙烷等碳氢化合物有化学吸附和催化活性，Rideal 等注意到碳氢化合物在氧化物表面上和在金属表面上的行为相似，化学吸附是通过碳氢化合物与金属离子的键合。这种吸附机理可以对碳氢化合物的催化脱氢和芳构化反应做出一些解释。

众所周知，在金属氧化物上由丙烯制丙烯醛和己二烯，以及丁烯制丁二烯等反应均为烯丙基型的氧化反应。通过在 Cu_2O 及 Bi_2O_3、MoO_3 等催化剂上示踪原子法的研究，确认是经烯丙基吸附物种实现的。而直接检测到这种吸附的实验证据则是由 Kokes 等提供的。他们首先在 ZnO 上通过对吸附丙烯的光谱研究，确认存在着 π-烯丙基，这是由氧化物中的氧从丙烯的甲基中除去氢，烯丙基和裸露的金属离子相互配位而实现的。

3. CO 的吸附

化学吸附的 CO 有可逆和不可逆两类，前者以 CO 形式脱附，后者以 CO_2 形式脱附。室温下 CO 在 ZnO 上的化学吸附是完全可逆的；在 Cu_2O 和混合氧化物 $ZnO\text{-}Cr_2O_3$ 上是部分可逆、部分不可逆的；在 $Mn_2O_3\text{-}Cr_2O_3$ 上是完全不可逆的。

金属氧化物表面和吸附 CO 之间的键的性质，其主要特点可概括为：①CO 在碳原子一侧吸附；②在氧化物上，由吸附 CO 的碳原子和金属离子成键时，几乎都是由 CO 向主金属离子提供电子（σ键），没有由金属离子向 CO 反键 π 轨道反馈电子的（π键）；③CO 是作为电子供体吸附在金属氧化物上的，因此，当 CO 在 n 型半导体上吸附时，导电率将有所增大，而在 p 型半导体上吸附时则相反，导电率减小。

上述内容①，由 CO 的分子轨道即可理解。这里，由于 CO 的最高占有分子轨道是由碳原子的 2s 和 $2p_x$ 原子轨道组成，而这个轨道则被碳原子上原来孤对电子所占有。关于内容②，已知在金属上吸附的 CO 及金属羰基配合物，它们除了和电子供体形成 σ 键之外，还外加反馈的 π 键，所以，金属-碳键的强度较大。这里与之相对照，可从碳氧键拉伸频率在 IR 谱图上的峰位置的变化加以分析（2100～1900cm^{-1}）。在 d 电子反馈的情况下就涉及 CO 的反键轨道，故 CO 的拉伸频率应向低波数一侧移动；吸附在氧化物上的 CO，由于没有 d 电子反馈其拉伸频率通常都出现在 2200cm^{-1}。

1.2.6　表面键的研究[18-22]

中国在石油炼制、人造液体燃料研究等大量的实践基础上，张大煜、郭燮贤、臧景玲、陈荣等先后开展了物理吸附、化学吸附等温线、等压线的研究。根据发现的现象、规律，提出了活化吸附概念，进一步开展了化学吸附覆盖度和动力学的关系。1960 年张大煜在上海召开的中国科学院学部大会上作了《多相催化研究中的表面键理论研究》的学术报告（图 1.12），提出了空位中心的作用概念和声子作用模型。进而开展了复杂反应动力学解析的理论研究，启动了超高真空表面科学的设备安装研制等，并筹建了红外光谱研究吸附分子结构的方法。

图 1.12　1960 年张大煜在中国科学院学部大会上报告

当时，我国催化研究状况正如 1959 年在第一届全国催化学术报告会议上吴有训副院长所述："我们不仅已能仿制和掌握国外成熟的催化剂和先进技术，而且对国外处于探索阶段和初露苗头的催化剂研究，也能根据国家需要，集中力量取得突破。"新中国成立前，张大煜在昆明建页岩油炼油厂时就对催化过程深感兴趣。在国民经济恢复时期，石油研究所内主要接受应急任务，他当时还亲自兼任一个课题组组长，从物理吸附开始逐步开展有关催化基础研究，建立了国内最早的两套 BET 真空吸附装置；在国内首先试制成功真空活塞、石英弹簧及高真空扩散泵；1955 年制成水银测孔仪，组建了容量化学吸附装置（图 1.13），配合其他大型仪器研发了系列仪器设备，在全国最早引进如电子显微镜、真空天秤-重量法测吸附量装置、超高真空机组及动态质谱，使得当时大连化物所（当时名为"大连大学科学研究所"，1961 年底更名为"中国科学院大连化学物理研究所"，简称"大连化物所"）拥有了仪器精良、设备齐全的、国内一流的实验室，奠定了具有催化研究条件的基础。1953 年开始催化剂物性的测定，之后又进一步开展了催化反应机理和动力学的研究，在工业催化剂载体的物理化学结构对催化剂活性关系研究中发现，载体（如硅胶、氧化铝、活性炭、硅藻土等）对催化剂有重要影响。1955 年，在钴催化剂制备中发现，钴硅复合物含量不同时会强烈地影响催化剂的还原和空隙结构。由于水煤气合成反应受扩散控制，因而孔结构会强烈影响催化剂的活性、热稳定性和寿命，由此引申出催化剂制备时对孔隙结构的控制问题。在此基础上还研究了水煤气合成熔铁催化剂的还原和生成孔隙结构问题，1957年在钴催化剂研究中采用化学吸附法重点考察了氢、一氧化碳吸附与反应性能间的关系。

图1.13　臧景玲与张大煜在容量化学吸附装置前工作

当时已认识到催化反应至少反应物之一与催化剂表面发生作用而形成"化学吸附键"，此键在本质上与化学键相同，而又区别于一个分子内的化学键。由于催化剂表面所固有的或诱生的不均一性所形成的表面键在键角、键长与键能上会有很大的不同，从而形成一个表面键谱。不强不弱的键在反应中起主要作用，较弱和较强部分都难于活化而不易发生反应。如何得到表面键谱图以预言催化剂活性，是表面键理论要解决的关键问题。1960年组织开展这一工作时，微观的表面测试工具，有的尚在初期应用阶段（如红外光谱），有的仍在研制（如各种能谱仪），因而测量表面键谱尚有困难。

当时，一是从分子振动光谱-表面振子模型出发（从表面键能角度提出），从理论上分析表面覆盖度对催化反应的影响，同时测量在反应条件下表面的真正覆盖度，从而设法求得在这种覆盖度下的表面键能（实际上当时得到的是吸附能）。二是研究吸附等压线的规律如图1.14所示，陈荣、臧景玲和郭燮贤在铁、钴、镍负载催化剂的化学吸附等压线的研究中发现：一部分中心可直接吸附（A型），当升温时经活化中心可诱生吸附（称为B型），当降温时增加的吸附称为C型。如何认识A型、B型、C型中心在反应中的作用？试图以等压线的某些特征判断表面覆盖度与反应之间的关联，研究吸附热与表面键的联系（由配分函数计算，或由不同温度的等温式计算吸附热）。从表面振子模型出发，推出了吸附等压线上极大处温度与催化剂德拜温度接近。在实验上进行了铁、钴、镍等催化剂的一系列等压线的测定，包括吸附和混合吸附等压线。三是反应机理的研究，如甲酸分解机理随表面键强弱的变化而不同。在镍催化剂上乙烯加氢机理研究中，探讨预吸附氧对表面键的影响。当时梁娟等还进行了铂、镍催化剂上吸附一氧化碳的红外光谱研究，以期从微观角度诠释表面键问题。1963年后，张大煜又提出了探讨深化表面振子模型的物理意义，覆盖度与表面键有什么规律，如何沟通催化剂微观和宏观的表征参数等比较深入和具有吸引力的研究课题。

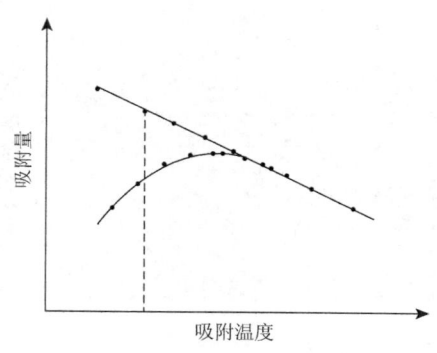

图1.14 吸附等压线示意图

当时作为张大煜先生助手的郭燮贤先生曾在环化法制甲苯的研究中观察到烷烃芳构化有诱导期，而烯烃芳构化则没有，从这个问题着手提出了"烷烃芳构化半氢化根机理"，有效地解释并计算了各种烷烃芳构化反应的相对速度及其芳烃产物的分布规律。1961年，郭燮贤协助张大煜开展"表面键"催化理论研究。他撰写的"化学吸附与反应速度"的文章，在1963年全国催化报告会上报告后受到大会的重视。在这个时期，郭燮贤等提出了吸附中心和空位都对化学吸附及反应有贡献的观点，并做了动力学推导。这与国际上当时刚提出的有构和无构的概念及其后发现的反应动力学多中心模型同步。尤其是刘建业、吕永安、郭燮贤、张大煜等在工业熔铁催化剂上开展的在合成氨条件下氢、氮化学吸附和混合吸附的实验研究（采用容量吸附方法利用氢、氮导热系数的不同分别计算出氢、氮的化学吸附量，发明了K值法，提高了吸附量测定精度），这在20世纪60年代无论从实验技术还是理论分析都应当是世界领先水平。三篇"化学吸附覆盖度和动力学关系"的论文在《化学通报》上发表，其内容在当时是高水平的科研成果。

在催化基础国家重点实验室成立前后，郭燮贤等又将配位场理论应用于金属载体相互作用的研究中，通过CO吸附态的研究深化了对相互作用的认识，对"高分散金属与载体相互作用机制"提出了新的解释。翟润生、辛梅、吴凯等利用同位素方法测定了 CO/金属表面上绝对吸附速度和脱附速度，除实验证实了吸附支持脱附（AAD）的现象外，还进一步发现绝对吸附速度和空位中心密度成正比，脱附动力学是非线性的，以及吸附饱和覆盖度和温度服从 Arrhenius 公式。在此基础上，提出了"易位吸附"和吸附/脱附协同机理，创造性地阐明了吸附动力学和化学吸附动态平衡之间的理论关系，修正了 Kislink 方程。在 1996 年国际催化会议上（Baltimor，Maryland，USA），日本东京大学化学系 Iwasawa 教授在他的"催化剂分子设计"大会报告中提出三个主要依据：第一是他的老师 Tamaru 教授做的化学吸附工作；第二是美国光谱学教授 Goodman 的工作；第三是郭燮贤教授提出的吸附/脱附协同机理作为催化剂分子设计的基础。

"AAD"的研究推进和深化了多相催化反应的形式动力学研究，对活性中心及其相互作用认识进一步深化。

回顾国内催化基础研究可以发现：在认识链条上与当时国际催化界是同步的，其中，化学吸附尤其是共吸附的研究是有特色的。空位中心和活性中心相互作用对了解活性中心调变具有重要意义。

国际上催化界同仁，在大量催化剂表面活性中心和吸附物种研究及同催化剂表面反应动力学的关联基础上，总结出对活性中心相互作用的几何因素和电子因素的认知。这些观点和概念在当时颇为盛行。大量的化学吸附实验结果和规律对人们认识活性中心的催化性能的认知提供了丰富的依据。据此，人们提出了许多催化剂工作理论：金属催化剂的 d 电子理论、半导体催化剂的电子理论、活性集团理论、配位场理论、晶体场理论、多位理论、表面键理论等，这些理论的精髓至今仍值得研究人员借鉴。

1.3 表面科学对催化研究的推动

在前一阶段（经历了近百年的积累），针对活性中心的存在，人们开展了氢、氮、一氧化碳、烃类分子等各种不同吸附质的化学吸附物种变化规律，以及它们利用各种等温式同反应的动力学相关联，获得了大量的规律性结果。由于表面科学和各种谱学技术的发展，人们的兴趣集中在如何确认活性中心的结构、调变规律的本质和在催化剂表面存在多种吸附物种中如何区别参与反应的中间物种[23-26]。

20 世纪 70 年代以来，表面科学发展提供了许多对表面灵敏的能谱和光谱仪器，如 LEED、XPS、UPS、EM、AES、SIMS、XAS、EXAFS、FTIR、FT-RAMAN 等。大量的催化剂表面物种的研究结果如图 1.15 所示，人们开展了对活性中心/

活性相的深入系统研究。这方面以德国的 G. Ertl 和美国加州大学伯克利分校的 G. Somorjai 教授为代表。他们利用 LEES、XPS、AES、UPS、SIMS 等为主要手段，以不同晶面单晶为样品在超高真空条件下发现：规整单晶表面在原子层次上也不是平整的，存在台阶、边角和缺陷，在表面存在重构现象，如图 1.16 所示。这些位置上，由于原子配位数不一样，基于规整表面反应性能相关联的研究发现它们都可以是吸附中心或反应活性中心，其催化性能可以完全不同。历经半个世纪，得到的理论和实验结果大大丰富和提高了人们对催化基础的认识，如活性中心结构、调变规律、相互作用等。特别是对反应分子在表面成键和表面物理化学的认识。但是，压力鸿沟和单晶样品使人们对表面科学方法和结果产生更大的困惑——这些结果和实用催化剂有什么关系？

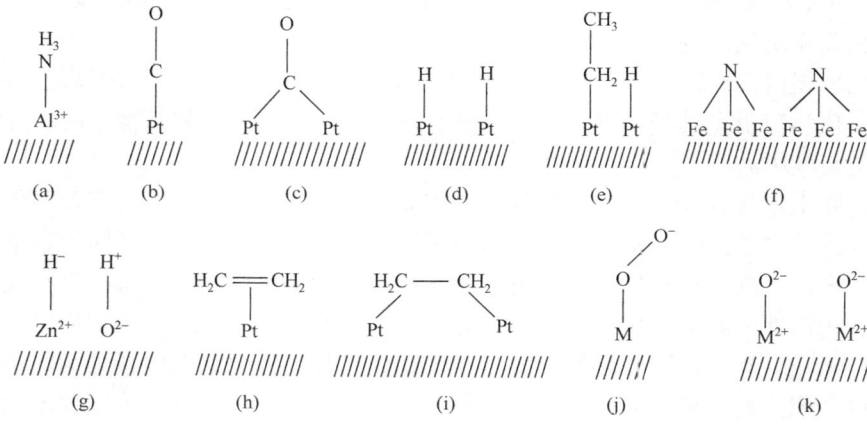

图 1.15 实验上发现的催化剂表面存在的物种

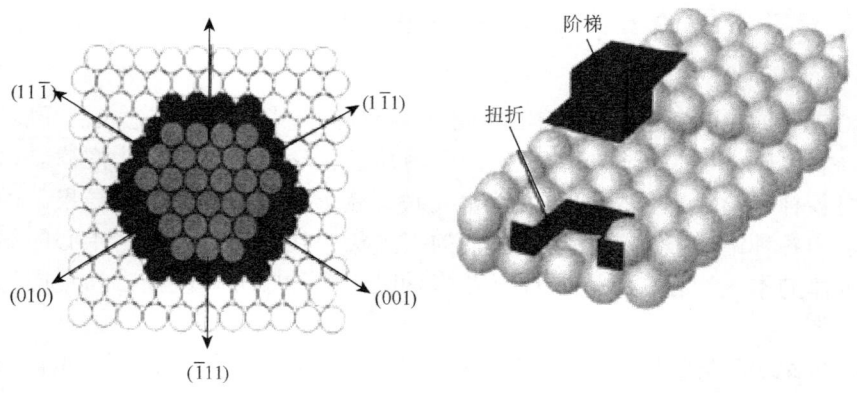

图 1.16 不同晶面单晶表面阶梯、扭折缺欠模型

1.3.1 活性相/活性中心的识别

催化加氢脱硫反应的活性相是什么？几十年来争论不休，有近十种模型被提出，但大多实验依据不充分。丹麦的 H. Topsoe 教授利用 in situ EXAFS 和 in situ FTIR/in situ RAMAN 研究加氢脱硫的 CoMo/Al$_2$O$_3$ 催化剂发现硫化态的钴、钼、硫相互作用相所谓的 CoMoS 相与其活性有线性关系（图 1.17，引自 Topsoe H，Clausen B S，Massoth F E. Hydrotreating Catalysis-Science and Technology. New York：Springer-Verlag，1996）。并利用量化计算方法进一步从理论上证明其是加氢脱硫反应的活性相，得到部分同行的认同。

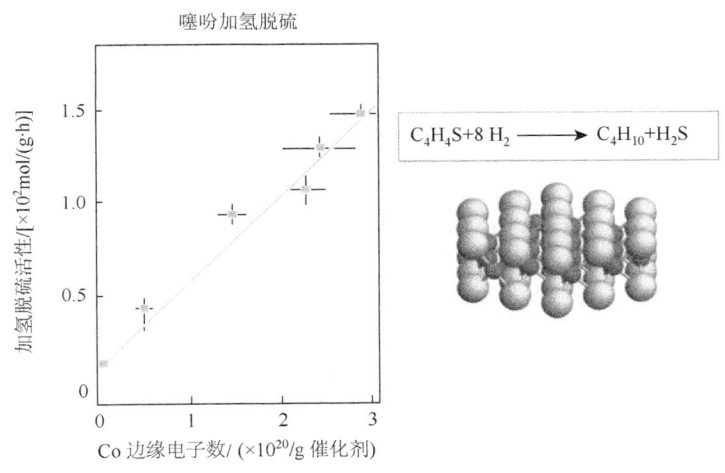

图 1.17 CoMoS 相和加氢脱硫活性关系图

1.3.2 氨合成活性相研究

合成氨催化剂的研究一直是催化基础研究的缩影[27-29]。经过上万个配方筛选出的 Fe/K$_2$O/Al$_2$O$_3$ 催化剂，至今没有实质的变化。多年来对其活性中心及其助剂相互作用进行了深入系统的研究。

早年，德国的 R. Brill 教授曾利用场电子发射/场离子发射显微镜和质谱研究不同铁晶面上氮吸附，发现 Fe（111）是 N$_2$ 解离中心，但是由于这是在 10.6kV 电场下，人们怀疑其结果的实用性。G. Somorjai 教授等利用 LEED、质谱等研究其不同晶面的 Fe 对氨合成活性的影响，见图 1.18 和图 1.19。

首先作为清洁的 Fe 催化剂，对 Fe 单晶的（110）、（100）及（111）面进行了研究（图 1.19）。用 AES 考察 N$_2$ 的吸附，获知在 -150℃ 低温下是分子态的 N$_2$，当

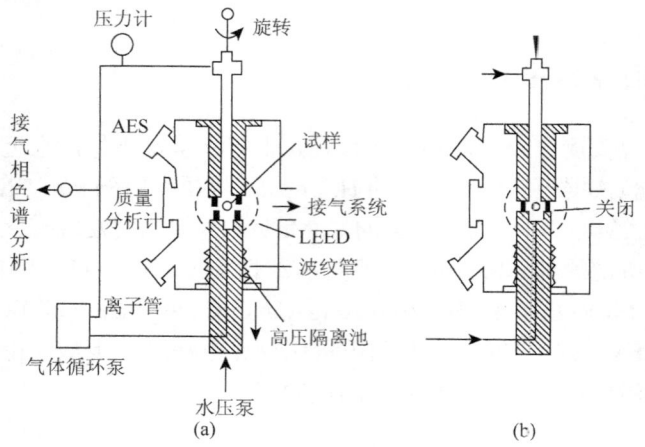

图1.18 研究清洁固体表面反应使用的装置

(a) 该状态在超高真空下考察表面；(b) 用隔离池将真空系统隔离后，在高压下考察反应

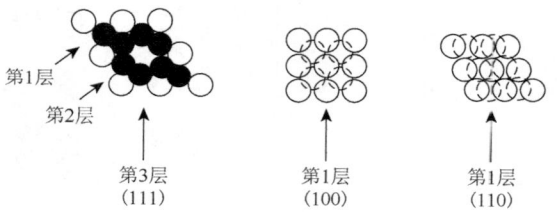

○：第1层原子，●：第2层原子，●：第3层原子，◌：体相内原子

图1.19 Fe(111)、Fe(100)及Fe(110)面示意图

达到室温时则发生离解吸附。

$$N_2(g) \rightleftharpoons N_2(a) \longrightarrow N(a)$$

而且发现在Fe单晶面上N_2吸附的活性顺序为(111)＞(100)＞(110)。

Fe以体心立方结构存在。晶面原子堆积密度最小的Fe(111)面（图1.19）无论对N_2的吸附还是对合成氨反应都是活性最高的。这是因为Fe表面第1层和第2层的原子配位数不同。表面第1层的原子排列稀疏，可以从第1层面看到相当于第2层的原子。

为了解决压力鸿沟设计了如图1.18所示的装置，采用这样的装置虽然还不能够直接观察进行反应时的表面状态，但是至少能够对意义明确（well-defined）的表面反应前后的表面状态进行直接考察。图1.18所示的装置，与吸附N_2实验一样，研究了在Fe(111)、Fe(100)及Fe(110)面进行的合成氨反应。首先，在反应温度500℃时，N_2+3H_2混合气进行反应，意义明确的样品用高压隔离池（盒）[图1.18(b)]将其与超高真空系统隔离。其次，在隔离的反应系统内进行高达

100 个大气压的高压反应实验。考察完反应后再度打开高压隔离池恢复到图 1.18(a) 所示的状态，成为超高真空后用 AES、LEED 考察表面状态。用这种装置研究意义明确的催化剂上的催化反应，发现催化活性顺序与前面的 N_2 吸附活性的顺序相同，即（111）>（100）>（110）。其中活性最高的（111）面的活性大约是（110）面的 430 倍，与（100）面相比活性也高出 15 倍（图 1.20）。最后，测定（111）和（100）面上蒸镀 K 后 N_2 的吸附量。在（111）面上蒸镀 K 后 N_2 的吸附量是原来的 8 倍，而在（100）面上蒸镀 K 后 N_2 的吸附量增加到 400 倍。而且，无论哪个面上，只要有 K 存在，吸附的分子态 N_2（a）就极易离解为 N（a）。也就是说，Fe 催化剂中加入 K 后，具有促进 N_2 分子离解的作用。可以认为这种 K 与实用催化剂中的 K_2O 起着同样的作用。

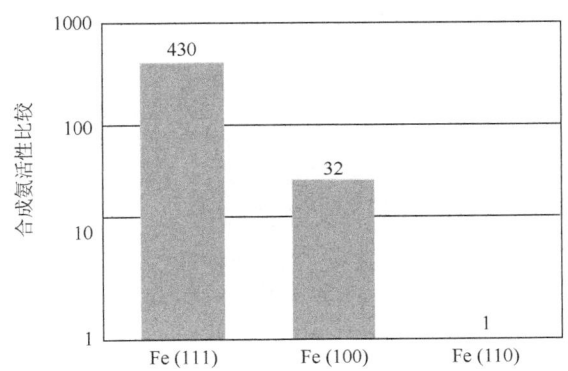

图 1.20　在 Fe 不同晶面上氨合成活性

对于 Fe 催化剂的合成氨反应，Fe 的配位数不同，其活性有很大的不同，这是一种对表面状态"敏感的"反应。这样，通过使用洁净 Fe 表面进行研究，逐渐了解到使用合成氨催化剂的情况。这些结果让人们认识到氮分子解离吸附后合成氨。但是氨合成机理讨论并没有完结。蔡启瑞、张鸿斌等利用原位激光 Raman 光谱发现分子氮加氢合成氨机理。所以合成氨机理是分子氮加氢还是原子氮加氢还有待于研究印证。

1.3.3　探针分子的红外光谱

20 世纪 70 年代后，分子光谱有很大的发展，尤其是灵敏度，使其可以对一些实用催化剂开展研究[30-33]。

在催化剂表面吸附研究中，如果双组元都是过渡金属，都可以吸附氢、一氧化碳时，如何研究？在催化剂工作状态下，活性中心/活性相的研究一直是催化基础研究的核心课题。通常用探针分子的红外光谱研究催化剂表面活性中心是基于化学吸附原理，其特征红外光谱的变化反映了活性中心的配位状态、化学环境变化。辛勤等利用原位红外光谱方法，结合 CO 和 NO 化学吸附，发展了双分子探针方法。它是基于竞争化学吸附原理和吸附分子的红外光谱变化，考察不同活性中心化学环境和配位状态的变化及其相互作用。用双探针方法研究硫化态的 Co-Mo/Al$_2$O$_3$ 催化剂时发现：单独 CO 吸附不能区别 Co 中心和 Mo 中心；共吸附时 CO 只吸附在 Co 中心上而 NO 只吸附在 Mo 中心上，CO 和 NO 共吸附时可以有效地区别 Co 中心和不同的 Mo 中心（图 1.21 和图 1.22）。并且从 CO$_{ad}$ 和 NO$_{ad}$

图 1.21　多功能 *in situ* FTIR

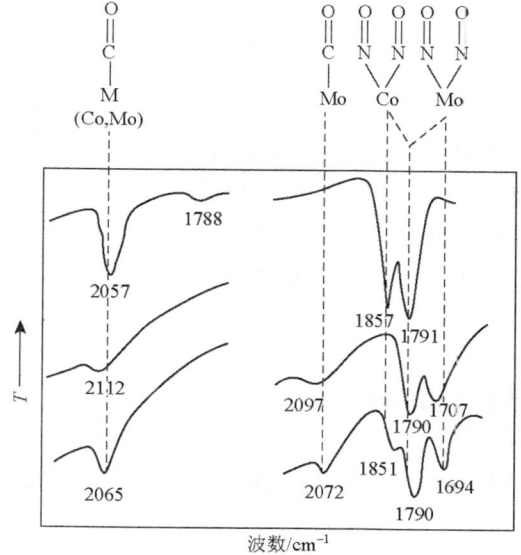

图 1.22　CO 和 NO 共吸附在硫化态 Co-Mo/Al$_2$O$_3$ 的 FTIR

的谱带变化发现 Co 的存在促进了低配位 Mo 中心的生成，第一次从实验上证明氢从 Co 中心溢流（spillover）到 Mo 中心促进低配位 Mo 中心的形成。利用多功能原位红外光谱-质谱装置研究 CO 和 NO 在硫化态 Co-Mo/Al$_2$O$_3$ 催化剂表面的红外光谱，在其他催化体系，双分子探针的红外光谱方法获得了广泛的应用。

双探针方法在 Pd-Ag/SiO$_2$、Pt-Ru/SiO$_2$、Pt-Re/Al$_2$O$_3$、Cu/Al$_2$O$_3$ 等双组元或多中心实用催化剂体系中均有广泛应用。同样可利用吡啶、氨同 CO 等为双探针分子来研究 L 酸中心和 B 酸中心的强度和空间分布。双分子探针原位光谱方法使双过渡金属、双贵金属催化剂活性相研究成为可能。至今，原位红外和核磁共振方法仍是十分有效的催化剂原位表征方法。

1.3.4 参与反应的活性相/活性中心的识别[34-36]

从大量化学吸附和反应研究结果可以看到，在工作状态的催化剂表面往往存在多种吸附物种，哪个物种参与反应？如何识别？一种办法是时间分辨，但对实用催化剂有许多困难；另一种办法是反应动态学方法。反应动态学方法如图 1.23 所示：A、B、C 三个水槽用 1、2 两个阀连接控制流量，当 1 阀流量远大于 2 阀时，如果 A 槽装满水突然打开 1 阀和 2 阀，B 槽和 C 槽就会显示如图 1.23 所示的现象，说明 2 阀就是控制步骤。一个催化反应的速控步骤的确定，可以用上述不同管径的水槽原理实验来实现。通过一系列类似的动态处理，即可找出参与反应的吸附物种。当反应达到定态时突然改变某一因素，如某一原料进料速度或采用同位素，观测其产物变化和某一表面物种的对应联系。

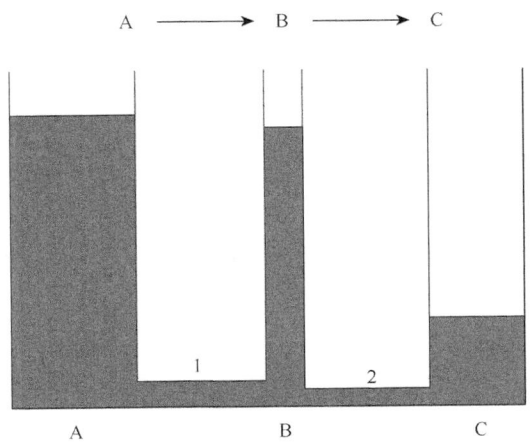

图 1.23　两个不同管径连接的三个水槽的传输过程

研究 HCOOH 在 Al_2O_3 和 ZnO 上分解反应时其产物完全不同，为此测定了 HCOOH 在这两个催化剂上的吸附，发现在表面上都存在 HCOO—和—OH 物种（图 1.24～图 1.26）。为了判断不同表面物种参与反应的程度，进行动态处理实验，在反应达到定态时对反应体系中物料进行平衡分析（CHO）时发现：DCOOD 吸附反应达定态后切换成 HCOOH，表面 OD 迅速被 OH 置换；DCOO—脱附至气相但没有分解。

Al_2O_3 预先用盐酸（HCl）或乙酸（CH_3COOH）处理后，甲酸分解速率没有明显变化，但吸附态 DCOOD（—COOD）降低为原来的 1/10（从 v_{CH} 谱带测得），说明甲酸和乙酸吸附态间没有明显交换和分解。

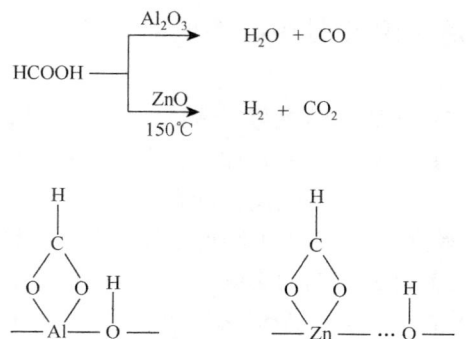

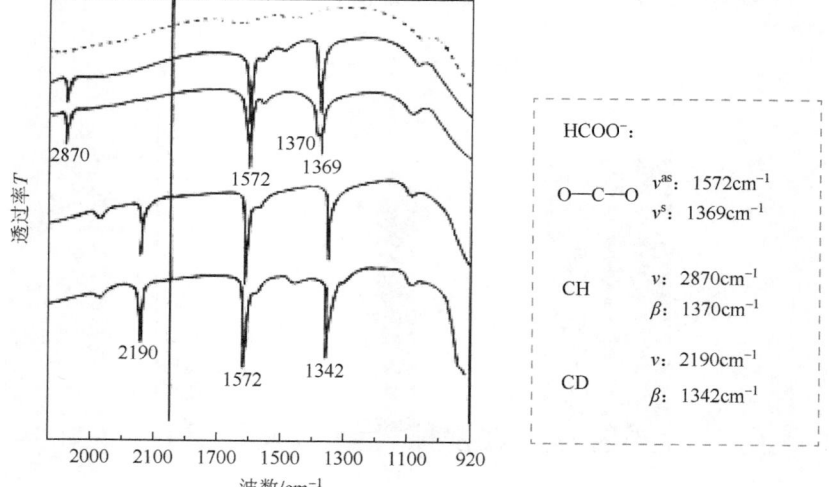

图 1.24　HCOOH 在 Al_2O_3 和 ZnO 上吸附物种

图 1.25　HCOOH 在 ZnO 上吸附的 FTIR

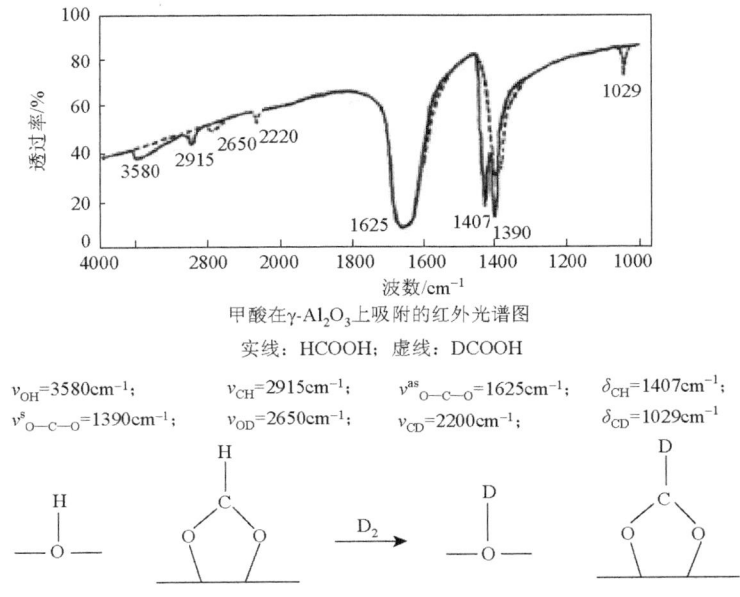

图 1.26 HCOOH 在 Al$_2$O$_3$ 上吸附的 FTIR

在反应浓度下，真空中 Al$_2$O$_3$ 表面 HCOO—吸附态分解速率比相同条件下甲酸蒸气分解速率小两个数量级。

Al$_2$O$_3$ 表面结构—OH 和 HCOOH 吸附形成的—OH 有明显不同：Al$_2$O$_3$ 的—OH 和 H$_2$O 不能交换，HCOOH 的质子也不能和 H$_2$O 交换，但是 HCOOH 吸附在 Al$_2$O$_3$ 表面的—OH 质子可与 H$_2$O 交换（180℃）。

上述机理说明，HCOOH 吸附在 Al$_2$O$_3$ 上形成的—OH 只起提供质子的作用，类似于液相催化反应中 H$_2$SO$_4$ 的作用。而 HCOO—则不参与反应，不是反应的中间物。当然这并没有排除在其他反应条件下通过甲酸离子分解的可能性。但通过甲酸离子分解比上述机理需要的活化能更高，即若通过甲酸离子分解要在较高的温度下进行。

当利用同样方法研究 HCOOH 在 ZnO 表面分解时，从红外光谱研究发现，在 ZnO 表面也存在 HCOO—吸附态，但与 Al$_2$O$_3$ 不同，ZnO 表面上的 HCOO—参与反应，是反应的中间物，并且甲酸在 ZnO 上分解控速步骤是 HCOO—分解，HCOO—分解速率等于甲酸分解的总包速率（图 1.27）。

虽然时间分辨光谱现在可以达到纳秒、皮秒水平，但用到实用催化剂体系时，由于扩散等问题无法解决，影响了它的性能发挥。反应动态学方法可应用到大部分的实用催化剂研究中，尤其结合同位素的利用，会发挥更为有效的功能。所以，目前它仍不失为一种有效的识别表面活性物种的方法。

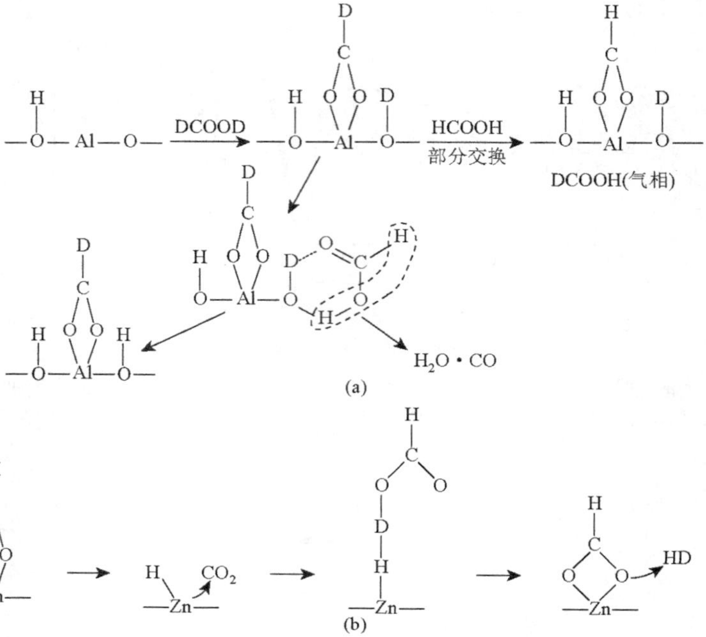

图 1.27 (a) 甲酸在 Al_2O_3 上分解的反应机理；(b) 甲酸在 ZnO 上分解的反应机理

1.4 纳米科学与技术对催化科学的冲击

历时半个世纪的表面科学研究，使人们对催化剂表面活性中心的认识深化、明晰了。但是由于它的研究必须在超高真空条件下，其样品必须是单晶。这样的结果很难同实用催化剂直接联系起来。近年来，纳米科学和技术对催化科学形成了巨大的冲击。纳米科学和技术对催化研究的促进作用表现在[37-42]：①所发展的超高分辨分析显微技术、新型高灵敏的分子光谱方法、X 射线吸收精细结构测试技术等，使得它可以直接对实用催化剂进行表面微区形貌、组成、结构、相互作用及对催化性能的影响进行研究；②纳米粒子（即催化剂的活性相的范围）的合成制备技术应用于活性中心/活性相的设计合成，这将为其发展提供无限的想象空间；③纳米科学及凝聚态物理的理论和方法对催化的发展都是非常有力的借鉴。

1.4.1 催化剂活性中心/活性相粒子大小、分布、组成、结构的控制合成和表征

周振华、姜鲁华、辛勤等[43,44]发展的混合醇方法（EG 法）制备高负载、高分散、高稳定性的 Pt/C 等复合贵金属负载催化剂，通过控制醇水比可以精确控制

金属粒子大小和分布（图 1.28）。

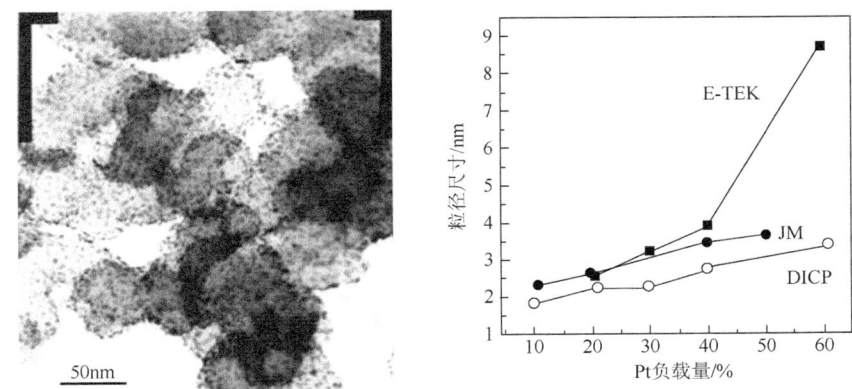

图 1.28　利用 EG 还原法获得的 50% Pt/C 的 TEM 及不同负载量 Pt/C 的粒径尺寸对比

E-TEK，JM，DICP 分别指催化剂的不同生产单位

利用混合醇既做还原剂又做稳定剂的方法所获得的贵金属纳米粒子分布均匀，尤其可以用于高负载高分散碳载催化剂的制备。如果用于 Fe、Co、Ni 体系尚需提高还原能力。此方法由于不采用高分子保护剂，且后续处理简单，被多数同仁认同。

双组元或多组元催化剂的控制合成和测试，是十分困难的问题。周卫江、辛勤等[45, 46]利用混合醇方法（EG 法）控制合成双组元碳载电催化剂。利用高分辨分析电镜 EDS 点分析方法和线扫描方法可以测定并有效控制其组成变化，见图 1.29。

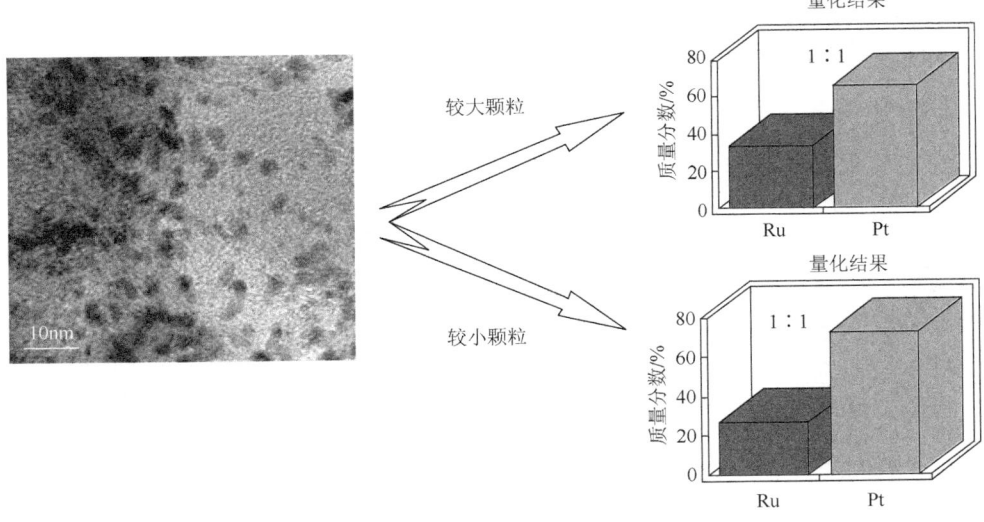

图 1.29　利用 EG 还原法获得的 Pt-Ru/C 电催化剂的元素分布

姜鲁华、辛勤等[47,48]利用超高分辨分析电镜采用微区衍射方法,研究 Pt-Ru/C 和 Pt-Sn/C 双组元电催化剂时发现,Pt-Ru 之间相互作用导致 Pt 晶胞缩小,而 Pt-Sn 之间相互作用导致 Pt 晶胞增大(表1.4和图1.30)。在醇类电催化氧化性能上 Pt-Sn 催化剂对乙醇氧化活性高,Pt-Ru 催化剂对甲醇氧化活性高(图1.31),说明超高分辨分析电镜微区衍射等方法可有效研究实用催化剂的活性相组成间的相互作用并提供丰富信息。

表1.4 Pt-Su/C 与 Pt-Rn/C 微观结构对比

催化剂	晶格参数 a/Å	Pt(111)晶面间距 d/Å	
		XRD	TEM
Pt/C	3.916	2.26	—
Pt-Sn/C	3.946	2.28	2.34
Pt-Ru/C	3.883	2.24	2.18

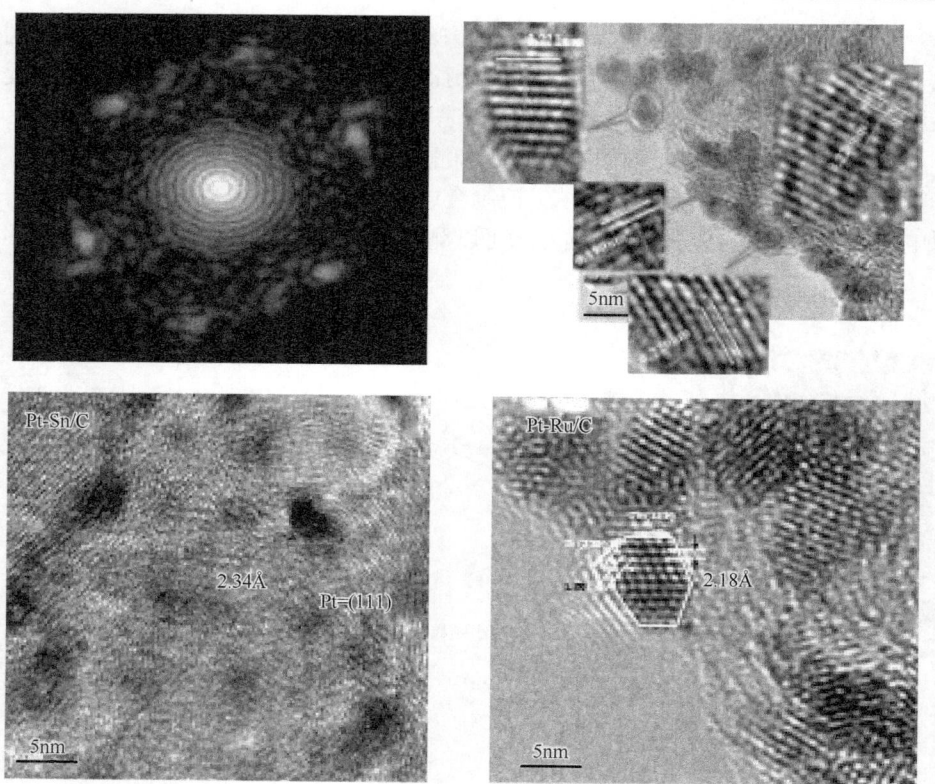

图1.30 Pt-Sn/C 与 Pt-Ru/C 高分辨电镜结果

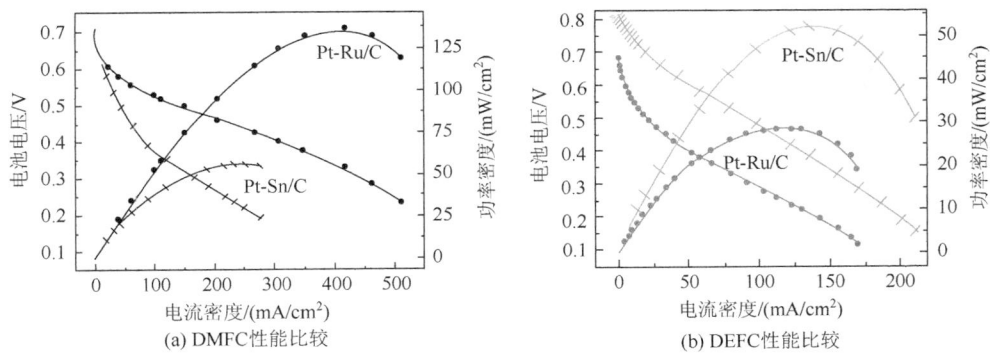

图 1.31　Pt-Sn/C 与 Pt-Ru/C 电催化活性比较

碳纳米管纯度高、导电性好、性能稳定，可以成为具有优良性能的燃料电池催化剂载体，但是由于表面结构同活性组元相互作用弱，活性组元负载十分困难。李文震、辛勤等[49, 50]首先利用碳纳米管作电催化剂载体并利用 EG 法将 Pt 和 Ru 高分散、高负载、高稳定地负载在其上，明显提高了电催化活性，见图 1.32 和图 1.33。

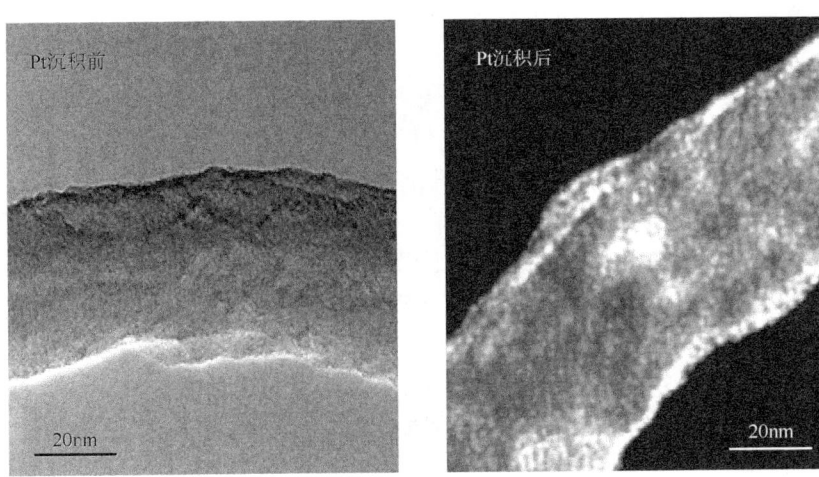

图 1.32　CNT 及 Pt/CNT 电镜图片（处理后）

从上述结果可以看出利用混合醇方法（EG 法）可以用来有效控制合成亚纳米、纳米活性相大小、分布、组成及相互作用，尤其是用于高负载碳基电催化剂的制备。

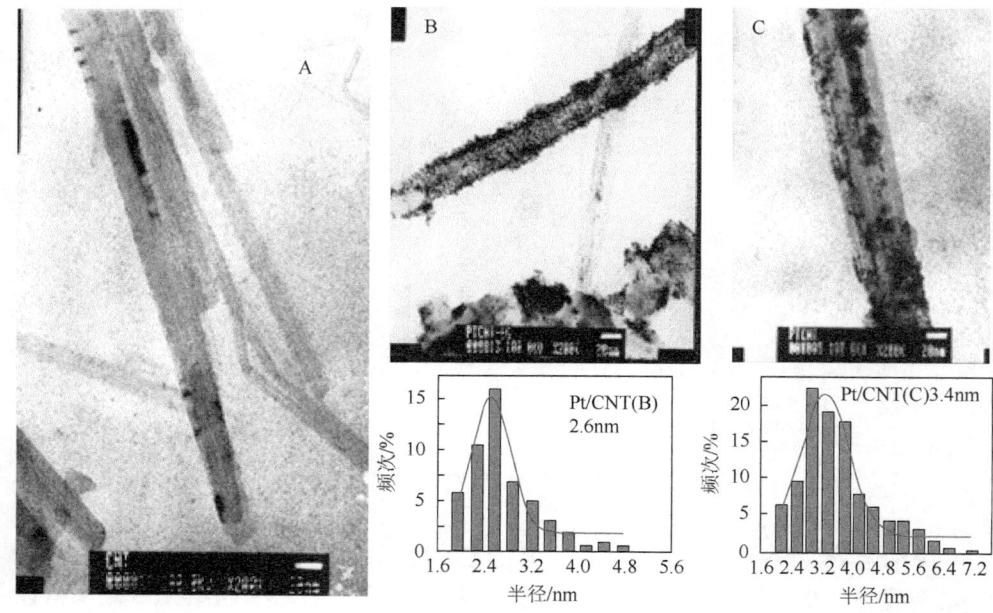

图 1.33　不同方法获得的 Pt/CNT 的电镜照片
A：CNT；B：EG 法；C：浸渍法

1.4.2　催化剂活性中心/活性相的形貌控制[51-54]

李勇、申文杰等开展的纳米粒子形貌控制合成研究给人们一个启示：纳米催化的形貌效应为研制新型高效催化剂提供了新思路，其实质是催化剂形貌的调变选择性地暴露特定活性晶面，从而提升催化反应性能和/或调变反应路径。通过制备优先暴露（110）晶面的 Co_3O_4 纳米棒，显著提高了催化剂表面 Co^{3+} 物种的活性位密度，因而在−77℃水汽存在的条件下仍然可以实现 CO 的完全转化［图 1.34（a）］。由（110）和（001）晶面组成的 γ-Fe_2O_3 纳米棒，因同时暴露出 Fe^{3+} 和 O^{2-} 物种有利于 NH_3 和 NO 的吸附活化，因而在 NO 的 NH_3 还原消除反应中表现出较高的催化性能。此外，氧化物的形貌效应还会调变氧化物与金属纳米粒子的界面结构等特征及其催化反应性能。例如，利用氧化铈纳米棒表面的氧空穴稳定 2～4nm 的金粒子，实现了 Au/CeO_2 催化剂在低温水气变换反应过程中的高活性和高稳定性［图 1.34（b）］。采用水热法制备的 La_2O_3 纳米棒优先暴露出氧配位数较小的（110）晶面，不仅大幅提升了催化剂表面的碱性位数量，而且有利于 Cu 金属纳米粒子（约 4nm）的取向落位，从而在一级醇氢转移脱氢反应中表现出非常高的活性和选择性。上述研究实例表明，氧化物纳米催化的形貌效应为研制高活性氧化物催化剂以及调控金属-氧化物相互作用方式具有重要的理论意义和应用价值。

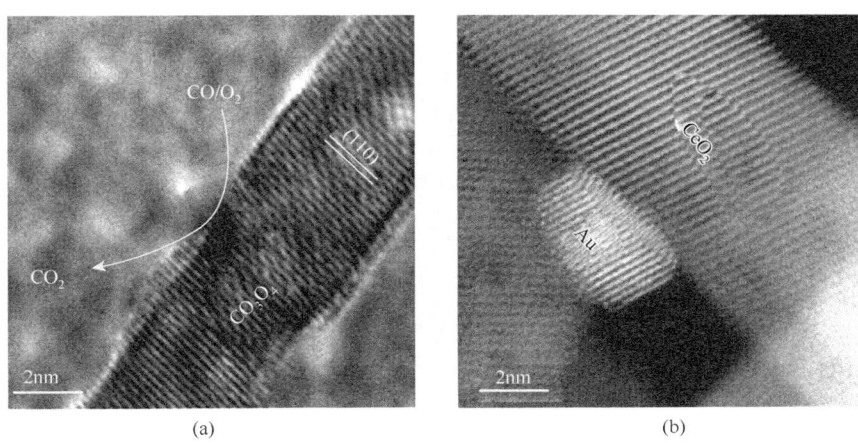

图 1.34 （a）CO 低温氧化的 Co_3O_4 纳米棒催化剂；（b）低温高效水汽变换反应的 Au/CeO_2 催化剂

1.4.3 在多孔材料孔中活性相的调控和表征[55-57]

当前，多孔材料作为催化剂活性相的载体将活性相置入孔内可明显改变催化剂的活性、选择性和稳定性。研究 Ni 不同分子筛孔内的丙烯双聚反应时发现孔体积对其有明显影响，如图 1.35 所示。

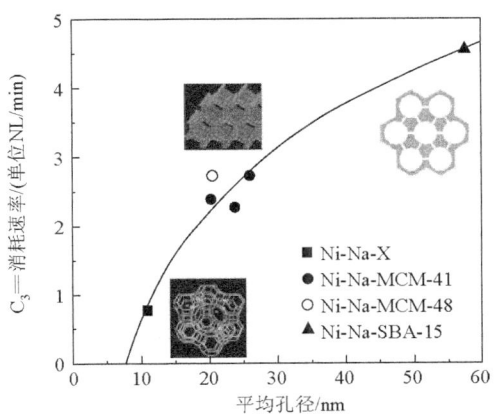

图 1.35 孔大小对催化活性的影响

在进一步深入研究中发现，除了孔体积影响外，孔内引入不同阳离子形成不同的静电场明显影响其催化性能，见图 1.36。

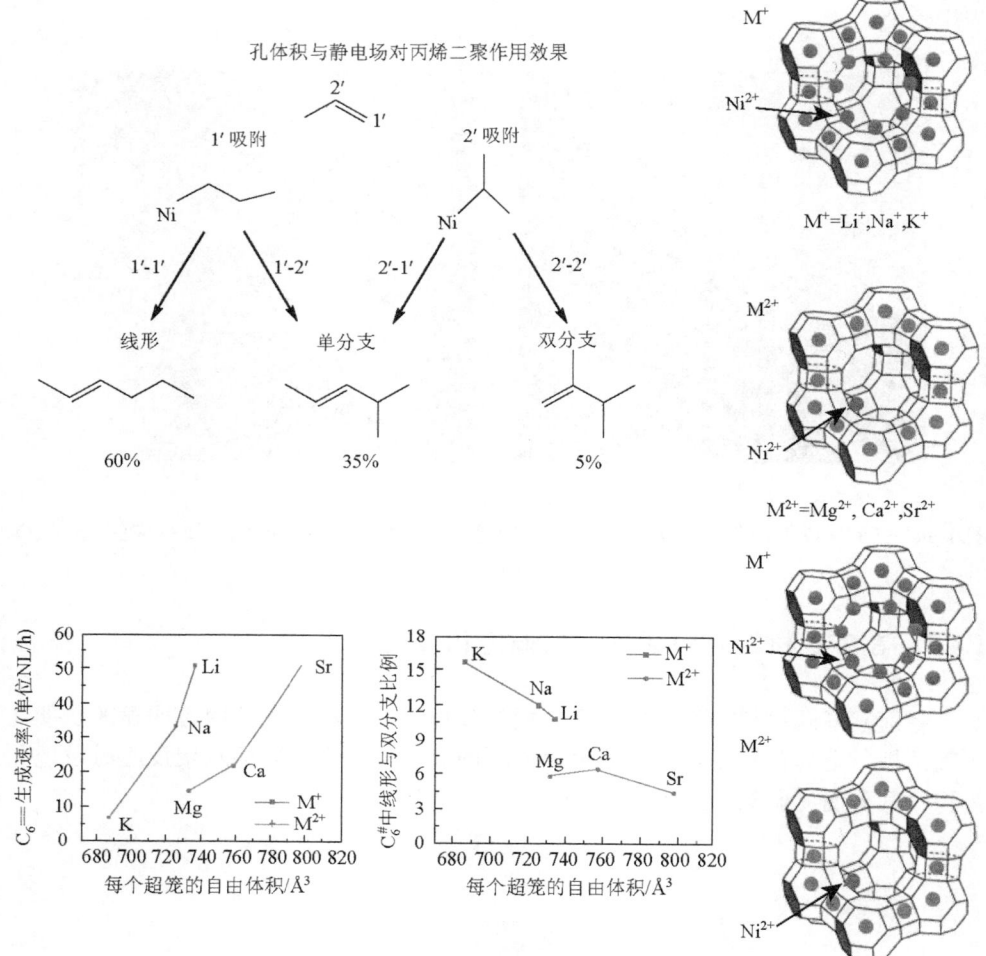

图 1.36 孔中阳离子对活性的影响

1.4.4 纳米反应器的设计合成[58-61]

手性是自然界的本征属性，许多基本的自然现象和定律都产生于两个对应的手性化合物在手性环境中的不同行为。手性化合物是手性科学研究的物质基础，在医药、食品、香料等工业具有重要的应用背景，日益受到人们的广泛关注。近年发展起来的多相手性催化具有催化剂与产物易分离、催化剂可循环利用等优势，更适合于工业生产过程。目前固体手性催化剂的制备主要通过均相催化剂固载化来实现，其活性和手性选择性通常低于均相催化剂。因此，设计新的合成策略、发展新的合成方法学，以制备高活性、高手性选择性、高稳定性的固体手性催化剂，仍是手性催化领域的热点与难点，也是手性合成研究的一个专攻方向。

李灿和杨启华利用纳米合成方法在笼状结构介孔材料的纳米笼中封装手性催化剂，实现纳米反应器中的手性催化。通过介孔材料的表面性能修饰及催化剂数量的调控，在多相手性催化反应中获得高手性选择性和高催化活性。纳米反应器中的手性催化剂显示双中心的活化耦合反应具有加速效应，其关键是通过特殊的纳米反应器封口技术将均相手性催化剂限于笼形纳米反应器中（图1.37），同时反应物和产物分子可以在纳米反应器中自由进出。在纳米反应器中组装两个以上手性催化剂分子时，手性催化反应的本征活性大幅度提高，甚至远远超过均相催化反应结果。采用该方法制备的催化剂兼具有均相催化剂高活性、高手性选择性和多相催化剂易分离、易工业化的优点。初步的理论计算也表明双催化活性中心耦合反应的活化能远远低于单活性中心的活化能。最近，纳米反应器促进耦合反应加速效应的概念被应用于环氧乙烷水合制乙二醇。封装于氧化硅基纳米笼中的 Co（Salen）分子催化剂在环氧乙烷水合制乙二醇的反应中显示出协同耦合加速效应。在接近化学计量比（H_2O/EO 的物质的量比约为 2）的条件下，环氧乙烷转化率和乙二醇选择性为 98%，反应体系中的乙二醇浓度可由非催化水合的 10wt%（wt%表示质量分数）提高到 74wt%，大幅度降低了乙二醇蒸馏提纯的能耗。同时，该多相催化剂避免了传统液体和固体酸催化过程的环境污染问题，纳米反应器中环氧乙烷催化水合制乙二醇是一典型的绿色催化过程。

图1.37　纳米反应器中促进耦合反应加速效应示意图

纳米反应器促进耦合反应加速效应的概念可以拓展到其他具有双功能耦合活化机理的催化反应体系，为发展高效固体手性催化剂和手性催化合成过程提供了一种新方法。

1.4.5 全紫外-可见区激光共振拉曼光谱[62-68]

以分子光谱为主体的原位动态表征技术，可以在分子水平上认识多孔催化材料的活性相结构、活性中心微环境的形成和演变规律，及其与催化性能的本质关联，已成为十分有效的手段。

当前，李灿、冯兆池等发展的177.3nm深紫外拉曼光谱技术，实现了177.3nm、193~700nm紫外-可见区全波段激光波长可调紫外-可见共振拉曼光谱研究。实现在高温、高压下对催化材料的合成过程、催化反应过程的紫外共振拉曼原位研究，扩展了拉曼光谱技术的应用范围。

活性中心/活性相的识别：利用原位紫外拉曼光谱对不同钛物种在丙烯环氧化反应中的反应性质进行研究，发现除四配位的骨架钛物种之外，钛硅分子筛 TS-1中还出现了位于 $695cm^{-1}$ 的六配位的钛物种。原位紫外拉曼光谱的结果表明，在过氧化氢的存在下，骨架的四配位钛物种可以高选择性地将丙烯氧化为环氧丙烷；而六配位的钛物种在将丙烯氧化为环氧丙烷的同时也会生成 1,2-丙二醇。六配位钛物种的酸性是导致这一结果的原因（图 1.38）。

Fe/ZSM-5 催化剂上特殊的活性氧物种，即所谓的"α-氧"物种，对甲烷和苯的活化因具有类似于甲烷单加氧酶的高选择性和高活性而受到人们的极大关注，阐明这种特殊的活性中心以及活性氧物种（α-氧）的本质不仅在学术研究上有重要意义，对于未来天然气的综合利用和一步法苯制苯酚也具有潜在价值。然

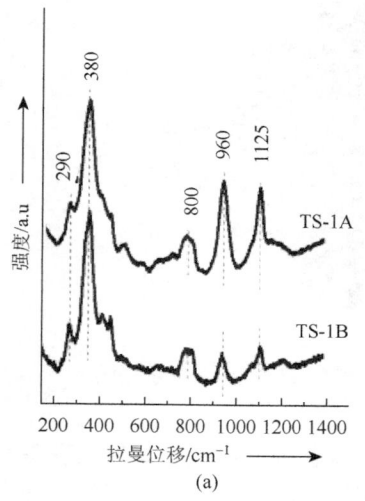

(a)

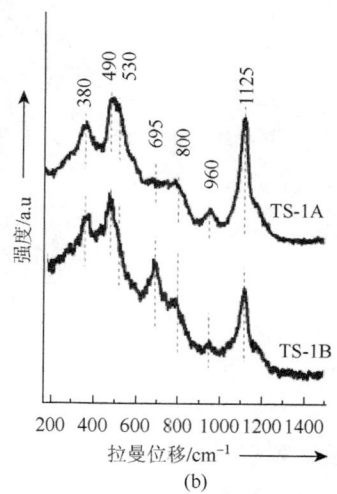

(b)

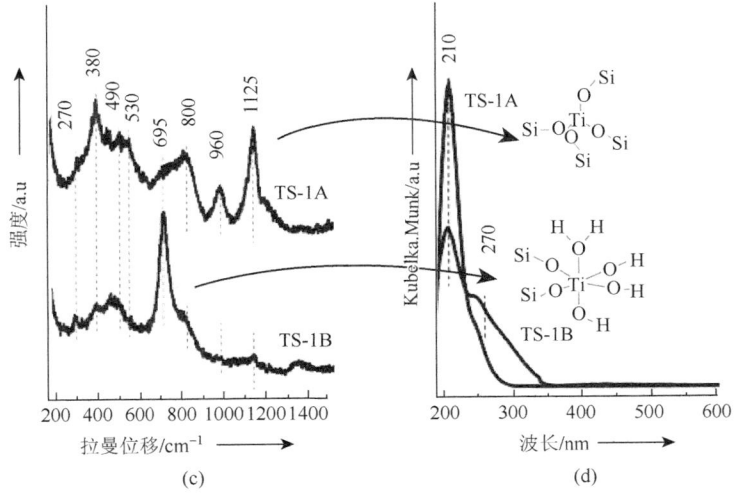

图 1.38　325nm（a）、244 nm（b）和 266nm（c）激发的 TS-1A 和 TS-1B 的紫外拉曼光谱图；TS-1A 和 TS-1B 的紫外可见光谱图以及钛物种的结构（d）

而，有关这种特殊的活性中心及 α-氧的性质一直存在较大争议，这些争议主要集中于到底活性中心是单核铁物种还是双核铁物种，与之相对应的是 α-氧究竟是 $(Fe^{IV}=O)^{2+}$ 还是 O^-。产生这些争议的根本原因在于 Fe/ZSM-5 中铁物种分布的复杂性及其铁物种结构受不同制备方法的影响。常规实验表征手段难以获得有关活性中心及 α-氧的直接谱学证据。到目前为止，文献中仅有 Panov 等的 Mössbauer 谱和 Brückner 等利用 ESR 谱对这种特殊的活性中心进行过研究。

综上所述，对于 Fe/ZSM-5 催化剂上活性中心和活性氧物种直接证据十分少，如何在具有多种铁物种的 Fe/ZSM-5 上选择性地表征其中的活性中心，对于阐明 Fe/ZSM-5 催化剂上具有模拟单加氧酶的催化本质乃至多相催化剂上活性位的表征，都是极具挑战性的。这方面原位紫外拉曼的研究给出了非常有力的证据。

1.4.6　多孔催化材料合成原位表征

水热合成条件的原位表征可以连续地检测整个分子筛合成过程中物种的形成及消耗，从而对分子筛合成机理形成全面的认识。原位表征技术不仅可以连续检测反应，而且可以在真实的条件下研究反应物种的结构。由于水的拉曼散射截面很小，所以拉曼光谱是一种非常适合于研究分子筛合成物中固相和液相的技术。然而，分子筛合成过程中模板剂及大量富含羟基化合物的存在，使得合成体系在受到作为拉曼光谱的激发源的激光照射时产生很强的荧光。强荧光的干扰使得常规拉曼光谱技术很难从该体系中获得拉曼信号。利用原位紫外拉曼光谱（图 1.39

和图 1.40)能避开荧光干扰的特性,研究 X 形分子筛的骨架形成过程。在 X 形分子筛合成过程中发现含有支链的四元环物种是 X 形分子筛形成的关键中间物种。含有支链的四元环物种与四元环相互连接形成四六元环的结构单元,从而搭建出 X 形分子筛骨架结构。

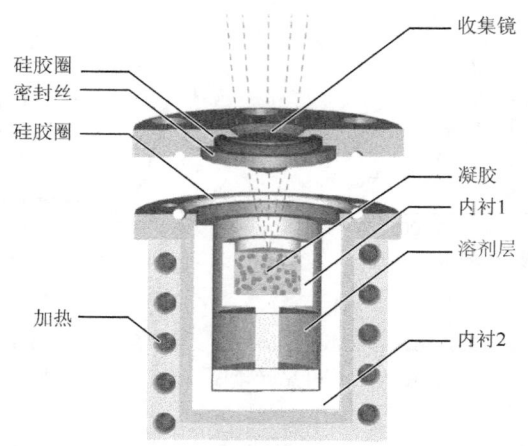

图 1.39 分子筛合成的原位拉曼光谱池

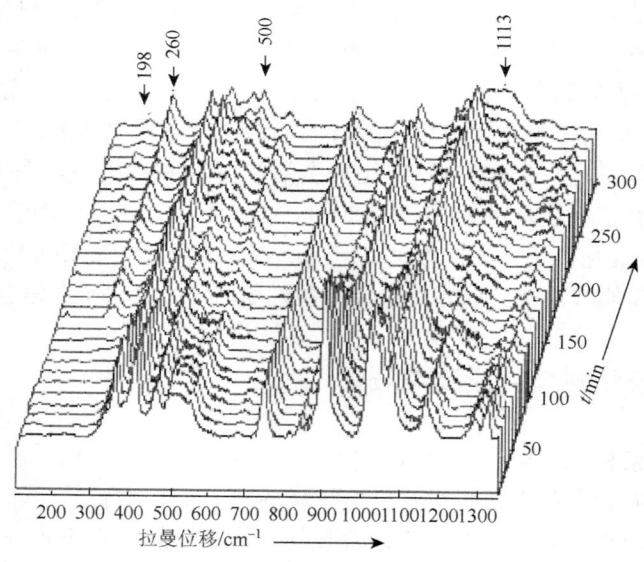

图 1.40 AlPO-5 分子筛合成过程中原位紫外拉曼

从上面的讨论可以看出原位紫外拉曼光谱技术是一种潜在的、可以同时研究分子筛骨架形成及模板剂变化的原位表征技术。利用这种技术有可能揭示出模板剂在孔道形成中所起的作用。通过原位光谱观测到模板剂的振动与分子筛孔道结构形成之间的关联，可推测出含有四元环无定形孔道中间物的存在；并利用 Fenton 氧化试剂结合紫外拉曼光谱可观测到四元环向六元环转换的过程。从分子层次上为磷铝分子筛合成机理中长期存在的合成机理推测提供了有力的实验证据，进一步完善了磷铝分子筛的合成机理。本工作为理性设计分子筛合成、分子筛前体设计及模板剂的选择方面提供了理论指导依据。结合前人工作中的实验数据及信息，图 1.41 给出了 AlPO-5 分子筛晶化过程的机理图：在合成的初期，薄水铝石中六配位的 AlO_6 物种之间相互连接形成磷酸铝凝胶，其中大部分六配位的 AlO_6 也转变为四配位的铝。

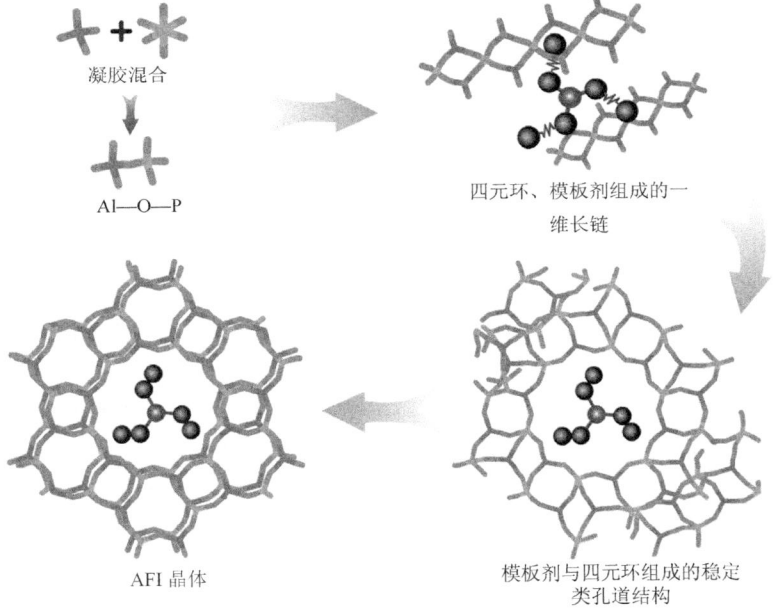

图 1.41 AlPO-5 分子筛合成机理示意图

Weckhuysen 等利用原位 SAXS/WAXS 实验证实了 Al—O—P 键的形成，使得凝胶当中出现了大量的一维链状结构。紫外拉曼光谱研究表明这种一维的链状结构含有四元环。阳离子模板剂 TEA 的存在消除了链状四元环之间的静电排斥力，使得这些一维链状四元环物种从溶液中沉淀出来。随着晶化的进行及这些物种之间的相互缩合，形成了通过模板剂伸缩振动稳定的、具有与晶型孔道类似结构的无定形的中间体，该中间体由四元环结构单元组成。该中间体中的链状四元环结构通过链内及链之间的重排形成新的六元环，从而形成 AFI 晶体结构。

1.4.7 催化中的限域效应[69-74]

近年来，包信和、傅强、潘秀莲等在纳米催化研究中提出"限域效应"。他们认为"限域"（confinement）字面的意思是"被限制在某一区域，限制的行为或被限制的状态"等，主要是物理上限制的意思。这里说的催化中的"限域"的一个重要特征，狭义上来说，催化中的限域效应就是"通过某种物理状态的限制（如纳米状态），使体系的本征特性（如结构、电子态等）发生变化，从而改变体系的催化性能"。

代表性的例子就是有关碳纳米管（CNT）的限域催化效应（图1.42）。碳纳米管是由石墨烯片以一定的曲率卷曲后，形成具有规整的纳米级管腔结构的碳材料。卷曲过程造成了通常意义上的石墨结构大π键发生畸变，使电子密度由管内向管外偏移。从而在管内外形成电势差。在这种意义上，碳纳米管的管腔就组成了一种几何上为纳米尺度，同时又具有独特电子环境的限域体系。受这种限域系统的作用，组装在其内部的催化剂活性组分（如纳米粒子）和扩散至腔内的气体分子的特性将会发生变化，从而导致不同的催化性能。这种碳纳米管的限域体系在催化中可能显示三种不同的限域效应。一种是对组装在其管腔中的纳米粒子催化剂：一方面由于几何空间的限制，阻碍了其在催化反应过程中的迁移和生长；另一方面由于管腔内的缺电子特性，使限域内的纳米粒子的电子特性、氧化-还原特性发生变化。例如，组装在 4~6nm 多壁碳纳米管内的 Fe_2O_3 粒子的还原温度比直接负载在其管外的降低近 200℃。碳纳米管的另一种限域效应是对反应分子的作用：由于管腔内外不同的电子环境，改变了反应分子的吸附能，造成了反应分子在管内局域浓度的变化。其理论模拟结果显示，在合成气催化反应中，CO 和 H_2 在管内富集，当采用单壁管时，管内外的表观压力相差近十倍。这一发现为在温和条件下实现合成气的定向转化提供了理论指南。碳纳米管的第三种限域效应是对管腔内的催化反应和反应产物。管腔内独特电子特性调制了特定催化通道的反应能垒，从而调变了催化反应的选择性。最近，中国科学院大连化学物理研究所的李灿研究组报道了采用手性修饰剂 cinchonidine（CD）修饰限域在碳纳米管管腔中的 Pt 纳米粒子，发现该催化体系在 α-ketoesters 的手性氢化反应的活性（TOF）高达 $1.2×10^5 h^{-1}$，手性选择性 ee 值达到 96%，显著高于碳纳米管管腔外 Pt 纳米粒子的催化性能。进一步的研究发现，在碳纳米管管腔中，一些产物分子的扩散特性也发生了非常明显的变化。他们采用超极化 ^{129}Xe 固体核磁技术研究甲醇分子在碳纳米管中的扩散，结果表明在碳纳米管管腔中甲醇分子的扩散遵循一种"超扩散"（super diffusion）机理。当内径为 4~6nm 时，甲醇分子在碳纳米管内扩散速率是管外的 5 倍，是同样管径的硅-铝中孔材料的 10.5 倍。这些因素的协同作用，使具有明显限域性能的碳纳米管材料在未来催化过程的选择调控，以及未来新催化剂创制的理论和实验研究中呈现出很大的潜力。

图 1.42　碳纳米管管腔限域效应

这种纳米孔道的限域效应对催化的影响在传统的分子筛催化研究中也能找到很多实证。现在已经知道，孔径小于 1nm 的分子筛通常会显示出非常明显的限域效应。实验和理论证明，这类孔道不但可以作为客体用于稳定组装在其孔道内的纳米粒子，同时孔道内独特的电子和化学基团的特性也会对其内部催化剂粒子的催化特性起到调变作用。甚至在这类孔道中有些自身就能显示出非常独特的催化性能。而当孔径大于 1nm 时，如中孔硅-铝材料等通常鲜见明显的催化性能，往往只能作为负载材料用于负载和稳定纳米粒子。

最近，他们在研究氧化亚铁（FeO）纳米岛在金属铂（Pt）表面独特的催化选择氧化性能时引进了一种"界面限域"（interfacial confinement）的概念（图 1.43）。研究发现，在 Pt 表面控制沉积 2～5nm 大小的氧化铁单层小岛，由于贵金属铂表面与铁原子相对较强的相互作用，在特定条件下 Pt 表面上氧化铁物种能稳定保持在低价的氧化亚铁（FeO）状态，在纳米氧化亚铁岛边缘形成一种配位未饱和的亚铁中心（CUF），如图 1.43 所示。

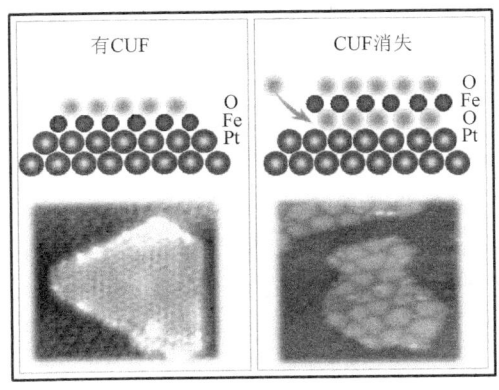

图 1.43　Pt 表面配位未饱和的亚铁中心（CUF）和氧原子进入 Fe-Pt 层间造成了未饱和铁中心的消失

采用 DFT 方法的理论分析表明，这种结构组合显示出对分子氧的非常高的吸附能力（吸附能为-1.1eV），在这种 CUF 中心上吸附的分子氧解离形成具有高反应活性的吸附态原子氧物种需要很低的活化能。在这一高效的催化体系中，作为衬底的贵金属铂的一个非常重要的作用是：通过与铁原子的强相互作用，提供了一种本征力，抗阻了在催化选择氧化条件下原子氧向界面 Pt-Fe 键中间的插入。这种插入一旦实现，表面低价态的 FeO 就被深度氧化为配位饱和的高价态，表面那种高活性的配位未饱和亚铁中心（CUF）将会消失，催化剂就失去活性。在这一 FeO/Pt 模型催化剂体系中，Pt-Fe 界面相互作用导致的这种本征力阻止了活性结构的蜕变，使体系的催化性能得以保持并循环往复。据此，引出了一种催化限域效应的广义描述，即催化体系中"一种本征力（如相互作用力）的存在，抗阻了体系某种特性发生的变化，或者促使体系变化的特性得以恢复"。在这种意义上，催化的限域特性不仅表现为一种现象，而且抽象成为体系的一种状态和情形。

限域效应的深刻认识和规律看来会对活性中心/活性相的设计和调变提供一些理性的依据和导向。但是，"限域效应"的物理意义还有待于进一步深化。在理论上如何处理才能获得规律性的结果，进而指导活性中心的设计合成并给出一些导向性的知识。看来这些问题都是值得深入探索的命题。

1.5 展　　望

从上述发展历程可以体会到[75]，随着纳米科学的发展，一批制作更为精良的仪器的出现和功能的提升，如超高分辨分析电镜显微技术、三维电镜技术、同步辐射技术、中子散射/衍射技术、能谱技术、深紫外光谱、波谱、新的光谱学技术等，结合理论计算无疑会使我们的研究水平进一步加强和提高。这些对催化研究中的原位、实时、实空间的研究都会有很大的推动作用。目前各种孔结构材料和纳米粒子的合成水平足以在一定结构孔的节点部位进行调变，进而影响组装的纳米粒子的活性相；利用相关设备取得实际的微观参数作为理论计算的模型和边值设定，也就是可以从实验测得的微观数据来构建模型，边值条件可以用实际测定数据，从而更接近真实值。在孔内应用晶体场和配位场理论方法会起到重要指导作用。这些无疑都会加深对活性中心/活性相的认识，提高对其设计、调变的本领。所以，催化界同仁应更加关注纳米科学的每一次进步和新发现，关注凝聚态物理的理论处理方法的重要进展。如何将晶体场、配位场理论方法应用于孔内纳米粒子-活性相结构的确定和调变规律，深化对催化科学核心概念的理解？这些结果会对催化剂活性相设计、合成、开拓新型高效催化剂具有重要指导意义。

参 考 文 献

[1] 辛勤. 固体催化剂研究方法（下册）. 北京：科学出版社，2004：860-908.
[2] 田丸谦二. 动态多相催化. 朱传征等译. 上海：上海科学技术出版社，1981：1-2.
[3] (a)廖代伟. 催化科学导论. 北京：化学工业出版社，2006：1-4；(b)BASF. Heterogeneous Catalysts Yesterday, Today, Tomorrow. Published by: BASF SE Communication BASF Group, 2012：1-87.
[4] 美国国家研究委员会等. 催化展望. 熊国兴等译. 北京：北京大学出版社，1993：1-96.
[5] 吴越. 杨向光. 现代催化原理. 北京：科学出版社，2004：1-22.
[6] 吴越. 催化化学（上、下册）. 北京：科学出版社，1998.
[7] 甄开吉. 催化作用原理. 北京：科学出版社，2008：13-301.
[8] 吴越. 应用催化基础. 北京：化学工业出版社，2009：332-405.
[9] Hayward D O, Trapnell B M W. Chemisorption. London：Butterworths，1964：1-303.
[10] 陈诵英. 吸附与催化. 郑州：河南科学技术出版社，2001：102-145.
[11] Satterfield C N. 实用多相催化. 庞礼等译. 北京：北京大学出版社，1985：51-82.
[12] Lafferty J M. Scientific Foundations Vacuum Technique. New York：John Wiley & Sons INC，1962：435-615.
[13] 刘旦初. 多相催化原理. 上海：复旦大学出版社，1997：60-226.
[14] 邓景发. 催化作用原理导论. 长春：吉林科学技术出版社，1981：69-140.
[15] 黄开辉，万惠霖. 催化原理. 北京：科学出版社，1983：185-503.
[16] 尹元根. 多相催化剂的研究方法. 北京：化学工业出版社，1988：487-636.
[17] Thomas J M, Lambert R. Characterisation of Catalysts. New York：John Wiley & Sons, 1980：89-262.
[18] 张大煜. 多相催化研究中的表面键理论研究. 中国科学院第三次技术科学部学部大学报告汇编（北京），1960：48.
[19] 张大煜，郭燮贤. 表面键理论的基本要点. 中国科学院大连催化理论座谈会报告汇编. 1961.
[20] 张大煜，郭燮贤. 覆盖度与反应性能的关系. 全国催化研究工作报告会（兰州）会刊，1963.
[21] 刘建业，郭燮贤，张大煜. 合成氨反应条件下氮、氢吸附与反应速度的关系——反应速度的动力学处理. 科学通报，1966，(8)：355-359.
[22] 刘建业，郭燮贤，张大煜. 氮，氢混合吸附与合成氨反映件下氮，氢吸附的比较. 科学通报. 1966，(11)：510-513.
[23] 辛勤. 固体催化剂研究方法（上、下）册. 北京：科学出版社，2004.
[24] 辛勤. 催化研究中的原位技术. 北京：北京大学出版社，1993：1-392.
[25] Ertl G, Knozinger H, Schuth F, et al. Handbook of Heterogeneous Catalysis. Vol.1. Weinheim：Wiley-VCH，2012.
[26] 田丸谦二. 动态多相催化. 朱传征等译. 上海：上海科学技术出版社，1981：31-41.
[27] 大西孝治. 探索催化剂的奥秘. 李灿译. 北京：化学工业出版社，1990：169-182.
[28] Topsoe H, Boudart M, Norskov J K. Frontiers in Catalysis：Ammonia Synthesis and Beyond. Science Publishers Basel-Switzerland，1993：265-283.
[29] 刘化章. 氨合成催化剂——实践与理论. 北京：化学工业出版社，2007：1-32.
[30] 辛勤. 固体催化剂研究方法（上册）. 北京：科学出版社，2004：373-375.
[31] 辛勤，罗孟飞. 现代催化研究方法. 北京：科学出版社，2009：325-355.
[32] Xin Q, Delmon B. Characterization of sulfided Co-MO/Al_2O_3 by CO and NO co-adsorption with 2R. Proceedings of 9TH ICC，1988，1：63-73.
[33] 尹元根. 多相催化剂的研究方法. 北京：化学工业出版社，1988：365-378.
[34] 田丸谦二. 动态多相催化. 朱传征等译. 上海：上海科学技术出版社，1981：83-134.

[35] 邓景发. 催化作用原理导论. 长春：吉林科学技术出版社，1981：148-245.

[36] （a）吴越，杨向光. 现代催化原理. 北京：科学出版社，2004：38-140；（b）Ф.Ф. 沃里坎什捷因. 半导体催化的电子理论. 吕永安，罗楚宝译. 北京：科学出版社，1963.

[37] Grunes J, Somorjai G A, Raja S H R, et al. Catalysis and Nanoscience Nanotechnology in Catalysis. Vol.1. New York：Kluwer Academic/Plenum Publishers, 2004：1-358.

[38] Zhou B, Somojai G A, et al. Nanotechnology in Catalysis. Vol.1. New York：Kluwer Academic/Plenum Publishers, 2004：183-198.

[39] Zhou B, Somojai G A, et al. Nanotechnology in Catalysis. Vol.2. New York：Kluwer Academic/Plenum Publishers, 2005：309-322.

[40] Zhou B, Somojai G A, et al. Nanotechnology in Catalysis. Vol.3. New York：Kluwer Academic/Plenum Publishers, 2006：543-555.

[41] David B, Williams C. Barry Carter Transmission Electron Microscopy（A Textbook for Materials Science）. Weinheim：Springer, 2012：1-793.

[42] Che M, Vedrine J C. Characterization of Solid Materials and Heterogeneous Catalysts（from Structure to Surface Reactivity）. Vol.1-2. WILET-VCH, 2012：1-1137.

[43] Zhou Z H, Wang S, Zhou W, et al. Novel synthesis of highly active Pt/C cathode electrocatalyst for direct methanol fuel cell. Chemical Communications, 2003, 3：394-395.

[44] Jiang L H, Sun G, Zhou Z, et al. Size-controllable synthesisof monodispersed SnO_2 nanoparticles and application in electrocatalysts. Journal of Physical Chemistry B, 2005, 109（18）：8774-8778.

[45] Zhou W J, Song S Q, Li W Z, et al. Direct ethanol fuel cells based on PtSn anodes：the effect of Sn content on the fuel cell performance. Journal of Power Sources, 2005, 140（1）：50-58.

[46] 周卫江，周振华，李文震，等. 直接醇类燃料电池阳极催化剂研究进展. 化学通报，2003，4：228-234.

[47] Jiang L H, Sun G Q, Sun S G, et al. Structure and chemical composition of supported Pt-Sn electrocatalysts for ethanol oxidation. Electrochimica Acta, 2005, 50（27）：5384-5389.

[48] Li H Q, Sun G Q, Cao L, et al. Comparison of different promotion effect of PtRu/C and PtSn/C electrocatalysts for ethanolel ectro-oxidation. Electrochimica Acta, 2007, 52（24）：6622-6629.

[49] Li W Z, Liang C, Zhou W, et al. Preparation and characterization of multiwalled carbon nanotube-supported platinum for cathode catalysts of direct methanol fuel cells. Journal of Physical Chemistry B, 2003, 107（26）：6292-6299.

[50] Li W Z, Liang C, Qiu J, et al. Carbon nanotubes as support for cathode catalyst of a direct methanol fuel cell. Carbon, 2002, 40（5）：791-794.

[51] 李勇，申文杰. 金属氧化物纳米催化的形貌效应. 中国科学·化学，2012，42（4）：376-389.

[52] Mou X L, Zhang B S, Li Y, et al. Rod-shaped Fe_2O_3 as an efficient catalyst for the selective reduction of nitrogen oxide by ammonia. Angewandte Chemie International Edition, 2012, 51（12）：2989-2993.

[53] Li Y, Shen W J. Morphology-dependent nanocatalysts：rod-shaped oxides. Chemical Society Reviews, 2014, 43（5）：1543-1574.

[54] Xie X W, Li Y, Liu Z Q, et al. Low-temperature oxidation of CO catalysed by Co_3O_4 nanorods. Nature, 2009, 458：746-749.

[55] Bell A T. Effects of Local Composition, Structure, and Confinement on the Activity and Selectivity of Catalytically Active Centers. Lecture on DICP Dalian, China, June 16, 2014.

[56] Mlinar A N, Baur G B, Bong G G, et al. Propene oligomerization over Ni-exchanged Na-X zeolites. Journal of

Catalysis, 2012, (296): 156-164.

[57] Mlinar A N, Keitz B K, Bell A T, et al. Selective propene oligomerization with nickel (II) -based metal-organic frameworks. ACS Catalysis., 2014, 4 (3): 717-721.

[58] Li B, Yang Q H, Li C, et al. Hydration of epoxides on [CoIII (salen)] encapsulated in silica-based nanoreactors. Angewandte Chemie International Edition, 2012, 51: 11517-11521

[59] Bai S Y, Yang H Q, Li C, et al. Enhancement of catalytic performance in asymmetric transfer hydrogenation by microenvironment engineering of the nanocage. Chemical Communications, 2010, 46: 8145-8147.

[60] Yang H Q, Zhang L, Wang P, et al. The enantioselective cyanosilylation of aldehydes on a chiral VO (Salen) complex encapsulated in SBA-16. Green Chemistry, 2009, 11: 257-264.

[61] Yang H Q, Zhang L, Zhong L, et al. Enhanced cooperative activation effect in the hydrolytic Kinetic resolution of epoxides on Co (salen) catalysts confined in nanocages, Angewandte Chemie International Edition, 2007, 46: 6861-6865.

[62] Meng X J, Nawaz F, Xiao F S. Templating route for synthesizing mesoporous zeolites with improved catalytic properties. Nano Today, 2009, 4: 292-301.

[63] Zhang Y L, Liu F J, Xiao F S. Superhydrophobic nanoporous polymers as efficient adsorbents for organic compounds. Nano Today, 2009, 4: 135-142.

[64] Xiao N, Wang L, Liu, S, et al. High-temperature synthesis of ordered mesoporous silicas from solo hydrocarbon surfactants and understanding of their synthetic mechanisms. Journal of Materials Chemistry, 2009, 19: 661-665.

[65] Liu F J, Li C J, Ren L M, et al. High-temperature synthesis of stable and ordered mesoporous polymer monoliths with low dielectric constants. Journal of Materials Chemistry, 2009, 19: 7921-7928.

[66] Tang T D, Yin C Y, Xiao N, et al. High activity in catalytic oxidation of benzyl alcohol with molecular oxygen over carboxylic-functionalized carbon nanofiber-supported ruthenium catalysts. Catalysis Letters, 2009, 127: 400-405.

[67] Zhang Y L, Wei S, Zhang H Y, et al. Nanoporous polymer monoliths as adsorptive supports for robust photocatalyst of Degussa P25. Journal of Colloid and Interface Science, 2009, 339: 434-438.

[68] Du Y C, Liu S, Zhang Y L, et al. Urea-assisted synthesis of hydrothermally stable Zr-SBA-15 and catalytic properties over their sulfated samples. Microporous and Mesoporous Materials, 2009, 121: 185-193.

[69] 包信和. 催化基础理论研究发展浅析——兼述催化中的限域效应. 中国科学·化学, 2012, 42 (4): 355-362.

[70] Wei M M, Fu Q, Dong A Y, et al. Coverage and substrate effects on the structural change of FeO_x nanostructures supported on Pt. Topics in Catalysis, 2014, 57: 890-898.

[71] Fu Q, Li W X, Yao Y X, et al. Interface-confined ferrous centers for catalytic oxidation. Science, 2010, 328: 1141-1144.

[72] Ma T, Fu Q, Bao X H, et al. Controlled transformation between the surface Fe (FeO) and subsurface Fe structures at Pt (111) surface. Chinese Journal of Catalysis, 2010, 31: 24-32.

[73] Pan X L, Bao X H. Reactions over catalysts confined in carbon nanotubes. Chemical Communications, 2008, 40 (10): 6271-6281.

[74] Yu L, Li W X, Pan X L, et al. In-and out-dependent interactions of iron with carbon nanotubes. Journal of Physical Chemistry C, 2012, 116 (31): 16461-16466.

[75] (a) Bell A T. The impact of nonscience on heterogeneous catalysis. Science, 2003, 3299: 1688-1691; (b) Bell A T. Effects of Local Composition, Structure, and Confinement on the Activity and Selectivity of Catalytically Active Centers. Lecture on DICP Dalian, China, June 16, 2014.

(辛　勤[*])

第 2 章　固体催化剂制备技术原理

2.1　引　　言

催化剂和催化反应过程广泛应用于能源转化利用、化学品制造、环境治理等领域。据估算，大约有 85%的化学工业过程涉及催化反应，因此催化也被认为是现代化学工业的基石。近年来，提高催化反应过程效率和开发新催化反应已成为实现能源（资源）高效清洁利用和化学/化工生产绿色化的重要途径。催化过程的核心和物质基础是催化剂，目前约有 80%的工业催化过程采用固体催化剂（其余 17%为均相催化，3%为生物催化）[1]。

固体催化剂的制备包含沉淀、浸渍、老化、过滤（包括洗涤）、干燥、焙烧等诸多单元操作步骤，每一步均涉及复杂的物理、化学变化。催化剂的制备技术在很大程度上影响催化剂的物理和化学结构，并最终决定催化剂的性能（活性、选择性和稳定性）。长期以来，催化剂的开发大多基于经验性积累，因此催化剂制备也被认为是"技艺"而非科学，这些经验多是基于"试错法"获得的规律性认识，或是对催化剂制备过程特定操作单元和对催化剂结构特定参数的理解。例如，在合成氨铁基催化剂开发过程中，研究者筛选了不同组分和不同制备方式，获得了约 4000 个催化剂样品，进行了超过 10 000 次的实验才最终成功获得工业应用的熔铁催化剂[2]。不可否认，在催化科学特别是工业催化剂开发的历史上，这种方式曾经而且仍然起着重要作用，但由于缺乏可靠的科学基础作为依据，这种方式往往经验性强、效率较低。自 20 世纪后期，发展催化剂制备科学逐渐成为催化研究的重要方向，也逐步与物理化学和材料科学融合交叉。

固体催化剂可大致分为本体催化剂（bulk catalyst）和负载催化剂（supported catalyst）两大类。本体催化剂是利用固体材料本身作为催化的活性相，其特征是催化剂颗粒外表面和内部构成基本一致，均具有催化活性，常见的如雷尼镍等骨架合金型催化剂和分子筛催化剂；负载催化剂是利用具有较大比表面积的多孔结构固体材料作为载体，对活性相起分散和稳定作用，这类催化剂的活性相多是贵金属或难以获得大比表面积的组分，常见的负载催化剂，如 Pt/分子筛加氢异构催化剂、Pt/Al_2O_3 重整催化剂、Pd/C 加氢催化剂等。

近年来，很多文献和论著对固体催化剂制备技术和原理进行了详尽总结[1-5]。本体催化剂和催化剂载体制备方法主要有沉淀/共沉淀法、溶胶-凝胶法、水/溶热法、固相反应法(研磨、高温焙烧、熔融)、火焰热解法等;负载催化剂的制备方法主要有浸渍、沉积沉淀、离子交换、物理/化学气相沉积、化学嫁接/接枝法等;催化剂制备过程中主要包括离子吸附/交换、沉淀、老化、过滤(包括洗涤)、蒸发、干燥、焙烧等操作单元。本章从溶液化学、晶体生长、材料表/界面物理化学性质等基础概念入手,选取最常用的沉淀/共沉淀法、溶胶-凝胶法、浸渍、离子交换法、沉积沉淀法等液相化学方法,试图对催化剂制备过程单元操作步骤中发生的物理、化学变化进行解析,重点介绍固体催化剂制备的基本原理。

2.2 本体催化剂

2.2.1 沉淀/共沉淀法

1. 成核和晶体生长

从溶液中获取沉淀物可以通过物理变化(如改变温度、溶剂或直接蒸发)和化学变化两种方式实现,通常所说的沉淀法是指化学沉淀法。化学沉淀法是通过向溶液中加入酸、碱或络合剂等能与溶液中金属离子发生化学反应生成固态化合物,并使之从溶液中沉淀出来,从而获得固体材料的一种方式。溶液中的金属离子首先与沉淀剂反应生成前体,当体系内前体达到一定浓度后,沉淀过程才真正开始,一般经历成核、晶体生长和粒子聚集三个阶段(图 2.1)。成核和晶体生长是沉淀形成过程中两个重要的阶段,一般同时进行,严格意义上来讲很难完全分离开来。成核阶段,金属离子与沉淀剂离子结合后先形成最小的基元固态粒子,也称为晶体胚胎(crystal embryo),目前对这个胚胎的结构认识还不是很清晰,一般认为它是一个由原子、分子甚至离子堆积形成的可以自发生长的团簇[7-9]。团簇存在一个临界尺寸,小于临界尺寸的团簇会发生溶解再结晶,而大于临界尺寸的团簇会作为晶核继续生长,也就是晶体生长过程。溶液中成核沉淀(假设为球形粒子)的吉布斯自由能变化可以表示为:$\Delta G = \frac{4}{3}\pi r^3 (\mu_s - \mu_l) + 4\pi r^2 \sigma$,其中,$r$ 是粒子半径;μ_s 和 μ_l 分别为化合物在沉淀状态和溶解状态时的分子自由焓;σ 是粒子的固液界面能。粒子(核)的临界尺寸对应自由能变极大值,对上述公式进行求导处理($\frac{d\Delta G}{dr}=0$)可以得出成核沉淀的临界粒子半径为 $r_c = -2\frac{\sigma}{\mu_s - \mu_l}$,$\mu_s$ 和 μ_l 的大小取决于其活度(与浓度正相关)。可见,沉淀化合物分子在溶液中的浓度越大,成核的临界尺寸(核的大小)越小($\mu_s-\mu_l$ 为负值)[8]。

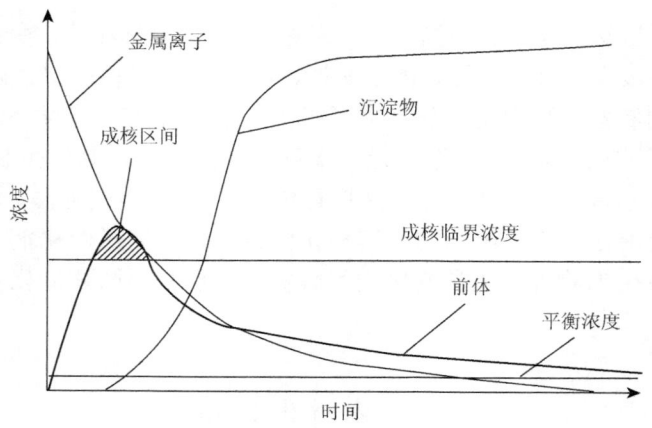

图 2.1 沉淀过程示意图[6]

成核速率可以表示为[7, 9-11]：$\dfrac{dN}{dt} = \beta \exp\left[-\dfrac{A}{\ln^2 s}\right]$，其中，$\beta$ 是指前因子；A 是与固液界面能相关的参数（$A = \dfrac{16\pi\sigma^3\Gamma^2}{3(\kappa T)^3}$，其中，$\sigma$ 是固液界面能；Γ 是沉淀化合物分子体积；κ 是常数；T 是温度）；s 是过饱和度 [$s = \dfrac{C}{C_{eq}}a$，其中，C 和 C_{eq} 分别表示溶液中的沉淀化合物分子的实际浓度和饱和浓度（溶解度）；a 是与平均活度相关的系数][12]。根据上面的函数关系，可以得到成核速率与过饱和度的关系图（图 2.2）[10, 13a]。可以看出，对特定体系，在一定温度下成核速率取决于过饱和度；过饱和度存在一个临界值，在临界值附近成核速率急剧变化；高的过饱和度有利于快速成核，会在溶液中形成大量晶核，易于获得小晶粒的固体材料。在多组分共沉淀操作中，由于不同化合物的过饱和度存在差异，控制高的过饱和度是实现各化合物同时沉淀的关键，有利于获得各组分化合物分散均匀

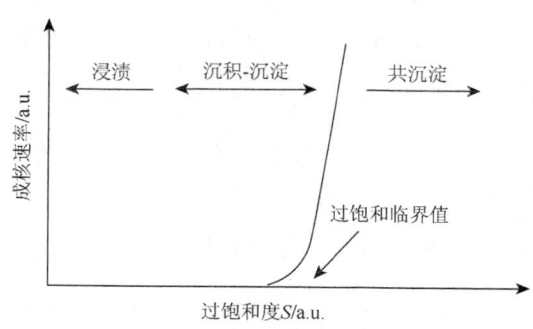

图 2.2 成核速率与过饱和度的关系[13a]

的沉淀物；过饱和度过低会导致低过饱和度的化合物优先沉淀，而造成沉淀不均匀。而在沉积沉淀（见 2.3.3 节）操作中，为将活性组分均匀地沉积到载体上，需要慢速成核，以便其有足够的时间扩散到载体孔内和表面，如果过饱和度过高，成核速率过快，则可能有大量晶核来不及沉积到载体表面就自身聚集形成大的粒子，导致活性组分和载体分离。

晶体生长速率可以用简化的公式 $\kappa_g = a(C - C_{eq})^n$ 来表示[13a]，其中，a 是常数；C 和 C_{eq} 分别表示沉淀化合物分子的实际浓度和饱和浓度（溶解度），在水溶液中多数氢氧化物和碳酸盐化合物的 C_{eq} 趋于 0；指数 n 一般接近 1。可见，成核过程对浓度/过饱和度的依赖是指数关系，而晶体生长过程则是线性关系，因此高过饱和度对成核过程的促进作用远大于晶体生长过程。所以通过控制沉淀反应在高过饱和度下进行，使成核速率远大于晶体生长速率，容易获得高度分散的小晶粒沉淀物；反之，稀溶液中低过饱和度情况下成核速率接近或小于晶体生长速率，溶液中的金属盐前驱体主要用于晶体生长，有利于形成大尺寸晶体。利用这一原理，可以通过控制沉淀化合物分子在溶液中的浓度/过饱和度来控制成核和晶体生长的相对速率，将沉淀过程分成以成核为主和以晶体生长为主的两个阶段，即所谓成核和晶体生长过程的分离，这是调控晶体尺寸和形貌均一性的一种重要手段。在粒子尺寸均一的单分散晶体制备过程中，一般采取的策略是通过提高初始过饱和度完成快速成核，使体系内晶核数目短时间内达到极大值，此后由于过饱和度降低，成核过程速率急剧下降，成核过程结束，晶体生长与晶核（小于临界尺寸的晶核）溶解过程将体系维持在一个准平衡状态，即奥斯特瓦尔德熟化过程[6, 9b]。

除采用高的初始过饱和度外，还可以采取预先加入晶种的方式直接实现成核和晶体生长的分离。此时不需要再发生成核过程，体系会以加入的晶种为晶核直接开始晶体的生长过程。在这种情况下，沉淀速率一般可以用阿伦尼乌斯速率方程来描述，如拜耳工艺生产氧化铝的过程中，沉淀速率可以用以下方程来描述：
$-\dfrac{dC}{dt} = k \exp(\dfrac{-E}{RT}) A (C - C_{eq})^2$，其中，$k$ 为速率常数；E 为活化能（$E \approx 59 \text{kJ/mol}$）；$R$ 是摩尔气体常量；T 是温度；A 是晶种的表面积；C 和 C_{eq} 分别表示溶液中 $Al(OH)_3$ 的实际浓度和平衡浓度。实际生产中，拜耳采用流动工艺，通过控制沉淀化合物的过饱和度保持溶液中晶核数量恒定，在不引起溶液产生均匀沉淀的条件下进行，将此溶液注入含有晶种的沉淀池内，即可开始晶体的生长过程[13b]。

2. 沉淀物结构性质的影响因素

沉淀物的结构和物理化学性质受多种因素影响，如前驱体金属盐、沉淀剂、溶剂等的选择，以及温度、溶液的 pH、过饱和度、试剂的混合方式、滴加速度、搅拌速度等操作条件的控制，如图 2.3 所示。通过这些条件的改变可以调控沉淀物的结构和性质，如晶相、化学组成、纯度、粒子大小、表面积、孔结构等。

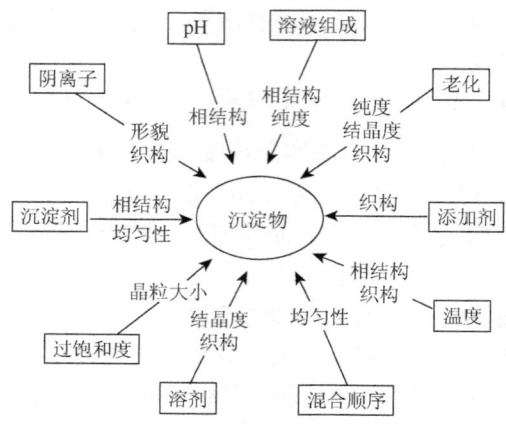

图 2.3　沉淀物结构和性质的影响因素[13c]

1）原料和溶液组成

原料的选用需要考虑多种因素，比较重要的是其溶解性，实际应用中还需要考虑原料是否环境友好、是否易于获取、是否具有经济性等。需要指出的是原料对目标产品的结构性质可能造成重要影响，如前驱体盐阴离子残留杂质对沉淀物的影响，因此原料的选择需要结合多方面因素综合考虑。通常制备高分散的沉淀物时，具有高溶解性盐和沉淀剂便于在高过饱和度下操作，易于获得晶粒尺寸小的沉淀物。一般最常用的金属盐是硝酸盐，其中比较重要的一个原因是硝酸根离子（NO_3^-）比较易于通过洗涤、焙烧等后续操作来进行清除。氯化物、硫酸盐等也比较常用，但在某些催化过程中，Cl^-和SO_4^{2-}对催化剂有毒化作用，特别在高过饱和度下，很容易大量残存在沉淀物中，后续过程中需要通过反复洗涤，并选择合适的焙烧、活化等处理方式将其脱除。沉淀剂一般选择碳酸钠、氢氧化钠、氨水、尿素等。

溶液的组成，如反应体系中阴离子及溶液浓度的变化，是影响沉淀物的结构性质(如晶粒尺寸、形貌、晶相等)的重要因素。例如，分别以 Na_2MoO_4 和 $(NH_4)_6Mo_7O_{24}$（沉淀 pH 分别为 1.65 和 2.30）为原料采用沉淀法制备 MoO_3 时，$(NH_4)_6Mo_7O_{24}$ 沉淀可以得到晶粒尺寸更小的 MoO_3，且催化剂上四面体钼物种的比例更高[14]；又如，改变溶液中 $FeCl_3$ 和 HCl 的浓度，控制反应条件可以得 $\alpha\text{-}Fe_2O_3$（0.0315mol/L $FeCl_3$，0.005mol/L HCl，100℃，2 周）和 β-FeOOH（0.45mol/L $FeCl_3$，0.01mol/L HCl，100℃，1 周）；而当阴离子改变后，在含有 $Fe(NO_3)_3$ 和 Na_2SO_4 的体系中（0.18mol/L

Fe(NO$_3$)$_3$, 0.32mol/L Na$_2$SO$_4$, 98℃, 2h), 沉淀生成 Fe$_3$(OH)$_5$(SO$_4$)$_2$·2H$_2$O; 在 FeCl$_3$ 和 H$_3$PO$_4$ 的体系中（0.0038mol/L FeCl$_3$, 0.24mol/L H$_3$PO$_4$, 100℃, 20min), 沉淀生成 FePO$_4$[15]。上述得到的沉淀在形貌上也有很大差异，如图 2.4 所示，在 FeCl$_3$ 和 HCl 体系中，控制反应物浓度和老化时间可以得到球形[图 2.4（a）]和棒状[图 2.4（b）]结构；Fe(NO$_3$)$_3$ 和 Na$_2$SO$_4$ 体系中短时间内即可得到六角形状 Fe$_3$(OH)$_5$(SO$_4$)$_2$·2H$_2$O 沉淀物[图 2.4（c）]。溶液的组成还可能决定沉淀物的晶相组成、表面积、热稳定性等物理化学性质[16-18]。CuO/ZnO 催化剂制备过程中，将含有 Cu/Zn 比（摩尔比）不同的溶液[Cu(NO$_3$)$_2$+Zn(NO$_3$)$_2$=1mol/L]加到过量的 NaHCO$_3$ 溶液（1.2mol/L）中进行沉淀，结果发现，当 Cu/Zn 比大于 85/15 时生成类孔雀石相[malachite, Cu$_2$CO$_3$(OH)$_2$], 而随 Cu/Zn 比降低（50/50≤Cu/Zn≤77/23），沉淀物中出现绿铜锌矿相[aurichalcite, (Zn, Cu)$_5$(CO$_3$)$_2$(OH)$_6$], 且沉淀物混合相结构中绿铜锌矿相的比例随 Zn 含量增加而增大[16]。在共沉淀法制备 MoO$_3$/ZrO$_2$ 催化剂过程中发现，(NH$_4$)$_6$Mo$_7$O$_{24}$ 的加入（0<Mo/Zr≤0.5）使催化剂比表面积增大，并对介稳的四方相 ZrO$_2$ 向单斜相转变有抑制作用，500℃焙烧后，单独 ZrO$_2$ 的比表面积只有 42m^2/g, 当 Mo/Zr 比为 0.2 时催化剂的比表面积最大可达 116m^2/g[17]。

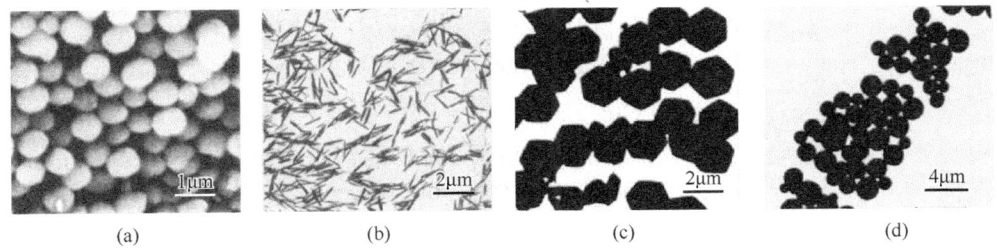

图 2.4　不同铁盐沉淀物的扫描电镜图片[15]
(a) α-Fe$_2$O$_3$; (b) β-FeOOH; (c) Fe$_3$(OH)$_5$(SO$_4$)$_2$·2H$_2$O; (d) FePO$_4$

此外，某些有机物的加入也影响沉淀物和催化剂的结构性质。例如，在氢氧化铝制备过程中加入能强吸附在沉淀物表面有机物（如丁醇、邻苯二甲酸酐、苯甲酸等）可以改变沉淀物的孔结构，这是由于这类有机物的吸附取代了吸附在沉淀物表面的水，可以降低沉淀溶解度，抑制奥斯特瓦尔德熟化过程，同时有机物较大的分子尺寸有利于抑制沉淀粒子间的聚集[19]。此外，使用醇类溶剂对沉淀物进行洗涤一般有利于形成介孔结构、增大比表面积，这是由于醇类取代沉淀物孔内的水后，其较小的表面张力有利于减缓焙烧过程中孔结构的坍塌[19, 20]。但也有报道发现，用醇类洗涤 Mg(OH)$_2$ 沉淀物会引起 MgO 比表面积降低，这可能是由于醇类与沉淀物表面反应形成烷氧化物，在焙烧过程中诱导粒子间通过表面缩合反应桥连和聚集[21]。

2）操作条件

溶液 pH 和反应温度是控制沉淀物结构性质的重要参数，对沉淀物的化学组成、晶相结构、孔分布等有较大影响[23-32]。首先，沉淀法中一般通过 pH 的调节控制过饱和度，因此调节 pH 是控制沉淀粒子大小和孔结构的常用手段。pH 的变化还可能造成沉淀物相结构的不同，在氧化铝的制备过程中，在较高的 pH 下（pH＞8）沉淀得到 β-Al(OH)$_3$，而在偏酸性的条件下沉淀得到 γ-AlO(OH)，即薄水铝石（boehmite），后者焙烧后可得到高比表面积的 γ-Al$_2$O$_3$。此外，金属离子在溶液中的化学状态（配位状态、聚合度等）也依赖于 pH，比较典型的如 V、Mo、W 等金属盐随 pH 变化而呈现不同的聚合度[23-25]，图 2.5 给出了钼物种的化学状态与溶液 pH 的关系，可以看出随 pH 从 6 降低到 1，钼物种逐渐由二聚向更高的聚合状态转变，继续降低 pH，钼物种由带负电荷转变为带正电荷。因此，钼酸盐、钨酸盐等化合物的化学组成直接取决于沉淀过程的 pH，这在钼酸铁、钼酸铋、钨酸铋等混合金属氧化物制备过程中有重要的应用，表 2.1 列出了 pH 和温度对一些钼酸盐和钨酸盐化学结构的影响[26]。催化剂制备过程中，为了获得结构性能优异的催化剂，pH 的选择需要考虑多方面的因素，通常结合实验手段进行选择。例如，在多金属离子共沉淀制备催化剂过程中，由于不同金属离子沉淀的初始 pH 差异较大，一般需要选择在稍高的 pH 下进行操作，但过高的 pH 又可能引起某些物相/组分的溶解（与沉淀剂的选择也有关系）。典型的例子如，Cu-Zn-Al 催化剂的制备过程中，Al^{3+}、Cu^{2+}和 Zn^{2+}开始沉淀的 pH 分别约为 2.5、3 和 4.5，实验表明，控制沉淀 pH 为 6～7 时得到的沉淀物能够获得高活性的甲醇合成催化剂[30, 31]；pH 为 7 时，沉淀物为类孔雀石相［malachite，(Cu, Zn)CO$_3$(OH)$_2$］结构；而当 pH＜6 时，沉淀物则为碱式硝酸盐，这可能是造成催化剂性能差异的

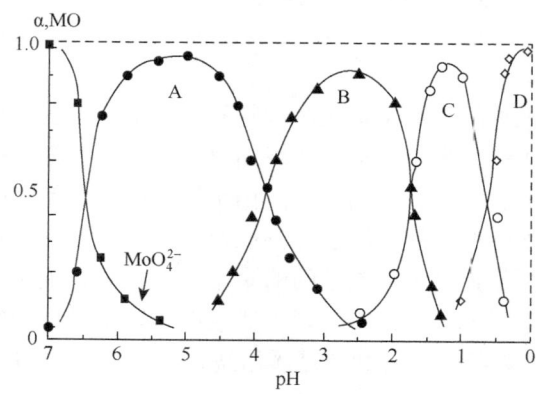

图 2.5 钼物种的化学配位状态与 pH 的关系[22]

A：H$_x$Mo$_7$O$_{24}^{x-6}$（$x=0$～2）；B：α-Mo$_8$O$_{26}^{4-}$；C：Mo$_{36}$O$_{112}^{8-}$；D：阳离子钼物种

原因[32]。从"成核和晶体生长"的介绍可以知道,晶体生长的动力学对温度变化非常敏感,但由于不同沉淀过程基元步骤的动力学行为不同,实际操作中,很难准确预测温度变化如何影响沉淀物的某个具体性质。例如,升高沉淀温度通常有利于得到大晶粒尺寸的产物(如在拟薄水铝石和钼酸铁合成中),但在ZnO合成过程中也观察到升高温度导致晶粒尺寸减小的现象[29]。

表2.1　若干钼酸盐和钨酸盐的制备条件[26]

化合物	制备条件
$Bi_2(MoO_4)_2$	pH=1.5,T=20℃,高Mo浓度
$Bi_2Mo_2O_9$	pH=2.2,T=80℃
$Bi_2W_2O_9$	pH=2.2,T=80℃
$MnMoO_6$	pH=5.5,T>80℃
$CoMoO_4$	pH=5.5,T>80℃
$Fe_2(MoO_4)_2$	pH=5.5,T>80℃,老化
$Ce_2(MoO_4)_3$	pH=7,T=20℃,低Mo浓度,老化

另外,温度和pH对沉淀物结构性质特别是催化性能的影响是相互关联的,在特定温度下的最优化(指催化性能相对较好)pH,在温度改变后也随之发生变化;反之亦然。因此,为获得最佳的催化剂制备条件,需要通过大量实验逐步对每个变量进行优化。图2.6给出了温度和pH变化对共沉淀法制备Cu-Zn-Al催化剂甲醇合成活性的影响规律。在沉淀温度为60~70℃,pH为6~7时甲醇收率达到极值,这是由于在此条件下沉淀生成类孔雀石相碱式碳酸盐,其结构中铜离子和锌离子同晶取代,其位置可以相互替换,使铜和锌之间具有更强的相互作用[33]。

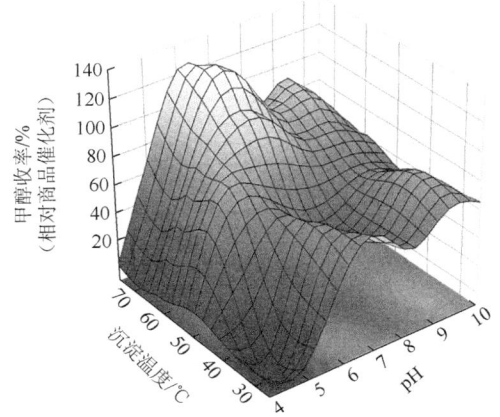

图2.6　沉淀温度和pH对Cu-Zn-Al甲醇合成催化剂反应性能的影响[33]

需要特别指出的是，初次沉淀物一般是非热力学稳定的化合物，其结构中可能含有前驱体金属盐阴离子，如 CO_3^{2-}、NO_3^-、Cl^-、SO_4^{2-} 等，因此在完成物料混合形成沉淀后，通常会将沉淀物在一定温度下继续老化一段时间，在此过程中这些阴离子会逐渐被 OH^- 置换掉，转变成更稳定的化合物，一般来说高的 pH 和老化温度对这一过程有促进作用[34, 35]。老化过程中，初次沉淀生成的无定形化合物会逐步晶化，通过控制老化过程的温度、pH 等条件可以控制沉淀物的晶相。同时老化条件的改变对沉淀物的比表面积、孔结构等也有一定影响。例如，ZrO_2 合成中，初次沉淀生成的无定形物在煮沸的氨水溶液中老化后比表面积由 $280m^2/g$ 增加到 $400m^2/g$，而如果老化过程在密封的高压釜内进行 [110℃，3atm（1atm=101.35kPa）] 比表面积反而降低到 $200m^2/g$[36]；当在 pH 为 1 或 3 老化时，焙烧后 ZrO_2 为四方相和单斜相混合物，当老化 pH 为 9 时，产物为纯的四方相，且产物具有微孔和介孔结构（5nm）[37]。大量文献研究了 Cu-Zn（Cu-Zn-Al）催化剂初次沉淀物在老化处理过程中的演变过程，尽管对一些变化细节和作用机制仍然存在争议（这可能与不同的操作条件有一定关系），但一般认为老化过程是一个无定形沉淀物（zincian georgeite）向晶态化合物（zincian malachite）转化的过程（沉淀物颜色由蓝色转变为蓝绿色），其特征是晶相转变以一个最低 pH 为界[38-40]。图 2.7（a）是比较典型的 Cu-Zn-Al 催化剂老化过程 pH 变化图。合适的温度和老化时间对结构的转变和催化剂的性能有至关重要的作用；低温下（40℃）老化过程极其缓慢或根本难以进行，而温度过高时（80℃）晶相转变过程很快完成，继续老化引起沉淀物晶粒尺寸变大 [图 2.7（b）]，降低了催化剂的比表面积，导致催化剂活性降低 [图 2.7（c）][39]。此外，经过老化过程，无定形物由微米级的大块结构转变为纳米级针状物堆积成的网状松散结构，对最终催化剂的孔结构有决定性的影响[41]。

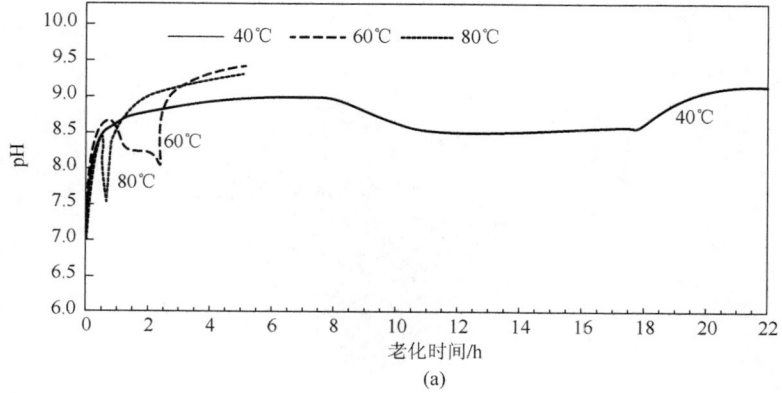

(a)

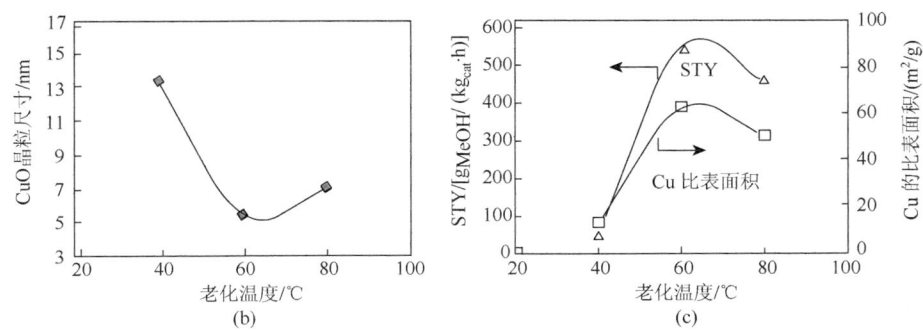

图 2.7 （a）pH 随老化时间的变化；（b）CuO 晶粒尺寸；（c）Cu 的比表面积和反应活性与老化温度（老化 5h）的关系[39]

STY 表示时空收率

沉淀法制备催化剂一般采用间歇式操作，溶液的混合方式/顺序需要特别关注。一般有三种混合方式：①将碱液加到盐溶液中；②将盐溶液加到碱液中；③盐和碱溶液同时加入。当把碱溶液加到盐溶液中时，随加入量增加，pH 逐渐增大，沉淀的前期过程中由于 pH 较低，产物中可能含有大量盐前驱体的阴离子，这种情况下需要对沉淀物进行充分老化，以便将前驱体盐阴离子置换掉。在多金属离子共沉淀时，由于各金属离子沉淀的 pH 不同，将碱逐渐加入盐中的方式会导致各金属离子在不同 pH 时分别沉淀，造成沉淀物的不均匀分布，而采用将盐加入碱中的方式可以解决这一问题。上述两种混合方式条件下，体系的 pH 都是变化的，可能造成不同 pH 下沉淀物结构性质的变化，因此沉淀物结构均匀性难以保证。碱和盐溶液同时加入的方式能够使体系 pH 维持恒定，一定程度上解决了 pH 变化造成的影响。在实际过程中，碱和盐溶液混合方式的不同可能引起催化剂结构和性能的巨大差异，如图 2.8 所示，在氧化铝制备过程中，控制溶液

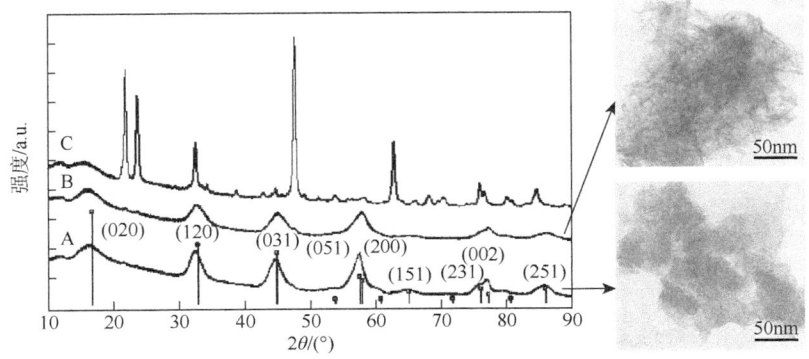

图 2.8 混合顺序对氧化铝结构的影响
A：盐和碱同时滴加；B：盐加入碱中；C：碱加入盐中[42]

最终的 pH 为 9，当将 1mol/L 的 Al(NO$_3$)$_3$ 加入 3mol/L 的 NaOH 溶液时得到薄水铝石（boemite）；反之，则得到三羟铝石（bayerite）；而同时加入时得到纤维状薄水铝石[42]。

可见，操作条件对沉淀物结构性质的影响非常复杂，对各种操作条件的考察大多是在固定其他操作条件不变的情况进行的，针对特定体系内得到的结论。实际上，特定催化剂的优化制备条件都是经过长期大量的试验摸索出来的，商业催化剂的制造一般严格按照特定操作参数进行。因此，需要针对催化剂制备的溶液化学开展系统性的基础研究，理解各种参数对催化剂结构变化的物理化学原理，实现催化剂结构（关键是本征活性位结构）的定向设计合成。

2.2.2　溶胶-凝胶法

溶胶-凝胶法是将溶液中的化合物逐渐转变成溶胶，然后溶胶粒子交联形成凝胶，并最终转化成固态干胶或气溶胶（图 2.9）。其特征在于：反应体系中的前驱体化合物首先通过水解和缩聚反应形成稳定的胶体溶液（胶体粒子大小 1~100nm）；然后胶体粒子间进一步通过表面活性官能团间的聚合形成网络多孔结构（孔径一般为亚微米级），即凝胶；最后，凝胶网络内包杂有溶剂和聚合生成的副产物，通过洗涤、干燥最终形成干胶或气溶胶[43]。传统上，凝胶的生成一般是通过控制金属离子或醇盐的水解和聚合反应实现，近年来还发展了金属盐（如氯化物）醇解法、氯化物与金属醇盐直接聚合反应等非水相合成方

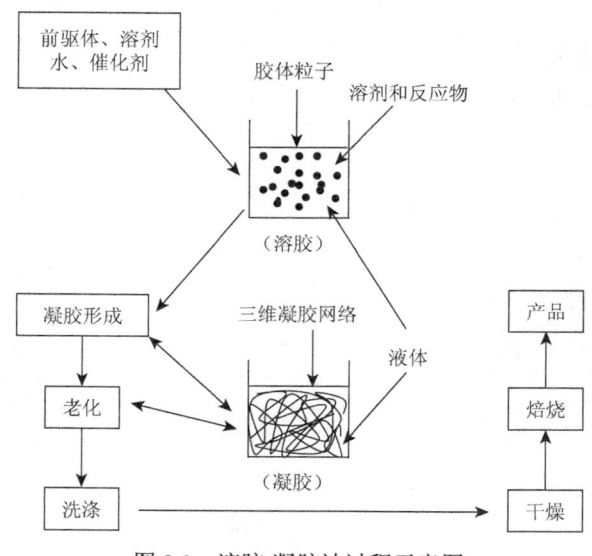

图 2.9　溶胶-凝胶法过程示意图

法[23, 44]。溶胶-凝胶法大致可分为以下几个操作步骤：①将前驱体转化为活性反应物（活化），如将醇盐水解成羟基化合物；②活化后的前驱体分子进行聚合反应生成纳米团簇性质的胶体溶液（溶胶）；③溶胶转化成凝胶；④老化；⑤洗涤；⑥干燥；⑦热处理/焙烧[43-45]。在上述步骤中有多个可控的参数，如前体的选择、溶剂、温度、水解和聚合催化剂的选择、老化和干燥条件等，因此该方法在控制催化剂结构、织构、组成均一性等方面有独特的优势。

1. 凝胶的制备

前驱体分子的选择决定了制备过程中可能发生的化学反应，当前驱体分子不能直接进行聚合反应时，需要先将其转化成易于聚合的活性分子，称为活化过程。例如，当以醇盐化合物作为前驱体时，一般需要先将醇盐化合物进行初步水解，使之转化为含有羟基的化合物。但这个步骤不是必需的，例如，通过金属氯化物与醇或醚反应，这类无机溶胶-凝胶法中不需要这个步骤。金属盐进入水中后在水的溶剂化作用下与阴离子解离并形成金属离子配合物$[M(H_2O)_n]^{Z+}$，水通过氧原子与金属配位，水相当于路易斯碱，而金属离子相当于路易斯酸，金属离子接受氧提供的电子使氧带部分正电荷活化了 O—H 键（即极化），并导致其断裂：$[M(H_2O)_n]^{Z+}+hH_2O \Longrightarrow [M(OH)_h(H_2O)_{n-h}]^{(Z-h)+}+hH_3O^+$，即水解过程，$h$ 的大小取决于金属离子极化能力的强弱（与金属离子浓度和溶液 pH 也有关系）[23, 46]。显然，当向溶液中加入碱时，金属离子水解程度加大，此外向溶液中加入能接受质子的有机物（如环氧丙烷）也可以促进水解。如由 $FeCl_3$ 合成 Fe_2O_3 的过程中，环氧丙烷接受质子后发生开环反应：，反应消耗质子和 $FeCl_3$ 中的 Cl^-，给水解反应提供 OH^-[47]。这种加入环氧化物的方式可以更好地控制金属离子的水解和后续胶体及凝胶的形成过程。有些高价金属离子在水溶液中以阴离子状态存在，如 Si、Mo、V、W 等（VO_3^-、$[Mo_8O_{26}]^{4-}$），这类阴离子结构中没有水分子配位，活化过程需要通过酸化实现，以 Si 的阴离子为例，加入酸后与质子结合可以形成$[H_nSiO_4]^{(4-n)-}$，实现活化，n 的值可以通过控制 pH 进行调控[48]。

金属醇盐化合物是常用的前驱体，这类化合物的活化也是通过水解形成氢氧化物完成的，其水解活性与化合物分子中金属所带的电荷（δ）有关，取决于金属的电负性。在正硅酸乙酯 $Si(OC_2H_5)_4$ 中，$\delta=+0.32$，因此其水解活性较低，可以通过加入催化剂（如酸）提高其水解活性，而 Ti（$\delta=+0.63$）、Zr（$\delta=+0.74$）等荷电高的金属醇盐化合物具有高的水解活性，需要通过水的浓度、反应温度或加入其他有机配体来控制水解速率和水解反应进行的程度[44]。正硅酸乙酯在酸或碱催化

下水解反应是 SN_2 亲核取代过程,反应速率在 pH=7 附近达到极小值。除 pH 外,反应速率还受烷氧官能团大小和水解程度(水解产物分子中羟基/烷氧基的比例)的影响[49]。

反应物前驱体(金属盐或金属醇盐)经水解活化后生成羟基/多羟基化合物,分子间发生缩合反应生成聚合物种,形成胶体溶液(溶胶)。这个过程通常和活化过程是同时进行的,视前驱体分子的水解程度及反应温度和加入催化剂(酸或碱)的不同,多羟基化合物分子可以通过脱水反应聚合,也可以通过脱醇类聚合[44]。初步聚合反应生成包含几个金属原子的单聚体或多聚体,通常以由金属为中心的多面体通过共用边角棱等方式组成的原子簇形式存在,随着水解和聚合程度增加,原子簇初级结构继续聚合长大,形成纳米胶体粒子。活化和聚合两个过程都受 pH 影响,以硅酸酯前驱体为例,$Si(OR)_{4-n}(OH)_n$ 在低 pH(pH<4)时水解速率大于聚合速率,因此低 pH 时初始聚合物一般多为链式结构,反应后期逐步交联形成多孔网络;而高 pH 时初始反应即生成交联的网状聚合物,容易生成大尺寸聚集体(图 2.10)[44,50]。此外,聚合速率随硅酸酯水解程度增加而增大,即 $Si(OR)_{4-n}(OH)_n$ 中 n 值越高,聚合速率越快。

对无水体系中的溶胶-凝胶过程,基于灵活的反应体系设计,可以存在多种活化和聚合的方式,如金属醇盐与金属氯化物直接反应脱除氯代烷烃(M—Cl+M—OR══M—O—M+R—Cl);金属氯化物与乙醚或丙酮反应利用有机物中的氧进行桥连聚合(M—Cl+R—O—R══M—OR+R—Cl);金属醇盐与金属羧酸盐反应脱除酯类化合物(M—OR+M—OCOR'══M—O—M+R—OCOR')[51-53]。与传统溶胶-凝胶法相比,无水体系的溶胶-凝胶法可以利用更廉价的金属氯化物等

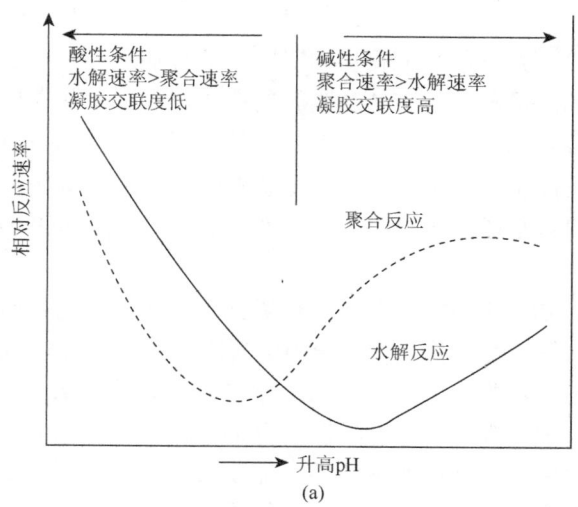

(a)

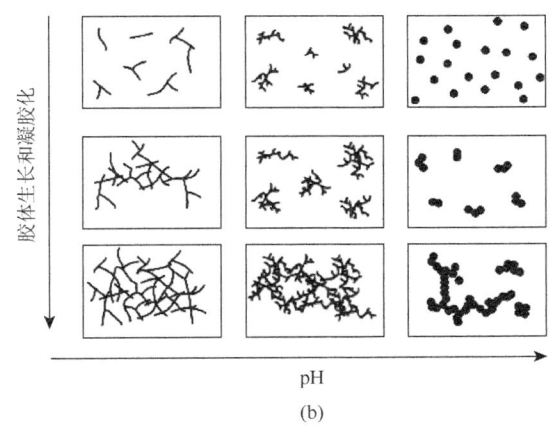

图 2.10 硅酸酯[Si(OR)$_4$]水解和聚合反应速率（a）及凝胶结构（b）与 pH 的关系[50]

为原料，通过氧桥连机制和反应介质的改变可以更好地控制反应动力学过程，从而控制聚合程度，调变材料的结构、均一性、织构和表面性质等[54]。

上述形成的溶胶体系经过"胶化"过程转化成凝胶。胶化是一个将初级胶体粒子缩聚成无限扩展的胶体网络的过程，本质上是初级胶粒表面官能团间通过氧桥连反应的进一步聚合。由溶液状态转变成弹性胶体的这段时间定义为"胶化时间"（gel time），胶化时间通常由实验手段测得[45]。经过这个过程，流动态的液体转变成凝胶网络，由于其空隙间包杂溶剂，因而是可承受一定压力的"弹性"体[50b]。胶化是溶胶-凝胶过程中比较关键的一步，溶液温度、pH 及水含量和催化剂（对水解和聚合过程起催化作用）是关键参数，这些条件控制不当可能造成胶体粒子的快速沉淀，引发固液分离。通常凝胶的形成需要控制反应在温和条件下进行，如对 pH 的调节，可以通过碱溶液的缓慢加入或使用尿素缓慢释放 OH[55]；使用环氧化物作为质子捕获剂也可以有效地控制体系的 pH[56]。此外，加入络合试剂（如羧酸、β-二酮等）与金属离子形成配合物也可降低水解反应速率；调节胶体表面羟基浓度也能对"胶化"过程进行有效控制[57]。凝胶的结构很大程度上取决于金属-氧键（M—O）的离子性与共价性，同时受控于活化和聚合反应速率（图 2.10）。例如，Si—O 键的共价性约为 50%，与其他金属（Al、Ti、Zr 等）相比，Si—O—Si 键的键角变化可以更大，更易于生成链式或开放的网络结构凝胶[50b]。

2. 老化、洗涤和干燥

凝胶生成后通常需要进行老化处理，在这一阶段胶体粒子间进一步聚合，同时胶体发生"脱溶剂收缩"，并可能伴随晶粒长大和晶相结构变化[45]。随老化时间延长，凝胶中的胶体粒子间通过表面官能团的脱除进一步聚合，凝胶体系交联度持续增大。核磁研究表明，以硅酸酯为原料溶胶-凝胶法制备 SiO_2 的过程中，凝胶形成后反应体系内 Si—OH 的数量继续随时间延长而减少，产生新的化学键，形成交联结构[58]。随聚合程度进一步增加，可能导致凝胶孔结构的收缩，孔内的溶剂被挤压出来，这个过程通常称为"脱溶剂收缩"。实验结果表明，在水溶液中 SiO_2 凝胶的"收缩"速率在等电点时（pH=2.0）最小，此时聚合反应速率接近最低，说明胶体粒子的聚合是引起"收缩"的原因[59a]。同时，胶粒在熟化作用下发生溶解再结晶过程，晶粒尺寸长大，还可能由无定形或亚稳相向稳定的晶相结构转变[59]。老化过程中的温度、时间、pH、溶剂等都可能影响凝胶孔结构和比表面积的变化，温度升高、老化时间延长均可以促进胶体粒子间的聚合，pH、溶剂性质影响胶体粒子的溶解再结晶过程。采用合适的溶剂对凝胶进行洗涤或将凝胶浸入其他溶剂中，可以将残留在孔内的反应物和溶剂置换掉。如果溶剂置换在老化步骤前进行，可以通过溶剂性质对老化过程中凝胶结构的变化进行调控；如果老化完成后再进行溶剂置换，溶剂的性质可以影响凝胶在干燥过程中的结构变化。

干燥过程也称为脱溶剂过程，是通过将凝胶结构中包杂的液体脱除，将凝胶转化成多孔的固体材料的步骤。通常采用溶剂挥发和超临界干燥两种方式，得到的相应材料分别称为干胶和气溶胶。溶剂挥发一般分为三个步骤：①溶剂的挥发伴随毛细作用力下的凝胶网络收缩；②伴随凝胶网络收缩和堆积密度增大，其机械强度增加，凝胶收缩达到"临界点"，孔内的溶剂在毛细凝聚梯度作用下开始流到外表面；③剩余溶剂的挥发。步骤①中凝胶网络/孔的收缩是由于毛细作用力下孔内外的压差造成的，压力作用的大小可以用杨-拉普拉斯公式来表示：$\Delta P=2\gamma\cos\Theta/r$（其中，$\gamma$ 是液体的表面张力；Θ 是液固接触角的大小；r 是孔半径），例如，当大小为 1nm 的孔填充溶剂为水时，压差可以达到 1.5×10^8Pa[59c]。步骤②开始前大部分溶剂从凝胶体系中挥发出来，体系达到"半干"状态，此后溶剂挥发速率降低[59]。通过采用低表面张力或者与固体接触角大的溶剂可以降低毛细作用力引起的孔结构收缩/塌陷，使孔结构得到保持。在 SiO_2 合成中，采用乙酸洗涤，置换掉凝胶孔结构中的水，可以减小干燥过程对孔结构的破坏，这是由于乙酸的表面张力仅为水的 1/3[59a]。

超临界干燥法是一种可以将凝胶结构完整转化为气溶胶的有效手段，超临界流体不会浸润凝胶，因此不会由于毛细凝聚力对凝胶孔结构造成破坏。常见的超临界干燥方式有两种：①将凝胶在加热加压作用下使溶剂达到超临界状态，然后再将超临界溶剂缓慢释放出来（超临界溶剂释放法）；②将超临界流体（如超临界 CO_2）流过凝胶，在此过程中凝胶内的溶剂被超临界流体萃取出来（超临界萃取法）。超临界干燥可以获得具有丰富孔结构的大比表面积固体材料，且材料一般有低密度、织构稳定性好等特点[60]。由于水在超临界状态下（647K，22.1MPa）通常会将凝胶溶解，对固体的结构造成破坏，因此一般采用醇类或醚类作为超临界介质[59c]。超临界干燥法一般在高温下进行，温度对所形成的气溶胶的性质有较大影响。在第一种操作方式下，应严格控制压力释放的速率，防止由于压力释放过快，溶剂来不及从孔内流出就剧烈膨胀而对孔结构造成破坏。超临界萃取法一般使用超临界 CO_2 为溶剂，在温度为 310~318K，压力为 8~30MPa 半连续状态下进行，萃取前通常会先将凝胶中残存的水用醇类或 CO_2 交换掉，这样可以增加溶剂在超临界 CO_2 中的溶解性。压力和温度仍然是影响催化剂织构性质的主要参数，通常温度升高时有利于获取大孔径的产物。

2.3 负载催化剂

负载催化剂由载体和分散在载体表面的催化活性组分组成，一般采用大比表面积的载体来提高活性组分的分散度和抗烧结/聚集能力。载体可以是惰性的（即载体对催化反应没有活性或载体对活性组分的性能无明显影响），但多数情况下载体的存在会影响活性组分的性质和催化性能，或者载体本身也具有一定的催化活性，构成双/多功能催化剂[61]。将活性组分通过简单的操作均匀地分散在载体表面是制备高效负载催化剂的关键，常用方法有浸渍法、沉积沉淀法、离子交换法、固载化和嫁接法、物理和化学气相沉积法等，其中浸渍法、沉积沉淀法和离子交换法是采用活性组分先分散在溶液中再转移到载体上的方法。因此，固液界面间的物理和化学相互作用机制是控制活性组分分散度和结构状态的关键。从微观角度讲，当将载体放置到溶液中时，可能发生溶液对载体表面和孔结构的浸润、离子交换、载体的部分溶解、形成新表面物种等过程，因此，上述对活性组分负载方法的分类只是从宏观角度进行的描述，体现了制备过程中对活性组分分散起主要作用的物理、化学作用机制[61a]。

2.3.1 金属离子在载体表面的吸附

金属离子与载体表面的作用对活性组分的分散至关重要。活性金属组分前驱体溶液浓度较低时（如贵金属），金属离子与载体的作用是发生表面吸附的主要驱动力；浓度较高时，金属离子与载体之间的相互作用对随后干燥、焙烧过程中活性组分在载体表面的晶种形成和结晶过程也有重要影响[61]。为提高金属含量和分散度，通常也会采用多步浸渍的方法，后续浸渍的物种在浸渍和干燥过程中会以前一步浸渍形成的晶种为中心进行聚集[62]。金属离子在载体表面的吸附方式主要有两种，即静电吸附和表面化学反应，其中静电吸附应用较为广泛。

溶液中带有正/负电荷的金属离子通过静电吸引与载体表面发生作用，金属离子从溶液中转移到载体表面,同时载体表面的平衡离子转移到溶液中,这一过程一般称为离子交换。其原理是利用溶液中离子与载体之间更强的静电作用,或溶液中高浓度的金属离子与载体本身的平衡离子之间的吸附平衡,将溶液中的催化活性组分前体转移到载体上,根据这一原理发展的催化剂负载方法称为离子交换法。根据离子交换作用的差异,一般可以将载体分为两类,即本身具有平衡离子的载体(如交换树脂、黏土、分子筛等)和两性载体,前一类载体本身具有平衡离子,受平衡离子荷电性质的控制只能交换阴离子(如水滑石)或阳离子(如分子筛)中的一种;而两性载体根据金属中心电负性的不同,可能带正电荷或负电荷,与溶液的 pH 有关(图 2.11),因此可以通过控制溶液 pH 改变载体的 ζ 电势,使其有利于阴离子或阳离子的吸附[61b]。

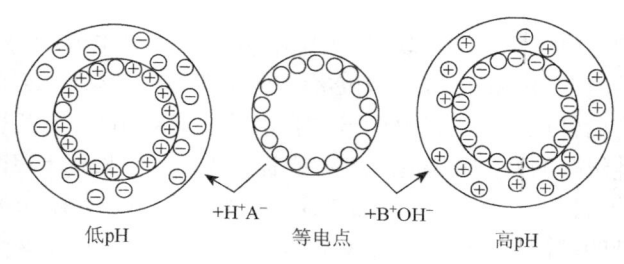

图 2.11　两性载体表面荷电示意图

两性载体分散于水溶液后,其表面基本被羟基覆盖,可以表示为 S—OH(S 表示 Al、Si、Ti、Fe 等元素),根据载体本身性质的不同,S—OH 可能表现出 Brønsted 酸或碱的性质:S—OH $\Longleftrightarrow$ S—O$^-$+H$^+$,S—OH+H$^+$ $\Longleftrightarrow$ S—OH$_2^+$ [61]。在特定的 pH 时载体表面不带电荷,这个特定的 pH 通常称为该载体的零荷电点(point of zero charge,PZC),也称为等电点(isoelectric point,IEP)[61c, 63, 64]。当溶液 pH>PZC 时,载体表面荷负电,载体选择性吸附溶液中荷正电的离子物种;pH<PZC 时载体表面荷正电,载体选择性吸附溶液中的负离子物种(图 2.11)。等电点是载体的固有性质,但受载体结晶度、表面杂质、缺陷位、溶液中离子种类等多种因素影响[65],对某一载体的 PZC 值文献报道可能存在差异,如 γ-Al$_2$O$_3$ 的 PZC 值一般为 7~9,SiO$_2$ 的 PZC 值一般为 1.5~3。此外,等电点也受溶液温度的影响,γ-Al$_2$O$_3$ 和 TiO$_2$ 的等电点随溶液温度升高而升高,而 SiO$_2$ 的等电点则随溶液温度升高而降低[61b]。

一般 PZC 值较低的载体在水溶液中表面带负电,常用于阳离子的吸附,反之 PZC 值较高的载体常用于阴离子的吸附,而 PZC 值居中(PZC 为 4~9)的载体可以通过对 pH 的控制改变表面带电类型,既可用于阴离子吸附也可用于阳离子吸附。因此需要根据载体 PZC 值的不同,同时考虑溶液的 pH 来选择合适的活性组分金属盐,以实现载体对金属离子的有效吸附。以常见的 Pt 盐为例,图 2.12

给出了阴离子型 Pt 盐(如 Na_2PtCl_6)和阳离子型 Pt 盐[如 $Pt(NH_3)_4(NO_3)_2$],在不同 PZC 值载体上的理论模拟吸附量随溶液 pH 的变化。可以看出,对 PZC 值较高的载体(如 Al_2O_3)选取阴离子型 Pt 盐作为前体可以有效提高 Pt 在载体上的吸附量,反之对低 PZC 值的载体(如 SiO_2)应该选取阳离子型 Pt 盐为前体[66]。此外,特别需要注意的是,此处所述的溶液 pH 是指将载体置入溶液后的最终 pH,由于载体加入溶液中后,表面质子化/去质子化过程会消耗溶液中的 H^+/OH^-,造成 pH 升高/降低(这种现象称为载体的"pH 缓冲效应"),为使载体表面充分带电,所需的溶液初始 pH 需要远大于或远小于 PZC 值[61d]。如对某 Al_2O_3 载体,假设其比表面积为 $200m^2/g$,PZC=8.5,表面羟基浓度为 $8OH/nm^2$,如果将 1g 该载体 [M_{OH}=1g×200(m^2/g)×10^{18} (nm^2/m^2)×8(OH/nm^2)÷($6.02×10^{23}mol^{-1}$)=$2660×10^{-6}$mol] 置于 1mL pH 为 3 的溶液 [M_{H^+}=1mL×10^{-3}(L/mL)×10^{-3}mol=10^{-6}mol] 中,只有 1/2660 的表面 OH^- 能被质子化,如果完全质子化需要的溶液初始质子浓度约为 2.66mol/L。因此,确定溶液 pH 时,除参考 PZC 值外,还需要充分考虑载体"pH 缓冲效应",选取合适的初始 pH 使载体表面荷电充分,以有利于载体对溶液中金属的吸附[67]。实际操作过程中,对金属离子具有最佳吸附的 pH 可以通过考察吸附量与 pH(最终 pH)的关系获得。如通过考察一系列不同 pH(2~13)溶液中 $[(NH_3)_4Pt]^{2+}$ 在 SiO_2 上的吸附量,发现 pH 约为 10.5 时吸附量最大($0.8\mu mol/m^2$),催化剂经还原后 Pt 粒子大小约为 1nm;同样的方法测得 $PtCl_6^{2-}$ 在 pH 为 3~4 时在 $\gamma-Al_2O_3$ 上的吸附量最大($1.6~2.0\mu mol/m^2$)[61d]。

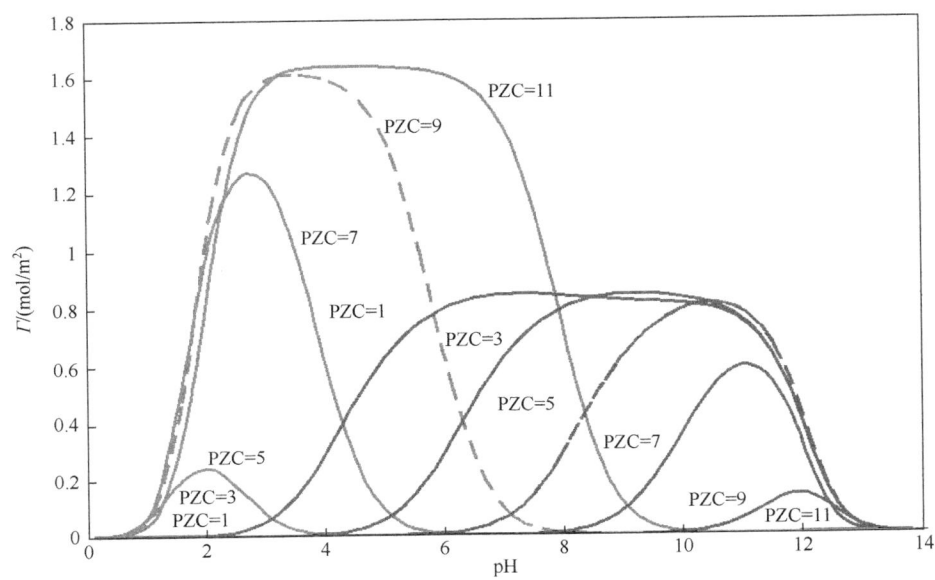

图 2.12 不同 PZC 值载体的理论模拟吸附量随溶液 pH 的变化[66]

表 2.2 列出了常见载体的 PZC 值（范围）[61, 63, 68]。在实际制备过程中，如果采用自行开发的新型材料作为载体，或当材料结构、组成等与常见载体区别较大时，载体的 PZC 值需要自行测定，常用的方法有电位滴定法（potentiometric titration）、电泳法（electrophoresis）、粉末加入法（powder addition）、质量滴定法（mass titration）等[63, 69]。质量滴定法是一种经典的测定方法，这种方法是将载体陆续加到一定 pH 的酸（或碱）溶液中，由于载体表面的质子化（或去质子化）作用，溶液的 pH 会升高（或降低），随着载体的不断加入，pH 逐渐趋于平稳，此时的 pH 即为载体的 PZC 值[70]。粉末加入法是将等质量的固体粉末加到一系列离子强度相同但 pH 不同的溶液中，一定时间后（一般为 24h）测量溶液的 pH 变化（ΔpH），以 ΔpH 对溶液的初始 pH 作图，ΔpH=0 的点即为固体的 PZC 值[71]。这两种方法简便易操作，但对于比表面积低的载体由于其单位质量的表面 OH^- 量小，需要加入的载体量很大，导致体系成为浆态状，很难用常规方法监测 pH。针对这种情况，Regalbuto 等专门开发了一种可用于测量准固体（semisolid）的矛尖（spear-tip）电极[72]。

表 2.2　常见载体的等电点（PZC）[61, 63, 68]

载体	等电点	吸附离子	载体	等电点	吸附离子
Sb_2O_5	<0.4	+	水合 ZrO_2	~6.7	+/-
水合 WO_3	<0.5	+	水合 CeO_2	~6.75	+/-
SiO_2	1.0~2.0	+	水合 Cr_2O_3	6.5~7.5	+/-
U_3O_8	~4	+/-	α, γ-Al_2O_3	7.0~9.0	+/-
MnO_2	3.9~4.5	+/-	水合 Y_2O_3	~8.9	-
SnO_2	~5.5	+/-	ZnO	8.7~9.7	-
TiO_2	~6	+/-	水合 La_2O_3	~10.4	-
UO_2	5.7~6.7	+/-	MgO	12.1~12.7	-
γ-Fe_2O_3	6.5~6.9	+/-	$Co(OH)_2$	~11.4	-
α-Fe_2O_3	8.4~9.0	-	$Mg(OH)_2$	12	-
α-FeOOH	6.7±0.2	+/-	CuO	9.5±0.4	-
γ-FeOOH	7.4	+/-	NiO	10.3±0.4	-
活性炭	8~10	-	炭黑	8~10	-

相对其他负载催化剂的制备方法，这种靠载体与金属离子间的静电吸附方式得到的催化剂，更有利于实现活性组分的高分散，在负载贵金属催化剂制备中优势明显。需要说明的是，有些参考书和文献中对离子交换（ion exchange）和静电吸附（electrostatic adsorption）现象进行了区分。典型的例子是，以分子筛为载体

采用离子交换法制备催化剂的研究中,人们发现有些分子筛样品(特别是高 Si/Al 比分子筛)存在"过交换"(overexchanged)现象,即分子筛对阳离子的交换容量大于分子筛中 Al 的含量[73, 74]。此时对应分子筛中 Al 含量的交换部分称为离子交换,而超过 Al 含量的交换部分称为静电吸附,两者的区别在于分子筛的理论离子交换量是不受 pH 影响的,而过交换量/静电吸附与溶液的 pH 有关。图 2.13 给出了 ZSM-5 分子筛(Si/Al≈100)理论离子吸附量、静电吸附量和过交换量(两者之和)与 pH 的关系[74, 61a]。分子筛载体上的这种过交换现象是由于载体表面除固有的 Al-(OH)-Si 桥羟基质子交换位(对应于离子交换)外,还有大量的 Si—OH(特别是高 Si/Al 比分子筛),在高 pH 下,其对阳离子有吸附作用[75]。

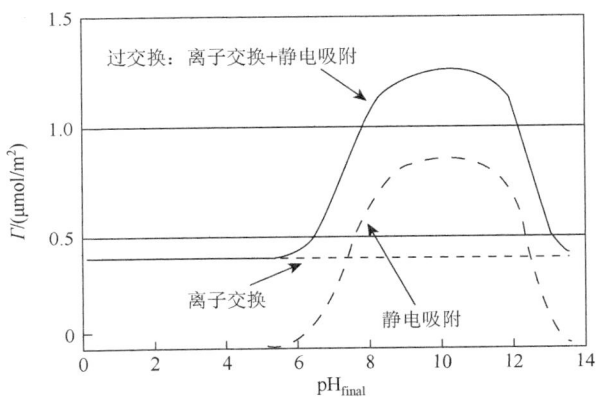

图 2.13　分子筛离子交换和静电吸附量随 pH 的变化("过交换"现象)[74]

静电作用可以认为是一种物理作用方式,除静电作用外,金属离子还可能与载体表面发生化学反应。与单纯静电吸附不同,金属离子与载体表面官能团通过配位作用,发生熵驱动的化学反应将金属离子"嫁接"在载体表面,这个过程涉及化学键的断裂和生成,多发生在浸渍温度较高的情况下或者干燥过程中,根据化学键强度不同,该过程也可能是可逆的。如图 2.14 所示,$PtCl_6^{2-}$ 吸附于 SiO_2 表面并在 40℃干燥后,两者只存在静电吸附作用,而 90℃干燥后,H_2PtCl_6 与 SiO_2 通过表面羟基与 Pt 配位形成共价化合物,该共价化合物在水气下不稳定,重新解离[76]。这与在 Al_2O_3 载体表面的反应类似,但 H_2PtCl_6 与 Al_2O_3 表面羟基形成的化合物更加稳定,即使重新暴露在水气中也能稳定存在,只有当用 HCl 溶液处理时才会重新解离[77]。在 Ni/SiO_2 催化剂制备过程中也发现了类似的现象[61b],向悬浮 SiO_2 的氨水溶液中(生成{≡SiO^-, NH_4^+})加入 $Ni(NO_3)_2$(生成$[Ni(NH_3)_6]^{2+}$)后,镍物种通过离子交换在 SiO_2 表面发生吸附:{2≡SiO^-, NH_4^+}+$[Ni(NH_3)_6]^{2+}$ ⇌ {2≡SiO^-, $[Ni(NH_3)_6]^{2+}$}+$2NH_4^+$,用氨水洗涤后发现,载体表面生成了$[Ni(NH_3)_4(≡SiO)_2]$,反应的过程可能是：$\{2\equiv SiO^-, [Ni(NH_3)_6]^{2+}\} \rightleftharpoons [Ni(NH_3)_4(\equiv SiO)_2]+2NH_3$。

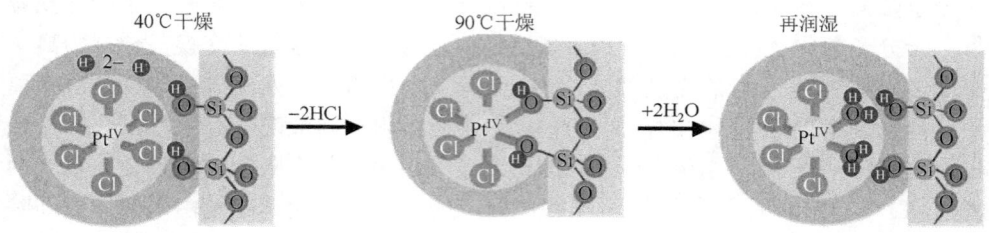

图 2.14　二氧化硅载体表面 Pt 物种的转化示意图[76]

2.3.2　浸渍法

浸渍法是指通过将含有活性组分的溶液与多孔载体接触，活性组分吸附在载体上实现活性组分从溶液向载体表面转移的一种方式。浸渍法通常分为干法浸渍（dry impregnation）和湿法浸渍（wet impregnation）。干法浸渍是指控制浸渍溶液的体积与载体孔体积相等，使溶液刚好完全填充进载体孔内，因此又称等体积浸渍（incipient wetness impregnation）或孔填充法（pore filling impregnation）。湿法浸渍是浸渍液体积大于载体孔体积，液体不能全部进入载体孔内；当需要负载多种活性组分时，可以将活性组分前体溶解后，在一次浸渍操作中完成负载，溶液中的活性组分在载体表面竞争吸附，称为共浸渍法（co-impregnation or simultaneous impregnation）；也可以对不同活性组分分次浸渍，称为顺次浸渍法（successive or sequential impregnation）。负载多组分催化剂浸渍方式和各组分浸渍顺序的选择可能对活性组分结构和催化剂的性能起到至关重要的作用。浸渍液所用的溶剂一般为去离子水，但是当载体表面憎水/亲油或者需要避免载体水解时，则选用有机溶剂[78]。

浸渍法制备催化剂一般包括三个主要步骤：①将载体与浸渍液接触；②干燥；③焙烧和催化剂活化。其中前两步对活性组分在载体上的空间分布有较大影响，溶液中的活性组分前体与载体间作用强弱和固液接触过程中的传质效率是决定因素。活性组分在载体上的吸附可以用 Langmuir 方程来描述：$a_s = a_m \dfrac{BC}{1+BC}$（其中，$a_s$ 是吸附物种在载体表面的浓度；a_m 是极限/饱和吸附浓度；B 是等温吸附平衡常数；C 是活性组分在溶液中的浓度），吸附平衡时的吸附量为 $a_s \cdot S$（其中，S 是载体比表面积），吸附平衡时活性组分在载体和溶液中的分布比例为 $P = \dfrac{a_s \cdot S}{C \cdot \varepsilon}$（其中，$\varepsilon$ 是载体比孔容积）。$P \gg 1$ 时，活性组分强吸附；$P \ll 1$ 时，活性组分弱吸附；P 在 0.2~5 时活性组分部分吸附[79]。在下面的部分对不同吸附强度下活性组分空间分布的讨论，对吸附强弱的界定均以此为基础。

1. 浸渍液与载体的相互作用

浸渍前载体通常需要通过干燥处理以脱除吸附在孔内的水分，当载体置入液体后，靠毛细力将浸渍液吸入孔内，此时封在孔内的空气被压缩，当毛细凝聚力与孔内气体压力达到平衡时，液体不能再进入孔内。当载体孔径比较小时，毛细凝聚力远大于封在孔内的空气压力，气体可能被溶解或通过孔径更大的联通孔溢出[80,81]。此外，在浸渍前将载体进行抽真空处理或者置入 NH_3 气中，也是排除孔内气体压力的常用方法[78,82]。载体与浸渍液接触后，气/固界面转变为液/固界面，这个过程一般是放热的，如果活性组分前驱体的溶解度随温度升高而降低，或者温度升高导致其他不利于活性组分吸附的反应发生，都可能影响活性组分的分散，这种情况下需要避免采用干法/等体积浸渍（等体积浸渍使用的溶液量小，不利于热量消散）。将载体提前暴露在水蒸气中，在载体表面形成一层水性膜可以部分避免上述情况的发生[78]。

载体与浸渍液接触过程中，影响活性组分前体在载体上落位和分布的主要因素有：①溶液中活性组分前体向载体表面的扩散；②活性组分前体在载体表面的吸附。在等体积浸渍法中，溶液进入孔内的过程也可能对活性组分的落位造成很大影响，当溶液内部的传质过程和吸附过程为快速步骤时，液体沿孔轴向的推进速率造成活性组分不均匀分布[83]。以上所述物理化学作用是产生所谓蛋壳型、蛋白型、蛋黄型以及空间均匀分布结构催化剂的主要原因，这些类型的催化剂结构在实际应用中各有优势。如蛋壳型催化剂广泛应用于受扩散限制的反应中；蛋白型催化剂可以克服催化剂使用中由于磨损导致的活性组分脱落，当原料气含有导致催化剂中毒的化合物时也能有效延长催化剂寿命。因此，利用制备过程中的物理化学机制，控制活性组分在载体上的空间分布，可获得所需的催化剂结构[84]。

图 2.15 是浸渍液与载体接触过程中的吸附和扩散示意图[78a]。载体与浸渍液接触后，表面对活性组分前体的吸附造成固液界面附近溶液浓度降低，外部溶液中的活性组分前体通过扩散作用到达固液界面处。溶液进入孔道的时间可以表示为 $t = \dfrac{8\mu_L R_0^2}{r\sigma_L \cos\theta}$（其中，$\mu_L$ 是溶液黏度；R_0 是孔道长度/载体颗粒半径；r 是孔道半径，σ_L 是液体表面张力；θ 是接触角）；活性组分在载体表面到达吸附平衡的时间可以表示为 $\tau = \dfrac{(1+P)\beta}{D_L \varepsilon} R_0^2$（其中，$P$ 是表征活性组分吸附强弱的量；β 是表征载体孔道弯曲程度的量；D_L 是活性组分在液相中的扩散系数；ε 是载体的比孔容积）。可见，在其他条件一定的情况下，液体进入孔道的时间和到达吸附平衡的时间均

随载体颗粒半径呈级数增长。溶液进入孔道所需的时间比较短，一般几分钟即可，但由于分子在液体中的扩散系数一般很小，到达吸附平衡的时间一般很长[79, 85]。因此，多数情况下浸渍过程是扩散控制的活性组分非平衡吸附。在干法/等体积浸渍中，在溶液浓度低且载体对活性组分前体存在强吸附（不可逆吸附）的情况下（$P \gg 1$，如 H_2PtCl_6 在三氧化二铝上的吸附），活性组分大部分被吸附在载体颗粒外层，呈现蛋壳型分布[86]。活性组分在载体表面吸附较弱的情况下（可以通过对活性组分前体的选择和浸渍液 pH 的调节），延长浸渍液与固体的接触时间，理论上可以达到吸附平衡，实现活性组分的均匀分布；但实际操作中还需要考虑在与浸渍液接触过程中载体可能发生的结构变化[87]。加入竞争吸附离子是控制活性组分分布的有效方法之一，在以 γ-Al_2O_3 为载体浸渍 H_2PtCl_6 的过程中加入盐酸后，Pt 的分布由蛋壳型变成均匀分散，这是由于 Cl^- 与 $PtCl_6^{2-}$ 的竞争吸附所致[88]；而在浸渍液中加入少量比 $PtCl_6^{2-}$ 更强的吸附离子（如草酸根、柠檬酸根等）则可以优先吸附在载体颗粒的外表面，制备出表层低 Pt 而中间层高 Pt 的蛋白型催化剂[89]。

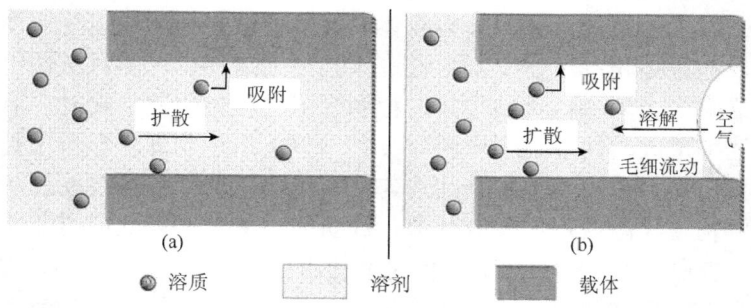

图 2.15　湿法浸渍（a）和干法/等体积浸渍（b）过程中溶液和载体的作用示意图[78a]

2. 干燥

浸渍液与载体接触并进入载体孔内后，部分活性组分前体吸附在载体表面，但仍可能有部分活性金属离子未能吸附，特别是高负载量或载体对活性组分吸附较弱的情况，活性组分大部分停留在溶液中；在干燥过程中，载体孔内的浸渍液在毛细流动和扩散作用下发生迁移，同时活性组分在吸附/脱附过程中进行重新分散[90, 91]。因此需要通过干燥步骤将溶剂挥发，使活性组分形成理想分布和高分散状态。

如图 2.16 所示，干燥过程一般分为三个阶段：①预热（preheating period）；②恒速干燥（constant-rate period）；③减速干燥（falling-rate period）[92]。在预热阶段，载体逐渐被加热，溶剂蒸发主要发生在载体外表面，随着温度逐渐升高，溶剂蒸发速率也逐渐加快。恒定速率阶段，随着表面溶剂的挥发，孔道内的液体流出孔道以维持载体表面润湿，溶剂的挥发速率达到恒定阶段。此时，溶剂的挥发速率取决于热量向载体表面传递的速率，载体表面温度保持恒定，形象地称为"湿灯泡温度"（wet bulb temperature）[84]。在前两个阶段，液体呈连续相状态，载体孔内的液体主要通过毛细流动向外表面扩散，溶解在液体中的活性组分离子通过对流和扩散进行传输。随着干燥时间的推移，孔内液体的流动不足以补充外表面液体的挥发，外表面出现干燥的区域，溶剂挥发速率放缓（减速干燥阶段）。此时，外表面温度开始升高，并逐渐向载体颗粒中心区域辐射，孔道内的毛细流动减缓，孔道内的液体开始直接气化并扩散出孔道，溶剂蒸气的对流逐渐成为溶剂的主要传输方式，并成为制约溶剂挥发速率的主要因素[80, 93]。

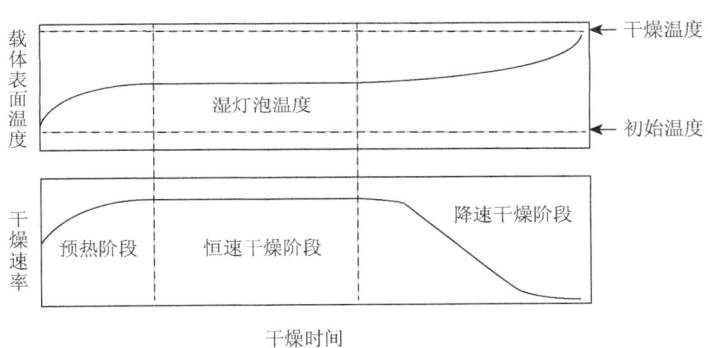

图 2.16　载体表面温度和干燥速率随干燥时间的变化示意图[84]

干燥过程中载体上（表面和孔内）液体的传输和扩散对活性组分的再分散（redistribution）有较大的影响。在其他条件已定（载体孔径、孔体积、溶液黏度、表面张力等）的情况下，干燥温度和采取的干燥方式是影响活性组分再分散的主要因素。干燥温度和干燥方式主要影响溶剂挥发速率，对溶剂挥发速率假定两种边界情况：快速干燥（fast drying）和慢速干燥（slow drying）。快速干燥一般温度高、速度快，溶剂的气化和挥发是主要传输方式，毛细流动基本可以忽略，溶剂由外向内逐渐挥发，不存在恒速干燥阶段；慢速干燥情况下，恒速干燥阶段的时间长，液体运动方式以毛细流动为主。在活性组分弱吸附的情况下，快速干燥时没有毛细流动造成的活性组分随溶液向载体颗粒表面富集，有利于形成活性组分均匀分布的催化剂；慢速干燥时，如果浸渍液在减速蒸发阶段产生过饱和现象，活性组分会逐渐沉积，形成均匀分布催化剂；如果沉积发生在恒速蒸发阶段，活性组分大量沉积在载体颗粒外表面，将形成蛋壳型催化剂[79]。但在活性组分强吸附的情况下，干燥过程对活性组分的再分散影响较小，活性组分分布主要取决于浸渍液与载体接触过程中的吸附和扩散行为[94]。

在真实体系中，液体在干燥过程中的流动和扩散行为更加复杂，如大的孔穴通过狭窄孔道与外界连接时，孔穴内的液体可以快速转移到载体表面已经干燥的小孔结构内，即 Haines 跳跃（Haines jump），溶解在液体中的活性组分随之迁移（图 2.17）[84]。此外，伴随溶剂挥发以及溶液浓度变化和活性组分在载体表面的吸附—溶解—再吸附，同时受传质、传热限制，将会出现载体颗粒不同区域溶液的浓度差和温度差。上述因素导致载体不同区域活性组分的聚集度、成核数量等差异较大，活性组分粒子大小不一[92, 95]。因此，实际应用中很难对干燥过程中活性组分在载体上的再分散进行定量模拟，这也就是为什么干燥条件的选择多基于实验验证而非模型研究[80]。除干燥速率外，干燥方式的选择也很重要，如微波加热干燥、冷冻干燥等。微波干燥有助于样品整体均匀受热，与常规烘箱干燥法相比，微波干燥后 Ni 物种在 Al_2O_3 上的空间分布更均匀，催化剂在异辛烷重整反应中失活速率变缓[96]。在冷冻干燥中，水分在冰点温度以下挥发（低压），不发生液相流动，保持了活性组分干燥前在载体上的空间分布[97]。

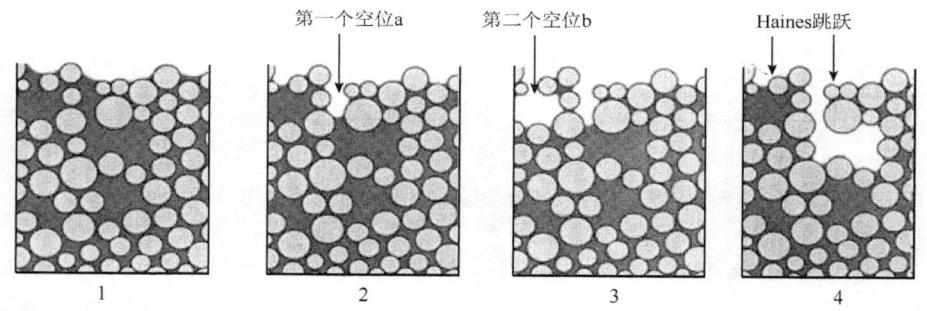

图 2.17 多孔材料干燥过程中的 Haines 跳跃现象[84]

1. 原始状态；2. 表面孔"a"内液体挥发；3. 表面孔"b"内液体挥发；4. 内部孔内液体转移到表面孔内

2.3.3 沉积沉淀法

沉积沉淀法通过向活性组分溶液中添加沉淀剂，将高溶解度的活性组分转变为低溶解度化合物，使之沉淀在悬浮于溶液中的载体表面，也是制备负载催化剂的常用方法。与浸渍法相比，沉积沉淀法可以制备出粒子尺寸小且分布均匀的催化剂，更适合于制备高金属负载量的催化剂[98]。该方法重复性好，制备出的催化剂载体与活性组分（或共沉积活性组分之间）通常形成金属-载体强相互作用。沉积沉淀过程还被用来修饰载体，改善载体的物理结构和化学性质[98-100]。近年来该方法也用于制备贵金属催化剂，特别在小尺寸金属粒子的 Au/CeO_2 和 Au/TiO_2

制备中显示出独特的优势[101, 102]。沉积沉淀方式有多种,最常用的是通过加入碱溶液提高 pH 或加入酸溶液降低 pH[98],此外,改变活性组分化学价态(如还原沉淀)[103]或改变配体的络合状态[104]也是常用的手段。

1. 活性组分沉积

采用沉积沉淀法制备高分散催化剂的关键是将活性组分选择性沉淀到载体表面,防止成核和沉淀发生在溶液中。为实现活性组分在载体表面的选择性沉积,一般需要满足下列条件:①控制活性组分成核浓度,避免其在溶液中聚集和沉淀;②活性组分与载体表面存在相互作用,诱导定向沉积。沉淀过程的成核理论(成核吉布斯自由能变化),同样适用于沉积沉淀过程。如果将待沉淀物做半球处理,考虑载体与沉淀物间的界面能,则沉淀过程的自由能变为 $\Delta G = \frac{2}{3}\pi r^3 \Delta \mu_{sl} + 2\pi r^2 \sigma + \pi r^2 \gamma_{ss}$ (其中,$\Delta \mu_{sl} = \mu_s - \mu_l$;$\gamma_{ss}$ 是沉淀与载体间的界面自由能)。因此,沉淀粒子与载体间相互作用将导致成核自由能降低。成核速率与 $\exp(-\frac{\Delta G}{RT})$ 成正比,所以载体的存在导致成核速率增大。根据成核速率与过饱和度的依附关系可知,特定成核速率下,载体存在时的过饱和度比没有载体存在时有所降低[105]。图 2.18 更清晰地显示出了载体的这种效应,在没有载体存在的情况下,当沉淀物分子浓度处于溶解度(S)和过饱和度之间(SS)的区域时,沉淀不会发生;而当载体存在时,由于沉淀物分子与载体的作用,当浓度大于载体存在下的过饱和度($SS_{support}$)时,即可在载体表面产生沉淀。因此,只要控制沉淀分子浓度在载体存在下的过饱和度($SS_{support}$)和其本征过饱和度(SS)之间的范围,就可以使沉淀物选择性地沉积在载体表面,而非溶液中[106]。

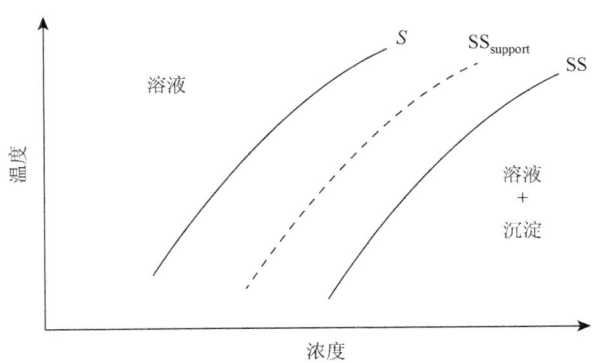

图 2.18 载体表面的固液平衡相图

S 为溶解度曲线;$SS_{support}$ 为载体存在时的过饱和度曲线;SS 为过饱和度曲线

实现活性组分在载体表面选择性沉积的关键是控制溶液中的沉淀物分子的浓度，防止局部浓度高于过饱和度[98, 106]。以碱溶液加入法为例，采用逐渐滴加/注射碱溶液操作时，可能会由于传质受限使碱溶液局部浓度过高，局部沉淀物分子浓度瞬时大于过饱和度，导致溶液中快速成核和沉淀，因此，采用滴加/注射操作方式时，必须采用剧烈搅拌以降低溶液的浓度梯度。为解决这一问题，可以将沉淀剂和溶液的混合与沉淀反应分离开来，使沉淀过程在均匀溶液中发生；采取低温混合控制沉淀生成速率，或采用尿素分解法控制 pH 等，都是常用的有效手段。此外，采用细小的粉末状载体可以有效增加载体与溶液的接触，促进传质，对活性组分在载体表面的选择性沉积有利。

沉积沉淀过程中，沉淀分子形成的凝结核与悬浮在溶液中的载体之间的相互作用，是活性组分在载体表面形成致密、均一包覆沉积的必要条件。没有相互作用存在的情况下，容易形成大晶粒的沉淀物。静电作用是一种比较重要的方式，静电排斥作用会阻碍金属离子或带电荷的胶体粒子（沉淀核）与载体表面的接近，但仅有静电吸引作用还不足已保证活性组分的均匀沉积，通常还需要两者间存在化学作用。例如，在沉积沉淀法制备 Ni/SiO_2 催化剂过程中，成核阶段镍离子通过与 SiO_2 表面羟基作用成键，形成 $Si-O-Ni(OH)(OH_2)_4$ 物种，这种强化学作用有利于氢氧化镍与 SiO_2 表面反应生成层状镍硅酸盐（phyllosilicate），经氢气还原后形成粒径约 3nm 且高度均匀分散的 Ni 粒子[107, 108]。当以活性炭为载体时，经氢气还原或高温惰性气氛下处理的活性炭表面官能团很少，载体与镍物种间缺乏相互作用，沉积沉淀得大于 500nm 氢氧化镍粒子，且与碳载体分离；而如果活性炭经过 1∶1 的浓硝酸与浓硫酸混合溶液氧化处理，表面羧基官能团数量增加后，可以吸附大量镍离子和原子簇作为成核中心，增强了沉积物与载体的作用，镍物种沉积后形成与活性炭紧密结合的镍氢氧化物纳米片层状结构（40nm×5nm），经氢气还原处理后，镍粒子的粒径约为 8nm[109, 110]。

在提高 pH 引发沉积沉淀的过程中，可以通过监测有载体存在和没有载体存在两种情况下沉淀过程的 pH 变化，来验证沉淀与载体间是否存在相互作用。如采用尿素分解法控制 $Cu(NO_3)_2$ 溶液的 pH，沉积沉淀制备 Cu/SiO_2 催化剂过程中发现，SiO_2 载体的存在与否对 $Cu(NO_3)_2$ 沉淀过程的 pH 变化无影响（图 2.19），沉淀生成的碱式盐 $Cu_2(OH)_3NO_3$ 为低密度、大尺寸的薄片层状物，沉淀物与载体间不存在强相互作用[113]。如果存在强相互作用，一般沉淀过程发生在较低的 pH 条件下[111]。如图 2.20 所示，沉积沉淀法制备 Ni/Al_2O_3 催化剂过程中，对照实验表明，体系内不加入 Al_2O_3 时，随 NaOH 溶液的加入，$NiCl_2$ 溶液的 pH 迅速升高到极大值（约为 7），而后由于沉淀过程的发生消耗 NaOH，pH 变化达到平台期；而加入 Al_2O_3 时，在 pH 为 5.5 左右时即发生沉淀（图 2.20，负载量 5wt%）。低金属负载量时，引发沉淀的 pH 远低于无 Al_2O_3 存在时，这是由于 Ni^{2+} 与悬浮于溶液中的氧化铝表面形成镍-铝水滑石结构化合物；随镍负载量的增大，镍含量超出了能与氧化铝表面生成水滑石结构的范围，生成 Ni(OH)$_2$ 的量增大[112]。以尿素为沉淀剂制备 Ni/SiO$_2$ 催化剂过程中，也观察到了类似的现象。如图 2.21 所示，当体系中只有硝酸镍和尿素时，沉淀在约 2h 后开始发生，pH 约为 6.4；而加入载体后，沉淀在约 0.7h 后即可发生，此时的 pH 约为 5.8，这是由于沉淀生成了不同于常规氢氧化镍的混乱层状结构，其与 SiO$_2$ 有强相互作用，可以转变成层状镍硅酸盐化合物[109, 110]。

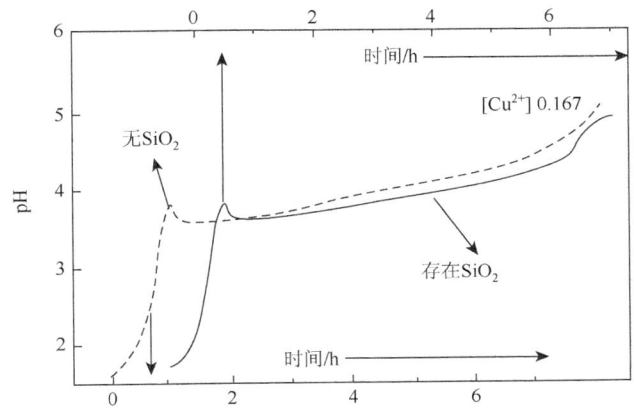

图 2.19　SiO$_2$ 载体对 Cu(NO$_3$)$_2$ 沉淀过程 pH 变化的影响

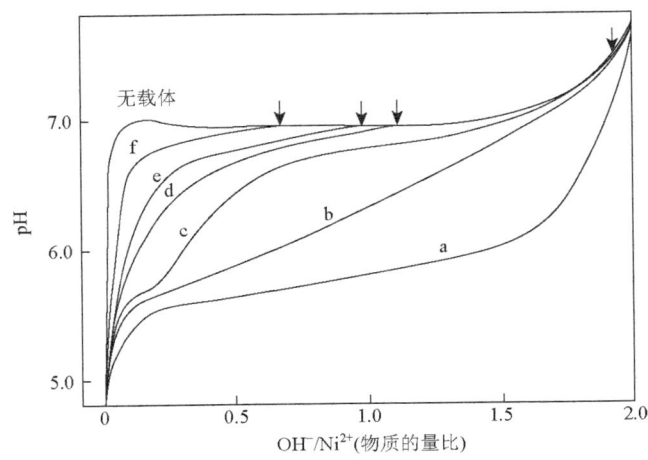

图 2.20　不同负载量 Ni/Al$_2$O$_3$ 催化剂沉积沉淀制备过程碱滴定曲线[112]

箭头指示与无负载 Ni(OH)$_2$ 曲线交汇点；a. Ni 负载量 5wt%；b. Ni 负载量 10wt%；c. Ni 负载量 16.6wt%；d. Ni 负载量 25wt%；e. Ni 负载量 33.3wt%；f. Ni 负载量 50wt%

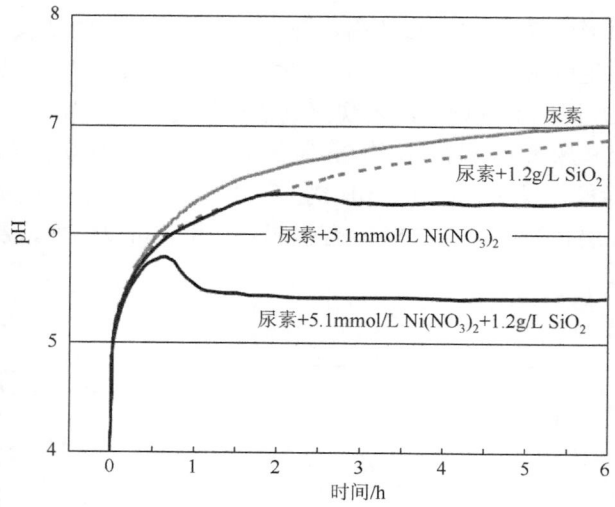

图 2.21　Ni/SiO$_2$ 催化剂制备过程中体系的 pH 变化图[109]

尿素 15.3mmol/L；363K

2. 沉积物老化[113]

初次沉淀完成后，沉淀物在载体表面会继续变化，这其实是一个老化的过程。这类现象比较普遍，如在 Ni/SiO$_2$ 催化剂制备过程中，沉淀完成后在 70℃ 和 90℃（pH=7.6）老化有利于 Ni 物种和载体表面的进一步反应生成镍硅酸盐，能显著提高 Ni 物种与载体的相互作用，具体表现为 Ni 物种的还原温度由约 650K 升高到 700～800K，还原后金属 Ni 的比表面积由 15～20m^2/g 升高到 60～80m^2/g[114]。在初次沉淀物与载体不存在强相互作用的情况下，老化过程的一个重要作用是可以使初次沉淀物在体系内继续反应，生成更稳定的物种，如与其他阴离子结合、与载体表面发生反应等，这类后续反应有可能生成活性组分与载体强相互作用的物种，提高活性组分的分散度。沉积沉淀法制备 Cu/SiO$_2$ 催化剂的过程中，初次沉淀形成的碱式盐化合物在反应体系内的系列变化即是这类过程的典型代表。

如图 2.22（a）所示，尿素分解法 Cu(NO$_3$)$_2$ 沉淀过程中（没有载体存在时），初次沉淀过程完成（约 6h）后，沉淀物在反应体系内老化，进行到 12h 左右时，溶液 pH 出现峰值（5.0），随后在约 16h 又出现第二个峰值，12～16h 间的变化对应于碱式硝酸盐转变为碱式碳酸盐的过程，16h 后碱式碳酸盐转变成 Cu(OH)$_2$ 和 CuO。如前所述，采用尿素分解法将 Cu(NO$_3$)$_2$ 沉积在 SiO$_2$ 上的过程中，初次沉淀物 Cu$_2$(OH)$_3$NO$_3$ 与载体没有强相互作用，但 SiO$_2$ 载体的存在会对 Cu$_2$(OH)$_3$NO$_3$ 在老化过程中的变化造成影响。如图 2.22（b）所示，SiO$_2$ 存在时，随着尿素继续分解 pH 逐渐上升，达到 5.5 时又开始下降，伴随溶液中可溶性铜物种浓度增高，而后 pH 达到平台期,可溶性铜物种的浓度也基本恒定。随着反应的继续进行,pH 又开始升高,同时可溶性铜物种的浓度降低。这个过程的物理化学变化细节尚未完全清晰。但初次沉淀物经过上述系列变化最终与 SiO_2 表面反应生成了硅孔雀石(chrysocolla)结构,与载体间形成了强相互作用[115, 116]。这种强相互作用的铜物种具有高的热稳定性,可以有效防止还原过程中铜粒子的烧结,当铜负载量为 5wt%～35wt%,经还原后铜粒子也仅为 3～8nm。与尿素分解法不同,如果向含有初始沉淀物 $Cu_2(OH)_3NO_3$ 和 SiO_2 的体系中滴加 KOH,会导致碱式硝酸铜分解为 CuO,而非与 SiO_2 反应生成强相互作用的铜化合物。

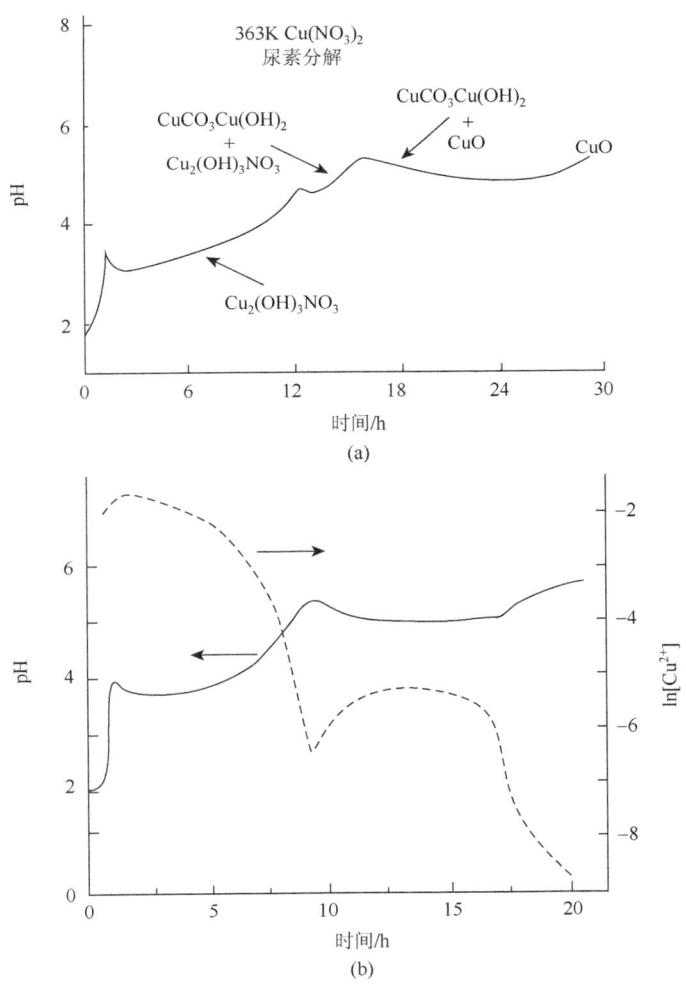

图 2.22　$Cu(NO_3)_2$ 沉淀过程的 pH 变化[113]

(a) 无载体;(b) SiO_2 载体

3. 负载贵金属和金催化剂

负载贵金属催化剂多采用浸渍法制备,但沉积沉淀法也有其独特的优势,易于得到高金属负载量的催化剂且具有强金属-载体相互作用[117, 118]。通常沉积沉淀操作可以采取以下三种方式:①向悬浮载体的贵金属盐溶液中滴加碱液;②贵金属盐和尿素溶液中加入载体后通过尿素分解调控 pH[119];③向悬浮载体的碱性溶液中滴加贵金属溶液[120],但这种方法应用较少。总的来说,目前对大多数贵金属体系沉积沉淀过程的机理缺乏深入的认识,相对研究较多的是金催化剂的制备过程[121]。

通过滴加碱液使贵金属在载体表面沉积是应用最广泛的一种方法。通过向 $IrCl_4$ 溶液中滴加 NaOH 调节 pH 到 8(负载量 1.48wt%)制备的 Ir/TiO_2 催化剂,经 673K 焙烧后发现 IrO_2 在 TiO_2 表面形成厚度为 2nm 的均匀薄层,经氢气还原后转化为相同结构的 Ir/TiO_2 催化剂;当调节 pH 分别为 3.0(负载量 0.57wt%)和 5.0(负载量 0.64wt%)时,可得到粒径为 2~3nm 的 IrO_2 粒子和厚薄不均一的 IrO_2 层。而采用浸渍法制备的催化剂 IrO_2 粒子大小不均一,大的 IrO_2 粒子粒径达到 50nm,小的粒子粒径为 5nm[122]。将 Na_2CO_3 滴加到 $PdCl_2$ 和 ZrO_2 的悬浮溶液中,沉积沉淀法制备出的 Pd/ZrO_2 催化剂,Pd 粒子的粒径约为 1nm,与浸渍法制备的催化剂相比,沉积沉淀法制备的催化剂 Pd 与 ZrO_2 间的相互作用更强,Pd 带部分正电荷,在氯苯加氢脱氯反应中,该催化剂可以有效防止 HCl 吸附引起的催化剂中毒,显著提高催化剂稳定性[123]。采用尿素分解调控溶液 pH,通过逐渐升高 pH 使金属盐沉积,可制备出高分散度的贵金属催化剂。以 $Pt(NH_3)_4(NO_3)_2$ 为前体,分别采用沉积沉淀法和离子吸附法(ion adsorption)制备 Pt/CNF(碳纳米纤维)催化剂。发现两种方法都可以制备出 Pt 平均粒径为 1~2nm 的高分散且热稳定性好的催化剂,但当 Pt 投料比按 5wt%计量时,吸附法制备的催化剂的 Pt 负载量仅为 2wt%,而沉积沉淀法可以高达 4wt%。同样采用沉积沉淀法以 $Ru(NO)(NO_3)_3$ 为前体制备的 Ru/CNF 催化剂的 Ru 粒子平均粒径也仅为 1~2nm(负载量 5wt%),Ru 分散度高达 74%。所制备的 Pt/CNF 和 Ru/CNF 催化剂经 773K N_2 处理后粒径仍然保持不变,呈现优异的热稳定性[119]。可见,沉积沉淀法在负载贵金属催化剂制备中是浸渍法的有益补充,某些情况下甚至可以制备出结构性能更优异的催化剂。

在纳米胶体金制备技术开发之前,沉积沉淀法曾是制备纳米金催化剂(<5nm)的典型方法之一(另一种方法为共沉淀法)。采用该方法制备的金粒子粒径大小为 2~3nm,在 CO 氧化反应中表现出优异的性能[125]。采用沉积沉淀法制备金催化剂一般是通过向氯金酸($HAuCl_4$)和悬浮载体的溶液中加入碱,控制溶液 pH 为 6~10,溶液温度在 50~90℃搅拌下保持 1h 左右,充分地洗涤以除掉残留的 Na^+ 和

Cl⁻（Cl⁻的存在会引起 Au 粒子的聚集）。常用的碱是 Na_2CO_3 和 NaOH，采用 Na_2CO_3 可以更好地控制溶液 pH。但该方法不大适用于等电点小于 5 的载体，金难以在载体表面沉积，因而形成较大的金粒子[126]。

Au/TiO_2 催化剂的制备过程中，pH 对金的粒径有决定性作用。如图 2.23 所示，以 P25 为载体，$HAuCl_4$ 为金属盐前驱体，NaOH 滴加控制溶液 pH；随 pH 升高，金粒子尺寸由＞10nm（pH＜5）迅速减小到＜5nm（pH＞6）和 3nm（pH=7～10）。另外，金的负载量随 pH 变化呈火山形态势，当溶液中加入计量比对应 13wt% 负载量的 $HAuCl_4$ 时，金的最高负载量达到约 8wt%（pH=5～6）；继续升高 pH 到 7～8 时，金的负载量降低到 3wt% 左右（图 2.23）。可见，金不能全部从溶液中沉积到 TiO_2 载体上。这可能是因为 $HAuCl_4$ 在溶液中的存在状态与 pH 密切相关，可能的状态有 $AuCl_3 \cdot H_2O$（pH=3～4）、$AuCl_2(OH)_2^-$（pH=5）、$AuCl(OH)_3^-$（pH=7）、$Au(OH)_4^-$（pH＞8）。P25 的 PZC 值一般在 4.5～6.3，低 pH 时载体表面荷正电，但溶液中 Au 以中性分子存在；高 pH 时溶液中 Au 带负电，但载体表面也带负电；因此过高和过低的 pH 都不利于 Au 在载体上的吸附和沉淀[127]。尽管在 pH 为 6 左右，Au 的负载量可以达到最高，但此时氯在催化剂上的残留量大（洗涤难以去除），导致 Au 粒子在焙烧过程中移动和聚集长大，降低了催化剂活性[128]。综合考虑以上因素，沉积沉淀制备高活性 Au/TiO_2 催化剂的最佳 pH 为 7～8。有报道认为金在 TiO_2 表面沉积沉淀过程的机制与其他金属不同，pH=7～8 时 Au 物种在 TiO_2 表面的存在形式并非 $Au(OH)_3$，可能是通过与 TiO_2 表面反应形成表面络合物：

$$TiOH + [AuCl(OH)_3]^- \longrightarrow Ti-[O-Au(OH)_3]^- + H^+ + Cl^-$$

这与 X 射线近边吸收谱（XAS）得到的数据相吻合，TiO_2 表面沉积的 Au 物种周围没有 Cl 且近邻的氧有四个而非三个[129]。

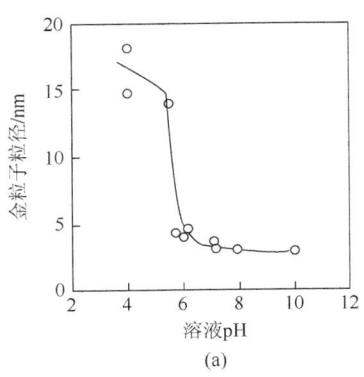 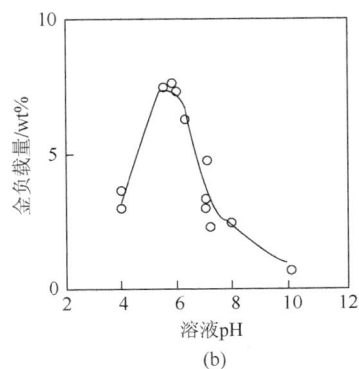

图 2.23 金粒子粒径（a）和负载量（b）随 pH 的变化

早期研究结果表明，尿素分解法控制 pH 沉积沉淀制备 Au/TiO$_2$ 催化剂得到的金粒子粒径较大（7.5nm），不如滴加 NaOH 或 NaCO$_3$ 溶液有效[130]。后来研究发现，采用尿素分解法通过延长沉积沉淀时间同样可以制备出金粒子平均粒径为 2nm 左右的催化剂，且可以将金从溶液几乎完全沉积在 TiO$_2$ 载体上。如表 2.3 所示，采用尿素分解控制 HAuCl$_4$ 沉积沉淀制备 Au/TiO$_2$ 催化剂过程中发现，在初始的 1h 内金已基本完全沉积在载体上，此时溶液的 pH 约为 3.0，在 2h 时溶液的 pH 升高到大于 6，此后并逐渐升高至 7～8。在此过程中，金粒子平均粒径由 1h 时的 5.6nm 减小到 4h 的 2.7nm，此后金粒子粒径变化不大。此外，整个过程中载体上沉积的金负载量仅在小范围内波动。尿素分解法中，金物种沉积过程的机制与 NaOH 滴加法不同，金在 pH 为 3 左右即可完成沉积过程，沉积物种的化学组成可能是 AuN$_{2.2}$O$_{1.2}$C$_{0.9}$H$_{4.2}$Cl$_{0.1}$，它是由金与尿素分解的中间物形成的，初次沉积过程完成后，表面金物种在体系内可能通过溶解再结晶过程实现二次分散[131]。

表 2.3 尿素分解法控制 HAuCl$_4$ 沉积沉淀制备 Au/TiO$_2$ 催化剂[131]

时间/h	pH	负载量/wt%	Cl 残留/wt%	平均粒径/nm	粒径分布/nm
1	2.99	7.8	0.041	5.6	2.3～10.2
2	6.26	6.5	0.122	5.2	2.0～7.5
4	7.04	7.7	<0.03	2.7	0.7～5.5
16	7.35	6.8	<0.03	2.5	1.0～5.1
90	7.84	7.4	<0.03	2.4	0.7～5.0

注：P25 TiO$_2$ 为载体，HAuCl$_4$ 和尿素浓度分别为 4.2×10^{-3}mol/L 和 0.42mol/L，金的理论负载量为 8%，80℃，剧烈搅拌。

2.4 固体催化剂制备技术进展

2.4.1 微波和等离子体技术

微波加热：微波是频率介于 300MHz～300GHz（波长 1m～1mm）的超高频振荡电磁波，在微波能量场作用下，分子偶极矩与高频电磁波作用，吸收微波能量变成热能。微波直接作用于分子，使微波场中的整个介质同时被加热均匀，因此微波加热是无温度梯度的"体加热"或者说是内部加热[132]。与传统加热方式相比，微波加热更均匀、更迅速，可能制备出具有特殊结构和性质的催化材料。

微波加热在水/溶剂热合成催化材料中有广泛应用，该方式可以加快晶化速度，缩短合成时间。如采用微波加热方式合成 Y 型分子筛时，微波辐射 10min 左右即可完成晶化过程（传统加热方式加热 10～50h），且能有效避免 P 型分子筛等杂晶的生成[133]。一般认为,这是由于微波对硅铝凝胶的分解有促进作用,使凝胶快速溶解并形成大量晶核,诱导晶体的生长[134, 135]。Cu/ZnO/Al$_2$O$_3$ 催化剂制备中,在沉淀和老化阶段使用微波加热提高了催化剂活性和稳定性,这可能是由于微波辐射在老化阶段促进了 Cu^{2+} 对 (Zn)$_5$(CO$_3$)$_2$(OH)$_6$ 中 Zn^{2+} 的取代,增加了沉淀物中 (ZnCu)$_5$(CO$_3$)$_2$(OH)$_6$ 的含量[136]。负载催化剂制备过程中,也发现微波对活性组分的分散有促进作用。微波能显著促进 ZnCl$_2$ 与 Y 型分子筛的固态离子交换过程[137],微波辐射 15min 即可使 ZnCl$_2$ 完全分散,同时 Na 型分子筛比 H 型分子筛更易于发生固态交换,这可能是由于 Na$^+$ 的存在能够促进分子筛对微波的吸收[138];乙二醇溶液中还原沉积沉淀法制备 CeO$_2$、TiO$_2$、ZnO 和 SiO$_2$ 负载 Pt 催化剂过程中发现,Pt 可以选择性沉积在 CeO$_2$、TiO$_2$ 和 ZnO 表面(Pt 粒径 2~3nm),而不能沉积在 SiO$_2$ 上,这是由于 CeO$_2$、TiO$_2$ 和 ZnO 对微波有较强的吸收,使得固液界面处的温度高于溶液的温度,促进了 Pt 的还原和选择性沉积,而 SiO$_2$ 对微波吸收较弱[139]。微波加热应用于催化剂干燥过程发现,微波辐射可以实现快速干燥,有利于活性组分在载体上的均匀分布[140]。微波干燥法制备的 Co/SiO$_2$ 催化剂比常规干燥的催化剂有更高的费-托(Fischer-Tropsch,F-T)反应活性,这是由于微波干燥促进活性组分在整个载体颗粒上的均匀分布,活性组分分散度更高、粒子尺寸更加均匀,而常规干燥法导致了 Co 在催化剂外表面的富集[141];Ni 基整体式催化剂制备过程中,也发现微波干燥有效避免了活性组分在催化剂外表面的富集(图 2.24)[142],这可能是由于微波干燥有利于实现溶剂在整个载体颗粒上的均匀挥发[143]。微波加热还应用于催化剂的热处理/焙烧过程,浸渍法制备的 Pd-Fe/Al$_2$O$_3$ 催化剂(干燥后)采用微波辐射处理后发现,与普通焙烧方式相比,微波辐射导致金属粒子晶粒尺寸长大,抑制了钯合金和低温下 β-PdH$_x$ 的生成,催化剂在氯苯加氢脱氯反应中活性高于常规焙烧方法制得的催化剂[144]。

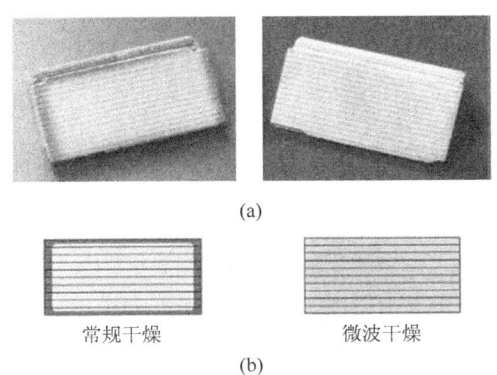

图 2.24 常规干燥和微波干燥后活性组分在整体式催化剂上的分布(截面图)[142]
(a)实物图;(b)示意图

等离子体技术：等离子体被称为物质的第四态，是由气体分子在受热或外加电场及辐射等能量激发下解离、电离形成的离子、电子、原子、分子、自由基等的集合体。等离子体整体呈电中性，是物质的一种高能存在状态。等离子体可分为低温等离子体和高温等离子体，低温等离子体技术在催化剂制备中应用较多[145, 146]。

在负载催化剂制备中，等离子体常用于负载型催化剂活性组分前体的分解过程[147]。在 Ir/Al$_2$O$_3$ 催化剂制备过程中，采用等离子体处理浸渍过 H$_2$IrCl$_6$ 的催化剂，可以将 Ir 物种还原为金属态，所得催化剂在 Ar 气氛中经 600℃ 处理 3h 后 Ir 粒子大小仍可保持在 1nm，而传统氢气还原得到的催化剂 Ir 粒子大小为 3nm[148]。等离子体溅射技术可用于金属/氧化物的化学气相沉积过程，制备负载金属/氧化物催化剂。以金属为阳极采用脉冲电弧-等离子体蒸发可以将金属沉积在载体表面，制备出分散度高且粒径均一的催化剂，如以等离子蒸发制备 Rh/AlPO$_4$ 催化剂，Rh 粒子大小为 2.4nm±1.1nm，而以浸渍法制备的催化剂 Rh 粒子大小为 6.4nm±5.5nm[149]。采用双/多脉冲法还可以制备双/多金属催化剂，通过脉冲调谐可以控制各金属组分的含量及金属间的作用形式，如同步脉冲法可以得到单个金属粒子同时含有 Pd 和 Fe 的 Pd-Fe/CeO$_2$ 催化剂，而顺次脉冲法得到的是 Pd 粒子和 Fe 粒子独立存在的催化剂，两个催化剂上金属粒子大小均为 2.3nm±0.7nm。在单个金属粒子同时含有 Pd 和 Fe 的催化剂（同步脉冲法）上，金属态 Pd 和 Fe 的含量均高于 Pd 和 Fe 粒子独立存在的催化剂体系（分别脉冲法）[150]，表明 Pd 和 Fe 的结合改变了其存在的化学状态。

等离子还常用于催化剂结构的修饰和改善。采用低温等离子体在 Ar、H$_2$ 和 NH$_3$ 气氛中对锐钛矿 TiO$_2$ 纳米片［主要暴露（001）晶面］进行处理，发现催化剂表面氧缺陷位（或 Ti^{3+}）增多，形成了 TiO$_2$@TiO$_{2-x}$ 核壳结构，增强了催化剂的近红外光吸收[151]。采用辉光放电等离子体（glow discharge plasma）对天然斜发沸石进行处理，样品形貌由不规则粒子转变成直径＜100nm 的棒状结构（图 2.25），

(a)

(b)

图 2.25 天然斜发沸石（a）和等离子体处理后样品（b）的 SEM 照片[152]

比表面积由 $24m^2/g$ 增加到 $45m^2/g$，并产生介孔，催化剂孔结构进一步开放[152]。此外，使用等离子体轰击金属盐、氢氧化物、金属等，使之分解或与气体（如氧气）反应可以制备纳米粉体，如采用等离子体轰击 Fe、Al、K_2CO_3、$CaCO_3$ 和 SiO_2 混合粉末可制备合成氨催化剂[153]；在 30% O_2/Ar 气氛中轰击 Ni、Al 粉末可制备 Ni-O-Al 天然气重整催化剂[154]。

2.4.2 原子层沉积法

原子层沉积（atomic layer deposition，ALD）也称为原子层外延生长（atomic layer epitaxy，ALE），其原理是利用气相分子与固体表面官能团间的自消除反应（self-limiting reaction）在固体表面形成均匀单原子层结构化合物[143, 155-157]。一般原子层沉积采用易挥发的金属有机物作为沉积前驱体分子，所谓自消除反应是指前驱体分子与载体表面官能团（一般为羟基）发生类似缩合反应的过程。如钛酸四异丙酯[$Ti(O^iPr)_4$]沉积在 SiO_2 表面时，异丙氧于 SiO_2 表面羟基反应脱除异丙醇。

$$\vdash\!\!\!-Si\!-\!OH + Ti(O^iPr)_4 \longrightarrow \vdash\!\!\!-Si\!-\!OTi(O^iPr)_3 + HO^iPr$$

随 Ti 物种在 SiO_2 表面覆盖度增加，SiO_2 表面羟基被消耗，而 Ti-O^iPr 对 $Ti(O^iPr)_4$ 是反应惰性的，因此，原子层沉积的自消除反应特性使得金属（气相中的前驱体分子）在载体表面上的单原子层沉积成为可能。而从广义上讲，原子层沉积方法还包括后续的系列反应过程，初次沉积完成后，向反应体系内通入其他气体（如氧气、水蒸气、氨气等）与沉积物继续反应，这一过程在固体表面重新形成具有反应活性的官能团（如上述 SiO_2 表面沉积的钛物种与 H_2O 反应），利用这些官能团可以进一步通过自消除反应再次进行原子层沉积过程，由此可以实现金属（或不同金属）在载体表面逐层（layer-by-layer）沉积。

$$\vdash\!\!\!-Si\!-\!OTi(O^iPr)_3 + xH_2O \longrightarrow \vdash\!\!\!-Si\!-\!OTi(O^iPr)_{3-x}(OH)_x + xHO^iPr$$

ALD 广泛应用于负载型金属/金属氧化物催化剂制备。采用 ALD 技术制备负载催化剂能够精确控制活性组分的组成、活性位密度、粒子大小等，且易于实现活性组分在催化剂表面和孔道内的均匀分布。活性组分在载体上的沉积状态受金属前驱体分子结构性质、载体孔道结构、载体表面活性、反应官能团反应活性和分布状态（密度、均匀程度）[158]、沉积反应温度等因素的影响[159]。气相中分子首先要扩散到载体表面和孔道内，分子大小、蒸气压和载体的孔道结构会影响分子的扩散行为。若将 $Al(CH_3)_3$ 和 $Zn(C_2H_5)_2$ 等易挥发的化合物沉积到多孔 SiO_2 气溶胶孔道内，Al 和 Zn 物种可以穿透到几百微米深度的 SiO_2 整体式（monolithic）结构中，形成均匀沉积；而 N, N'-双-仲丁基乙酰基双铜(Cu(I) N, N'-di-*sec*- butylacetamidinate, [Cu(^{s}Bu-Me-amd)]$_2$）只能沉积到几十微米的深度。

这是由于前驱物分子的扩散能力差异较大，Al(CH$_3$)$_3$ 和 Zn(C$_2$H$_5$)$_2$ 分子较小，蒸气压可以达到约 10torr（1torr=1.333 22×10^{2}Pa），而[Cu(^{s}Bu-Me-amd)]$_2$ 的蒸气压不足 0.1torr。此外，前驱体分子的反应活性以及前驱体分子和产物分子在孔道内的吸-脱附平衡也可能对沉积过程的穿透深度造成影响[160, 161]。载体表面，特别是参与 ALD 过程自消除反应的活性官能团的反应活性，是影响沉积反应速率的另一个重要因素。在负载 Pd 催化剂制备过程中，200℃下以六氟乙酰丙酮钯（Pd(II)hexafluoroacetylacetonate，Pd(hfac)$_2$）和甲醛蒸气顺次流过载体表面进行沉积（循环多次），结果发现，Pd 在 TiO$_2$ 载体表面的沉积速率大于在 Al$_2$O$_3$ 上的沉积，而在 SiO$_2$ 上几乎不能发生沉积，这可能是由于载体表面羟基的反应活性不同造成的[158]。同时发现，如果沉积过程在 110℃进行，即使进行 100 次循环沉积，Al$_2$O$_3$ 表面仍然只有很少的 Pd 沉积。这可能是由于降低沉积温度后，Pd(hfac)$_2$ 分解产生的 hfac 在载体表面吸附形成 Al(hfac)*（*表示吸附物）物种[162]，毒化了载体表面。

ALD 是一种投影式包覆（conformal coating）技术，即能在固体表面形成与基底具有相同拓扑结构的包覆，不会改变载体比表面积、孔道结构等[156]，因此 ALD 也常用于载体和催化剂表面的修饰。在 SiO$_2$、Al$_2$O$_3$ 等具有大比表面积的常用载体表面，采用 ALD 沉积 TiO$_2$、ZrO$_2$、CeO$_2$ 等，可以使新载体在基本保留基底孔道结构等物理性质的同时兼具沉积物的化学性质，为催化剂设计和性能调控提供了便利。利用 ALD 技术在 Al$_2$O$_3$ 表面沉积 TiO$_2$ 和 CeO$_2$ 后再沉积 Pt，发现与未沉积 TiO$_2$ 和 CeO$_2$ 修饰的催化剂相比，Pt 粒子的分散度明显提高，Pt 粒子大小由 3.4nm±2.6nm 减小到 2.1nm±0.5nm（TiO$_2$）和 1.6nm±0.4nm（CeO$_2$）[163]。最近，采用 ALD 技术对负载金属催化剂进行修饰，通过在金属纳米粒子外包裹一层氧化物，抑制金属在高温处理和催化反应过程中的聚集，有效提高了催化剂稳定性[164-167]。将 Cu/Al$_2$O$_3$ 催化剂顺次暴露在三甲基铝和水蒸气气氛（130℃，循环 45 次），可在 Cu 粒子表面包覆一层铝氧化物。包覆后 Cu 的表面积由 86μmol/g 降到 0μmol/g，说明 ALD 技术实现了对 Cu 粒子的完全包覆。催化剂经 973K 高温焙烧后，Cu 的表面积变为 23μmol/g，这是由于焙烧后包覆层产生了孔结构，探针分子（N$_2$O 用于表征 Cu 的表面积）可以通过这些孔道接触到 Cu 表面。催化剂用于 2-呋喃甲醛的液相加氢还原反应［130℃，22bar（1bar=10^{5}Pa）］反应后，Cu 粒子大小由 3.0nm±1.0nm 增大到 5.0nm±2.0nm，而经过包覆处理的催化剂 Cu 粒径基本保持不变[167]。利用类似的方法，还可调控出 Pd/Al$_2$O$_3$ 催化剂（Pd 粒子尺寸 2.8nm±0.5nm）的高温稳定性。当 Al$_2$O$_3$ 在 Pd 粒子表面包覆厚度达到 8nm 时，所得催化剂在乙烷氧化脱氢反应（675℃）中表现了更好的稳定性，近 30h 反应的活性不变；未经氧化铝包覆的催化剂初始活性只能保持 10min 左右。这种稳定性的提高主要归因于 Al$_2$O$_3$ 包覆提高了 Pd 粒子抗烧结能力，改善了催化剂的抗积碳能力。未经氧化铝包覆的催化剂的 Pd 粒子在反应 30min 后增大到 4.6nm±1.9nm（粒径分布变宽），同时催化剂表面生成纳米碳纤维将 Pd 粒子从载体表面剥离；而包覆后的催化剂 Pd 粒径基本保持不变（图 2.26），积碳量大幅度降低。这可能是由于铝物种沉积时优先覆盖了 Pd 粒子表面低配位的 Pd 原子位置，而这些低配位的 Pd 原子是 C—C 键断裂的活性中心，造成 CH_4、CO、CO_2 等物种的生成（对照实验发现，甲烷的存在时生成积碳的重要原因，乙烷、丙烷等不会导致积碳生成）[164]。

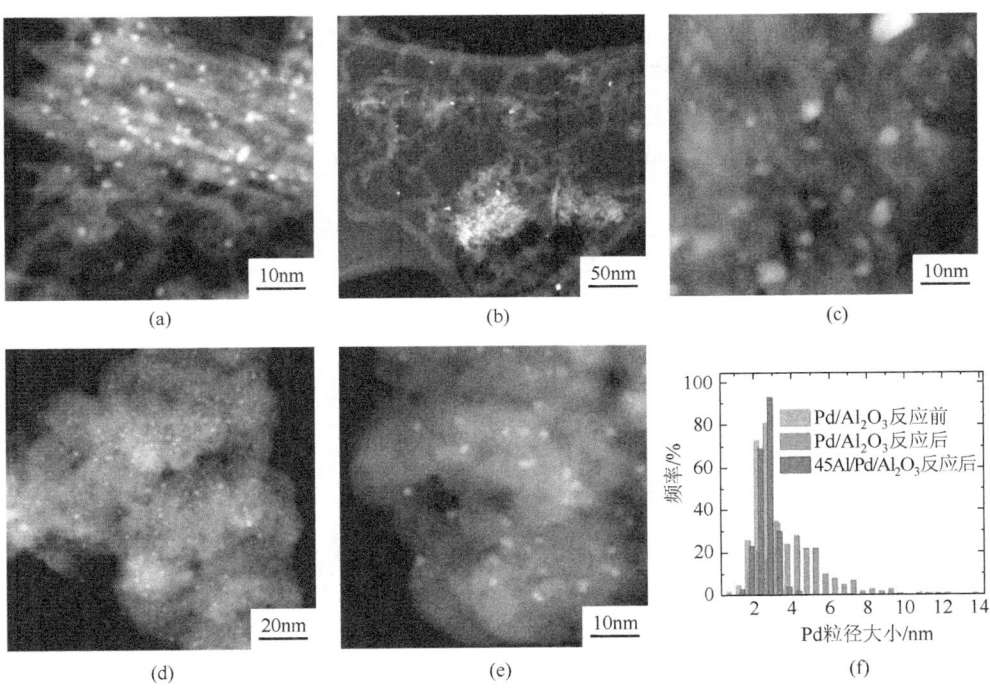

图 2.26 催化剂的 STEM 照片和 Pd 粒径分布图
（a）新鲜催化剂；（b）、（c）新鲜催化剂反应 30min 后；（d）Al_2O_3 包覆的 Pd/Al_2O_3 反应前；（e）Al_2O_3 包覆的 Pd/Al_2O_3. 反应 1700min 后；（f）Pd 粒径分布

2.4.3 微/纳乳液法

1. 乳液的形成

微乳液是由互不相溶的两种液体与表面活性剂及助表面活性剂在适当比例下自发形成的透明或半透明、各向同性热力学稳定均匀分散体系。互不相溶的两种液体分别称为水相（极性液体）和油相（非极性液体），表面活性剂也称为乳化剂，

多为非离子型表面活性剂，而助溶剂多为醇类。近年来，有人提出纳米乳液（纳乳）的概念，建议将纳乳液滴的大小定义为 500nm 以下[168]或更小（<200nm）[169, 170]，并提出纳乳是热力学不稳定体系[171]，以此与微乳液的概念进行区分，但作为一种材料合成方法多数文献对纳乳和微乳区分并不严格[172, 173]，一般仍称为微乳法。宏观上看微乳液是均匀的，但它实际上是一种多相分散体系，将油相分散在水相中称为水包油型微乳（oil-in-water），反之称为油包水型微乳（water-in-oil），后者通常也称为反相微乳（reverse microemulsion）；还有一类微乳体系称为双连续相微乳（bicontinuous microemulsion）。

油、水和表面活性剂混合后，体系存在状态（平衡态）分为四类，即通常所说的四类 Winsor 体系（图 2.27）[174]：①油相过量，油相+水包油型乳液（Winsor Ⅰ）；②水相过量，水相+油包水型乳液（Winsor Ⅱ）；③油相和双连续相乳液或水相和双连续相乳液或三相共存（Winsor Ⅲ）；④双连续相乳液（Winsor Ⅳ）。形成微乳液

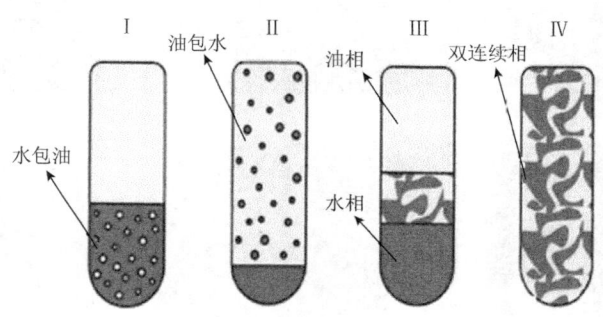

图 2.27　四类 Winsor 体系示意图[174]

的方式有低能量乳化和高能量乳化两种。低能量乳化是指在不需要向体系输入大量的额外能量的情况下使乳化过程自发进行，比较经典的是相反转温度法[phase inversion temperature（PIT）method]。该方法是利用表面活性剂在亲水亲油平衡温度[hydrophilic lipohilic balance（HLB）temperature]时极低的界面能（$10^{-5} \sim 10^{-2}$ mN/m），通过变化体系温度促进乳液形成[169, 174]。多用于聚氧乙烯（polyoxyethlene，PEO）型表面活性剂的体系[168]，低温时 PEO 亲水性强，体系存在状态为 Winsor Ⅰ 型；随温度升高 PEO 亲油性增强，达到 HLB 温度时体系存在状态为 Winsor Ⅲ 或 Winsor Ⅳ（与各组分含量有关）；高温时 PEO 亲油性强，体系存在状态为 Winsor Ⅱ。在体系处于 HLB 温度时，各组分含量合适的情况下，通过快速升温或降温可以相应得到油包水和水包油型乳液。例如，Winsor Ⅳ 型和水+双连续相型乳液体系通过快速降温，可以形成水包油型微乳液（图 2.28）。同样的道理，Winsor Ⅳ 型和油+双连续相型体系通过快速

升温可以形成油包水型微乳液。恒温条件下，通过改变物料配比［也称为 phase inversion composition（PIC）］可以实现乳化，常用的方法有溶剂置换法（solvent displacement method）、乳液反转点法［emulsion inversion point（EIP）method］等。溶剂置换法利用有机溶剂（如丙酮、乙醇）由油相向水相定向快速扩散（Ozuo 效应）形成乳液[175]，若向 1∶100 的二乙烯基苯/乙醇溶液中倾入水，当乙醇质量含量在 20%～40%时可以自发形成稳定的水包油乳液[176]。乳液反转点法是通过向热力学稳定的双连续相乳液体系内加入油或水进行稀释，将其转变成液滴更小的动力学稳定乳液[168]。

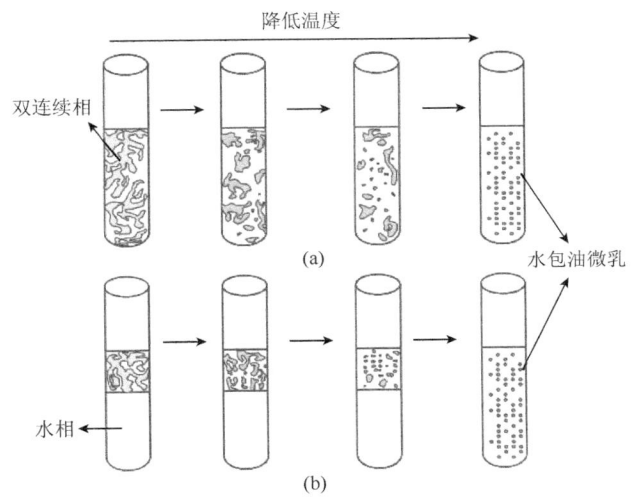

图 2.28　PIT 乳化法示意图[169]

高能量乳化法需要通过剧烈地搅拌、超声或高压等方式向体系提供能量来制造界面区域引发乳化。以超声方式为例，在超声作用下，油相或水相被分散成很小的液滴，然后表面活性剂在液滴界面上吸附使液滴稳定，最终形成微乳液。输入的能量能否有效用于油相或水相的分散是决定乳化成功与否的关键。例如，普通搅拌方式不如超声方式有效是由于前者输入体系的能量大部分以热量的形式耗散掉了，没有起到将油相或水相变成小尺寸液滴的效果。

微乳液的两个重要特征是液滴大小（以及液滴粒径分布）和乳液的稳定性，两者都与表面活性剂的本身化学性质、浓度、油/水比例、温度、采取的乳化方式等有关。显然，低能量乳化法中，乳液体系的组成比例和油、水、表面活性剂的性质是主要因素，而高能量乳化方式还严重依赖于仪器（超声仪、高压匀质机等）对液滴的分散效率。总之，乳液体系和乳液的形成机制非常复杂，在微乳液的制备及其性质（液滴大小、乳液稳定性等）的优化过程中，实验手段仍发挥重要作用[171]。

2. 微乳液法制备催化剂

固体催化剂的制备多以水溶性的无机盐为前驱体，因此常用到反相微乳（油包水）体系。在反相微乳体系中，水相在表面活性剂包覆下以纳米级（如10~100nm）"水核"的形式分散在油相中，作为"纳米反应器"限定固体的成核和生长。"水核"作为纳米反应器合成固体的方式一般有两种：①双乳液法：金属盐和沉淀剂（合成金属纳米粒子时使用还原剂）分别配成两种微乳体系，混合搅拌后包含两种反应物的微乳液滴间碰撞结合导致"水核"间的物质交换而引发化学反应；②单乳液法：将一种反应物溶解在微乳"水核"中，另一种反应物（直接或溶解后）加到微乳液体系内，然后通过微乳液界面渗透到"水核"内或直接在界面处发生反应；或将反应物全部溶解在"水核"中，通过改变反应温度使之反应[173, 177, 178]。通过控制反应在乳液液滴内部或界面处发生可以合成纳米粒子或空心结构，通过调控液滴的大小可以控制催化剂尺寸和形貌[179]。利用微乳液法合成金属或金属氧化物纳米粒子催化剂的研究很多，以往的文献对此做了很好的总结[173, 180]，此处仅对微乳法在纳米空心结构和空心内含纳米粒子结构（nanorattle）催化剂制备方面的近期工作做简单介绍。

空心结构的合成需要控制反应在微乳液滴的界面处发生。通常将一种反应物溶解在微乳液滴内，然后向主相内加入另一种反应物，反应主要受扩散控制，固体选择性地沉积在液滴界面处。为此，需要针对反应物的溶解性、浓度、物料滴加速率、反应温度、反应速率等进行实验筛选和条件优化[177]。目前利用微乳液法制备了 Ag、Au、ZnO、γ-AlO(OH)、TiO_2、SnO_2 等纳米空心结构（图2.29）。合成 $La(OH)_3$ 空心纳米结构的过程中，以正十二烷（50mL）、十六烷基三甲基溴化铵（CTAB，5mmol）和正己醇（5mL）分别作为油相、表面活性剂和助表面活性剂，通过控制水的加入量（1~3mL），在剧烈搅拌下（10min）成功获得了液滴大小为 5~12nm 的微乳体系，然后向体系内加入三环戊二烯基镧[$La(Cp)_3$]的十二烷溶液，与水核反应生成 $La(OH)_3$。水相为纯水时得到纳米粒子，而在水相中加入一定浓度（0.1mol/L 或 0.2mol/L）卤化钾（如KF）则可得到空心结构。这是由于盐的加入使 $La(Cp)_3$ 的水解变慢，降低了 $La(OH)_3$ 的过饱和度，避免了高过饱和度下的均匀沉淀，使沉淀过程选择性地发生在界面处[181]。利用同一乳液体系，还制备了 γ-AlO(OH) 和 Ag 空心纳米结构；前者选择 $Al(sec\text{-}OC_4H_9)_3$ 为铝源前驱体，是由于其水解速率较慢且在油相中的溶解度大于水相中的溶解度；后者以 $[Ag(PPh_3)_4]NO_3$ 为前驱体，并将含有 $NaBH_4$ 的水核 pH 调节为12，以降低还原反应速率；其目的都是要利用扩散控制的水解（diffusion-controlled hydrolysis）/还原反应使沉积过程发生在界面处[182, 183]。

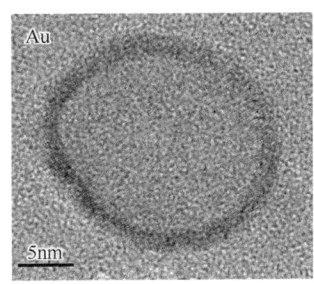 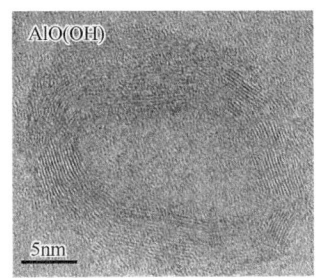 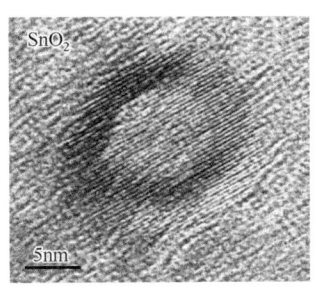

图 2.29　微乳液法制备的 Au、AlO(OH)和 SnO$_2$ 空心结构 HRTEM 照片[178]

在空心结构内植入纳米粒子还能得到空心内含有纳米粒子型的结构,合成的策略主要有三种:①先将制备好的纳米粒子分散在乳液液滴内,再以液滴为模板合成空心结构;②乳液液滴内预先溶解合成纳米粒子的前驱体,空心结构形成后再将液滴内的前驱体转化成纳米粒子;③先将微乳液滴内溶解的化合物转化成纳米粒子,再以液滴为模板合成空心结构。纳米粒子的植入需要结合空心结构的合成,选择合适的纳米粒子(或前驱体盐)和与之匹配的乳液体系,并通过巧妙实验设计充分利用反应过程中的物理化学变化。如采用反相微乳法合成 Fe$_3$O$_4$@SiO$_2$ 的过程中,正硅酸乙酯(TEOS)加入微乳体系前,Fe$_3$O$_4$ 在油胺保护下处于油相中,TEOS 水解后置换 Fe$_3$O$_4$ 表面的油胺将 Fe$_3$O$_4$ 转移到水相,即微乳液滴内,然后 TEOS 的水解和沉积形成空心 SiO$_2$(壳层)内植入 Fe$_3$O$_4$ 的结构[184]。在上述过程中,如果"水核"中溶解了易还原的金属盐,如 HAuCl$_4$,则可在形成空心结构的同时被表面活性剂还原并沉积在 Fe$_3$O$_4$ 纳米粒表面。如果再加入 NaBH$_4$,Fe$_3$O$_4$ 可以在金辅助下还原为 Fe^{2+} 而溶解掉,最终形成 Au@SiO$_2$ 结构[185]。

2.5　结语和展望

固体催化剂的制备不仅仅是一个单纯的化学反应问题,催化剂结构的调控更多的涉及纳米材料的物理化学问题。本章仅集中对部分溶液化学合成方法,从物理化学的视角对制备过程的变化机制进行了阐述,确切地说主要涉及催化剂前体/前驱物(precursor)的制备,而对催化剂的焙烧、活化、成型等后续过程基本没有涉及。近年来,纳米材料领域的突破引发了新结构催化剂合成研究的热潮,新合成方法不断涌现,对催化剂微观结构的控制更加精准,手段更加丰富,极大地推进了对催化剂结构和催化性能之间的构效关系的理解。但需要指出的是,与材料合成和催化剂结构表征研究形成鲜明对比的是,对材料合成的溶液物理化学和固液界面物理化学的系统研究较少,动力学方面的理解和认识相对滞后,对很多现象的解释仍然停留在原有的经验性理论和概念上。因此，对催化剂制备和材料合成过程微观物理和化学变化原理的认识有待深入。

参 考 文 献

[1] De Jong K P. Synthesis of Solid Catalyst. Weinheim：Wiley-VCH Verlag GmbH & Co. KGaA，2009.

[2] Ertl G，Knozinger H，Weitkamp J. Preparation of Solid Catalysts. Weinheim：Wiley-VCH Verlag GmbH & Co. KGaA，1999.

[3] Ertl G，Knozinger H，Schüth F，et al. Preparation of Solid Catalysts，Handbook of Heterogeneous Catalysis，Part 2. Weinheim：Wiley-VCH Verlag GmbH & Co. KGaA，2008.

[4] Regulbuto J. Catalyst Preparation Science and Engineering. Boca Raton：CRC Press，Taylor & Francis Group，2007.

[5] 陈诵英，王琴. 固体催化剂制备原理与技术. 北京：化学工业出版社，2012.

[6] Ertl G，Knozinger H，Schüth F，et al. Preparation of Solid Catalysts，Handbook of Heterogeneous Catalysis，Part 2. Weinheim：Wiley-VCH Verlag GmbH & Co. KGaA，2008：102.

[7] Recommendations on nomenclature for contamination phenomena in precipitation from aqueous solutions. Pure and Applied Chemistry，1974，37（4）：463-468.

[8] （a）Park J，Joo J，Kwon S G，et al. Synthesis of monodisperse spherical nanocrystals. Angewandte Chemie-International Edition，2007，46：4630-4660；（b）Ertl G，Knozinger H，Weitkamp J. Preparation of Solid Catalysts. Weinheim：Wiley-VCH Verlag GmbH & Co. KGaA，1999：467-468.

[9] （a）De Jong K P. Synthesis of Solid Catalyst. Weinheim：Wiley-VCH Verlag GmbH & Co. KGaA，2009：137；（b）Ertl G，Knozinger H，Weitkamp J. Preparation of Solid Catalysts. Weinheim：Wiley-VCH Verlag GmbH，1999：63-64.

[10] Den Ouden C J J，Thompson R W. Analysis of the formation of monodisperse populations by homogeneous nucleation. Journal of Colloid and Interface Science，1991，143（1）：77-84.

[11] Cushing B L，Kolesnichenko V L，O'Connor C J. Recent advances in the liquid-phase syntheses of inorganic nanoparticles. Chemical Reviews，2004，104：3893-3946.

[12] Nývlt J. Precipitation of catalyst precursors theoretical fundamentals. Crystal Research and Technology，1995，30（6）：737-745.

[13] （a）De Jong K P. Synthesis of Solid Catalyst. Weinheim：Wiley-VCH Verlag GmbH & Co. KGaA，2009：138；（b）Ertl G，Knozinger H，Weitkamp J. Preparation of Solid Catalysts. Weinheim：Wiley-VCH Verlag GmbH & Co. KGaA，1999：65-68；（c）陈诵英，王琴. 固体催化剂制备原理与技术. 北京：化学工业出版社，2012：364.

[14] Dalas E，Kordulis C，Koutsoukos P G，et al. Unsupported molybdena catalysts：precipitation，characterization and catalytic activity. Journal of Chemical Society，1993，89：3645-3649.

[15] （a）Matijević E. Preparation and properties of monodispersed colloidal metal hydrous oxides. Studies in Surface Science and Catalysis，1979，3：555-583；（b）Matijević E，Scheiner P. Ferric hydrous oxide sols：III. Preparation of uniform particles by hydrolysis of Fe（III）-chloride，-nitrate，and-perchlorate solutions. Journal of Colloid and Interface Science，1978，63：509-524.

[16] Porta P，de Rossi S，Ferraris G，et al. Structural characterization of malachite-like coprecipitated precursors of binary CuO/ZnO catalysts. Journal of Catalysis，1988，10：367-377.

[17] Calafat A，Avilán L，Aldana J. The influence of preparation conditions on the surface area and phase formation of

MoO$_3$/ZrO$_2$ catalysts. Applied Catalysis A: General, 2000, 201: 215-223.

[18] Mirzaei A A, Faizi M, Habibpour R. Effect of preparation conditions on the catalytic performance of cobalt manganese oxide catalysts for conversion of synthesis gas to light olefins. Applied Catalysis A: General, 2006, 306: 98-107.

[19] White1 A, Walpole A, Huang Y, et al. Control of porosity and surface area in alumina: Ⅱ. Alcohol and glycol additives. Applied Catalysis, 1989, 56: 187-196.

[20] Trimm D L, Stanislaus A. The control of pore size in alumina catalyst supports: a review. Applied Catalysis, 1986, 21: 215-238.

[21] Schwarz J A, Contescu C, Contescu A. Methods for preparation of catalytic materials. Chemical Reviews, 1995, 95 (3): 477-510.

[22] Maksimovskaya R I, Maksimov G M. ^{95}Mo and ^{17}O NMR studies of aqueous molybdate solutions. Inorganic Chemistry, 2007, 46: 3688-3695.

[23] Livage J. Sol-gel synthesis of heterogeneous catalysts from aqueous solutions. Catalysis Today, 1998, 41: 3-19.

[24] Tian H J, Roberts C A, Wachs I E. Molecular structural determination of molybdena in different environments: aqueous solutions, bulk mixed oxides, and supported MoO$_3$ catalysts. The Journal of Physical Chemistry C, 2010, 114: 14110-14120.

[25] Redkin A F, Bondarenko G V. Raman spectra of Tungsten-bearing solutions. Journal of Solution Chemistry, 2010, 39: 1549-1561.

[26] 陈诵英, 王琴. 固体催化剂制备原理与技术. 北京: 化学工业出版社, 2012: 56.

[27] 徐达, 刘士艳, 刘云凌, 等. pH值对共沉淀法制备钼基多金属氧化物催化异丁烯选择氧化制甲基丙烯醛性能的影响. 物理化学学报, 2012, 28 (11): 2690-2696.

[28] Gnanaprakash G, Mahadevan S, Jayakumar T, et al. Effect of initial pH and temperature of iron salt solutions on formation of magnetite nanoparticles. Materials Chemistry and Physics, 2007, 103 (1): 168-175.

[29] Ertl G, Knozinger H, Weitkamp J. Preparation of Solid Catalysts. Weinheim: Wiley-VCH Verlag GmbH & Co. KGaA, 1999: 73.

[30] Bems B, Schur M, Dassenoy A, et al. Relations between synthesis and microstructural properties of copper/zinc hydroxycarbonates. Chemistry——A European Journal, 2003, 9: 2039-2052.

[31] Behrens M, Brennecke D, Girgsdies F, et al. Understanding the complexity of a catalyst synthesis: Co-precipitation of mixed Cu, Zn, Al hydroxycarbonate precursors for Cu/ZnO/Al$_2$O$_3$ catalysts investigated by titration experiments. Applied Catalysis A: General, 2011, 392: 93-102.

[32] Li J L, Inui T. Characterization of precursors of methanol synthesis catalysts, copper/zinc/aluminum oxides, precipitated at different pHs and temperatures. Applied Catalysis A: General, 1996, 137: 105-117.

[33] Baltes C, Vukojević S, Schüth F. Correlations between synthesis, precursor, and catalyst structure and activity of a large set of CuO/ZnO/Al$_2$O$_3$ catalysts for methanol synthesis. Journal of Catalysis, 2008, 258: 334-344.

[34] Afanasiev P, Thiollier A, Breysse M, et al. Control of the textural properties of zirconium oxide. Topics in Catalysis, 1999, 8: 147-160.

[35] Muhamad E N, Irmawati R, Taufiq-Yap Y H, et al. Comparative study of Cu/ZnO catalysts derived from different precursors as a function of aging. Catalysis Today, 2008, 131: 118-124

[36] Jung K T, Bell A T. The effects of synthesis and pretreatment conditions on the bulk structure and surface properties of zirconia. Journal of Molecular Catalysis A: Chemical, 2000, 163: 27-42.

[37] Chuah G K, Liu S H, Jaenickea S, et al. High surface area zirconia by digestion of zirconium propoxide at different

pH. Microporous and Mesoporous Materials, 2000, 39: 381-392.

[38] Zander S, Seidlhofer B, Behrens M. *In situ* EDXRD study of the chemistry of aging of co-precipitated mixed Cu, Zn hydroxycarbonates-consequences for the preparation of Cu/ZnO catalysts. Dalton Transactions, 2012, 41: 13413-13422.

[39] Farahani B V, Rajabi F H, Bahmani M, et al. Influence of precipitation conditions on precursor particle size distribution and activity of Cu/ZnO methanol synthesis catalyst. Applied Catalysis A: General, 2014, 482: 237-244.

[40] Baltes C, Vukojević S, Schüth F. Correlations between synthesis, precursor, and catalyst structure and activity of a large set of CuO/ZnO/Al$_2$O$_3$ catalysts for methanol synthesis. Journal of Catalysis, 2008, 258: 334-344.

[41] Behrens M. Meso-and nano-structuring of industrial Cu/ZnO/(Al$_2$O$_3$)catalysts. Journal of Catalysis, 2009, 267: 24-29.

[42] Hochepied J F, Ilioukhina O, Berger M H. Effect of the mixing procedure on aluminium (oxide) -hydroxide obtained by precipitation of aluminium nitrate with soda. Materials Letters, 2003, 57: 2817-2822.

[43] (a) De Jong K P. Synthesis of Solid Catalyst. Weinheim: Wiley-VCH Verlag GmbH & Co. KGaA, 2009: 83-85; (b)Ertl G, Knozinger H, Weitkamp J. Preparation of Solid Catalysts. Weinheim: Wiley-VCH Verlag GmbH & Co. KGaA, 1999: 85-96.

[44] Cushing B L, Kolesnichenko V L, O'Connor C J. Recent advances in the liquid-phase syntheses of inorganic nanoparticles. Chemical Reviews, 2004, 104 (9): 3893-3946.

[45] Hench L L, West J K. The sol-gel process. Chemical Reviews, 1990, 90 (1): 33-72.

[46] Livage J, Henry M, Sanchez C. Sol-gel chemistry of transition metal oxides. Progress in Solid State Chemistry, 1988, 18: 59-34.

[47] Gash A E, Tillotson T M, Satcher J H, et al. Use of epoxides in the sol-gel synthesis of porous iron (III) oxide monoliths from Fe (III) salts. Simpson, Chemistry of Materials, 2001, 13 (3): 999-1007.

[48] De Jong K P. Synthesis of Solid Catalyst. Weinheim: Wiley-VCH Verlag GmbH & Co. KGaA, 2009: 86-89.

[49] Gesser H D, Goswami P C. Aerogels and related porous materials. Chemical Reviews, 1989, 89 (4): 765-788.

[50] (a) Ertl G, Knozinger H, Schüth F, et al. Preparation of Solid Catalysts, Handbook of Heterogeneous Catalysis, Part 2. Weinheim: Wiley-VCH Verlag GmbH & Co. KGaA, 2008: 123-126; (b) De Jong K P. Synthesis of Solid Catalyst. Weinheim: Wiley-VCH Verlag GmbH & Co. KGaA, 2009: 83-89.

[51] Arnal P, Corriu R J P, Leclercq D, et al. A solution chemistry study of nonhydrolytic sol-gel routes to titania. Chemistry of Materials, 1997, 9 (3): 694-698.

[52] Wu Y, Liu H M, Xu B Q. Solvothermal synthesis of TiO$_2$: anatase nanocrystals and rutile nanofibres from TiCl$_4$ in acetone. Applied Organometallic Chemistry, 2007, 21: 146-149.

[53] Jansen M, Guenther E. Oxide gels and ceramics prepared by a nonhydrolytic sol-gel process. Chemistry of Materials, 1995, 7 (11): 2110-2114.

[54] Debecker D P, Mutin P H. Non-hydrolytic sol-gel routes to heterogeneous catalysts. Chemical Society Reviews, 2012, 41: 3624-3650.

[55] Abecassis-Wolfowich M, Rotter H, Landau M V, et al. Texture and nanostructure of chromia aerogels prepared by urea-assisted homogeneous precipitation and low-temperature supercritical drying. Journal of Non-crystalline Solids, 2003, 318: 95-111.

[56] Chervin C N, Clapsaddle B J, Chiu H W, et al. Aerogel synthesis of yttria-stabilized zirconia by a non-alkoxide sol-gel route. Chemistry of Materials, 2005, 17: 3345-3351.

[57] Livage J, Henry M, Sanchez C. Sol-gel chemistry of transition metal oxides. Progress in Solid State Chemisrey, 1988, 18: 259-341.

[58] Kelts L W, Effinger N J, Melpolder S M. Sol-gel chemistry studied by ^{1}H and ^{29}Si nuclear magnetic resonance. Journal of Non-crystalline Solids, 1986, 83: 353.

[59] (a) Hench L L, West J K. The sol-gel process. Chemical Reviews, 1990, 90: 33-72; (b) Ertl G, Knozinger H, Schüth F, et al. Preparation of Solid Catalysts, Handbook of Heterogeneous Catalysis, Part 2. Weinheim: Wiley-VCH Verlag GmbH & Co. KGaA, 2008: 126-128; (c) De Jong K P. Synthesis of Solid Catalyst. Weinheim: Wiley-VCH Verlag GmbH & Co. KGaA, 2009: 89-90; (d) Regulbuto J. Catalyst Preparation Science and Engineering. Boca Raton: CRC Press, Taylor & Francis Group, 2007: 297-318.

[60] Pajonk G M. Aerogel catalysts. Applied Catalysis, 1991, 72: 217-266.

[61] (a) De Jong K P. Synthesis of Solid Catalyst. Weinheim: Wiley-VCH Verlag GmbH & Co. KGaA, 2009: 33-82; (b) Ertl G, Knozinger H, Weitkamp J. Preparation of Solid Catalysts. Weinheim: Wiley-VCH Verlag GmbH & Co. KGaA, 1999: 315-340; (c) 陈诵英, 王琴. 固体催化剂制备原理与技术. 北京: 化学工业出版社, 2012: 245-250.

[62] Che M, Cheng Z X, Louis C. Nucleation and particle growth processes involved in the preparation of silica-supported nickel materials by a two-step procedure. Journal of the American Chemical Society, 1995, 117 (7): 2008-2018.

[63] Parks G A. The isoelectric points of solid oxides, solid hydroxides, and aqueous hydroxo complex systems. Chemical Reviews, 1965, 65 (2): 177-198.

[64] Park J, Regalbuto J R. A Simple, accurate determination of oxide PZC and the strong buffering effect of oxide surfaces at incipient wetness. Journal of Colloid and Interface Science, 1995, 175: 239-252.

[65] Korah J, Spieker W A, Regalbuto J R. Why ion-doped, PZC-altered silica and alumina fail to influence platinum adsorption. Catalysis Letters, 2003, 85: 123-127.

[66] Hao X, Barnes S, Regalbuto J R. A fundamental study of Pt impregnation of carbon: adsorption equilibrium and particle synthesis. Journal of Catalysis, 2011, 279: 48-65.

[67] Zhu X R, Cho H R, Pasupong M, et al. Charge-enhanced dry impregnation: a simple way to improve the preparation of supported metal catalysts. ACS catalysis, 2013, 3 (4): 625-630.

[68] Brunelle J P. Preparation of catalysts by metallic complex adsorption on mineral oxides. Pure and Applied Chemistry, 1978, 50 (9-10): 1211-1229.

[69] Cristiano E, Hu Y J, Siegfried M, et al. A comparison of point of zero charge measurement methodology. Clays and Clay Minerals, 2011, 59 (2): 107-115.

[70] Noh J S, Schwarz J A. Estimation of the point of zero charge of simple oxides by mass titration. Journal of Colloid and Interface Science, 1989, 130 (1): 157-164.

[71] Mustafa S, Dilara B, Nargis K, et al. Surface properties of the mixed oxides of iron and silica. Colloids and Surfaces A: Physicochemical and Engineering Aspects, 2002, 205: 273-282.

[72] Park J, Regalbuto J R. A simple, accurate determination of oxide PZC and the strong buffering effect of oxide surfaces at incipient wetness. Journal of Colloid and Interface Science, 1995, 175: 239-252.

[73] Chester A W, Chu Y F, Dessau R M, et al. Aluminium-independent cation exchange of internal siloxy groups in ZSM-5 and ZSM-11. Journal of Chemical Society, Chemical Communications, 1985: 289-290.

[74] Schreier M, Teren S, Belcher L, et al. The nature of 'overexchanged' copper and platinum on zeolites. Nanotechnology, 2005, 16: S582-S591.

[75] Woolery G L, Alemany L B, Dessau R M, et al. Spectroscopic evidence for the presence of internal silanols in highly siliceous ZSM-5. Zeolites, 1986, 6: 14-16.

[76] Boujday S, Lehman J, Lambert J F, et al. Evolution of transition metal speciation in the preparation of supported catalysts: halogenoplatinate (IV) on silica. Catalysis Letters, 2003, 88 (1-2): 23-30.

[77] Shelimov B N, Lambert J F, Che M, et al. Molecular-level studies of transition metal-support interactions during the first steps of catalysts preparation: platinum speciation in the hexachloroplatinate/alumina system. Journal of Molecular Catalysis A: Chemical, 2000, 158: 91-99.

[78] (a) De Jong K P. Synthesis of Solid Catalyst. Weinheim: Wiley-VCH Verlag GmbH & Co. KGaA, 2009: 59-62; (b)Ertl G, Knozinger H, Weitkamp J. Preparation of Solid Catalysts. Weinheim: Wiley-VCH Verlag GmbH & Co. KGaA, 1999: 324-326.

[79] Neimark A V, Kheifets L I, Fenelonov V B. Theory of preparation of supported catalysts. Industrial and Engineering Chemistry Product Research, 1981, 20 (3): 439-450.

[80] Lee S Y, Aris R. The distribution of active ingredients in supported catalysts prepared by impregnation. Catalysis Reviews: Science and Engineering, 1985, 27 (2): 207-340.

[81] Gavriilidis A, Varma A, Morbidelli M. Optimal distribution of catalyst in pellets. Catalysis Reviews: Science and Engineering, 1993, 35 (3): 399-456.

[82] Lekhal A, Glasser B J, Khinast J G. Impact of drying on the catalyst profile in supported impregnation catalysts. Chemical Engineering Science, 2001, 56: 4473-4487.

[83] Assaf E M, Jesus L C, Assaf J M. The active phase distribution in Ni/Al$_2$O$_3$ catalyst and mathematical modeling of the impregnation process. Chemical Engineering Journal, 2003, 94 (2): 93-98.

[84] Regulbuto J. Catalyst Preparation Science and Engineering. Boca Raton: CRC Press, Taylor & Francis Group, 2007: 341-372.

[85] Weisz P B. Sorption-diffusion in heterogeneous systems. Part 1.——General sorption behaviour and criteria. Transactions of the Faraday Society, 1967, 63: 1801-1806.

[86] Goula M A, Kordulis C, Lycourghiotis A. Influence of impregnation parameters on the axial Mo/γ-alumina profiles studied using a novel simple technique. Journal of Catalysis, 1992, 133 (2): 486-497.

[87] Lefèvre G, Duc M, Lepeut P, et al. Hydration of ç-Alumina in water and its effects on surface reactivity. Langmuir, 2002, 18: 7530-7537.

[88] Maatman R. How to make a more effective platinum-alumina catalyst. Industrial Engineering Chemistry, 1959, 51 (8): 913-914.

[89] Van den Berg G H, Rijnten H Th. The impregnation and drying step in catalyst manufacturing. Studies in Surface Science and Catalysis, 1979, 3: 265-277.

[90] Koptyug I V, Kabanikhin S I, Iskakov K T, et al. A quantitative NMR imaging study of mass transport in porous solids during drying. Chemical Engineering Science, 2000, 55 (9): 1559-1571.

[91] Jan Kowalski S. Toward a thermodynamics and mechanics of drying processes. Chemical Engineering Science, 2000, 55 (7): 1289-1304.

[92] Regulbuto J. Catalyst Preparation Science and Engineering. Boca Raton: CRC Press, Taylor & Francis Group, 2007: 375-404.

[93] Lekhal A, Glasser B J, Khinast J G. Impact of drying on the catalyst profile in supported impregnation catalysts. Chemical Engineering Science, 2001, 56: 4473-4487.

[94] Santhanam N, Conforti T A, Spieker W, et al. Nature of metal catalyst precursors adsorbed onto oxide supports. Catalysis Today, 1994, 21: 141-156.

[95] Qin Q, Ramkrishna D. The effect of operating conditions on the dispersion state of supported metal aatalysts: a

[96] Villegasa L, Masseta F, Guilhaume N. Wet impregnation of alumina washcoated monoliths: effect of the drying procedure on Ni distribution and on autothermal reforming activity. Applied Catalysis A: General, 2007, 320 (22): 43-55.

[97] Vergunst T, Kapteijn F, Moulijn J A. Monolithic catalysts: Non-uniform active phase distribution by impregnation. Applied Catalysis A: General, 2001, 213 (2): 179-187.

[98] (a) De Jong K P. Synthesis of Solid Catalyst. Weinheim: Wiley-VCH Verlag GmbH & Co. KGaA, 2009: 111-115; (b) Ertl G, Knozinger H, Schüth F, et al. Preparation of Solid Catalysts, Handbook of Heterogeneous Catalysis, Part 2. Weinheim: Wiley-VCH Verlag GmbH & Co. KGaA, 2008: 428-433; (c) Ertl G, Knozinger H, Weitkamp J. Preparation of Solid Catalysts. Weinheim: Wiley-VCH Verlag GmbH & Co. KGaA, 1999: 460-470.

[99] Mul G, Hirschon A S. Effect of preparation procedures on the activity of supported palladium/lanthanum methanol decomposition catalysts. Catalysis Today, 2001, 65 (1): 69-75.

[100] Wielers A F H, Hop C E C A, van Beijnum J, et al. On the properties of silica-supported bimetallic FeCu catalysts Part I. Preparation and characterization. Journal of Catalysis, 1990, 121 (2): 364-374.

[101] Haruta M. Gold as a novel catalyst in the 21st century: preparation, working mechanism and applications. Gold Bulletin, 2004, 37 (1-2): 27-36.

[102] Dimitratos N, Villa A, Bianchi C L, et al. Gold on titania: effect of preparation method in the liquid phase oxidation. Applied Catalysis A: General, 2006, 311: 185-192.

[103] Tang X L, Zhang B C, Li Y, et al. Structural features and catalytic properties of Pt/CeO_2 catalysts prepared by modified reduction-deposition techniques. Catalysis Letters, 2004, 97 (3-4): 163-169.

[104] Martin L C. Novel highly dispersed cobalt catalysts for improved Fischer-Tropsch productivity. Studies in Surface Science and Catalysis, 2004, 147: 283-288.

[105] Ertl G, Knozinger H, Weitkamp J. Preparation of Solid Catalysts. Weinheim: Wiley-VCH Verlag GmbH & Co. KGaA, 1999: 468.

[106] Regulbuto J. Catalyst Preparation Science and Engineering. Boca Raton: CRC Press, Taylor and Francis Group, 2007: 319-340.

[107] Burattin P, Che M, Louis C. Metal particle size in Ni/SiO_2 materials prepared by deposition-precipitation: influence of the nature of the Ni (II) phase and of its interaction with the support. The Journal of Physical Chemistry B, 1999, 103: 6171-6178.

[108] Burattin P, Che M, Louis C. Molecular approach to the mechanism of deposition-precipitation of the Ni (II) phase on silica. The Journal of Physical Chemistry B, 1998, 102 (15): 2722-2732.

[109] Van der Lee M K, van Dillen A J, Bitter J H, et al. Deposition precipitation for the preparation of carbon nanofiber supported nickel catalysts. Journal of the American Chemical Society, 2005, 127 (39): 13573-13582.

[110] Bitter J H, van der Lee M K, Slotboom A G T, et al. Synthesis of highly loaded highly dispersed nickel on carbon nanofibers by homogeneous deposition-precipitation. Catalysis Letters, 2003, 89 (1-2): 139-142.

[111] Bezemer G L, Radstake P B, Koot V, et al. Preparation of Fischer-Tropsch cobalt catalysts supported on carbon nanofibers and silica using homogeneous deposition-precipitation. Journal of Catalysis, 2006, 237 (2): 291-302.

[112] De Bokx P K, Wassenberg W B A, Geus J W. Interaction of nickel ions with a $\gamma\text{-}Al_2O_3$ support during deposition from aqueous solution. Journal of Catalysis, 1987, 104 (1): 86-98.

[113] Ertl G, Knozinger H, Schüth F, et al. Preparation of Solid Catalysts, Handbook of Heterogeneous Catalysis, Part 2. Weinheim: Wiley-VCH Verlag GmbH & Co. KGaA, 2008: 440-453.

[114] Salim V M M, Cesar D V, Schmal M, et al. Preparation of highly loaded nickel/silica catalysts by a deposition-precipitation method. Effect of the aging time on the reducibility of nickel and on the textural properties of the catalyst. Studies in Surface Science and Catalysis, 1995, 91: 1017-1026.

[115] Van der Grift C J G, Elberse P A, Mulder A, et al. Preparation of silica-supported copper catalysts by means of deposition-precipitation. Applied Catalysis, 1990, 59 (1): 275-289.

[116] Van der Grift C J G, Mulder A, Geus J W. Characterization of silica-supported copper catalysts by means of temperature-programmed reduction. Applied Catalysis, 1990, 60 (1): 181-192.

[117] Jhung S H, Lee J H, Lee J M, et al. Effect of preparation conditions on the hydrogenation activity and metal dispersion of Pt/C and Pd/C catalysts. Bulletin of the Korean Chemical Society, 2005, 26 (4): 563-568.

[118] Shen W J, Matsumura Y. Interaction between palladium and the support in Pd/CeO_2 prepared by deposition-precipitation method and the catalytic activity for methanol decomposition. Journal of Molecular Catalysis A: Chemical, 2000, 153 (1-2): 165-168.

[119] Toebes M L, van der Lee M K, Tang L M, et al. Preparation of carbon nanofiber supported platinum and ruthenium catalysts: comparison of ion adsorption and homogeneous deposition precipitation. The Journal of Physical Chemistry B, 2004, 108 (31): 11611-11619.

[120] Augustine R L, O'Leary S T. Heterogeneous catalysis in organic chemistry. Part 101. Effect of the catalyst support on the regiochemistry of the heck arylation reaction. Journal of Molecular Catalysis A: Chemical, 1995, 95 (3): 277-285.

[121] Regulbuto J. Catalyst Preparation Science and Engineering. Boca Raton: CRC Press, Taylor & Francis Group, 2007: 319-340.

[122] Okumura M, Masuyama N, Konishi E, et al. CO oxidation below room temperature over Ir/TiO_2 catalyst prepared by deposition precipitation method. Journal of Catalysis, 2002, 208 (2): 485-489.

[123] Gopinath R, Lingaiah N, Babu N S, et al. A highly active low Pd content catalyst synthesized by deposition-precipitation method for hydrodechlorination of chlorobenzene. Journal of Molecular Catalysis A: Chemical, 2004, 223 (1-2): 289-293.

[124] Haruta M, Yamada N, Kobayashi T, et al. Gold catalysts prepared by coprecipitation for low-temperature oxidation of hydrogen and of carbon monoxide. Journal of Catalysis, 1989, 115 (2): 301-309.

[125] Haruta M, Tsubota S, Kobayashi T, et al. Low-temperature oxidation of CO over gold supported on TiO_2, α-Fe_2O_3, and Co_3O_4. Journal of Catalysis, 1993, 144 (1): 175-192.

[126] Haruta M. Gold as a novel catalyst in the 21st century: preparation, working mechanism and applications. Gold Bulletin, 2004, 37 (1-2): 27-36.

[127] Moreau F, Bond G C, Taylor A O. Gold on titania catalysts for the oxidation of carbon monoxide: control of pH during preparation with various gold contents. Journal of Catalysis, 2005, 231: 105-114.

[128] Tsubota S, Cunningham D A H, Bando Y, et al. Preparation of nanometer gold strongly interacted with TiO_2 and the structure sensitivity in low-temperature oxidation of CO. Studies in Surface Science and Catalysis, 1995, 91: 227-235.

[129] Zanella R, Delannoy L, Louis C. Mechanism of deposition of gold precursors onto TiO_2 during the preparation by cation adsorption and deposition-precipitation with NaOH and urea. Applied Catalysis A: General, 2005, 291: 62-72.

[130] Dekkers M A P, Lippits M J, Nieuwenhuys B E. CO adsorption and oxidation on Au/TiO_2. Catalysis Letters, 1998, 56 (4): 195-197.

[131] Zanella R, Giorg S, Henry C R, et al. Alternative methods for the preparation of gold nanoparticles supported on TiO_2. The Journal of Physical Chemistry B, 2002, 106: 7634-7642.

[132] 舒静, 任丽丽, 张铁珍, 等. 微波辐射在催化剂制备中的应用. 化工进展, 2008, 27 (3): 352-357.

[133] Arafat A, Jansen J C, Ebaid A R, et al. Microwave preparation of zeolite Y and ZSM-5. Zeolites, 1993, 13: 162-165.

[134] Bonaccorsi L, Proverbio E. Microwave assisted crystallization of zeolite A from dense gels. Journal of Crystal Growth, 2003, 247: 555-562.

[135] Jhung S H, Jin T, Hwang Y K, et al. Microwave effect in the fast synthesis of microporous materials: which stage between nucleation and crystal growth is accelerated by microwave irradiation? Chemistry——A European Journal, 2007, 13 (16): 4410-4417.

[136] Li Z, Yan S W, Fan H. Enhancement of stability and activity of $Cu/ZnO/Al_2O_3$ catalysts by microwave irradiation for liquid phase methanol synthesis. Fuel, 2013, 106: 178-186.

[137] 银董红, 尹笃林. 微波辐射促进 $ZnCl_2$ 与 Y 分子筛固相反应的研究. 物理化学学报, 1998, 14 (5): 448-452.

[138] Whittington B I, Milestone N B. The mciroware heating of zeolites. Zeolites, 1992, 12 (9): 815-818.

[139] Anumol E A, Kundu P, Deshpande P A, et al. New insights into selective heterogeneous nucleation of metal nanoparticles on oxides by microwave-assisted reduction: rapid synthesis of high-activity supported catalysts. ACS Nano, 2011, 5 (10): 8049-8061.

[140] Bond G, Moyes R B, Whan D A. Recent applications of microwave heating in catalysis. Catalysis Today, 1993, 17 (3): 427-437.

[141] Reubroycharoen P, Vitidsant T, Liu Y, et al. Highly active Fischer-Tropsch synthesis Co/SiO_2 catalysts prepared from microwave irradiation. Catalysis Communications, 2007, 8 (3): 375-378.

[142] Vergunstl T, Kapteijn F, Moulijn J A. Monolithic catalysts: non-uniform active phase distribution by impregnation. Applied Catalysis A: General, 2001, 213 (2): 179-187.

[143] Munnik P, de Jongh P E, de Jong K P. Recent developments in the synthesis of supported catalysts. Chemical Reviews, 2015, 115: 6687-6718.

[144] Berry F J, Smart L E, Sai Prasad P S, et al. Microwave heating during catalyst preparation: influence on the hydrodechlorination activity of alumina-supported palladium-iron bimetallic catalysts. Applied Catalysis A: General, 2000, 204: 191-201.

[145] Liu C J, Vissokov G P, Jang B W L. Catalyst preparation using plasma technologies. Catalysis Today, 2002, 72 (3-4): 173-184.

[146] Witvrouwen T, Paulussen S, Sels B. The use of non-equilibrium plasmas for the synthesis of heterogeneous catalysts. Plasma Processes and Polymers, 2012, 9 (8): 750-760.

[147] Cheng D G. Plasma decomposition and reduction in supported metal catalyst preparation. Catalysis Surveys from Asia, 2008, 12: 145-151.

[148] Zhao Y, Pan Y X, Xie Y B, et al. Carbon dioxide reforming of methane over glow discharge plasma-reduced Ir/Al_2O_3 catalyst. Catalysis Communications, 2008, 9: 1558-1562.

[149] Hinokuma S, Okamoto M, Ando E, et al. Structure and catalytic property of supported rhodium catalysts prepared using arc-plasma. Catalysis Today, 2011, 175: 593-597.

[150] Hinokuma S, Katsuhara Y, Ando E, et al. Pd-Fe/CeO_2 bimetal catalysts prepared by dual arc-plasma deposition. Catalysis Today, 2013, 201: 92-97.

[151] Li B B, Zhao Z B, Zhou Q, et al. Highly efficient low-temperature plasma-assisted modification of TiO_2

[151] nanosheets with exposed {001} facets for enhanced visible-light photocatalytic activity. Chemistry——A European Journal, 2014, 20 (45): 14763-14770.

[152] Khataee A, Bozorg S, Khorram S, et al. Conversion of natural clinoptilolite microparticles to nanorods by glow discharge plasma: a novel Fe-impregnated nanocatalyst for the heterogeneous fenton process. Industrial and Engineering Chemistry Research, 2013, 52 (51): 18225-18233.

[153] Vissokov G P. Plasma-chemical preparation and properties of catalysts used in synthesis of ammonia. Journal of Materials Science, 1998, 33: 3711-3720.

[154] Vissokov G P, Pirgov P S. Experimental studies on the plasma-chemical synthesis of a catalyst for natural gas reforming. Applied Catalysis A: General, 1998, 168: 229-233.

[155] Stair Peter C. Synthesis of supported catalysts by atomic layer deposition. Topics in Catalysis, 2012, 55: 93-98.

[156] Detavernier C, Dendooven J, Sree S P, et al. Tailoring nanoporous materials by atomic layer deposition. Chemical Society Reviews, 2011, 40: 5242-5253.

[157] O'Neill B J, Jackson D H K, Lee J, et al. Catalyst design with atomic layer deposition. ACS Catalysis, 2015, 5: 1804-1825.

[158] Lu J L, Stair P C. Nano/subnanometer Pd nanoparticles on oxide supports synthesized by AB-type and low-temperature ABC-type atomic layer deposition: growth and morphology. Langmuir, 2010, 26 (21): 16486-16495.

[159] Feng H, Elam J W, Libera J A, et al. Palladium catalysts synthesized by atomic layer deposition for methanol decomposition. Chemistry of Materials, 2010, 22: 3133-3142.

[160] Kucheyev S O, Biener J, Wang Y M, et al. Atomic layer deposition of ZnO on ultralow-density nanoporous silica aerogel monoliths. Applied Physics Letters, 2005, 86: 83-108.

[161] Kucheyev S O, Biener J, Baumann T F, et al. Mechanisms of atomic layer deposition on substrates with ultrahigh aspect ratios. Langmuir, 2008, 24: 943-948.

[162] Goldstein D N, George S M. Enhancing the nucleation of palladium atomic layer deposition on Al_2O_3 using trimethylaluminum to prevent surface poisoning by reaction products. Applied Physics Letters, 2009, 95: 143106.

[163] Lobo R, Marshall C L, Dietrich P J, et al. Understanding the chemistry of H_2 production for 1-Propanol reforming: pathway and support modification effects. ACS Catalysis, 2012, 2 (11): 2316-2326.

[164] Lu J, Fu B, Kung M C, et al. Coking-and sintering-resistant palladium catalysts achieved through atomic layer deposition. Science, 2012, 335: 1205-1208.

[165] Lu J, Liu B, Greeley J P, et al. Porous alumina protective coatings on palladium nanoparticles by self-poisoned atomic layer deposition. Chemistry of Materials, 2012, 24: 2047-2055.

[166] Fu B, Lu J, Stair P C, et al. Oxidative dehydrogenation of ethane over alumina-supported Pd catalysts. Effect of alumina overlayer. Journal of Catalysis, 2013, 297: 289-295.

[167] O'Neill B J, Jackson D H K, Crisci A J, et al. Stabilization of copper catalysts for liquid-phase reactions by atomic layer deposition. Angewandte Chemie-International Edition, 2013, 52: 13808-13812.

[168] Anton N, Benoit J P, Saulnier P. Design and production of nanoparticles formulated from nano-emulsion templates: a review. Journal of Controlled Release, 2008, 128: 185-199.

[169] Solans C, Izquierdo P, Nolla J, et al. Nano-emulsions. Current Opinion in Colloid and Interface Science, 2005, 10: 102-110.

[170] Tadros T, Izquierdo P, Esquena J, et al. Formation and stability of nano-emulsions. Advances in Colloid and Interface Science, 2004, 108-109: 303-318.

[171] Gutiérrez J M, González C, Maestro A, et al. Nano-emulsions: new applications and optimization of their preparation. Current Opinion in Colloid and Interface Science, 2008, 13: 245-251.

[172] Tovstun S A, Razumov V F. Preparation of nanoparticles in reverse microemulsions. Russian Chemical Reviews, 2011, 80 (10): 953-969.

[173] Boutonnet M, Lögdberg S, Svensson E E. Recent developments in the application of nanoparticles prepared from w/o microemulsions in heterogeneous catalysis. Current Opinion in Colloid and Interface Science, 2008, 13: 270-286.

[174] Schwarze M, Pogrzeba T, Volovych I, et al. Microemulsion systems for catalytic reactions and processes. Catalysis Science and Technology, 2015, 5: 24-33.

[175] Ganachaud F, Katz J L. Nanoparticles and nanocapsules created using the Ouzo effect: spontaneous emulsification as an alternative to ultrasonic and high-shear devices. ChemPhysChem, 2005, 6: 209-216.

[176] Vitale S A, Katz J L. Liquid droplet dispersions formed by homogeneous liquid-liquid nucleation: "The Ouzo effect". Langmuir, 2003, 19: 4105-4110.

[177] Priebe M, Fromm K M. Nanorattles or yolk-shell nanoparticles——What are they, how are they made, and what are they good for? Chemistry——A European Journal, 2015, 21: 3854-3874.

[178] Gröger H, Gyger F, Leidinger P, et al. Microemulsion approach to aanocontainers and its variability in composition and filling. Advanced Materials, 2009, 21: 1586-1590.

[179] Dahlberg K A, Schwank J W. Synthesis of Ni@SiO_2 nanotube particles in a water-in-oil microemulsion template. Chemistry of Materials, 2012, 24 (14): 2635-2644.

[180] Eriksson S, Nylén U, Rojas S, et al. Preparation of catalysts from microemulsions and their applications in heterogeneous catalysis. Applied Catalysis A: General, 2004, 265 (2): 207-219.

[181] Leidinger P, Popescu R, Gerthsen D, et al. nanoscale La(OH)$_3$ hollow spheres and fine-tuning of its outer diameter and cavity size. Small, 2010, 6 (17): 1886-1891.

[182] Buchold D H M, Feldmann C. Nanoscale γ-AlO(OH) hollow spheres: synthesis and container-type functionality. Nano Letters, 2007, 7 (11): 3489-3492.

[183] Kind C, Popescu R, Müller E, et al. Microemulsion-based synthesis of nanoscaled silver hollow spheres and direct comparison with massive particles of similar size. Nanoscale, 2010, 2: 2223-2229.

[184] Lin Y S, Wu S H, Tseng C T, et al. Synthesis of hollow silica nanospheres with a microemulsion as the template. Chemical Communications, 2009, 3542-3544.

[185] Yeo K M, Shin J, Lee I S. Reductive dissolution of Fe_3O_4 facilitated by the Au domain of an Fe_3O_4/Au hybrid nanocrystal: formation of a nanorattle structure composed of a hollow porous silica nanoshell and entrapped Au nanocrystal. Chemical Communications, 2010, 46: 64-66.

(展恩胜 李 勇 申文杰[*])

第3章 氨合成化学

3.1 引　　言

合成氨是化学工业的支柱产业，产量大、能耗高。世界上合成氨产量中，大部分直接或加工后用作氮肥，也可制造硝酸、铵盐、氰化物等无机化合物，各种胺和磺胺等有机化合物也以氨为原料。此外，氨可用作冷冻剂，在其他很多化工生产中，氨也是不可缺少的原料，对国民经济与国防具有重大意义。

19世纪中期含氮化合物主要来自于天然硝石和煤。20世纪初随着对氮化合物的需求日益增长，促使人们寻求直接利用空气中的氮制取氮化合物的方法。1902～1913年的十多年间，人类先后发明了3种固定大气中氮的方法：电弧法、氰氨基钙法和氨合成法[1, 2]。

电弧法是模仿自然界放电过程，将空气在放电的高温下，使空气中的氧与氮直接合成一氧化氮，再经空气氧化成二氧化氮，用水吸收二氧化氮而制得硝酸。固定1kg氮需消耗50～80kW·h电能，巨大的能量消耗限制了其工业应用。

氰氨基钙法是将氧化钙与碳在高温下作用，生成碳化钙，再与氮气作用而制得氰氨基钙。氰氨基钙可用作氮肥，也可制氰化物及用作制取多种含氮有机化合物的原料。固定1kg氮需消耗16～18kW·h电能，比电弧法要低很多。在第一次世界大战前氰氨基钙法为固定空气中氮的主要方法。

直接催化氨合成法由Haber和Bosch于20世纪初研究成功。1913年在德国Oppau建立了世界上第一个直接氨合成工厂。1934年以后该方法才成为固氮工业的最主要方法。固定1kg氮需消耗7～8kW·h电能，已接近理论最小值（约6.1kW·h/kg）。

在数以千计的工业催化剂中，氨合成催化剂占有非常特殊而重要的地位。1909年研究成功的氨合成催化剂实现了工业史上第一个高压催化过程，是催化科学与技术发展史上的一个里程碑，标志着工业催化新纪元的开始。几年之后出现的多相催化甲醇合成和煤液化等高压反应技术就成为有机化学领域中的基本手段。100多年来，氨合成催化剂一直是多相催化领域中众多基础理论研究的起点。氨合成催化剂的发展史，是催化科学与技术发展史的缩影。氨合成催化剂的研究和开发仍然值得当今催化科学与技术的研究者借鉴。

3.2 工业合成氨过程

以氨合成为中心的合成氨工业在国民经济中具有举足轻重的作用。合成氨工业经过 100 多年的发展，尽管基本工艺原理和生产工序无多大改变，但技术日趋完臻，能耗已接近理论最小值。其特点表现在：①单套装置的生产规模不断增大，目前单套合成氨装置已达到 1850t/d 以上；②催化剂的不断改进和创新大幅度提高了生产效率，降低了能耗，如氨合成所需的反应压力由早期的 20~30MPa 已可以降至 8~10MPa 下进行；③合成氨工业的能量系统优化和分级利用大幅度降低了能耗。

合成氨生产过程主要分为原料气制取、原料气净化和氨合成三部分。其中涉及的主要化学反应均是通过多相催化过程完成的，催化科学与技术在合成氨工业起着至关重要的作用。

3.2.1 原料气制取[2, 3]

氨合成的氮气来源于空气，要么在制氢时加入空气，要么采用深冷分离制备纯氮气，在氨合成前与氢气混合加入。氨合成的氢气主要由煤、石油、天然气、生物质等为原料制取。工业上通常先在高温下将上述原料与水蒸气、空气等作用制得含氢和一氧化碳等组分的原料气。例如，以煤和生物质为原料，可以通过气化或热解得到富含氢气的原料气；石油或其馏分可以通过水蒸气重整得到原料气；而天然气则可以通过水蒸气重整或部分氧化得到原料气。

原料气中的一氧化碳与水蒸气反应生成氢气和二氧化碳，称为一氧化碳变换。其反应式如下：

$$CO + H_2O \longrightarrow CO_2 + H_2$$

一氧化碳变换反应是一个体积不变的放热反应，所以反应平衡不受压力影响，但降低温度、增加水蒸气或减少二氧化碳的含量，均能使一氧化碳平衡浓度降低。一氧化碳变换催化剂根据活性温度和抗硫性能分为铁铬系、铜锌系和钴钼系三种。为了提高一氧化碳转化率，一般采用过量水蒸气。温度是控制一氧化碳变换反应最重要的条件。随着变换反应的进行，会有大量反应热放出，使催化剂床层出口温度上升。对一氧化碳浓度高的原料气，通常采用两段变换工艺流程，以尽可能降低变换气中的一氧化碳浓度。一般使大量一氧化碳在一段较高温度下与水蒸气反应，然后进行冷却再进入较低温度下二段反应器进行变换反应，最大限度地转化为氢气和二氧化碳。

3.2.2 原料气净化[2, 3]

原料气中含有的少量含硫化合物、碳氧化物、水蒸气等都对生产过程中所用的催化剂有害，需在进氨合成反应器前去除。一般地，把脱除含硫化合物的过程简称为脱硫；脱除二氧化碳的过程简称为脱碳。残余的少量一氧化碳、二氧化碳和水蒸气则在最后通过甲烷化反应和干燥过程去除。

原料气中含硫化合物主要是硫化氢，也有二硫化碳、氧硫化碳、硫醇、硫醚和噻吩等有机硫。脱硫方法根据脱硫剂的物理形态分为干法和湿法；根据与脱硫剂的作用原理可分为物理法和化学法。干法脱硫包括：采用活性炭吸附脱除硫醇等有机硫化物及少量的硫化氢；采用氧化锌为吸附剂脱除除噻吩外的硫化氢及各种有机硫化物；采用钴钼或镍钼加氢催化剂将有机硫化物转化成硫化氢，再用脱硫剂，如氧化锌等，将生成的硫化氢脱除。该方法可将总硫含量脱除到 0.5ppm（$1ppm=10^{-6}$）以下，广泛用于烃类蒸气转化法生产的合成氨原料气脱硫。

湿法脱硫是指采用各种溶液脱除含硫化合物，包括物理吸收法和化学吸收法。其优点是：能脱除大量的硫化氢；脱硫剂是液体物料，便于输送，可以再生，可回收硫；流程是一个连续脱硫的封闭循环系统，在操作中只需补加少量物料补偿损失。

物理吸收法：物理吸收剂有甲醇、碳酸丙烯酯、聚乙二醇二甲醚等，不仅能脱除硫化氢、氧硫化碳、二硫化碳等，也能选择性地吸收二氧化碳。吸收溶液可再生，且硫化氢可回收。

化学吸收法：一般通过均相催化氧化将溶液中所吸收的硫化氢氧化成单质硫，脱硫溶液可以再生利用。目前常用的两个体系为以氨水作脱硫剂，对苯二酚作氧化催化剂，以及以碳酸钠作脱硫剂，2,6-蒽醌二磺酸或 2,7-蒽醌二磺酸作溶液催化剂。

原料气脱碳方法可分为三类：①物理吸收法：主要有甲醇洗涤法、碳酸丙烯酯法、聚乙二醇二甲醚法等，具有净化度高、能耗低、回收二氧化碳纯度高等优点，且还可选择性地脱除硫化氢，是工业上广泛采用的脱碳方法；②化学吸收法：具有吸收效果好、再生容易，同时还能脱硫化氢等优点；主要有氨水吸收法、乙醇胺法和催化热钾碱法，后者脱碳反应式为

$$K_2CO_3 + CO_2 + H_2O \longrightarrow 2KHCO_3$$

为提高二氧化碳吸收和再生速度，可在碳酸钾溶液中添加某些无机或有机物作活化剂，并加入缓蚀剂以降低溶液对设备的腐蚀；③物理-化学吸收法：以乙醇胺和环丁砜混合溶液作吸收剂，称为环丁砜法，因乙醇胺是化学吸收剂，环丁砜是物理吸收剂，故称为物理与化学效果相结合的脱碳方法。

原料气经一氧化碳变换、脱硫和脱碳后，尚含有少量一氧化碳和二氧化碳，在进入氨合成反应器前，需进一步加以脱除使其总含量小于 10ppm。脱除少量一氧化碳和二氧化碳方法包括以下几种。

（1）铜氨液吸收法。在高压、低温下用铜盐氨溶液吸收一氧化碳并生成络合物，然后将溶液在减压和加热条件下再生：

$$[Cu(NH_3)_2]^+ + CO + NH_3 \longrightarrow [Cu(NH_3)_3CO]^+$$

由于吸收溶液中有游离氨，故还可以同时将气体中的二氧化碳脱除：

$$NH_4OH + CO_2 \longrightarrow NH_4HCO_3$$

（2）液氮洗涤法。利用液氮能溶解一氧化碳、甲烷等的物理性质，在深度冷冻的条件下把原料气中残留的少量一氧化碳、甲烷等彻底去除。其适用于设有空气分离装置的净化流程，也可用于焦炉气分离制氢的流程。

（3）甲烷化法。在镍催化剂存在下使一氧化碳和二氧化碳加氢生成甲烷：

$$CO_2 + 4H_2 \longrightarrow CH_4 + 2H_2O$$
$$CO + 3H_2 \longrightarrow CH_4 + H_2O$$

由于甲烷化反应为强放热反应，因此对气体中一氧化碳和二氧化碳含量有限制。甲烷化法流程简单，可将原料气中碳的氧化物脱除到 10ppm 以下。以天然气为原料的合成氨厂大多采用此方法，但甲烷化反应中消耗氢气，且生成对合成氨无用的惰性组分甲烷。

水蒸气对氨合成催化剂有毒害作用。被水蒸气饱和的新鲜氮氢混合气在进入合成系统前需去除水蒸气。工业上采用分子筛为吸附剂将水分和微量的二氧化碳脱除，而分子筛经加热再生后再用。

3.2.3　氨合成及其热力学[4-7]

$$N_2(g) + 3H_2(g) \longrightarrow 2NH_3(g) \quad \Delta H^{\ominus}_{700K} = -52.5 \text{kJ/mol}$$
$$\Delta G^{\ominus}_{700K} = 27.4 \text{kJ/mol}$$
$$\Delta S^{\ominus}_{700K} = 288 \text{kJ/mol}$$

氨合成反应是无副反应、放热和体积减小的可逆反应。化学平衡常数随反应温度降低而增加，而反应速率常数随反应温度降低而降低。在较低温度范围内，平衡常数很大；温度对反应速率常数的影响显著，反应速率随温度升高而增大。但随着温度逐渐升高可逆放热反应常数降低，反应速率随温度增加量变小。当温度到达某一数值时，反应速率随温度增加量为零。再继续升高温度，温度对平衡常数的影响成为主要影响，反应速率随温度升高而减少。由于氨合成反应是一个体积减小的反应，无论从反应的热力学还是动力学来讲，提高反应压力都是有利的。催化剂的活性(出口氨浓度)与反应压力在一定范围内呈线性关系,压力越高,出口氨浓度越高(图 3.1)。

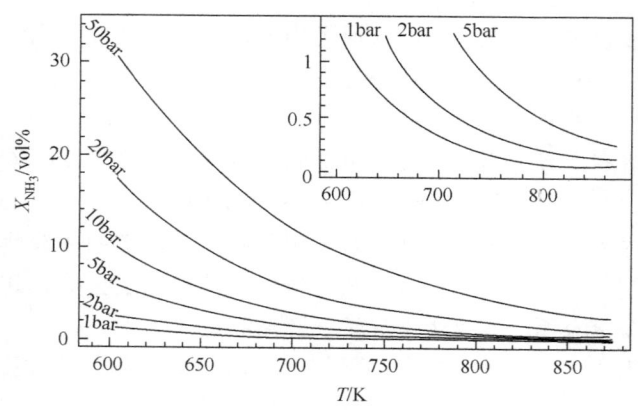

图 3.1　不同压力下氨合成的平衡收率(出口浓度)与温度的关系(氢氮计量比)[7]

内插图为 1bar、2bar、5bar 条件下的放大图;vol%为体积分数

3.3　氨合成催化剂[5-8]

3.3.1　催化剂的化学组成

氨合成熔铁催化剂有氧化态和还原态之分。由磁铁矿和少量助催化剂经过混合、熔炼、冷却、成型或破碎所制得的催化剂呈氧化态,对氨合成反应没有活性;而将氧化态催化剂用氢气或氮氢混合气还原,使其中的主要成分 Fe_3O_4 转化为金属铁,便成为还原态催化剂,对氨合成反应才有活性。

氧化态熔铁催化剂包含主催化剂前体、助催化剂和少量杂质,如图 3.2 所示。主催化剂前体为 Fe_3O_4,含量 90%左右;助催化剂是一些难以还原的金属氧化物,如 Al_2O_3、K_2O、CaO、MgO、SiO_2 等。

图 3.2　熔铁氨合成催化剂[8]

由于熔铁催化剂原料价廉易得，制造工艺简单，产品机械强度、抗毒性及热稳定性好，人们试图通过改变主催化剂的种类和数量来提高反应性能，但效果并不明显。目前工业上大量使用的熔铁催化剂组成与1913年德国BASF的催化剂没有根本区别[9]。大量的研究使得熔铁催化剂成为世界上研究最明晰的催化剂之一。工业应用的熔铁催化剂主要有添加稀土氧化物和添加氧化钴两类。熔铁催化剂的主催化剂前体是Fe_3O_4。刘化章等[5]系统研究了铁的不同氧化物及其混合物前体与氨合成活性的关系，发现具有维氏体结构的$Fe_{1-x}O$前体得到的熔铁催化剂具有更高的活性，开创了铁基催化剂的新阶段，使低温氨合成铁基催化剂取得了飞跃性进展。

由铁氧化物前体还原得到的α-Fe是氨合成反应的主催化剂。铁氧化物前体还原得到的催化剂在合成氨过程中失活很快。作为助催化剂的Al_2O_3、MgO、SiO_2、K_2O、CaO等难熔金属氧化物不被还原，对氨合成不具有催化活性。其作用是改善α-Fe催化活性，增强耐热性和抗毒能力，延长使用寿命。

催化剂中加入Al_2O_3后，能与Fe_2O_3形成固溶体。当催化剂还原时，氧化铁被还原为活性铁，而Al_2O_3不被还原，起到骨架作用，从而防止铁微晶长大，增大了催化剂的表面积，提高了催化性能（图3.3）。例如，含2% Al的铁催化剂，比纯铁催化剂的表面积大约4倍。但加入Al_2O_3后，会降低催化剂的还原速率，并使催化剂表面生成的氨不易解吸。

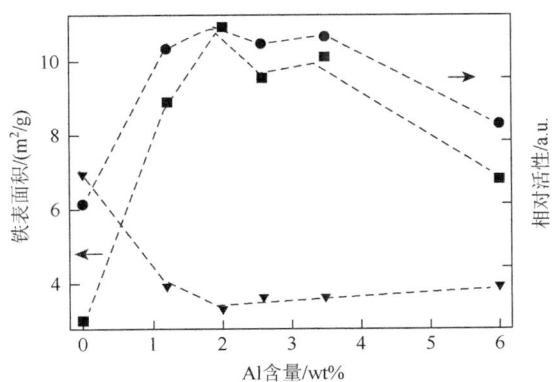

图3.3 Al含量对熔铁催化剂的总比表面积（N_2物理吸附，■）、金属表面积（CO化学吸附，●）和氨合成活性（单助剂熔铁催化剂，▼）的影响[7]

在还原过程中，MgO与Al_2O_3有相似之处，也能防止活性铁的微晶进一步长大。但其主要作用是增强催化剂对硫化物的抗毒能力，并保护催化剂在高温下不致因晶体破坏而降低活性，故可延长催化剂寿命。熔铁催化剂用熔融法制得，由于熔融态氧化铁黏度大，Al_2O_3不易分布进去。加入CaO后，可降低熔点和黏度，

有利于 Al_2O_3 的均匀分布，使催化剂的活性、抗毒能力和热稳定性都有所提高。

SiO_2 是磁铁矿的杂质，具有中和 K_2O 等碱性组分的作用，具有提高催化剂抗水毒害和耐烧结的作用。

Al_2O_3、MgO、CaO、SiO_2 等高温难熔氧化物属于结构助催化剂，主要有以下作用：均匀分布在催化剂中；高温难熔氧化物，自身不被还原，在使用条件下不会烧结，能够阻止 α-Fe 微晶颗粒长大；增大催化剂的物理和化学表面积。

K_2O 等碱金属氧化物的作用不同于结构助催化剂。它们的加入降低了催化剂抗热和耐毒的能力，但大幅度增加了比活性，被称为电子助催化剂。CO_2 的化学吸附研究显示 K 助催化剂的加入使得 α-Fe 微晶表面上碱性表面覆盖率大幅度增加，表明熔铁催化剂还原后，K_2O 或 KOH 富集在 α-Fe 微晶表面上。Somorjai 等[10]研究了 K 的加入对 Fe（111）、Fe（110）和 Fe（100）上氨合成活性的影响，发现 Fe（110）上无论是否加入 K，对氨合成均无活性，而 Fe（111）和 Fe（100）加入 K 后氨合成速率大幅度提高，并随着转化率的增加，促进效应更加明显，例如，在 0.3%的转化率下，加入 K 后氨合成速率增加了 2 倍。同时，K 的加入改变了 NH_3 和 H_2 的反应级数，而反应活化能没有改变，说明氨合成反应机理没有改变。

3.3.2 熔铁催化剂的制备过程与化学反应

熔融法是氨合成催化剂现代化工业生产的通用方法。但其他方法用于特殊范围内，如法本公司（I. G. Farben AG）采用亚铁氰化钾、亚铁氰化钾铝或亚铁氰化钙等亚铁氰化物在氢气存在下进行热分解，得到中间产物碳化铁和氮化铁，再用通常的方法活化得到氨合成铁基催化剂，仅在局部地方应用[11]；也有采用沉淀-烧结法制备成型催化剂，即将氨气通入铁和铝的硝酸盐溶液，使得氢氧化铁和氢氧化铝共同沉淀，再加入其他促进剂煅烧成氧化物。沉淀-烧结法是主要的非熔融工艺，用于生产成型催化剂[12]。

工业用铁基氨合成催化剂均是按传统的熔融法工艺制造，所得催化剂称为熔铁催化剂。其工艺简单易行，成本低，性能优。尽管不同公司制造的催化剂的化学组分和催化性能有所不同，但制备工艺基本相同。制备工艺主要包括如下步骤：原料精制、物料配比与混合、物料熔融、物料的排出和冷却、破碎冷却物料进行筛分及预还原等。简单的工艺流程如下[2]：将磁铁矿经磁选工艺除去 SiO_2、TiO_2、S、P 等杂质后，根据需要计量配入助催化剂（Al_2O_3、KNO_3、$CaCO_3$ 等），在混合机中混合均匀后置于电熔炉中，在 1600～3000℃下熔融后，将熔浆放入冷却槽中冷却，再粉碎过筛得到不同粒级的颗粒产品。需要进行预还原的催化剂再送至还原工段，用氮氢混合气进行预还原得到预还原的催化剂。其中原料的精制、

Fe^{2+}/Fe^{3+}比（物质的量比，下同）的控制和凝固冷却的速度是熔融法制造铁基氨合成催化剂的关键步骤。

精制磁铁矿在高温熔融条件下与还原剂发生下列化学反应：

$$Fe_2O_3 + 还原剂 \longrightarrow Fe_3O_4$$

$$Fe_3O_4 + 还原剂 \longrightarrow FeO$$

由于精制磁铁矿中 Fe$_2$O$_3$ 含量很低，因此 Fe$_3$O$_4$ 基催化剂的制备主要是物理熔融过程。精制的天然磁铁矿中 Fe^{2+}/Fe^{3+} 比一般低于 0.5，而工业用 Fe$_3$O$_4$ 基催化剂要求 Fe^{2+}/Fe^{3+} 比为 0.5~0.7。制备过程中 Fe^{2+} 易被空气中的氧氧化为 Fe^{3+}，从而使得 Fe^{2+}/Fe^{3+} 比进一步降低。

$$2Fe_3O_4 + \frac{1}{2}O_2 \longrightarrow 3Fe_2O_3$$

因此在熔融过程中需加入还原剂，如金属铁、焦炭等，来调节 Fe^{2+}/Fe^{3+} 比，其反应如下：

$$4Fe_2O_3 + Fe \longrightarrow 3Fe_3O_4$$

$$Fe_2O_3 + Fe \longrightarrow 3FeO$$

$$6Fe_2O_3 + C \longrightarrow 4Fe_3O_4 + CO_2 \uparrow$$

$$2Fe_2O_3 + C \longrightarrow 4FeO + CO_2 \uparrow$$

Fe^{2+}/Fe^{3+} 比是熔铁催化剂制备过程中的主要控制指标。Almquist 等[13]最早比较了纯铁与含助剂铁催化剂的还原前氧化度与氨合成活性的关系，发现 Fe^{2+}/Fe^{3+} 比接近 0.5 时，组成接近 Fe$_3$O$_4$ 相的催化剂具有最高的活性。Bridger 等[14]进一步研究了 Al$_2$O$_3$-K$_2$O 双助剂熔铁催化剂，在 10.13MPa、450℃和 10^4 h^{-1} 空速下得到 Fe^{2+}/Fe^{3+} 比为 0.52 时催化剂的转化效率（出口氨浓度与平衡氨浓度之比）最高（图 3.4）。

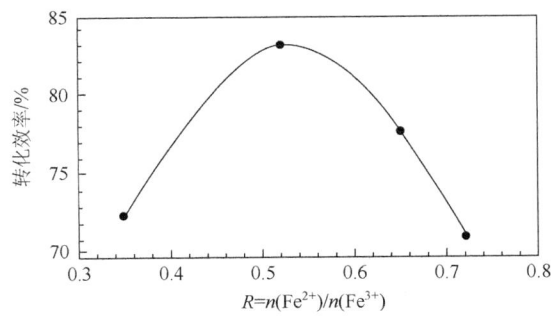

图 3.4 铁基催化剂上经典的火山形活性曲线

刘化章等[5, 15]研究了催化活性与铁氧化物及其混合物（以 R 值表征）的关系，获得如图 3.5 所示的驼峰形活性曲线。在 $R<1$ 范围内，催化活性与 R 值的变化关

系同经典的以磁铁矿相组成的传统催化剂研究结果相一致。当催化活性越过 $R=1$ 时的低谷之后,又开始升高;$R=3.33$ 时,催化剂母体开始形成维氏体 $Fe_{1-x}O$ 相结构,其活性已明显超过 $R=0.5$ 的传统催化剂;当 $R>5$ 时,催化剂母体形成了完全的维氏体结构,熔铁催化剂活性才真正达到最高值。

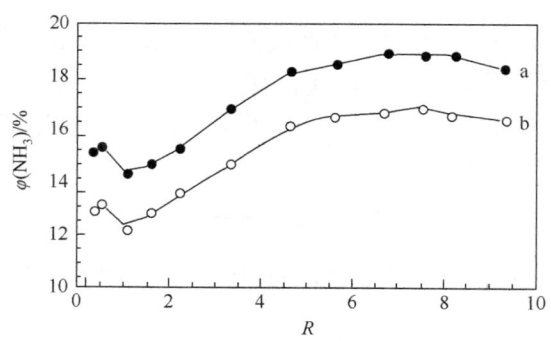

图 3.5 铁基催化剂上的驼峰形活性曲线

在 15Mpa、空速 $3\times10^4h^{-1}$ 反应条件下于不同反应温度得到的活性曲线。a. 425℃;b. 400℃

作为助催化剂加入的 KNO_3、$CaCO_3$ 等在高温下发生分解反应:

$$2KNO_3 \longrightarrow K_2O + NO + NO_2 + O_2$$

$$CaCO_3 \longrightarrow CaO + CO_2$$

Al_2O_3、K_2O、CaO 等又与铁的氧化物生成各种复合氧化物,如

$$FeO + Al_2O_3 \longrightarrow FeAl_2O_4$$

$$K_2O + Al_2O_3 \longrightarrow 2KAlO_2$$

$$K_2O + Fe_2O_3 \longrightarrow 2KFeO_2$$

$$CaO + Fe_2O_3 \longrightarrow CaFe_2O_4$$

3.3.3 氨合成催化剂的还原[4-6]

由磁铁矿和少量助催化剂经过混合、熔炼、冷却、成型或破碎所制得的催化剂呈氧化态,对氨合成反应没有活性。氧化态的催化剂需要用氢或氮氢混合气将其还原成 α-Fe 后才具有催化活性。还原催化剂的活性和寿命不仅与催化剂的化学组成和制备过程有关,催化剂还原过程也至关重要。催化剂还原过程涉及热力学和动力学两方面的问题。

氨合成铁基催化剂按如下反应进行还原:

$$Fe_3O_4(s) + 4H_2(g) \longrightarrow 3Fe(s) + 4H_2O(g) \quad \Delta H^\ominus = 142kJ/mol$$

上述化学还原反应的平衡常数为

温度/℃	200	300	400	500	600
$K_p = p_{H_2O}/p_{H_2}$	0.013	0.044	0.107	0.214	0.283

还原反应是一个吸热的可逆反应。提高反应温度,有利于金属铁的生成,但是也加速了铁微晶的长大,从而降低了氨合成活性。气相中水气可以把金属铁重新氧化为 Fe_3O_4。一般还原压力对活性影响不大,增加还原气体空速和减少水气浓度对活性提高有利。

对于 Fe_3O_4,在 444℃,$p_{H_2}/p_{H_2O} = 5$ 时,Fe 和 Fe_3O_4 共存,表明在 444℃ 以下达到平衡时 Fe_3O_4 没有被完全还原。而实验结果显示在 444℃,$p_{H_2}/p_{H_2O} = 2000$ 时,仍可以测到保留在铁中的氧。同时氮氢混合气中微量的水气和含氧化合物都能使铁基催化剂重新氧化,降低催化剂活性。这些均说明在一定温度和 p_{H_2}/p_{H_2O} 下 Fe_3O_4 很难被完全还原。而对于熔铁催化剂,铁的氧化物以复杂的化合物和固溶体形式存在,从而使得还原变得复杂和困难。

熔铁催化剂的还原是气固相反应。还原过程涉及外扩散、界面反应、内扩散等步骤。在还原的不同阶段,还原过程的速率控制步骤不同。一般认为熔铁催化剂的还原分为三个阶段:开始为界面反应控制阶段,一旦形成金属铁层,气体扩散成为控制性因素,后期还原速率大幅度下降源于还原气体通过金属铁层的气阻增大。球形颗粒熔铁催化剂的还原速率方程可写为

$$(K_p/r_0d_0)(C_0 - C_{0e})t = [1-(1-R)^{1/3}] + (r_0K_p/K_d)[1/2 - R/3 - (1-R)^{2/3}/2]$$

式中,t 为还原时间;r_0 为熔铁催化剂颗粒初始半径;C_0 为熔铁催化剂表面气体浓度;C_{0e} 为气体平衡浓度;K_p 为界面反应速率常数;K_d 为气体扩散系数;R 为还原度,为催化剂中已除去的氧量与可除去的氧量百分数;d_0 为熔铁催化剂的初始密度。

当反应由界面控制时,$K_p \ll K_d$ 或者 $K_p/K_d \approx 0$,则还原速率方程可写为

$$(K_p/r_0d_0)(C_0-C_{0e})t = 1-(1-R)^{1/3}$$

则

$$t = r_0d_0[1-(1-R)^{1/3}]/[K_p(C_0-C_{0e})]$$

显然,在相同条件下具有相同密度的催化剂颗粒,达到一定还原度所需的时间 t 与催化剂颗粒半径 r_0 呈正比关系。

当反应为气体扩散控制时,$K_p \gg K_d$ 或者 $K_d/K_p \approx 0$,则还原速率方程可写为

$$(K_d/r_0d_0)(C_0-C_{0e})t = r_0[1/2 - R/3 - (1-R)^{2/3}/2]$$

则

$$t = r_0^2 d_0[1/2 - R/3 - (1-R)^{2/3}/2]/[K_d(C_0-C_{0e})]$$

显然，在相同条件下具有相同密度的催化剂颗粒，达到一定还原度所需的时间 t 与催化剂颗粒半径 r_0^2 呈正比关系。

除了催化剂颗粒影响外，熔铁催化剂还原过程还受温度、压力、气体组成、助催化剂等影响。还原温度对催化剂的活性影响很大。只有达到一定温度还原反应才开始进行，提高还原温度能加快还原反应的速率，缩短还原时间；但还原温度过高，生成的 α-Fe 晶粒大、表面积小、活性低。因此，实际还原温度一般不超过正常使用温度。压力不影响还原反应的平衡，但压力对还原反应速率影响是多方面的。提高压力可以提高氢的分压，有利于提高还原反应速率，并能促进氨合成反应进行，增加还原反应的热量。但压力的提高，也会提高微孔中的水气浓度，使催化剂反复氧化还原，影响催化剂的活性，因而还原过程的不同阶段应控制不同的压力。还原前期一般控制在 5~10MPa，还原后期为提高下层温度，压力可达 12MPa。提高空速有利于还原反应，因为提高空速可以降低还原气体中的水气浓度，减小轴向温差，提高催化剂的活性。一般在还原初期用较低空速，而进入出水旺期可用较大空速。提高还原气体中氢气浓度，降低水蒸气含量，对还原反应有利。尤其是水蒸气含量高，可以把已还原的催化剂反复氧化，造成晶粒变大，活性降低。

氨合成催化剂的还原可分为塔内直接还原和塔外预还原两种。塔内直接还原早期大量使用，但是由于存在还原条件和氨合成条件不同使得还原质量难以保证、还原时间长影响正常生产，以及还原过程中生成大量稀氨水等不足，塔外预还原催化剂应运而生。所谓预还原催化剂是指按照理想条件预先还原催化剂并经过钝化处理，装入氨合成塔经简单还原即可使用的氨合成催化剂。

氨合成催化剂的预还原过程包括还原和钝化两步。还原步骤发生的化学反应如下：

$$Fe_3O_4 + 4H_2 \longrightarrow 3Fe + 4H_2O$$

$$FeO + H_2 \longrightarrow Fe + H_2O$$

钝化步骤发生的化学反应如下：

$$Fe + \frac{1}{2}O_2 \longrightarrow FeO（氧化膜）$$

如前所讨论的还原条件对氨合成催化剂性能的影响，还原过程中要严格控制气体中的水气浓度和同平面温度差。还原初期采用"四高"和"四低"控制原则，即高加热功率、高空速、高压力、高氢气浓度；低水气浓度、低同平面温度差、低温多出水、低 CO 和 CO_2 浓度。在塔内直接还原很难做到的"分层还原"在塔外预还原中很容易实现。

钝化是把含有少量氧气的氮气通过还原过的催化剂，使得金属铁表面发生缓慢的氧化，生成一层很薄的氧化铁保护层，避免催化剂接触空气时发生自燃而烧毁。氮化处理可以对钝化处理起缓冲作用，使活泼的金属铁在氮存在下生成不稳定的氮化铁，在钝化时氧将氮化铁中的氮取代出来生成氧化物。该过程比金属铁直接氧化缓和得多，活性和机械强度损失较小。

钝化过程生成的氧化膜的氧含量占氧化态催化剂中总含氧量的比值，称为钝化度。钝化度一般控制在低于15%。钝化度太低，氧化膜太薄，表明钝化不足，催化剂接触空气会发生自燃；钝化度太高，氧化膜太厚，表明钝化过度，催化剂在使用时经历反复的还原—氧化—还原过程，使晶粒长大、活性降低。因此预还原的关键在于控制氧化膜的厚度。南京化学工业公司研究院和催化剂厂[6]在熔铁催化剂预还原方面开展了大量的研究，推荐的钝化条件如下：室温-100℃，氮气+空气，1000~5000h^{-1}，分5个阶段进行。各阶段氧含量如下：

阶段	1	2	3	4	5
氧含量	0.05%	0.1%	1.0%	8.0%	21%

3.3.4 熔铁催化剂的结构

1. 氧化态熔铁催化剂的结构

由磁铁矿和少量 Al_2O_3、MgO、K_2O、CaO 等助催化剂熔融制得的氧化态催化剂，经高分辨 X 射线粉体衍射（图 3.6）分析显示，其主要物相为磁铁矿（Fe_3O_4）

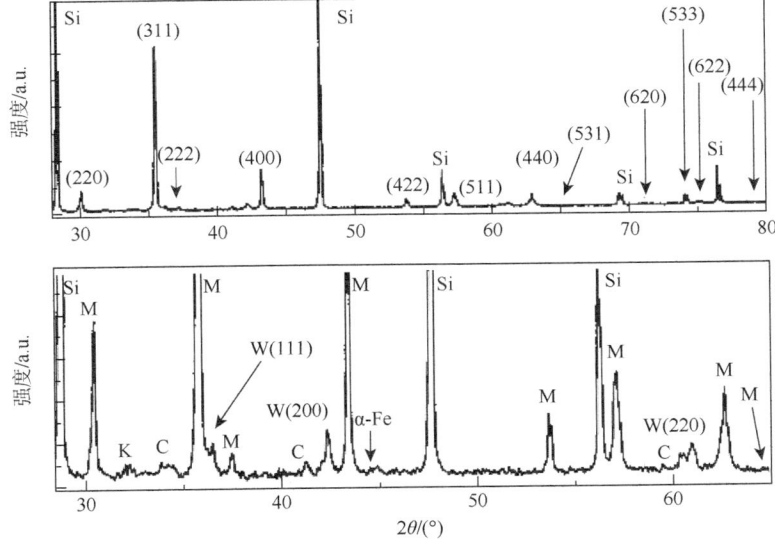

图 3.6 工业氨合成用氧化态熔铁催化剂的高分辨 X 射线粉体衍射图

结果显示除了磁铁矿外助催化剂的存在。K=$KHCO_3$，C=$CaFe_3O_5$，M=磁铁矿（图中给出了其衍射峰的归属）

和维氏体（FeO）。此外一些较弱的衍射峰可以归属为 $CaFe_3O_5$、$KHCO_3$ 和 α-Fe[16]。显然，从 Fe-O 相图中可以看出，熔铁催化剂中 Fe_3O_4、FeO 和 α-Fe 三相共存的介稳态是很独特的（图 3.7）。因此，在拓扑化学控制的还原过程中很容易形成非均一的金属铁。

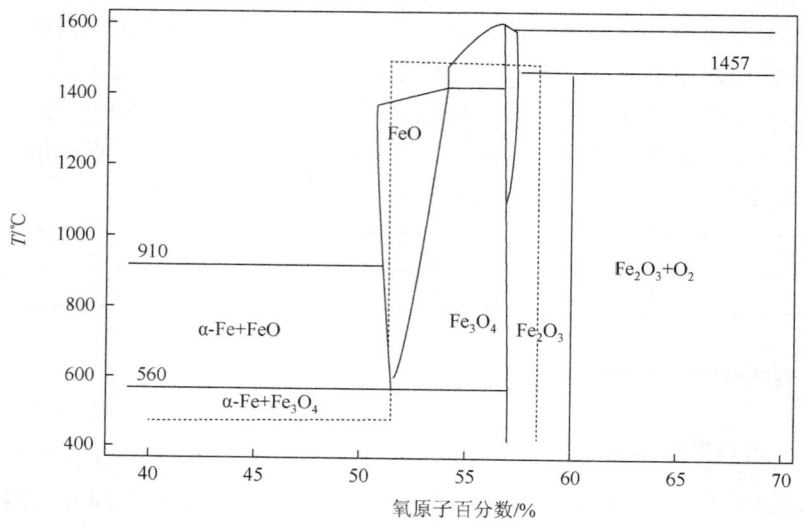

图 3.7 Fe-O 平衡相图

X 射线能谱分析显示熔铁催化剂除有 Ca、K、Fe 外，还含有 Si、Ti、Al 等。由于它们以非晶微结构存在，所以在图 3.6 的高分辨 X 射线粉体衍射谱中没有观测到。Al 的氧化物晶相未能检测到和磁铁矿晶格常数的减小暗示了 $FeAl_2O_4$ 等固溶体的形成[16]。

作为熔铁催化剂的主要成分，磁铁矿 Fe_3O_4 具有类似于尖晶石 $MgAl_2O_4$ 的结构。基本晶胞由 8 个 Fe_3O_4 分子组成。Fe_3O_4 是独立的晶相，绝非氧化物 FeO 和 Fe_2O_3 的混合物。富铁的维氏体和贫铁的磁铁矿结构如图 3.8 所示[7]。两种结构由氧离子密堆积结构决定。在氧离子的密堆积结构中存在两种空隙：八面体空隙和四面体空位。优先位置匹配结构的密堆积结构如图 3.8 中箭头所示。维氏体中的铁离子占据八面体空隙，而四面体空位不被占据。透视图显示铁离子的八面体配位和面心立方结构的氯化钠中的钠离子排列一致。在磁铁矿中，八配位铁离子和四配位铁离子共存，并且八面体空隙和四面体空位没有完全被占满。因此磁铁矿中的空位为助催化剂的掺杂提供了有利的结构条件。各种助催化剂如 Al_2O_3、K_2O、CaO、MgO、SiO_2 等的金属离子在磁铁矿中填充、取代或形成固溶体就构成了工业氨合成熔铁催化剂的整体结构。

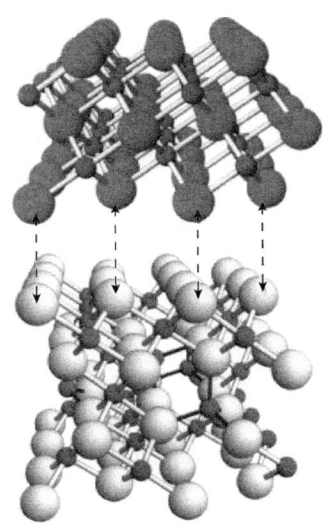

图 3.8 磁铁矿（Fe_3O_4）和维氏体（FeO）的结构[7]

2. 还原态熔铁催化剂的结构

熔铁催化剂的孔结构是在还原脱氧过程中形成的，还原前催化剂可视为无空隙固体。还原后，磁铁矿 Fe_3O_4 的氧原子被除去，都形成体心立方结构的 α-Fe 微晶粒彼此以各部分晶面连接，形成一个多孔的骨架。由于氧被除去，颗粒内部形成许多相互连通的小孔。各种助催化剂以氧化态存在，分布在微晶之间，而 K_2O 主要富集在 α-Fe 的表面上。

熔铁催化剂还原后得到的 α-Fe 微晶晶粒大小一般为 20～50nm，总比表面为 1～20m²/g。其微晶晶粒大小与还原条件有关。例如，对于双助剂（6.4% Al_2O_3-0.8% K_2O）的熔铁催化剂在 450℃氢气还原下，随着还原度的提高，平均孔径几乎不变；而总比表面积逐渐增加，当接近完全还原时，金属比表面积才迅速增加。当增加还原温度至 650℃，完全还原后总比表面积降低，平均孔径增加。同时还原过程中水蒸气的存在使得还原后得到的 α-Fe 微晶晶粒变大[17]。

铁基氨合成催化剂还原后都呈现 α-Fe 微晶结构，但催化性能差别很大。除助催化剂在结构和电子方面促进外，α-Fe 微晶晶面决定了氨合成的本质活性。图 3.9 显示了金属 Fe 单晶的 Fe（111）、Fe（110）、Fe（100）、Fe（211）和 Fe（210）取向的理想表面结构示意图，以及各晶面取向上氨合成反应速率。在低米勒指数晶面上，Fe（111）晶面氨合成活性最高，Fe（100）晶面次之，Fe（110）晶面几乎没有活性，其相对活性比为 418∶25∶1。这与 N_2 在 Fe（111）、Fe（100）、Fe（110）上的化学解离速率一致。对 Fe（211）和 Fe（210）进一步研究发现氨合成活性顺序为 Fe（111）>Fe（211）>Fe（100）>Fe（210）>Fe（110），而表面粗糙度顺序为 Fe（210）>Fe（111）>Fe（211）>Fe（100）>Fe（110），功函数顺序为 Fe（210）<Fe（111）<Fe（211）<Fe（100）<Fe（110）。显然氨合成活性与晶面的功函数和表面粗糙度没有直接关系[10, 18-21]。

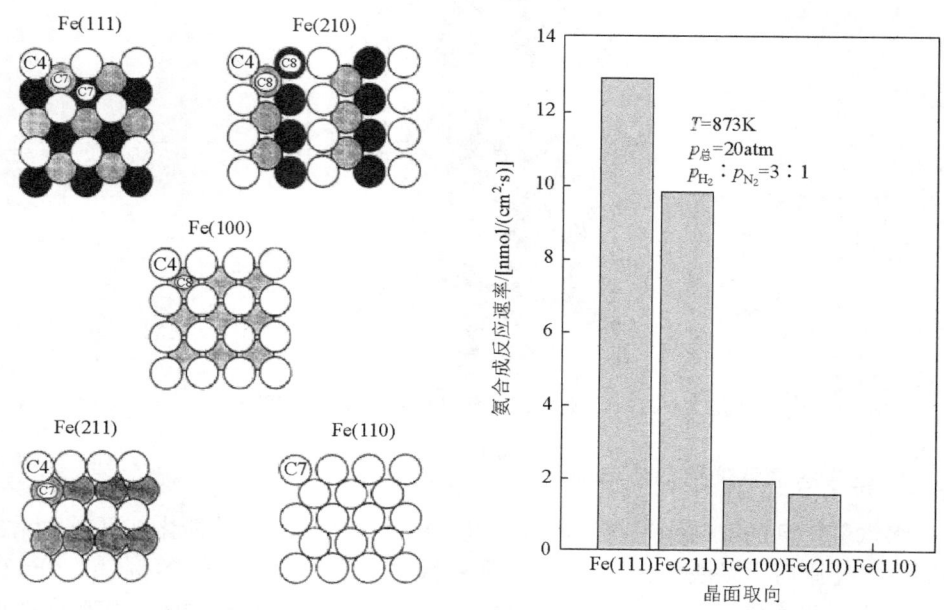

图 3.9　金属 Fe 单晶的 Fe（111）、Fe（210）、Fe（100）、Fe（211）和 Fe（110）取向的理想表面结构示意图，以及各晶面取向上氨合成反应速率[19]

在 Fe（111）和 Fe（211）上氨合成的高活性被归因于 C7 活性位。所谓 C7 活性位是指有 7 个最邻近原子的表面铁原子（Fe atoms with seven nearest neighbors）。如图 3.9 所示，Fe（111）和 Fe（211）具有较多的 C7 活性位[18]。忻新泉等对 C7 活性位对 N_2 活化进行了理论计算，结果显示 C7 活性位对 N≡N 中 π 键大幅度减弱[22]。C7 活性位在晶面不明确的金属簇中也得到证实，如 Boudart 等发现氨合成的转换频率 TOF 随铁的颗粒尺寸增大而增加了 35 倍，而表面 C7 活性位的浓度随着金属簇的粒度增加而增加[23]。

固体表面在作用力的推动下，表面原子向新的平衡位置弛豫，使平行于表面的原子排列的周期结构发生变化，称为表面重构。Strogin 等研究了 Al_xO_y 和 K 在 Fe（111）、Fe（100）、Fe（110）上对氨合成活性的影响（图 3.10）[10, 20]。结果表明在 Al_xO_y 和水蒸气存在下 Fe（100）和 Fe（110）重构的表面具有和清洁的 Fe（111）同样的氨合成活性，并且可保持活性 4h，而没有 Al_xO_y 存在的重构表面虽然也具有和清洁的 Fe（111）同样的氨合成活性，但只能保持 1h。Fe（111）用水蒸气处理后得到重构表面的氨合成活性略有下降。在水蒸气处理条件下，K 单独在铁的晶面吸附或者与 Al_xO_y 共吸附均未显示出促进效应。

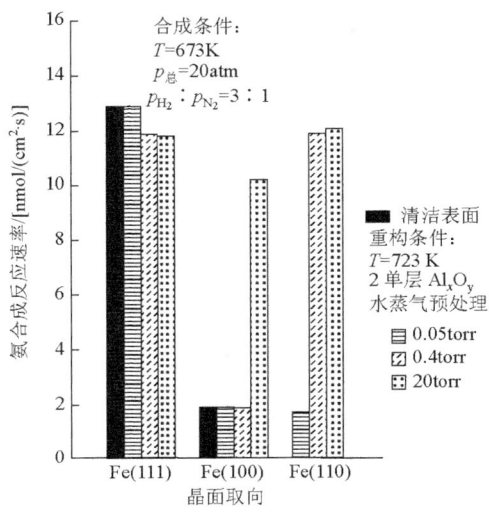

图 3.10 Fe 单晶和重构 Al_xO_y/Fe 晶面上的氨合成反应速率[20]

Al_xO_y 在 Fe 表面上首先生成铝酸铁 $FeAl_2O_4$。在氨合成反应条件下，暴露的 Fe（111）或 Fe（211）晶面生长取向是重构表面的模板。水蒸气使铝酸铁的铁晶粒的生长取向沿（111）面生长。NH_3 存在下无论 Al_xO_y 是否存在，所有铁表面都有可能重构成（211）晶面[20]。

发生表面重构现象的原因与催化材料本身和反应物有关。从催化材料本身而言，为了减少表面能，表面较大原子会沿表面移动到新的定位，导致新的表面结构。当固体表面吸附反应物后，其表面晶格原子可能发生变化，呈现出与吸附前不同的构造。但无论哪种构造现象，均有两个特点：①从一种表面结构变为另一种表面结构时，其体相结构基本不变；②两种表面结构之间能量差不太悬殊，原子只要克服不高的能垒即可在表面迁移。所以吸附外来原子后，可以使表面结构发生变化。

3.4 氨合成催化反应机理

3.4.1 氢气和氮气的活化

1. 氢气的吸附与活化[24]

H_2 在金属表面的化学吸附甚至在室温下都是解离吸附。在 Fe（110）上 H_2 的解离过程如此之快以致检测不到 H_2 吸附态和能量变化。形成原子 H 的总包活化能垒大约 3kJ/mol。H_2 的化学吸附能在多晶和单晶上是不同的，并且化学吸附能的值与覆盖度相关。从化学吸附能可以推测出表面的非均一性和H-H相互作用。在Fe（111）、Fe（100）、Fe（110）上的初始化学吸附能分别为88kJ/mol、100kJ/mol、109kJ/mol。化学吸附H在铁表面的缔合和脱附温度在500K以下。这也说明在氨合成条件下，脱附过程是足够高效的，以至于吸附-脱附平衡决定了表面的H原子浓度。上述的结果基于如下假设：超高真空下得到的数据不仅可以外推到氨合成的温度，而且可外推到反应压力；在H-Fe系统中没有压力诱导的相变化。H-Fe的共价键本质与化学吸附能以及在低于费米边大约5.5eV的H-Fe键态是可以并立的。理论计算和实验确认的小的偶极矩证实了H与Fe相互作用的复杂性。

2. 氮气的吸附与活化[25-29]

氮气的吸附与活化对氨合成反应机理研究至关重要。然而N_2在过渡金属表面的吸附情况是复杂的。对于氮分子在Fe表面上吸附是分子吸附还是解离吸附均有实验证据支持。如Ozaki等采用红外光谱研究N_2在Ru-K/Al_2O_3吸附时发现于2020cm^{-1}处存在稳定的有IR活性的氮分子物种，且用氢气处理可以转化为氨。同时采用N_2同位素进行吸附，进一步证实了该物种为端基吸附（Ru—N≡N）。拉曼光谱和红外光谱对铁催化剂上氨合成反应研究发现铁催化剂主要化学吸附物种是分子态的N_2，而不是原子态的N。同时在双助剂的铁基催化剂上H_2/N_2吸附后在200℃脱附只能检测到N与NH，表明N_2在铁基催化剂上发生了解离吸附。

Ertl等[29]对N_2在Fe（111）的吸附做了详细的研究工作。图3.11给出了N_2在Fe（111）晶面上吸附物种的N^{1s}光电子谱和相应的示意势能图。N_2在Fe（111）晶面上有三种吸附物种，即分子吸附态γ和α及解离吸附态β。γ吸附态可以进一步转化为α吸附态，直至变成解离的β吸附态。

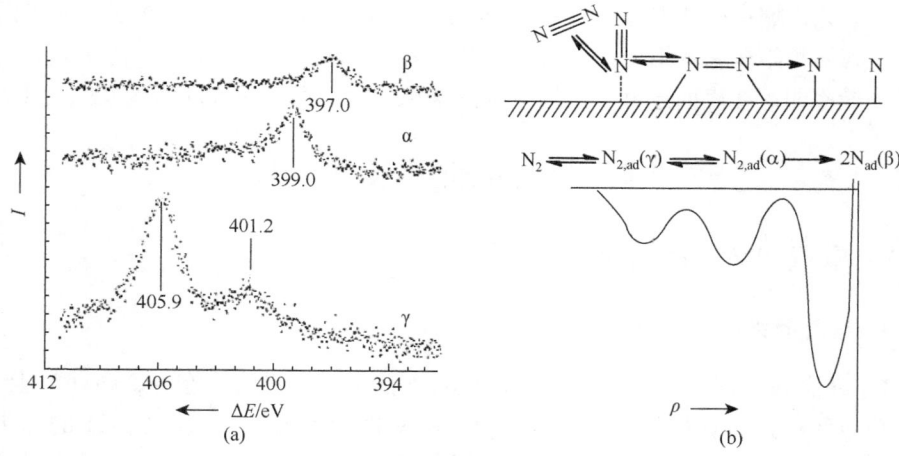

图3.11 N_2在Fe（111）晶面上的吸附物种的N^{1s}光电子谱[27]

最近 Mortensen 等[28]采用密度泛函理论计算了 N_2 在 Fe（111）吸附的能量途径，发现 N_2 在 Fe（111）晶面上存在 5 种吸附态，4 种以分子吸附态存在（图 3.12），一种以原子吸附态存在。除了实验观测到的 γ、α 和 β 外，还有分子吸附态 δ 和 α′。吸附在第一层铁原子顶端的 N_2 与铁结合最紧，对应物理吸附态 γ；吸附在第一层铁原子顶端的 N_2 与铁结合能比 γ 高，称为 δ 吸附态。此外还存在两个与表面平行的吸附态，不对称结构的称为 α 态，具有对称结构的称为 α′态。由分子吸附态到原子吸附态有两条途径：一条途径为 γ→δ→α→α′→β，此过程无焓变，但有熵变；另一条途径直接吸附成 α′态然后解离成 β 态，此过程需要很高的活化能。

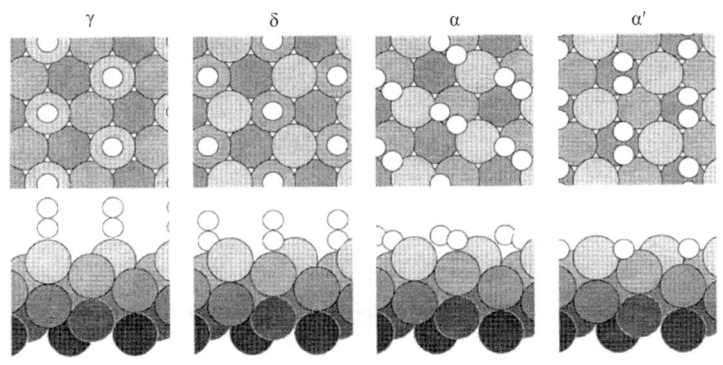

图 3.12 N_2 在 Fe（111）晶面上的分子吸附态[28]

3.4.2 氮化物的形成[7, 25, 26]

除了贵金属，每个元素都可以形成氮化物。ⅠA 和ⅡA 生成离子型氮化物。Li 与碱土金属很容易与 N_2 反应生成稳定的氮化物，但重碱金属与 N_2 不直接反应。ⅠB 和ⅡB 的氮化物多数不稳定，而ⅢA 和ⅢB 元素能形成稳定的共价化合物。ⅥB～Ⅷ元素能形成隙间金属氮化合物。从ⅣA 到Ⅷ族元素对 N_2 的亲和力逐渐减弱，只有 Fe、Co、Ni 的氮化物只能与 NH_3 反应生成。Fe_2N、Fe_4N 都是在 673～773K 与 NH_3 反应生成的。

在氨合成反应中有活性的催化剂介于ⅣB 和Ⅷ元素之间。它们形成隙间金属氮化物。隙间金属氮化物由于氮掺入金属晶格而使得金属晶格扩展。因为表面原子比体相原子活泼，所以化学吸附通常比与 N_2 生成氮化物更容易。N_2 在室温下就可以化学吸附在蒸发形成的金属膜上。这些金属包括ⅡA（Ca、Sr、Ba），ⅣB（Ti、Zr、Hf），ⅤB（V、Nb、Ta），ⅥB（Cr、Mo、W），ⅦB（Re）和Ⅷ（Fe）。值得注意的是，这些金属都介于ⅣB 和Ⅷ族元素之间，能够形成隙间金属氮化物。

ⅡA 金属及其形成的金属氮化物是 N_2 的同位素交换反应的良好催化剂。然而在 N_2-H_2 气氛中易生成氢化物，对氨合成反应是没有活性的。

其他金属也可以发生 N_2 的化学吸附，但不能形成氮化物。它们对 N_2 的化学吸附能力太低，不足以活化 N_2。因为即使是活性很低的 Cu，如果用离子轰击表面活化后也能吸附 N_2，但 Cu 的氮化物 Cu_3N 是不稳定的。近来也有还原的碱氧化物促进的钴氧化物在室温下就能吸附 N_2。贵金属（Ru、Rh、Os 和 Ir）在碱金属作促进剂条件下在室温下也能化学吸附 N_2。

金属对 N_2 化学吸附活性不高的另一个原因是金属-氮的键能不高。化学吸附热通常随着表面覆盖度的增加而降低。尽管在蒸气沉积薄膜上的初始化学吸附热比粉末或负载金属的大得多，但蒸气沉积薄膜上的初始化学吸附热降低很快，可能是由于晶格无序性大造成的。

N_2 在金属上初始化学吸附热可以通过量热法、等比容法及动力学方法测得。无论采用何种方法，N_2 在铁表面上初始化学吸附热为 $220kJ/mol \pm 20kJ/mol$，而在金属 W 表面的初始化学吸附热的值则较为发散，为 $310 \sim 490kJ/mol$。N_2 在金属上初始化学吸附热也可以通过经验计算方法获得，如把初始化学吸附热和氮化物生成热关联起来。具体的关联方法可参考相关文献。值得注意的是，N_2 在贵金属上初始化学吸附热均为负值，这是由于 N_2 键能与金属-N_2 键能之间的差别引起的。若确实为负值，则表明 N_2 在贵金属上的化学吸附是非稳态的。

3.4.3 基元步骤

对于任何一个化学反应都可以表示为

$$0 = \sum v_i B_i$$

式中，v_i 为组分 B_i 的化学计量系数。B_i 为产物，v_i 取正值；B_i 为反应物，v_i 取负值。然而上式没有在分子水平显示化学反应式如何发生。所谓的基元步骤是一个或多个化学物种直接作用，一步转化为反应产物的过程，是组成化学反应的基本单元。

假设 H_2 在相邻的两个空白活性位上进行解离吸附，其基元步骤可写为

$$H_2 + 2* \rightleftharpoons 2H* \quad *为空白活性位$$

而不能写为

$$\frac{1}{2}H_2 + * \rightleftharpoons H*$$

从机理上讲，上式没有意义。

由 N_2 和 H_2 在 Fe 催化剂表面上合成氨，Ertl 等[30, 31]根据超高真空下的研究结果给出了如下催化循环：

$$H_2 + 2* \rightleftharpoons 2H*$$

$$N_2 + * \rightleftharpoons N_2*$$

$$N_2* \rightleftharpoons 2N*$$

$$N* + H* \rightleftharpoons NH* + *$$

$$NH* + H* \rightleftharpoons NH_2* + *$$

$$NH_2* + H* \rightleftharpoons NH_3* + *$$

$$NH_3* \rightleftharpoons NH_3 + *$$

基于大量的对氨合成在 Fe（111）晶面上基元步骤的详细研究结果，图 3.13 给出了每个反应步骤的势能图及非催化过程的势能图。在气相非催化反应中，N_2 和 H_2 的解离需要非常高的能量。而在 Fe（111）晶面存在下，这个过程则只需克服非常低的能垒即可进行。化学吸附的 N 原子和 H 原子甚至具有多余的能量。后续的 N* 和 H* 的结合，以致 NH_3* 的脱附在高温的工业反应条件下能够很容易满足能量要求。

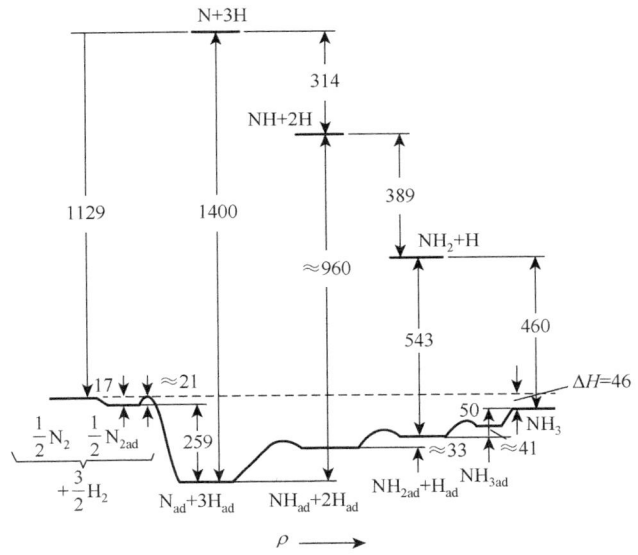

图 3.13 非催化和 Fe（111）晶面上氨合成的热化学动力学势能示意图[31]

能量单位：kJ/mol

Norskov 研究组[32]和 Bowker 研究组[33]均采用超高真空条件下在铁单晶上结果估算吸附和脱附速率常数，而对于表面加氢则根据 NH_x* 物种的相对稳定性来近似。同时，Bowker 研究组[33]使用工业氨合成反应器的动力学数据进行了进一步修正。基于氨合成反应的基元步骤和动力学数据，他们构建了微观动力学模型，并通过碰撞理论和过渡态理论估算了各基元步骤的速率常数、指前因子和活化能的数值。表 3.1 给出了用于微观动力学分析的基元步骤和建议的速率表达式及其估算值。模型Ⅰ是 Stoltze 和 Norskov 提出的,而 Bowker 等给出了模型Ⅱ和模型Ⅲ。两者机理相似,唯一的区别在于 Bowker 等让 H_2 的解离通过一个前驱体,实现或通过一个前驱体让 H_2 进行解离。图 3.13 比较了来自于工业反应器上氨合成实验数据及来自单晶表面数据和理论模型计算的数据。显然表面科学中单晶上获得的数据与工业氨合成数据基本一致。

表 3.1　氨合成机理和速率表达式

正反应速率	模型Ⅰ	逆反应速率
$2\times 10^1 p_{N_2}\theta^*$	$N_2+* \leftarrow 1 \rightarrow N_2*$	$2\times 10^{14} e^{-43/RT}\theta^*_{N_2}$
$4\times 10^9 e^{-29/RT}\theta^*_{N_2}\theta^*$	$N_2*+* \leftarrow 2 \rightarrow 2N*$	$1\times 10^9 e^{-155/RT}(\theta^*_N)^2$
$2\times 10^9 e^{-81/RT}\theta^*_H\theta^*_N$	$H*+N* \leftarrow 3 \rightarrow NH*+*$	$1\times 10^7 e^{-23/RT}\theta^*_{NH}\theta^*$
$1\times 10^{13} e^{-36/RT}\theta^*_{NH}\theta^*_H$	$NH*+H* \leftarrow 4 \rightarrow NH_2*+*$	$1\times 10^{12}\theta^*_{NH_2}\theta^*$
$4\times 10^{13} e^{-39/RT}\theta^*_{NH_2}\theta^*_H$	$NH_2*+H* \leftarrow 5 \rightarrow NH_3*+*$	$2\times 10^{13}\theta^*_{NH_3}\theta^*$
$4\times 10^{12} e^{-39/RT}\theta^*_{NH_3}$	$NH_3* \leftarrow 6 \rightarrow NH_3+*$	$2\times 10^3 p_{NH_3}\theta^*$
$7\times 10^1 p_{H_2}(\theta^*)^2$	$H_2+2* \leftarrow 7 \rightarrow 2H*$	$3\times 10^{13} e^{-94/RT}(\theta^*_H)^2$

正反应速率	模型Ⅱ	逆反应速率
$3\times 10^1 p_{N_2}\theta^*$	$N_2+* \leftarrow 1 \rightarrow N_2*$	$2\times 10^{10} e^{-46/RT}\theta^*_{N_2}$
$3\times 10^6 e^{-31/RT}\theta^*_{N_2}\theta^*$	$N_2*+* \leftarrow 2 \rightarrow 2N*$	$3\times 10^{12} e^{-199/RT}(\theta^*_N)^2$
$1\times 10^{12} e^{-65/RT}\theta^*_H\theta^*_N$	$H*+N* \leftarrow 3 \rightarrow NH*+*$	$2\times 10^{12} e^{-19/RT}\theta^*_{NH}\theta^*$
$8\times 10^{11} e^{-65/RT}\theta^*_{NH}\theta^*_H$	$NH*+H* \leftarrow 4 \rightarrow NH_2*+*$	$2\times 10^{12} e^{-19/RT}\theta^*_{NH_2}\theta^*$
$7\times 10^{12} e^{-65/RT}\theta^*_{NH_2}\theta^*_H$	$NH_2*+H* \leftarrow 5 \rightarrow NH_3*+*$	$2\times 10^{12} e^{-19/RT}\theta^*_{NH_3}\theta^*$
$1\times 10^{13} e^{-53/RT}\theta^*_{NH_3}$	$NH_3* \leftarrow 6 \rightarrow NH_3+*$	$2\times 10^2 p_{NH_3}\theta^*$
$3\times 10^3 p_{H_2}(\theta^*)^2$	$H_2+* \leftarrow 8 \rightarrow H_2*$	$2\times 10^{13}\theta^*_{H_2}$
$3\times 10^{12}\theta^*_{H_2}\theta^*$	$H_2*+* \leftarrow 9 \rightarrow 2H*$	$3\times 10^{12} e^{-92/RT}(\theta^*_H)^2$

正反应速率	模型Ⅲ	逆反应速率
$3\times 10^1 p_{N_2}\theta^*$	$N_2+* \leftarrow 1 \rightarrow N_2*$	$2\times 10^{10} e^{-46/RT}\theta^*_{N_2}$
$2\times 10^9 e^{-31/RT}\theta^*_{N_2}\theta^*$	$N_2*+* \leftarrow 2 \rightarrow 2N*$	$2\times 10^9 e^{-144/RT}(\theta^*_N)^2$
$1\times 10^{11} e^{-54/RT}\theta^*_H\theta^*_N$	$H*+N* \leftarrow 3 \rightarrow NH*+*$	$2\times 10^{12} e^{-17/RT}\theta^*_{NH}\theta^*$
$8\times 10^{10} e^{-54/RT}\theta^*_{NH}\theta^*_H$	$NH*+H* \leftarrow 4 \rightarrow NH_2*+*$	$2\times 10^{12} e^{-17/RT}\theta^*_{NH_2}\theta^*$
$7\times 10^{11} e^{-54/RT}\theta^*_{NH_2}\theta^*_H$	$NH_2*+H* \leftarrow 5 \rightarrow NH_3*+*$	$2\times 10^{12} e^{-17/RT}\theta^*_{NH_3}\theta^*$
$1\times 10^{13} e^{-53/RT}\theta^*_{NH_3}$	$NH_3* \leftarrow 6 \rightarrow NH_3+*$	$2\times 10^2 p_{NH_3}\theta^*$
$3\times 10^3 p_{H_2}\theta^*$	$H_2+* \leftarrow 8 \rightarrow H_2*$	$2\times 10^{12}\theta^*_{H_2}$
$3\times 10^{12}\theta^*_{H_2}\theta^*$	$H_2*+* \leftarrow 9 \rightarrow 2H*$	$3\times 10^{12} e^{-92/RT}(\theta^*_H)^2$

注:速率的单位是分子数每秒中心;压力(p)的单位是 Pa;活化能的单位是 kJ/mol;θ^* 是活性中心的表面覆盖度;θ_i 是物种 i 的总表面覆盖度。

3.4.4 氨合成反应机理[25, 34-36]

一个闭合的基元步骤序列定义为催化循环。将每个基元步骤的化学计量式左右两边分别加和，就得到总包反应的化学计量式。假定某个基元步骤进行了 σ 次，则 σ 就是该基元步骤的化学计量数。化学计量数是 Horiuti 首先提出的。

虽然只有一个总包反应，但它可以通过不同途径来达到。对于含有多基元步骤的总包反应，设想具有 n 个基元步骤的一个反应途径，其中每一步的化学计量数为 σ_i。采用 Temkin[35] 提出的方法和准稳态近似（总包反应的净速率等于每一步的正向速率与逆向速率之差），再考虑化学计量数的因素，就有

$$\frac{\vec{\upsilon}}{\overleftarrow{\upsilon}} = \frac{\prod_{i=1}^{n} \upsilon_i}{\prod_{i=1}^{n} \upsilon_{-i}}$$

基元步骤的亲和势由 De Donder 公式表示：

$$\frac{\upsilon_i}{\upsilon_{-i}} = \exp\frac{A_i}{RT}$$

如果在一个系列基元反应中，存在一个速率决定步骤（rate determining step，简写为 rds；反应速率最慢的基元步骤），那么所有其他步骤处于平衡或准平衡状态，即除 $i=d$ 外，$A_i=0$，$\upsilon_i = \upsilon_{-i}$，则

$$A = \sigma_d A_d = RT\sum \ln\left(\frac{\upsilon_d}{\upsilon_{-d}}\right)^{\sigma_d}$$

于是，

$$\sigma_d = \frac{A}{RT} \ln\frac{\vec{\upsilon}}{\overleftarrow{\upsilon}}$$

总包反应 A 能从热力学数据看到，只要知道 $\vec{\upsilon}$ 和 $\overleftarrow{\upsilon}$，就可以确定 σ_d。σ_d 对于探明反应机理有很大的作用。如果总包反应并不存在速率控制决定步骤，则可以引入平均化学计算数的概念。

氨合成总包反应为

$$N_2 + 3H_2 \rightleftharpoons 2NH_3$$

一般来说，在高温下铁催化剂上的催化循环可表示为

基元步骤		σ_i
1	$N_2 + 2* \rightleftharpoons 2N*$	1
2	$N* + H* \rightleftharpoons NH* + *$	2

		σ_i
3	$NH*+H* \rightleftharpoons NH_2*+*$	2
4	$NH_2*+H* \rightleftharpoons NH_3+2*$	2
5	$H_2+2* \rightleftharpoons 2H*$	3
	$N_2+3H_2 \rightleftharpoons 2NH_3$	

在低温下酶催化剂上的催化循环可以表示为

基元步骤		σ_i
1	$N_2+* \rightleftharpoons N_2*$	1
2	$N_2*+H_2 \rightleftharpoons N_2H_2*$	1
3	$N_2H_2*+H_2 \rightleftharpoons N_2H_4*$	1
4	$N_2H_4*+H_2 \rightleftharpoons 2NH_3+*$	1
	$N_2+3H_2 \rightleftharpoons 2NH_3$	

上述的催化循环可以简化为两步反应来处理。假设反应远离反应平衡，如此以致逆向速率可以忽略。根据速率决定步骤和最丰反应中间体（most abundant reaction intermediate，简写为mari；反应中间体中浓度远超过其他中间体的物种以致其他中间体的浓度可以忽略）不同，氨合成反应可简化为如下几种两步反应。

1. N_2 解离吸附为速率决定步骤，N*为最丰反应中间体

$$N_2+2* \longrightarrow 2N* \quad (\text{rds，不可逆反应，速率常数}k_1)$$

$$N*+\frac{3}{2}H_2 \rightleftharpoons NH_3+* \quad (\text{非基元步骤，平衡反应，平衡常数}K_2)$$

则总速率可写为

$$v=k_1[N_2][*]^2[L]^{-1}$$

其中总活性位数$[L]=[*]+[N*]$，$[*]$和$[N*]$分别为空的或占有的活性位。

$$K_2=[N*][H_2]^{3/2}/([NH_3][*])$$

则

$$[*]=[L]/(1+K_2[NH_3]/[H_2]^{3/2})$$

由此可得到总速率：

$$v=[L]k_1[N_2]/(1+K_2[NH_3]/[H_2]^{3/2})^2$$

2. N_2 解离吸附为速率决定步骤，NH*为最丰反应中间体

$$N_2+2* \longrightarrow 2N* \quad (\text{不可逆反应，速率常数}k_1)$$

$$H_2+2* \rightleftharpoons 2H* \quad (\text{可逆反应})$$

$$N*+H* \longrightarrow NH*+* \quad (\text{不可逆反应})$$

$$NH*+H_2 \rightleftharpoons NH_3+* \quad \text{(非基元步骤，平衡反应，平衡常数 } K_4\text{)}$$

则总速率可写为

$$v=k_1[N_2][*]^2[L]^{-1}$$
$$[L]=[*]+[N*]$$
$$K_4=[N*][H_2]/([NH_3][*])$$

于是得到：

$$[*]=[L]/(1+K_4[NH_3]/[H_2])$$
$$v=[L]k_1[N_2]/(1+K_4[NH_3]/[H_2])^2$$

显然，NH*为最丰反应中间体或N*与最丰反应中间体得到的总速率表达式十分接近。判定NH*是否为最丰反应中间体，可采用Tamaru的同位素突变技术[36]。

3. N_2缔合吸附为速率决定步骤，N_2*为最丰反应中间体

$$N_2+* \longrightarrow N_2* \quad \text{(rds，不可逆反应，速率常数 } k_1\text{)}$$
$$N_2*+3H_2 \rightleftharpoons 2NH_3+* \quad \text{(非基元步骤，平衡反应，平衡常数 } K_2\text{)}$$

则有

$$v=k_1[N_2][*]$$
$$[L]=[*]+[N_2*]$$
$$K_2=[N_2*][H_2]^3/([NH_3]^2[*])$$

因此，

$$[*]=[L]/(1+K_2[NH_3]^2/[H_2]^3)$$

最后可得

$$v=[L]k_1[N_2]/(1+K_2[NH_3]^2/[H_2]^3)$$

若根据动力学数据符合程度的情况来判别氨合成中是N_2缔合吸附，还是N_2解离吸附机理是很困难的，尚需进行其他实验验证。

3.4.5 氨分解反应机理[25, 37-39]

氨分解反应是氨合成的逆反应。早在20世纪30年代氨分解的动力学就被研究了。研究已发现Fe_2N的分解比NH_3和Fe形成氮化物要慢。在金属W上，下面的速率方程很好地解释了实验结果：

$$v=kp_{NH_3}/(1+Kp_{NH_3}) \text{ 或 } v=k'p_{NH_3}^m$$

式中，k、k'、K和m（$0<m<1$）均为常数。上述的速率表达式也适用于金属Mo，甚至高温下的金属Fe和Pt。从上式可以看出氨分解速率与氢气压力没有关系。在非常大的温度范围（573~1473K）和压力范围（10^{-3}~10torr），总速率表现出从

低温时的零级到高温时的一级。上式速率方程也可以用经典速率表达式来描述:

$$v=[L]k_2K_1[NH_3]/(1+K_1[NH_3])$$

显然,它可以用如下的催化步骤来解释:

$$NH_3 + * \rightleftharpoons NH_3* \quad (\text{非基元步骤,平衡反应,平衡常数 } K_1)$$

$$NH_3* \longrightarrow N*+NH* \quad (\text{rds,不可逆反应,速率常数 } k_2)$$

NH_3*为最丰反应中间体。然而实验结果显示,在高温条件下,NH_3*的吸附是非常弱的;解离的$N*$、$NH*$等较NH_3*更丰裕。因此,如此的解释值得怀疑。

根据实验中发现的 N 从金属表面的脱附速率随 $N*$覆盖度的升高而加快,N 的吸附速率随 $N*$覆盖度的升高而降低,随 p_{NH_3} 升高而升高,可以假设氨分解包含两个不可逆速率决定步骤,且$N*$为最丰反应中间体,即

$$NH_3+2* \longrightarrow NH_2*+H* \quad (\text{rds,不可逆反应,速率常数 } k_1)$$

$$\cdots$$

$$2N* \longrightarrow N_2 + 2* \quad (\text{rds,不可逆反应,速率常数 } k_2)$$

则总速率可写为

$$v=v_1-v_2=k_1[NH_3][*]^2[L]^{-1}-k_2[N*]^2[L]$$

同时,

$$[N*]/[*] = ([NH_3]k_1/k_2)^{1/2}$$

$$[L] = [*]+[N*] = [N*](1+[*]/[N*])$$

于是可得到:

$$[N*]=[L]([NH_3]k_1/k_2)^{1/2}/\{1+([NH_3]k_1/k_2)^{1/2}\}$$

然后可得到总速率:

$$v=k_2[L]([NH_3]k_1/k_2)^{1/2}/\{1+([NH_3]k_1/k_2)^{1/2}\}^2$$

该速率方程与经典速率表达式非常相似。用以上反应物不可逆吸附和最丰反应中间体不可逆脱附所描述的机理很好地解释了 Tamaru[36]和 Boudart[39]等的数据。他们的数据基于高温低压下在 W 和 Mo 上的氨分解速率,以及用俄歇电子能谱测定的 $N*$的表面浓度。用闪脱金属催化剂的方法扰乱其稳定态,可以分别求出吸附和脱附不可逆步骤返回到稳定态的速率。

3.4.6 结构敏感与结构非敏感反应[34]

对于一组催化剂,其中样品由大小为 d 的金属颗粒负载在惰性载体上构成。d 值的大小可以通过制备方法和负载量的变化进行调控,得到 1~10nm 的金属颗粒。随着组成金属颗粒的原子数增加,表面原子配位数和活性位浓度相对浓度会发生变化,这意味着表面结构变化了。当某一反应的转换速率随金属粒子大小 d 的改

变而改变（图 3.14），则这一反应被称为结构敏感反应。

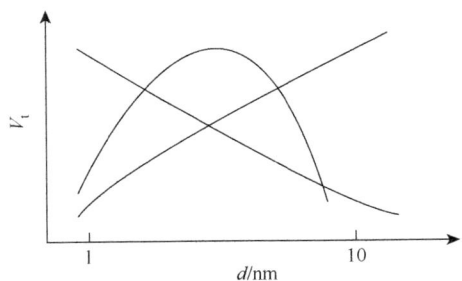

图 3.14　结构敏感反应的转换频率随金属颗粒大小的变化[34]

当然，证明转换速率的改变不是由载体效应等因素引起的是非常必要的。为排除载体效应等因素影响所导致的复杂性，比较可靠的结构敏感性试验方法是在不同米勒指数的晶面上进行测试。如表 3.2 所示的铁单晶上氨合成的转化频率。铁单晶上的氨合成结果显示不同晶面上氨合成活性差别非常大，Fe（111）晶面氨合成活性最高，Fe（100）晶面次之，Fe（110）晶面几乎没有活性，其相对活性比为 418∶25∶1。

表 3.2　铁单晶不同晶面上氨合成的反应速率

晶面	面积比速率/[nmol NH_3/(cm^2·s)]
Fe（111）	46.00
有序 Fe（100）	2.80
有序 Fe（110）	0.11
无序 Fe（100）	4.50
无序 Fe（110）	0.97

注：反应条件为压力 2.03MPa，化学计量比为 1∶3 的 N_2-H_2 混合气，温度 T=798K（Spencer N D, Schoonmaker R C, Somorjai G A. Iron single crystals as ammonia synthesis catalysts: effect of surface structure on catalyst activity. Journal of Catalysis，1982，74（1）：129-135）。

Boudart 等[23]曾制备了氧化镁上负载的小颗粒金属铁，其粒度为 1.5～30nm。采用电子显微镜、X 射线衍射、磁化率、穆斯堡尔谱等方法测定得到的颗粒大小与 CO 化学吸附[n(Fe)∶n(CO)=2∶1]的测量结果一致。氨合成的转换频率随金属铁颗粒大小的变化如表 3.3 所示。不同金属铁颗粒大小上的氨合成结果显示氨合成的转换速率随铁粒子增大而增加了 35 倍。转换速率随铁粒子大小变化的一个可能原因是金属-载体间的相互作用，尤其在金属簇粒度较小时这种作用变得更强，这一相互作用能够改变金属的电子结构,从而影响催化剂的活性。然而,穆斯堡尔谱测量的金属铁结果显示在误差范围内负载铁和体相铁结构相同,排除了载体效应。基于单晶表面上的结果和负载型催化剂的结果可判定氨在铁催化剂上的合成是一个结构敏感反应。

表 3.3 氨合成的转换频率随金属铁颗粒大小的变化

催化剂	粒径 d/nm	转换频率/($\times 10^3 s^{-1}$)
1%Fe/MgO	1.5	1.0
5%Fe/MgO	4.0	9.0
40%Fe/MgO	30.0	35.0

当反应的转换速率与金属粒子的大小或晶面无关时,称这类反应是结构非敏感的。对于某一给定的反应,无论改变负载金属颗粒的大小还是改变晶面取向,对转换频率均无影响。第一个证实的结构非敏感反应的例子是金属铂上的环丙烷氢解生成丙烷的反应。无论在负载的金属铂原子簇上,还是大单晶上均显示反应的转换速率与金属粒子的大小或晶面无关。典型的结构非敏感反应例子有很多,如 CO 在钯上的低压氧化反应、环己烯在铂上的加氢反应、氢氘交换反应等[34]。

3.5 氨合成总包反应动力学

3.5.1 Temkin 方程式[34, 35, 41]

非均匀表面的模型可以看成是由一群热力学和动力学性质相同的催化剂活性位组成的微区 S_j 构成。每个微区内,表面是均匀的且单位面积含有 dS_j' 个活性位。催化剂表面的活性位的分布是连续的。因此,活性位的密度[L]可以通过对所有微区进行积分求得

$$\int dS_j' = [L]$$

Temkin 方程式的第一个基本假设是催化剂表面的活性位存在如下连续分布函数:

$$dS' = a \exp\left(\frac{-\gamma A^0}{RT}\right) d\left(\frac{A^0}{RT}\right)$$

式中,dS' 是微区 S_j 内单位表面上标准吸附势介于 A^0 和 $A^0 + dA^0$ 之间的活性位数目;a 为常数,可以根据 $\int dS_j' = [L]$ 确定;γ 代表活性位分布特征的参数,是 Temkin 方程式的特征概念。Temkin 方程式建立在上述连续分布函数基础上。由此连续分布函数概念可以推导出吸附等温线表达式和吸附速率表达式,进一步证明了 Temkin 方程式的普适性。

第二个基本假设是反应速率 k_i 与平衡常数 $K_i=k_i/k_{-i}$ 之间遵从 Brønsted 类型的关系：

$$k_i = 常数 \times K_i^a$$

式中，a 为所谓的变换系数，其数值在 0~1，通常为 0.5 左右。该关系式是常见的动力学表达式。在酸碱催化作用和 Polanyi-Semenov 关系式中均能见到，在物理有机化学中类似的关系式被称为线性自由能关系式。

第三个基本假设是两种化学上类似的步骤（如吸附和脱附）的 Brønsted 变换系数 a 是相同的。总包反应的标准亲和势，在某种意义上是一个常数，与活性位本质无关。为了简化，引入一个无量纲的亲和势 t，令 $t=\dfrac{A^0}{RT}$，并假定 t 有一个上限值 t_0 和下限值 t_1。由此连续分布函数可写为

$$\int dS' = \int_{t_1}^{t_0} a \exp(-\gamma t) dt = [L]$$

则

$$[L]/a = \int_{t_1}^{t_0} \exp(-\gamma t) dt, \quad a = [L]\gamma \exp(\gamma t_0)/[\exp(\gamma t)-1]$$

用上式 a 值代入连续分布函数，得

$$dS = dS'/[L]$$
$$dS = \{\gamma \exp(\gamma t_0)/[\exp(\gamma t)-1]\} \times \exp(-\gamma t) dt$$

式中，dS 是吸附亲和势介于 t 和 $t+dt$ 之间的活性位分数。

第四个基本假设是关于辅助变量 u_0 和 u_1 的极限值的概念。所谓中等覆盖度是指当表面极不均匀时，最活泼的吸附区域几乎完全充满，最不活泼的吸附区域几乎完全空着。

辅助变量 u 的引入代替 t 是为了对计算积分，令：

$$u = u_0 \exp(t_0 - t_1)$$

显然 u_0 是 $t=t_0$ 时的 u 值。假定在 $t=t_0$ 的上限值时，所有的活性位都被占满，则

$$u_0 = [S_1]/[S_2] \to 0$$

式中，S_1 和 S_2 分别表示空位和占有位。

u_1 是 $t=t_1$ 时的 u 值。假定在 $t=t_1$ 的下限值时，所有的活性位都空的，则

$$u_1 = [S_1]/[S_2] \to \infty$$

通过积分，得到的非均匀表面上反应速率表达式如下：

$$v_t = v/[L] = \tau\{k_1^0 k_2^0 [A_1][A_2] - k_{-1}^0 k_{-2}^0 [B_1][B_2]\}/\{(k_1^0[A_1]+k_{-2}^0[B_2])^m (k_{-1}^0[B_1]+k_2^0[A_2])^{1-m}\}$$
$$\tau = [\pi/\sin(\pi m)] \times \{\gamma/[\exp(\gamma t)-1]\}$$
$$m = a - \gamma$$

与均匀表面上反应速率表达式存在类似之处。两个反应速率表达式中分数的分子是相同的，分母含有相同的项，但组合的方法不一样。

3.5.2　Temkin-Pyzhev 氨合成反应速率方程[41]

Temkin 方程式首次应用于铁催化剂上的氨合成反应，就得到了著名的 Temkin-Pyzhev 反应速率方程式。氨合成总包反应方程式为

$$N_2 + 3H_2 \rightleftharpoons 2NH_3$$

假设 N_2 的分子吸附为速率控制的两步机理，可写成：

$N_2 + * \rightleftharpoons N_2*$ 　（rds，不可逆反应，正逆速率常数分别为 k_1 和 k_{-1}）

$N_2* + 3H_2 \rightleftharpoons 2NH_3 + *$ 　（非基元步骤，平衡反应，平衡常数 $K_2 = k_{-2}/k_2$）

式中，N_2* 为最丰反应中间体，N_2 的分子吸附为速率决定步骤，因此，

$$k_2^0, \ k_{-2}^0 \gg k_1^0, \ k_{-1}^0$$

假定 $[A_1] \equiv [N_2]$，$[A_2] \equiv [H_2]$，$[B_2] \equiv [NH_3]$ 以及 $[B_1] \equiv 1$，应用到 Temkin 方程式得到：

$$v_t = \tau \{ k_1^0 k_2^0 [N_2][H_2]^3 - k_{-1}^0 k_{-2}^0 [NH_3]^2 \} / \{ (k_1^0 [N_2] + k_{-2}^0 [NH_3])^m (k_{-1}^0 + k_2^0 [H_2]^3)^{1-m} \}$$

根据以上的不等式，可得到：

$$v_t = \tau \{ k_1^0 [N_2][k_2^0 / k_{-2}^0 - [H_2]^3/[NH_3]^2]^m - k_{-1}^0 [k_{-2}^0 / k_2^0 - [NH_3]^2/[H_2]^3]^{1-m} \}$$

或者，

$$v_t = \vec{k}[N_2]\left[\frac{[H_2]^3}{[NH_3]^2}\right]^m - \overleftarrow{k}\left[\frac{[NH_3]^2}{[H_2]^3}\right]^{1-m}$$

用分压代入，即得到：

$$v_t = k_1 p_{N_2} \left(\frac{p_{H_2}^3}{p_{NH_3}^2}\right)^m - k_2 \left(\frac{p_{NH_3}^2}{p_{H_2}^3}\right)^{1-m}$$

上述方程是 Temkin 和 Pyzhev 在 1940 年首先得出的，而且至今一直以这种形式或与之类似的形式应用于世界范围内的氨合成反应器的设计中。

20 世纪 60 年代，Temkin 等[42]在推导中假设反应速率为两步，第一步为氮的活化吸附，第二步为氮的加氢，即

$N_2 + * \longrightarrow N_2*$ 　（rds，不可逆反应，速率常数 k_1）

$N_2* + H_2 \longrightarrow N_2H_2*$ 　（rds，不可逆反应，平衡常数 k_2）

$N_2H_2* + 2H_2 \longrightarrow 2NH_3$ 　（非基元步骤，平衡反应，平衡常数 K_3）

根据上述反应，推导出新的普遍化的动力学方程：

$$r_{NH_3} = \frac{kp_{N_2}^{1-m}\left(1 - \dfrac{p_{NH_3}^2}{k_p^2 p_{N_2} p_{H_2}^3}\right)}{\left(\dfrac{l}{p_{H_2}} + \dfrac{p_{NH_3}^2}{k_p^2 p_{N_2} p_{H_2}^3}\right)^m \left(\dfrac{l}{p_{H_2}} + 1\right)^{1-m}}$$

式中，$\dfrac{l}{p_{H_2}}$ 为吸附氮的脱附速率与加氢速率之比。其后又有许多学者指出用分压计算反应速率整理出来的反应速率常数与压力有关。随着化学反应工程学的形成和完善，人们不仅仅关心催化反应的微观机理，而且更关心何种动力学模型及动力学参数更符合、关联和预示某种催化剂在工业反应器内的动力学行为。因此，研究者又发展了宏观模拟-数学模型化的研究方法，以解决反应工程上的需要。

Ozaki 等[43]试图通过在同一催化剂上比较氨合成反应速率来证明 Temkin-Pyzhev 方程所赖以建立的机理，得出 Temkin-Pyzhev 方程预示了一个很容易被证明的结果：

$$\frac{k_D}{k_H} = \left(\frac{k_H}{k_D}\right)^m$$

Shapatina 等[44]在铁催化剂上已经对此作了证实，并得到 $m=0.5$。这里 m 不是一个校正参数。他们在不用一个校正参数的情况下得到的计算值或实际值见表 3.4，理论值与计算值之间非常吻合，而且在计算时没有采用任何近似。

表 3.4 Temkin-Pyzhev 合成氨机理的验证

温度/K	k_D/k_H 计算	k_D/k_H 实验
673	2.87	3.13
723	2.60	2.89
753	2.52	2.61

3.5.3 氨合成反应宏观动力学[2, 5, 34]

工业氨合成使用的熔铁催化剂是多孔性固体颗粒。活性中心分布在微孔的内表面上。还原后的氨合成铁催化剂，其内表面积为 $4\sim20\text{m}^2/\text{g}$，远大于颗粒的外表面（外表面积仅约为 $0.001\text{m}^2/\text{g}$）。因此，作为多孔催化剂上典型的气固相反应，氨合成反应从反应物到产物要经历如下 7 个步骤：①H_2 分子和 N_2 分子从气流中向熔铁催化剂的外表面扩散；②H_2 分子和 N_2 分子从熔铁催化剂的外表面向内表面扩散；③H_2 分子和 N_2 分子在熔铁催化剂内表面上解离吸附；④解离吸附的 H

原子和 N 原子在熔铁催化剂表面化学反应；⑤形成的 NH_3 分子从熔铁催化剂内表面脱附；⑥NH_3 分子从熔铁催化剂的内表面扩散到外表面；⑦NH_3 分子从熔铁催化剂的外表面扩散到气流中。其中，①和⑦为外扩散过程；②和⑥为内扩散过程；③、④和⑤为化学动力学过程。

之前所讨论的催化反应动力学均是消除了内扩散和外扩散影响的动力学，即本征（微观）动力学。然而在工业催化剂上的化学反应不仅受催化剂上的本征动力学影响，还受反应介质中的流动状态、传质、传热等影响。通常把考虑了传递过程温度、浓度梯度等影响的动力学称为宏观动力学。图 3.15 为球形催化剂颗粒周边和内部的温度和浓度分布。对于浓度梯度包括在颗粒与颗粒之间不充分的外扩散所引起的外扩散浓度梯度，以及颗粒内部不充分的内扩散所致的内扩散浓度梯度。对于温度梯度，情况相似。

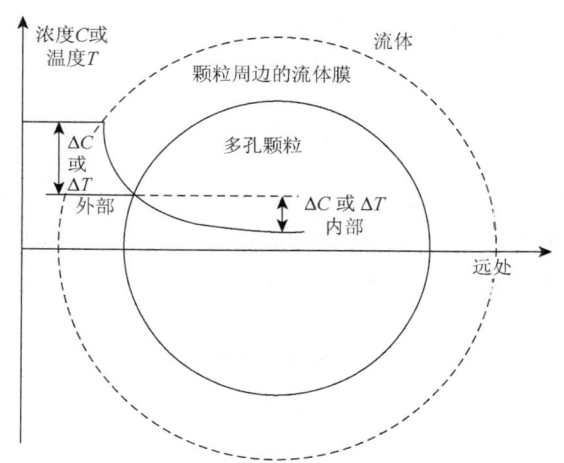

图 3.15　吸热反应中催化剂颗粒周边和内部的温度和浓度梯度[34]

外扩散影响可以通过以下两种方法进行判断和消除。第一，保持相同的反应时间，根据流体与催化剂颗粒之间的相对速度对转化率的影响进行判断。对于同一反应器，随反应物流速的变化增减催化剂用量，从而保持相同的停留时间。若随反应物流速的增大，转化率趋于稳定值，则外扩散已消除。第二，在相同的实验条件下，改变反应温度，观察反应速率随温度的变化。若温度变化引起的反应速率变化不大，且活化能小于 20kJ/mol，则表明反应在外扩散控制区，否则相反。

对于内扩散问题，常采用的方法是检测不同催化剂粒径样品上的转化率。随粒径减少，在相同反应条件下转化率上升至一极限值。一般认为，在转化率极限值对应的催化剂粒径以下进行研究，即可排除内扩散的影响。

对于气固相反应，在稳定状态下单位时间内从气流主体扩散到催化剂外表面

的反应组分 i 应该等于催化剂颗粒内实际的反应量。

$$r_{ig} = k_g S_g (C_{ig} - C_{is}) = k_s S_s f(C_{is}) \xi$$

式中，r_{ig} 为组分 i 的宏观反应速率；k_g 为单位外表面积上的扩散传质系数；k_s 为单位内表面积上的反应速率常数；S_g 为单位体积催化剂床层中颗粒的外表面积；S_s 为单位体积催化剂床层中颗粒的内表面积；C_{ig} 为流体体相中组分 i 的浓度；C_{is} 为颗粒外表面上组分 i 的浓度；$f(C_{is})$ 为颗粒外表面到内表面组分 i 的浓度分布函数；ξ 为催化剂内表面利用率。

若催化反应为一级可逆反应，则浓度分布函数 $f(C_i)=C_{ig}-C_i^*$。上述的宏观动力学方程可写为

$$r_{ig} = (C_{ig} - C_i^*) / [1/(k_g S_g) + 1/(k_s S_s \xi)]$$

由宏观动力学表达式可以看出，若催化剂颗粒内部保持不变，当 k_g、S_g、k_s、S_s、ξ 变化时，反应可以处于动力学控制区、内扩散控制区和外扩散控制区。

1）本征动力学控制区

当 $1/(k_g S_g) \ll 1/(k_s S_s \xi)$，且内表面利用率 ξ 趋近于 1 时，即内外扩散影响均可以忽略时，则动力学表达式变为

$$r_{ig} = k_s S_s (C_{ig} - C_i^*) = k_s S_s (C_{is} - C_i^*)$$

相应的浓度分布为

$$C_{ig} \approx C_{is} \approx C_{ic} \text{ 而 } C_{ic} \gg C_i^*$$

式中，C_{ic} 为颗粒中心处组分 i 的浓度。当外扩散传质系数 k_g 相对较大，而催化剂颗粒相当小的时候，上述情况才可能发生，得到的宏观动力学与本征动力学相同。

2）内扩散控制区

当 $1/(k_g S_g) \ll 1/(k_s S_s \xi)$，且内表面利用率 ξ 远小于 1 时，即外扩散影响可以忽略时，则 $C_{ig} \approx C_{is}$，而内扩散对宏观反应速率具有重要影响。动力学表达式变为

$$r_{ig} = k_s S_s (C_{ig} - C_i^*) \xi$$

相应的浓度分布为

$$C_{ig} \approx C_{is} \gg C_{ic} \text{ 而 } C_{is} \gg C_i^*$$

上述情况当外扩散传质系数 k_g 相对较大，而催化剂颗粒也相当大的时候才可能发生。

3）外扩散控制区

当 $1/(k_g S_g) \gg 1/(k_s S_s \xi)$，即外扩散的影响成为主要阻力时，动力学表达式变为

$$r_{ig} = k_g S_g (C_{ig} - C_{is}) = k_g S_g (C_{ig} - C_i^*)$$

相应的浓度分布为

$$C_{ig} \gg C_{is} \text{ 而 } C_{is} \approx C_{ic} \approx C_i^*$$

上述情况一般发生在催化剂颗粒相当小、外扩散传质系数相对较小而反应速

率常数相对较大的时候。如果所用的催化剂是无孔的网状物,如氨氧化反应的 Pt-Rh 合金网,或者活性组分只分布在颗粒外表面的薄层时,也会发生上述情况。

对于熔铁催化剂上的氨合成反应,空速通常在 $10^4 h^{-1}$ 数量级,对于轴向流催化剂床层,外扩散效应通常可以忽略;而对于径向流催化剂床层,由于气体流通面积增加,外扩散效应应予以考虑。无论是轴向流催化剂床层,还是径向流催化剂床层,内扩散影响都不容忽视[5]。

3.5.4 氨合成反应器[2, 5]

氨合成反应器(氨合成塔)是在高压和高温下用来使氮气和氢气发生催化反应以进行氨合成的设备。氨合成反应器在工艺上须满足氨合成反应尽可能在接近最适宜温度下进行,已获得大的生产能力和高的氨合成收率,要降低合成塔的压力降、以减少循环气体的动力消耗;在结构上要求简单可靠,并满足高温和高压的要求。

对于一定的氨含量,氨合成反应速率最大时的温度称为最佳温度,此最佳温度随着氨含量增大而降低。由于氨合成为放热反应,催化剂床层的温度将随着反应进行而不断升高。为使氨合成反应能在接近最佳温度下进行,需要采取措施移走多余的热量。工业上按照降温方式的不同,氨合成反应器分为冷管型、冷激型和间接换热型三类,其原理图如图 3.16 所示。

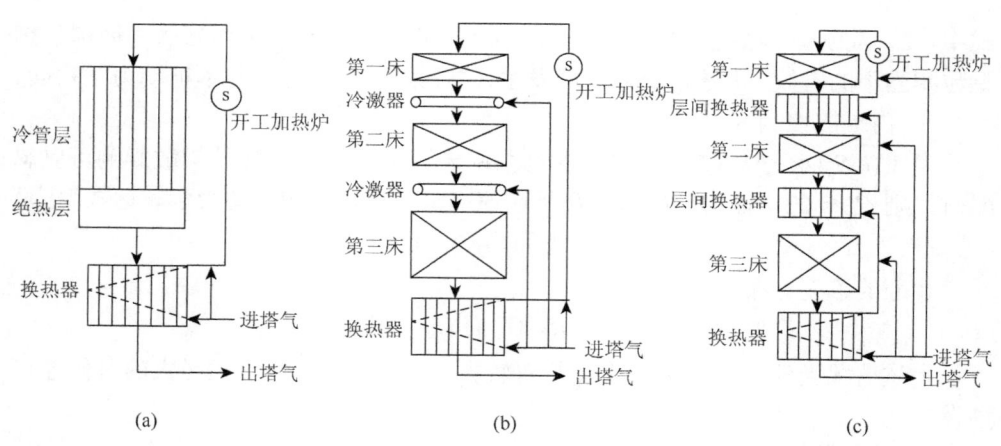

图 3.16 冷管型(a)、冷激型(b)和间接换热型(c)氨合成反应器原理示意图[5]

(1) 冷管型氨合成反应器。采用内置于催化剂床层中冷却管的方法,以排除反应热并降低反应温度。冷却管既可冷却催化床层,又可预热反应前的气体。冷却型反应器发展较早,由于其压力降较大,目前只用于中小型合成氨厂。图 3.17(a)是传统的并流三套管反应器结构示意图。

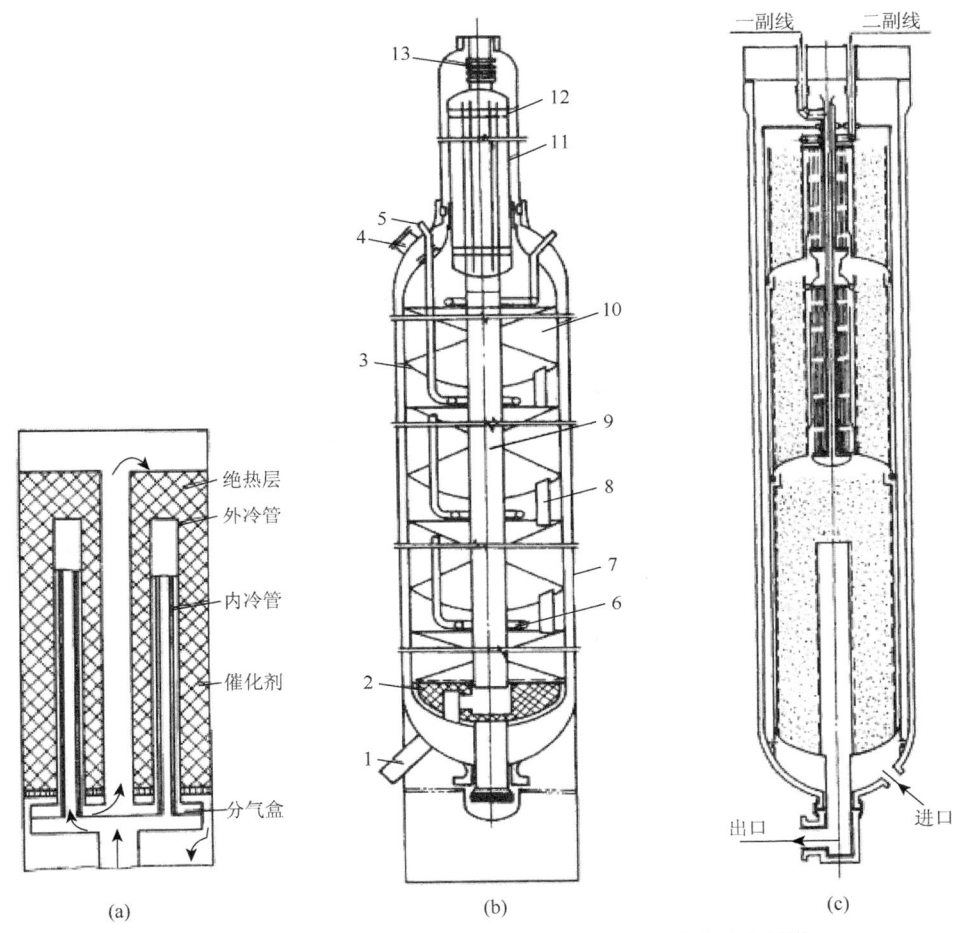

图 3.17 典型的冷管型、冷激型和间接换热型氨合成反应器[2]
(a) 并流三套管反应器；(b) 冷激型轴径向反应器；(c) 间接换热型反应器

（2）冷激型氨合成反应器。采用反应前尚未预热的合成气进行层间冷激，以降低反应气体的温度。其优点在于结构简单可靠。由于冷激气体对反应气中氨的稀释，较难获得高的氨净值。冷激型氨合成反应器设计的关键是如何使得冷激气与合成气的均匀混合。图 3.17（b）是一轴两径式冷激内件的结构示意图。

（3）间接换热型氨合成反应器。在绝热催化床层的层间安置中间换热器以预热未反应的合成气，从而降低床层的反应温度。间接换热型氨合成反应器主要用于大型合成氨厂。其结构相对复杂，开始在中小合成氨厂使用。图 3.17（c）是以天然气为原料设计的低能耗多产高压蒸气的间接换热反应器结构示意图。

氨合成反应器可以仅用上述三种中的一种降温方式，也可以将其中两种或三种方式结合起来应用。

3.6 新型氨合成催化剂和技术

3.6.1 新型氨合成催化剂

1. $Fe_{1-x}O$ 基催化剂

尽管研究者们对氨合成催化剂进行了广泛的研究，熔铁催化剂仍然是目前应用最广的氨合成催化剂。它具有高内在活性、长使用寿命、高密度、价格便宜等优点。一般认为当熔铁催化剂前驱体是 Fe_3O_4 时催化剂具有最高活性。因此在过去的熔铁催化剂研究中，人们更注重助催化剂的跳变和作用，而忽视了催化剂前驱体的探索。刘化章等[5, 45-49]系统地研究了铁的三种氧化物（Fe_3O_4、FeO 和 Fe_2O_3）及其混合物与催化活性的关系，发现了具有维氏体结构的 $Fe_{1-x}O$ 基催化剂具有更高的活性。它标志着熔铁催化剂的研究取得了实质性的进展。$Fe_{1-x}O$ 基氨合成催化剂是目前世界上活性最高的熔铁氨合成催化剂，并已在工业上得到广泛应用。

2. 钌基催化剂

第一个有关钌基催化剂用于氨合成反应的研究报道可追溯到 1917 年，Mittasch 等认为在氨合成反应中钌基催化剂的活性不如熔铁催化剂[50]。直到1969 年，Tamaru 等提出过渡金属电子授受型氨合成催化体系，在温和条件下具有较高的氨合成催化活性，钌基催化剂才重新引起人们的重视[51]。1972 年，Ozaki 等发现钌为活性组分、金属钾为促进剂、活性炭为载体的催化剂对氨合成有很高的活性[52]。该发现激发了人们研究钌基氨合成催化剂的广泛兴趣。由英国石油公司开发的以钌羰基化合物负载于含石墨炭载体上的 Ru/C 催化剂和以 Kellogg 负责开发与其配套的氨合成工艺，经过10 年的共同努力，于 1992 年成功开发出适用 Ru/C 催化剂的 KAAP 新型氨合成工艺流程，并实现了工业应用。至今已有 16 家合成氨厂采用钌基催化剂[53, 54]。

钌基氨合成催化剂也被称为第二代氨合成催化剂，主要特点是高活性、高的氨浓度、宽范围的 H_2/N_2 比且可用于低温和低压操作。钌基催化剂为负载型金属催化剂，其制备方法完全不同于传统的熔铁催化剂。通常采用浸渍法将钌和助剂化合物负载在载体上，经一定条件还原活化后转化为活性组分即可。大量的研究表明钌的前体化合物、制备方法、载体、助催化剂及其相互作用对钌催化剂的性能有重要影响。

与铁基催化剂相同，N_2 在钌催化剂上解离吸附，然后再加氢生成 NH_3 是速率控制步骤。所不同的是，在钌催化剂上 H_2 的吸附对 N_2 的吸附有强烈的抑制作用，而产物 NH_3 的抑制作用并不明显。同时，单晶、负载型催化剂、密度泛函计算结果均显示钌基催化剂上氨合成反应是典型的结构敏感反应。对于钌基氨合成催化剂的研究，自 20 世纪 70 年代以来，就有日本、德国、苏联、英国、美国、意大利、波兰等国家的学者，以及我国浙江工业大学、福州大学、厦门大学、中国科学院大连化学物理研究所等单位的研究人员进行了大量的研究。

3. 多金属催化剂

Mittasch 等在氨合成催化剂探索的早期就认识到许多金属本身催化活性较低或根本没有催化活性，然而添加某种金属后能显著提高它们的活性。Mittasch 在 1930 年就报道了 Ni-Mo、Co-Mo、Fe-Mo 对于氨合成具有很高的活性，并且要求 Mo 的含量要远高于 Ni、Co、Fe 的含量[9]。

刘化章等[55]在高压条件下曾对 Fe-Cu、Fe-Mn、Fe-Mo、Mg-Ni、Fe-Co 等双金属合金催化剂进行了研究。研究结果表明，Fe-Co 双金属催化剂具有较高的活性。在 30MPa、30 000h^{-1}、450℃时出口氨浓度达到 26.25%，较同样条件下 A10 型铁催化剂提高 1%左右。试验中采用的 Fe-Co 催化剂是由磁铁矿和 Co_2O_3、Al_2O_3、KNO_3、$CaCO_3$ 熔融制得。Fe-Co 双金属催化剂中 Al_2O_3 含量少于 3%，活性最好，Co 含量和比活性存在两个峰值，分别为 15% Co 左右和 50% Co 左右。

魏可镁等[56]研究发现铁催化剂中加入氧化钴在熔融过程中会与磁铁矿形成固溶体，使离子半径较小的钴离子取代半径较大的铁粒子，降低了氧化态催化剂的晶胞参数。还原后金属 Co 原子进入 α-Fe 立方晶格，使还原态催化剂晶胞参数变大，显著提高了催化剂的活性；魏可镁等制备的含 Co 的铁催化剂的氨合成活性比未含钴的 A101 系列催化剂高 5%~10%。

梁长海等[57]采用先浸渍 $RuCl_3$，还原后再浸渍硝酸盐，最后添加助剂的方法，制备了 Ru-Fe-Ba/C、Ru-Co-Ba/C 和 Ru-Mo-Ba/C 催化剂。研究发现催化剂中添加 Fe、Co 和 Mo 会降低催化剂的活性，但是各种金属的影响情况有所区别。Fe 含量的增加会使活性下降是由于催化剂出现了表面富集 Fe 的 Ru-Fe 合金相。而 Ru 会促进 Co 的还原，形成表面富集 Ru 的 Ru-Co 合金。少量 Co 的存在会覆盖 Ru 表面导致活性下降，而大量添加 Co 则会掩盖 Ru 的活性，因此随着 Co 的含量增加，催化剂氨合成活性进一步下降。研究还发现 Mo 氧化物较难还原，未完全还原的 Mo 覆盖了 Ru 的活性位并会与 N_2 发生反应，导致 Ru-Mo 体系的氨合成活性随着 Mo 的加入大幅下降。

大量研究显示氮在金属上的吸附能与金属催化剂的性能有一定的关系。Ozaki 等[58]从氨的合成和分解中金属催化效率与氮的化学吸附能相关联得到一条火山形曲线，其中催化活性较高的 Fe、Re、Os 在火山曲线的顶端。Nörskov 等[59]提出了通过理论计算设计合金催化剂具有与最活泼金属类似的对氮的吸附能，从而验证其合理性。结果发现钼氮化物催化剂的活性比 Ru 和 Os 更接近火山形曲线的顶点;比单组分催化剂有更好的氨合成活性,在低 NH_3 浓度下比 Fe 和 Ru 还要好。Kojima 等[60-62]系统地研究了钴钼双金属氮化物催化剂的合成氨性能,实验结果如表 3.5 所示。由实验结果可知,Co_3Mo_3N 确有较高的活性,特别是 2%碱金属 Cs 促进的 Co_3Mo_3N-Cs_2 催化剂的比活性是传统铁催化剂 Fe-K_2O-Al_2O_3 的 2 倍以上。

表 3.5 Co_3Mo_3N 和 Fe-K_2O-Al_2O_3 氨合成催化剂的性能比较

催化剂	反应速率/[μmol/(h·g)]	表面积/(m^2/g)	比活性/[μmol/(h·m^2)]
Fe-K_2O-Al_2O_3	330	14	24
Co_3Mo_3N	652	21	31
Co_3Mo_3N-Cs_2	986	16	62
Co_3Mo_3N-Cs_{10}	586	10	59
Co_3Mo_3N-K_{30}	364	8	46
Ni-Mo-N	275	20	14
Fe-Mo-N	143	7	20
Mo_2N	68	121	1

3.6.2 新型氨合成技术

如前所述,合成氨工业经过 100 多年的发展,尽管基本工艺原理和生产工序无多大改变,但技术日趋完臻,能耗已接近理论最小值。但目前工业合成氨的原料和能源均来自于化石能源。氨合成中的能耗大约 30%用于动力消耗。因此降低现有合成氨工业的能耗,必须寻找新的氨合成方法和途径。如果能把可再生的能源如太阳能、风能、水能、生物能、核能等直接或间接用于氨合成反应,那将是合成氨工业的重大进展,具有极其重大的理论和现实意义。

1. 电催化氨合成

电催化氨合成可使热力学非自发反应如 $N_2 + 3H_2O \rightleftharpoons 2NH_3 + \frac{3}{2}O_2$($K_{298K} = 10^{-120}$)在电能的推动下发生,并打破受热力学限制的平衡。因此,将电能引入合成氨过程辅助氮分子的活化或改变反应途径一直是备受关注的研究领域之一。电化学方法是一种可取的常压氨合成方法。例如,在 570℃和常压下,使用氢气和氮气进行电化学氨合成,其氢气转化率可接近 100%[63]。因此,近年来电化学常温常压氨合成的研究也相当活跃。

在电化学氨合成中,首先通过修饰在电极表面的电催化剂对氮分子进行初步的吸附活化,而后通过电极向被吸附的氮分子提供额外的电子,促使其进一步发生供电子活化并提供还原所需的电子,同时通过电解质溶液或固体电解质向氮分子提供质子化所需的氢,从而形成氨分子。电化学氨合成有利于创设与固氮酶相似的协同活化和还原合成的固氮环境,且可以通过控制电极电势有效地控制氮分子的活化程度,并通过控制氮气和质子的输送速率方便地控制合成过程。主要氨合成电催化剂包括负载铁酞菁催化剂的气体扩散电极、陶瓷固体电解质、熔盐(LiCl/KCl/CsCl)等[64, 65]。采用室温下具有高质子导电性的固体电解质,提高电流效率和电极稳定性是电化学合成氨未来研究的重要方向。

尽管目前电化学氨合成在经济上未必可行,但对电化学氨合成的深入研究有助于开发新的氨合成途径,如由水和空气直接合成氨。若电流效率和转化率能大幅度提高,电化学氨合成在电能充足地区有望占有一席之地。同时随着化石能源的逐步枯竭,不断降低传统的 Haber-Bosch 氨合成成本是大势所趋,电化学氨合成将具有潜在的应用前景。

2. 光催化氨合成

在常温常压下以水为氢源,以太阳能为能源,用光催化的办法使空气中的氮直接转化为氨的反应:$N_2+3H_2O \longrightarrow 2NH_3+\frac{3}{2}O_2$,则需要解决太阳能的输入方式和采用光催化剂。

近年来,随着太阳能光化学研究的飞速发展,光催化氨合成反应也取得了较大进步。Schrauzer 首先发现了 TiO_2 半导体粉末上用光催化还原氮的方法[66]。Miyama 等[67]用掺入铂黑的 TiO_2、ZnO_2、CdS、GaP 半导体粉末和 SiC 的方法提高了氨的产率。李顺凤等[68]选择了 E_g 较小的 WO_3(E_g=2.7eV)为基质的多种光催化剂,都获得了较高的氨产率,相应结果见表 3.6。

表 3.6 光催化剂的种类与氨产量的关系[68]

光催化剂/g	空白 pH	试样 pH	校正后 pH	氨的产率/(μg/g 催化剂)
WO_3(0.3)	5.3	6.0	5.9	391
WO_3(0.28)-Pt(0.02)	5.3	6.0	5.9	390
WO_3(0.2)-TiO_2(0.1)	6.0	6.15	6.4	102
WO_3(0.2)-CdO(0.1)	6.2	6.2	5.3	95
WO_3(0.2)-Ta_2O_3(0.1)	5.2	5.7	5.9	249
WO_3(0.2)-α-Fe_2O_3(0.1)	5.3	6.5	6.5	1076
WO_3(0.2)-V_2O_5(0.1)	4.4	5.7	6.6	1190
WO_3(0.1)-尖晶石(0.2)	5.9	6.4	5.8	36

续表

光催化剂/g	空白 pH	试样 pH	校正后 pH	氨的产率/（μg/g 催化剂）
WO$_3$（0.25）-α,α'-联吡啶（0.025）-Pt（0.025）	5.9	6.6	5.9	465
WO$_3$（0.25）-RuO$_2$（0.025）-Pt（0.025）	6.0	6.3	5.5	176
WO$_3$（0.25）-α,α'-联吡啶（0.025）-RuO$_2$（0.025）	6.1	6.5	5.5	142
WO$_3$（0.2）-CdO（0.08）-Pt（0.02）	6.2	6.2	5.2	57

注：所用蒸馏水的 pH 均为 5.20。

3. 化学模拟固氮酶仿生氨合成

自然界有一类固氮微生物，其体内含有一种具有特殊本领的催化剂——固氮酶。它能在常温常压的条件下将空气中的氮直接还原成氨。单位时间单位固氮酶还原的氮比目前工业熔铁催化剂氨合成的活性高出上千倍。据估计每年生物固氮的总量占地球上固氮总量的 90% 左右，在地球的氮循环中具有十分重要的作用。生物固氮无论从其所需的条件，还是固氮能力都超过了化学固氮。生物固氮可分为固氮菌固氮法和仿生化学固氮法[70,71]。

固氮菌固氮法主要是通过生物工程，在非豆科作物接种根瘤菌，将固氮基因和其他相关基因或固氮生物引入非豆科作物，实行自我供氮。随着转基因育种技术的发展，实现非豆科作物接种根瘤菌自我供氮，并大量种植豆科等油料作物（含氮 7%～8%），充分发挥油料作物根瘤菌共生固氮作用，减少化学氮肥用量是解决农业生产中大量施用化肥的负面影响的途径之一。

深刻理解生物固氮机理可以为化学模拟生物固氮提供重要的依据。大量的研究已证明[70,71]生物固氮主要基于细胞体内两种含过渡金属的蛋白组分即 Mo-Fe 蛋白和 Fe 蛋白所组成的固氮酶体系，再加上电子供体（生物还原剂）、电子传递体（如铁氧蛋白等）及 Mg-ATP 等。生物固氮过程可以用下面的反应式表示：

$$N_2+8H^++8e^-+16Mg\text{-}ATP \longrightarrow 2NH_3+H_2+16Mg\text{-}ADP+Pi$$

我国科学家也深入开展了生物固氮酶及其化学模拟研究工作，并提出了由类立方烷结构的 Fe$_2$S$_2$、Mo$_2$O$_2$ 八原子簇结构的一对偶联的二钼一铁三核活性中心模型，用以阐明固氮酶各种底物的酶促还原反应机理[71]。Rees 等阐明了固氮酶的活性中心原子簇及其周围多肽分子的三维结构[72,73]后，化学模拟生物固氮的研究再次掀起热潮。

模拟生物固氮酶的功能制备出优良的催化剂实现常温常压氨合成是人们追求的目标。化学模拟生物固氮的基本途径包括以下几点[5]。

（1）模拟固氮酶的结构，用 Fe、Mo 络合物作催化剂，在强还原剂存在下，以水为氢源，得到了少量氨。由于固氮酶蛋白结构中含有 Fe-Mo-S 等元素，并且在水相固氮，因此以水为介质的化学模拟生物固氮具有重要的意义。

（2）非 Fe、Mo 过渡金属氮化的途径。金属化合物和还原剂组成的系统能不可逆的吸收氮，然后将过渡金属氮化物水解而得到氨。

（3）通过形成含氮分子过渡金属络合物，然后还原得到氨。第一个含氮分子过渡金属络合物$[Ru(NH_3)_5N_2]^{2+}$（如下方程式）于 1965 年合成得到[74]，更加确定了模拟生物固氮酶的可行性。

$$RuCl_3 \cdot xH_2O \xrightarrow{N_2H_4 \cdot H_2O} \left[\begin{array}{c} H_3N \\ H_3N-Ru-N\equiv N \\ H_3N \end{array} NH_3 \atop NH_3 \right]^{2+} X_2$$

Schrock 及其合作者[75, 76]制备了一种钼基催化剂，能够通过质子和电子去还原 N_2 得到 NH_3。他们使用含有三酰胺-胺配体的钼氮络合物为催化剂。当他们用 CrCp*2 和[2, 6-lutidinium] BAr'_4 [Ar'_4 = 3,5-$(CF_3)_2C_6H_3$]在氮气气氛下和上述钼催化剂作用，氮气被还原成氨且催化剂得以再生。为了达到高的氮转化效率，最小化氢气的生成，质子源和还原剂的缓慢添加非常必要。大量的研究显示 N_2 的还原发生在立体保护的单钼中心上（为[HIPTN$_3$]Mo），还原过程中中间产物的生成及反应情况如图 3.18 所示。

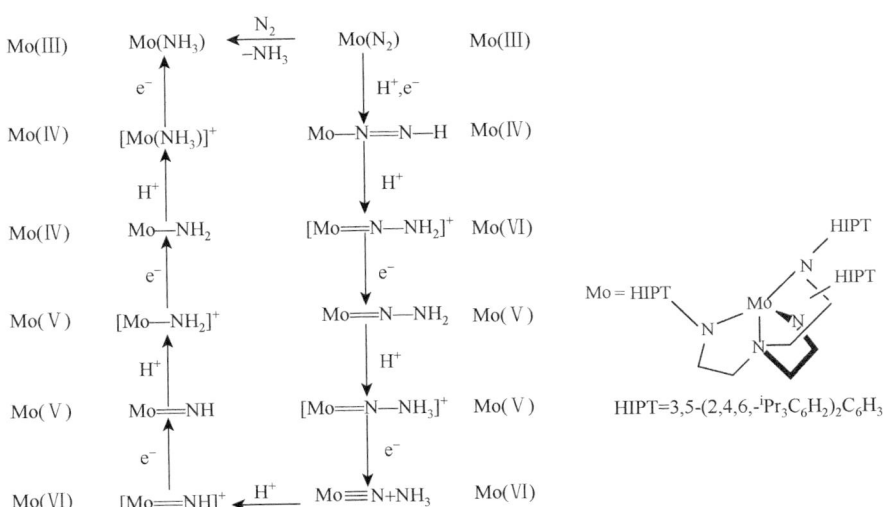

图 3.18 [HIPTN$_3$]Mo 中心上通过质子和电子的逐步添加实现 N_2 还原的中间产物[75]

Chirik 及其合作者[77]显示了直接使用氢气还原锆的氮分子络合物在低温常压下合成氨，如图 3.19 所示。

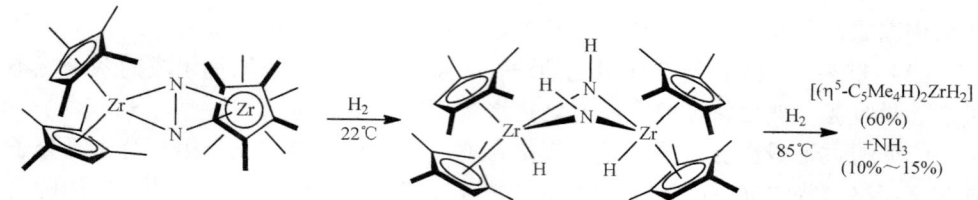

图 3.19 氮分子络合物的加氢裂解示意图

侧配位的氮分子络合物 $[(\eta^5\text{-}C_5Me_4H)_2Zr]_2(\mu_2, \eta^2, \eta^2\text{-}N_2)$ 与 H_2 在室温下反应形成桥式 diazenido 络合物 $[(\eta^5\text{-}C_5Me_4H)_2ZrH]_2(\mu_2, \eta^2, \eta^2\text{-}N_2H_2)$。桥式 diazenido 络合物进一步在相对高温下与氢气反应生成单锆二氢化物和低收率的氨气。

尽管 N_2 的活化在前过渡金属化合物上取得重要进展[78-80],但是人们仍然在铁基络合物上进行了探索,并取得重要进展[81]。例如,曲景平等[82]最近设计合成了一类新型邻苯二硫酚桥联双核铁配合物,建立了双铁分子仿生化学固氮新的功能分子模型。通过实验化学、分析测试表征并结合理论计算等系统研究,实现了在双铁中心上二氮烯(N_2H_2)还原转化成氨(NH_3)的全过程,揭示了氮气(N_2)在固氮酶铁钼辅基(FeMo 辅基)金属簇[Fe_7MoS_9X, X=C、N 或 S]的"腰部"双铁中心上活化转化的本质,提出了 $HN=NH \rightarrow HN-NH_2 \rightarrow NH(+NH_3) \rightarrow NH_2 \rightarrow NH_3$ 仿生固氮新机理。

催化氨合成技术在 20 世纪化学工业的发展中起着核心的作用。氨合成催化剂和反应是多相催化领域中许多基础研究的起点和试金石,是把理论计算、模型催化剂、实验技术和工程结合起来成功研究的典范。合成氨工业经过百年的发展,技术日趋完臻,但耗能依然巨大,占全球耗能总量的 1%~2%。而自然界中存在的生物固氮酶能够在常温常压下将氮气转化成氨。因此,室温和常压下氮的活化和氨合成仍然是科学领域最具挑战性的课题之一。

参 考 文 献

[1] Topham S A. The History of the Catalytic Synthesis of Ammonia. In: Anderson J R, Boudart M. Catalysis-Science & Technology. Berlin: Springer-Verlag, 1985, 7: 2-50.
[2] 沈浚,朱世勇,冯孝庭. 化肥工学丛书——合成氨. 北京: 化学工业出版社, 2001.
[3] Vancini C A. Synthesis of Ammonia. London: Macmillan Press Ltd., 1971.
[4] 南京化工研究院. 合成氨催化剂手册. 北京: 石油化学工业出版社, 1977.
[5] 刘化章. 氨合成催化剂——实践与理论. 北京: 化学工业出版社, 2007.
[6] 厦门大学化学系催化教研室和南京化学工业公司催化剂厂. 氨合成催化剂. 北京: 化学工业出版社, 1980.
[7] Schlögl R. Ammonia Synthesis. In: Ertl G, Knözinger H, Schüth F, et al. Handbook of Heterogeneous Catalysis. Weinheim: Wiley-VCH, 2008, 12: 2501-2575.
[8] Nielson S E. Ammonia Synthesis: Catalysis and Technologies. In: Flank W, Abraham M, Matthews M. Innovations in Industrial and Engineering Chemistry. Washington DC: ACS Symposium Series, 2008.

[9] Mittasch A. Early studies of multicomponent catalysts. Advances in Catalysis, 1950, 2: 81-104.
[10] Stongin D R, Somorjai G A. The effects of potassium on ammonia synthesis over iron single-crystal surfaces. Journal of Catalysis, 1988, 109 (1): 51-60.
[11] 大连工学院无机化工教研室. 合成氨（第三分册）. 北京: 化学工业出版社, 1980.
[12] 刘化章, 李小年, 胡樟能, 等. $Fe_{1-x}O$ 基氨合成催化剂的制备化学. 高等学校化学学报, 2002, 23: 87-91.
[13] Almquist J A, Crittenden E D. A study of pure-iron and promoted-iron catalysts for ammonia synthesis. Industrial and Engineering Chemistry Research, 1926, 18 (12): 1307-1309.
[14] Bridger G L, Pole G R, Beinlch A W, et al. Production and performance of ammonia-synthesis catalyst. Chemical Engineering Progress, 1947, 43 (6): 291-302.
[15] Liu H Z, Li X N. The precursor phase-composition of iron catalyst and discovery of FeO based catalyst for ammonia synthesis. Science in China Series B, 1995, 38: 529-537.
[16] Herzog B, Herein D, Schlögl R. In-situ X-ray powder diffraction analysis of the microstructure of activated iron catalysts for ammonia synthesis. Applied Catalysis A, 1996, 141: 71-104.
[17] Hall W K, Tarn W H, Anderson R B. Studies of the Fischer-Tropsch synthesis VIII, surface area and pore volume studies of iron catalysts. Journal of the American Chemical Society, 1950, 72 (12): 5436-5443.
[18] Stongin D R, Carrazza J, Bare S R, et al. The importance of C7 sites and surface roughness in the ammonia synthesis reaction over iron. Journal of Catalysis, 1987, 103: 213-215.
[19] Somorjai G A, Materer N. Surface structures in ammonia synthesis. Topics in Catalysis, 1994, 1: 215-231.
[20] Stongin D R, Bare S R, Somorjai G A. The effects of aluminum oxide in restructuring iron single crystal surfaces for ammonia synthesis. Journal of Catalysis, 1987, 103: 289-301.
[21] Bare S R, Stongin D R, Somorjai G A. Ammonia synthesis over iron single crystal catalysts——The effects of alumina and potassium. Journal of Physical Chemistry, 1986, 90: 4726-4129.
[22] 忻新泉, 朱龙根, 孟庆金, 等. 合成氨铁催化剂七铁原子簇对分子氮的活化件用. 化学通报, 1979, 121: 25.
[23] Boudart M, Delbouille A, Dumesic J A, et al. Surface, catalytic and magnetic properties of small iron particles: I. Preparation and characterization of samples. Journal of Catalysis, 1975, 37: 486-502.
[24] Bozso F, Ertl G, Grunze M, et al. Chemisorption of hydrogen on iron surfaces. Applied Surface Science, 1977, 1: 103-119.
[25] Grunze M. Synthesis and Decomposition of Ammonia. In: King D A, Woodruff D P. The Chemistry and Physics of Solid Surfaces and Heterogeneous Catalysis. Amsterdam: Elsevier, 1982, 4: 143-194.
[26] Ozaki A, Aika K. Catalytic Activation of Dinitrogen. In: Anderson J R, Boudart M. Catalysis, Science and Technology. Chap 3. Berlin: Springer-Verlag, 1983, 88-158.
[27] Ertl G. Elementary steps in heterogeneous catalysis. Angewandte Chemie International Edition in English, 1990, 29: 1219-1227.
[28] Mortensen J J, Hansen L B, Hammer B, et al. Nitrogen adsorption and dissociation on Fe (111). Journal of Catalysis, 1999, 182 (2): 479-488.
[29] Ertl G, Lee S B, Weiss M. Adsorption of nitrogen on potassium promoted Fe (111) and (100) Surfaces. Surface Science, 1982, 114: 527-545.
[30] Anderson J R, Boudart M. Catalysis-Science and Technology. Berlin: Springer, 1983.
[31] Ertl G. Surface science and catalysis: studies on the mechanism of ammonia synthesis. Catalysis Reviews Science and Engineering, 1980, 21: 201-223.
[32] (a)Stoltze P, Norskov J K. Bridging the pressure gap between ultrahigh-vacuum surface physics and high-pressure

catalysis. Physical Review Letters, 1985, 55: 2502; (b) The application of surface kinetic data to the industrial synthesis of ammonia-comment. Surface Science, 1988, 117: 230; (c) An interpretation of the high-pressure kinetics of ammonia-synthesis based on a microscopic model. Journal of Catalysis, 1988, 110: 1.

[33] Bowker M, Parker I, Waugh K. Extrapolation of the kinetics of model ammonia-synthesis catalysts to industrially relevant temperatures and pressures. Applied Catalysis, 1985, 14: 101.

[34] Boudart M, Djèga-Mariadassou G. 多相催化反应动力学. 高滋, 郑绳安, 李承瑞, 等译. 上海: 复旦大学出版社, 1988.

[35] Temkin M I. Kinetics of steady-state complex reactions. International Journal of Chemical Engineeriy, 1971, 11: 709.

[36] Tamaru K. Dynamic Heterogeneous Catalysis. London: Academic Press, 1978.

[37] Shindo H, Egawa C, Onishi T, et al. Reaction mechanism of ammonia decomposition on Tungsten. Journal of the Chemical Society, Faraday Transactions I, 1980, 76: 280.

[38] (a) Loeffler D G, Schmidt L D. Kinetics of NH_3 decomposition on iron at high-temperatures. Journal of Catalysis, 1976, 44, 244; (b) Loeffler D G, Schmidt L D. Kinetics of NH_3 decomposition on polycrystalline Pt. Journal of Catalysis, 1976, 41: 440.

[39] Boudart M, Egawa C, Oyama S T, et al. Nitrogen adsorption and ammonia decomposition on polycrystalline molybdenum. Journal de Chimie Physique, 1981, 78: 986.

[40] Spencer N D, Schoonmaker R C, Somorjai G A. Iron single crystals as ammonia synthesis catalysts: effect of surface structure on catalyst activity. Journal of Catalysis, 1982, 74: 129.

[41] Temkin M I, Pyzhev V M. Kinetics of ammonia synthesis on promoted iron catalysts. Acta Physicochim (USSR), 1940, 12: 327.

[42] Temkin M I. 2-Stage kinetics on inhomogeneous surfaces. Doklady Akademii Nauk SSSR, 1965, 161: 160.

[43] Ozaki A, Taylor H, Boudart M. Kinetics and mechanism of the ammonia synthesis. Proceedings of the Royal Society of London, 1960, A258: 47.

[44] Shapatina E I, Kuchaev V L, Temkin M I. Kinetic isotope effect in the synthesis of ammonia during substitution of hydrogen by deuterium. Kinet Katal, 1971, 12: 1476.

[45] Liu H Z, Li X N, Hu Z N. Development of novel low temperature and low pressure ammonia synthesis catalyst. Applied Catalysis A, 1996, 142: 209.

[46] Liu H Z, Li X N, Relationship between precursor phase composition and performance of catalyst for ammonia synthesis. Industrial and Engineering Chemistry Research, 1997, 36: 335.

[47] Liu H Z, Li X N. Precursor of iron catalyst for ammonia synthesis: Fe_3O_4, $Fe_{1-x}O$, Fe_2O_3 or their mixture?Studies in Surface Science and Catalysis, 2000, 130: 2207.

[48] Guan S, Liu H Z. Effect of an iron oxide precursor on the N_2 desorption performance for an ammonia synthesis catalyst. Industrial and Engineering Chemistry Research, 2000, 39: 2891.

[49] Liu H Z, Liu C B, Li X N, et al. Effect of an iron oxide precursor on the H_2 desorption performance for an ammonia synthesis catalyst. Industrial and Engineering Chemistry Research, 2003, 42: 1347.

[50] Bielawa H, Hinrichsen O, Birkner A, et al. The ammonia-synthesis catalyst of the next generation: barium-promoted oxide-supported ruthenium. Angewandte Chemie International Edition, 2001, 40: 1061.

[51] Sudo M, Ichikawa M, Soma M, et al. Catalytic synthesis of ammonia over electron donor-acceptor complexes of alkali metals with graphite or phthalocyanines. Journal of Physical Chemistry, 1969, 73: 174.

[52] Aika K, Hori H, Ozaki A. Activation of nitrogen by alkali-metal promoted transition-metal .1. Ammonia synthesis over ruthenium promoted by alkali-metal. Journal of Catalysis, 1972, 27: 424.

[53] Brown D E, Edmonds T, Joyner R W, et al. The genesis and development of the commercial BP doubly promoted catalyst for ammonia synthesis. Catalysis Letters, 2014, 144: 545.

[54] 刘化章. 合成氨催化剂研究的新进展. 催化学报, 2001, 22: 304-316.

[55] 刘化章. 氨合成催化剂研究概况. 浙江化工学院科技通讯, 1978, 1: 55-68.

[56] 魏可镁, 王榕, 陈振苗, 等. 氧化钴对氨合成催化剂性能和结构的影响. 氮肥技术, 1989, 3: 42-45.

[57] 梁长海. Ru-Mn+/C 催化剂上氨合成反应性能研究: 助剂和载体的影响. 中国科学院大连化学物理研究所博士学位论文, 2000.

[58] Urabe K, Oh-Ya A, Ozaki A. Activation of nitrogen by alkali metal-promoted transition-metal .7. Isotopic equilibration of nitrogen on potassium-promoted transition-metal catalysts. Journal Catalysis, 1978, 54: 436.

[59] Jacobsen C J H, Dahl S, Clausen B S, et al. Catalyst design by interpolation in the periodic table: bimetallic ammonia synthesis catalysts. Journal of the American Chemical Society, 2001, 123: 8404.

[60] Kojima R, Aika K. Cobalt molybdenum bimetallic nitride catalysts for ammonia synthesis. Chemistry Letters, 2000: 514.

[61] Kojima R, Aika K. Cobalt rhenium binary catalyst for ammonia synthesis. Chemistry Letters, 2000, 29: 912.

[62] Kojima R, Aika K. Rhenium containing binary catalysts for ammonia synthesis. Applied Catalysis A, 2001, 209: 317.

[63] Marnellos G, Stoukides M. Ammonia synthesis at atmospheric pressure. Science, 1998, 282: 98.

[64] Murakami T, Nohira T, Ogata Y H, et al. Electrochemical window of a LiCl-KCl-CsCl melt. Electrochemical and Solid-State Letters, 2005, 8: E1.

[65] Yiokari C G, Pitselis G E, Polydoros D G, et al. High-pressure electrochemical promotion of ammonia synthesis over an industrial iron catalyst. Journal of Physical Chemistry A, 2000, 104: 10600.

[66] Schrauzer G N, Guth T D. Photolysis of water and photoreduction of nitrogen on titanium-dioxide. Journal of the American Chemical Society, 1977, 99: 7189.

[67] Miyama H, Fujii N, Nagae Y. Heterogeneous photocatalytic synthesis of ammonia from water and nitrogen. Chemical Physics Letters, 1980, 74: 523.

[68] 李顺凤, 文学洙, 崔昌来, 等. 复相光催化由水和氮气合成氨的研究. 化学通报, 1983, 3: 13.

[69] 吉林大学化学系固氮小组. 化学模拟生物固氮进展. 北京: 科学出版社, 1973.

[70] 中国科学院福建物质结构研究所固氮研究小组. 化学模拟生物固氮进展. 北京: 科学出版社, 1976.

[71] 周泰锦, 万惠霖, 王南钦, 等. 固氮酶活性中心模型的 EHMO 研究. 厦门大学学报（自然科学版）, 1987, 26: 195.

[72] Kim J, Rees D C. Crystallographic structure and functional implications of the nitrogenase molybdenum iron protein from azotobacter-vinelandii. Nature, 1992, 360: 553.

[73] Kim J, Rees D C. Structural models for the metal centers in the nitrogenase molybdenum-iron protein. Science, 1992, 257: 1677.

[74] Allen A D, Senoff C V. Nitrogenopentammineruthenium（II）complexes. Chemical Communications, 1965, 24: 621-622.

[75] Yandulov D V, Schrock R R. Catalytic reduction of dinitrogen to ammonia at a single molybdenum center. Science, 2003, 301: 76-78.

[76] Schrock R R. Catalytic reduction of dinitrogen to ammonia at a single molybdenum center. Accounts of Chemical Research, 2005, 38: 955-962.

[77] Pool J A, Lobkovsky E, Chirik P J. Hydrogenation and cleavage of dinitrogen to ammonia with a zirconium complex. Nature, 2004, 427: 527-530.

[78] Leigh G J. Protonation of coordinated dinitrogen. Accounts of Chemical Research,1992,25:177-181.

[79] Fryzuk M D,Johnson S A. The continuing story of dinitrogen activation. Coordination Chemistry Reviews,2000,200-202:379-409.

[80] Hidai M. Chemical nitrogen fixation by molybdenum and tungsten complexes. Coordination Chemistry Reviews,1999,185-186:99-108.

[81] Hazari N. Homogeneous iron complexes for the conversion of dinitrogen into ammonia and hydrazine. Chemical Society Reviews,2010,39:4044-4056.

[82] Li Y,Li Y,Wang B M,et al. Ammonia formation by a thiolate-bridged diiron amide complex as a nitrogenase mimic. Nature Chemistry,2013,5:320-326.

（梁长海[*]）

第4章 石油炼制催化作用

4.1 引言

石油炼制工业是我国经济的重要支柱产业，在能源、有机化工等领域占有重要地位。据统计，全世界有40%左右的能源需求依赖于石油产品，而有机化工原料也主要来自于石油产品，世界每年生产的石油有约10%用于有机化工。由于石油组成复杂，是多种有机化合物的混合物，其相对分子质量的分布从几十至几千，对应的沸点也从常温到500℃以上，因此石油不能直接使用，必须经过复杂的加工炼制，才能成为具有不同用途的各种石油产品。目前已有的石油产品种类繁多，其中包括各种燃料油（如柴油、汽油）、润滑油、有机化工原料、沥青、蜡、石油焦等，可见今天人们的生活已经离不开各种各样的石油产品。

石油炼制工业最早是通过简单的蒸馏生产家用煤油。到20世纪初，第一次世界大战和汽车工业的发展，导致了汽油需求量的猛增，通过简单的蒸馏得到的汽油产量已经不能满足人们的需求，因此使用重馏分油生产汽油的裂化技术由此诞生，并且在20世纪40年代逐渐成为了生产汽油的主要方法。到了50年代，为了满足对汽油抗爆性的要求，又出现了铂重整技术，提供大量芳烃作为有机化工原料。与此同时，重整技术还带来了廉价的氢气副产品，因此又带动了加氢技术的发展。60年代，由于分子筛催化剂的出现和发展，导致催化裂化技术发生了革命性的变革。70年代，由于石油来源和价格等因素，又促进了重质油轻质化技术的发展。相对于世界其他发达国家，我国的石油炼制工业发展较晚，1958年才建立了新中国第一座炼油厂。60年代，在大庆油田的发现和开发带动下，我国石油炼制工业开始迅速发展。目前我国炼油工业居世界第二位，炼油技术水平也进入世界先进行列[1]。

目前，原油重质化已经成为世界炼油工业面对的一大难题。由于我国原油多数偏重，多数原油中减压渣油（vacuum residue，VR）含量在40%以上，因此，这一问题对于我国炼油工业更具有特殊性和重要性。为了解决该问题，重质油轻质化技术已经受到了越来越多的关注。另外，国际和国内对环境保护要求的逐渐提高，对燃料油污染物排放限定要求的严格化，也对我国炼油技术提出了新的挑战。

本章将对石油的组成和性质作简要介绍，并结合我国的国情和炼油工业的发展历史,从最具代表性的催化裂化、加氢裂化、加氢精制、催化重整等方面,揭示石油炼制工业中涉及的催化科学。

4.2 石油的性质及化学组成

石油通常是黑褐色的黏稠液体,相对密度(水的密度为1)为0.80~0.98。不同产地的原油性质有所差异,与外国的原油相比,我国的原油相对密度偏大,凝点偏高,属于偏重的原油。

石油是组成复杂的混合物。虽然不同产地的石油组成有所不同,但所含元素大致相同:碳、氢、氧、硫、氮占了其组成的99%以上,其中95%来自碳和氢组成的各种脂肪族和芳香族烃类化合物。由于不同类型的有机烃类化合物氢碳原子比不同,因此石油的氢碳原子比可以反映出石油的属性。在石油加工过程中,通过催化手段使有机分子发生键断裂和氢转移反应(裂化反应和重整反应),可以得到不同的氢碳比较高的轻质产物和氢碳比较低的重质产物。除了碳、氢之外,石油中还含有氧、氮、硫和一些其他微量元素,这些元素虽然含量很少,却对石油的性质和加工过程有很大的影响。同外国原油相比,含硫低、含氮高是我国原油的特点之一。

对于组成复杂的石油,其沸点范围很宽,所以要想对石油进行加工利用,必须首先按照沸点的不同将石油分割成不同的馏分,这个过程也称为石油的分馏。一般把石油在常压下从初馏点到200℃之间的馏分称为汽油馏分(或石脑油馏分),200~350℃的馏分称为煤柴油馏分(或常压瓦斯油,atmospheric gas oil,AGO),350~500℃的馏分称为润滑油馏分(或减压瓦斯油,vacuum gas oil,VGO),大于500℃的馏分称为减压渣油。其中需要注意的是,为了保证石油在分馏时不发生分解反应,对于沸点高于350℃的馏分,必须在减压条件下进行蒸馏,然后再将减压条件下得到馏分的沸点换算成常压下的沸点。同国外石油相比,我国原油中的减压渣油含量较高,而汽油馏分含量较低。从石油直接分馏得到的馏分称为直馏馏分,其性质与原来的石油相似;而经过二次加工所得到的馏分在组成上则与直馏馏分有所区别[2]。

4.3 催化裂化及加氢裂化中的催化作用

石油经过常压、减压蒸馏可以得到汽油、煤油、柴油等轻质油品,但收率和质量并不高。随着工业的发展,对轻质油品的数量和质量提出了更高的要求,而催化裂化和加氢裂化是获得更多轻质油品并提高其质量的重要二次加工过程。

4.3.1 催化裂化反应

催化裂化是重质石油烃类在470～530℃和0.1～0.3MPa的条件下,通过催化作用,发生以裂解反应为主的一系列化学反应,转化成气体、汽油柴油、重质油及焦炭的工艺过程。催化裂解的主要目的是将重质油品转化成高质量的汽油和柴油等产品,是重质油轻质化的主要手段。

催化裂化原料范围很广,有300～500℃直馏馏分油、常压渣油和减压渣油,也有二次加工馏分。我国原油直馏馏分油具有以下特点:①原油中轻组分少,催化裂化原料充足;②含硫低,含重金属少。因此,直馏馏分油是理想的催化裂化原料。对于二次加工馏分,具有芳烃含量大,裂化性能差,一般不能单独作为催化裂化的原料。而对于常压渣油和减压渣油,由于我国原油大部分为重质原油,减压渣油收率占原油的40%左右,常压渣油占70%左右,因此重油裂化工艺可以提高原油加工深度,有效利用石油资源[3, 4]。

通常用以下指标来评价催化裂化原料的性能。

(1) 馏分组成:可以判别原料的轻重和沸点范围的宽窄,馏分越重越容易裂化。

(2) 烃类组成:用来表示烷烃、环烷烃和芳烃的含量,但重质原料油烃类组成分析困难,一般用密度、特性因数 K(K 值高说明含烷烃多,K 值低说明含芳烃多)和苯胺点(苯胺点越低则芳烃含量越高)来进行间接判断。

(3) 残炭:原料残炭值越高则生焦越多。

(4) 金属:原料油中重金属对催化剂的活性和选择性有很大影响,在催化裂化过程中沉积在催化剂上,引起催化剂的中毒失活。

(5) 硫、氮含量:原料中的含氮化合物含量多时会引起催化剂的中毒,此外还会造成产品油变色和氧化安定性变坏。而含硫化合物会增加设备腐蚀程度,使产品硫含量增高,污染环境。因此如果催化裂化所使用的原料中硫和氮含量较高则应当进行预精制处理。

在催化裂化过程中,当所使用的原料、催化剂和反应条件不同时,所得产品的产率和性质也不同。一般工业条件下,气体产率为10%～20%,其中主要为 C_3 和 C_4 烃类组分,还有少量的 C_1、C_2 组分,氢气和硫化氢。液体产品中催化裂化汽油产率为40%～60%,由于其中含有较多的烯烃,异构烷烃和芳烃,所以其辛烷值较高,约为80,基本不含二烯烃,所以安定性也比较好。而柴油产率为20%～40%,由于其含有较多的芳烃,所以十六烷值比直馏柴油低,通常与直馏柴油等调和后才能作为燃料油使用。此外还会有少量焦炭沉积在催化剂上,其产率视原料的质量不同而异。

催化裂化技术方法主要分为固定床、移动床、流化床和提升管反应器。固定床的反应和再生过程在同一设备中交替进行,属于间歇式操作[图4.1(a)]。这种装置的设备结构复杂,生产能力低,现已被淘汰。移动床催化裂化使用直径约3mm的小球催化剂,由空气提升,其生产能力比固定床大有提高[图4.1(b)]。但其设备结构比较复杂,钢材耗量也比较大。流化床催化裂化在最近几年得到迅速发展,使用20～100μm的微球催化剂,在反应器和再生器内与油气或空气形成流化状态,并在反应器和再生器之间循环,具有处理量大、设备结构简单等优点[图4.1(c)]。但由于存在床层返混现象,产品质量和产率不如移动床。随着20世纪中期分子筛催化剂的问世,为了使分子筛催化剂的高活性得以发挥,流化床反应器逐渐被提升管反应器取代[图 4.1(d)]。提升管反应器以高温段接触时间的活塞流反应代替了原来的床层反应,因而克服了床层返混现象,使得产品质量和产率得到大幅提高。

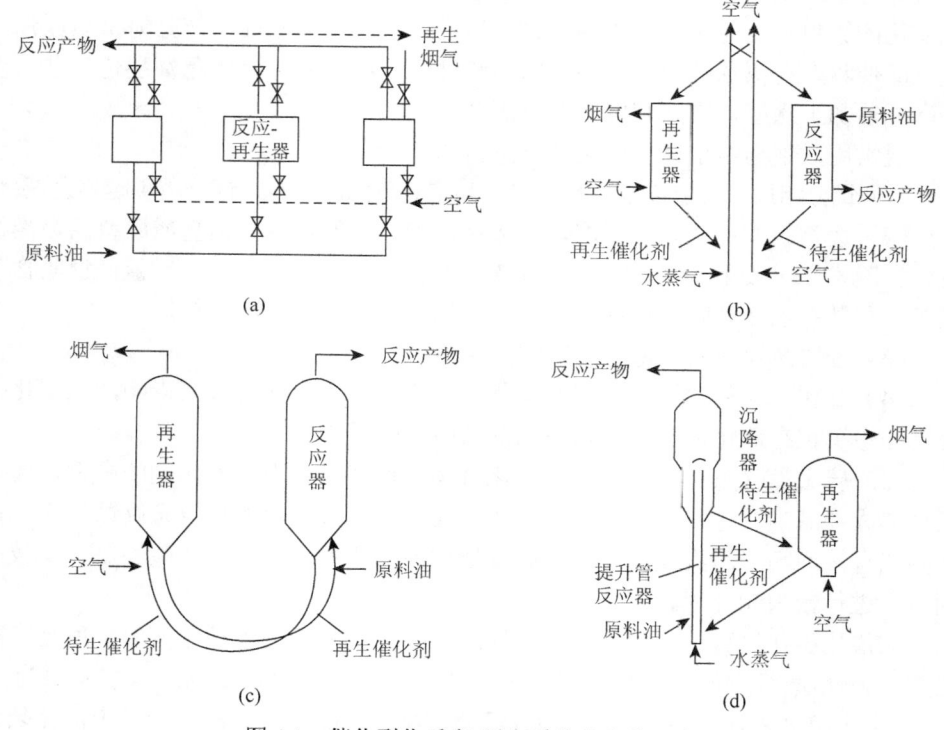

图4.1 催化裂化反应-再生系统的几种形式

(a)固定床;(b)移动床;(c)液化床;(d)提升管(并列式)

催化裂化装置主要由反应-再生系统、分馏系统等组成。其中反应-再生系统是催化裂化装置的核心,任务是使原料油通过反应器或提升管,与催化剂接触反应生成产物,并且不断地将催化剂送入再生器中烧去焦炭再生后返回反应器。分馏系统主要由分馏塔、柴油气提塔,原料油缓冲罐塔顶油气冷凝冷却回流系统等组成，其主要任务是将来自反应系统的高温油气脱热过后根据沸点的不同切割为不同的馏分。

1936年，世界上第一套固定床催化裂化工业化装置问世，成为了催化裂化工艺的开端。之后在40年代相继出现了移动床催化裂化装置和流化床催化裂化装置，60年代又出现了提升管反应器。70年代之后，分子筛催化剂继续向着高活性、高耐磨性、高环保性的方向发展。通过多年来的生产实践和技术探索，我国已经掌握了整套重油催化裂化技术和多种催化裂化工艺，并且还在不断发展中。

这些工艺不仅推动了催化裂化技术的进步，也不断满足了炼油厂对新产品的结构和质量的要求[5-6]。

催化裂化产品的数量和质量，取决于原料中的各类烃在催化剂上的反应。要想更好地控制生产，就必须先了解催化裂化反应的本质、特点及影响因素。石油馏分中的各种烷烃、环烷烃和芳烃在催化剂上进行不同的反应，以分解反应为主，还有异构化反应、氢转移反应、芳构化反应等。为了更好地了解催化裂化的反应过程，首先了解一下单体烃的催化裂化反应。

（1）烷烃：烷烃主要发生分解反应，生成较小分子的烷烃和烯烃：

$$C_{16}H_{34} \longrightarrow C_8H_{16} + C_8H_{18}$$

生成的烷烃又可以继续分解。烷烃分解时一般从中间的C—C键处断裂，而且分子越大越容易断裂。对于碳数相同的链状烃，异构烷烃的分解速率比正构烷烃快。

（2）烯烃：烯烃的主要反应也是分解反应，分解为两个较小分子的烯烃，其速率比烷烃的分解速率快得多：

$$C_{16}H_{32} \longrightarrow C_8H_{16} + C_8H_{16}$$

烯烃还会发生异构化反应，如双键移位异构和骨架异构：

$$C-C-C=C \longrightarrow C-C=C$$
$$\qquad\qquad\qquad\qquad\quad |$$
$$\qquad\qquad\qquad\qquad\quad C$$

$$C-C-C-C-C=C \longrightarrow C-C-C-C=C-C-$$

另外，烯烃还会发生氢转移反应和芳构化反应，其中氢转移反应是指烯烃将氢转移给其他烯烃分子使之饱和，而芳构化反应是指烯烃环化脱氢生成芳烃：

$$C-C-C-C-C=C-C \longrightarrow \phenyl-C$$

（3）环烷烃：环烷烃可断裂生成烯烃，也可脱氢成为芳烃：

$$\text{(环状结构)} \longrightarrow C-C-C-C=C-C-C$$

(4) 芳烃: 芳烃在催化裂化条件下十分稳定, 一般主要是烷基侧链容易发生裂解反应。多环芳烃裂化速率很慢, 通常缩合为稠环芳烃再转化为焦炭。

催化裂化反应是一个非均相反应, 原料进入反应器气化后, 首先向催化剂表面扩散, 再在催化剂表面吸附, 然后再进行催化反应。对于碳原子数相同的各类烃, 吸附顺序如下: 稠环芳烃＞稠环环烷烃＞烯烃＞单环芳烃＞环烷烃＞烷烃。反应速率的顺序则为: 烯烃＞大分子单环芳烃＞异构烷烃、环烷烃＞小分子单环芳烃＞正构烷烃＞稠环芳烃[7-9]。

4.3.2 催化裂化催化剂

1. 催化裂化催化剂的组成与结构

工业上使用的催化裂化催化剂主要可以分为三类: 天然白土催化剂、无定形合成催化剂和分子筛催化剂, 现在广泛使用的是分子筛催化剂。

工业催化裂化装置最初使用的催化剂是经过处理的天然活性白土, 其主要成分是硅酸铝。之后, 天然活性白土就被人工合成硅酸铝所取代。而这两种催化剂都是无定形硅酸铝, 具有不同孔径大小的微孔, 一般平均孔径为 4～7nm, 新鲜硅酸铝催化剂的比表面积可达 500～700m^2/g。

硅酸铝的催化活性来源于其表面的酸性。在有少量水存在时, 由于 Al 原子的正电性使水分子解离为 H$^+$ 和 OH$^-$, 其中 OH$^-$ 与带正电性的 Al 原子结合, 而 H$^+$ 则在 Al 原子附近呈游离状态, 即 Brønsted 酸, 也称 B 酸。在硅酸铝催化剂的表面, Al、O、Si 组成 Al—O—Si 结构。由于 Al—O 键电子对趋向正电性较强的 Si, 使 Al 带有正电性, 即 Lewis 酸, 也称 L 酸。

20 世纪 60 年代, 分子筛催化剂在催化裂化中的应用是催化裂化技术的重大发展。与无定形硅酸铝相比, 分子筛催化剂有更高的活性、选择性和稳定性, 因此, 它很快就完全取代了无定形硅酸铝催化剂。分子筛也称泡沸石, 是具有一定晶格结构的铝硅酸盐。由于其规则的晶格结构, 它的孔径大小均匀, 只能允许直径比其孔径小的分子通过。不同晶格结构的分子筛具有不一样的孔径; 相同晶格结构的分子筛所含金属离子不同时, 孔径也会不同。分子筛按组成和结构的不同可分为 A 型、X 型、Y 型、丝光沸石、ZSM-5 等[10]。表 4.1 列出了工业应用的几种主要的分子筛。目前催化裂化使用的主要是 Y 型分子筛, 它的骨架结构由 β 笼构成, β 笼的顶点为 Si 原子或 Al 原子, 之间由 O 原子相连 (称为氧桥), β 笼中的 4 个六元环通过氧桥按正四面体方式连接, 构成 Y 型分子筛的骨架 (图 4.2)。由八个 β 笼围成的空洞称为八面沸石笼, 它是催化反应进行的主要场所。进入八面沸石笼的主要通道是由十二元环组成的, 其平均直径为 0.8～0.9nm。钠离子的位置有三处，其位置如图 4.2 所示。

表 4.1　几种分子筛的化学组成和孔径

类型	孔径/nm	单元晶胞化学组成	硅铝原子比
4A	0.42	$Na_{12}[(AlO_2)_{12}(SiO_2)_{12}] \cdot 27H_2O$	1:1
5A	0.5	$Na_{2.6}Ca_{4.7}[(AlO_2)_{12}(SiO_2)_{12}] \cdot 31H_2O$	1:1
X	0.8~0.9	$Na_{86}[(AlO_2)_{86}(SiO_2)_{106}] \cdot 264H_2O$	1.5:1~2.5:1
Y	0.8~0.9	$Na_{56}[(AlO_2)_{56}(SiO_2)_{136}] \cdot 264H_2O$	2.5:1~5:1
丝光沸石	0.6~0.7	$Na_8[(AlO_2)_8(SiO_2)_{40}] \cdot 24H_2O$	5:1
ZSM-5	0.52~0.58	$Na_3[(AlO_2)_3(SiO_2)_{93}] \cdot 46H_2O$	31:1

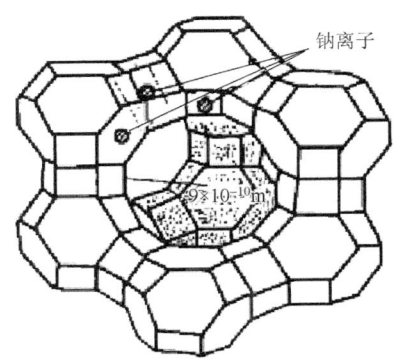

图 4.2　Y 型分子筛的晶体结构

人工合成的分子筛是含钠离子的分子筛，这种分子筛没有催化活性。分子筛中的钠离子可以用离子交换的方式与其他阳离子进行置换。用其他阳离子尤其是多价阳离子置换后的 Y 型分子筛具有很高的催化活性。目前工业上用作催化裂化催化剂的主要是以下四种 Y 型分子筛：①以稀土金属离子置换得到的稀土-Y 型分子筛，简称 REY 型分子筛；②以氢离子置换得到的 HY 型分子筛，置换方法是先以 NH_4^+ 置换 Na^+，然后加热除去 NH_3 即剩下 H^+；③兼用 H^+ 和稀土金属离子置换得到的 REHY 型分子筛；④由 HY 型分子筛脱铝得到的有更高硅铝比的超稳 Y 型分子筛 USY。

分子筛也是一种多孔性物质，具有很大的内表面，新鲜分子筛催化剂的比表面一般为 600~800m²/g。但是分子筛是晶体结构，孔的排列规则，孔直径比较均匀，其孔径大小为分子大小数量级。研究结果表明，分子筛催化剂的表面具有酸性，由 B 酸和 L 酸形成的酸性中心密度比无定形硅酸铝大得多，其活性也比无定形硅酸铝高得多。研究表明，当用某些单体烃的裂化速率来比较时，分子筛的催化活性可比无定形硅酸铝高出上万倍。由于分子筛如此高的催化活性，目前工业上所用的分子筛催化剂中分子筛仅含有 10%～35%，其余是起稀释作用的载体和黏结剂。工业上广泛采用的载体是硅酸铝。载体除起到稀释作用外，还有其他重要的作用：①在离子交换时载体可以容纳分子筛中未除去的钠离子，从而提高分子筛的稳定性；②在反应和再生时，载体作为一个热载体起到存储和传递的作用；③增强催化剂的机械强度；④降低催化剂的生产成本。对于重油催化裂化，载体起着更为重要的作用。重油催化裂化的进料中的部分大分子难以直接进入分子筛的微孔中，如果载体具有适度的催化活性，则可以使这些大分子先在载体的表面上进行适度的裂化，生成较小的分子再进入分子筛的微孔中进一步反应。此外，载体还能容纳进料中易生焦的物质，如沥青质、重胶质等，对分子筛起到一定的保护作用。因此，对于重油催化裂化催化剂，其载体的活性、表面结构等物理化学性质是必须认真研究的。

  分子筛催化剂表面呈酸性，烃类分子在分子筛上的反应是按照正碳离子的机理进行的。关于分子筛催化剂的活性为何比无定形硅酸铝高得多的问题，也有许多的研究报道。有的研究者认为是由于分子筛上的酸中心密度及酸强度比无定形硅酸铝高得多；也有研究者认为分子筛晶体结构中存在带正电荷的阳离子和带负电荷的铝氧四面体形成的静电场，能对被吸附的反应物分子起到极化作用，从而促进了反应；还有的研究者认为，分子筛的八面沸石笼中具有较高的反应物浓度，从而促进了反应。

  目前催化裂化使用的分子筛催化剂组分除了活性的分子筛外，还有载体和黏结剂。其中载体是除了分子筛外的活性组分，通常采用无定形硅酸铝、白土等，其作用为提高分子筛的稳定性、增强催化剂的机械强度等。而黏结剂则将分子筛和载体黏结在一起。

  2. 催化裂化催化剂的性能

  对一种催化剂而言，除了需要其化学组成和表面结构数据以外，还需要一些直接与工业生产相关的指标，如活性、稳定性、选择性、密度、机械强度等。

  分子筛催化剂的活性在实验室中通常采用微反活性法测定：在微型固定床反应器中放置一定量的待测催化剂（0.5g），使用标准原料（轻柴油），并在一定的温度（460℃）、质量空速（16h^{-1}）和剂油比（3.2）条件下进行反应，所得产物中汽油（<240℃）、气体和焦炭质量占总进料的百分数即为该催化剂的微反应活性。新鲜催化剂在开始使用的一段时间内，活性急剧下降，待降到一定程度后则缓慢下降，初活性并不能真实地反映实际的生产情况。因此在测定新鲜催化剂的活性前先将催化剂进行水热老化处理，目的就是使测定结果能较接近实际的生产情况。实际生产中，催化剂一方面受高温和水蒸气的作用，其活性会逐渐下降；而另一

方面，由于存在催化剂损失需要定期补充新鲜催化剂，因此实际生产中催化剂的活性可能维持在一个稳定的水平上，这个活性称为平衡催化剂活性。从生产实际的角度来看，平衡催化剂活性比新鲜催化剂活性更为重要。平衡催化剂活性的高低取决于催化剂的稳定性和新鲜催化剂的补充量，对于分子筛催化剂而言，一般为60%～75%。

在一个催化反应中，人们总是希望催化剂能够有效地促使那些能增加目的产物产率或改善产品质量的反应进行，而对其他反应则不起或少起促进作用。如果某种催化剂能够较好地达到这种要求，那么说明这种催化剂的选择性好。对于催化裂化过程，其主要目的产物是汽油，如果气体和焦炭的产率高，则汽油的产率会相应地降低，而高的焦炭产率会增大再生器的负荷。因此，催化裂化催化剂的选择性一般以"汽油产率/转化率"及"焦炭产率/转化率"来表示。裂化催化剂在受到重金属污染后，其选择性会大大变差。重金属污染的程度往往反映在裂化气体中氢含量的增大。因此裂化气中的H_2/CH_4比反映了重金属污染的程度，也反映了催化剂选择性的变化。分子筛催化剂的选择性优于无定形硅酸铝催化剂，在焦炭产率相同时，分子筛催化剂的汽油产率要高出15%～20%。

催化裂化催化剂是多孔性物质，其密度有几种不同的表示方法：①真实密度：颗粒骨架本身具有的密度，又称骨架密度，一般是 2.0～2.2g/cm^3；②颗粒密度：即单个催化剂颗粒的密度，一般是 0.9～1.2g/cm^3；③堆积密度：催化剂堆积时的密度，一般是 0.5～0.8g/cm^3。催化剂的颗粒密度对于催化剂的流化性能有重要影响。

为了避免在生产过程中催化剂过度粉碎以减少损耗和保证良好的流化质量，要求催化剂有良好的机械强度，一般采用"磨损指数"来评价微球催化剂的机械强度。测定方法是将一定量的微球催化剂放在特定的仪器中，用高速气流冲击2h后，所生成的<15μm细粉的质量占试样中>15μm催化剂的质量百分数即为磨损指数。通常要求微球催化剂的磨损指数不超过2。

3. 工业催化裂化催化剂的种类

按照分子筛分类，目前工业上使用的分子筛催化剂大致可分为稀土Y（REY）型、稀土氢Y（REHY）型和超稳Y（USY）型三种。其中REY型分子筛具有裂化活性高、水热稳定性好、汽油收率高的特点，但其焦炭和干气的产率也高，汽油的辛烷值低。其主要原因是酸中心多，氢转移反应能力强。REY型分子筛催化剂一般适宜用于直馏瓦斯油原料，采用的反应条件比较温和。REHY型分子筛催化剂是在REY型分子筛催化剂的基础上降低了分子筛中稀土金属离子的交换量，而以部分H$^+$代替，使之兼顾了REY型催化剂和HY型分子筛催化剂的优点。REHY型分子筛催化剂的活性和稳定性低于REY型分子筛催化剂，但通过改性可以大大提高其晶体结构的稳定性。因此，REHY 型分子筛催化剂在保持 REY 型分子筛催化剂的较高活性及稳定性的同时，也改善了催化剂的选择性。REHY 型分子筛催化剂中的稀土元素和氢元素的比例可以根据需要来调节，从而制成具有不同活性和选择性的催化剂以适应不同的需求。USY 型分子筛催化剂的活性组分是经过脱铝稳定化处理的 Y 型分子筛。这种分子筛骨架有较高的硅铝比、较小的晶胞常数，其结构稳定性提高、耐热和化学稳定性增强。另外，由于脱除了部分骨架中的铝，酸性中心数目减少了，降低了氢转移反应活性，产物中的烯烃含量增加、汽油的辛烷值提高、焦炭产率减少。USY 型分子筛催化剂在选择性上具有明显的优越性，因而发展得很快。但是由于其酸性中心数目有所减少，需要适当提高剂油比来达到原料分子的有效裂化。

裂化催化剂的种类有很多，根据需要和具体条件来选择合适的催化剂一般有几个原则：①在渣油的比例增大时，要选用 REHY 或 USY 型分子筛催化剂，若原料的重金属含量高，则宜选用具有小表面积载体的 USY 型分子筛催化剂；②当要求的产品方案向最大汽油辛烷值方向变化时，则应当选用 REHY 或 USY 型分子筛催化剂；③当再生器的负荷比较紧张时应选用焦炭选择性优良的 REHY 或 USY 型分子筛催化剂，当催化剂循环量受到制约时宜选用活性高的 REHY 或 REY 型分子筛催化剂。

4. 催化裂化催化剂的失活与再生

在反应-再生过程中裂化催化剂的活性和选择性不断下降，这种现象称为催化剂的失活，其原因主要有三个：高温或与水蒸气的作用、裂化反应生焦和毒物的毒化。在高温，特别是有水蒸气存在的条件下，裂化催化剂的表面结构发生变化，比表面积和孔容减少，分子筛晶体结构遭到破坏，导致催化剂的活性和选择性下降。无定形硅酸铝催化剂的热稳定性较差，当温度高于 650℃时失活很快。分子筛催化剂的热稳定性比无定形硅酸铝要高很多。REY 型分子筛的晶体崩塌温度为 870～880℃，USY 型分子筛的晶体崩塌温度为 950～980℃。实际上当温度高于 800℃时，许多分子筛就已经开始发生明显的晶体破坏现象。在工业生产中，对于分子筛催化剂，一般在 650℃以下时催化剂失活很慢，当温度超过 730℃时失活问题就比较明显了。催化反应生成的焦炭沉积在催化剂表面上，覆盖催化剂上的活性中心，使催化剂的活性和选择性下降。随着反应的进行，催化剂上沉积的焦炭增多，失活程度也加大。工业催化裂化过程中所产生的焦炭可概括为四种类型：①催化焦，即烃类在催化活性中心上反应时生成的焦炭，其碳氢比较高，催化焦随反应转化率的增大而增加；②附加焦，即原料中的焦炭前驱物在催化剂表面吸附，经缩合反应生成的焦炭，通常认为在全回炼时附加焦的量与残炭值基本相当；③可气提焦，也称剂油比焦，即由于在气提段气提不完全而残留在催化剂上的重质烃类，其碳氢比较高，数量与气提段的气提效率、催化剂的孔结构等因素有关；④污染焦，即由于重金属沉积在催化剂表面上促进脱氢缩合反应而产生的焦，其量与催化剂上的金属沉积量、沉积金属的类型及催化剂的抗污染能力等因素相关。在实际生产中，催化剂的毒物主要是某些重金属和碱性含氮化合物。重金属在裂化催化剂上的沉积会降低催化剂的活性和选择性。不同重金属对催化剂的影响方面和程度有所不同，其中以钒和镍的影响最为重要。在催化裂化条件下，镍起脱氢催化剂的作用，使催化剂的选择性变差，带来的结果是焦炭产率增大、液体产率下降、产品的不饱和度增大、气体中的氢含量增大、钒会破坏分子筛的晶体结构并使催化剂的活性下降。在催化剂上的重金属含量低于 3000μg/g 时，镍对选择性的影响比钒大 4～5 倍，而在高含量时，钒对选择性的影响与镍达到相同的水平。重金属污染的影响还与其老化程度有关。实践表明，已经老化的重金属的污染作用要比新沉积的重金属的作用弱很多。另外，重金属污染的影响大小还与催化剂的抗金属污染能力有关。催化剂上的重金属来源于原料油，国外原油钒含量相对较高，而我国原油钒含量相对较低。一般情况下，以瓦斯油为原料时，重金属污染的程度并不严重，但是对于来自某些重金属含量很高的原油的瓦斯油则必须重视重金属污染的问题。除了重金属外，碱金属和碱土金属以离子态存在时，可以吸附在催化剂的酸性中心上，从而降低了催化剂的活性。实际生产中，钠离子对催化剂的毒化作用是需要注意的。另外，钠离子会降低催化剂的熔点，使之在再生温度条件下发生熔融，破坏分子筛和载体。除了金属毒物以外，碱性含氮化合物对于裂化催化剂也是毒物，它会使催化剂的活性和选择性降低。碱性含氮化合物的毒害作用的大小除了与总含氮量有关以外，还与其分子结构有关，如分子大小、饱和程度等。

裂化催化剂在反应器和再生器之间不断循环，通常在离开反应器时催化剂上含焦炭约 1%。为了使催化剂能够继续使用，工业上采用烧去焦炭的方法使其再生。通过再生可以恢复由于结焦而丧失的活性，但不能恢复由于结构变化以金属污染而引起的失活。再生是催化裂化的重要过程，其再生能力对于装置的处理能力至关重要。催化剂上沉积的焦炭主要是缩合反应的产物，其主要成分是碳和氢，一般情况下其氢碳比为 0.5～1。催化剂再生反应就是利用空气中的氧烧去沉积的焦炭，其主要反应为

$$C+O_2 \longrightarrow CO_2 \quad \Delta H=-33\,873 \text{kJ/kgC}$$
$$C+O_2 \longrightarrow CO \quad \Delta H=-10\,258 \text{kJ/kgC}$$
$$H+O_2 \longrightarrow H_2O \quad \Delta H=-119\,890 \text{kJ/kgH}$$

通常氢燃烧的速度比碳快得多，所以碳的燃烧速度是确定再生能力的决定因素。

再生反应是放热反应,而且热效应相当大,足以提供装置热平衡需要的能量。

4.3.3 催化裂化工艺流程

催化裂化装置一般由反应-再生系统、分馏系统、吸收稳定系统和再生烟气能量回收系统组成(图 4.3)。

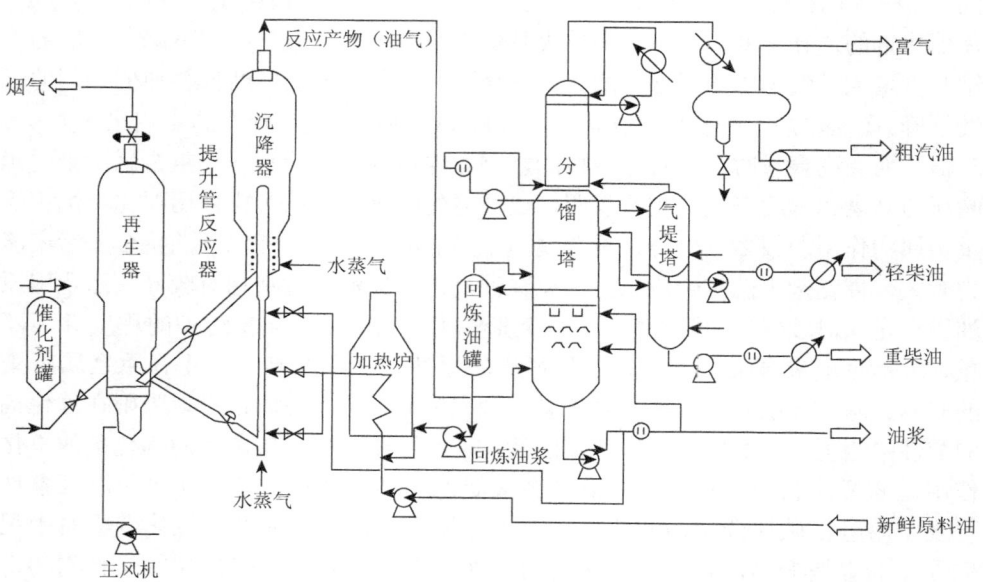

图 4.3 催化裂化装置工艺流程图

对于提升管催化裂化装置,原料换热后与回炼油预热后喷入提升管反应器的底部,并与高温再生催化剂接触气化反应。油气携带催化剂沿提升管向上流动,经快速分离器进入沉降器,并通过顶部出口进入分馏系统。经快速分离器分出的催化剂由沉降器下部进入气堤段,用水蒸气吹去吸附的油气后进入再生器再生。再生后的催化剂在进入提升管反应器,完成整个反应-再生循环。由沉降器顶部出来的反应产物进入分馏塔下部,经分馏后得到富气、粗汽油、轻柴油、重柴油、回炼油和油浆。油浆浓缩后用回炼油稀释送回反应器进行回炼并回收催化剂[11-13]。

4.3.4 加氢裂化反应

目前,炼油技术中广泛应用于生产轻质和清洁油品的技术仍主要为加氢技术。

我国炼油厂加氢能力（包括加氢精制、加氢裂化和加氢处理）仅占一次处理能力的约 30%，相比之下，美国、德国、日本等技术发达国家的加氢能力占一次处理能力的 80%~90%。同时，在技术发达国家，加氢裂化工艺占整个炼油工业二次加工处理能力的约 13%，而我国仅占约 5%[14, 15]。这要求我国的炼油结构进行重大调整。国外加氢裂化技术相对成熟，我国应大力发展以清洁汽油为主的加氢裂化技术，并以生产化工原料为导向[16]。

加氢裂化过程（hydrocracking）涉及的反应包括加氢精制反应（加氢脱硫、氮、氧、金属杂质和芳烃）和裂化反应。加氢裂化技术可以同时满足石油加工的轻质化和清洁化要求，将受到更多炼油行业的重视，也必将发展为炼油的核心技术[1, 17, 18]。在裂化反应中，根据原料的来源，加氢裂化反应可以分为渣油的加氢裂化、馏分油的加氢裂化和重油的加氢裂化。若根据加氢裂化过程中是否有氢气消耗，又可以将加氢裂化分为耗氢的裂化反应、不饱和键的加氢饱和反应、不耗氢的异构化反应等。

渣油的加氢裂化又可以称为渣油加氢或渣油加氢处理。渣油加氢裂化的原料包括常压重油（atmospheric residue，AR）和减压渣油。在高压、高温的条件下，渣油与氢气在催化剂上反应，其中的硫、氮化合物分别生成硫化氢、氨气和烃类物质；金属的有机化合物则生成相应的硫化物和烃类物质；而渣油主要组成中一些较大的分子则发生裂解并加氢，转变成较小分子的优质理想组分，如石脑油和柴油[2]。典型的渣油加氢裂化工艺流程如图 4.4 所示。

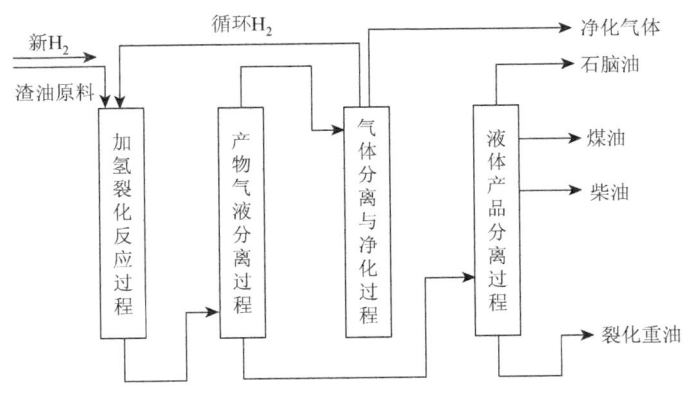

图 4.4　典型渣油加氢裂化工艺过程

馏分油加氢裂化是将重质馏分油裂化为轻质馏分油的过程，包括粗汽油加氢裂化生产液化气和减压蜡油、脱沥青油加氢裂化生产航空煤油和柴油。典型的馏分油加氢裂化工艺过程如图 4.5 所示。

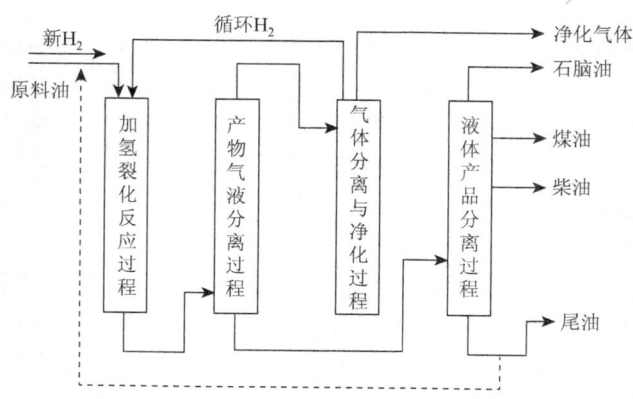

图 4.5 典型馏分油加氢裂化工艺过程

重油的加氢裂化是指重油在高温、高压和氢气存在条件下，在催化剂上发生裂化反应，转化为气体、汽油、煤油、柴油等产品的加氢过程。重油原料主要有减压馏分油、常压重油、减压渣油、脱沥青油等。

烃类的加氢裂化反应是催化裂化反应与加氢裂化反应的组合，在临氢条件下，烃类也会发生异构化反应。烷烃的加氢裂化包括 C—C 键的断裂反应和生成产物中不饱和分子碎片的加氢反应。原料中的烷烃和裂化反应后生成的烷烃均会发生异构化反应。这是反应中生成的烯烃先进行异构化反应之后再加氢生成异构烷烃[19-21]。烷烃在加氢裂化反应中遵循碳正离子机理，尤其在具有较强酸性的催化剂上，该反应机理特征非常明显。由于生成的碳正离子在 β 位发生断键，故气态产品中以 C_3 和 C_4 居多。同时，烷烃进行加氢裂化后的产品分布和组成取决于烷烃中碳正离子的异构、分解和稳定程度大小。烷烃进行的加氢裂化反应如下所示：

$$R_1 \text{—} R_2 + H_2 \longrightarrow R_1H + R_2H$$

$$n\text{-}C_nH_{2n+2} \longrightarrow i\text{-}C_nH_{2n+2}$$

以十六烷为例，其加氢裂化过程如下：

$$C_{16}H_{34} \longrightarrow C_8H_{18} + C_8H_{16}$$

$$C_8H_{16} + H_2 \longrightarrow C_8H_{18}$$

环烷烃在加氢裂化条件下，主要发生脱烷基、异构化和开环反应。同时，环烷烃加氢裂化的方向随着催化剂的活性和酸性的不同而改变。单环环烷烃除了异构化、脱烷基侧链和断环反应外，也会发生不明显的脱氢反应。长侧链的单环六元环烷烃在较强酸性条件下，多数情况下长侧链会发生断裂，而六元环很少断裂。短侧链的单环六元环烷烃在较强酸性条件下，会先异构化生成环戊烷衍生物，再后续发生其他反应。双环环烷烃在加氢裂化时，其中一个环先开环并异构化，生成环戊烷衍生物。随着反应进行，第二个环也会断开。双环环烷烃的加氢裂化产物中有并环戊烷（[图]）存在。双环环烷烃的异构化反应包括环的异构化和侧链烷基的异构化。双环环烷烃的加氢裂化也遵循碳正离子机理。总的来说，环烷碳正离子要比烷烃碳正离子裂化困难，只有在苛刻条件下，环烷碳正离子才会发生 β 位断裂[22]。环烷烃加氢裂化过程表现出明显的碳正离子机理，以环己烷和十氢萘[23-24]的加氢裂化反应为例，其反应历程如下：

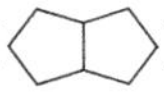

环己烷（cyclohexane）：

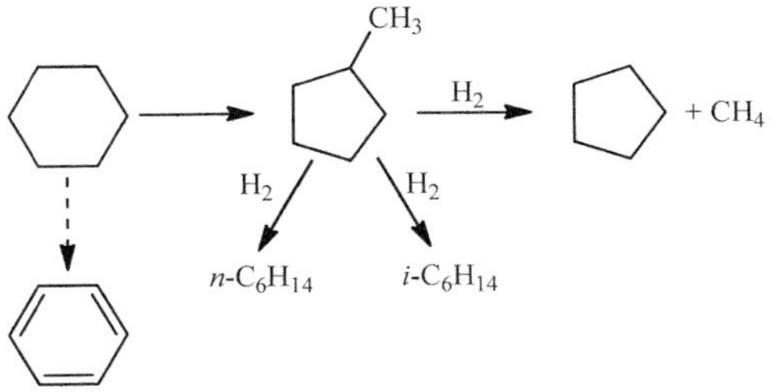

十氢萘（decalin）：

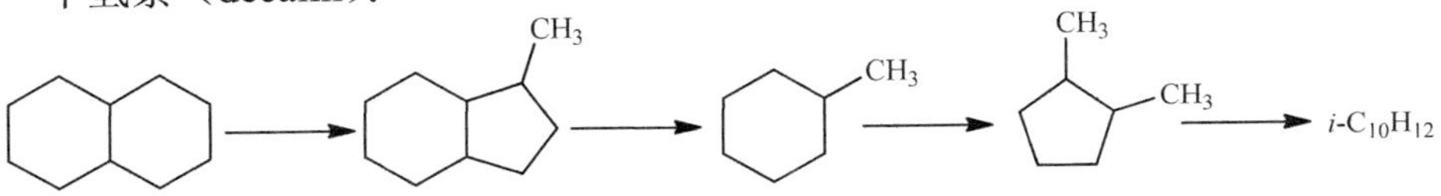

在加氢裂化条件下，苯先加氢生成环己烷，之后环己烷会发生上述裂化反应。烷基苯的加氢裂化反应主要包括脱烷基、烷基转移、异构化和环化。在加氢裂化反应中，C_1-C_4 侧链烷基苯以脱烷基反应为主，生成苯；其次通过异构和烷基转移，生成侧链异构的烷基苯和二烷基苯。具有侧链的烷基苯的裂化可以脱烷基生成苯和烷烃，也可以通过断裂侧链中的 C—C 键生成烷烃和具有较小短链的烷基苯。侧链较短的烷基苯很难脱烷基，多发生异构化和歧化反应，如甲基苯和乙基苯。而侧链较长的烷基苯，不仅会发生脱烷基、异构化和侧链氢解断裂等反应，其侧链还可能环化生成双环化合物。在正丁基苯的加氢裂化反应中，其侧链异构反应比脱除侧链反应更容易发生。并且对于脱烷基反应，α-C 上的支链越多，反应越容易发生。以正丁苯的脱烷基为例，烷基脱除速率大小有以下顺序：叔丁苯＞仲丁苯＞异丁苯＞正丁苯。苯环上存在侧链烷基使得芳烃加氢困难，烷基侧链的数目对苯环加氢的影响更甚于侧链长度的影响。

对于多环芳烃，其在加氢裂化条件下反应复杂，因为芳烃的芳香环加氢饱和之后才能开环，开环之后再发生裂化反应[25]。多环芳烃很快加氢生成多环环烷芳烃，其中环烷环较容易开环，之后再发生异构化、断侧链、脱烷基等反应。以稠环芳烃为例，稠环芳烃的加氢过程是逐环加氢、断环，每个环的加氢和脱氢均处于平衡状态，并且加氢难度逐环增加。除了加氢裂化反应之外，在较强酸性下，稠环芳烃的中间产物也会有深度异构化、脱烷基侧链、烷基的异构歧化等反应。总的来说，多环芳烃最终的加氢裂化产物可能以苯类和较小分子的烷烃为主。菲

的加氢裂化反应历程如下:

菲(phenanthrene):

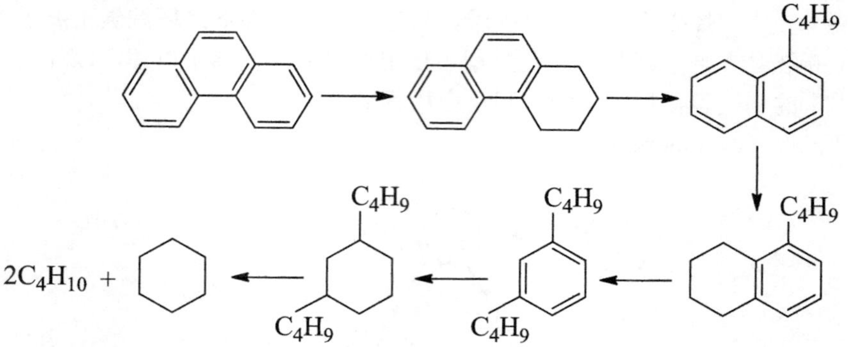

[反应流程图:菲 → 四氢菲 → 丁基萘 → 丁基四氢萘 → 丁基二甲苯 → 丁基二甲基环己烷 → 2C₄H₁₀ + 环己烷]

甲基苯的异构化和歧化反应历程如下:

异构化(isomerization):

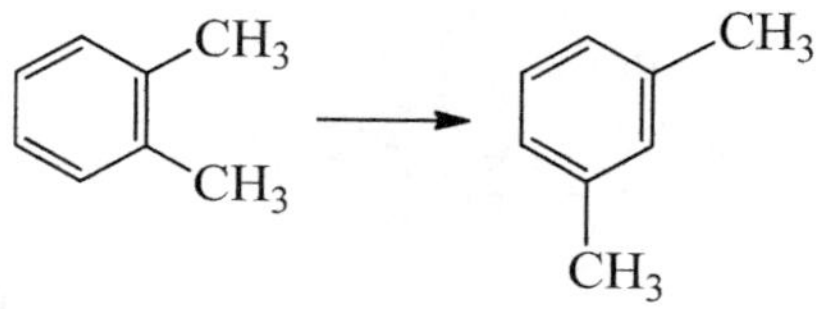

[邻二甲苯 → 间二甲苯]

歧化(disproportionation):

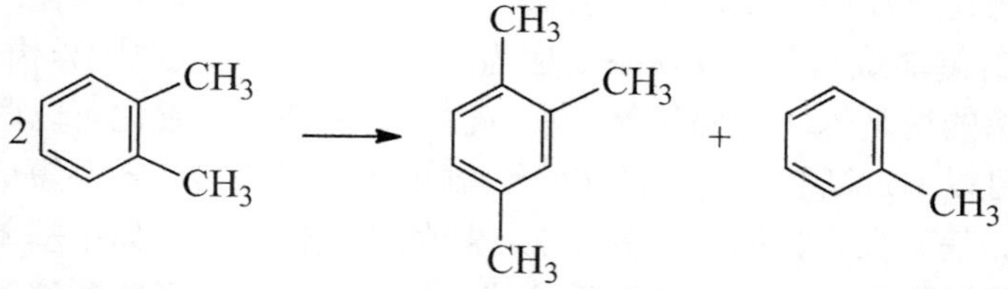

[2 邻二甲苯 → 1,2,4-三甲苯 + 甲苯]

烯烃在加氢条件下主要发生加氢饱和及异构化反应。这两类反应均可以提高产品的质量。烯烃通过加氢会生成烷烃,通过异构化反应双键位置和烯烃链的空间结构会发生变化。生成的烷烃在加氢裂化条件下后续发生裂化和异构化反应。焦化汽油、焦化柴油和催化裂化的柴油在加氢精制条件下,烯烃的加氢反应很完全,但并不是关键的加氢反应。烯烃的加氢及后续异构反应历程如下:

$$n\text{-}C_nH_{2n} + H_2 \longrightarrow n\text{-}C_nH_{2n+2}$$
$$n\text{-}C_nH_{2n} \longrightarrow i\text{-}C_nH_{2n}$$
$$i\text{-}C_nH_{2n} + H_2 \longrightarrow i\text{-}C_nH_{2n+2}$$

4.3.5 加氢裂化催化剂

加氢裂化催化剂是由加氢活性组分和酸性载体组成的典型的双功能催化剂,活性金属组分提供加氢和脱氢功能,酸性中心提供裂化和异构化功能。两种功能在催化反应中协同作用，各司其职。加氢组分主要是VIB族和VIII族金属元素（Ni、Co、Mo和W）的氧化物、硫化物或者金属（Pt和Pd）。常用的载体是无定形的硅酸铝、硅酸镁和各种分子筛，近年来主要用各种分子筛作为载体。根据产品的需要，改变催化剂加氢组分和酸性载体的配比关系，可以得到不同加氢/脱氢活性和裂化活性的催化剂。一般要根据原料性质、生产目的等实际情况来选择催化剂。在一段加氢裂化工艺流程中，若要生产中间馏分油，要求催化剂对多环芳烃有较高的加氢活性，对原料油中的含氮、硫等有机化合物有较好的抗毒性和中等的裂化活性。而对于两段加氢裂化工艺，旨在最大限度地生产汽油和中间馏分油，所用原料比较重并且硫氮含量高，其第一段加氢的目的是为第二段加氢裂化制备原料，此时要求第一段催化剂要有脱硫脱氮活性，第二段催化剂必须是由酸性载体制成的具有强的裂化和异构活性的催化剂。当加氢裂化的目的是获取航空煤油时，则要求催化剂具有较高的脱芳烃活性。对于上述各种催化剂，都要求催化剂具有较高的稳定性、再生性和抗毒性。

1. 加氢裂化催化剂的组成与结构

加氢裂化催化剂的加氢活性组分与加氢精制催化剂活性组分组成相同，其加氢原理和要求也与之前加氢精制催化剂相同。一般认为，活性物种为 WS_2、MoS_2、Pt、Pd 等，而 Ni 和 Co 作为助剂。金属或金属硫化物在活性上有差别，各种金属间匹配也有不同活性，大致顺序为贵金属＞过渡金属硫化物＞贵金属硫化物。虽然贵金属加氢和脱氢活性高，却容易因氮化物存在而中毒，因此，在加氢裂化中使用 Pt、Pd 等贵金属时，常需要对原料预处理，预先将氮含量脱除到一定水平。

研究表明，VIB族和VIII族金属组分相互组合后的活性要比单独组分的加氢活性好得多，各种组分组合后加氢活性顺序为：Ni-W＞Ni-Mo＞Co-Mo＞Co-W。对于加氢脱氮、加氢脱金属和加氢异构化反应，上述加氢活性顺序不变，但是对于加氢脱硫反应，Co-Mo 加氢活性则最高。活性组分间的组合也存在最佳原子比，在最佳原子比时，催化剂可以得到最好的 HDN、HDS、加氢裂化和异构化活性。

对于不同的加氢裂化催化剂，其酸性组分、加氢活性组分最佳原子比不一定相同。催化剂中各个活性组分如何搭配组合，不仅要考虑加氢组分，也要考虑最佳原子比及催化剂整体的制备成本。

催化剂的裂化功能主要由酸中心提供。一般认为裂化反应通过酸催化实现。而裂化性能则取决于催化剂本身的性质，如酸量、酸强度、比表面积等。加氢裂化催化剂的载体有酸性和弱酸性两种。酸性载体为硅酸铝、硅酸镁、分子筛等；弱酸性载体为氧化铝、活性炭等。酸性载体可以提供酸中心、提高催化剂的机械强度、提高催化剂的热稳定性、提高催化剂的抗毒性能、增加催化剂比表面积并提供合适的孔隙结构，促进活性组分分散及减少组分用量，降低成本。

2. 加氢裂化催化剂的性能

以分子筛为载体的加氢裂化催化剂的反应活性高、灵活性大、寿命长；以无定形硅铝为载体的加氢裂化催化剂，虽然活性低、灵活性差，但产品质量稳定、中油选择性高。因此，初期的高中油型的加氢裂化催化剂多以无定形硅铝为载体。

20世纪60年代中期，工业上逐渐采用分子筛作为加氢裂化催化剂的载体。含分子筛的加氢裂化催化剂的特点是：酸中心的强度和类型与无定形硅酸铝类似，但是酸中心的数量却是无定形硅酸铝的10倍，并且酸性可以通过广泛调节阳离子组成及骨架硅铝比来控制。所采用可以作为载体的分子筛结构类型和阳离子类型可以不尽相同，而且还可以用不同的方法来添加分子筛于催化剂中。这样，通过有目的地调节催化剂的活性和选择性，就可以制备出不同原料性质和生产目的的催化剂。工业使用的分子筛包括Y型和超稳Y型，还有毛沸石、丝光沸石、菱钾沸石和ZSM系列，还可以将分子筛经过不同处理来满足不同要求（如HY、USY、HPY、UHPY、REY等）。近些年，又有一种SSY型分子筛引起了人们的关注，这类分子筛抗氮能力和酸强度均明显高于超稳Y型分子筛。

随着对分子筛结构和改性技术研究的不断深入，目前主流的中油型、高中油型的加氢裂化催化剂的载体，主要由无定形硅铝和（或）沸石分子筛组成，沸石分子筛主要是各种改性Y、β以及Y与β及其他分子筛的复合分子筛。分子筛的改性处理，提高了分子筛的稳定性，降低了分子筛的酸中心数，并形成了一些5~20nm的二次孔，提高了分子筛对大分子烃的转化能力，加快了反应物和产物的扩散速度，减少了二次裂化反应的发生，提高了催化剂的中油选择性。使用上述改性处理Y型分子筛为载体主要组分的加氢裂化催化剂的性能，已经达到了以无定形硅铝为载体的高中油型加氢裂化催化剂的性能。近几年，高中油型加氢裂化催化剂不仅致力于Y、β分子筛的改性研究，也引入了ZSM系列、SAPO系列和MCM系列分子筛，为加氢裂化催化的载体提供了更为广阔的材料来源。尤其是介孔分子筛的出现，介孔分子筛具有高度有序的纳米孔径（2~40nm）、超高的比表面积（约$1500m^2/g$）。利用介孔分子筛作为加氢裂化催化剂的载体，用于大分子烃类的加氢裂化催化转化过程，可以从本质上提高加氢裂化催化剂的催化性能。

目前，催化剂载体研究的重点集中于催化剂改性和合成方法的调整上，以求得到高活性、适当酸性和高稳定性的分子筛。其中一些分子筛已经实现工业化应用，这些分子筛由于具有不同的结构特征和酸性能，成为不同反应体系实现最优化操作的选择。

3. 工业加氢裂化催化剂的种类

加氢裂化催化剂作为加氢裂化技术的核心，催化剂的开发和研制工作，一直受到国内外各大研究机构及石油公司的高度重视。加氢裂化催化剂按目的产品可分为轻油型（以最大量生产石脑油和部分中间馏分油为目的产品）、中油型（以生产中间馏分油和部分石脑油为目的产品）、高中油型（以最大量生产中间馏分油，即煤油和柴油为目的产品）和重油型（以生产润滑油基础油原料为目的产品）四种。近几年，为实现最大量生产优质中间馏分油的目的，加氢裂化催化剂的一个重要开发方向就是开发加氢裂化多产中间馏分油的催化剂。

目前，国外从事加氢裂化催化剂研制开发并且催化剂性能处于领先水平的研究机构，主要有UOP、Chevron、Mobil、Criterion、Shell、Akzo Nobel 和 IFP 公司。其中，UOP、Chevron 和 Criterion 公司的加氢裂化催化剂，约占全世界加氢裂化装置使用的加氢裂化催化剂总量的 90%。UOP 公司比较有代表性的最大量生产中间馏分油的非贵金属加氢裂化催化剂有 DHC-20、DHC-39、DHC-41 和 DHC-110；Chevron 公司灵活生产中间馏分油-润滑油料或乙烯料的非贵金属加氢裂化催化剂有 ICR-126、ICR-147 和 ICR-150；Criterion 公司生产最大量中间馏分油的加氢裂化催化剂有 Z-503、Z-603、Z-623 和 Z-723。目前全世界采用 UOP 技术的加氢裂化装置已超过 140 套，装置加工量约占总加工量的 80%。因此，UOP 加氢裂化催化剂的发展现状和水平具有较大的代表性[26-29]。DHC-39 催化剂曾在中国石化金陵分公司加氢裂化装置上应用，在＞350℃馏分油转化率是 70%和 80%两种转化深度下，加工伊朗 VGO，反应温度是 377℃和 386℃，中油选择性为 80.3%和 75.5%，132～370℃中间馏分油的收率为 55.7%和 61.2%[30]。我国在中油型、高中油型加氢裂化催化剂方面的开发研制工作，主要以中国石化抚顺石油化工研究院为主，开发研制出了 3901、3974、FC-16、FC-20 等最大量生产中间馏分油的加氢裂化催化剂，并达到国际先进水平。FC-16 催化剂处理大庆 VGO 在＞350℃馏分油转化率是 80%的转化深度下，反应温度为 368℃，中油选择性为 80.7%，132～370℃中间馏分油的收率为 64.0%[31]。

4. 加氢裂化催化剂的制备

加氢裂化催化剂也是负载型催化剂，加氢裂化催化剂的制备方法与加氢精制催化剂相似，可以参考加氢精制催化剂制备方法，此处不再赘述。但值得强调的一点是：加氢裂化催化剂在制备过程中必须加入较多的酸性载体组分（20%～60%），如分子筛等裂化活性组分。所采用的分子筛必须经过改性，如与 H^+、NH_4^+ 或者稀土离子等阳离子交换获得较强的酸性，还要经过稀酸或者高温水蒸气进行扩孔处理，可以产生更多的二次孔，这样有利于大分子的扩散和裂化反应，提高分子筛的活性和稳定性。

4.3.6 加氢裂化工艺流程

在美国已经工业化的加氢裂化工艺包括埃索麦克斯（Isomax）、联合加氢裂化

(Unicracking/JHC)、H-G 加氢裂化（H-G hydrocracking）、超加氢裂化（Ultra-cracking）、壳牌（Shell）公司的加氢裂化和 BASF-IFP 加氢裂化。这几种工艺中，超加氢裂化、H-G 加氢裂化和壳牌公司的加氢裂化主要用于生产重整原料（汽油馏分），而其他几种工艺既可以生产重整原料，也可以生产航空煤油和柴油。国外其他加氢裂化技术还包括 CLG 公司加氢裂化技术、UOP 公司加氢裂化技术、Haldor Topose 公司加氢裂化技术、Albemarle 公司加氢裂化技术和 Axens 公司加氢裂化技术。国内加氢裂化工艺主要有中国石化抚顺石油化工研究院工艺和中国石化石油化工科学研究院工艺。

各种加氢裂化工艺的实际流程差别不大，主要取决于所采用的催化剂的类型和种类。所用催化剂不同，工艺条件、产品分布和产品质量也不同。根据原料性质、产品要求和处理量大小，加氢裂化装置基本上按照两种流程操作：一段法（single stage）和两段法（two stage）。一段加氢裂化流程也包括两个反应器串联在一起的裂化流程。一段加氢裂化流程用于由粗汽油生产液化气，或由减压蜡油、脱沥青油生产航空煤油和柴油。两段加氢裂化流程中，原料首先在第一段（精制段）用加氢活性高的催化剂进行预处理，经过加氢精制处理的生成油再作为第二段的原料油进料，在裂解活性较高的催化剂上进行裂化反应和异构化反应，最大限度地生产重整原料或者中间馏分油。两段加氢裂化流程操作对原料的适用性广，操作灵活性强，可用于处理催化裂化循环油、高硫高氮减压蜡油、焦化蜡油及这些油的混合油，亦适合处理一段加氢裂化难处理或不能处理的原料和劣质渣油，能够最大限度地生产汽油或中间馏分油。

如图 4.6 所示，以大庆直馏蜡油馏分（330~490℃）的一段加氢裂化流程为例，

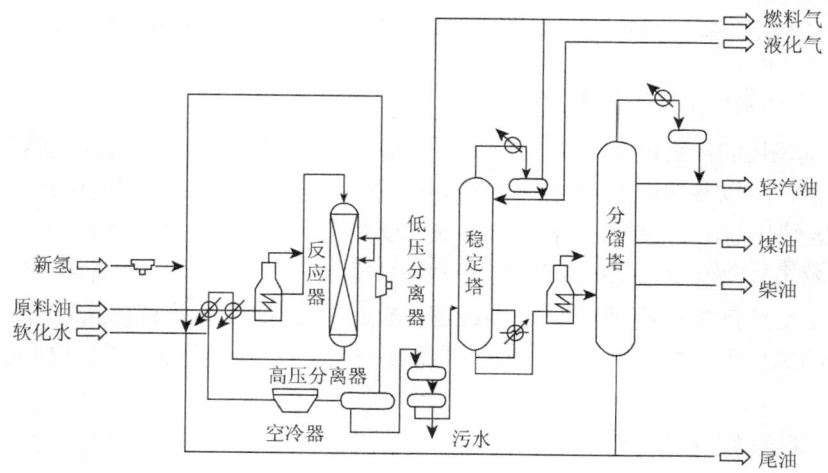

图 4.6 一段加氢裂化工艺流程图

原料油经泵升压至16MPa后与新H_2和循环H_2混合,再与420℃左右的加氢生成油换热至320~360℃进入加热炉。反应器进料温度为370~450℃,原料油在反应温度380~440℃、空速为$1.0h^{-1}$、氢油比为$2500Nm^3/m^3$的条件下进行反应,最终可以得到燃料气、液化气、轻汽油、航空煤油、低凝柴油和塔底油(尾油)。尾油可以一部分或全部用作循环油,与原料油混合再反应。一段加氢裂化工艺可以有三种操作方案:原料一次通过、尾油部分循环和尾油全部循环。

图4.7给出了两段加氢裂化工艺流程:原料油经泵升压并与循环H_2混合后首先与生成油换热,再在加热炉中加热至反应温度,进入第一段加氢精制反应器,在具有高的加氢活性的催化剂上进行脱硫脱氮脱金属反应。反应生成油经过换热、冷却进入高压分离器,分离出循环氢。生成油进入脱硫(氨)塔,脱去氨气和硫化氢,再作为第二段加氢裂化反应器的进料。第二段进料与循环氢混合后,进入第二段加热炉,加热至反应温度,在装填有高酸性催化剂的第二段加氢裂化反应器内进行裂化反应。反应物经换热、冷却和分离,分出溶解气和循环氢后送至稳定分馏系统。两段加氢裂化工艺可以有两种操作方案:第一种方案是先第一段精制,第二段再加氢裂化;第二种方案是除了加氢精制以外,第一段还要进行部分加氢裂化,第二段之后再加氢裂化。后者的特点在于第一段反应生成油和第二段生成油一起进入稳定分馏系统,分出的尾油可以作为第二段的进料。而且采取第二种方案,由于裂化深度较大,汽油、煤油和柴油的收率均增加,尾油收率明显降低。但实验表明,若看产品的主要性能,两种方案无明显差别。

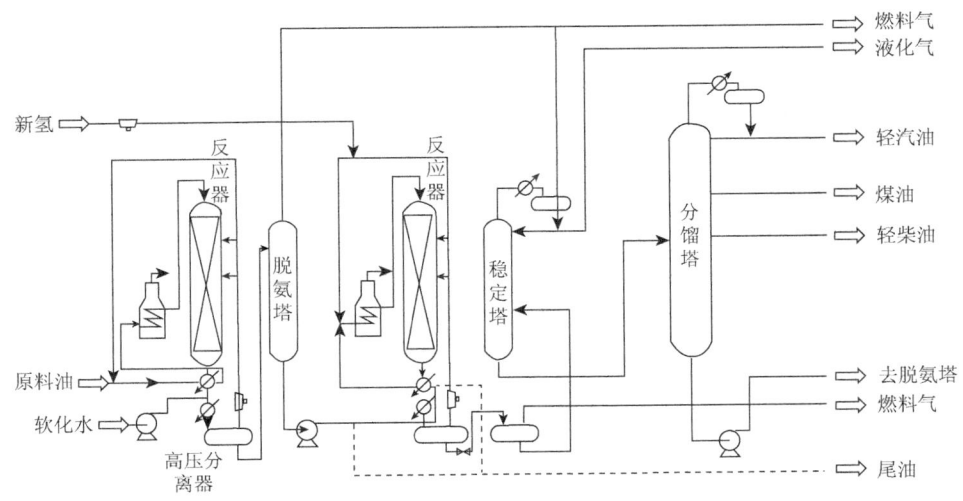

图4.7 两段加氢裂化工艺流程图

串联加氢裂化工艺中有两个反应器串联,除此之外,其他部分与一段加氢裂化工艺均相同,其中,对于串联的两个反应器,分别填装不同的催化剂:第一个反应器中装入具有高的加氢活性的催化剂,进行脱硫脱氮脱金属反应;第二个反应器装入抗氨气、抗硫化氢的分子筛型加氢裂化催化剂,如图 4.8 所示。与一段加氢裂化相比,串联加氢裂化工艺的优点是:只通过改变操作条件,就可以最大限度地生产重整原油、航空煤油和柴油。如降低第二个反应器的温度就可以多生产航空煤油或者柴油。反之,若升高第二个反应器的温度,则多生产出重整原油。

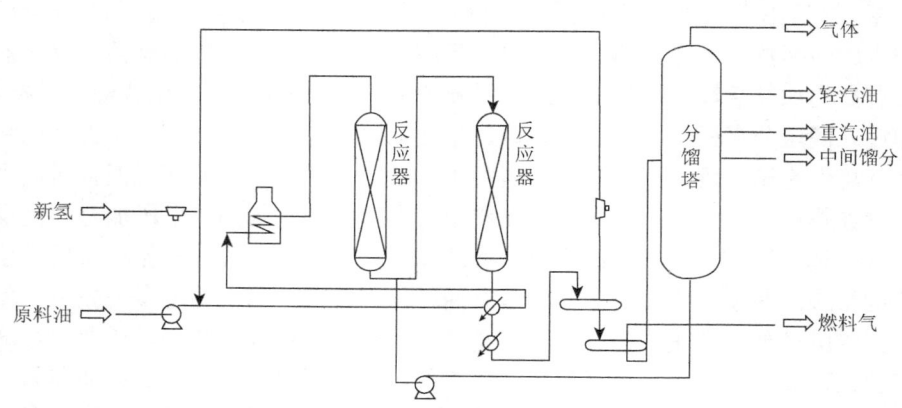

图 4.8　串联加氢裂化工艺流程图

使用同一种原料分别用以上所述三种加氢裂化流程工艺处理原料油,实验结果表明:从生产航空煤油方面来看,一段流程航空煤油收率最高,但重整原料的收率低。从流程结构和投资方面来看,一段流程优于其他工艺流程。串联工艺流程在生产重整原油方面很灵活,但是航空煤油收率偏低。总体上,两段流程工艺灵活性最大,航空煤油收率高,还能生产重整原油。两段流程工艺和串联流程工艺对原油的质量要求不高,可以处理高密度、高干点、高含硫含氮及高残炭值的原料油。相比之下,一段工艺流程对原料油质量要求更严格。国外炼油厂多认为两段工艺流程最好,既可以处理一段工艺不能处理的原料油,又能生产优质的航空煤油和柴油。在投资上,两段工艺流程成本略高于一段一次通过工艺流程,略低于一段全循环工艺流程。目前,许多国家多用两段加氢裂化工艺流程来处理重质原料油来生产重整原料油,以扩大芳烃的来源。

加氢裂化工艺的应用范围日益扩大,但是用于汽油时辛烷值损失大,故提升管催化裂化技术生产汽油逐渐取代加氢裂化生产汽油。加氢裂化技术不断发展,其催化剂仍然在不断改进,并且该技术正朝着低压低能耗方向发展。临氢降凝技术也属于加氢裂化的一部分,它是在氢气和催化剂共存的条件下链烷烃选择性裂化,也称为加氢脱蜡技术(hydrodewaxing)。这种脱蜡技术正越来越多地用于降低柴油或者润滑油的凝点,其催化剂多为负载有活性金属的择形沸石分子筛

4.4 加氢精制中的催化作用

加氢精制属于石油加工的一个重要过程,在现代石油化工中不可缺少[32,33],是炼厂目前采用的一类主要的加氢过程。加氢精制主要对油品进行精制,除去油品中的杂原子(S、N、O)及金属杂质(主要是 Ni 和 V),并通过加氢反应减少烯烃含量和部分芳烃含量,改善油品质量,提高轻质油收率,改善原料来源结构和使用性能。通常情况下渣油加氢裂化后的产品也需要加氢精制。

加氢精制反应主要包括加氢脱硫、加氢脱氮、加氢脱氧、加氢脱金属和脱芳烃反应[1,2]。在加氢脱硫过程中,也伴随加氢脱氮、加氢脱氧、加氢脱金属和脱芳烃的反应,氮、氧化合物中的氮、氧原子分别以 NH_3 和 H_2O 的形式脱除,而金属化合物(主要是含 Ni、V 的化合物)中的金属元素则以硫化物的形式沉积在催化剂的表面。

4.4.1 加氢精制中的化学反应

1. 加氢脱硫反应

加氢脱硫是指通过催化加氢反应,使石油组分中的含硫化合物发生氢解而转化成相应的烃和 H_2S,从而脱除硫原子。其基本的化学反应包括 C—S 键的断裂和断裂物的饱和。加氢脱硫反应一般在高温和高压条件下进行,工业上加氢脱硫反应的温度通常为 250～350℃,压力为 20～100atm。石油馏分中的含硫化合物有硫醇、硫醚、二硫化物、噻吩、苯并噻吩和二苯并噻吩及其衍生物。由于各种油品中所含有的含硫化合物的分子结构和大小不同,其脱硫机理也有所不同,在加氢脱硫反应中的活性也不同。传统加氢催化剂活性大小按以下顺序减小:硫醇＞二硫化物＞硫醚＞噻吩＞苯并噻吩＞二苯并噻吩＞烷基取代的二苯并噻吩[34]。

加氢脱硫反应条件下,脱硫过程如下[35-37]:

硫醇(thiol):
$$RSH + H_2 \longrightarrow RH + H_2S$$

硫醚(thioether):
$$RSR' + H_2 \longrightarrow R'SH + RH$$
$$\downarrow H_2$$
$$R'H + H_2S$$

二硫化物(disulfide):
$$RSSR' + H_2 \longrightarrow R'SH + RSH \longrightarrow R'SR + H_2S$$
$$\downarrow 2H_2$$
$$R'H + H_2S + RH$$

噻吩（thiophene，T）：

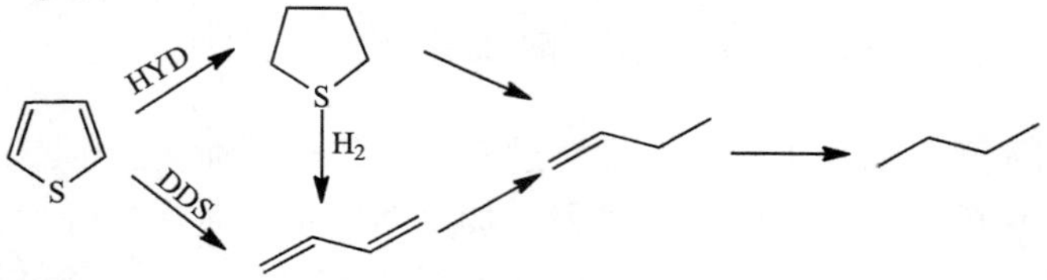

苯并噻吩（benzothiophene，BT）：

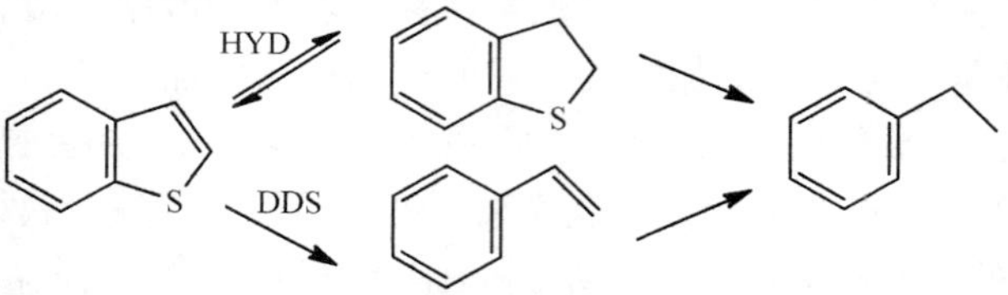

二苯并噻吩（dibenzothiophene，DBT）：

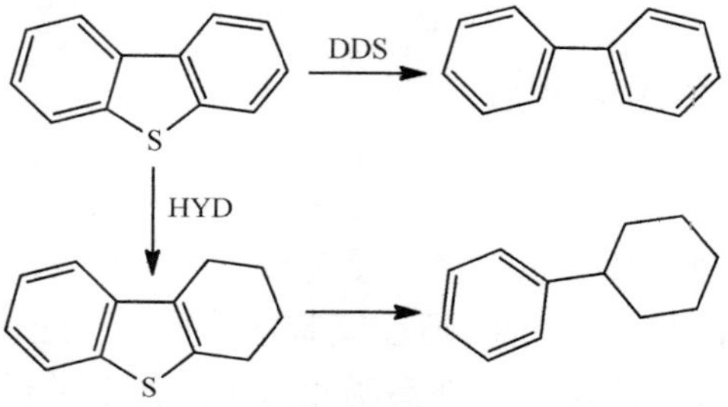

4,6-二甲基二苯并噻吩（4,6-dimethyldibenzothiophene，4,6-DMDBT）：

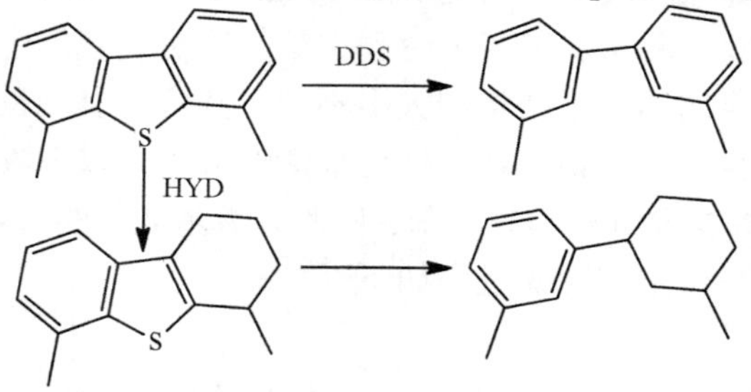

噻吩类化合物的加氢脱硫反应主要有两条途径：①加氢途径（HYD）；②直接脱硫途径（DDS）。其中反应温度、氢分压、氢油比和产生的 H_2S 均对反应物的转化率有影响。在一定温度范围内，温度升高，转化率增大；氢气压力增大，反应转化率升高；增大氢油比有利于脱硫反应，但当其增大至一定程度，脱硫率几乎不变。而反应体系中产生的 H_2S 对 HYD 和 DDS 路径均有抑制作用，故反应体系中一般维持微量的 H_2S 分压，用以确保催化剂使用寿命。除此之外，原料油中其他含氮、氧物质，烯烃和芳烃均会与脱硫反应形成竞争反应，而且在不同程度上均会抑制脱硫反应。在实验室条件下，苯并噻吩和 4,6-二甲基二苯并噻吩的动力学反应均为准一级反应[38,39]。

2. 加氢脱氮反应

加氢脱氮反应是重油和渣油深度加工的重要工艺。加氢脱氮反应与加氢脱硫反应过程不同，由于杂环中 C≡N 键的断裂能是杂环中 C—N 的 2 倍，故芳香杂环化合物的加氢脱氮必须先经过芳香环的加氢饱和反应，才能进一步脱氮。加氢脱氮反应比加氢脱硫要求更高的反应温度和压力。

石油馏分中的有机含氮化合物主要分为非杂环和杂环化合物两类。非杂环化合物包括脂肪胺、苯胺和腈类化合物，杂环化合物又分为碱性和非碱性杂环化合物。非碱性杂环化合物包括吡咯、吲哚、咔唑等五元杂环，碱性杂环化合物包括吡啶、喹啉、异喹啉、吖啶、菲啶、苯并喹啉等六元杂环。

由于竞争吸附，碱性氮化合物的脱氮速度通常较非碱性氮化合物快。在所有有机含氮化合物中脂肪胺的反应活性最强。对于催化剂 CoMo/Al$_2$O$_3$，HDN 活性强弱顺序为：吡咯＞吲哚＞吡啶＞喹啉＞苯胺。而对于催化剂 NiW/Al$_2$O$_3$，活性强弱顺序为：烷基胺=苯胺＞吲哚＞喹啉。一般认为含氮化合物的脱氮活性顺序为：吲哚＞甲基化苯胺＞单甲基取代吲哚＞喹啉＞咔唑＞甲基化咔唑[40]。加氢脱氮反应条件下，脱氮过程如下[41-45]：

烷基胺（amine）：

$$R-CH_2NH_2 + H_2 \longrightarrow RCH_3 + NH_3$$

吡咯（pyrrole）：

吲哚（indol）：

吡啶（pyridine）：

喹啉（quinoline）：

吖啶（acridine）：

咔唑（carbazole）：

含氮化合物的相对加氢反应速率与化合物种类、操作条件（温度、压力、氢油比）和催化剂种类有关。在一定温度范围内，温度升高，脱氮率增大；氢气分压增大，脱氮率升高；增大氢油比也有利于脱硫反应，但当其增大至一定程度，脱氮率几乎不变。在大多数杂环含氮化合物的 HDN 反应中，脱氮一般经历两步，即杂环加氢和 C—N 键氢解。一般认为喹啉的 HDN 反应符合一级反应动力学模型。

3. 加氢脱氧反应

大多数石油的氧含量在 0.1wt%～1.0wt%。石油中的含氧化合物分为酸性氧化物和中性氧化物两类。酸性氧化物又称石油酸，包括羧酸（如环烷酸、脂肪酸和芳香酸）和酚类。中性氧化物包括酮类、酯类、醚类和呋喃类。中性氧化物在石油中含量极少，故石油中的含氧化合物以酸性氧化物为主。

各种含氧化合物的加氢反应主要包括环的加氢饱和以及 C—O 键的氢解。含氧化合物的加氢历程如下[46]：

环烷酸（naphthenic acid）：

酚类（phenols）：

呋喃（furan）：

烷基取代酚类（alkyl-substituted phenols）：

苯并呋喃（benzofurane）：

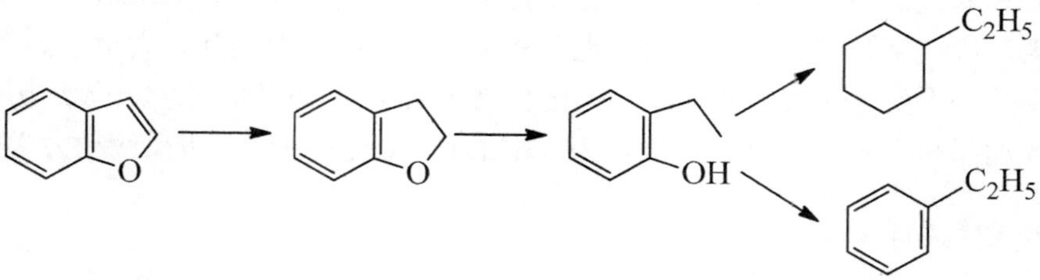

4. 加氢脱金属反应

原油重质化和劣质化程度加深，在渣油加氢方面，加氢脱金属问题日益突出。渣油中的金属分别以卟啉化合物和非卟啉化合物两种形式存在（如环烷酸铁、钙、镍等）。其中，油溶性的金属环烷酸盐反应活性很高，易以硫化物形式沉积于催化剂孔口，堵塞孔道。而渣油中主要的金属杂质镍和钒以宽范围分子量分布的卟啉形式存在。在不同实验条件下，如不同的渣油原料、不同类型的反应器、不同类型的催化剂，渣油的脱镍和脱钒反应动力学会不尽相同，它们的反应级数为 $0.5 \sim 2^{[47]}$。

在加氢条件下，渣油中的金属脱除反应历程如下：

脱钒：

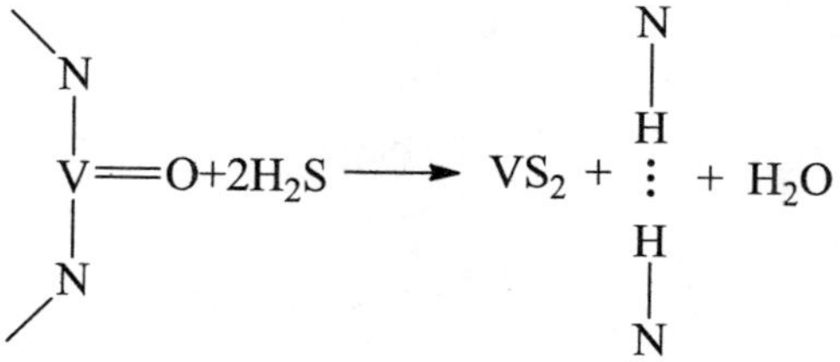

脱镍：

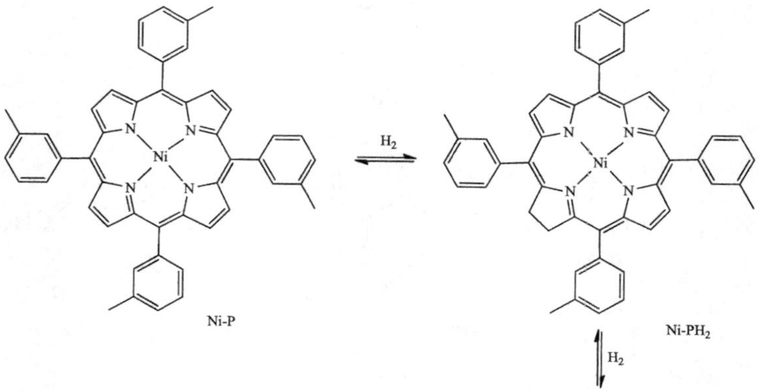

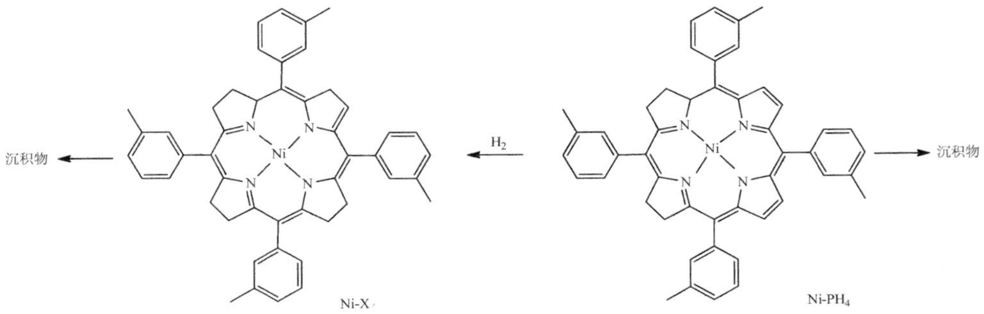

[图：Ni-X 卟啉结构 ← H₂ ← Ni-PH₄ 卟啉结构，两侧标注"沉积物"]

5. 加氢脱芳烃反应

石油中的芳烃包括单环芳烃（如苯）、稠环芳烃（如萘、蒽、菲）和多环芳烃（联苯、联多苯、多苯代脂肪烃）。柴油中所含的芳烃使得柴油发动机排放亚微米级物质 PM（包括碳微粒和可溶性有机物质），PM 会引起一些疾病，存在潜在致癌危险[48]。当前发达国家已对油品中芳烃含量做了限制[49]。通过加氢饱和脱除芳烃可以降低催化裂化和加氢裂化原料的生焦量，从而提升油品质量和使用性能。

在加氢条件下。苯先加氢生成环己烷，环烷烃之后发生裂化。通常，芳烃的加氢反应的平衡常数 K_p 随温度升高而降低；芳烃中芳香环数目越多，K_p 下降越快。稠环芳烃中第一个环加氢的 K_p 较大，第二个环加氢的 K_p 次之，环越多，环加氢的 K_p 越小。从热力学角度看，稠环加氢的途径主要是先对一个芳香环加氢生成环烷环，环烷环断裂或者异构，第二个芳香环再加氢，后续加氢反应如此继续进行。

芳烃第一个芳香环加氢历程如下所示：

苯（benzene）：

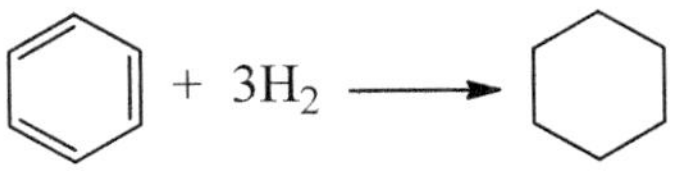

[反应式：苯 + 3H₂ → 环己烷]

萘（naphthalene）：

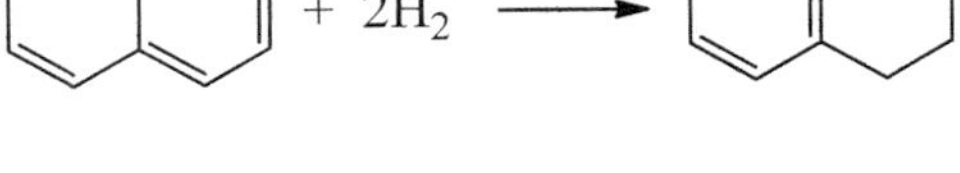

[反应式：萘 + 2H₂ → 四氢化萘]

蒽（anthracene）：

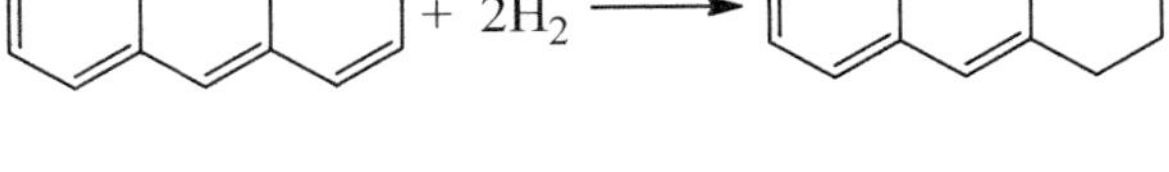

[反应式：蒽 + 2H₂ → 四氢蒽]

菲（phenanthrene）可能的加氢和裂化反应历程为：

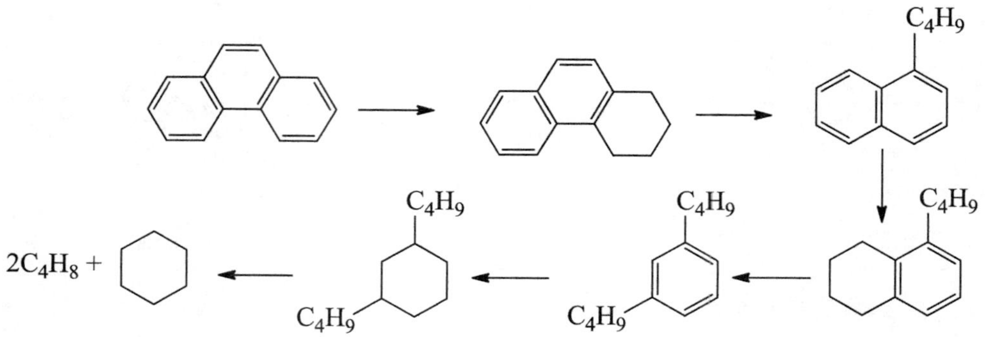

4.4.2 加氢精制催化剂

1. 加氢精制催化剂的组成和性能

加氢精制催化剂的活性组分是催化剂活性的来源，活性组分可以是贵金属或者是非贵金属。非贵金属主要来自ⅥB族和Ⅷ族，包括Ni、Co、Mo和W；贵金属组分包括Pt和Pd。催化剂的加氢活性与其吸附特性有关，而吸附特性又与催化剂的几何特性及电子特性有关。根据"多位学说理论"——凡是适合作为加氢催化剂的金属，都应具有立方晶格或者六角晶格，和"半导体理论"——具有未填充满的d电子层的金属元素具有催化活性，Ni、Fe、Co、Mo、W、Cr、V、Pd和Pt都属于d电子层未填充满的金属元素，而且均同时具有体心或面心立方晶格或六角晶格，故可以用作加氢催化剂的活性组分。

在工业催化剂中，常常配合不同的活性组分使用来达到加氢活性效果最优化。目前，工业上常用的加氢催化剂以Mo和W为主催化剂，Ni和Co作为助剂，氧化铝为载体。在一定范围内，活性金属含量越高，加氢活性越高。综合生产成本和催化剂活性增加幅度，以金属氧化物含量质量百分数计，目前加氢精制催化剂活性组分含量一般为15%～35%。活性组分的组合包括Co-Mo、Ni-Mo、Co-W、Ni-W等，不同的活性组分组合对各类反应活性顺序如下变化：

对于HDS：Co-Mo＞Ni-Mo＞Ni-W＞Co-W；

对于HDN：Ni-W＞Ni-Mo＞Co-Mo＞Co-W；

对于HDO：Ni-W≈Ni-Mo＞Co-Mo＞Co-W；

对于HYD：Ni-W＞Ni-Mo＞Co-Mo＞Co-W。

最常用的加氢脱硫催化剂是Co-Mo型的，而对于含氮较多的原料则需要选择Ni-Mo或Ni-W型加氢精制催化剂。继二元活性组分组合基础之后，系列三元活性组分甚至四元活性组分组合型加氢精制催化剂也相继被开发出来，如

Ni-Co-Mo、Ni-Co-W、Ni-Mo-W、Ni-Co-Mo-W 催化剂。这些催化剂兼具有 HDS、HDN、HDA 等优异的加氢性能。

添加助剂于加氢精制催化剂中可以改善某方面性能，包括选择性、活性和稳定性。大多数助剂为金属助剂，也有少量的非金属助剂。助剂作用于催化剂的机理不全相同，有的是结构型助剂，有的是调变型助剂。前者可以增大催化剂比表面积、减缓烧结并提高催化剂的稳定性，如 K、Ba、La 的添加可提高催化剂抗烧结性能。后者作为调变助剂，可以通过增加或者减少未充满的 d 轨道电子数目、改变活性组分中原子间距离或者价带宽度及钝化副反应的活性中心来调变催化剂的电子结构、表面性质或者晶型结构，从而改变催化剂活性和选择性。助剂本身活性并不高，但是与主要活性金属组分以合适比例组合后制备的催化剂则具有优异的活性。

为了提高催化剂活性组分的分散，并提高催化剂的 HDN 性能和芳烃饱和性能，也会加一些助剂，如 P、B、F、Si、Ti 等。若加入少量的 P、F 等酸性组分，既可以促进活性组分的分散，增加金属的利用率，还可以提高 C—N 键的裂化活性和芳烃饱和活性。

加氢精制催化剂的载体有中性载体和酸性载体两大类。中性载体有活性氧化铝、活性炭、硅藻土等，酸性载体有硅酸铝、硅酸镁、分子筛等。载体一般没有活性，但由于其大的比表面积可以用于分散活性组分，减少活性金属使用量。而且载体也可以作为催化剂的骨架，进而提高催化剂的稳定性和机械强度。载体也可以保证催化剂具有一定的形状和大小，使之符合工业反应器中流体力学条件的需要，减少流体的阻力。载体还可以与活性组分相配合而使活性、选择性及稳定性变化。

除了加氢催化剂的化学组成影响其活性外，催化剂的物理性质，如比表面积、孔容、孔径分布、颗粒度及催化剂外形，都会影响活性组分作用的发挥。在重质油的加氢精制过程中常存在床层压降和扩散阻力，为了解决这些问题，常将催化剂制备成三叶草、四叶草和辐条形状的直径为 1.5mm 左右的颗粒。而且随着加氢精制原料变重，原料分子变大，对加氢精制催化剂的孔径分布有一定的要求。研究发现，重质油加氢脱金属反应是扩散控制，要求催化剂的孔道结构为双峰孔分布，较合适的孔径范围为 15~25nm；并且采用双峰孔催化剂，引入的大孔增加了分子扩散的通道，显著增加了催化剂脱金属活性。对于渣油的加氢脱硫反应，不仅要考虑扩散的影响，也要考虑催化剂加氢活性。对于脱氮反应，不仅要求催化剂有非常强的加氢能力，也要求催化剂有高的比表面积。

国内外各大石油公司多数具有自己的加氢精制催化剂。由于原料、生产目的不同，催化剂品种繁多。

2. 加氢精制催化剂的制备

在柴油加氢精制催化剂方面，2001 年由 Albermarle、ExxonMobil 和 Nippon

Ketjen 三家公司开发了非负载的体相催化剂——NEBULA。NEBULA 催化剂用于处理重油和渣油均显示出优异的加氢性能，人们又改良升级了 NEBULA 催化剂，并研发了 NEBULA-20 催化剂。目前，NEBULA 系列催化剂受到人们的广泛关注，逐渐成为加氢领域的研究热点。工业应用的石油馏分加氢精制催化剂一般是负载型催化剂，即将活性组分 Ni、Co、Mo 和 W 的氧化物负载于多孔载体上制备成催化剂。对于负载型催化剂的制备，常规方法是浸渍法和混捏法。

浸渍法就是将活性组分浸渍到载体上，其主要制备步骤是：①先将载体粉料（氧化铝干胶粉）与一定量的助剂（如分子筛）、扩孔剂、助挤剂（田箐粉）和黏结剂（硝酸溶液）混合，经充分混捏后在挤条机上挤出成型，然后经过干燥（烘干）、焙烧（300~600℃、4~8h）制成催化剂载体；②将加氢活性组分前体（采用易分解、很少有元素残留的金属盐类，如 Ni 和 Co 的硝酸盐、碳酸盐及醋酸盐，Mo 和 W 的铵盐、氧化物和对应的酸，Pt 和 Pd 常用氯铂酸和氯化钯）的溶液浸渍成型后的载体，再干燥和焙烧制成催化剂。

浸渍过程可以采用分步浸渍或者共浸渍，目前共浸渍方法较为普遍。因为共浸渍法制备步骤简单，节约制备成本和制备时间，有助于发挥助催化剂 Ni、Co 与主催化剂 Mo、W 的协同效应。但缺点在于 Ni、Co 与 Mo、W 的混合溶液稳定性差，可配区域范围窄，必须仔细控制各组分配比、加入顺序和溶液的 pH，并且还需要加入适当的稳定剂（如磷酸、氨水、柠檬酸、酒石酸等，而且加入的有机酸类稳定剂有助于活性组分的分散）。分步浸渍是先浸渍 Mo 或 W，再浸渍 Co 或 Ni，每一次浸渍后均经过干燥和焙烧，这样可以使催化剂活性达到最优化。

在实际工业生产中，浸渍法又分为饱和浸渍法和过饱和浸渍法。

饱和浸渍法也称等体积浸渍法，是指活性组分的浸渍液的体积等于催化剂载体能够吸收的浸渍液的最大体积（饱和吸附量），这样，浸渍液中的活性组分全部浸渍到载体上，可以比较容易地控制活性金属的负载量。饱和浸渍法比较适合生产小批量的加氢精制催化剂及制备负载型贵金属催化剂。

过饱和浸渍法是指活性组分浸渍液的体积大于催化剂载体能够吸附的浸渍液的最大体积（饱和吸附量），因此，浸渍液中的活性组分部分浸渍到载体上。此法的不足之处在于活性组分的负载量比较难控制，这是因为不同组分竞争吸附力不同。而且过饱和浸渍法浸渍后需要除去多余浸渍液，若要再次使用沥出的浸渍液，需要重新测定其中各个活性组分含量重新调配，操作比较烦琐费时。但是该方法的优点在于催化剂上活性组分的负载量比较均匀，该法适合大规模批量生产制造加氢精制催化剂。

混捏法又称干混捏法，是将载体粉料（氧化铝干胶粉）、加氢活性组分前体与一定量的助剂、扩孔剂、助挤剂（田箐粉）和黏结剂（硝酸溶液）充分混合，之后在挤条机上挤出成型，再干燥焙烧制成催化剂。与浸渍法相比，混捏法优点在于催化剂的制备只需要经过一次混捏成型、干燥和焙烧,制备步骤大大简化,省时省力。缺点在于部分活性组分包埋在催化剂颗粒内部,降低了活性组分的利用率。浸渍法可以增强助催化剂与主催化剂的协同作用,提高活性组分的分散度,但是混捏法却无法达到活性组分的高利用率以及使助催化剂与主催化剂的协同效应最大化。综合看来,浸渍法优势更明显,目前加氢精制催化剂的制备方法以浸渍法为主。但是人们对混捏法工艺又进行了改进,形成湿混捏法。湿混捏法是先将加氢活性组分前体与一定量的稳定剂和黏结剂调制成糊状物,再与载体粉料、助剂、扩孔剂和助挤剂混合,经充分混捏后在挤条机上成型,之后经过干燥焙烧制成催化剂。改进后的湿混捏法提高了活性组分的利用率,制备方法和步骤依然简化、不耗时。目前少部分加氢精制催化剂的制备采用了混捏法。

在加氢精制催化剂方面,人们对催化剂加氢脱硫和加氢脱氮的活性要求更高,需要开发更好的加氢催化剂。以加氢脱硫催化剂为例,由于石油储量下降,石油重质化和劣质化问题越来越突出,世界范围内高硫原油逐年增多,且各国环境立法关于限制燃油中硫含量的要求日益严格,因此开发性能优良的超深度加氢脱硫催化剂,不仅成为加氢脱硫领域的核心,也使加氢处理技术在石油加工业中日益受到重视。除了火电厂和工厂排放的 SO_x 以外,油品中的硫化物又是空气污染的主要源头之一。燃油中的有机含硫化合物经燃烧后产生的 SO_x 不仅能导致酸雨,还能使汽车发动机尾气净化系统的三效催化剂产生不可逆中毒,也会参与形成粉尘颗粒物 PM2.5 导致日渐增多的雾霾天气,严重危害环境和人体健康,因而引起人们的广泛关注。为此,各国都颁布了严格的燃油含硫量标准,欧洲已于 2005 年实现柴油硫含量小于 10ppmw(ppmw 为按质量计的百万分之一)标准,我国已于 2012 年 6 月 1 日在北京率先执行硫含量低于 10ppmw 的京 V 清洁柴油指标,并于 2015 年全国范围内全面实行相当于欧 IV(<50ppmw)的排放标准的柴油硫指标,预计在 2018 年在全国推广使用相当于欧 V(<10ppmw)的排放标准的清洁柴油硫指标。

目前,工业上一般常用的加氢脱硫催化剂有:$Co-Mo/Al_2O_3$、$Ni-Mo-P/Al_2O_3$、$Ni-W-B/Al_2O_3$、$Ni-Co-Mo/Al_2O_3$、$Co-W/Al_2O_3$ 等。但是随着对于硫含量限定的标准越来越高,这些催化剂的活性已经不能满足超深度脱硫需要,因此迫切需要提高催化剂的超深度脱硫活性。

同时,调整工艺操作条件和使用新型反应器都需要巨额的投资费用,相比之下,研制一种能够在现有的生产装置上,按照现行的操作条件进行超深度加氢脱硫的新型催化剂,是一种更为经济、更加可行的方法。与传统加氢脱硫催化剂相比,多金属体相催化剂(如 NEBULA)显示出超高加氢脱硫活性,能够对渣油等重油原料进行加氢处理。体相催化剂目前仍处于发展阶段,进入工业应用的主要是 NEBULA 体相催化剂。在过去的十几年里,NEBULA 催化剂的工业应用增加迅速。体相催化剂与传统催化剂概念不同,在加氢领域具有跳跃性重大发展,开发新型体相催化剂已引起了人们越来越多的关注。

4.5 催化重整中的催化作用

催化重整是以石脑油为原料,有氢气和催化剂存在时,在一定的温度和压力条件下,使烃类分子发生重排,将石脑油转化为富含芳烃的重整生成油的工业过程。根据催化重整产品的特点,催化重整过程的主要目的有:生产高辛烷值汽油组分;生产苯、甲苯、二甲苯等单体芳烃,为化纤、橡胶、塑料和精细化工提供原料;生产化工所需的溶剂,加氢所需的高纯廉价氢气和液化气等副产品[1, 2]。

催化重整由于其特殊的展品结构和性能,在炼油工业中具有重要地位。重整汽油是车用汽油的主要调和组分。北美汽油和欧洲汽油主要由催化裂化汽油和催化重整汽油构成,而我国催化裂化汽油则占据主导地位。催化裂化汽油具有辛烷值高、烯烃和硫含量低的特点,这符合清洁汽油的标准要求。所以催化重整汽油是理想的汽油调和组分,催化重整过程对于炼油厂生产清洁汽油至关重要。另外,催化重整在石油化工中也具有重要地位和作用,是生产苯、甲苯、二甲苯等一级基本有机化工原料的主要手段[6]。

根据现有的催化重整工艺和技术要求,可作为催化重整过程的原料有:直馏石脑油、加氢裂化石脑油、焦化石脑油、催化裂化石脑油和裂解乙烯石脑油抽余油。其中直馏石脑油作为重整原料具有烯烃和杂质含量少的优点,是最理想的重整原料,但目前较为紧缺。而加氢裂化石脑油同样具有烯烃和杂质含量少的优点,使用其作为重整原料可以有效地解决直馏石脑油的供给不足问题。而催化裂化石脑油具有烯烃、环烷烃和杂质含量较高的特点,作为重整原料不是很理想,一般经过预处理后作为催化重整的原料。

催化重整工艺根据目的产品的不同主要可分为高辛烷值汽油生产工艺和芳烃生产工艺,其中高辛烷值汽油生产工艺由原料预处理、重整反应和重整产物分离三部分构成,而芳烃生产工艺又在此基础上多了芳烃抽提和芳烃精馏两个部分。使用铂铼重整装置的高辛烷值汽油生产工艺流程如图 4.9 所示[50]。

催化重整的发展历史主要涉及催化重整催化剂和催化重整工艺两方面,以催化剂为主,两者协同发展。我国催化重整催化剂的发展从固定床半再生重整使用的单铂及多金属催化剂到移动床连续重整使用的 Pt-Sn/Al_2O_3 系列催化剂都紧跟国际潮流。我国在 20 世纪 80 年代后,用于固定床的半再生重整装置的高铼铂比工业催化剂的稳定性、抗积碳能力、芳烃产率和液体收率都能达到或超过国外同类催化剂的指标。而我国从 1986 年自行开发的连续重整催化剂已于 1990 年成功投入工业应用,目前也已经开发出了一系列高稳定性高活性的连续重整催化剂[51, 52]。

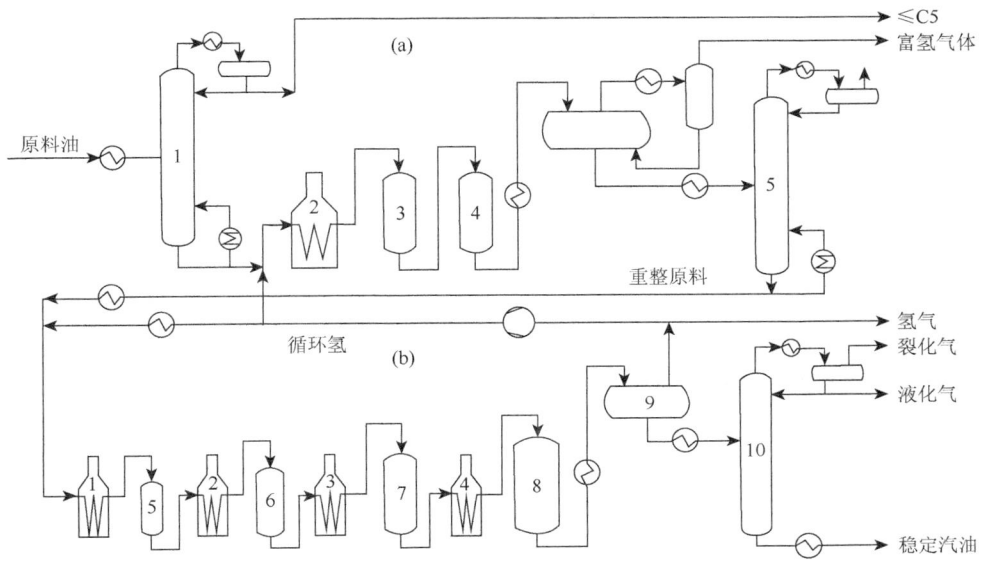

图 4.9　铂铼重整装置工艺流程

(a) 原料预处理部分：1 为预分馏塔；2 为预加氢加热炉；3 和 4 为预加氢反应器；5 为脱水塔；(b) 反应及分馏部分：1、2、3 和 4 为加热炉；5、6、7 和 8 为重整反应器；9 为高压分离器；10 为稳定塔

4.5.1　催化重整中的化学反应

催化重整生产高辛烷值汽油或芳烃，必须通过化学反应过程实现。在催化重整过程中发生的化学反应主要有以下五类[53]。

（1）六元环烷烃的脱氢反应：

$$\text{环己烷} \rightleftharpoons \text{苯} + 3H_2$$

$$\text{甲基环己烷} \rightleftharpoons \text{甲苯} + 3H_2$$

（2）五元环烷烃的异构脱氢反应：

$$\text{甲基环戊烷} \rightleftharpoons \text{苯} + 3H_2$$

$$\text{乙基环戊烷} \rightleftharpoons \text{甲苯} + 3H_2$$

（3）烷烃的环化脱氢反应：

$$C_6H_{14} \rightleftharpoons \bigcirc + 4H_2$$

$$C_7H_{16} \rightleftharpoons \bigcirc\!\!-\!CH_3 + 4H_2$$

（4）异构化反应：

$$n\text{-}C_7H_{16} \longrightarrow i\text{-}C_7H_{16}$$

（5）加氢裂化反应：

$$n\text{-}C_8H_{18}+H_2 \longrightarrow 2i\text{-}C_4H_{10}$$

除此之外还会发生缩合成焦反应，生成焦炭。

不同类型重整反应的热力学和动力学特点有所不同[54]。

（1）六元环脱氢芳构化反应在热力学上表现为强吸热反应，平衡常数大（800K），且随着温度的提高和氢油比的下降而增大，但受压力的影响较大，压力增大对反应不利。动力学上六元环反应速率很快，且随着六元环碳原子数增加反应速率会增大，在一般的重整条件下都能达到化学平衡，因此此类反应一般不受动力学控制。

（2）五元环烷烃在重整原料中占有很大比例，因此五元环烷烃异构脱氢芳构化是重整过程中的重要反应。五元环烷烃脱氢异构与六元环烷烃脱氢反应的热力学动力学影响因素规律相似，其反应分为异构成六元环和脱氢两部分。与六元环烷烃相比，五元环烷烃比较容易发生加氢裂化反应，使得芳烃的转化率降低。

（3）理论上说碳原子数不少于6的烷烃都可以转化为芳烃，但在非贵金属和单铂催化剂条件下其反应速率太慢，对生产芳烃贡献较小。如今随着催化剂和重整工艺的改进，烷烃环化脱氢生成芳烃的产量已大幅提高。烷烃脱氢环化反应的平衡常数大（800K），为强吸热反应，因此其热力学规律和环烷烃脱氢反应的规律类似。实际生产中烷烃的转化率则比化学平衡低很多，这一方面是由于该反应历程很长导致的反应速率慢，另一方面是由于烷烃在重整条件下存在多个方向的竞争反应。

（4）烷烃和环烷烃的异构化反应都是可逆的轻度放热反应，其平衡常数和速率都较小。提高反应温度，平衡常数下降，但异构产率会增加，这说明异构反应受动力学控制。但温度过高又会使得加氢裂化反应加剧，异构产率下降。反应压力和氢油比对异构化反应影响不大。

（5）加氢裂化反应是中等程度的放热反应。此类反应不可逆，一般不考虑化学平衡，只考虑反应速率。高温高压有利于加氢裂化反应的进行。

综上所述，各种重整反应的顺序为：六元环烷烃脱氢＞烷烃、环烷烃异构化＞烷烃加氢裂化＞烷烃环化脱氢。

4.5.2 催化重整催化剂

1. 重整催化剂的功能、组成和分类

工业重整催化剂根据组成可分为两大类：贵金属催化剂和非贵金属催化剂。其中贵金属催化剂主要有 Pt-Re/Al$_2$O$_3$、Pt-Sn/Al$_2$O$_3$、Pt-Ir/Al$_2$O$_3$ 等系列；而非贵金属催化剂主要有 Cr$_2$O$_3$/Al$_2$O$_3$、MoO$_3$/Al$_2$O$_3$ 等，其性能较贵金属催化剂低得多[1]。早期的重整催化剂曾使用过以钼、铬为主要活性组分的催化剂，由于其活性及稳定性差，后来逐渐停止使用。之后以贵金属铂为主要活性组分的重整催化剂在工业上被广泛使用，其催化剂的活性比钼、铬催化剂的活性高出上百倍。目前，工业上广泛使用的是以贵金属铂为基本活性组分的双金属和多金属催化剂。

贵金属催化剂由活性组分（主催化剂，如铂）、助催化剂（如铼、锡等）和载体（如含卤素的 γ-Al$_2$O$_3$）构成。由于重整过程有芳构化和异构化两种类型的反应，因此要求重整催化剂具有脱氢和裂化异构化双功能。一般由金属元素提供脱氢反应功能，即金属功能；由卤素提供异构化反应功能，即酸性功能。重整催化剂的这两种功能在反应过程中要保持一定平衡，否则会影响催化剂的整体选择性。助催化剂本身没有催化活性或活性很弱，但与活性组分共存时能改善催化剂的活性、稳定性和选择性。另外，引入其他金属作为助催化剂还可以减少铂含量，降低成本。目前多金属重整催化剂主要有以下三大系列：①Pt-Re 系列，活性、稳定性大大提高；②Pt-Ir 系列，脱氢环化能力大大提高；③Pt-Sn 系列，低压稳定性和环化选择性好。载体一般本身不具有催化活性，但是具有较大的比表面积和较好的机械强度。目前作为重整催化剂常用的载体有 η-Al$_2$O$_3$ 和 γ-Al$_2$O$_3$。η-Al$_2$O$_3$ 比表面积大，氯保持能力强，但热稳定性和抗水能力差，所以目前工业上重整催化剂主要使用 γ-Al$_2$O$_3$ 作为载体[2]。

一般来说，催化剂的脱氢活性、稳定性和抗毒能力随铂含量的增加而增强。由于铂是贵金属，所以铂催化剂的制造成本主要取决于它的铂含量。研究表明，当铂含量接近 1%时，再提高铂含量则几乎没有积极影响。随着载体和催化剂制备技术的改进，使得活性金属组分能够更均匀地分散在载体上，重整催化剂的铂含量也更趋于降低。目前工业用重整催化剂的铂含量大多是 0.2%~0.3%。此外，目前铂铼双金属重整催化剂已取代了单铂催化剂。铼的主要作用是提高催化剂的容炭能力和稳定性，延长了运转周期，使反应条件能够更加苛刻，特别适用于固定床反应器。工业用铂铼催化剂中铼铂含量比一般为 1~2，较高的铼含量对提高催化剂的稳定性有利。而铂锡重整催化剂在高温低压下具有良好的选择性和再生性能，并且锡价格比铼便宜，新鲜剂和再生剂不必预硫化，生产操作简便。虽然铂锡催化剂的稳定性不如铂铼催化剂，但是其稳定性也能够满足连续重整工艺的要

求，因此近年来被广泛应用于连续重整装置。

改变卤素的含量可以调节催化剂的酸性功能。随着卤素含量的增加，催化剂对异构化和加氢裂化等酸性反应的催化活性也增强。卤素的使用上通常有氟氯型和全氯型两种。氟在催化剂上比较稳定，操作时不易被水带走，因此氟氯型催化剂的酸性功能受重整原料含水量的影响较小。一般氟氯型催化剂含氟和氯约1%。但是氟的加氢裂化性能较强，使催化剂的性能变差，因此近年来多采用全氯型催化剂。氯在催化剂上不稳定，容易被水带走，但是可以在工艺操作中根据系统中的水-氯平衡状况注氯以及在催化剂再生后进行氯化等措施来维持催化剂上氯的适宜含量。一般新鲜的全氯型催化剂含氯为0.6%~1.5%，实际操作中要求含氯量稳定在0.4%~1.0%。卤素含量太低时，由于酸性功能不足，芳烃转化率或产品的辛烷值低。虽然提高反应温度可以抵消这部分影响，但是会使催化剂的寿命显著缩短。另外，卤素含量太高时，加氢裂化反应增强，导致液体产物收率下降。

一般来说，载体本身并没有催化活性，但是具有较大的比表面积和较好的机械强度，能够使活性组分很好地分散在其表面上，从而有效地发挥其作用，节省活性组分的用量，同时也提高了催化剂的稳定性和机械强度。目前重整催化剂主要采用$\gamma\text{-}Al_2O_3$作为载体。载体的孔结构也很重要，孔径过小不利于原料和产物的扩散，而且容易在孔口处结焦，导致内表面不能充分利用而使活性迅速下降。重整催化剂的堆积密度多在$0.6~0.8g/cm^3$。

在现代重整工业装置中，单铂催化剂已经被淘汰，目前使用的主要是用于固定床重整装置的铂铼催化剂和用于移动床连续重整装置的铂锡催化剂。从使用性能来比较，铂铼催化剂具有更好的稳定性，而铂锡催化剂则具有更好的选择性和再生性能。实际对于催化剂的选择应当重视其综合性能，一般来说可以从以下三个方面来综合评价：①反应性能。对固定床重整装置，重要的是具有优良的稳定性，同时也要有良好的活性和选择性。催化剂的稳定性可以从容炭能力和生焦速率之比来进行比较。如果使用稳定性好的催化剂，在必要时还可以适当降低反应压力和氢油比，从而提高液体产品收率并降低能耗。对于连续重整装置，则要求催化剂具有良好的活性、选择性和再生性能。②再生性能。良好的再生性能无论对于固定床重整装置还是连续重整装置都很重要，尤其是后者。连续重整催化剂通常3~7天就要循环再生一遍，其再生性能主要取决于其热稳定性。③其他理化性质。比表面积对催化剂保持氯的能力有影响；机械强度、外形和颗粒均匀度对反应床层压降有重要影响，此性能对于连续重整装置尤为重要；催化剂的杂质含量及孔结构也会影响其稳定性。随着催化剂性能的不断改进，催化重整工艺技术也有了很大进步，重整装置的效率和经济效益也得到了提高。表4.2列出了催化重整主要工艺参数、反应器型式与催化剂发展的相互关系。反应压力和氢油比的不断降低不仅提高了重整汽油的辛烷值和收率，还降低了装置的能耗，提高了经济效益。

表 4.2　催化重整主要工艺参数与催化剂的关系

反应器型式	催化剂	反应压力（表）/MPa	氢油比（物质的量比）
半再生式	单铂催化剂	2.5～3.5	6～8
半再生式	铂铼催化剂	1.3～2.8	3.5～6.4
第一代连续重整	双金属催化剂	0.9～1.2	3～4
第二代连续重整	双金属催化剂	0.3～0.5	1～2

2. 重整催化剂的失活和再生

在运转过程中催化剂的活性和选择性会逐渐变坏，主要原因是积碳、卤素流失、中毒和老化，其中积碳是催化剂活性下降的主要原因。因此在运转过程中必须严格控制以降低催化剂的失活速率。催化剂的失活控制主要有：①引入其他金属提高稳定性，提高氢油比，抑制积碳生成；②控制好温度和催化剂氯含量，抑制金属聚集；③严格控制原料中的氧、氮、硫、砷和其他金属含量，防止催化剂中毒。催化剂经长期运转以后，因积碳而失活，经烧碳、氯化等再生过程可以完全恢复其活性；但因金属中毒或高温烧结而严重失活则不能再生恢复活性。

根据红外光谱和 XRD 的分析结果，在重整催化剂上的积碳主要是缩合芳烃，具有类石墨结构。积碳的主要成分是碳和氢，氢碳比一般为 0.5～0.8。催化剂的金属活性中心和酸性活性中心上都有积碳，但积碳大部分还是在酸性载体 $\gamma\text{-}Al_2O_3$ 上。金属活性中心上的积碳在氢的作用下可能解聚而消除，但是在酸性活性中心上的积碳在氢的作用下则难以除去。对于一般的铂催化剂，当积碳增至 3%～10% 时，其活性大半丧失；而对于铂铼催化剂，积碳达到约 20% 其活性才大半丧失。催化剂因积碳引起的活性降低可以采用提高反应温度的办法来补偿。但是提高反应温度有一定的限制，一般重整装置限制反应温度不超过 520℃。当反应温度已经提升到限制温度而催化剂的活性仍不能满足要求时，就需要通过再生的方法烧去积碳使催化剂的活性恢复。再生性能好的催化剂经再生后其活性基本上可以恢复到原有的水平。催化剂上积碳的速度与原料的性质和操作条件有关。原料的终馏点高、不饱和烃含量高时积碳速度快；反应条件苛刻也会使积碳速度加快。

催化剂的脱氢功能和酸性功能应当有良好的配合。其中氯是催化剂酸性功能的主要来源，在生产过程中应当使其含量维持在适宜的范围之内。氯含量过低时，催化剂的活性下降；氯含量过高时，加氢裂化反应加剧，液体产物收率下降。在生产过程中，催化剂上的氯含量会发生变化。当原料氯含量过高时，氯会在催化剂上沉积而使催化剂氯含量增加。当原料中水含量过高或反应生成水过多时，这些水分会冲洗氯使催化剂氯含量减小。高温条件下，水的存在还会促使铂晶粒的长大并破坏氧化铝载体的微孔结构，从而降低催化剂的活性和稳定性。此外，水还会和氯生成 HCl 腐蚀设备，对环化脱氢反应也有阻碍作用。为了严格控制系统中水和氯的量，国内重整装置限制原料油的氯含量和水含量不得大于 5μg/g。现代重整装置还通过不同的途径判断催化剂上的氯含量，然后采取注氯、注水等办法来保证最适宜的催化剂氯含量，即水氯平衡方法。工业装置上的注氯通常采用二氯乙烷、三氯乙烷、四氯化碳等氯化物；注水通常采用醇类以避免对设备的腐蚀。

催化剂的中毒可以分为永久性中毒和非永久性中毒。永久性中毒的催化剂其活性不可再恢复；而非永久性中毒的催化剂在更换无毒原料后，毒物可以逐渐排除而恢复活性。对于含铂催化剂，砷和铅、铜、铁、镍、汞等金属毒物为永久性毒物，而硫、氮、氧等非金属毒物为非永久性毒物。

在永久性毒物中砷是最应当注意的，它与铂有很强的亲和力，可与铂形成合金造成催化剂的永久性中毒。当催化剂上的砷含量超过 200μg/g 时，催化剂的活性就完全丧失。铂催化剂的实验结果表明，若要求催化剂的活性保持在原活性的 80%以上，则该催化剂上的砷含量应小于 100μg/g。实际上工业装置中常限制重整原料油的砷含量不大于 1μg/kg。在一般的石油馏分中，其砷含量随着沸点的升高而增加，而原油中的砷约 90%集中在蒸馏残油中。原油中的砷化物受热会分解，因此二次加工的汽油常含有较多的砷。铅与铂也可以形成稳定的化合物，造成催化剂中毒。石油馏分中铅含量很少，铅的来源主要是原料油被污染所致，而铜、铁、汞等毒物的主要来源是管线系统内的杂质。此外，钠也是铂催化剂的毒物，所以禁止使用 NaOH 来处理重整原料。

原料中的含硫化合物在重整反应条件下生成 H_2S，若不从系统中除去，则 H_2S 再循环氢中积聚，导致催化剂的脱氢活性下降。研究表明，当原料中硫含量为 0.01%和 0.03%时，铂催化剂的脱氢活性分别降低 50%和 80%。原料中允许的硫含量与系统的氢分压有关，当氢分压较高时，允许的硫含量可以较高。一般情况下，硫对铂催化剂毒化是暂时性的，一旦进料中不再含硫，一段时间后催化剂的活性就可以恢复。但是如果长时间存在过量的硫，也会造成永久性中毒。多数双金属催化剂比铂催化剂对硫更加敏感，因此其对硫的限制也更加严格。硫可以与铼发生反应，并难以用氢气还原。另外，原料中的硫含量也不是越低越好，有限的硫含量可以抑制氢解反应和深度脱氢反应，这对铂铼催化剂非常重要。在使用新鲜的或刚再生过的铂铼催化剂之前常常要有控制地对催化剂进行硫化。原料中的含氮化合物在重整反应条件下转化为氨，吸附在酸性中心上抑制催化剂的加氢裂化、异构化和环化脱氢性能。一般认为氮对催化剂的毒化作用是暂时的。CO 能与铂形成配合物，造成铂催化剂中毒。

在正常运转过程中，重整催化剂表面上的积碳增多和铂晶粒的聚集，会导致催化剂活性下降，因此当催化剂的活性降低至一定程度后就必须进行再生以恢复其活性。半再生式固定床重整装置的催化剂一般是 0.5~2 年再生一次，移动床连续重整装置的催化剂一般是 3~7 天再生一次。虽然两者反应器的型式不同，但再生的原理和方法是相同的。重整催化剂的再生包括烧焦、氯化和干燥三个工序。一般来说，再生后的重整催化剂的活性基本上可以完全恢复。

重整催化剂上焦炭的主要成分是碳和氢，烧焦时焦炭中氢的燃烧速率远大于碳的燃烧速率，所以烧焦时主要考虑碳的燃烧。在相同的烧焦温度和氧分压条件下，重整催化剂上的焦炭燃烧速率比催化裂化催化剂上的焦炭燃烧速率快。在重整催化剂的再生过程中，最重要的问题是通过控制烧焦反应速率来控制反应温度，过高的温度会使催化剂的金属铂晶粒发生聚集，还会不可逆地破坏载体的结构。一般再生时反应器内的温度不超过 550℃。另外，烧焦时还应控制好循环气中 O_2、H_2O 和 CO_2 的含量。在烧焦过程中，催化剂上的氯会大量损失，铂晶粒也会发生聚集，而氯化更新工序可以补充氯并使铂晶粒重新分散，以恢复催化剂的活性。工业上一般采用二氯乙烷进行氯化，在循环气中的浓度不高于 1%。循环气采用空气或高含氧量的惰性气体。为了使氯不流失，循环气中的水含量应控制不大于 0.1%。氯化一般在 510℃，常压进行 2h。经氯化后的催化剂还要在 540℃、空气流中氧化更新使铂晶粒的分散度达到要求，时间一般也为 2h。重整催化剂再生的干燥工序一般在 540℃时进行。干燥时若循环气中含有碳氢化合物则会影响铂晶粒的分散度，其中相对分子质量较大的碳氢化合物的影响特别显著。采用空气或高含氧量的气体作循环气可以抑制碳氢化合物对铂晶粒分散度的影响。研究结果表明，在氮气流下铂铼和铂锡催化剂在 480℃就开始出现铂晶粒的聚集现象，但是当氮气流中含有 10%以上的氧气时，就能显著地抑制铂晶粒的聚集，因此催化剂干燥时的循环气体宜采用空气。

新鲜的催化剂和再生后的催化剂中的金属组分都处于氧化状态，使用前必须先还原成金属状态。还原过程在 480℃左右氢气气氛下进行，由于水的生成还应控制系统的含水量。铂铼催化剂和某些多金属催化剂在刚开始进油时可能会表现出强烈的氢解性能和深度脱氢活性，这会导致催化剂床层温度的剧烈上升，以及催化剂的迅速积碳，其活性和选择性变差。因此在进油之前必须对催化剂进行预硫化以抑制其氢解性能和深度脱氢活性。而铂锡催化剂不需要预硫化，因为锡可以起到与硫相当的抑制作用。预硫化采用硫醇或二硫化碳作为硫化剂，用预加氢精制油稀释后加热送入反应系统。硫化剂使用量一般为 ppm 级别，预硫化温度为 350~390℃，压力为 0.4~0.8MPa。

4.5.3 催化重整原料的选择和预处理

由于催化重整生产方案和重整催化剂的不同，以及重整催化剂昂贵易失活，为了提高装置的运转周期和产品的收率，必须对重整原料进行选择和预制处理。重整原料的选择主要分为三方面：馏分组成、族组成和毒物杂质含量。重整原料馏分组成的要求由生产目的确定，以高辛烷值汽油为目的时，一般以直馏汽油为原料，馏分范围为 90～180℃；以芳烃为目的时，馏分范围为 60～145℃。在重整过程中，芳构化速率有差异，其中环烷烃的芳构化速率快，对芳烃收率贡献大；而烷烃则相反。一般以芳烃潜含量来表示重整原料的族组成，芳烃潜含量越高，重整原料的族组成越理想。

重整原料中含有少量的氮、硫、砷等杂质会使催化剂失活，因此必须对原料进行除杂预处理。重整原料的预处理由预脱砷、预分馏、预加氢、脱水等单元组成。砷是重整催化剂和各种预加氢精制催化剂最致命的毒物，因此重整反应的原料必须严格控制砷含量（10^{-7}wt%以下）。目前工业上主要使用的预脱砷方法有三种：①吸附法，使用浸渍有 $CuSO_4$ 的硅酸铝小球作为脱砷吸附剂；②氧化法，将氧化剂与原料混合，再经过蒸馏或水洗将砷的氧化物除去；③加氢法，将加氢预脱砷反应器和加氢预精制反应器串联，使用脱砷剂将砷吸附。

4.5.4 催化重整工艺流程

工业重整装置根据反应器类型可分为固定床和移动床反应工艺过程。根据催化剂再生方式又可分为半再生、循环再生和连续再生工艺过程[55]。

固定床半再生式重整工艺流程采用轴向或径向固定床反应器，使用条形或球形催化剂。当催化剂失活时就必须停运装置，对催化剂进行再生处理。这种工艺具有系统简单、运转操作维护方便、建筑费用低等优点，但由于催化剂的失活限制了其长期连续运转。固定床半再生式重整工艺以麦格纳重整工艺流程为例（图 4.10），将循环氢分为两路，分别从第一反应器和第三反应器进入，第一反应器和第二反应器采用高空速、低温度和低氢油比，有利于环烷烃的脱氢反应，同时抑制了加氢裂化反应。后面两个反应器采用低空速、高温度和高氢油比，有

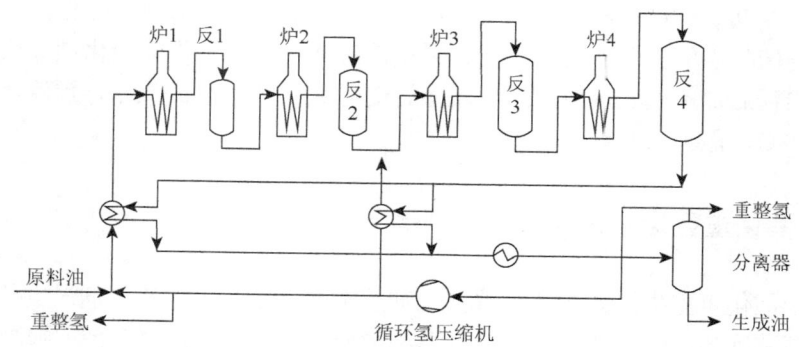

图 4.10 麦格纳重整反应工艺流程

利于烷烃的脱氢环化反应。这种装置的主要特点是高液体收率、装置能耗降低。

半再生式重整会因催化剂失活而被迫停工，因此为了保持催化剂的高活性，自 20 世纪 70 年代分别由美国环球油公司（UOP）和法国石油研究院（IFP）研究并发展了移动床反应器连续再生式重整。这种工艺设有催化剂再生器，使催化剂在反应器和再生器之间不断地循环。目前世界上连续重整有重叠式（美国 UOP，图 4.11）和并列式（法国 IFP，图 4.12）两种工艺，都设有单独的催化剂连续再生系统；而在具体工艺流程和设备结构方面则有以下差异。

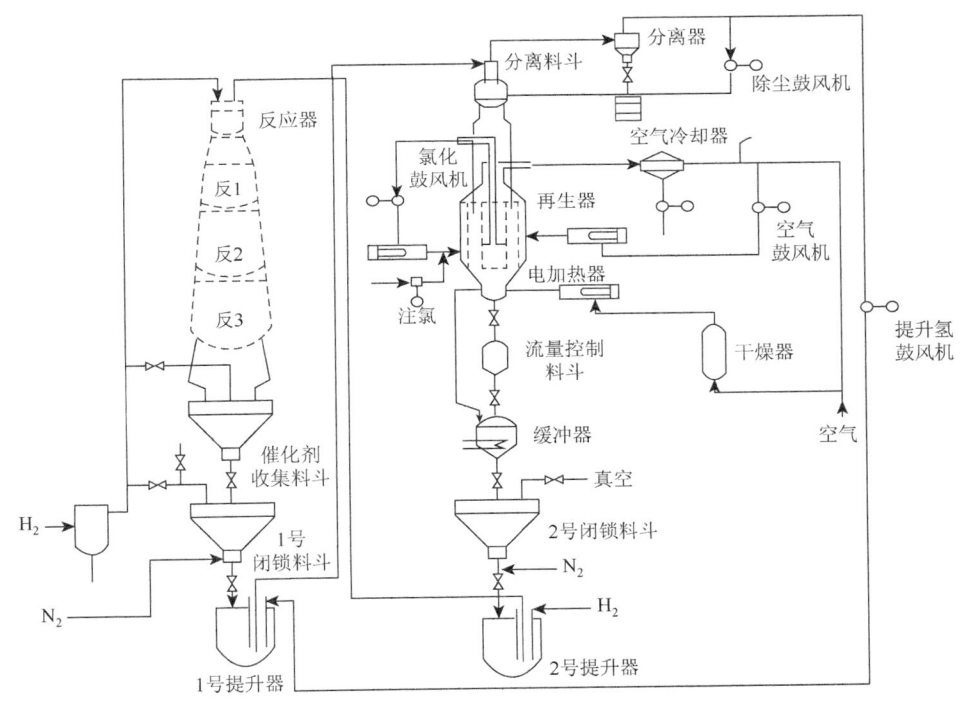

图 4.11　UOP 连续重整反应系统流程

（1）UOP 反应器为重叠式布置，占地小，催化剂靠重力流动，设备框架比较高；IFP 反应器为并列式布置，占地大，催化剂的输送靠气体的提升，设备高度低，维修方便。

（2）UOP 再生气采用热循环，流程简单，但对设备材质要求高，再生气水含量高；IFP 再生气采用冷循环，设备多，但对材质要求低，再生气水含量低，有利于催化剂比表面积的保持。

（3）UOP 装置的闭锁料斗设在反应器底部，再生压力比反应压力低；IFP 装置的闭锁料斗设在反应器上部，再生压力比反应压力高，有利于催化剂的烧焦。

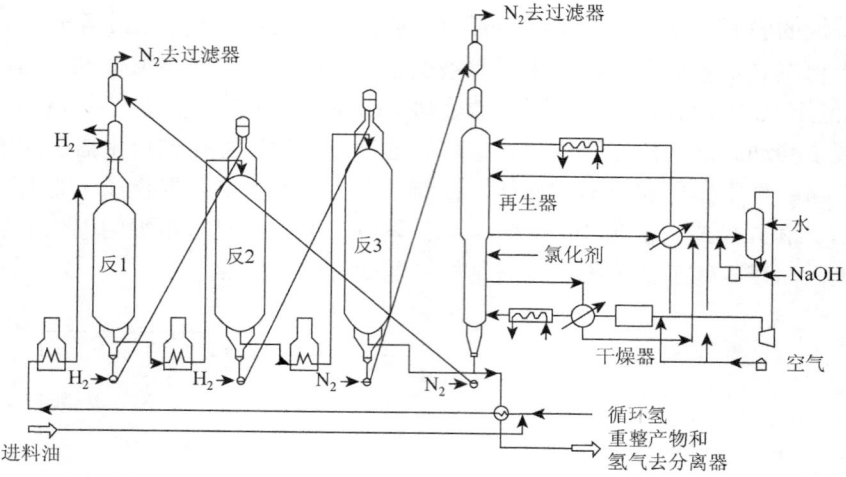

图 4.12 IFP 连续重整反应系统流程

参 考 文 献

[1] 徐春明,杨朝合. 石油炼制工程. 北京:石油工业出版社,2009.
[2] 杨兴锴,李杰. 燃料油生产技术. 北京:化学工业出版社,2010.
[3] 梁文杰,阙国和,刘晨光,等. 石油化学. 第二版. 东营:中国石油大学出版社,2009.
[4] 徐春明,林世雄. 渣油的催化裂化反应特性. 石油学报,1996,12(2):7-12.
[5] 陈俊武,曹汉昌. 催化裂化工艺与工程. 北京:中国石化出版社,1995.
[6] 侯祥麟. 中国炼油技术. 第二版. 北京:中国石化出版社,2001.
[7] Bruce C G. Chemistry of Catalytic Process. New York:McGraw-Hill Publisher,1979.
[8] Blanding F H. Reaction rates in catalytic cracking of petroleum. Industrial and Engineering Chemistry Research,1953,45(6):1197.
[9] Jacob S M,Benjamin G,Voltz S E,et al. A lumping and reaction scheme for catalytic cracking. AIChE Journal,1976,22(4):701-713.
[10] 王桂茹. 催化剂与催化作用(石油、非石油资源催化转化制取能源及化学品). 大连:大连理工大学出版社,2015.
[11] 许友好,张久顺,龙军. 生产清洁汽油组分的催化裂化新工艺 MIP. 石油炼制与化工,2001,32(8):1-5.
[12] 高金森,徐春明,白跃华,等. 降低催化裂化汽油烯烃含量的方法及系统:中国,ZL02123817.0. 2005-05.
[13] 高金森,徐春明,白跃华,等. 降低催化裂化汽油烯烃含量并保持辛烷值的方法及系统:中国,ZL02123494.9. 2005-09.
[14] 马艳秋,刘立军. 全球炼油加氢技术市场现状及发展趋势. 2011 年全国炼油加氢技术年会论文集. 宁波:中国石化抚顺石油化工研究院,2011.
[15] 张德义. 世界炼油工业结构调整及其对我国的启示. 石油化工技术经济,2005,21(3):1-7.
[16] 郭强,邓云川,段爱军,等. 加氢裂化工艺技术及其催化剂研究进展. 工业催化,2011,19(11):21-27.
[17] 李大东. 加氢处理工艺与工程. 北京:中国石化出版社,2004.
[18] 韩崇仁. 加氢裂化工艺与工程. 北京:中国石化出版社,2001.

[19] Martens J A, Jaeobs P A. Evidence for branching of long-chain n-alkanes via protonated cycloalkanes larger than cyclopropane. Journal of Catalysis, 1990, 124: 357-366.
[20] Moffat J B. Theoretical Aspects of Heterogeneous Catalysis. New York: Van Nostrand-Reindhold, 1990.
[21] Tejada J, Romero Y, Reyes E, et al. Catalyst for the hydroisomerization of contaminated hydroearbon feedstoek. US5612273, 1997.
[22] 李清华, 柳云骥, 刘春英, 等. 环烷烃分子在贵金属催化剂上的开环化学规律研究. 分子催化, 2004, 18 (60): 475-480.
[23] Kubicka D, Kumar N, Maki-Arela P, et al. Ring opening of decalin over zeolites I. Activity and selectivity of proton-form zeolites. Journal of Catalysis, 2004, 222: 65-79.
[24] Kubicka D, Kumar N, Maki-Arela P, et al. Ring opening of decalin over zeolites II. Activity and selectivity of platinum-modified zeolites. Journal of Catalysis, 2004, 227: 313-327.
[25] 张全信, 刘希尧. 多环芳烃的加氢裂化. 工业催化, 2001: 9 (2): 10-16.
[26] 胡永康. 国外馏分油加氢裂化催化剂的发展. 加氢裂化协作组第三届年会报告论文集, 1999: 96-112.
[27] 关明华. 加氢裂化技术最新进展与展望. 加氢裂化协作组第四届年会报告论文集, 2001: 41-57.
[28] 廖健等, 姚国欣. 国际市场加氢裂化/异构脱蜡技术的新进展. 加氢裂化协作组第四届年会报告论文集, 2001: 69-84.
[29] 黎元生. 国外加氢裂化技术进展和分析. 第五届加氢裂化协作组年会交流资料, 2003: 61-81.
[30] 王凤来, 关明华. 高活性多产中间馏分油加氢裂化催化剂的研制. 抚顺烃加工技术, 2001, (9): 6-12.
[31] 王凤来, 关明华, 喻正南. FC-16 型高活性多产中间馏分油加氢裂化催化剂研制及工业放大. 抚顺烃加工技术, 2003 (3): 1-10.
[32] Sels B F, de Vos D E, Jacobs P A. Hydrotalcite-like anionic clays in catalytic organic reactions. Catalysis Review-Science and Engineering, 2001, 43: 443-488.
[33] Khan A I, O'Hare D. Intercalation chemistry of layered double hydroxides: recent developments and applications. Journal of Materials Chemistry, 2002, 12: 3191-3198.
[34] Mochida I, Choi K H. An overview of hydrodesulfurization and hydrodenitrogenation. Journal of the Japan Petroleum Institute, 2004, 47 (3): 145-163.
[35] 朱全力, 赵旭涛, 赵振兴, 等. 加氢脱硫催化剂与反应机理的研究进展. 分子催化, 2006, 20 (4): 372-383.
[36] Cecilia J A, Infantes-Molina A, Rodriguez-Castellon E, et al. A novel method for preparing an active nickel phosphide catalyst for HDS of dibenzothiophene. Journal of Catalysis, 2009, 263: 4-15.
[37] Ramírez J, Gutiérrez-Alejandre A, Sánchez-Minero F, et al. HDS of 4, 6-DMDBT over NiMoP/ (x) Ti-SBA-15 catalysts prepared with $H_3PMo_{12}O_{40}$. Energy Fuels, 2012, 26: 773-782.
[38] Wang Y, Sun Z C, Wang A J, et al. Kinetics of Hydrodesulfurization of dibenzothiophene catalyzed by sulfided Co-Mo/MCM-41. Industrial and Engineering Chemistry Research, 2004, 43: 2324-2329.
[39] Kim J H, Ma X L, Song C S. Kinetics of two pathways for 4, 6-dimethyldibenzothiophene hydrodesulfurization over NiMo, CoMo sulfide, and nickel phosphide catalysts. Energy Fuels, 2005, 19: 353-364.
[40] Liu K, Ng F T T. Effect of the nitrogen heterocyclic compounds on hydrodesulfurization using in situ hydrogen and a dispersed Mo catalyst. Catalysis Today, 2010, 149: 28-34.
[41] Ledoux M J, Bouassida A, Benazouz R. The use of pyridine and piperidine hdn as probe for activity of molybdenum-based hydrotreatment catalysts. The role of the nickel (part II). Applied Catalysis, 1984, 9 (1): 41-52.
[42] Nagai M, Masunaga T, Hanaoka N. Hydrodenitrogenation of carbazole on a molybdenum/alumina catalyst. Effects of sulfiding and sulfur compounds. Energy Fuels, 1988, 2 (5): 645-651.

[43] Ferdous D, Dalai A K, Adjaye J. Comparison of hydrodenitrogenation of model basic and nonbasic nitrogen species in a trickle bed reactor using commercial NiMo/Al_2O_3 catalyst. Energy Fuels, 2003, 17 (1): 164-171.

[44] Ho T C. Hydrodenitrogenation catalysis. Catalysis Review-Science and Engineering, 1988, 30 (1): 117-160.

[45] Nelson N, Levy R B. The organic chemistry of hydrodenitrogenation. Journal of Catalysis, 1979, 58: 485-488.

[46] Landau M V. Deep hydrotreating of middle distillates from crude and shale oils. Catalysis Today, 1997, 36: 393-429.

[47] 范建光, 赵愉生, 胡长禄, 等. 渣油加氢脱金属反应动力学研究进展. 工业催化, 2013, 21 (10): 1-6.

[48] 包洪洲, 方向晨, 刘继华, 等. 柴油加氢脱芳烃动力学模型研究. 化工进展, 2011, 30 (5): 948-943.

[49] 中石化股份有限公司科技开发部. 部分国家车用燃料标准汇总. 2000.

[50] 徐承恩. 催化重整工艺与工程. 北京: 中国石化出版社, 2006.

[51] 徐承恩. 石脑油催化重整. 北京: 中国石化出版社, 2009.

[52] 罗家弼. 重整催化发展问题的探讨. 炼油设计, 1995, 25 (1): 7-12.

[53] Gates B C, Katzer J R, Shui G C A. Chemistry of catalytic processes. New York: McGraw-Hill, 1979.

[54] Barbier J. Deactivation of reforming catalysts by loking-a review. Applied Catalysis, 1986, 23 (2): 225-243.

[55] 解新安, 陈清林, 华贲, 等. 催化重整反应条件的优化. 炼油设计, 2000, 30 (9): 41-44.

(蒋宗轩[*] 刘欣毅)

第 5 章 三大合成催化

5.1 引　　言

5.1.1 合成高分子的历史发展

伴随人类生活就开始了使用天然高分子材料的历史，包括使用树木和植物搭建窝棚和帮助攀爬等，进化的过程开始使用藤蔓植物和芦苇、树皮和棉花等的编织物。直到 19 世纪中叶，开始跨入天然聚合物的化学改性时代。1839 年，Charles Goodyear 使用硫化反应使天然橡胶更具弹性和实用性[1]；1865 年，John Wesley Hyatt 使用樟脑增塑硝化纤维素[2]，并于 1870 年实现了硝化纤维塑料的工业化。直到 20 世纪才进入合成高分子的时代，1907 年，Leo Henricus Arthur Baekeland 首次实现了热固性酚醛树脂的合成[3]，成为 20 世纪 20 年代实现工业化的第一个合成塑料。开启高分子科学研究，公认的是 Hermann Standinger 教授于 1920 年定义了高分子是由结构单元重复并通过普通共价键彼此连接而形成的长链分子，奠定了高分子科学发展的基础。在美洲合成高分子先驱 Wallace Hume Carothers，1930 年 4 月与其合作者 Arnold M. Collins 使用分离的氯丁二烯做单体合成了氯丁橡胶，被认为是第一种合成橡胶；不仅如此，1934 年集中纤维的合成，利用二胺和二酸进行缩合反应制备了聚酰胺，基于此，与他的合作者 Gerard Berchet 于 1935 年 2 月使用 1,6-己二胺与己二酸反应制备了 6,6-聚酰胺。Carothers 的研究充分展示了合成高分子的两类重要反应：加成反应与缩合反应。与此同时，由于德国 H. Standinger 教授（1932 年）大分子长链结构理论的确立和苏联 H. H. Semyonov 的链式聚合理论（1934 年）提出，为加成高分子合成奠定了科学基础。英国帝国化学工业公司的 E. W. Fawcett 在英国皇家化学会 Faraday 会议上报告了乙烯高压聚合制备聚乙烯[4]，该技术于 1939 年实现了百吨产业化生产；当时拥有相关技术的还有 Du Pont 公司和 UCC 公司，聚乙烯材料生产和应用还仅仅作为军用物资，仅在第二次世界大战后获得更多公司推广。量变的过程必然带来质的跨越，20 世纪 50 年代初德国科学家 Karl Ziegler 发展了钛配位乙烯（及烯烃）聚合催化剂，意大利科学家 Giulio Natta 快速推进了钛配位丙烯聚合及产业化。

20 世纪 50 年代末开始的大规模聚烯烃产业化，使得价廉质优的高分子材料更具民用价值和意义，更为广泛的高聚物研究与应用成为当时最具发展潜力的学科之一。目前合成高分子的塑料、合成橡胶和合成纤维使用总量超过三亿吨，成为提高人类生活水平与减缓地球资源消耗的重要保障材料，成为人们衣、食、住、行和工农业生产必要的物资。

5.1.2 合成高分子材料的重要价值

工农业生产与现代服务业发展的目标是提高人类生活水平；不仅如此，为了保障后代的繁衍生息，需要减缓天然资源的使用，保护环境，求得持续与长久的发展。尽管民众错误地认为"合成高分子材料是环境污染的罪魁祸首"，设想一下，如果没有合成高分子材料所提供的支持和保障，维持目前人类三分之一人口生活水平的天然物质基础就会显得异常困难，地球资源的消耗和温室效应也会呈级数地演变。

伴随人类和动物从穴居到窝棚和住宅的进化，快速地消耗着石材和树木，造成森林快速减少，甚至成片地消失；空气中温室气体浓度增大，加速了冰川消融和海平面的升高，慢慢吞噬着人类长期居住的家园。这类环境的破坏，才是真正无法再生的。与之对应，高分子材料被冠以"环境的公敌"的名号，却在当今建筑材料中发挥着越来越重要的作用，因具有轻量化、高强度、隔热、抗冲击和抗振等优良性能，已经成为临时建筑的框架与墙体和固定建筑中防渗漏、涂料、密封剂、黏合剂、给排水、电讯、隔音与保暖等用料和设施中不可缺少的材料，更是快速发展的城市中高层建筑必需的轻量建材。科学是把"双刃剑"，高分子建材和家装材料在易燃与老化及事故中有毒烟雾的缺点备受批评，但其替代钢铁、水泥与木材的功能，直接保护了自然资源并提高了人类的居住环境与生活品质。材料科学家仍然在使用掺杂和共混的方式持续地提高高分子材料的性能并克服其存在的缺点。

比居住条件更为重要的就是"衣"，人类通过天然纤维的应用提高了审美和生活的品质；这些天然纤维包括植物纤维的棉与麻和动物纤维的毛与蚕丝等。在地球人口数量超过七十亿的当下，天然纤维已经远远无法满足量的供给，更无法满足人们对于衣物的色泽、保暖、坚固耐磨、防霉防蛀、免洗免烫、便利等特点的追求；即使热恋天然织物的人，也不难在整理自己衣物时发现"棉、麻、毛和蚕丝"衣物很难占到两成，甚至很有可能标记为"天然纤维"的衣服中仍然由合成高分子材料缝纫制成。不仅如此，高分子纤维鲜艳的光泽和美感备受时尚界的青睐且更具商业价值，如尼龙长袜，具有棉质感和更具保暖与易洗涤的腈纶休闲服装，透气性能与干爽效果更佳的维尼纶内衣织品等，无疑撼动了天然高分子纤维的特征价值。除了高分子纤维之外,装点我们普通百姓衣物的还需要饰品与纽扣,其基本原料更多出自高分子合成材料。市面上流行的仿珍珠纽扣与饰品取材于聚酯,仿玉制品基于聚酯或者聚甲醛树脂;这些饰品有更光滑的表面和靓丽的色泽,甚至可以比较便利地包裹小昆虫与植物做成琥珀饰品,给人更高档的色感和冲击力。值得补充说明的是,高分子纤维的衣物和饰品使用更具耐久性,没有高分子纤维对于衣物和饰品作基石,天然材料无法满足现在人类对于衣物的欲望需求的十分之一。

与我们生活品质密切相关的还有"行",高分子材料在交通工具部件和资源节约中的重要价值更是不容置疑的。包括汽车车体与内外加护与装饰材料,飞机、轮船与火车的框架与部件及内外装饰材料。对于钢铁与木材的替代,以及高分子材料轻量化带来的动力消耗大幅地减少,都对自然保护起了巨大的作用。尽管在部分产品中暴露了强度不足的安全性和燃烧性的问题,碳纤维材料无论在汽车和飞机甚至空间卫星制造中都成为强度高和耐久与耐热性能俱佳的材料。高分子材料使用的范围与性能要求可以满足不同层次交通工具制造的需求,人们不能都采取最高材料标准的关键还是材料制备的工艺与技术过程的能耗问题。无疑,使用更多高分子材料制造交通工具成为材料科学与制造业发展的主流。

不仅如此,如果说"高分子材料甚至提高了你的饮食质量",你会如何反应?高分子材料并非用于食用,但是,在食品储运与保鲜中高分子材料的作用至关重要,隔断了细菌传播和滋生的条件,甚至极大地减少了交叉感染的可能,保护了你的身体,提高了你的生活质量,满足了人类的需求。大家在争论一次性餐具和陶瓷餐具哪种做法更保护自然环境。拿一个常被诟病的"一次性塑料杯和陶瓷杯招待客人哪个更环保"进行比较,即使不计算清洗和用水,制备一个陶瓷杯的能耗是一次性塑料杯能耗的两千倍!至于其环境的负面影响,这些高分子包装和容器完成功能后最有效的利用手段就是焚烧和作为能源的原料;此外,也有再降解成为有机单体和产业化工程装置的研究,显得更具吸引力,也更具持续发展前景。

5.1.3 合成高分子材料分类

高分子材料种类众多,学界和产业界有很多不同的分类方式,尤以按照材料使用时的形态分类被广泛接受,分为塑料、纤维和橡胶三大类。毋庸置疑,涂料和胶黏剂作为合成高分子材料越来越受到重视,但是,在催化科学为主的教材中,这里仅简单介绍塑料、纤维和橡胶。

1. 塑料

塑料又称为树脂,"树脂"顾名思义,是植物渗(泌)出物的无定形(半)固体有机物;天然树脂的使用可以追溯到数千年前,最早使用的天然树脂是松香、虫胶、琥珀等。尽管现代塑料工业大家比较接受的是始于 20 世纪 30 年代,但可以追溯到 19 世纪中叶为了寻找天然树脂的代用品,美国人 J. W. Hyatt 在湿润的硝酸纤维素中加入樟脑和少量酒精制成了一种可塑性物质,能够在热压下成型,命名为"赛璐珞"(shellac),替代虫胶,用于马车和汽车的挡风玻璃和后来作为电影胶片的材料,并于 1872 年建厂生产赛璐珞;1905 年,德国拜耳股份公司将其国内研究者 A. Eichenglin 发明的注射成型不易燃烧醋酸纤维素实现了工业化。与此同时,美国的 Albang Dental Plate 公司于 1870 年最早研究酚醛树脂的合成,后由美国 Bakelite(酚醛树脂)公司于 1909 年将该技术实现产业化生产。比美国更早进行第一个商业化酚醛树脂生产的是 L. Blumer 于 1902 年用酒石酸催化酚和醛缩合制得命名为"Laccain"的酚醛树脂,遗憾的是没有形成规模;被称为酚醛树脂创始人的美国科学家 Baekeland 是 1905 年才开始用苯酚和甲醛来进行合成树脂的研究,并于 1909 年首次提出酚醛树脂"加压和加热"的热固性塑料,奠定了其科学威望,并在 1924 年出任美国化学会主席。1910 年在柏林 Ruttgers 工厂建成了通用酚醛树脂公司,更加提升了酚醛树脂的批量生产;应该说,在 20 世纪 40 年代以前,酚醛塑料约占塑料产量的三分之二,是最主要的塑料品种,广泛用于电器、仪表、机械和汽车工业。

在跨入现代塑料工业过程中,还值得提及的是 1930 年德国 I. G. Farben 公司进行工业聚苯乙烯生产,1931 年美国 Rohm-Haas 公司以本体法生产聚甲基丙烯酸甲酯(有机玻璃);以及 20 世纪 40 年代用乳液法生产聚氯乙烯。然而,具有现代塑料工业里程碑的研究是 1933 年英国 Imperical Chemical Industries(ICI)公司两位研究人员 Reginald Gibson 和 Eric Fawcett 进行乙烯与苯甲醛 170℃加压反应时发现聚合釜壁上有蜡质固体存在,发明了聚乙烯,并于 1939 年实现了高压气相本体法生产低密度聚乙烯;该技术在第二次世界大战中由多国公司用于生产聚乙烯,当时聚乙烯还仅限于战备物资使用。塑料获得普及和大量应用还是等到 1953 年联邦德国 Karl Ziegler 教授领导实验室发明烷基铝活化四氯化钛常压催化乙烯聚合,并在 1955 年联邦德国 Hoechst 公司首先采用低压下制备高密度聚乙烯;受齐格勒研究的启发,意大利塑料改性共混研究的学者 Giulio Natta(纳塔)抓住机会突击丙烯聚合研究,其技术于 1957 年由意大利 Montecatini 公司实现了聚丙烯工业生产。此后的发展则如雨后春笋,从 1904 年的塑料世界总产量一万吨,到 1956 年达到三百四十万吨,到 2012 年使用量超过了两亿两千万吨(图 5.1)。大品种塑料中包括聚烯烃、聚苯乙烯、聚碳酸酯、ABS 树脂、聚苯醚、聚酰亚胺等;其中聚烯烃占了塑料总量的近三分之二。

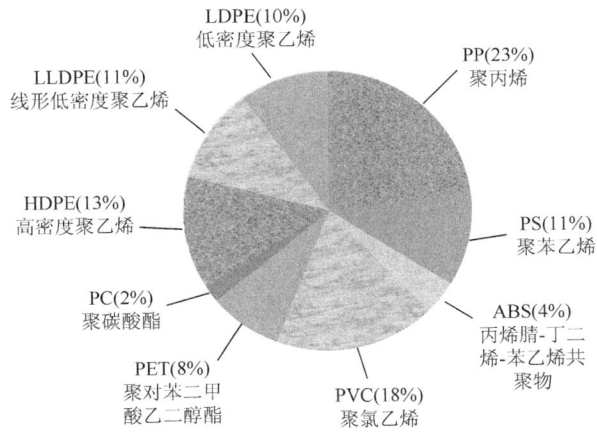

图 5.1　全球塑料产品消费量（2012 年超过 2.20 亿吨）

2. 合成橡胶

1860 年，C. G. Williams 在热裂解天然橡胶产物时收集到了异戊二烯，并且发现异戊二烯在空气中放置会变成白色弹性体，G. Butchart 又在 1879 年重复了该技能。1900 年 И. Л. Kondakaf 用 2,3-二甲基-1,3-丁二烯聚合制备弹性体，2,3-二甲基-1,3-丁二烯在 70℃热聚合历经五个月后获得弹性体称为甲基橡胶 W，而在 30～35℃聚合历经三四个月后制成的略硬的橡胶称为甲基橡胶 H。在第一次世界大战期间德国的海上运输被封锁，切断了天然橡胶的输入，该技术于 1917 年在德国获得工业化生产；然而，其性能远比天然橡胶差得多，停战后随即停产，仅生产了两千三百吨。苏联利用 C. B. Lebedev 的酒精转化成的丁二烯采用钠催化液相本体聚合，制得了丁钠橡胶，在 1931 年建成了万吨级生产装置；同一时期，德国人从乙炔出发合成了丁二烯，也实现了丁钠橡胶制备，德国 I. G. Farben 公司 1935 年首先实现丁腈橡胶的生产和 1937 年在 Buna 化工厂建成丁苯橡胶工业生产装置，而丁腈橡胶是一种耐油橡胶，目前仍作为特种橡胶使用。第二次世界大战的急需和当时日本占领了天然橡胶主产地马来西亚，促进了橡胶产业的快速发展，世界合成橡胶产量从 1939 年的两万三千吨剧增到 1944 年的八十八万五千吨。不仅如此，出现了许多特种橡胶新品种，包括美国通用电气公司自 1944 年生产了硅橡胶，同期德国和英国分别生产了聚氨酯橡胶。

随着齐格勒-纳塔（Ziegler-Natta，Z-N）烯烃聚合工业化，石油化工裂解制备乙烯与丙烯过程中产生了大量二烯单体，配合新型催化剂研发的溶液聚合技术更有效地控制橡胶分子的立构规整度，提高了橡胶性能，使合成橡胶工业进入了一个崭新的阶段。主要品种包括：接近天然橡胶性能被称为合成天然橡胶的高顺式 1,4-聚异戊二烯（简称异戊橡胶），高反式 1,4-聚异戊二烯（简称合成杜仲胶），顺式

1,4-聚丁二烯橡胶（简称顺丁橡胶）及丁腈橡胶、氯丁橡胶、丁苯橡胶等；此外，还有乙烯与丙烯共聚制备的乙丙橡胶、聚氨酯弹性体等。到 20 世纪 70 年代后期，合成橡胶已基本上可以替代天然橡胶制造各种轮胎和制品，而且特种合成橡胶具有天然橡胶所无法达到的性能与品质。目前合成橡胶的年产量在七百万吨左右。

3. 合成纤维

在合成高分子中另一个重要分支就是"合成纤维"。1913 年，德国人 F. Klatte 合成了聚氯乙烯纤维，该技术于 1934 年由德国 I. G. Farben 公司实现了工业化生产，是最早的合成纤维。然而，由于其耐热性差的缺点，阻碍了其应用与发展。同期美国科学家，缩聚合成高分子的奠基人 W. H. Carothers 博士于 1935 年春使用己二胺和己二酸缩聚合成了聚酰胺 66，Du Pont 公司在 1938 年就实现了中试生产和 1939 年纺丝成功制成聚酰胺 66 纤维，即俗称尼龙；当 1940 年产品投放市场，立刻成为世界上争相抢购的织物，成为第一种大规模生产合成纤维。1941 年英国 "Calico Printers Association" 公司的 J. R. Whinfield 和 J. T. Dickson 成功地使用对苯二甲酸与乙二醇实现缩聚，并于 1944 年成功实现熔体纺丝；该技术于 1947 年由英国 ICI 实现产业化生产聚对苯二甲酸乙二醇酯纤维，1953 年，Du Pont 公司从英国购买了专利进行聚酯纤维 "dacron" 的大规模生产。聚酯纤维成本低且用途广泛，至 1972 年聚酯纤维产量超过聚酰胺，成为生产最大量和应用最广的合成纤维。

然而，合成纤维另一个平行的增长在于 Z-N 催化剂制得廉价的聚乙烯和聚丙烯成为新的纺丝材料，意大利 Montefibre 公司自 1960 年就实现了聚丙烯纤维的工业化，吸引了国际产业界的竞争。目前（2015 年）年产合成纤维九万吨，其中聚烯烃纤维占了五万七千三百吨，其他重要合成纤维还有聚酯、聚酰胺、聚丙烯腈等，合成纤维的快速发展也挤压了棉花的生产与销售空间，使天然纤维呈现萎缩的局面。

此外，作为一般信息，还需要特别提及两种特种纤维：碳纤维和超高分子量聚乙烯纤维。碳纤维的质量比铝材轻，强度却高于钢铁，且具有在有机溶剂、酸、碱中不溶不胀及耐腐蚀和模量高的特点，成为航空和国防军工的重要物资，并且在民用奢侈品和耐用品市场开始使用上呈现了巨大潜力。碳纤维生产主要分为聚丙烯腈基碳纤维、沥青基碳纤维等，其生产具有战略意义，备受国家领导人和航空与军工企业重视；国家多次组织重点攻关和产学研联合研究，实现了丙烯腈聚合和纺纱制备原丝，在将原丝放入氧化炉中 300℃ 进行氧化后，再升温到 1000～2000℃ 进行碳化工序处理，制备碳纤维，在国内已有吉化公司实现了规模化和批量生产（其他国内民营公司也采用相似的技术工艺）。超高分子量聚乙烯纤维（ultra high molecular weight polyethylene fiber，UHMWPE），又称高强高模聚乙烯纤维，是目前世界上比强度和比模量最高的纤维，其分子量为 100 万～500 万的聚乙烯冻胶纺丝制成的纤维，具有抗紫外线辐射，防中子和 γ 射线，具有比能量吸收高、介电常数低、电磁波透射率高等特点；最初集中用于防弹衣、防弹头盔、军用设施和设备的防弹装甲、航空航天等军事领域，近年来用于缆绳、防切割手套、渔网（养鱼箱）等制备。其技术核心是乙烯聚合中对于超高分子量聚乙烯分子量和分子量分布的有效控制，以及冻胶（干法和湿法）纺丝品质控制。我国在 2008 年奥运前作为重点攻关项目由原北京东方化工厂助剂二厂（现并入中国石化燕山分公司）联合中国科学院化学研究所使用中国石化奥达催化剂公司催化剂实现了万吨级产业化，国内多家公司成功用于纺丝和制备相关产品，其防弹衣、防弹头盔与防弹装甲除保障国家需求外，还成规模地出口西亚诸国。

5.2 高分子材料合成中典型催化问题

无论现代化工还是高分子材料的合成过程无疑都需要催化工艺。在降低日益增加的劳动力和场地成本消耗，提高生产效益的同时，催化工艺改善了产物材料的品质。高分子材料合成按照反应类型分为加成聚合和缩聚反应，需要给出必要的实例进行探讨。在上面的介绍中不难看出，合成高分子材料基于其功能分为塑料、合成纤维和橡胶。然而，基于科学本质，科学研究关心原料和反应过程以及所得材料的微结构，产物材料的微结构控制了其宏观性能和应用领域与范围。

目前，占据高分子材料产量市场三分之二的合成纤维中超过六成的都是基于聚烯烃材料，而且聚烯烃微结构调控延伸到橡胶替代的弹性体材料。聚烯烃材料以其"成本低、重量轻、易加工"的特性，而且仅限于碳氢化合物的组成保证其使用后仍可作为燃料的环保品质，成为重点推广的材料；不仅如此，聚烯烃树脂生产能力与技术水平也是衡量一个国家石化产业发展水平的重要标志。聚酯的组成元素限于碳、氢、氧，其制品在完成使用功能后无论降解还是焚烧的产物都具有环境耐受力，而且广泛用于塑料制品与合成纤维的原材料。橡胶作为存在不饱和键、由碳和氢组成的高分子材料，具有无法替代的性能和应用价值。聚烯烃、聚酯和橡胶材料使用量占到目前合成高分子材料的九成，其催化技术无疑主导了高分子材料合成的效益和未来的发展趋势，掌握了这三类催化技术，不难展开进行其他高分子材料的催化研究。为此，我们在重点介绍聚烯烃催化的基础上，对聚酯和橡胶催化进行必要地阐述。

5.2.1 聚烯烃材料及其催化剂

自 1939 年聚乙烯开始工业化生产以来，聚烯烃的发展至今已有七十多年的历史，最初的烯烃采用醇脱水制备；20 世纪 50 年代，石油裂解制备烯烃技术极大地提升了石油化工产品的附加值，更重要的是改善了人们的日常生活，被认为是 20 世纪最伟大的发明之一。聚烯烃具有优良的材料性能，使用中无毒，稳定性能高；通过共聚与改性可以制备特种专用料树脂，具有高抗冲、高耐热、高透明、低热封温度、导热、导磁或高屏蔽等性能。虽然聚苯乙烯科学上分类为聚烯烃，但是，通常俗称的聚烯烃还是专指聚乙烯和聚丙烯及其共聚物；在石油裂解制备烯烃单体时，总是乙烯量产高于丙烯，因而从20世纪中期聚丙烯为主发展到聚乙烯受到更多的关注。作为聚烯烃性能与分类的知识，其本质还是微结构"支化度多寡与长短，分子量高低与分布宽窄"影响到宏观指标"密度和熔融指数"与材料性能。就以乳白色半透明蜡状固体的聚乙烯为例，分为高密度、中密度、低密度和甚低密度的聚乙烯。密度为 $0.941\sim0.965g/cm^3$ 的高密度聚乙烯（HDPE）通常由 Z-N 催化剂或铬系（Phillips）催化剂制备，支链化程度最低，结晶度较高，其强度和抗老化性能优于聚丙烯，使用温度优于聚氯乙烯，广泛用于注塑、吹塑、挤塑和旋转成型制品加工；此外，超高分子量聚乙烯（UHMWPE）也是高密度聚乙烯中的一员，其密度甚至接近 $1.0g/cm^3$，采用 Z-N 催化剂和低温（60℃）聚合制备，其分子量超过 100 万，用于制备高强和高模聚乙烯纤维，也用于高强板材制备。密度为 $0.916\sim0.940g/cm^3$ 的中密度聚乙烯（MDPE），结晶度在 75%左右，拉伸强度较 HDPE 差，其刚性、耐磨性和透气性介于 HDPE 和低密度聚乙烯（LDPE）之间，适于用作挤塑管材、蒸煮袋的内衬薄膜和包装材料等。密度为 $0.910\sim0.925g/cm^3$ 的低密度聚乙烯，通常采用高温和高压自由基聚合制备，常称为高压聚乙烯，相对分子质量一般为 $50\,000\sim500\,000g/mol$，结晶度较低，具有良好的耐低温性能，可用于-80～-60℃的工作温度，电绝缘性能好，是挤塑管材和电线电缆的重要原料。密度更低的材料有线形低密度聚乙烯（LLDPE）和超低密度聚乙烯（VLDPE），通常由茂金属（metallocene）或 Z-N 催化剂进行乙烯与 α-烯烃共聚合制备，由于 α-烯烃形成侧链造成结晶度低且密度小，但具有良好的表面光泽性且低温韧性高的特点，其高模量、抗弯曲和耐应力开裂性的优点广泛用于吹膜和包装材料。

我国的第一套聚烯烃生产装置是 20 世纪 70 年代引进日本三井的聚丙烯成套装置，在燕山投产；我国聚烯烃工业发展的模式一直是关键技术依赖进口，剖析和仿制的催化剂与聚合技术尽快满足树脂市场的需求，因而，买方市场的后果是大量装置满足的仅仅是中低档聚烯烃材料的需求。考虑到国际聚烯烃企业对于我国企业的联合抵制，许多引用聚合技术和装置在引进之初就不是先进的，造成在我国成为聚烯烃材料生产大国和 Z-N 催化剂重要生产国的当下，消耗量超过四分之一的高性能聚烯烃树脂仍然依赖进口。关键根源在于基础研究发展的薄弱和技术开发的滞后，导致我国缺少自主知识产权的"聚烯烃催化剂和聚合工艺"，因而，迫切需要催化剂和催化工艺上的创新研究和技术突破。

1. 铬系催化剂

负载铬系催化剂是基于硅胶或者二氧化硅与氧化铝复合颗粒作载体负载铬作

为催化剂,由于是 Phillips 公司设在俄克拉荷马州的研究室成员 J. Paul Hogan 和 Robert L. Banks 于 1951 年发明的[5],并且由 Phillips 公司于 1955 年实现连续法工业生产,故称为 Phillips 催化剂。尽管出于对环境保护的需求,国际上对于废除铬使用的呼声很高,该催化剂体系仍然生产国际大量消耗的高密度聚乙烯份额中的四成,其原因在于,铬系催化剂所得高密度聚乙烯具有较宽的分子量分布,在满足材料性能要求的同时,具有良好的加工性能,备受成品制造者的青睐。

制备铬系催化剂,通常采用硅胶颗粒悬浮在溶剂中,加入水溶良好的铬酸铵,获得硅球吸附了三氧化二铬的颗粒(图 5.2)[6],然后高温焙烧获得具有催化聚合活性的铬系催化剂,其中铬在负载催化剂中的负载质量比为 0.2%～2%。

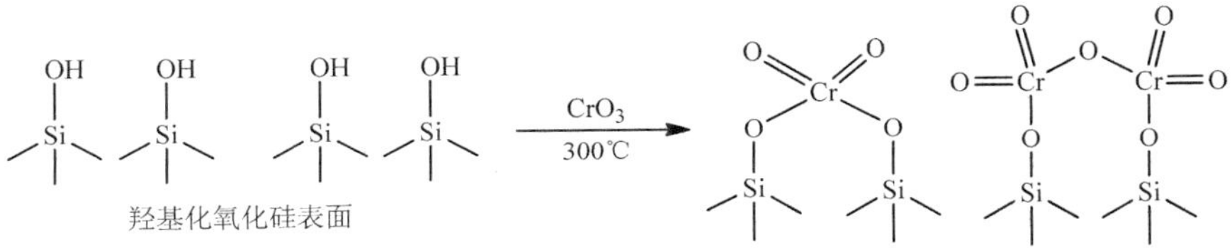

图 5.2 氧化铬在硅胶载体表面的负载

20 世纪 70 年代,六价铬被确认为致癌物(因而,国内尚存部分实验室使用重铬酸钾洗液用于清洗玻璃仪器的做法建议停止),为了减少铬系催化剂制备中操作者与六价铬的接触,纷纷采用三价铬盐替代[7],特别是产业界最常用的醋酸铬(Ⅲ),在负载催化剂煅烧过程中很容易把三价铬氧化为六价铬,其阴离子则很容易挥发掉。大量的研究证实铬离子变价转化是比较容易的,考虑到进行乙烯聚合是在一个相对强的还原气氛,科学家使用光谱跟踪验证了分别使用一氧化碳和氧气环境中铬的氧化与还原状态,认为获得了六价铬和二价铬的证据(图 5.3)[6],其他价态组分中间体存在是值得推测的。

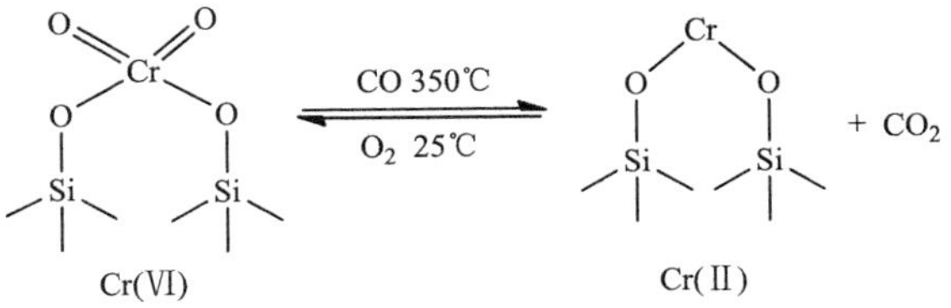

图 5.3 CO/O_2 气氛下六价铬与二价铬间的还原与氧化

尽管各种价态的铬都被证实,或者准确地讲是猜测,为催化乙烯聚合的活性组分,也被用来解释铬系催化剂所得聚乙烯分子量分布较宽的根源。六价铬是橘红色的,三价铬是蓝色的,实验表明,三氧化铬(六价铬)在超过 200℃处理时很容易转化为低价铬[8]；而实际操作中，工业铬系催化剂使用前都是需要煅烧处理才能充分发挥其催化聚合活性，因而，近些年的研究逐渐接受和确认三价铬为催化聚合的活性中心。最新的研究结论，更加验证了20世纪60年代Cossee提出的催化聚合机理[9]。该机理中认为乙烯作为还原气氛时，高价铬首先还原成为低价铬，配位吸附的乙烯转化为烷基或者氢在铬上键联，形成了催化中间体。基于这个烷基键联在铬上的催化中间体（图5.4），单体乙烯进行配位，发生持续乙烯插入反应形成了长链聚乙烯链；一旦这个聚乙烯链足够长，新的配位乙烯单体与之发生氢迁移，就产生了最终的聚乙烯以及新的烷基连接在铬上的新催化中间体；新的催化中间体可以持续诱导乙烯进行新的聚合反应。看似完美的催化聚合机理，尽管也有很多文献报道了"铬键联烷基"和"铬键联氢"催化中间体的证据，科技界普遍接受这种结论。这类催化中间体如何形成成为普遍关注的科学问题，毕竟铬系催化剂可以不采用烷基金属助催化剂就可以直接实现乙烯聚合。

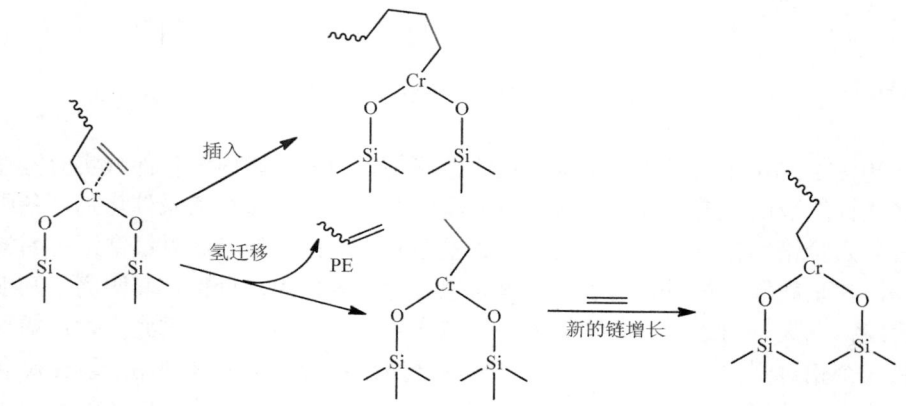

图 5.4 乙烯聚合链增长和终止的 Cossee 机理

一种解释是硅胶中羟基的氢转移到铬上，形成了"铬键联氢"的催化中间体，然后配位乙烯和插入反应形成"乙基铬"催化物种，持续进行乙烯单体配位和插入获得聚乙烯（图5.5）[10]。

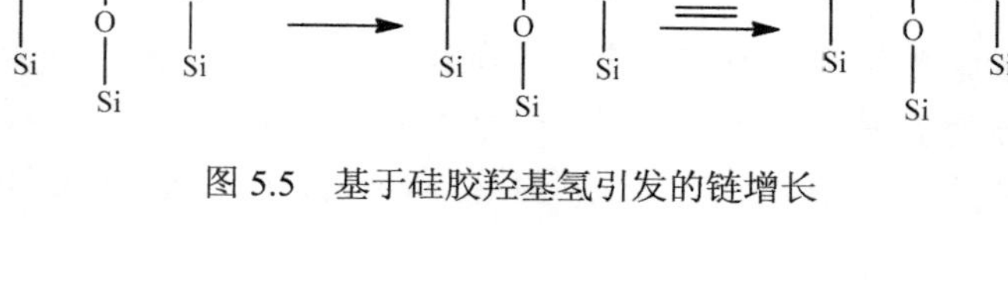

图 5.5 基于硅胶羟基氢引发的链增长

另一种机理解释（图 5.6）是基于二价铬活性物种配位乙烯形成的乙叉基铬（乙基卡宾铬化合物），再与乙烯配位插入形成铬杂环丁烷，再进行 1,3-氢迁移形成烷叉基铬，重复乙烯配位插入，在进行 2,3-氢迁移时给出含有双键的聚乙烯（或低聚物）和二价铬活性物种[11]。

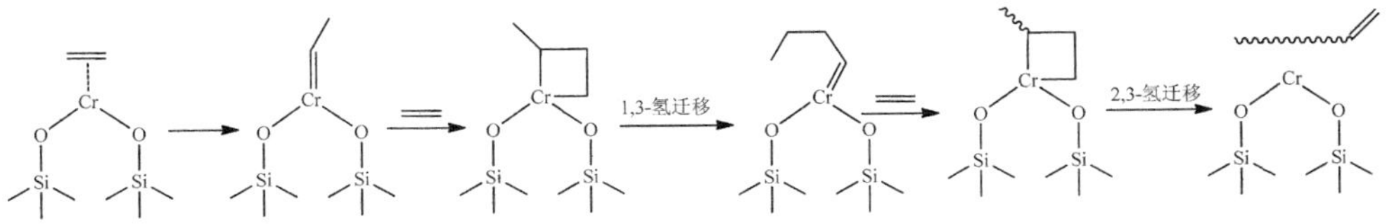

图 5.6　基于二价铬烷叉基乙烯插入成环链增长机理

还有一种机理解释也需要特别关注，就是认为催化过程中形成了铬杂戊烷中间体活性中心（图 5.7）[12]。成环机理中给出了几个重要的信息：①能够帮助解释铬系催化剂催化乙烯三聚制备己烯；②氢迁移形成端烯基中间体；③丙烯基配位的催化中间体，而丙烯基中间体可以转化形成双键位移到内部的烷烃，这也是为什么所得聚乙烯未必能够清晰测试其双键的位置。

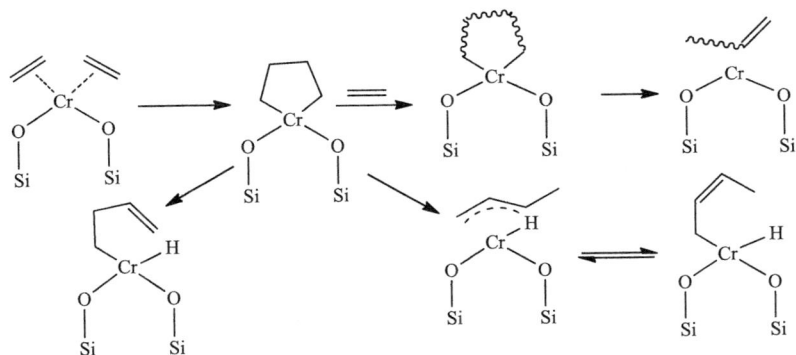

图 5.7　基于铬杂环烷基与丙酰基铬催化中间体的机理

基于铬系催化剂实用价值和巨大的商业利益,产业界仍会持续进行改良研究；由于铬存在潜在致癌的问题，催化剂在聚烯烃中的残留必将影响到该类聚乙烯树脂的使用范围；在其被替代前，提高铬系催化剂效率和性能将是永恒的研究主题。同时，仍有值得科学界去解决的谜团，这类基础研究显得更艰巨，无论反应机理还是催化中间体的研究，目前计算化学的研究显示了新的途径，能否与实践结果相符以及在什么程度上吻合仍然有待观察。

2. 钛系催化剂

Z-N 催化剂是以德国科学家 K. Ziegler 和意大利科学家 G. Natta 两人名字命名的最重要的石化工业催化剂；自 20 世纪 50 年代问世以来，经过不断研究和升级换代，催化性能不断提高，推动了聚烯烃工业的迅猛发展，其生产规模不断扩大，高性能聚烯烃树脂层出不穷。一个金属有机背景的化学家 Ziegler 和颇具材料性能研究造诣的科学家 Natta "泾渭分明"地研究这类催化剂对于乙烯和丙烯的聚合，正是两人的重要贡献分享了 1963 年的诺贝尔化学奖。

钛系催化剂的研究起源于 1953 年德国化学家 K. Ziegler 用 Et_3Al-$TiCl_4$ 实现了乙烯的常温常压聚合，得到了线性的高结晶度聚乙烯，即高密度聚乙烯[13, 14]。1954 年，意大利化学家 G. Natta[13]用 Et_2AlCl-$TiCl_3$ 催化丙烯聚合，首次得到了全同立构的聚丙烯[15]。理性客观地讲，Ziegler 和 Natta 两个课题组的工作是在相互补充中和竞争中获得发展，缺少任何一部分都可能使 Z-N 催化剂在聚烯烃工业发展的里程碑推迟。当时 Ziegler 研究组发现的催化体系，1g 钛只能产生 1.5～3kg 聚乙烯，就意味着聚乙烯中钛残留为 300～1700ppm；不仅所得聚合物有颜色，而且影响聚乙烯的稳定性，与使用的铬系催化剂相比活性上没有任何竞争力，而且当时还没有人去考虑铬的毒理问题。与之对比，Natta 研究组的催化体系受到更多关注，该体系实现了丙烯聚合，由于是获得全同立构的聚丙烯，就具有了快速结晶的效果，结晶聚合物体现出更高的强度，当时铬系催化剂无法实现。不仅如此，当时的烯烃（乙烯和丙烯）是通过醇脱水实现的，丙烯制备更简单和易于产业化，成为产业界竞相研究和产业化的新材料。

科学研究中相同概念和主题研究间的启发是非常关键的，钛系催化剂很快就借鉴了铬系催化剂负载的概念，使用不同载体［$MgCO_3$、SiO_2/Al_2O_3（当时铬系常用载体）及其他金属氯化物和氧化物等］进行氯化钛负载制成的催化剂[16]，活性获得极大地提高，发展了被称为第二代钛系催化剂（第一代钛催化剂并没有获得应用），进入了钛催化乙烯聚合工业化生产的阶段。

对于负载钛催化剂催化乙烯聚合的机理，有一个趋向是接受 Cossee 机理（图 5.4），显然可以接受。还有一个是后来普遍接受的被称为 Green-Rooney 的机理[17, 18]，该机理与铬系成环催化中间体（图 5.6）的机理类似；认为金属活性中心周围有充分的空位进行配位并形成金属氢化物，成环与链增长获得聚乙烯（图 5.8）。

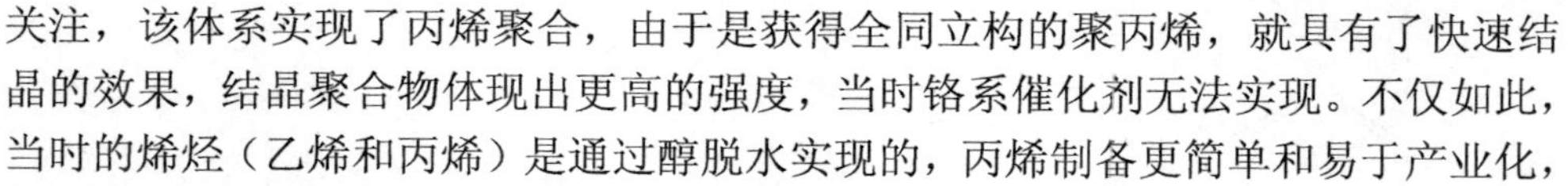

图 5.8 乙烯聚合的 Green-Rooney 机理

同位素标记研究认为，Green-Rooney 机理需要进行必要的修正，中间体中有"抓氢键"（agostic）中间体化合物形成，被称为"临位抓氢键参与的乙烯聚合机理"（图 5.9）[19]。

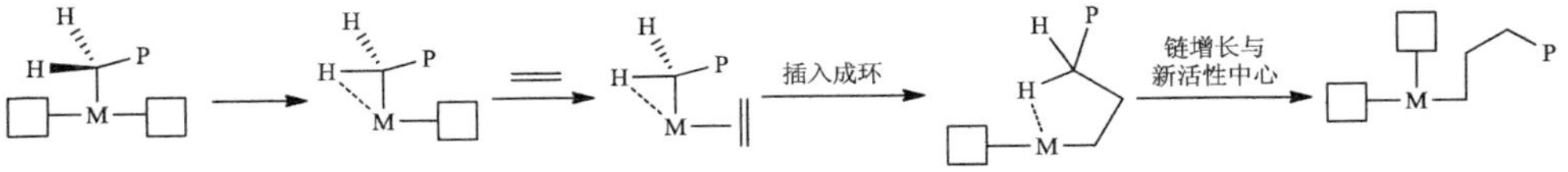

图 5.9 临位抓氢键参与的乙烯聚合机理

以上主要集中钛催化乙烯聚合的研究，源自典型 Ziegler 催化剂的研究范畴；但是，作者无意忽视 Natta 催化剂使用钛催化剂催化丙烯聚合，获得全同立构的聚丙烯，提高了所得聚烯烃的固化速度和强度。在 Natta 催化剂催化丙烯聚合之前，铬系催化剂进行丙烯聚合，获得了无规聚丙烯，材料很难固化而没有受到重视。在丙烯参与聚合时，由于多了一个甲基在双键上，会有 1,2-插入和 2,1-插入两种聚合的位置选择性插入聚合方式；考虑到甲基的立体选择性问题，就会产生四种结构有所差异的聚丙烯产物（图 5.10）。

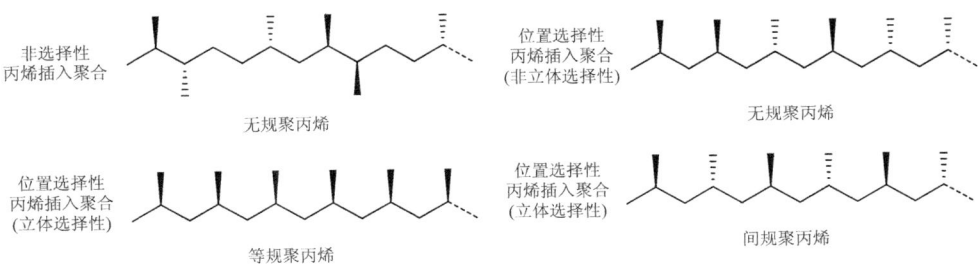

图 5.10 丙烯插入聚合的三种方式与所得结构差异的四种聚丙烯

前面提过四价钛和三价钛的氯化物盐用于乙烯聚合和丙烯聚合的区别，而进行催化剂制备的技术人员通常采用催化剂的颜色判断钛的价态：四价钛是白色的，负载催化剂固体呈现浅色；三价钛本身呈现暗紫色，其负载催化剂呈现较重的颜色。已经指出过，Natta 的丙烯聚合催化剂认为是由 "$Et_2AlCl\text{-}TiCl_3$" 红色催化体系组成，在最初十多年聚丙烯生产所需催化剂制备过程中，人们已经习惯使用氢氧化镁和四氯化钛在乙醇存在下进行反应制备氧化镁负载的三价钛的氯化物，该反应过程中四价钛显然被乙醇还原形成了三价钛化合物。早期的负载催化剂研究，无论乙烯聚合还是丙烯聚合催化剂，都能够看到金属氯化载体对于催化聚合活性的良好贡献。期间，日本三井化学和三菱化学都在与德国和意大利联合开发新的负载催化剂，使用了氯化镁负载钛的催化剂体系，使得催化聚合活性有了质的飞跃。此前的催化聚合所得聚烯烃中会有催化剂残留，钛残留量高于 30ppm 时造成聚烯烃树脂有色，氯残留量高于 30ppm 时容易降解和腐蚀；因而，第二代 Z-N 催化剂催化聚合所得聚烯烃通常需要洗掉无机盐灰分，该过程通常称为"脱色处理"工序。当氯化镁负载催化剂工业化时，所得聚烯烃树脂中钛和氯的残留量都低于 30ppm，在聚合工艺中免除了"脱色处理"工序；因而，在 20 世纪 60 年代末和 70 年代初研究的这类催化剂被称为"第三代 Z-N 催化剂"，如对丙烯的聚合活性达到 600kgPP/gTi，等规度达到 98%[20, 21]。

事实上，20 世纪 70 年代后的四十年里，聚烯烃 Z-N 催化剂的活性提高是非常有限的，已经不是研究的重点问题。燕山公司引进的我国首套聚烯烃生产工业装置就是日本三井化学的工艺与设备，使用的是第三代 Z-N 催化剂。针对这个催化剂体系，当时中国科学院化学研究所和隶属于国家化学工业部的北京市化学工业研究院以及国家石油工业部的石油化工科学研究院联合攻关，获得了我国具有实用价值的聚丙烯催化剂，基于该技术分化和扶持了我国三家重要的聚烯烃催化剂生产厂家，分别是中国石化催化剂有限公司北京奥达分公司、辽宁向阳科化集团营口市向阳化工厂和北京燕化高新技术股份有限公司（简称燕化高新）；在国家部委整合情况下，燕化高新并入中国石化属下的奥达公司，成为国际上颇具影响力和技术领先的聚烯烃催化剂生产企业。此后的四十年里，人们把最初重视催化剂活性的研究转到集中和关注所得聚合物树脂的性能上。针对聚烯烃树脂的高性能，两个有效途径就是烯烃共聚和立体可控聚合；烯烃共聚的问题异常复杂，我们将在茂金属锆系催化剂部分进行设计，立体可控聚合对于丙烯聚合更具实质意义，后续的研究形成了第四代 Z-N 催化剂。在第四代 Z-N 催化剂中，虽有少数催化剂改进通过载体控制实现[22]，更多注意力是投到了伴随钛负载催化剂使用的脂类或者醚类化合物上，其作用认为是可以调节催化活性中心的电子效应，被称为"给电子体"[23]。基于这类"给电子体"加入催化剂体系次序差异，制备载体催化剂时已经引入的脂或醚被称为"内给电子体"，而在催化体系中采用与载体催化剂共混加入的这类脂或醚被称为"外给电子体"。有时，会采用脂或醚同时作为"内给电子体"和"外给电子体"，也会有多种脂或醚作"给电子体"；相关的研究，试探了大量的脂肪族和芳香族脂或醚，以及二脂和二醚等。尽管有人在发展给电子体催化剂体系中提出"第五代 Z-N 催化剂"的建议，其效果和科学本质仍然是第四代催化剂的范畴。虽然难说 Z-N 催化剂已经是"完美"的，但就催化活性达到了每摩尔钛催化剂每小时实现制备数千吨聚丙烯，全规聚丙烯选择性超过 98%的立体规整性。国内重要催化剂研究和生产厂家，中国石化催化剂有限公司北京奥达分公司和辽宁向阳科化集团营口市向阳化工厂,都实现了第四代 Z-N 催化剂的生产,满足国内聚烯烃生产的同时,出口亚洲甚至欧美地区,在此不再展开进行赘述。

3. 锆系催化剂

在讨论锆系(metallocene)催化剂时,就不得不回到 Z-N 催化剂的活性中间体研究探索的背景,进而逐渐演化成为锆系(茂金属)催化剂的发现历史。发现 Z-N 催化剂正值金属有机化学学科的建立,聚烯烃催化学者力图通过金属有机化学的方法解释催化机理和活性中间体[24],而金属有机化学家则选择具有重要应用价值的催化体系展示金属有机的普遍性和实用价值[25],研究中一个交叉的重要体系就是二氯二茂钛配合物与烷基铝的催化体系(图 5.11)。表示出催化活性的助催化剂是二烷基氯化铝,典型的就是氯化二乙基铝,进行反应时形成二茂烷基化钛氯化物,进一步与二烷基氯化铝,形成二茂烷基钛正离子催化活性中心[26, 27];然而,当两个烷基二茂钛氯化物(如乙基二茂钛氯化物)进行分子间 β-氢转移和形成一个乙烷分子脱去后,便产生了乙基桥联的氯化二茂钛,该中间体没有适合进行乙烯配位的空间,在进行歧化放出乙烯后形成了氯化二茂钛,三价钛就失去了催化活性[28, 29]。

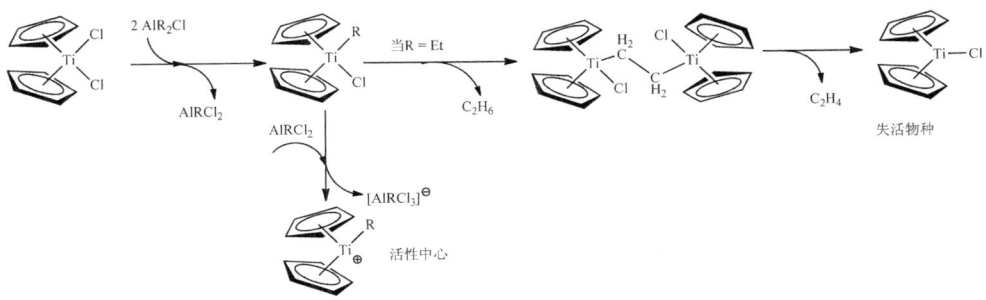

图 5.11 茂金属催化烯烃聚合的活性中间体与失活物种

这类乙基桥联的氯化二茂金属化合物,其锆的化合物获得了单晶,并测定了结构[30],证实乙基桥的每个碳原子同时连到两个锆原子上。与此同时,为了更好地使用核磁跟踪催化中心的烷基化过程和研究催化聚合机理,而且为了更好地控制氢转移的速度以便观察茂基钛的催化中间体,使用甲基比乙基更能够简化图谱和便于研究。针对二甲基二茂钛与三甲基铝的反应进行跟踪,成功地分离到了甲基中 α-氢转移形成的亚甲基桥联的茂基钛化合物[31]。尽管证实该化合物中钛的确是以四价态形式存在,但是,这类中间体并没有呈现乙烯聚合活性；令人惊奇的是，核磁管中凝结的水促进了乙烯聚合反应，并直接引入少量水在 1L 反应釜中再现了这类聚合催化[32]。该结果就是聚烯烃中具有里程碑意义的助催化剂——甲基铝氧烷（MAO）。四十年里，MAO 的结构问题一直吸引着人们的注意力，较为普遍接受的观点就是不同聚集态的氧桥联甲基铝簇合物[33]。二茂锆与三甲基铝形成的体系对乙烯和丙烯都没有催化性能，但是，二茂锆与甲基铝氧烷组成的催化体系却比其同系物二茂钛与甲基铝氧烷的体系无论乙烯还是丙烯聚合都高出两个数量级；不仅如此，茂基锆化合物更容易制备且具有相对较好的溶解性，诱发了茂锆催化剂的探索，引发了茂金属催化烯烃聚合的集中研究与产业化发展，并且成为近二十年里高性能聚烯烃树脂研究与发展的推动力。

茂锆配合物催化剂研究的四十年里，研究最多的是二茂锆化合物的衍生物，并发展了不同桥联的二茂锆化合物；其中，具有良好的烯烃聚合性能，具有代表性和不同结构对称性模型的二茂锆化合物见图 5.12。在合成这些二茂锆配合物过程中，也合成了同族的钛和铪二茂金属配合物，并与它同等条件下催化乙烯聚合性能进行比较[34]，茂锆配合物总是聚合活性较高的。虽然茂锆配合物的合成比茂钛配合物容易，但是，前过渡金属高价态的高亲氧性还是增加了合成的难度，使得合成的收率容易受到操作条件的影响。茂锆配合物与 Z-N 催化剂在催化乙烯聚合活性上同在一个数量级，Z-N 催化剂也可以通过聚合条件变化控制所得聚乙烯的分子量，尽管茂锆配合物催化剂体系可以获得聚乙烯的分子量分布窄；客观地讲，在乙烯聚合应用上，茂锆催化剂并不占任何优势。

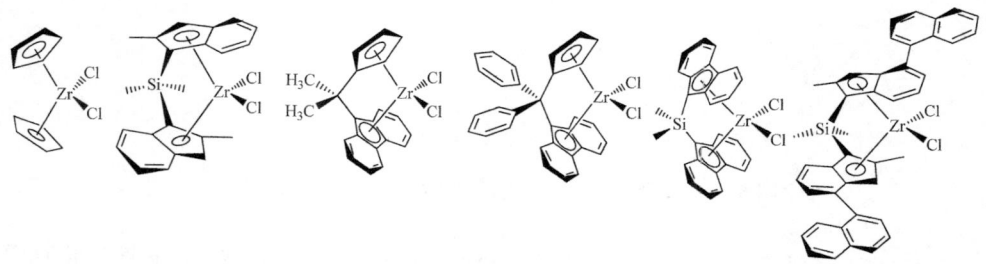

图 5.12　二茂锆催化剂的代表性模型

发挥茂金属催化剂到极致的是其特效性实现可控聚合和共聚合。茂锆催化剂用于 α-烯烃的可控聚合能够制备立体规整性不同和性能差异的聚烯烃树脂，如聚丙烯树脂材料（图 5.13）。聚丙烯材料中甲基的取向造成立体规整性差异，直接影响到材料的结晶速度和结晶度，以及密度和材料的物理与机械性能；在分子量相同的情况下，等规聚丙烯容易结晶成型，具有良好的耐热性和机械强度，可以用于制造塑料制品和容器；无规聚丙烯耐热性能差，结晶困难，呈现黏稠状或蜡状材料，在改性后使用，如用于制备改性沥青等。

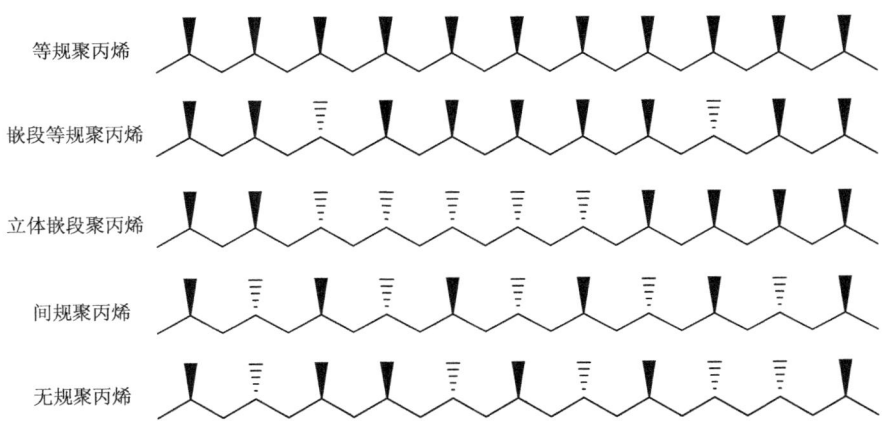

图 5.13　聚丙烯的不同立体规整结构

茂锆催化剂在聚烯烃中最具特殊地位，是催化乙烯与烯烃的共聚最有效的催化剂体系，制备了品种繁多的新型高性能聚烯烃树脂。针对聚烯烃树脂材料性能提高进行的烯烃共聚研究是伴着烯烃自聚出现就诞生的研究，并且实现了钒系催化乙丙共聚胶催化体系仍有使用，Z-N 催化乙烯与 α-烯烃（丁烯-1、己烯-1、辛烯-1 等）的共聚是目前工业生产大品种线性低密度聚乙烯（LLDPE）的重要工艺。然而，钒系催化剂就催化效率来讲远低于茂金属催化剂体系，呈现茂金属催化剂替代钒系催化剂的局面；在追逐更高机械性能和提高抗撕裂性能的材料研发中，需要提高乙烯与 α-烯烃共聚树脂中 α-烯烃的共聚比例，不仅如此，还需要长链 α-烯烃（如辛烯或癸烯）的有效共聚，Z-N 催化剂就难以达到要求，需要茂金属催化剂解决。还有一种特殊的功能聚烯烃树脂，是乙烯与环烯烃（环戊烯或降冰片烯）共聚获得工程塑料型聚烯烃树脂，具有良好的透明性和抗撞击性能。能够实现共聚催化的茂金属催化剂获得学术界广泛关注和研究，也有多个品种实现了产业化应用，但是，最值得了解和应用最广的高效茂金属催化剂是硅桥联四甲基茂基叔丁基胺化钛二氯化物（图 5.14），即单茂桥联钛配合物催化剂，也被称为"限定几何构型的催化剂"（constrained

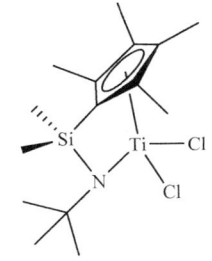

图 5.14　限定几何构型的催化剂

geometry catalysts，CGC）。这个催化剂专利权最初属于陶氏化学（已过保护期），并与除中国外的世界聚烯烃大公司分享专利使用权，用于生产高性能聚烯烃，多数采用溶液聚合工艺，成为近二十年来聚烯烃树脂竞争发展的重要领域。由于国际聚烯烃对于高附加值市场的垄断和我国聚烯烃工程产业化能力差，我国还没有真正规模化使用茂金属催化剂制备高性能聚烯烃的装置运作。

4. 后过渡金属配合物催化剂

20 世纪 90 年代，α-二亚胺的镍或钯配合物［图 5.15（a)］[35]和 2, 6-二亚胺吡啶的铁或钴配合物［图 5.15（b)］[36, 37]能够实现乙烯聚合制备高分子量聚乙烯；由于后过渡金属配合物制备简单和稳定性高，很快吸引了学界与产业界的广泛关注，并获得了巨大的研究投入，图 5.15（a）和（b）两个模型是研究最多和获得衍生物最为丰富的；基于相同的理论基础，发展了高效新型金属配合物模型［图 5.15（c）和（d)］，呈现了更具实用价值的研究结果和新型聚合物材料。在 20 世纪 70 年代，第三代 Z-N 催化剂在催化活性上已经满足聚烯烃生产的需求，后续新型 Z-N 催化剂和茂金属催化剂都是基于所得聚烯烃品质开展研究和用于改进生产。后过渡金属配合物催化烯烃聚合研究的突破口和意义，必然应该集中在所得材料的性质与性能上；发现镍和钯配合物催化乙烯聚合过程中有更多氢转移的过程，获得了高度支化的聚乙烯甚至是聚乙烯弹性体[38]；铁和钴配合物催化乙烯聚合获得高度线性的聚合物，而且在分子量低的聚乙烯中能够观察到清晰的端双键，成为制备不同高级 α-烯烃的基石（作为新型长链共聚单体）和乙烯齐聚的高效催化剂[39]。相关的研究和产业化仍在进行中，所制备的新颖聚乙烯树脂有可能影响到新颖高性能树脂和材料的发展，帮助提高人们的生活水平和减少对于环境的影响。

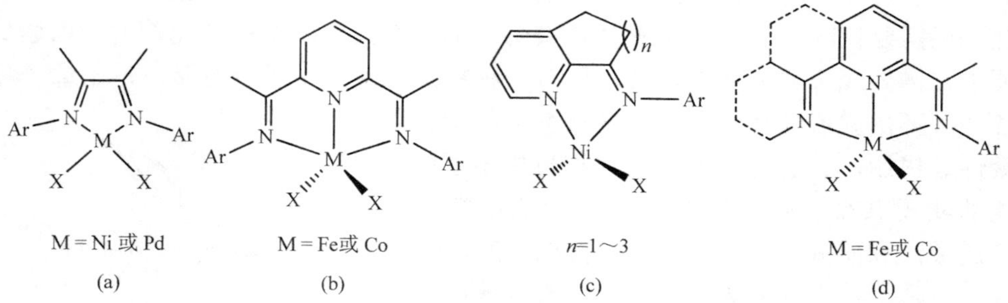

M = Ni 或 Pd
(a)

M = Fe或 Co
(b)

n=1～3
(c)

M = Fe或 Co
(d)

X = Cl或Br

图 5.15　典型后过渡金属催化剂模型

5.2.2 合成橡胶材料及其催化聚合

在三大合成高分子材料中，橡胶占据了无可替代的地位，曾被作为军用和国防物资受到各国政府的重视，有一个国际橡胶统计网（World Rubber Statistics，http://iisrp.com）会不断更新橡胶与弹性体的生产与应用。产量最大的三种合成橡胶依次分别是苯乙烯-丁二烯共聚物（styrene-butadiene rubber，SBR，简称为丁苯胶）年产三百多万吨、顺式-丁二烯橡胶（butadiene rubber，BR，顺丁橡胶）年产两百多万吨和异戊橡胶（isoprene rubber，IR）年产接近一百五十万吨，弥补了天然橡胶在产量和特殊性能需求上的不足。丁苯胶在 1937 年产业化，使用自由基聚合工艺，不在讨论之列。聚丁二烯橡胶和异戊橡胶具有相似的催化聚合过程和工艺，在此，我们使用比较成熟的丁二烯聚合催化剂进行讨论。

丁二烯有两种聚合方式和三种结构规整的聚合物（图 5.16）。其中 1,2-聚合所得聚合物含有大量的乙烯基，很容易交联；不仅这类聚合少，所得聚合物敏感且难有应用价值。1,4-聚合所得聚丁二烯又基于其结构趋向性获得了反式聚丁二烯和顺式聚丁二烯，基于聚合反应自身推动力，获得顺式聚丁二烯（顺丁胶）结构的聚合物更为普遍，其反式聚丁二烯认为是聚丁二烯产物中可以调节性能差异的组分，高顺式含量的聚丁二烯是产业界努力追求的。

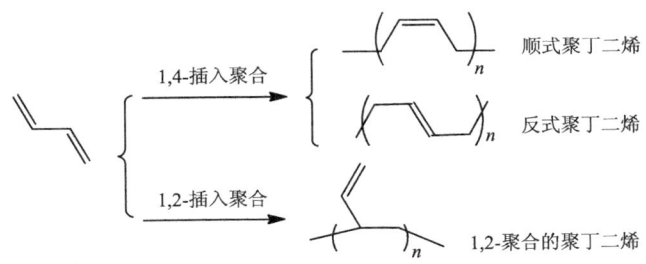

图 5.16　丁二烯的聚合与所得聚合物

顺丁橡胶是耐冲击的热塑性材料，具有优异的回弹性能和低的玻璃化温度（T_g 为 $-110\,℃$），耐寒和耐磨性能好；与天然橡胶相比，其耐热与抗老化性能更为优异；它广泛应用于轮胎、传送带、软管卷涵盖、鞋底、高尔夫球等；不仅如此，它还广泛用于其他热塑性材料的改性，可添加到高抗冲聚苯乙烯和高抗冲丙烯腈-苯乙烯-丁二烯共聚物（ABS 树脂）中，提高材料的性能，因此是重要的战略物资。聚丁二烯主要采用溶液聚合工艺，通常使用镍系、钴系和钕系催化剂；其中，镍系催化剂形成了成熟的催化体系，并获得了广泛应用，钴系催化剂高顺式选择性特点备受瞩目。我国作为稀土大国更希望充分利用钕催化剂的高活性和高选择性来获得顺丁橡胶，以产生新的突破。

工业上镍系催化剂是三组分催化体系，主催化剂可以是乙酰丙酮镍、水杨酸镍、硬脂酸镍、环烷酸镍等；助催化剂由两部分组成，其一是以三异丁基铝、氢化二异丁基铝或甲基铝氧烷为主的烷基铝化合物，其二是如三氟化硼为主的氟化物。此外，通常镍系催化体系需要微量水参与陈化处理，镍与铝的比例一般为3～4，铝与丁二烯的物质的量比为0.23～0.35，水与丁二烯则接近等物质的量比，这类催化剂配方是常用的催化剂体系。不难看出，镍使用量还是比较多的，提高其催化活性还是科学研究和技术发展的动力之一；文献中有很多主催化剂研究的例子，一位国内学者研究的吡啶胺醇配合物模型（图 5.17）值得提及，其镍配合物能够在室温下发生聚合得到含量为91%左右的顺式聚丁二烯产品[40]。

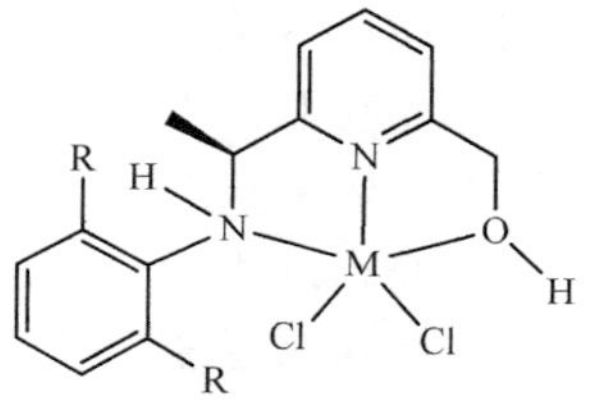

图 5.17 新型金属配合物丁二烯聚合催化剂

钴系催化剂是两组分催化体系，钴盐或其化合物为主催化剂，烷基铝为助催化剂；能够通过调整催化剂结构和控制聚合条件实现调控聚丁二烯产品的顺式含量和结构选择性，影响产物的宏观性能。例如，使用甲基铝氧烷助催化剂的体系中卤化钴和羧酸钴所得聚合物为高顺式聚丁二烯[41]；然而，额外添加烷基膦或吡啶衍生物后，得到以 1,2 结构为主的聚丁二烯产物[42]。使用吡啶胺亚醇的钴配合物（图 5.17），添加少量乙基倍半铝（EASC），能够对丁二烯实现顺式选择性的高效聚合；室温下，2000 倍的丁二烯能在一个小时内完全转化，聚合物的分子量在 2.31×10^5～3.08×10^5 g/mol，分子量分布为 1.45～1.81，顺式-1,4 含量为 96.3%～96.9%[43]。

卤化钕化合物是最早应用于烯烃聚合的稀土类催化剂[44]，随着研究的深入，逐渐分化到二烯聚合，也有部分学者把二烯聚合催化剂称为"Z-N 催化剂"。常用的钕（Nd）催化体系由三组分构成，包括钕化合物主催化剂，还有烷基铝化合物助催化剂及活化剂；常见的助催化剂有三甲基铝（TMA）、三乙基铝（TEA）、三异丁基铝（TIBA）、氢化二异丁基铝（DIBAH）、甲基铝氧烷（MAO）、二丁基镁（$MgBu_2$）等，活化剂主要是乙基倍半铝（EASC）、二氯化乙基铝（DEAC）、氯化二乙基铝、四氯化硅（SiCl$_4$）、溴化铝（AlBr$_3$）等。最初的钕催化丁二烯聚合容易产生凝胶，凝胶的存在影响聚合物的性能。经过大量研究和筛选，目前具有实用价值的钕催化剂多是羧酸钕化合物（图 5.18）[45]。

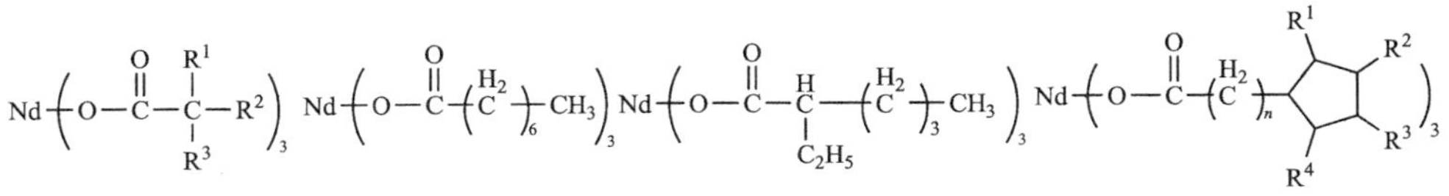

$$\text{Nd}{-}\!\!\left(\!{-}\text{O}{-}\overset{\text{O}}{\underset{\|}{\text{C}}}{-}\overset{\text{R}^1}{\underset{\text{R}^3}{\text{C}}}{-}\text{R}^2\right)_{\!3} \quad \text{Nd}{-}\!\!\left(\!{-}\text{O}{-}\overset{\text{O}}{\underset{\|}{\text{C}}}{-}(\text{CH}_2)_6{-}\text{CH}_3\right)_{\!3} \quad \text{Nd}{-}\!\!\left(\!{-}\text{O}{-}\overset{\text{O}}{\underset{\|}{\text{C}}}{-}\underset{\text{C}_2\text{H}_5}{\text{CH}}{-}(\text{CH}_2)_n{-}\text{CH}_3\right)_{\!3} \quad \text{Nd}{-}\!\!\left(\!{-}\text{O}{-}\overset{\text{O}}{\underset{\|}{\text{C}}}{-}(\text{C})_n\text{(环戊基)}\right)_{\!3}$$

图 5.18　常用的羧酸钕催化剂结构

依据使用主催化剂金属的不同，又称为镍胶、钴胶和稀土（钕）胶。目前，工业级顺丁橡胶的主流产品还是镍胶和钴胶，其共同优点是催化剂活性高，产品中顺式-1,4 结构含量高，质量均匀，由此制得橡胶制品的综合物理与机械性能较好。近十多年里快速发展的钕系催化剂获得产业化发展，稀土顺丁橡胶分子链拥有很高的规整度和线性结构，抗湿滑能力可得到明显的改善。

5.2.3　合成聚酯材料及其催化聚合

聚酯是由多元醇和多元羧酸缩聚所得的聚合物，是广泛应用的合成高分子材料，用于制备聚酯纤维和薄膜等。事实上，20 世纪 20 年代 Du Pont 公司和英国皇家化学工业公司（ICI）达成协议，共享特定合成材料的研究成果，因而，Du Pont 公司的研究成果很容易被英国学者获得详尽信息。基于 Du Pont 公司的 Wallace Carothers 博士在二酸与二胺反应制备具有里程碑意义的尼龙基础，1941 年英国化学家 John Rex Whinfield 和 James Tennant Dickson 最先申请对苯二甲酸和乙二醇缩聚（图 5.19）制备聚对苯二甲酸乙二酯（polyethylene terephthalate，PET，简称涤纶）的专利，该催化技术于 1946 年在英国实现产业化生产，1953 年在世界范围内大规模工业化生产。在过去六十多年里，虽然使用了多种二酸和二醇进行缩聚反应获得高分子聚合物，其新材料的性能一直难于与已有的涤纶相媲美，因而，更多的研究与产业化还是集中在涤纶制备催化剂的研究上；然而，抽象地考虑缩聚反应本身，就是缩合脱水过程和所得聚酯材料聚合度的控制问题。

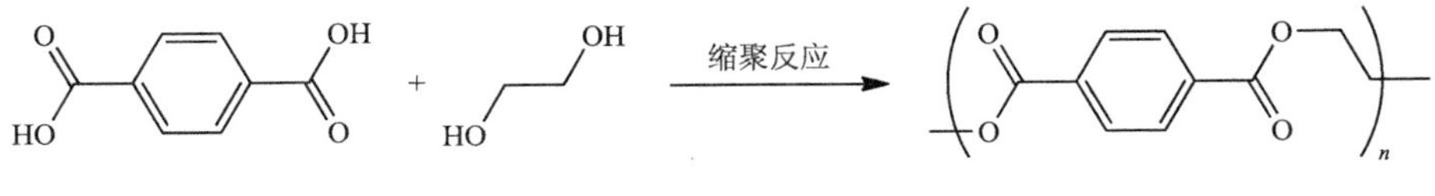

图 5.19　苯二甲酸和乙二醇缩聚反应制备涤纶

目前，涤纶年产超过五千万吨，其中三千三百万吨用于制备聚酯纤维。涤纶合成的原料除乙二醇外还有对苯二甲酸或者对苯二甲酸二甲酯（苯二酸根的原料）；对苯二甲酸二甲酯虽然在反应过程中会有甲醇副产物产生，原料便于储运和提纯，是制备高品质涤纶所通用的。缩聚反应机理研究表明，该缩聚反应是通过酯化或脂交换反应，首先获得苯二甲酸缩二乙二醇中间体，该中间体进一步进行缩合脱去一个乙二醇，形成聚对苯二甲酸乙二酯（图 5.20）。

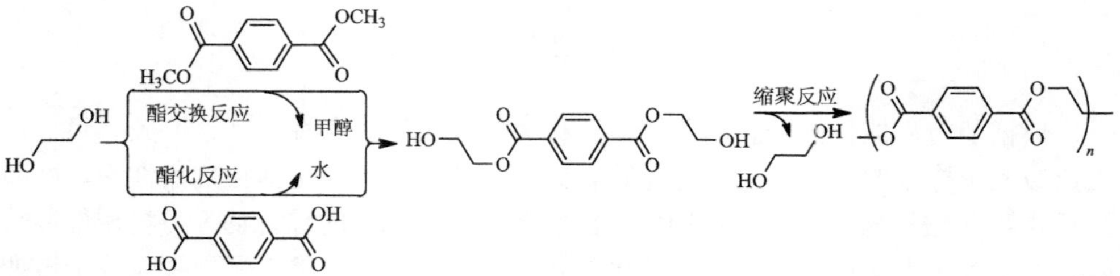

图 5.20　涤纶合成机理

根据复合反应驱动力，只要能够加快第一步酯交换或者酯化反应脱出的甲醇或水被转移或吸收，就能比较容易地推动苯二甲酸缩二乙二醇中间体的形成；缩聚反应副产物是反应原料乙二醇，这步缩聚反应成了制备涤纶的控速步骤，其催化剂和反应初始原料的研究成为制备涤纶过程中的中心议题。产业上实现涤纶生产所用的催化剂包括锑系、锗系和钛系三类催化剂，所得涤纶性能也略有差异。锗系催化聚合所得涤纶呈现白色，具有切片性能优异和结晶速度快的优点，但氧稳定性差，热稳定性一般；除了满足光学材料和高透明材料需求外，加上锗的价格昂贵，故难于大规模生产。钛系所得涤纶只是结晶速度好，其色泽和热氧稳定性都较差，但是，钛的低毒性质还是帮助所得涤纶材料有一定的应用。尽管锑的残留可能导致白血病，或影响肝脏和脾脏的代谢，但是锑较为廉价，所得涤纶具有良好的结晶且热氧稳定性良好，使这类聚酯获得最为广泛的应用，并且占据了聚酯生产的八成以上。除此之外，铝系和锡系等催化剂体系还在产业化研究和推进中。

乙二醇锑被认为是最为普遍应用的工业催化剂，其聚集态结构通过单晶 X 射线晶体衍射得到确认（图 5.21）；在催化乙二醇与对苯二甲酸或者对苯二甲酸二甲酯进行缩聚制备涤纶过程中生成锑离子，乙二醇的存在不会干扰反应物纯度，实现稳定生产的效果。此发现之后，以往的锑系催化剂（三氧化二锑或者醋酸锑）逐渐被替代；与此同时，不难理解以往使用的锑催化剂很可能在体系中自动转化为乙二醇锑催化物种。

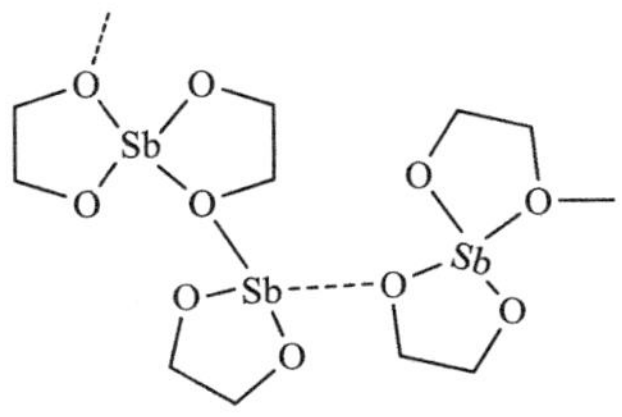

图 5.21　乙二醇锑的结构

为了开发替代锑系催化剂的新型的高效且低（无）毒催化剂体系，近些年比较活跃的研究课题是钛系催化剂体系，主要是使用钛酸酯（如钛酸丁酯或钛酸异丙酯等）及钛酸芳香脂和复合脂类化合物，力求提高催化聚合活性，降低钛在聚酯中的残留，改善聚酯的色度；不仅如此，研究者还希望提高所得聚酯的分子量，降低分子量分布，以便提高聚酯的耐氧和耐热稳定性。总之，聚酯生产了七十年，其需求和生产的发展仍在持续，并期望在低毒聚酯生产技术上获得突破。

5.3　展　　望

高分子合成发展近一个世纪，使人们的居住和交通设施乃至食品包装和保鲜方面都发生了极大的变革，使得人类社会逐渐摆脱了依赖天然材料和无机材料的历史。在经历探索和发展阶段后，高分子材料的广泛应用和普遍推广满足了对于"自然资源消耗减量，但社会繁荣和人们生活高水准"的要求，替代天然材料不仅保护了自然资源，减少了防腐，并克服了成品变型的缺点，满足了人们对于审美的要求，提高了成品的质量。随着化学和物理学的认知发展，新材料研究和持续发展仍在进行中；其合成和制备工艺中减少副产物产生和高分子材料微结构控制都可以借助催化效率提高和高效催化剂的研制来实现。在量大面广的高分子合成中，任何合成与加工工序中微小的效率提高都将极大地提升产业的附加值。这里列举的只是三个大品种传统高分子材料，并没有介绍特种高分子材料和高分子专用材料的催化问题。就文中涉及的聚烯烃催化问题，被称为"塑料之王"的超高分子量聚烯烃材料，其生产所用催化剂仅是在普遍使用的 Z-N 催化剂基础上条件控制实现的，而这种条件控制却丧失了产量效益，只是常规聚烯烃生产量的三分之一。尽管目前超高分子量聚乙烯每年只有数十万吨的需求，但新型高效催化剂一旦出现降低了生产成本，在合理价格的基础上，其生产肯定会有飞跃性的应用发展。常规聚烯烃生产的催化剂虽然成熟，但聚烯烃新材料，特别是后过渡金属催化剂制备的聚乙烯新材料才刚刚起步；无论高度线性聚乙烯材料还是高度支化聚乙烯材料都是以往产业界所不能预测的新材料，高度支化聚乙烯材料一旦可以添加部分二烯共聚单体，就可能引发橡胶新材料的革命。目前二烯催化合成橡胶的催化效率还普遍较低，催化剂在橡胶及其制品中的残留值都很高，硫化交联后仍有很大部分双键成为橡胶制品老化的推进剂，对橡胶合成的高效催化剂具有迫切需求。尽管锑的毒副作用获得普遍关注，锑系聚酯中每克聚酯的锑残留仍然在 150～350μg，而且这类聚酯呈现浅灰色的色泽缺点，聚酯巨大的市场需求和持续高涨的降低金属（毒副作用）残留，必将需要一场聚酯催化剂的新革命。

不仅如此，合成高分子材料使用后的有效利用和污染控制问题成了另一个方兴未艾的催化课题：高分子材料降解成为有机小分子，甚至是高分子合成的单体；这将有利于形成合成高分子材料"制备—使用—处理"的良性循环。合成，阳光下的上帝之路；降解，夜幕中的物能之智。师从自然，人为加速；自然界植物不断进行光合作用提供材料，人类与动物不断消耗和分解，形成完美循环。从催化角度看问题，数千年前人们就知道了"酿酒"和"发酵"的菌种这类生物催化剂。目前，出现了高分子材料生物降解和催化降解两个有效途径，在"时间就是效率"的背景下需要筛选出高效和快速的降解途径，化学工程的热裂解和催化降解除了需要不断找寻高效催化剂，集中的问题还是制约技术的瓶颈，即高分子材料的回收和分类。

总之，合成高分子材料及其催化剂与工艺的研究发展是目前和未来半个世纪材料科学革命的基础，而材料革新必将促进交通运输工具和工程技术的飞跃发展。无论是专业角度还是社会需求，都为合成高分子材料相关的催化问题研究提供了广阔的空间，并为社会和每个参与者预示了光明的未来。

参 考 文 献

[1] Goodyear C. Improvement in India-rubber fabrics. US 3633，June 15，1844.

[2] Brydson J A. Plastics Materials. 6th Edition. Oxford：Butterworth-Heinemann，1995.

[3] Baekeland L H. Chemical Achievers: The Human Face of Chemical Sciences. Oxford: Chemical Heritage Foundation. 2005.

[4] Fawcett E W. The formation of high polymers. Journal of the Chemical Society，1936，32：119-121.

[5] Hogan J P，Banks R L. Polymerization of olefins. U S Patent 2825721 to Phillips Petrochemical Company，filed Aug. 21，1954，Issued Mar.11，1958.

[6] Clark A. Polymerization and copolymerization of liefins on chromium oxide catalysts. Advances in Chemical Physics，1969，91：387-397.

[7] Ruddick V J, Badyal J P S. CO reduction of calcined CrO_x/SiO_2 ethene polymerization catalysts. Langmuir，1997，13：469-472.

[8] McDaniel M P，Collins K S，Benham E A，et al. The activation of Phillips Cr/silica catalysts Ⅴ. Stability of Cr（Ⅵ）. Applied Catalysis A：General，2008，335：252-261.

[9] Cossee P. Ziegler-Natta catalysis Ⅰ. Mechanism of polymerization of alpha-olefins with Ziegler-Natta catalysts. Journal of Catalysis，1964，3：80-88.

[10] Gröneveld C，Wittgen P P M M，Swinnen H P M，et al. Hydrogenation of olefins and polymerization of ethylene

over chromium-oxide silica catalysts V. In situ infrared measurements and investigation of the polymer. Journal of Catalysis, 1983, 83: 346-361.

[11] Ellermann V J, Hagen K, Krauss H L. Chemistry of polyfunctional ligands: complexes of chromium(II)-chloride and surface chromium (II) with polydentate p-ligands and as-ligands. Zeitschrift Fur Anorganische Und Allgemeine Chemie, 1982, 487: 130-140.

[12] McDaniel M P. Supported chromium catalysts for ethylene polymerization. Advances in Catalysis, 1985, 33: 47-98.

[13] Ziegler K, Holzkamp E, Martin H. Polymerisation von Äthylen und anderen olefinen. Angewandte Chemie, 1955, 67: 426-426.

[14] Ziegler K, Holzkamp E, Martin H. Das mülheimer normaldruck-polyäthylen-verfahren. Angewandte Chemie, 1955, 67: 541-547.

[15] Natta G, Pino P, Corradini P, et al. Crystalline high polymers of alpha-olefins. Journal of the American Chemical Society, 1955, 77: 1708-1710.

[16] Boor J. Ziegler-Natta Catalyst and Polymerization. New York: Academic Press, 1979.

[17] Ivin K J, Rooney J J, Stewart C D, et al. Mechanism for stereospecific polymerization of olefins by Ziegler-Natta catalysts. Journal of the Chemical Society, 1978, 14: 604-606.

[18] Green M L H. Studies on synthesis, mechanism reactivity of some organo-molybdenum and organo-tungsten compounds. Pure and Applied Chemistry, 1978, 50: 27-35.

[19] Piers W E, Bercaw J E. Alpha-agostic assistance in Ziegler-Natta polymerization of olefins-deuterium isotopic perturbation of stereochemistry indicating coordination of an alpha-C-H bond in chain propagation. Journal of the American Chemical Society, 1990, 112: 9406-9407.

[20] Galli P, Barbe P C, Noristi L. High-yield catalysts in olefin polymeriztion-general outlook on theoretical aspects and industrial uses. Angewandte Makromolekulare Chemie, 1984, 120: 73-90.

[21] Galli P, Luciani L, Cecchin G. Advances in the polymerization of polyolefins with coordination catalysts. Angewandte Makromolekulare Chemie, 1981, 94: 63-89.

[22] Galli P, Milani F, Simonazzi T. New trends in the field of propylene based polymers. Polymer Journal, 1985, 17: 37-55.

[23] Busico V. Giulio Natta and development of stereoselective propene polymerization. Advances in Chemical Physics, 2013, 257: 37-57.

[24] Natta G, Pino P, Mazzanti G, et al. Polimerizzazione stereospecifica delle alfa-olefine Nota. Gazzetta chimica Italiana, 1957, 87: 549.

[25] Breslow D S, Newburg N R. Bis-(cyclopentadienyl)-titanium dichloride-alkylaluminum complexes as catalysts for the polymerization of ethylene. Journal of the American Chemical Society, 1957, 79: 5072-5073.

[26] Chien J C W. Kinetics of ethylene polymerization catalyzed by bis-(cyclopentadienyl)-titanium dichloride dimethylaluminum chloride. Journal of the American Chemical Society, 1959, 81: 86-92.

[27] Waters J A, Mortimer G A. Study of (pi-C_5H_5)2Ti(C_2H_5)Cl and its higher homologs in soluble Ziegler catalysts. Journal of Applied Polymer Science, 1972, 10: 895-907.

[28] Sinn H, Patat F. Uber die wirkungsweise metallorganischer katalysatoren. Angewandte Chemie, 1963, 75: 805-813.

[29] Sinn H, Bandermann F, Hinck H. A Polymerization reaction of trimethylaluminum. Angewandte Chemie International Edition, 1968, 7: 399-414.

[30] Kaminsky W, Kopf J, Sinn H, et al. Extreme bond angle distortion in organozirconium compounds active toward ethylene. Angewandte Chemie International Edition, 1976, 15: 629-630.

[31] Heins E, Hinck H, Kaminsky W, et al. Examples of condensation reactions of emthyl alkyls with cleavage of

alkanes. Makromol Chemistry, 1970, 134: 125.

[32] Andresen A, Cordes H G, Herwig J, et al. Halogen-free soluble Ziegler catalysts for polymerization of ethylene-control of molecular-weight by choice of temperaure. Angewandte Chemie International Edition, 1976, 15: 630-632.

[33] Glaser R, Sun X. Thermochemistry of the initial steps of methylaluminoxane formation. Sluminoxanes and cycloaluminoxanes by methane elimination from dimethylalumium hydroxide and its dimeric aggregates. Journal of the American Chemical Society, 2011, 133: 13323-13336.

[34] Kaminsky W. New polymers by metallocene catalysis. Macromolecular Chemistry and Physics, 1996, 197: 3907-3945.

[35] Johnson L K, Killian C M, Brookhart M. New Pd（Ⅱ）-based and Ni（Ⅱ）-based catalysts for polymerization of ethylene and alpha-olefins. Journal of the American Chemical Society, 1995, 117: 6414-6415.

[36] Small B L, Brookhart M. Highly active iron and cobalt catalysts for the polymerization of ethylene. Journal of the American Chemical Society, 1998, 120: 4049-4050.

[37] Britovsek G J P, Gibson V C, Kimberley B S, et al. Novel olefin polymerization catalysts based on iron and cobalt. Chemical Communications, 1998, 63: 849-850.

[38] Wang S, Sun W H, Redshaw C. Recent progress on nickel-based systems for ethylene oligo-/polymerization catalysis. Journal of Organometallic Chemistry, 2014, 751: 717-741.

[39] Ma J, Feng C, Wang S, et al. Bi-and tri-dentate imino-based iron and cobalt pri-catalysts for ethylene oligo-/polymerization. Inorganic Chemistry Frontier, 2014, 1: 14-34.

[40] Ai P, Chen L, Guo Y, et al. Polymerization of 1, 3-butadiene catalyzed by cobalt（Ⅱ）and nickel（Ⅱ）complexes bearing imino-or amino-pyridyl alcohol ligands in combination with ethylaluminum sesquichloride. Journal of Organometallic Chemistry, 2012, 705: 51-58.

[41] Nath D C D, Shiono T, Ikeda T. Cis-specific living polymerization of 1, 3-butadiene with $CoCl_2$ and methylaluminoxane. Macromolecular Chemistry and Physics, 2002, 203: 756-760.

[42] Ricci G, Sommazzi A, Masi F, et al. Well-defined transition metal complexes with phosphorus and nitrogen ligands for 1, 3-dienes polymerization. Coordination Chemistry Reviews, 2010, 254: 661-676.

[43] Jie S, Ai P, Li B G. Highly active and stereospecific polymerization of 1, 3-butadiene catalyzed by dinuclear cobalt（Ⅱ）complexes bearing 3-aryliminomethyl-2-hydroxybenzaldegydes. Dalton Transaction, 2011, 40: 10975-10982.

[44] Brown C P, Saunders J. Polymerization catalysts for ethylene part 1. Rare earth oxides. Journal of Polymer Science, 1960, 43（142）: 579-579.

[45] Friebe L, Nuyken O, Obrecht W. Neodymium-based Ziegler/Natta catalysts and their application in diene polymerization. Advances in Polymer Science, 2006, 204: 1-154.

（孙文华*）

第6章 合成气化学

6.1 引　　言

随着社会技术的进步和经济的发展，能源与环境已成为关乎人类社会能否可持续发展的两大课题。目前世界能源消费结构仍以化石能源为主，社会发展和环境安全之间的矛盾和冲突愈演愈烈。因此，化石能源特别是煤的清洁利用和可再生清洁能源被提到了前所未有的高度。而就化石能源而言，特别是石油，由于过去近百年的过度开采和无节制使用，已呈现匮乏趋势，因此迫使人们探寻由非石油路线来获得一向由石油提供的液体燃料和烯烃等重要化工产品[1, 2]。

第二次工业革命后，人类社会使用能源先后经历了煤（固体）、石油（液体）和天然气（气体）燃料3个主要时期。在经历煤和石油两个时期后，石油资源匮乏的趋势和供应危机日益明显，迫使人们寻找非石油路线制取液体燃料和烯烃等重要化工产品的新途径，天然气作为最清洁的化石燃料，在开发替代石油路线新过程中成为首选。1985年天然气经甲醇制汽油（MTG）问世，从此在天然气和石油之间架起了一座桥梁，具有里程碑意义。随后天然气经合成气费-托合成制液体燃料（GTL）、甲醇制烯烃（MTO）相继实现工业化，似乎预示着天然气时代的到来。但实际发展情况表明事情要复杂得多，首先是GTL经济性一直受到油价涨落的影响，其次天然气本身价格常常也随油价上涨而上涨。煤作为替代石油的另一重要能源资源在世界上具有丰富的储藏量，煤转化重新被提上日程，尤其对于我国具有缺油、相对少气和富煤的特点来说格外受到关注[3]。

全球暖化问题在20世纪末期被集中提出来，且由于涉及人类社会能否可持续发展，而成为从政府、企业到个人都不能回避的紧迫课题。由于化石能源（石油、天然气或煤）使用终端注定要排放CO_2，只是程度有所不同而已，因此，寻找非化石能源或称可再生能源，成为能源领域又一重大课题。生物质能源（如生物柴油、生物乙醇等）由于其CO_2净排放为零，被认为是替代化石能源的首选。太阳能、风能、核能发电及太阳能直接光解水制氢，开辟完全无碳排放的氢能时代虽然遥远，却是人类努力的方向，在未来几十年间应当会有所突破。据有关机构预测，到2050年化石能源仍将占世界能源结构的50%，而可再生能源将争取达到 50%[4]。

可预计,未来几十年将是化石能源和后化石能源(可再生能源)等多种形式能源并存和交叉的时期,对于从事化石能源转化和有关催化技术的研究者,今后的努力方向是化石能源的清洁制取和清洁利用,特别是非石油路线制取液体燃料和重要化工产品的研究。

6.2　合成气中枢[3]

6.2.1　合成气中枢的概念

最早公认的"气制液体燃料"(GTL)是专指从天然气出发,经由合成气($CO+H_2$)费-托法合成宽馏分液态烃,再经过进一步加工,生产液体燃料和其他油品的技术。其实此前天然气经甲醇制汽油(MTG)以及更早期的天然气经合成气生产甲醇和二甲醚等都有可能成为候选液体燃料,这是广义 GTL。20 世纪末甲醇制烯烃(MTO)技术的提出,则又将 GTL 延伸为"气制化学品"(GTC)。GTC 在应对石油短缺危机方面具有里程碑意义。现在还有将煤经合成气费-托合成油称为"CTL"。

需指出的是,实际上,目前绝大多数 GTL 或 CTL 工业过程都是基于经过合成气的间接法。因此,称"合成气制化学品"(SGTC)应当比笼统的 GTL 或 CTL 说法更为确切。与已有百年历史的煤锅炉燃烧/汽轮机发电相比,合成气燃气轮机/蒸汽轮机联合发电(IGCC)显然有更高的能量转化效率和更低的污染物排放,而受到越来越多的重视。这就是更广泛意义上的"合成气制能源"(SGTE)。

因此,开辟多种资源如天然气、煤层气(CBM)、页岩气、煤(包括衍生的焦炉气、电石炉气和煤矿瓦斯抽放气)、重残油(包括石油焦)、生物质等制取合成气,再进一步合成液体燃料、重要化学品或发电,或多联产(即 SGTC、SGTE),应是一个适合我国国情的对策。合成气中枢(syngas hub)的新概念也相应提出(图 6.1)。

合成气中枢是将天然气、煤、生物质等多种原料气化生产合成气,再以合成气为原料,选择合成需要的液体燃料和化工产品。合成气成为连接天然气、石油、煤炭、生物质等上游资源和下游产品液体燃料、乙烯、丙烯、乙酸、芳烃等化工产品的枢纽。相对于传统石油炼制、石油化工、煤化工、天然气化工等一个个单独领域的概念,它是一个跨行业的、综合程度更高的新概念。

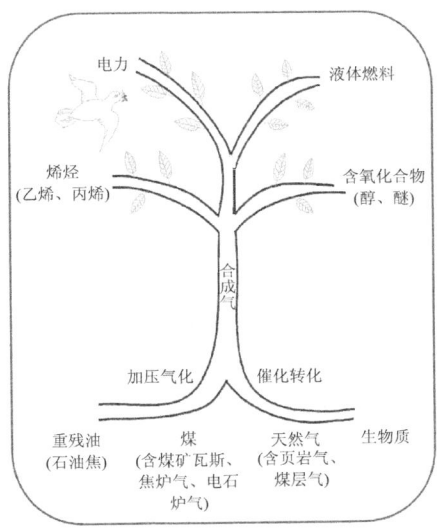

图 6.1 合成气中枢

6.2.2 合成气中枢的催化技术

合成气中枢有两大主要任务,即合成气制造和组成调变及合成气转化利用。图 6.2 列出了合成气中枢两大任务所涉及的主要反应过程,这些过程绝大多数是通过相应的催化技术实现的。

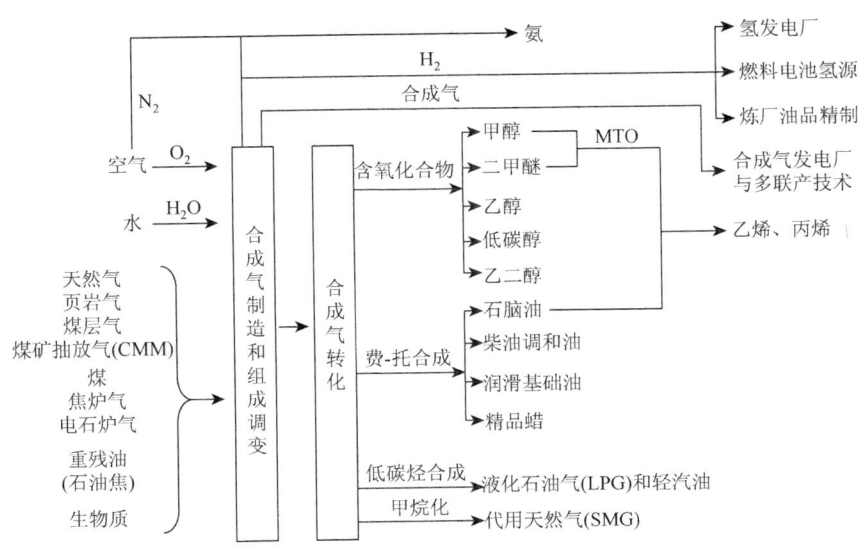

图 6.2 合成气中枢的催化技术

6.3 合成气制造

合成气以一氧化碳和氢气为主要组分,其原料范围较广,既可由煤、焦炭、生物质等固体燃料产生,又可由天然气、煤层气、页岩气、石脑油等轻质烃类制取,还可由重油经部分氧化法生产。其生产投资和成本通常要占到下游产品成本的50%~60%,廉价合成气生产技术研究极其重要[5]。

目前,天然气(甲烷)水蒸气重整最成熟,H_2/CO比较高,设备昂贵;甲烷自热重整和催化部分氧化制合成气技术仍在开发中。煤气化炉设备复杂、投资大、污染重,H_2/CO比偏低;生物质(碳水化合物)制合成气是一个新课题。同时以煤为原料生产的焦炉气、电石炉气、地下煤气化水煤气等都是含不同H_2/CO比的合成气,中枢将对各种来源的合成气选择性地进行各种下游产品所需H_2/CO比的最佳调变,实现资源和能源的最佳利用(表6.1)[6-11]。从表中可看到,天然气蒸气转化、地下煤气化两段法和焦炉气都是高氢含量合成气,而粉煤气化、电石炉气均属高CO含量合成气。如果各自进行下游合成,为满足甲醇、费-托合成需要的H_2/CO比为2的合成气,前者就需分离出一部分H_2,而后者则必须进行相当量的水气变换反应,如果将高H_2气和高CO气进行混合,将无需额外措施而取得合适的H_2/CO比去进行下游合成对资源有效利用和能量转化效率自然是十分有利的。

表 6.1 不同原料来源的合成气组成

组成(体积分数)/%	H_2	CO	CO_2	N_2+Ar	O_2	CH_4
天然气蒸气转化	72.5	15.0	8.5	1.0	—	3.0
水煤浆加压气化	33.8	48.4	17.6	0.05	—	0.15
壳牌粉煤气化	27.4	63.5	1.48	7.6	—	0.02
灰熔聚流化床粉煤气化	34.2	35.6	27.5	1.1	0.1~0.2	1.5
地下煤气化(一段法)	46.5	15.5	29.0	1.3	0.2	7.5
地下煤气化(两段法)	64.0	11.3	11.0	3.5	—	9.9
焦炉气	54.6	6~7	1~3	3~5	0.3~0.7	24~28
电石炉气	5.0	70~90	1~3	2~5	0.2~1.0	—
渣油部分氧化	49.3	50.1	—	0.2~0.3	—	0.3
生物质气化	37~43	31~34	3~10	10~20	—	2~3

下面将重点介绍不同原料资源,如煤、天然气(含煤层气、页岩气等)、生物质等制取合成气的过程和相应的催化技术。

6.3.1 煤气化制合成气

煤气化是指以煤或煤焦为原料，以氧气（空气、富氧或工业纯氧）、水蒸气作为气化剂，在高温条件下通过化学反应将煤或煤焦中的可燃部分转化为可燃性气体（合成气，又称煤气）的过程[12]。该过程已有150多年的历史，是20世纪50年代以前主要的合成气生产方法。

煤气化必须具备三个条件，即气化炉、气化剂、供给热量，三者缺一不可。煤气化过程发生的反应包括煤的热解、气化和燃烧反应。煤的热解是指煤从固相变为气、固、液三相产物的过程。煤的气化和燃烧反应则包括两种反应类型，即非均相气-固反应和均相气相反应。煤气化过程可用下式表示：

$$煤+气化剂 \longrightarrow C+CH_4+CO+CO_2+H_2O+H_2$$

国内外先后开发了100多种煤气化方法，根据不同分类标准，煤气化方法有不同分类方法，如根据气化技术可分为地面气化和地下气化，根据气化介质可分为富氧气化、纯氧气化、加氢气化、水蒸气气化等，根据传热方式可分为外热式气化、内热式气化和热载体气化，根据气化炉可分为移动床（固定床）气化、沸腾床（流化床）气化、气流床气化、熔融床气化等。其中，煤炭地面气化技术是目前常用的技术，应用较多的有壳牌粉煤气化技术、德士古水煤浆气化技术和加压气流床气化技术；煤炭地下气化生产合成气（包括空气煤气和水煤气）是煤炭开发利用的一个方向。

影响煤气化反应性能的因素包括煤化度、煤组成、煤热解和预处理条件、气化剂类型及含量、气化炉等。混合煤气的 H_2/CO 体积比约为0.5，水煤气的 H_2/CO 体积比约为1.5。

煤气化制合成气可广泛用于工业燃气、民用煤气、化工或燃料合成原料气、冶金用还原气、联合循环发电燃气等。

6.3.2 天然气（含煤层气、页岩气等）制合成气

主成分为 CH_4 的天然气（含煤层气、页岩气等）制合成气的典型过程有：CH_4 水蒸气重整制合成气（式6.1）、CH_4-CO_2 重整制合成气（式6.2）和 CH_4 部分氧化制合成气（式6.3）[13]。

$$CH_4+H_2O \Longrightarrow CO+3H_2 \quad \Delta H_{298K}^{\ominus}=206.3\text{kJ/mol} \quad (6.1)$$

$$CH_4+CO_2 \Longrightarrow 2CO+2H_2 \quad \Delta H_{298K}^{\ominus}=247.3\text{kJ/mol} \quad (6.2)$$

$$CH_4+\frac{1}{2}O_2 \Longrightarrow CO+2H_2 \quad \Delta H_{298K}^{\ominus}=-35.6\text{kJ/mol} \quad (6.3)$$

从上述反应方程式可以看出，CH_4-水蒸气重整和 CH_4-CO_2 重整反应均为吸热反应，同时是分子数增大的反应，因此低压、高温有利于反应的进行；而 CH_4 部分氧化制合成气反应是微放热、分子数增大的反应，低温、低压有利于反应的正向进行。

1. CH_4-水蒸气重整制合成气

目前，CH_4-水蒸气重整过程是工业上天然气制合成气的主要途径。该方法的基本原理是：CH_4 与水蒸气在催化剂存在及高温条件下，反应生成合成气。它是一强吸热过程，通常在超过 800℃ 的高温条件下进行，为防止催化剂积碳，一般采用高水碳比操作 [$V(H_2O)/V(CH_4)=2.5\sim3$]，所得合成气中 $V(H_2)/V(CO)\approx3$，适合于合成氨及制氢，而用于甲醇合成及费-托合成等重要工业过程不理想，该工艺过程能耗高、投资大、生产能力低[14]。

工业采用的 CH_4-水蒸气重整催化剂多为负载型催化剂，活性组分主要是 Ni、Co、Fe、Cu 等非贵金属和 Rh、Ru、Pt 等贵金属，前者较后者的活性和抗积碳性能稍差，但由于其价格低廉、原料易得，所以被广泛应用，尤其是 Ni 催化剂[15]。催化剂的助剂和载体对催化剂的性能、强度、密度、耐热性能等性质均有影响：助剂可抑制催化剂的熔结过程，防止活性组分晶粒长大，能够增加活性中心对反应物的吸附，进而增强了 CH_4 的活化裂解过程和催化剂的抗积碳性能，并延长催化剂使用寿命[16]。目前催化剂选用的助剂有 Na_2O、K_2O 等碱金属，MgO、CaO 等碱土金属，ZrO_2 等稀有金属氧化物和 CeO_2、La_2O_3 等稀土金属氧化物[17]。载体对催化剂活性组分不仅起物理支撑及分散作用，而且通过载体与金属间电子效应及强相互作用（SMSI）改善催化剂的物理化学性能，载体需要具有良好的机械强度和抗烧结能力，目前研究较多的载体有 Al_2O_3、TiO_2、ZrO_2、La_2O_3、MgO、SiO_2、CaO、ZSM-5 沸石分子筛及镁铝尖晶石等。

Hayashi 等采用水-油乳液制备的 Ni/Al_2O_3 催化剂，可在低水碳比条件下长时间保持高催化活性，反应 40h 后只有微量积碳，催化剂增重<0.3%；而采用浸渍法制备的 Ni/Al_2O_3 催化剂反应 20h 后催化剂增重>30%[18]。R. Craciun 等报道，CeO_2 对 Pd/γ-Al_2O_3 的 CH_4-水蒸气重整催化性能有促进作用：Pd 和 CeO_2 在 γ-Al_2O_3 上的结构和分散状态对催化剂的活性和失活有影响，不同价态 Pd 的比例和分散状况依赖于 CeO_2 的结构。Pd 在晶体 CeO_2（粒径<2nm）上能很好地分散，但在无定形 CeO_2（粒径=10～20nm）上，Pd 会团聚成较大颗粒。由于 Pd 与 CeO_2 的协同作用，在 $Pd/CeO_2/\gamma$-Al_2O_3 催化剂上进行 CH_4-水蒸气重整的反应速率相对于在 Pd/γ-Al_2O_3 催化剂上可提高两个数量级[19]。Oh 等指出 Ni/Ce-ZrO_2 催化剂加入 θ-Al_2O_3 可增加其机械性能强度，并通过适当预处理可使催化剂 Ni/Ce-ZrO_2/θ-Al_2O_3 具有较高的催化活性与抗积碳性能[20]。

Berman 等考察了 Ru/（α-Al_2O_3+MnO_x）催化剂 CH_4-水蒸气重整反应的稳定性和动力学性质，发现在 1100℃下经过 100h 后保持良好的反应活性，在催化剂表面上 CH_4 和水发生吸附和解离的同时伴随着吸附氧和碳[21]。Parizotto 等研究了添加金属 Ag 的 Ni/Al_2O_3 催化剂在低水碳比为 1∶2、600℃的条件下的 CH_4-水蒸气重整反应，结果表明：当 $w(Ag)>0.3\%$时，催化剂具有较强的抗积碳性能，6h 内 CH_4 转化率保持不变，但转化率较低，$w(Ag)=0.6\%$时的 CH_4 转化率只有约 18%[22]。Christensen 研究了复合载体催化剂 Ni/MgO-Al_2O_3，发现镁铝水滑石结构的 MgO-Al_2O_3 粒径较小，提高了 Ni 的分散度，使传统的 Ni/Al_2O_3、Ni/MgO 催化剂性能均有较大改善[23]。Laosiripojana 制备了 CH_4-水蒸气重整反应 Ni/Ce-ZrO_2 催化剂，该催化剂显示出优于常规 Ni/Ce-ZrO_2 和 Ni/Al_2O_3 催化剂的抗积碳能力，这与高比表面积 Ce-ZrO_2 载体具有的高储氧能力有关。重整反应中，除 Ni 表面发生反应外，Ce-ZrO_2 表面也发生晶格氧（O_x）与催化剂表面吸附 CH_4 之间的氧化还原反应，该反应可有效抑制 Ni 表面积碳的形成[24]。吴俊明等研究了一种低镍质量分数的 Ni-Mg-O 固溶体 CH_4-水蒸气反应催化剂，在 750℃下 CH_4-水蒸气反应的转化频率为 $64s^{-1}$，在高温 850℃和低水碳比 1.0 的条件下，反应 60h 后催化剂的活性无明显降低，且催化剂表面无积碳产生，这与催化剂表面存在粒径较小的 Ni 金属颗粒有关[25]。王大文制备了不同 MgO 改性的 Ni 基整体式催化剂，并测试了催化剂结构和 CH_4-水蒸气催化重整反应性能，研究了 La 助剂对 Ni 基整体式催化剂催化性能的影响，结果表明，La 助剂可明显促进 Ni 基整体式催化剂的 CH_4-水蒸气重整反应性能[26, 27]。赵云莉等在固定床反应器中考察了助剂 MgO、CaO 对 Ni/γ-Al_2O_3 催化剂的 CH_4-水蒸气重整反应性能影响，结果表明 CaO 的存在可增加催化剂活性 NiO 组分的还原性和分散性能，提高 Ni/γ-Al_2O_3 催化剂的抗积碳性能[28]。

综上所述，CH_4-水蒸气重整制合成气研究重点在于低水碳比条件下高活性和高稳定性催化剂研制以及为合理利用能量和降低装置设备投资而进行的工艺、反应设备等方面的改进，反应机理和动力学模型建立等。

2. CH_4-CO_2 重整制合成气

CH_4-CO_2 重整制合成气是天然气重整制合成气的又一反应过程，其基本原理是 CH_4 与 CO_2 在催化剂存在及高温条件下，反应生成合成气。它是一强吸热过程，通常在 800℃以上的高温条件下进行，所得合成气中 $V(H_2)/V(CO)\approx 1$，适合于羰基合成和费-托合成制化学品。

根据热力学数据分析，反应式（6.2）是独立的吸热反应，高温对反应有利，且只有温度高于 645℃才是热力学上可行的反应。高温下 $\Delta S^0=257J/(mol·K)$，很大的熵变意味着反应可进行彻底。然而过高的反应温度不仅会造成高能耗，而且对反应器材质也提出更高要求。降低反应温度减少能耗的最有效办法是选择适宜的催化剂。

从文献报道看，CH_4 催化 CO_2 重整制合成气的催化剂一般采用除 Os 外的Ⅷ族过渡金属作为活性组分，其中采用金属 Ni 为催化剂的报道最多[29]。早在 1928 年，Fischer 和 Tropsch 就将 Fe、Co、Ni、、Cu、Mo 等负载在黏土、硅石和碳酸镁耐高温混合物上，发现在 860~1000℃温度范围内，以 Ni 和 Co 为活性组分，Al_2O_3 为助剂的催化剂对 CH_4-CO_2 重整制合成气具有较好的活性[30]。随后的研究表明，非贵金属活性组分中，Ni 催化剂活性最好，寿命最长[31]。负载型贵金属催化剂则表现出更高的活性、选择性和抗积碳性能[32,33]，Solymosi 等给出了贵金属对 CH_4-CO_2 重整制合成气的催化活性顺序：Ru＞Pd＞Rh＞Pt＞Ir[34]。Bhat 等在 Y 分子筛负载 Rh 催化剂上，650℃时获得了 90%的 CH_4 转化率和接近 1∶1 的 H_2/CO 比，催化剂稳定，无积碳生成[35]。Tsipouriari 等研究了载体对 Rh 催化剂分散度的影响，指出 CH_4 和 CO_2 转化对金属催化剂的结构具有敏感性，Rh 催化剂的特殊活性受其粒子大小影响，同时结构敏感性受载体影响，即载体与金属之间的相互作用直接或间接参与反应步骤[36]。

由反应式（6.2）可知，CH_4-CO_2 重整制合成气反应为吸热反应，只有在高温下才能获得足够高的合成气收率，而在较高的操作温度下要求催化剂载体必须具有很高的热稳定性。因此，一般选择 Al_2O_3、SiO_2、MgO、CaO、TiO_2、硅石、稀土氧化物及一些复合金属氧化物和分子筛等熔点较高的物质作为催化剂载体。载体的结构与性质，载体与金属组分的相互作用，以及由此而引起的催化剂体相结构、组成、颗粒大小、分散度的变化就构成了对活性组分可还原性及其反应活性、选择性、抗积碳性等的可能影响因素。

载体作为负载型金属催化剂不可缺少的组成部分，不仅起着支撑和分散活性金属组分的作用，而且载体和金属组分之间互相作用对催化剂的活性和抗积碳性能都有影响。唐松柏等研究表明[37]，载体表面的酸碱性质对催化剂的抗积碳性能有较大影响，载体 Al_2O_3 的表面碱性强于 SiO_2，两种催化剂 Ni/Al_2O_3 和 Ni/SiO_2 在相同条件下使用后发现，前者抗积碳性明显强于后者。用碱性氧化物 CaO 和 MgO 对 SiO_2 载体进行改性后发现，催化剂的抗积碳性能得到了改善。说明在该反应中催化剂表面碱性的增强，提高了催化剂活性，增强了催化剂抗积碳性能。

为进一步提高非贵金属催化剂活性和抗积碳能力，在催化剂设计时，通常加入少量催化剂助剂。常用的助剂主要是碱金属和碱土金属氧化物，多采用 K_2O、MgO 和 CaO，还有一些稀土金属氧化物，如 CeO_2、La_2O_3 和混合稀土氧化物等。研究表明，碱金属和碱土金属氧化物助剂的加入，可中和催化剂的表面酸性，降低 CH_4 的脱氢活性，增大 CO_2 在催化剂表面的吸附量，提高 CO_2 的消碳作用。稀土金属氧化物的加入，一方面可提高 Ni 的分散度，另一方面可增加 Ni^{2+} 的电子密度，改善活性中心的缺电子状态[38]。

助剂在起到提高催化剂活性、选择性和稳定性作用的同时，在 CH_4-CO_2 重整制合成气反应中，更多地发挥着抑制积碳、延长催化剂寿命的作用。许峥等[39]考察了碱性助剂 K_2O、Li_2O、MgO、La_2O_3 和 CeO_2 对 Ni/γ-Al_2O_3 催化剂上 CH_4 与 CO_2 重整反应活性和抗积碳性能方面的影响，结果表明，这些助剂对催化剂的抗积碳性能都有明显的改善作用，其中 MgO、La_2O_3 和 CeO_2 助剂的作用最明显。助催化剂抑制积碳的作用既与助剂本身的酸碱性有关，又与助剂与活性组分的相互作用所引起的催化剂结构敏感性有关。归结起来，两者都将导致 CO_2 分子在催化剂表面的活性吸附，一般认为这是助剂抑制积碳的原因。

反应过程中催化剂存在的严重积碳问题是 CH_4-CO_2 重整反应制合成气研究的另一焦点问题，催化剂的表面积碳会造成活性位的覆盖或催化剂孔隙堵塞，进而导致催化剂活性下降乃至丧失。为此设计催化剂以及选择适宜载体、助剂时，必须一方面能够降低 CH_4 脱氢积碳活性；另一方面提高 CO_2 吸附消碳活性，以达到最终抑制积碳的目的。催化剂积碳过程是一个非常复杂的物理化学过程，引起和影响催化剂积碳的因素很多，其中催化剂本身的组成、结构和性质是影响抗积碳的首要因素。大量研究结果表明，负载型非贵金属催化剂易于积碳，因而使活性下降很快，贵金属催化剂则有很强的抗积碳性能[38]。Ashcroft 和 Vernon 等分别研究了负载于 Al_2O_3 上的 Ni、Pd、Ru、Rh 和 Ir 催化剂在 CH_4 与 CO_2 反应中的积碳行为，发现 Ni 和 Pd 催化剂因积碳而很快失活，而贵金属 Ru、Rh 和 Ir 都有很高的抗积碳性能，保持了高活性[40, 41]。Rostrupnielsen 等研究负载于 MgO 上的 Ni、Ru、Rh、Pd、Ir 和 Pt 催化剂在 CH_4 与 CO_2 反应中的积碳行为表明，在反应条件下，Ni 催化剂积碳速率最快，Pd 催化剂次之，Ir、Pt 等则相当缓慢[42]。贵金属催化剂具有很强的抗积碳性能，这是由于碳在贵金属催化剂上的溶解性特别小[43, 44]，也有研究认为催化剂失活有许多相互关联的因素，积碳的速率和形式则是结构敏感性问题[45]。

总之，CH_4-CO_2 重整制合成气反应的特点可概括为：①强吸热反应，只有温度大于 645℃，热力学上才可行；②过高的反应温度不仅会造成高能耗，而且对反应器材质也提出了更高的要求；③降低反应温度、减少能耗的最有效办法就是选择适宜的催化剂。目前该过程的工艺改进主要有两个方向：一是将 CH_4、H_2O 和 CO_2 混合转化，水蒸气的存在可减小积碳的危害，还可以在一定范围内调节合成气中的氢碳比；二是利用甲烷部分氧化反应的放热与 CH_4-CO_2 重整反应的吸热偶合，使 CH_4、CO_2 和 O_2 的转化反应在自热条件下进行，可有效减少能耗，降低反应温度，提高反应空速，从而缩小反应装置，降低设备投资。CH_4-CO_2 催化重整制取合成气反应的研究取得了很大的进展，但距离实现工业化尚存在差距，主要问题是催化剂容易因积碳和烧结等而失活，因此研制高活性、高选择性及抗积碳性的催化剂一直是研究工作者追求的目标。随着测试手段的不断进步，人们对 CH_4-CO_2 重整反应的研究不断深入，如对活性中心、载体效应、助剂的作用等方面研究已取得了可喜的研究成果，对反应中存在的一些问题也逐步达成共识。但是，反应机理、速控步骤、积碳规律等一些理论问题尚存争议，有待人们深入研究。

3. 甲烷部分氧化制合成气

甲烷部分氧化制合成气是一个温和的放热反应，反应可在较低温度（750～800℃）下达到 90%以上的热力学平衡转化率。该法具有能耗低，反应速率快，生产强度大，催化剂用量小，合成气氢碳比适合甲醇、费-托合成等优点。

甲烷部分氧化制合成气的关键在于高活性、抗积碳催化剂的开发，文献报道的甲烷部分氧化制合成气催化剂主要分为两大类。一是贵金属催化剂。贵金属催化剂由于具有高活性、高选择性、稳定性、抗积碳等优点而受到关注。研究发现催化剂表面的抗积碳能力 Rh、Ru、Pt、Ir 均远大于 Pd，其中 Rh、Pt 的活性和稳定性较好[46]。Q. G. Yan 等发现 Rh 的催化性能较 Ru 好，认为贵金属催化剂之所以表现出不同的催化性能，主要是由于催化剂表面发生的反应机理不同。他们在研究了 Rh/SiO_2、Ru/SiO_2 催化剂表面发生的反应后发现，在 Rh/SiO_2 的表面，CO 为最初产物，而在 Ru/SiO_2 的表面，CO_2 为最初产物，即 Rh/SiO_2 表面发生的是直接氧化反应，而 Ru/SiO_2 表面发生的是间接氧化反应[47]。由于贵金属催化剂负载量高，价格昂贵，因此难以工业化应用。二是非贵金属催化剂。非贵金属催化剂主要是 Ni、Co、Fe，其中活性大小为 Ni＞Co＞Fe。Ni 基催化剂的催化活性最佳，仅次于贵金属 Rh，但 Ni 基催化剂存在易积碳、活性组分易流失等缺点[48]。因此，如何提高 Ni 基催化剂的稳定性就成为甲烷部分氧化反应研究的一个热点，也是该催化剂能否实现工业化的关键。Choudhary 等在锆复合氧化物上负载几种金属氧化物（$NiCoMgCeO_x$）用于甲烷部分氧化制合成气反应，取得活性与稳定性俱佳的效果[49]。Guo 等采用柠檬酸络合法制备钙钛矿型 La_2NiO_4 催化剂，具有良好的抗积碳性能[50]。尚丽霞等报道了添加碱土金属助剂可减小 Ni 的晶粒，既使催化剂吸附 CO_2 的能力有所降低，又对催化剂上积碳起到了一定的抑制作用[51]；严前古等对热稳定性好、导热性好的惰性材料进行了研究，如 $MgAl_2O_4$ 等[52]；季亚英等考察了不同反应条件对 Mg 调变的 Ni 基催化剂反应性能的影响[53]，得到了反应性能和稳定性较好的 Mg 改性的 Ni 基催化剂[53]。

贵金属催化剂和 Ni 催化剂具有很高的活性，碱土和稀土金属氧化物助剂可抑制 Ni 催化剂上的积碳反应。由于甲烷部分氧化过程反应速率极快，空速很高，单位催化剂表面的放热量很大，控制反应温度、避免催化剂床层飞温已成为反应器放大的又一关键问题；此外，原料气体积比 $CH_4/O_2=2$ 在高温下反应存在爆炸危险。对此，国内外研究人员从反应器、新工艺开发等方面进行了研究。中国科学院大连化学物理研究所采用含有氧分布器的固定床反应器,以改性 Ni-Al$_2$O$_3$ 为催化剂,取得了较好的效果[54, 55]。中国石油大学则采用固定床两段法工艺将天然气低温催化燃烧与部分氧化联合,避免了氧气浓度过高产生的安全隐患[56];重庆市化工研究院开发了适用于薄层固定床反应器的催化剂体系[57]。美国埃克森美孚公司开发完成了甲烷部分氧化制合成气的流化床新工艺,新工艺采用甲烷、水蒸气的混合气和氧气分开进料的方式,用水蒸气消除了积碳的生成,产物气必须快速降温冷却,否则合成气在降温过程中将发生 CO 的歧化和甲烷化反应[58]。

影响甲烷部分氧化法生产成本的最大因素是从空气中分离制备纯氧,所以开发与反应过程结合的空气膜分离器,形成反应与膜分离的偶合是未来该领域的一个研究方向。研究人员采用 Ba$_{0.5}$Sr$_{0.5}$Co$_{0.8}$Fe$_{0.2}$O$_3$ 复合物制成膜反应器,实现了制氧和反应的偶合[59]。采用催化剂的晶格氧代替分子氧,通过变价金属氧化物循环性的还原-氧化,实现甲烷晶格氧氧化制合成气反应是又一重要方向。由于反应中没有气相氧分子,因而不受爆炸极限的限制,可提高原料浓度而使产物易于分离,降低了设备和分离费用;同时以晶格氧作氧源还减少了催化剂表面的深度氧化,提高了反应的选择性和经济性[60]。

6.3.3 生物质气化制合成气

生物质气化制合成气进而合成化工品和液体燃料是一种效率高、低成本、无污染的可再生能源生产技术,已成为世界各国研究的热点,是生物质转化利用技术中极具潜力的发展方向,具有十分广阔的应用前景。下面将重点介绍生物质气化制合成气技术的原理、过程及研究状况。

1. 生物质气化基本原理和气化过程

生物质气化原理是指在一定热力学条件下,借助空气、水蒸气的作用,使生物质高聚物发生热解、氧化还原、重整反应,热解伴生的焦油进一步热裂化或催化裂化为小分子碳氢化合物,获得含 CO、H$_2$ 和 CH$_4$ 的气体[61]。

生物质气化过程根据反应温度和产物不同,可分为四个阶段:干燥阶段、热解阶段、氧化还原阶段和净化阶段。

干燥阶段:脱除水分,物料化学组成几乎不变。

热解阶段:生物质初步裂解碳化,脱除挥发分(主要是碳氢气体、氢气、焦油、水蒸气、一氧化碳、二氧化碳),得到固定碳和灰分。

氧化还原阶段:固定碳与 O$_2$ 反应生成 CO、CO$_2$ 和 H$_2$O,放出大量热为碳深层气化提供能量。

净化阶段:产出气夹带少量水蒸气、焦油、碱金属及氨,须经冷却器、除尘器、水喷淋塔将它们除去后，方可输送到燃气设备。

生物质气化过程的总反应如式（6.4）所示，同时包括式（6.5）～式（6.11）所示的反应。

$$CH_xO_y+O_2+H_2O \longrightarrow CH_4+CO+CO_2+H_2+H_2O+C+tar \quad (6.4)$$

$$2C+O_2 \longrightarrow 2CO \quad (6.5)$$

$$C+O_2 \longrightarrow CO_2 \quad (6.6)$$

$$C+2H_2 \longrightarrow CH_4 \quad (6.7)$$

$$CO+H_2O \longrightarrow CO_2+H_2 \quad (6.8)$$

$$CH_4+H_2O \longrightarrow CO+3H_2 \quad (6.9)$$

$$C+H_2O \longrightarrow CO+H_2 \quad (6.10)$$

$$C+CO_2 \longrightarrow 2CO \quad (6.11)$$

2. 生物质气化过程研究状况

生物质气化技术早在 18 世纪就已出现，但直到 20 世纪 70 年代，受石油危机影响，世界各国开始重新重视生物质能源的开发和研究。目前，生物质气化技术的研究关键是增加可燃气中 H_2 和 CO 的浓度、燃气净化、减少二次污染及提高转化率[62]。影响气化过程的关键因素包括气化反应器类型、气化介质、气化温度、气化压力、原料类型和性质，以及催化剂的类型、用量等。下面将逐一介绍这些关键因素。

生物质气化反应器类型可分为固定床反应器和流化床反应器，固定床又可分为上吸式、下吸式、横吸式、开心式等，流化床又可分为鼓泡流化床和循环流化床。

固定床气化的优点是设备简单、成本低、操作简便，容易控制反应条件而且原料停留时间长、碳转化率较高。上吸式固定床气化出口气体温度较低（约 250℃），热效率高，但气体中含有较多焦油，后续处理困难。与上吸式相比，下吸式固定床气化得到的气体焦油含量非常低，但出口气体温度较高（约 800℃），需回收气体带出的热量，导致热效率较低。下吸式气化床生产气体含有 20%～28% 的 CO 和约 12% 的 H_2，含有少量焦油。固定床气化投资少，操作简单，但其处理速度慢，生产能力低。

流化床气化加强了物料之间的热传递，从而提高了反应速率和转化效率，因此流化床具有物料处理量大、传热传质性能好等优点。此外，流化床炉内温度较高且恒定，加强了焦油裂解，可燃气中焦油含量较少。但燃气中含有较多灰分，需进一步处理。鼓泡流化床流化速度慢，适合颗粒较大的生物质原料，须增加热载体，固体颗粒带出较少；循环流化床流化速度相对较高，从流化床中携带出的颗粒在通过旋风分离器收集后重新送入炉内进行气化反应，气化速度快，适用于较小的生物质颗粒。

生物质气化介质主要包括空气、氧气、水蒸气、空气-水蒸气及氧气-水蒸气。用空气作为气化介质具有成本低、操作可行性强的优点，但得到气体热值较低（4～7MJ/m^3），H_2体积分数只有8%～14%，而且气化的气体含有大量N_2，需净化，不适合后续合成；用纯氧气化能避免带入N_2，可制取中热值（10～12MJ/m^3）气体，该技术具有工艺简单、技术成熟、运行稳定等优点，得到的燃气适合用于合成，但需要专门的制氧装置，投资成本较高，适用于大规模液体燃料合成工厂。采用水蒸气作气化介质能够大量增加合成气中的H_2含量，反应式（6.8）～反应式（6.10）均需水蒸气参加，从反应平衡角度看，水蒸气越多越有利于H_2的产生，但水蒸气过多会导致炉内温度下降，从而需要外部供热。近年来，用纯水蒸气作为气化介质的气化技术得到广泛关注，研究表明：水蒸气气化得到的气体热值较高（12～20MJ/m^3），而且富含H_2和CO，适合作为合成气合成液体燃料[63, 64]。

气化温度是生物质气化过程中重要的工艺参数，对产出气的种类、组成分布、热解速率和反应的热量变化有很大影响。随温度升高，气体产率增加，反应速率增大，对产品气组成的影响则随实验条件变化而有所不同。乌晓江等利用沉降式加压气化炉考察气化的影响因素时，发现高温有利于气化反应向吸热方向进行，在1600～1700℃时碳转化率高达90%，合成气产量随O/C比增加，呈现先增后减的变化趋势[65]。Song等研究串行流化床制氢实验中得出高温利于合成气生产和焦油分解，在720～920℃时，随温度升高，CO含量显著增加，820℃时H_2产率和碳气化率达到最大值[66]。Kumar等发现，当气化温度由750℃增加到850℃时，碳转化率、气体含热量及H_2所占比例有所增加[67]。Gupta等观察到在超过800℃的条件下，当水蒸气与生物质的质量比从0.5增加到1.0时，H_2含量明显增加[68]。Gonzalez等在空气气化过程中发现，当温度由700℃增加到900℃时，H_2和CO含量明显增加，而CH_4和CO_2含量有所下降，提高反应温度有利于制取富含CO和H_2的合成气[69]。

气化压力对生物质气化有重要影响，提高压力可在保持生产能力的条件下减小气化炉体积和后续处理设备尺寸；此外，加压气化生产压缩燃气可直接带压参与后续重整变换过程。从合成气角度来看，加压气化缺点在于提高压力使反应式（6.7）和反应式（6.9）向生成CH_4的方向移动，导致CH_4及其他碳氢化合物含量有所上升，为后续重整增加难度。黄海峰等在生物质加压气化实验中观察到，随压力升高，CH_4等烃类气体含量呈上升趋势[70]。

生物质气化过程会产生焦油等难以直接利用的物质，不仅造成能量的浪费，还会影响系统正常运行。因此，研究开发能够降低焦油产量的催化剂，是生物质气化制合成气技术的一个关键问题，也是各国研究的热点。目前，生物质气化除焦油最常用的催化剂是Ni基催化剂。Magrini-Bair等以90% α-Al_2O_3为载体，负载质量分数分别为5.0%的MgO、8.0%的NiO和3.5%的K_2O得到的催化剂具有较好的焦油裂解效果，在800℃时焦油裂解率可达90%以上，其中载体α-Al_2O_3粒径在100~400μm，其抗磨损能力强，经过48h连续实验，粒径分布无明显变化[71]。Li等以铝酸钙为载体，通过浸渍法负载硝酸镍制成的Ni基催化剂也可用于生物质气化制备富氢合成气。在温度为650℃、气固比（S/C）为2.1、时空速率$W_{cat}/F_{toluene}$为8.9kg·h/m^3的条件下进行焦油裂解，焦油转化率可达99%以上，H_2产率可达80%，CO选择性可达63%[72]。此外，采用浸渍法制备，经400~500℃处理得到的纳米Ni基催化剂，对于提高H_2产率和焦油转化率效果明显[73]。Ni基催化剂的主要问题是失活比较严重，其中由于H_2S中毒而使Ni活性位点减少是导致催化剂失活的主要原因，同时烧结导致Ni晶体变大及碳化现象也可能造成催化剂失活[74]。Rh基催化剂也是一种有效的焦油裂解催化剂，Colby等在气化炉温度为850℃、压力为0.1MPa的条件下，以α-Al_2O_3为载体负载Rh可使焦油转化率达到50%[75]。Keiichi等以SiO_2为载体，负载Rh和CeO_2用于催化焦油裂解和生物质气化，在温度为650℃、压力为0.1MPa、生物质进料量为85mg/min、空气流量为50m^3/min的条件下，碳转化率达99%以上，可得到CO产量为2254μmol/min、H_2产量为2016μmol/min的合成气[76]。Rh基催化剂在使用中的最大问题是催化剂磨损和失活。除Ni基和Rh基催化剂外，生物质气化制合成气中，Ru、Zr、Pt等重金属对焦油去除也有一定效果，但目前研究较少[77]。不管采用哪种催化剂，在合成气制备过程中普遍存在焦油转化率较低的问题，虽然有些催化剂可实现理想焦油转化率，但成本较高，因此研究开发催化效率高且价格低廉的新型焦油裂解催化剂是生物质气化制合成气技术中亟待解决的关键问题。

3. 未来生物质气化技术的研究方向

近三十多年来，人们对生物质气化技术进行了大量的实验研究，对不同种类生物质气化的实验设备和工艺流程进行了大量的攻关研究，气化工艺和设备已实现商品化，但生物质气化制合成气的研究大多为实验室研究和小规模中试研究，大型生产工艺和配套设备还有待进一步开发。目前多数生物质气化制合成气技术与传统技术相比仅有社会环境效益，无经济竞争优势，使该技术的工业化生产受到限制。目前生物质气化制合成气技术研究仍有很多问题急需解决，主要体现在以下几方面：①生物质气化反应器对各类生物质或混合生物质原料气化试验的通用性不强；②现有生物质气化技术所得到的产气成分不符合化学品合成技术的要求，产气中H/C比一般较低，达不到甲醇、乙醇等化学品合成的理论比例，而且产气中的CO_2、CH_4含量较高，影响后期液体燃料合成；③生物质气化制合成气过程中会产生大量难以利用的焦油，影响产气效果和系统运行。

针对上述亟待解决的问题，生物质气化技术未来的研究将主要集中在如下几个方面：①以增强反应器适应生物质原料通用性为目标的生物质气化反应器的改进和研发；②以提高有效产气成分（H_2 和 CO）产率为目标的生物质气化技术的研究；③以尽量减少气化过程中的焦油产量为目标的改善气化条件研究和新型廉价高效焦油裂解催化剂的设计和研发。

6.4 合成气转化利用

6.4.1 合成气转化利用概述

合成气转化利用是指合成气（或合成气与化学品）反应制备（或生产）液体燃料和化工品的过程。作为合成气中枢的两大核心任务之一，合成气转化利用在合成气中枢中起着非常重要的作用：可为合成氨厂提供 H_2/N_2 原料气，为炼油厂提供高品质柴油、润滑油调和组分及宝贵的氢气，为石油化工厂提供石脑油、甲醇/二甲醚，进一步转化为低碳烯烃，同时还可为发电厂提供合成气（H_2/CO）或 H_2 实行涡轮机发电或燃料电池发电，同时通过"多联产"提供化学品；可提供合成天然气（SNG），补充天然气资源不足，可大大减轻大量烃类、长距离输送的沉重负担。

本文将分别讲述合成气转化制含氧化合物、烃类燃料和烯烃化工品的生产原理和研究状况。

6.4.2 合成气转化制含氧化合物

含氧化合物是指由合成气生成的含有 C、H、O 的有机化合物，包括醇、醚、酯、醛、酸等。这些含氧化合物既可作为燃料，如甲醇、乙醇、二甲醚等，又可作为重要的化工品原料，如低碳醇、乙二醇、丙三醇等。这里将重点介绍合成气转化制甲醇、二甲醚、乙醇、低碳醇、乙二醇等含氧化合物的过程和研究情况。

1. 甲醇

甲醇是极为重要的有机化工原料和清洁液体燃料，是合成气转化的基础化学品。合成气合成甲醇的主要反应如式（6.12）所示，同时合成气中的少量 CO_2 也发生加氢反应生成甲醇 [如式（6.13）所示]，反应的同时还发生水气变化反应 [式（6.14）]：

$$CO+2H_2 \rightleftharpoons CH_3OH \qquad \Delta G^{\ominus}=-113.791+0.2434T \text{（kJ/mol）} \qquad (6.12)$$

$$CO_2+3H_2 \rightleftharpoons CH_3OH+H_2O \qquad \Delta G^{\ominus}=-78.603+0.2121T \text{（kJ/mol）} \qquad (6.13)$$

$$CO+H_2O \rightleftharpoons CO_2+H_2 \qquad \Delta G^{\ominus}=-35.503+0.0321T \text{（kJ/mol）} \qquad (6.14)$$

合成甲醇涉及的主要反应［式（6.12）～式（6.14）］均为放热反应，低温有利于反应平衡的正向进行；同时甲醇合成又是分子数减少的反应，增加压力有利于反应的甲醇合成。同时从式（6.12）～式（6.14）可知，在热力学上 $CO+H_2$ 合成甲醇比 CO_2+H_2 合成甲醇更有利。

工业上合成甲醇的发展，很大程度上取决于催化剂的研发及其相应操作条件的保证，不同的生产工艺就有不同的催化剂及其相应的反应器来实现。目前，虽然有多种催化剂可以催化合成气合成甲醇，但工业上大规模应用的只有锌-铬基催化剂和铜基催化剂。锌-铬基催化剂（ZnO/Cr_2O_3）是德国 BASF 公司于1923年首先开发研制成功的，其活性温度较高，适宜的温度为320～400℃，为获取较高的合成气转化率，其操作压力也较高，通常为25～35MPa。锌-铬基催化剂具有较好的耐热性、抗毒性、机械强度和使用寿命，但其活性温度高、操作压力高，致使动力消耗大，设备复杂，产品质量差。随着英国 ICI 公司在1966年将铜基催化剂成功应用于工业低压合成甲醇过程，锌铬基催化剂逐渐淡出合成甲醇市场。目前，世界上的甲醇厂全部采用铜基催化剂。铜基催化剂低温活性高，适宜操作温度为230～310℃，操作压力为5～15MPa[78]。

铜基催化剂的主要组分为 $CuO/ZnO/Al_2O_3$ 或 $CuO/ZnO/Cr_2O_3$，其中 CuO/ZnO 是催化剂的活性组分，Al_2O_3 或 Cr_2O_3 组分则明显提高了催化剂的抗老化能力。由于 Cr 对人体有害，工业上采用更普遍的甲醇合成催化剂为 $CuO/ZnO/Al_2O_3$。$CuO/ZnO/Al_2O_3$ 工业合成甲醇催化剂研究开发公司，国际上主要有英国 ICI 公司、美国 UCI 公司、德国 Lurgi 公司和 BASF 公司、日本 MGC 公司、丹麦 TOPSΦE 公司等，国内主要有西南化工研究院、西北化工研究院、南京化学工业集团研究院等[79]。

催化剂上合成甲醇的反应机理已被人们进行了大量研究，但由于反应体系的复杂性和各反应之间的强烈耦合作用，目前在许多问题上仍未达成共识，仍存在许多争论，主要集中在甲醇产物中碳的来源问题（即甲醇中的碳是来源于 CO 还是 CO_2）、CO_2 作用及 Cu-ZnO 催化剂的活性中心。而基于上述问题的不同认识，产生了不同的反应机理，主要有以下三种观点：①CO 为碳源机理。该机理认为 CO 是甲醇产物中碳的唯一来源，CO_2 的存在仅仅起到稳定晶格（Cu^+）的作用，即利用其弱氧化性保证低价铜不被过渡还原，或通过逆变换反应转化为 CO，再经过 CO 在催化剂表面吸附生成中间物而合成甲醇。Cu^+是反应的主要活性中心[80-82]。②CO_2 为碳源机理。该机理认为 CO_2 是甲醇产物中碳的来源，CO 的作用则是作为一种还原剂使活化的 Cu 表面得以再生或用于清除 CO_2 加氢中所产生的吸附氧。Cu^0是反应的活性中心[83-85]。③CO 和 CO_2 双碳源机理。该观点认为 CO 和 CO_2 都可以加氢生成甲醇，它们在不同能量状态的铜活性中心上以不同形式被活化[86-88]。这种更为折中的双碳源机理自20世纪80年代以来似乎越来越多地被人们所接受。

2. 二甲醚

二甲醚不仅是合成气经甲醇制汽油、低碳烯烃的中间体,而且是多种化工产品的重要原料。二甲醚应用气雾剂和制冷剂方面是氟氯烃的理想替代品,而作为洁净液体燃料,二甲醚的应用前景更为广阔。目前,合成气合成二甲醚主要包括两种方法,即合成气经甲醇合成二甲醚的两步法和合成气直接合成二甲醚的一步法。

两步法指的是合成气首先合成甲醇,然后甲醇脱水生成二甲醚。该法相对来说较为成熟。其中,甲醇脱水生成二甲醚反应如式(6.15)所示:

$$2CH_3OH \Longrightarrow CH_3OCH_3 + H_2O \qquad \Delta H^\ominus = -23.4 kJ/mol \qquad (6.15)$$

该反应是放热反应,低温有利于二甲醚合成。目前,最常用的工艺为甲醇气相脱水制二甲醚,该工艺可连续生产二甲醚,具有规模大、操作容易控制、无腐蚀、无污染物和废弃物排放等特点。该过程甲醇转化率高,二甲醚选择性好。其关键是催化剂的研制,常用的催化剂是酸性脱水组分如 HZSM-5、γ-Al_2O_3 等。

甲醇脱水合成二甲醚的反应机理主要在 Al_2O_3 和 HZSM-5 催化剂上进行研究,得出的结论也不一致,其主要争论之处在于甲醇是以什么状态吸附在催化剂表面,催化剂吸附甲醇的活性位性质,以及二甲醚形成的主要途径。例如,Padmanabhan 等描述了 Al_2O_3 上甲醇脱水制二甲醚的历程,认为甲醇在 Al_2O_3 上吸附有两种形式:一是以分子状态吸附在酸性位上;二是以解离态吸附在碱性位上。吸附态的甲醇分子与解离后形成的甲氧基反应形成二甲醚[89]。Rinaldo 等认为二甲醚形成有两种途径:一种是吸附的甲醇分子与甲氧基之间发生反应,另一种则是两个吸附的甲氧基之间反应。低于 280℃,前者占优势;高于 280℃,后者占优势[90]。解峰等则认为甲醇在氧化铝表面的不同 L 酸性位以分子态和解离态吸附,分子态甲醇与邻近的解离吸附态甲醇(甲氧基)相互作用生成二甲醚[91]。

一步法指的是合成气在具有甲醇合成和甲醇脱水功能的催化剂上直接合成二甲醚。该反应过程实质上是甲醇合成、甲醇脱水和水气变换反应的耦合,主要反应如式(6.16)~式(6.18)所示:

$$CO + 2H_2 \Longrightarrow CH_3OH \qquad \Delta H^\ominus = -90.4 kJ/mol \qquad (6.16)$$
$$2CH_3OH \Longrightarrow CH_3OCH_3 + H_2O \qquad \Delta H^\ominus = -23.4 kJ/mol \qquad (6.17)$$
$$CO + H_2O \Longrightarrow CO_2 + H_2 \qquad \Delta H^\ominus = -40.9 kJ/mol \qquad (6.18)$$

总反应如式(6.19)~式(6.20)所示:

$$2CO + 4H_2 \Longrightarrow CH_3OCH_3 + H_2O \qquad \Delta H^\ominus = -205.2 kJ/mol \qquad (6.19)$$
$$3CO + 3H_2 \Longrightarrow CH_3OCH_3 + CO_2 \qquad \Delta H^\ominus = -246.3 kJ/mol \qquad (6.20)$$

反应式(6.19)是不发生水气变换反应时的二甲醚合成,反应式(6.20)是发生水气变换反应时二甲醚的合成。一般来说,甲醇合成催化剂同时也催化水气变换反应，所以总的二甲醚反应介于反应式（6.19）和反应式（6.20）之间。

反应式（6.19）和反应式（6.20）均为放热反应和分子数减少的反应，降温和增压有利于原料转化和二甲醚生成。

同两步法相比，该过程具有流程短、投资省、能耗低等优点，同时可获得较高单程转化率，因此，合成气直接制二甲醚反应自20世纪80年代起一直受到人们的关注，并对其进行了大量研究，该过程研究的关键是多功能催化剂的研制，目前研究较多的是由 $Cu/ZnO/Al_2O_3$ 甲醇合成活性组分和 $\gamma\text{-}Al_2O_3$、HZSM-5 等酸性脱水组分组成的双功能催化剂，如何实现两种活性组分操作条件的匹配，充分发挥它们的协同作用，保持高催化性能和催化稳定性，是合成气一步制二甲醚双功能催化剂的研究热点。

关于合成气一步合成二甲醚的机理，普遍认为是合成气在 Cu 基催化剂表面生成甲醇，然后甲醇转移到固体酸催化剂表面发生脱水反应生成二甲醚。在双功能催化剂上，甲醇合成与甲醇脱水均在催化剂表面形成甲氧基自由基，当两种活性位接触足够紧密时，甲基自由基可从甲醇合成活性位直接跃迁到甲醇脱水酸性位，这样可使部分反应不经过甲醇中间体而直接转化为二甲醚[92]。

3. 乙醇

乙醇（CH_3CH_2OH）是重要的基本化工原料，在工业上广泛用作溶剂、消毒剂和有机合成原料，同时乙醇在作为燃料和燃料添加剂方面具有较为广泛的用途。乙醇的工业生产有两大类，即天然原料发酵法和化学合成法。发酵法是生产乙醇的经典方法，通常以糖类、淀粉、纤维素等碳水化合物为原料，经发酵使双糖、多糖转化为单糖，并进一步转化为乙醇。化学合成法即以乙烯为原料的水合法。目前正研究开发碳一化工路线合成乙醇的方法，其中包括合成气直接合成法。

合成气直接合成乙醇过程的主要反应如式（6.21）所示：

$$2CO+4H_2 =\!\!=\!\!= C_2H_5OH+H_2O \qquad \Delta H^\ominus=-253.6\text{kJ/mol} \qquad (6.21)$$

由上式可见，合成气直接转化制乙醇是一个强放热且容易进行的反应，低温有利于反应的正向进行；同时合成气直接合成乙醇反应是分子数减少的反应，增加压力有利于乙醇合成，合成乙醇需要 H_2/CO 的物质的量比为 2:1。

由于受多种因素影响，合成气直接合成乙醇的反应总伴随有副反应发生，导致产生甲烷、$C_2\sim C_5$ 的烷烃和烯烃等，同时伴随着水气变换反应，产生大量 CO_2。因此，通过研发合适的催化剂来抑制副反应发生是提高产物乙醇选择性和产率的重要途径。

目前，关于合成气合成乙醇催化剂的研究，可分为贵金属催化剂和非贵金属催化剂两类。美国联碳公司最先进行该过程研究，采用 Rh/SiO_2 催化剂研究合成气选择合成乙醇、乙醛、乙酸等 C_2 含氧化合物，但催化剂活性低并副产大量甲烷。为改善催化剂性能提高目的产物的选择性，研究了各种助剂对催化性能的影响，得出以下结论：加入 Fe、Ir、Ti 等金属可增强加氢能力，加入 Mn、Sc、V、Zr 等金属可增强 CO 解离能力，加入 K、Li 等金属可抑制加氢能力[93]。R. Burch 等采用 2% Rh-10% Fe/Al_2O_3 催化剂，在 1MPa 压力下，由合成气选择合成乙醇，选择性最高可达 50%[94]。中国科学院大连化学物理研究所等已在重庆垫江建成 30t/a 乙醇中试装置，该装置以天然气为原料，经由合成气生产乙醇，经 1030h 连续运转后催化剂时空产率达 315g/(kg cat·h)，产物中碳数≥2 的 C_{2+} 含氧化合物的选择性达 73%[95]。鉴于合成气直接合成乙醇反应中产品选择性较低的问题，研究者提出了两步转化即复合体系催化剂方案，首先用 Rh-Mn-Li/SiO_2 催化剂合成 C_2 含氧化合物，不分离产物，然后再用 Cu-Zn/SiO_2 催化剂使乙酸和乙醛转化为乙醇。此法乙醇选择性达 82%，时空产率为 230g/(L·h)[96]。至于非铑系合成乙醇催化剂体系，有 IFP 公司提出的 Cu、Co、Cr 系催化剂体系，赫司特公司提出的 Co-Au、Ag、Re 系催化剂体系等[97]。

合成气直接制乙醇的机理研究认为，在铑基催化剂上合成气直接制乙醇反应大体分为以下几个步骤进行：首先，H_2、CO 被催化剂吸附；其次，吸附在催化剂上的 CO 自身分解，然后被氢化，并在催化剂表面形成一种碳氢化合物$(CH_x)_{ad}$（$x=2$ 或 3）；这时，未分解 CO 插入到 Rh-C 键（CH_x 物种中的 C）中，同时被氢纯化后得到烯醇中间体；烯醇中间体会与 H_{ad} 原子反应生成乙醇[98]。大多数研究者认为 CO 在 Rh 基催化剂上的吸附是合成气制乙醇反应的决速步骤。在合成乙醇过程中，常常伴随有多种副反应发生：如 CO 分解形成的 O_{ad} 原子可能会与 CO 反应生成 CO_2；$(CH_x)_{ad}$ 物种可能会被氢化形成甲烷；烯醇中间体会与 H_{ad} 原子和 CO 反应生成 C_{2+} 含氧化合物[99]。

4. 低碳醇

低碳醇是以合成气为原料，在催化剂作用下合成的 C_1～C_5 醇类混合物的总称。低碳醇可以以混合醇的形式直接作为动力燃料，也可以作为燃料添加剂，还可以分离得到单独的醇类作为化工原料。

合成气合成低碳醇反应的化学式及其反应的吉布斯自由能变 $\Delta G^{\ominus}$ 与温度的关系如式（6.22）和式（6.23）所示：

$$nCO+2nH_2 =\!=\!= C_nH_{2n+1}OH+(n-1)H_2O \qquad (6.22)$$

$$\Delta G^{\ominus}=-38.385n+11.100+(6.002n-0.150)T/100(kJ/mol) \qquad (6.23)$$

由上式可知，合成低碳醇的过程属分子数减少的反应，高压有利于反应的进行；同时低温有利于低碳醇的合成，但温度太低，反应速率会降低，因此在低温下采用合适的催化剂体系，是该过程达到高转化效率的关键。

合成气合成低碳醇的催化剂体系根据催化剂活性组分的性质和反应类型可主

要分为以下几类催化剂[100]：①改性高温甲醇合成催化剂体系：该类催化剂由高温甲醇合成催化剂（Zn-Cr 氧化物）加入碱性助剂改性制得，反应条件温度为约 400℃，压力为 15～32MPa。一般认为具有非化学计量性质的 Zn-Cr 类尖晶石结构起活性组分作用，产物主要是甲醇、异丁醇和乙醇、正丙醇，产物中异丁醇占相当大的比例；②改性低温甲醇合成催化剂体系：该类催化剂是通过向低温铜基甲醇合成催化剂中加入碱性助剂提高低碳醇的选择性，产物中除甲醇外，以乙醇、正丙醇、正丁醇和更高碳数醇为主，反应条件是温度为 300～350℃，压力约 10MPa，Cu/ZnO 是反应的主要活性组分；③改性费-托合成催化剂体系：将甲醇合成与费-托合成催化剂结合，加入碱金属助剂，可缓和费-托合成催化剂的还原作用，提高产物中醇类的选择性，该类催化剂上反应产物主要为遵循 Schulz-Flory 分布的 C_1～C_5 正构醇；④MoS_2 催化剂体系：该类型催化剂反应条件温和（温度约 300℃，压力约 10MPa），具有较强的抗硫中毒作用，但产物中含有大量烃和 CO_2 使得低碳醇选择性不高。目前合成气合成低碳醇催化剂的研究重点在于探索活性中心的最佳匹配、构效关系及合成低碳醇的选择性规律等，旨在提高低碳醇合成过程的单程转化率、$C_nH_{2n+1}OH$（n=2～5）选择性和醇产率[101]。

目前关于合成气合成低碳醇的机理在 Cu 基催化剂上研究较多，多数认为合成低碳醇的机理涉及碳链增长，碳链增长的关键是 CO 的解离吸附，作为活性中心的 Cu 在 200～300℃对 CO 的吸附为非解离吸附。有两种方法可使 CO 解离，一是提高反应温度到 300℃以上，使其易于解离，但温度不易过高，以免生成大量的烷烃副产物；二是设法削弱活性中心铜上吸附 CO 的碳氢键，加入碱金属，可降低金属铜的电子逸出功，即增强了铜的电子给予性，使 CO 得到更多的反馈电子，因而减弱了碳氢键，导致 CO 解离，为碳链增长创造条件[102, 103]。

5. 乙二醇

乙二醇（ethylene glycol，EG）是最简单的也是最重要的脂肪族二醇，它是一种重要的大宗化工原料，可用于生产聚酯纤维、防冻剂、不饱和聚酯树脂、乙醇胺等产品。目前工业合成乙二醇的主要方法是采取乙烯出发的环氧乙烷水合法，该法的经济效益受石油价格影响较大，开发和改良乙二醇合成路线已经成为研究热点。以合成气为主要原料的乙二醇合成工艺，因其符合我国能源资源分布特点，原料来源广泛和低廉、技术经济性高等特点而引起人们越来越多的重视。

乙二醇的合成气合成法分为直接合成法和间接合成法。直接合成法采用合成气直接合成乙二醇，间接合成法则是合成气经乙烯、草酸酯、甲醇、甲醛等中间产物合成乙二醇的方法。下面将分别介绍直接法和间接法合成乙二醇。

合成气直接合成乙二醇的反应式如式（6.24）所示：

$$2CO+3H_2 \Longleftrightarrow HOCH_2CH_2OH \tag{6.24}$$

从形式上看，由合成气直接合成乙二醇符合原子反应的要求，是一种最为简单和有效的乙二醇合成方法，即使反应选择性和转化率较低，也具有很大的实际应用价值。目前研究的关键是如何提高催化剂的活性和选择性。在研究合成气直接制乙二醇的催化剂体系中，两种催化剂的性能相对较好，即四烷基膦和胺改性的铑催化剂和咪唑改性的钌催化剂[104]。迄今，虽然直接法还未实现工业化，但一旦有所突破，使反应在较温和条件下进行，该过程将非常有竞争力。

相对于直接法，合成气间接法合成乙二醇，如甲醇/甲醛法、草酸酯法取得的进展较多，特别是草酸酯法合成乙二醇，已发展成为离工业化合成乙二醇最近的一条工艺路线。

甲醇/甲醛法第一步甲醇、甲醛的合成工艺技术成熟，建有百万吨级的生产装置。虽然从甲醇、甲醛出发，合成乙二醇的工艺路线有很多，但目前离工业化实施还有一段距离。该法制乙二醇目前的主要研究方向包括甲醇二聚法、二甲醚氧化法、甲醛二聚法、甲醛羰基化法和甲醛氢甲酰化法[105]。

草酸酯法（也称为氧化偶联法）合成乙二醇主要包括两个步骤，即 CO 通过氧化偶联制草酸酯，然后再加氢合成乙二醇。液相合成草酸酯早在 1968 年就由美国 Union Oil 公司申请专利。1978 年，日本宇部兴产公司和美国 UCC 公司联合开发了合成草酸二酯的新工艺路线。该工艺是在亚硝酸酯的存在下，以活性炭为载体的钯为催化剂，用 CO、O_2 和正丁醇反应，反应温度为 90℃，压力为 9.8MPa，生成草酸二丁酯[106]。1977 年日本宇部兴产公司提出常压气相合成草酸酯技术，以 Pd/Al_2O_3 为催化剂，在温度为 80~150℃，压力为 0.5MPa 的条件下，草酸二甲酯收率为 98%[107]。同时，在气相法制草酸二甲酯的基础上，日本宇部兴产公司采用 Cu-Cr 催化剂，开发出气相法草酸二甲酯加氢还原制乙二醇技术，乙二醇选择性为 95%[108]。1986 年美国 ARCO 公司首先申请了草酸酯加氢制乙二醇的专利，开发了 Cu-Cr 催化剂，采用 Cu-Cr 催化剂和在 3.0MPa 压力下，催化剂最长运转 466h，乙二醇收率为 95%[109]。同年，宇部兴产公司与 UCC 公司联合开发 Cu/SiO_2 催化剂，乙二醇收率为 97.2%[110]。国内对气相法合成草酸酯进行深入研究的有多家单位，包括中国科学院福建物质结构研究所、天津大学、华东理工大学、上海焦化有限公司、浙江大学等。国内对催化剂的研究多以 $\alpha\text{-}Al_2O_3$ 为载体，以 Pd 为活性组分，仅催化剂助剂有差别，开发的催化剂均取得了较好的效果。国内的多家单位同时开发了草酸酯加氢的铜基催化剂，也取得了较高的催化性能。铜基催化剂反应条件温和、活性高、乙二醇选择性好，但是抗烧结能力差、机械强度低，并且容易在催化剂表面形成草酸铜和聚酯，使得催化剂的稳定性下降、寿命缩短[111]。目前，关于合成气经草酸酯合成乙二醇，草酸二酯的生产技术已工业化，目前的研究重点集中在草酸酯催化加氢的催化剂和工艺技术改进上，一旦取得突破，就可能实现合成气工业化生产乙二醇。

6.4.3 合成气转化制烃燃料

作为燃料的烃类，随着所含碳原子数的不同，其燃料用途也有所不同。例如，CH_4是合成天然气的主要组分，$C_2 \sim C_4$烃可用作民用燃气，$C_5 \sim C_{12}$烃是汽油的主要组分，$C_{10} \sim C_{16}$烃是航空燃油的主要馏分，$C_{15} \sim C_{20}$烃是柴油的主要组分，$C_{18} \sim C_{22}$是润滑油的主要组分，等等（图6.3）[112]。这些作为燃料的烃类，既可来源于石油加工，也可从煤、天然气、生物质等资源经合成气制备。随着石油资源的逐渐减少，替代石油资源制备烃类燃料就显得尤为重要，而合成气转化制备烃燃料作为替代油资源制备烃燃料的重要步骤，在能源领域一直扮演着重要角色。合成气转化制备烃燃料过程可分为合成气直接合成烃和合成气经醇醚间接合成烃燃料。

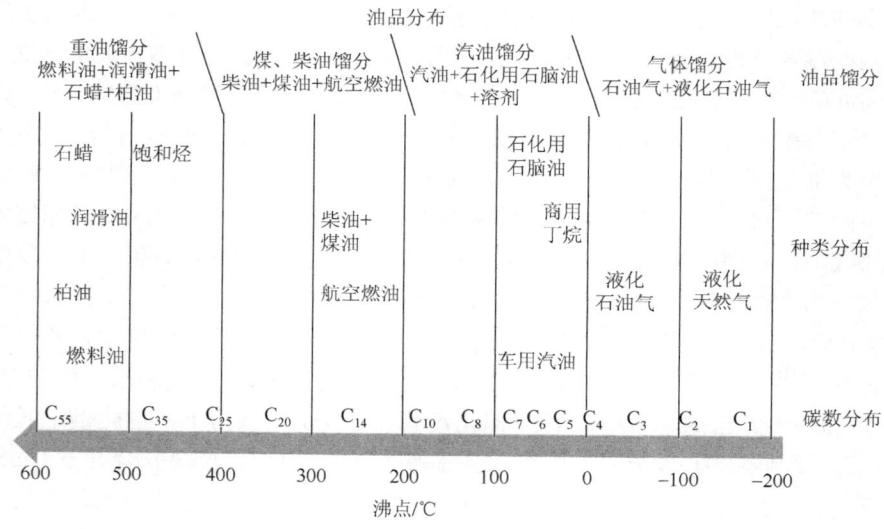

图6.3 作为燃料烃产品的碳数、沸点分布及应用

1. 合成气直接转化制烃燃料

合成气直接转化制烃燃料最著名的过程是费-托合成，它是以合成气为原料在催化剂和适当条件下合成液态烃或碳氢化合物（hydrocarbon）的工艺过程。该过程由德国化学家Fischer和Tropsch共同开发，是气体液化技术的一个关键组成部分，它通常是由煤、天然气或生物质生产合成润滑油与合成燃料。费-托合成作为低硫柴油燃料的来源而得到间歇性关注，用以解决基于石油烃类的供应或成本问题。

费-托合成烃燃料的主要反应式可表示如下：

$$nCO+(2n+1)H_2 \longrightarrow C_nH_{2n+2}+nH_2O \quad (6.25)$$

$\Delta_rH_m(kJ/mol)=-139.958n-35.337+(-28.44-51.44n)T/1000+(1.403+7.771n)/2\times 10^{-5}T^2+(1.226-2.12n)/3\times 10^{-8}T^3-(0.7645+0.617n)/4\times 10^{-11}T^4$

$$nCO+2nH_2 \longrightarrow C_nH_{2n}+nH_2O \quad \Delta H_{227K}=-165kJ/mol \quad (6.26)$$

$\Delta_rH_m(kJ/mol)=-139.958n+82.240+(2.51-51.44n)T/1000+(-2.765+7.771n)/2\times 10^{-5}T^2+(1.478-2.12n)/3\times 10^{-8}T^3-0.617n\times 10^{-11}T^4$

$$CO+H_2O \longrightarrow CO_2+H_2 \quad (6.27)$$

$\Delta_rH_m(kJ/mol)=-39.658-16.17T/1000+9.364/2\times 10^{-5}T^2-10.827/3\times 10^{-8}T^3+4.1115/4\times 10^{-11}T^4$

上述反应式（6.25）和反应式（6.26）分别为生成直链烷烃和 α-烯烃的主反应，反应式（6.27）为费-托合成过程中伴随的水气变换反应。从反应焓变Δ_rH_m与温度T（K）的函数关系可推断在温度范围为 373～773K 时，费-托合成反应的反应焓皆小于 0，是放热反应，低温有利于反应的正向进行，同时生成烃类燃料的反应为分子数减少的反应，高压有利于产物烃燃料的生成。

实际上，费-托合成反应的产物分布和热力学平衡差异很大，这是由于受控于动力学条件造成的，也就是受催化剂和反应工艺参数的影响，其中催化剂特别重要。当采用合适的催化剂时，可大大减少非目的产物（如甲烷）的生成[113, 114]。

传统费-托合成烃所得产品的碳数分布通常遵循 Anderson-Schulz-Flory（ASF）规律，即有一定的链增长概率 α（$\alpha=C_{n+1}/C_n$），随 α 值升高，产物分布趋重，即选择性趋向于重烃，如图 6.4 所示[115]。

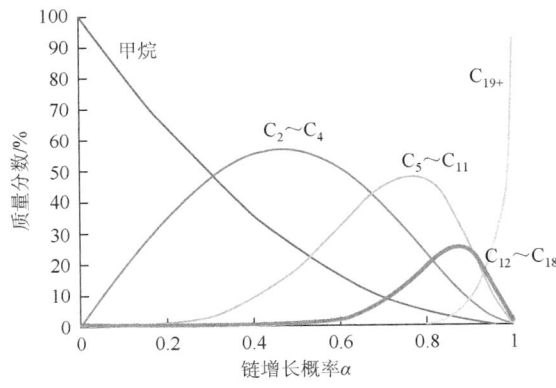

图 6.4 费-托合成的烃产品分布

从图 6.4 还可以看出，只有甲烷和高分子蜡有较高的选择性，其余馏分烃都有选择性极限：$C_2 \sim C_4$，60%；$C_5 \sim C_{11}$，48%；$C_{12} \sim C_{18}$，25%。因此费-托合成过程只能得到混合烃产物，选择性差是费-托合成过程的一个显著特征。为做到选择性合成烃类产品，许多研究者正致力于开发不服从 ASF 烃产品分布的催化剂和工艺。Shell、Exxon、Syntroleum、Sasol 等公司都把催化剂的研究开发作为 GTL 技术中的一个重要环节。例如，为降低气体烃的生成率，SMDS（shell middle distillate synthesis）及 SSPD（sasol slurry phase distillate）工艺均选择了可获得较高链增长概率的催化剂，合成产品主要是高分子的蜡，然后经缓和加氢裂化得到馏分油产品[116, 117]。应当强调指出，费-托合成所得产品不含硫、氮、芳烃，其主要是直链烷烃及 α-烯烃，其汽油辛烷值低而柴油十六烷值高。

费-托合成烃的催化剂的活性金属组分中以 Fe、Co、Ni、Ru、Rh 最为活泼，这些元素的链增长概率大致如下：Ru＞Fe≈Co＞Rh＞Ni。一般认为 Fe 和 Co 具有工业价值，Ni 有利于生成甲烷，Rh 易于生成含氧化合物，Fe 则易于生成大量烯烃和含氧化合物，Ru、Co 易于合成长链饱和烃[118]。这些元素在反应条件下以金属、氧化物或碳化物状态存在。

费-托合成机理由于众多产物比较复杂，不同研究者侧重点不同，对费-托合成机理的认识必然存在争论和不同点。得到较大范围认可的经典费-托合成机理主要有碳化物机理、含氧中间体缩聚机理、CO 插入机理、双中间体机理等[119]。目前普遍认同的观点是：CO 在催化剂表面活性中心上的解离是费-托合成最基本的重要步骤，弄清楚合成反应机理有助于解决反应的起始、链增长及产物分布和动力学研究问题。研究表明，在复杂的费-托合成反应体系中可能不存在单一反应机理，或许费-托合成产物分布最终受几种反应机理共同作用（如 CO 在催化剂表面上同时进行解离与不解离吸附已成为事实），只不过某种反应机理在反应中起着主要制约作用[120]。

合成气直接制烃类液体燃料的另一条技术路线是在由合成甲醇活性组分和金属改型分子筛组成的复合催化剂上实现合成气直接定向转化制燃料烃[121-123]。同费-托合成路线相比，该路线的烃类产品分布不受费-托合成烃产品 ASF 分布规律的限制，定向转化的目标产品烃可获得较高的选择性，同时产品烃中甲烷含量较低，合成的产品烃以异构烷烃为主[3]。

该过程的主要反应如式（6.28）所示：

$$2nCO+(n+1)H_2 \Longrightarrow C_nH_{2n+2}+nCO_2 \qquad (6.28)$$

该反应是放热反应，低温有利于反应的正向进行，同时又是分子数减少的反应，增大压力有利于反应的正向进行。目前该过程由于采用催化剂体系和反应条件的不同，而得到不同的低碳烃馏分；如 Cu-ZnO/Pd-β 催化剂上可高选择性合成 C_3+C_4 烃，Cu-ZnO/Pd-SAPO-34 可高选择性生成 $C_2 \sim C_3$ 烃，Cu-ZnO/Zn-ZSM-5

可高选择性合成 C_5~C_{11} 烃等[124-126]。

该过程常用催化剂体系为甲醇合成催化剂如 Cu-ZnO、ZnO-Cr_2O_3 等，金属改性分子筛如 HZSM-5、HY、Hβ、HSAPO-5、HMCM-41 等。目前关于催化剂上合成气转化制烃的机理研究不多，得到大多数研究者认可的反应路径为：合成气首先合成甲醇（二甲醚）、然后发生甲醇（二甲醚）脱水反应生成烯烃，烯烃加氢生成烷烃。目前，日本北九州市立大学、中国科学院大连化学物理研究所等均对该过程进行了较多的系统研究，目前的主要研究方向集中于复合催化剂稳定性的改进和相关反应机理的研究[121-128]。

2. 合成气间接转化制烃燃料

合成气间接转化制烃燃料是指合成气经醇醚等中间化合物合成烃类燃料的过程，该过程的代表过程是由来自合成气的甲醇制汽油的 MTG（methanol to gasoline）过程。

MTG 过程是 Mobil 公司开发的以甲醇为原料，在一定温度、压力和空速下，通过特定的催化剂进行脱水、低聚、异构等步骤转化为汽油烃的过程[129]。可用式（6.29）表示：

$$CH_3OH \rightarrow CH_3OCH_3(+H_2O) \rightarrow C_2 \sim C_5 \text{烯烃}(+H_2O) \rightarrow \text{石蜡烃/芳烃/环烷烃} \quad (6.29)$$

MTG 过程是一放热过程，反应的放热程度随产品烃分布情况而有所不同。因此，在该类反应设计时，控制和移除大量反应热是一个重要的考虑因素。

MTG 过程的催化剂主要为分子筛催化剂，特别是 HZSM-5 催化剂用于 MTG 过程体现了以下特点：选择性好，活性高，芳构化能力强。产品分布优良，产品中以异构烷烃和芳烃为主，同时含有少量的直链烷烃、烯烃和环烷烃。在不含四乙基铅的情况下，产物汽油的辛烷值可达 90~95[130, 131]。

MTG 过程在 HZSM-5 上的反应机理目前尚不十分清楚，特别是关于第一个碳碳键的形成问题争论很大。有的研究认为乙烯是最初产品，形成的第一个碳碳键为乙烯键；有的研究认为丙烯是最终产品，形成的第一个碳碳键是丙烯键。通过对不同硅铝比的 HZSM-5 分子筛催化甲醇制汽油的初始产物分析表明，丙烯是主要的初始产物，进一步支持了形成的第一个碳碳键是丙烯的假设[132]。

6.4.4 合成气转化制低碳烯烃

乙烯、丙烯等低碳烯烃是重要的基本有机化工原料，是现代化学工业的基石，其传统生产技术强烈依赖于石油资源，随着石油资源的日趋减少，发展以非石油资源为原料制取低碳烯烃等石化产品，实施石油替代战略，是关系到世界上许多国家经济长期稳定发展和能源安全的重大课题。非石油资源如煤、天然气、生物质等制取低碳烯烃的过程,主要包括非石油资源的气化生产合成气,再由合成气制取低碳烯烃,而合成气制取低碳烯烃的过程又分为合成气直接合成低碳烯烃和合成气间接合成低碳烯烃。间接法工艺成熟,已步入工业化,但从长远考虑,合成气直接制取乙烯、丙烯的工艺比间接法更为经济[133]。

1. 合成气直接转化制低碳烯烃

目前研究较多的合成气直接合成低碳烯烃过程为合成气经费-托过程合成低碳烯烃,其工艺流程要比间接法简单,经济评价也较合算,包含许多平行反应和顺序反应,主要如下:

$$CO+2H_2 \longrightarrow (-CH_2-)+H_2O \quad \Delta H(227℃)=-164.7kJ \quad (6.30)$$
$$CO+H_2O \longrightarrow H_2+CO_2 \quad \Delta H(227℃)=-39.7kJ \quad (6.31)$$
$$2CO+H_2 \longrightarrow (-CH_2-)+CO_2 \quad \Delta H(227℃)=-204.4kJ \quad (6.32)$$
$$CO+3H_2 \longrightarrow CH_4+H_2O \quad \Delta H(227℃)=-214.4kJ \quad (6.33)$$
$$2CO \longrightarrow C+CO_2 \quad \Delta H(227℃)=-133.8kJ \quad (6.34)$$

这些反应既相互竞争又相互依存。比较反应式(6.30)和反应式(6.32)的反应焓变可得,CO_2 比 H_2O 更容易生成。由反应式(6.30)、反应式(6.31)、反应式(6.33)和反应式(6.34)可知,在200~400℃温度范围内,甲烷化和积碳的生成在热力学上是有利的,低碳烯烃的生成不是很有利。低碳烯烃生成的反应为分子数减少的反应,增加压力有利于反应的正向进行。

合成气直接合成低碳烯烃的关键技术是催化剂,要求催化剂能够限制碳链增长、抑制甲烷生成、阻止反应生成的低碳烯烃发生二次反应,并具有较高的催化活性[134]。目前,国内外相继在催化剂体系、制备方法及改性等方面做了很多的研究,催化剂种类也随之丰富起来。由于第Ⅷ族元素对 CO 和 H_2 有良好的吸附作用,费-托合成催化剂一直将其作为催化剂的活性主要成分,尤其以铁、钴、镍、钌研究最多,分别呈现出铁系、钴系、镍系等系列催化剂体系。但从实际生产来看,铁便宜易得且稳定,相同转化率下,较镍生成的甲烷少、烯烃多。因此,铁系催化剂是合成气直接制取低碳烯烃较常用的催化体系,目前关于催化剂上合成气直接制低碳烯烃的研究主要集中在改进催化体系的低碳烯烃选择性、反应稳定性和反应结果的可重复性、催化剂上反应热的及时移除等,研究较为活跃的单位有中国科学院大连化学物理研究所、中国科学院山西煤炭化学研究所、天津大学、太原理工大学、华东理工大学等,但目前关于这方面的研究仍处于实验室研发阶段[135]。

合成气经费-托路线直接合成制低碳烯烃的过程遵循费-托合成反应机理,费-托合成反应最初是从 CO、H_2 的化学吸附开始的:

$$M+CO \longrightarrow M-CO \text{(分子吸附)}$$
$$C-M+CO \longrightarrow M-CO \longrightarrow M-C+M-O \text{(解离吸附)}$$

$$H_2 + 2M \longrightarrow 2M\text{-}H \text{（解离吸附）（M 代表金属）}$$

这些活性物种通过不同组合方式进行链增长链支化形成各种烃类化合物和含氧化合物，这也导致不同的费-托反应机理。多年来，研究者对于这一反应进行了深入的研究，提出了各种各样的反应机理，主要机理列于表 6.2[135]。

表 6.2 费-托反应机理

费-托反应机理	提出者	机理内容	普适性
本体碳化物机理	Fischer-Tropsch	$CO(g) \longrightarrow C(s)+O(s)$ $H_2(g) \longrightarrow 2H(s)$ $C(s)+2H(s) \longrightarrow CH_2(s)$ $nCH_2 \longrightarrow C_nH_{2n}$	可解释烃类产物生成，但 ^{14}C 示踪仅在铁催化剂中检测到少量碳化铁，钴、钌检测不到
烯醇机理	Anderson	$CO(s)+2H(s) \longrightarrow CHOH(s)$ $2CHOH(s) \longrightarrow HC_2OH+H_2O$	可解释 C—C 和 C—O 键的生成，缺乏实验支持
CO 插入机理	Pichler-Schulz	$CO(s)+CHR(s) \longrightarrow COCHR(s)$ $COCHR(s)+2H_2 \rightarrow CHCH_2R(s)+H_2O$	很好地解释烃类、含氧化合物生成，得到量子化学计算支持，但未有贴切的实验结果支持
新碳化物机理	Brady-Petit	$nCH_2 \longrightarrow C_nH_{2n}$	可解释烃类产物的生成，不能解释含氧物的生成

新碳化物机理提出表面亚甲基生成与本体碳化物无关，碳化物机理被重新认识，并被认为是解释烃生成的最好机理。然而，即使在碳化物机理中，由于活性链 C_2 物种的生成方式不同，导致碳化物机理出现分歧。从历史上看，费-托合成从最初就定性为聚合机理。而添加 CH_2 结构单元仅能解释烃的生成。所以，CO 插入被认为出现在含氧化合物的生成过程中。至于从 CO 和 H_2 经表面吸附后如何进行下一步的表面基元反应是十分复杂的。由于研究者从不同层次上考虑有关机理问题。例如，在碳化物机理中表面碳物种生成的机理也许与 CO 的反应机理和插入有关等，故而对费-托反应机理研究的工作仍需进一步系统考察。

由于目前合成气直接制烯烃的费-托过程受产品烃 ASF 分布规律的限制，低碳烯烃很难达到较高的选择性，因此近年来人们开始研究能够突破 ASF 分布规律限制的合成气直接制低碳烯烃过程的探索，如开发不同于费-托过程的合成气直接制烯烃过程[136]，该过程采用由甲醇合成组分与甲醇脱水制烯烃组分组成的双功能催化剂，尽管该过程获得了初步结果，但该过程要想获得进一步进展，如何调节各组分功能，发挥它们的协同效应，提高烯烃产品的选择性是该过程研究的重点，高性能催化剂的反应稳定性则是这一过程长期追求的目标。

2. 合成气间接转化制低碳烯烃

合成气间接转化制低碳烯烃是指合成气经醇醚等中间化合物合成乙烯、丙烯等低碳烯烃的过程，该路线的代表过程是合成气经甲醇制烯烃的 MTO（methanol to olefins）过程。

MTO 过程是以甲醇为原料，在一定温度、压力和空速下，通过特定的催化剂进行脱水反应生成低碳烯烃的过程。其主要反应可用反应式(6.35)~反应式(6.37)表示：

$$2CH_3OH \longrightarrow C_2H_4+2H_2O \quad \Delta G=-115.1kJ/mol，\Delta H=-23.1kJ/mol \quad (6.35)$$

$$3CH_3OH \longrightarrow C_3H_6+3H_2O \quad \Delta G=-186.9kJ/mol，\Delta H=-92.9kJ/mol \quad (6.36)$$

$$4CH_3OH \longrightarrow C_4H_8+4H_2O \quad \Delta G=-241.8kJ/mol，\Delta H=-150.0kJ/mol \quad (6.37)$$

MTO 过程是热力学上的放热反应，低温有利于反应的正向进行。同时，MTO 过程中伴随有低碳烯烃的聚合等二次反应而影响低碳烯烃的选择性，如何实现产物低碳烯烃的高选择性，以及反应热的及时脱除、保持反应系统的稳定性是该过程研究需要考虑的重要因素。

以解决 MTO 过程上述重要因素为目标，人们分别就 MTO 催化剂和工艺展开了大量研究。

催化剂是 MTO 工艺过程的关键技术。由于反应中存在大量水蒸气，而且催化剂需要在高温下进行，同时需要在较高温度下频繁再生烧炭，因此催化剂的热稳定性及水热稳定性是影响其化学寿命的关键因素。近四十年来，MTO 过程研究的催化剂主要包括：20 世纪 80 年代多采用 ZSM-5 分子筛及其改性产品，进入 20 世纪 90 年代后则倾向于硅磷酸铝系列分子筛（SAPO），其中具有强选择性的八元环通道的小孔分子筛 SAPO-34 备受青睐[137]。在催化剂方面研究较多的单位有美国的 Mobil 公司，德国 BASF 公司，美国联碳公司、UOP 公司和 Hydro 公司，国内的中国科学院大连化学物理研究所，上海石油化工研究院等[137-139]。

MTO 研究的工艺主要包括固定床合成工艺和流化床合成工艺。MTO 研究的初期阶段一般均采用固定床中试装置，例如，德国的 Karlsruhe 公司，装置规模为 20~40kg/d，反应温度为 300℃，压力为 0.11~0.14MPa，催化剂是 HZSM-5，甲醇转化率为 100%，乙烯+丙烯的选择性为 60%。中国科学院大连化学物理研究所的固定床中试装置，规模为 0.7~1.0t/d，反应温度为 500~550℃，压力为 0.1~0.15MPa，催化剂是 P-ZSM-5，甲醇转化率为 100%，乙烯到丁烯的选择性为 86%。为便于反应热的及时移除和催化剂的再生，流化床反应器引起重视，这种反应器可使反应、再生操作连续化，大幅度提高 MTO 的反应效率。UOP/HYDRO-MTO 流化床工艺的大型示范装置连续运转 90 多天，粗工业甲醇的加工能力为 0.75t/d，其中 UOPMTO-100 催化剂在反应器与再生器之间连续循环操作，装置运行平稳[139]。中国科学院大连化学物理研究所等采用流化床工艺于 2004 年进行了甲醇制取低碳烯烃成套工业技术开发（工艺名称为 DMTO），建成了世界上第一套万吨级（日处理甲醇 50t）甲醇制烯烃工业性试验装置，并于 2006 年完成了工业性试验；2010

年，我国利用 DMTO 技术建设完成了世界上首套甲醇制烯烃的工业化装置，装置规模为每年 180 万吨甲醇生产 60 万吨烯烃，该装置一次开车成功并稳定运转[140]。

关于 MTO 反应机理研究表明，甲醇转化为烃类的反应包含甲醇转化为二甲醚反应在内的一系列非常复杂的反应，目前已证实甲醇转化为二甲醚的反应，但第一个 C—C 键的形成机理仍不清楚。目前被大多数研究者认可的反应机理为：在酸性分子筛催化剂上甲氧基通过与分子筛内预先形成的"碳池"中间物作用，同时形成乙烯、丙烯、丁烯等烯烃。"碳池"具有芳烃特征，且反应是并行进行的。通常新鲜催化剂不含芳烃类物质，而以富含氢和氧的甲醇原料在分子筛微孔内形成芳烃也并非易事，"碳池"一旦形成，后续形成烯烃的反应则是快速反应（<0.01s）[141-143]。

6.5 结论和展望

合成气中枢是非石油路线制取液体燃料和重要化学品的一个重要概念，廉价制备合适的 H_2/CO 比的合成气是合成气中枢的首要任务，大力推进廉价制备合成气进而制取化学品，将实现资源互补的最佳利用，同时减轻环境压力。而围绕合成中枢任务展开关于合成气化学的基础研究，将使合成气中枢在化石能源清洁制取和利用与生物质资源的可再生利用，特别是非石油路线制取液体燃料和重要化工产品中扮演着越来越重要的角色。

参 考 文 献

[1] 陈俊武, 李春年, 陈香生. 石油替代综论. 北京：中国石化出版社, 2009: 1-248.
[2] 唐宏青. 现代煤化工新技术. 北京：化学工业出版社, 2009: 1-245.
[3] 徐恒泳, 葛庆杰, 李文钊. 合成气中枢. 石油化工, 2011, 40 (7)：689-698.
[4] 中国科学院能源领域战略研究组. 中国至 2050 年能源科技发展路线图. 北京：北京科学出版社, 2009: 45-75.
[5] Rostrup-Nielsen J R. Syngas in Perspective. Catalysis Today, 2002, 71 (3-4)：243-247.
[6] 刘增胜. 大型煤制合成气技术进展. 化肥工业, 2010, 37 (4)：5-10.
[7] 谢克畅, 房鼎业. 甲醇工艺学. 北京：化学工业出版社, 2010: 71-72.
[8] 余力. 两阶段煤炭地下气化工艺的应用. 煤炭学报, 2009, 34 (7)：1008-1010.
[9] 孙伟善.中国电石产业展望//中国国际煤化工发展论坛资料集.北京：中国石油和化学工业联合会, 中国煤炭工业协会, 2010: 276-286.
[10] 郑珩. 焦炉气-煤层气制 CNG/LNG 技术开发//中国国际煤化工发展论坛资料集. 北京：中国石油和化学工业联合会, 中国煤炭工业协会, 2010: 288-311.
[11] 冯杰, 吴志斌, 秦育红, 等.生物质空气-水蒸气气化制取合成气热力学分析.燃料化学学报, 2007, 35 (4)：397-400.
[12] 陈俊武, 李春年, 陈香生. 石油替代综论. 北京：中国石化出版社, 2009: 384-412.
[13] 谢克昌, 房鼎业. 甲醇工艺学. 北京：化学工业出版社, 2010: 36.
[14] 胡捷, 贺德华. 甲烷直接转化及制合成气研究新进展. 天然气化工, 2003, 28 (2)：46-51.
[15] 高志博, 王晓波, 刘金明, 等. 甲烷水蒸气重整制合成气的研究进展. 高师理科学刊, 2012, 32 (2)：79-81, 89.

[16] 宋维端. 甲醇工学. 北京：化学工业出版社，1991：26-27.
[17] 侯丛福，齐维芳，冯孝庭. 天然气转化催化剂在无氢条件下开车还原的研究. 天然气化工，1994，19（4）：34-38.
[18] Hayashi H，Murata S，Tago T. Methane-steam reforming over Ni/Al$_2$O$_3$ catalyst prepared using W/O microemulsion. Chemistry Letters，2001，30（1）：34-35.
[19] Craciun R，Daniell W，Knozinger H. The effect of CeO$_2$ structure on the activity of supported Pd catalysts used for methane steam reforming. Applied Catalysis A，2002，230（1-2）：153-168.
[20] Oh Y S，Roh H S，Jun K W，et al. A highly active catalyst，Ni/Ce-ZrO$_2$-Al$_2$O$_3$，for on-site H$_2$ generation by steam methane reforming：pretreatment effect. International Journal of Hydrogen Energy，2003，28（12）：1387-1392.
[21] Berman A，Karn R K，Epstein M. Kinetics of steam reforming of methane on Ru/Al$_2$O$_3$ catalyst promoted with Mn oxides. Applied Catalysis A，2005，282：73-83.
[22] Parizotto N V，Rocha K O，Damyanova S，et al. Alumina-supported Ni catalysts modified with silver for the steam reforming of methane：effect of Ag on the control of coke formation. Applied Catalysis A，2007，330：12-22.
[23] Christensen K O，Chen D，Lødeng R，et al. Effect of supports and Ni crystal size on carbon formation and sintering during steam methane reforming. Applied Catalysis A，2006，314：9-22.
[24] Laosiripojana N，Chadwick D，Assabumrungrat S. Effect of high surface area CeO$_2$ and Ce-ZrO$_2$ supportsover Ni catalyston CH$_4$ reforming with H$_2$O in the presence of O$_2$，H$_2$，and CO$_2$. Chemical Engineering Journal，2008，138：264-273.
[25] 吴俊明，杨汉培，秦正龙. 低镍Ni-Mg-O低水碳比的甲烷水蒸气重整. 江苏化工，2003，31（4）：38-41.
[26] 王大文. 甲烷水蒸气重整的Ni基整体式催化剂的制备和表征. 天然气化工，2009，34（6）：27-30.
[27] 王大文. La改性的Ni基整体式催化剂上甲烷水蒸气催化重整性能研究. 天然气化工，2010，35（3）：17-20.
[28] 赵云莉，吕永康，常丽萍，等. 助剂MgO、CaO对甲烷水蒸气重整Ni/γ-Al$_2$O$_3$催化性能的影响. 燃料化学学报，2010，38（2）：218-212.
[29] 郝世雄，余祖孝，刘兴勇. 甲烷二氧化碳催化重整制合成气研究进展. 化学世界，2010，51（5）：314-318.
[30] Fischer F，Tropsch H. Conversion of methane into hydrogen and carbon monoxide. Brennstoff-Chemie，1928，9：39-46.
[31] Tokunaga O，Osada Y，Ogasawara S. Reduction of carbon dioxide with methane over Ni-catalyst. Reaction Kinetics and Catalysis Letters，1989，39：69-74.
[32] Bitter J H，Seshan K，Lercher J A. The state of zirconia supported platinum catalysts for CO$_2$/CH$_4$ reforming. Journal of Catalysis，1997，171（1）：279-286.
[33] Wang H Y，Au C T. Carbon dioxide reforming of methane to syngas over SiO$_2$-supported rhodium catalysts. Applied Catalysis A，1997，155（2）：239-252.
[34] Solymosi F，Kutsán G，Erdöhelyi A. Catalytic reaction of CH$_4$ with CO$_2$ over alumina-supported Pt metals. Catalysis Letters，1991，11（2）：149-156.
[35] Bhat R N，Sachtler W M H. Potential of zeolite supported rhodium catalysts for the CO$_2$ reforming of CH$_4$. Applied Catalysis A，1997，150（2）：279-296.
[36] Tsipouriari V A，Efstathiou A M，Zhang Z L，et al. Reforming of methane with carbon dioxide to synthesis gas over supported Rh catalysts. Catalysis Today，1994，21（2-3）：579-587.
[37] 唐松柏，邱发礼，吕绍洁，等. CH$_4$-CO$_2$转化反应载体对负载型Ni催化剂抗积炭性能的影响. 天然气化工，1994，19（6）：10-14.
[38] 徐占林，毕颖丽，甄开吉. 甲烷催化二氧化碳重整制合成气反应研究进展. 化学进展，2000，12（2）：121-129.
[39] 许峥，李玉敏，张继炎，等. 甲烷二氧化碳重整制合成气的镍基催化剂性能Ⅱ. 碱性助剂的作用. 催化学报，

1997, 18 (5): 364-367.

[40] Ashcroft A T, Cheetham A K, Green M L H, et al. Partial oxidation of methane to synthesis gas using carbon-dioxide. Nature, 1991, 352: 225-226.

[41] Vernon P D F, Green M L H, Cheetham A K, et al. Partial oxidation of methane to synthesis gas, and carbon dioxide as an oxidising agent for methane conversion. Catalysis Today, 1992, 13 (2-3): 417-426.

[42] Rostrupnielsen J R, Hansen J H B. CO_2-Reforming of methane over transition metals. Journal of Catalysis, 1993, 144 (1): 38-49.

[43] Lobo L S, Trimm D L, Figueiredo J L. Kinetics and mechanism of carbon formation from hydrocarbons on metals Proceedings of 5th International Congress on Catalysis, 1973: 1125.

[44] Holmen A, Lindvåg O A. Coke formation on nickel-chromium-iron alloys. Journal of Material Science, 1987, 22 (12): 4518-4522.

[45] Kroll V C H, Swaan H M, Mirodatos C. Methane reforming reaction with carbon dioxide over Ni/SiO_2 catalyst: I. deactivation studies. Journal of Catalysis, 1996, 161 (1): 409-422.

[46] Claridge J B, Green M L H, Tsang S C. A study of carbon deposition on catalysts during the partial oxidation of methane to synthesis gas. Catalysis Letters, 1993, 22 (4): 299-305.

[47] Yan Q G, Wu T H, Weng W Z. Partial oxidation of methane to H_2 and CO over Rh/SiO_2 and Ru/SiO_2 catalysts. Journal of Catalysis, 2004, 226: 247-259.

[48] 余长林, 周晓春. 甲烷催化部分氧化制合成气研究新进展. 天然气化工, 2011, 36 (5): 67-72.

[49] Choudhary V R, Mondal K C, Choudhary T V. Partial oxidation of methane to syngas with or without simultaneous steam or CO_2 reforming over a high-temperature stable-NiCoMgCeO$_x$ supported on zirconia-hafnia catalyst. Applied Catalysis A, 2006, 306: 45-50.

[50] Guo C L, Zhang X L, Zhang J L, et al. Preparation of La_2NiO_4 catalyst and catalytic performance for partial oxidation of methane. Journal of Molecular Catalysis A, 2007, 269 (1-2): 254-259.

[51] 尚丽霞, 谢卫国, 吕绍洁, 等. 碱土金属对甲烷与空气制合成气 Ni/CaO-Al_2O_3 催化剂性能的影响. 燃料化学学报, 2001, 29 (5): 422-425.

[52] 严前古, 李基涛, 吴廷华, 等. 载体对甲烷催化部分氧化制合成气的影响. 天然气化工, 1999, 24 (3): 4-8.

[53] 季亚英, 陈燕馨, 于春英, 等. Mg 调变 Ni 基催化剂上甲烷催化部分氧化制合成气. 天然气化工, 1999, 24 (2): 12-15.

[54] 刘淑红, 李文钊, 陈燕馨, 等. 甲烷催化部分氧化制合成气反应器的改进. 石油化工, 2008, 37 (6): 563-568.

[55] Liu S, Li W, Wang Y, et al. Catalytic partial oxidation of methane to syngas in a fixed-bed reactor with an O_2-distributor: the axial temperature profile and species profile study. Fuel Processing Technology, 2008, 89 (12): 1345-1350.

[56] 江启滢, 余长春, 沈师孔. 固定床两段法甲烷部分氧化制合成气工艺条件及稳定性研究. 石油与天然气化工, 2001, 30 (6): 269-272, 277.

[57] 重庆市化工研究院. 甲烷催化部分氧化制合成气催化剂及其制备方法. 中国: 200510057380.3, 2009-04-15.

[58] Exxon Research and Engineering Company. Synthesis gas preparation and catalyst therefore. US: 4877550, 1989-10-31.

[59] Wang H H, Cong Y, Yang W S. Partial oxidation of methane to syngas in tubular oxygen-permeable rector. Chinese Science Bulletin, 2002, 47 (7): 534-537.

[60] 黄康胜, 周发钊. 天然气制备合成气的技术进展. 广东化工, 2010, 37 (11): 90-91.

[61] 陈冠益, 高文学, 颜蓓蓓, 等. 生物质气化技术研究现状与发展. 煤气与热力, 2006, 26 (7): 20-26.

[62] 涂军令, 应浩, 李琳娜. 生物质制备合成气技术研究现状与展望. 林产化学与工业, 2011, 31 (6): 112-118.

[63] Dong L, Xu G, Suda T, et al. Potential approaches to improve gasification of high water content biomass rich in

cellulose in dual fluidized bed. Fuel Processing Technology, 2010, 91 (8): 882-888.

[64] Corella J, Toledo J M, Molina G. A review on dual fluidized-bed biomass gasifier. Industrial and Engineering Chemistry Research, 2007, 46: 6831-6839.

[65] 乌晓江, 张忠孝, 朴桂林, 等. 高温加压气流床内生物质气化特性的实验研究. 动力工程, 2007, 27 (4): 629-634.

[66] Song T, Wu J, Shen L, et al. Experimental investigation on hydrogen production from biomass gasification in interconnected fluidized beds. Biomass and Bioenergy, 2012, 36: 258-267.

[67] Kumar A, Eskridge K, Jones D D, et al. Steam-air fluidized bed gasification of distillers grains: effects of steam to biomass ratio, equivalence ratio and gasification temperature. Bioresource Technology, 2009, 100 (6): 2062-2068.

[68] Gupta A K, Cichonski W. Ultrahigh temperature steam gasification of biomass and solid wastes. Environmental Engineering Science, 2007, 24: 1179-1189.

[69] González J F, Román S, Bragado D, et al. Investigation on the reactions influencing biomass air and air/steam gasification for hydrogen production. Fuel Processing Technonlogy, 2008, 89: 764-772.

[70] 黄海峰, 秦育红, 吴志斌, 等. 加压流化床中影响生物质气化气组成因素的研究. 太原理工大学学报, 2007, 38 (2): 125-129, 118.

[71] Magrini-Bair K A, Czernik S, French R, et al. Fluidizable reforming catalyst development for conditioning biomass-derived syngas. Applied Catalysis A, 2007, 318: 199-206.

[72] Li C, Hirabayashi D, Suzuki K. Development of new nickel based catalyst for biomass tar steam reforming producing H_2-rich syngas. Fuel Processing Technology, 2009, 90 (6): 790-796.

[73] Richardson Y, Blin J, Volle G, et al. In situ generation of Ni metal nanoparticles as catalyst for H_2-rich syngas production from biomass gasification. Applied Catalysis, 2010, 382 (2): 220-230.

[74] Yung M M, Magrini-Bair K A, Parent Y O, et al. Demonstration and characterization of Ni/Mg/K/AD90 used for pilot-scale conditioning of biomass-derived syngas. Catalysis Letters, 2010, 134: 242-249.

[75] Colby J L, Wang T, Schmidt L D. Steam reforming of benzene as a model for biomass-derived syngas tars over Rh-based catalysts. Energy and Fuels, 2010, 24 (2): 1341-1346.

[76] Tomishige K, Asadullah M, Kunimori K. Syngas production by biomass gasification using $Rh/CeO_2/SiO_2$ catalysts and fluidized bed reactor. Catalysis Today, 2004, 89 (4): 389-403.

[77] Yaseneva P, Pavlova S, Sadykov V, et al. Combinatorial approach to the preparation and characterization of catalysts for biomass steam reforming into syngas. Catalysis Today, 2008, 137 (1): 23-28.

[78] 谢克昌, 房鼎业. 甲醇工艺学. 北京: 化学工业出版社, 2010: 143-144.

[79] 谢克昌, 房鼎业. 甲醇工艺学. 北京: 化学工业出版社, 2010: 165-168.

[80] Herman R G, Klier K, Simmons G W, et al. Catalytic synthesis of methanol from CO/H_2: Ⅰ. Phase composition, electronic properties, and activities of the $Cu/ZnO/M_2O_3$ catalysts. Journal of Catalysis, 1979, 56 (3): 407-429.

[81] Klier K, Chatikavanij V, Herman R G, et al. Catalytic synthesis of methanol from CO/H_2: Ⅳ. The effects of carbon dioxide. Journal of Catalysis, 1982, 74 (2): 343-360.

[82] Rhodes M D, Bell A T. The effects of zirconia morphology on methanol synthesis from CO and H_2 over Cu/ZrO_2 catalysts: Part Ⅰ. Steady-state studies. Journal of Catalysis, 2005, 233 (1): 198-209.

[83] Chinchen G C, Denny P J, Parker D G, et al. Mechanism of methanol synthesis from $CO_2/CO/H_2$ mixtures over copper/zinc oxide/alumina catalysts: use of ^{14}C-labelled reactants. Applied Catalysis, 1987, 30 (2): 333-338.

[84] Millar G J, Rochester C H, Waugh K C. An in situ high pressure FT-IR study of CO_2/H_2 interactions with model ZnO/SiO_2, Cu/SiO_2 and $Cu/ZnO/SiO_2$ methanol synthesis catalysts. Catalysis Letters, 1992, 14 (3-4): 289-295.

[85] French S A, Sokol A A, To J, et al. Active sites for heterogeneous catalysis by functionalisation of internal and external surfaces. Catalysis Today, 2004, 93-95: 535-540.

[86] Fisher I A, Woo H C, Bell A T. Effects of zirconia promotion on the activity of Cu/SiO$_2$ for methanol synthesis from CO/H$_2$ and CO$_2$/H$_2$. Catalysis Letters, 1997, 44 (1-2): 11-17.

[87] Sanchez-Escribano V, Vargas M A L, Finocchio E, et al. On the mechanisms and the selectivity determining steps in syngas conversion over supported metal catalysts: an IR study. Applied Catalysis A, 2007, 316 (1-2): 68-74.

[88] Lim H W, Park M J, Kang S H, et al. Modeling of the kinetics for methanol synthesis using Cu/ZnO/Al$_2$O$_3$/ZrO$_2$ catalyst: influence of carbon dioxide during hydrogenation. Industrial and Engineering Chemistry Research, 2009, 48 (23): 10448-10455.

[89] Padmanabhan V R, Eastburn F J. Mechanism of ether formation from alcohols over alumina catalyst. Journal of Catalysis, 1972, 24: 88-91.

[90] Rinaldo S S, Robert P M. A mechanistic study of the methanol dehydration reaction on γ-alumina catalyst. Journal of Physical Chemistry, 1993, 97: 6425-6435.

[91] 解峰, 黎汉生, 赵学良, 等. 甲醇在Al$_2$O$_3$催化剂表面吸附与脱水反应. 催化学报, 2004, 25 (5): 403-408.

[92] 肖文德, 滕丽华, 鲁文质. 合成气制备甲醇、二甲醚的反应机理及其动力学研究进展. 石油化工, 2004, 33 (6): 497-507.

[93] 李锦春. 合成气化学技术新进展. 天然气化工, 2000, 25 (2): 55-58, 62.

[94] Burch R, Hayes M J. The preparation and characterisation of Fe-promoted Al$_2$O$_3$-supported Rh catalysts for the selective production of ethanol from syngas. Journal of Catalysis, 165 (2): 249-261.

[95] 丁云杰. 煤制乙醇技术. 北京: 化学工业出版社, 2014: 249-253.

[96] Arimitu S, Tanaka K, Saito T. Progress in C1 Chemistry in Japan. Amsterdam: Elsevier, 1989: 1-240.

[97] 范济民, 杨怀望, 申峻, 等. 合成气的工业应用和催化剂研究进展. 煤化工, 2006, (4): 14-18.

[98] 潘慧, 白凤华, 苏海全. 合成气制乙醇铑基催化剂研究进展. 化工进展, 2010, 29 (增刊): 157-161.

[99] 汪海有, 刘金波, 蔡启瑞. 合成气制乙醇催化反应机理述评. 分子催化, 1994, 8 (6): 472-480.

[100] 应卫勇. 煤基合成化学品. 北京: 化学工业出版社, 2010: 247-253.

[101] 士丽敏, 储伟, 刘增超. 合成气制低碳醇用催化剂的研究进展. 化工进展, 2011, 30 (1): 162-166.

[102] Xu X, Doesburg E B M, Scholten J J F. Synthesis of higher alcohols from syngas-recently patented catalysts and tentative ideas on the mechanism. Catalysis Today, 1987, 2 (1): 125-170.

[103] 应卫勇. 煤基合成化学品. 北京: 化学工业出版社, 2010: 245-247.

[104] 高占笙. 合成气一步制乙二醇. 石油化工, 1993, 22 (2): 137-141.

[105] 梁艳文, 赵其文, 李伟. 合成气合成乙二醇技术进展. 广州化工, 2014, 42 (13): 21-23.

[106] 张旭之, 王松汉, 戚以政. 乙烯衍生物工学. 北京: 化学工业出版社, 1995: 215-216.

[107] Tahara S, Fujii K, Nishihira K, et al. Process for continuously preparing ethylene glycol. US: 4453026. 1984-06-05.

[108] Nishimura K, Fujii K, Nishihira K, et al. Process for preparing a diester of oxalic acid in the gaseous phase. US: 4229591. 1980-10-21.

[109] 孟宪申. 一碳化学的发展趋势. 化工技术经济, 1996, (2): 1-4.

[110] Bartley W J, Charleston V W. Process for the preparation of ethylene glycol. US: 4677234. 1987-06-30.

[111] 张связанamme, 石更. 合成气经草酸酯法制取乙二醇的技术进展. 化肥设计, 2011, 49 (5): 20-22, 28.

[112] 林俊雄. 黑黝黝的液体黄金-石油提炼. 科学发展, 2004, (10): 24-29.

[113] Li S, Krishnamoorthy S, Li A, et al. Promoted iron-based catalysts for the Fischer-Tropsch synthesis: design, synthesis, site densities, and catalytic properties. Journal of Catalysis, 2002, 206 (2): 202-217.

[114] 陈建刚,相宏伟,李永旺,等. 费托法合成液体燃料关键技术研究进展. 化工学报, 2003, 54 (4): 516-523.
[115] Galvis H M T, Jong K P D. Catalysts for production of lower olefins from synthesis gas: a review. ACS Catalysis, 2013, 3: 2130-2149.
[116] Eilers J, Posthuma S A, Sie S T. The shell middle distillate synthesis process (SMDS). Catalysis Letters, 1990/1991, 7 (1-4): 253-269.
[117] 陈宜,凡俊琳,郭士岭,等. FT 合成产物分布影响因素的研究进展. 现代化工, 2007, 27 (增刊): 74-77.
[118] 郝青,胥娜,刘昭铁,等. 合成气一步法合成清洁汽油的研究进展. 石油化工, 2009, 38 (2): 207-214.
[119] 刘旦初. 费托合成反应机理的研究进展. 化学通报, 1988, (8): 7-12.
[120] 马文平,刘全生,赵玉龙,等. 费托合成反应机理的研究进展. 内蒙古工业大学学报, 1999, 18 (2): 121-127.
[121] Ge Q, Li X, Kaneko H, et al. Direct synthesis of LPG from synthesis gas over Pd-Zn-Cr/Pd-β hybrid catalysts. Journal of Molecular Catalysis A: Chemical, 2007, 278: 215-219.
[122] Ma X, Ge Q, Fang C, et al. Direct synthesis of LPG from syngas derived from air-POM. Fuel, 2011, 90 (5): 2051-2054.
[123] Wang C, Ma X, Ge Q, et al. A comparative study of PdZSM-5, Pdβ, and PdY in hybrid catalyst for syngas to hydrocarbons. Catalysis Science and Technology, 2015, 5: 1847-1853.
[124] Ge Q, Lian Y, Yuan X, et al. High performance Cu-ZnO/Pd-β catalysts for syngas to LPG. Catalysis Communications, 2008, 9: 256-261.
[125] 葛庆杰,方传艳,徐恒泳,等. 一种合成气制乙烷和丙烷的方法. 中国: 103508828A. 2014-01-15.
[126] Wang C, Zhang D, Fang C, et al. Synthesis of gasoline from syngas in a dual layer catalyst system. Fuel, 2014, 134 (2): 11-16.
[127] Fujimoto K, Kaneko H, Zhang Q, et al. Direct synthesis of propane/butane from synthesis gas. Studies in Surface Science and Catalysis, 2007, 167: 349-354.
[128] Ma X, Ge Q, Fang C, et al. Effect of Ca promoter on LPG synthesis from syngas over hybrid catalyst. Journal of Natural Gas Chemistry, 2012, 21 (6): 615-619.
[129] 唐宏青. 甲醇制汽油工艺技术. 化工催化剂及甲醇技术, 2008, (3): 11-15.
[130] 谢克昌,房鼎业. 甲醇工艺学. 北京: 化学工业出版社, 2010: 626-632.
[131] 陈玉民,温高峰. MTG 工艺路线的选择方案. 中氮肥, 2012, (6): 1-5, 9.
[132] 谢克昌,房鼎业. 甲醇工艺学. 北京: 化学工业出版社, 2010: 623-626.
[133] 董丽,杨雪萍. 合成气直接制低碳烯烃技术发展前景. 石油化工, 2012, 41 (10): 1201-1206.
[134] 王永耀. 合成气直接制低碳烯烃的研究进展. 石油化工, 2003, 32 (增刊): 473-475.
[135] 张丽平,辛忠. 合成气直接制低碳烯烃研究进展. 应用化工, 2009, 38 (5): 731-736.
[136] 方传艳,位健,王锐,等. Cu-Fe 基催化剂上合成气直接制取低碳烯烃的研究. 分子催化, 2015, 29 (1): 27-34.
[137] 应卫勇. 煤基合成化学品. 北京: 化学工业出版社, 2010. 353-378.
[138] 陈俊武,李春年,陈香生. 石油替代综论. 北京: 中国石化出版社, 2009: 637-667.
[139] 谢克昌,房鼎业. 甲醇工艺学. 北京: 化学工业出版社, 2010: 632-636.
[140] 朱伟平,李飞,薛云鹏,等. 甲醇制烯烃工艺技术研究进展. 天然气化工, 2014, 38 (4): 90-94.
[141] 蔚刚. 甲醇制烯烃 (MTO/MTP) 技术研究进展. 化工技术与开发, 2014, 43 (8): 29-33.
[142] 邢爱华,林泉,朱伟平,等. 甲醇制烯烃反应机理研究进展. 天然气化工, 2011, 36 (1): 59-65.
[143] 谢子军,张同旺,侯拴弟. 甲醇制烯烃反应机理研究进展. 化学工业与工程, 2010, 27 (5): 443-449.

(葛庆杰[*])

第 7 章　石油化工-精细化工

7.1　引　　言

　　石油化工是工业经济的基础性支柱产业,为农业、能源、交通、机械、电子、纺织等多行业提供支撑,在国民经济中占有举足轻重的地位[1]。2014 年,我国石油和化工行业规模以上企业主营业务收入 14.06 万亿元,占全国规模工业主营业务收入的 12.8%。基于现代石油化工的发展,精细化工的重要性日益凸显。精细化工产品批量小,但附加值高、生产技术含量高、其特定功能可满足不同产品需求,是化工行业中不可或缺的部分[2],是石油和化工行业最具活力和发展潜力的领域,近五年行业总产值年均增长率近 20%,目前总产值超过 3.5 万亿元/年。

　　以石油、天然气为原料的石化产业,对石油资源有很强的依赖性。据统计,2014 年我国原油产量 2.11 亿吨,表观消费量 5.19 亿吨,进口量 3.08 亿吨,进口依存度接近 60%。同期我国柴油产量 1.76 亿吨,汽油产量 1.10 亿吨,煤油产量 0.30 亿吨,燃料油产量 0.25 亿吨,柴油、汽油、煤油、燃料油总产量约占原油消费量的 66%。能源需求的快速增长及对化石资源消耗速度迅速增加,使供需矛盾日益突出,成为制约国民经济可持续发展的关键瓶颈,如何合理利用有限的石油资源成为重要的战略问题[3]。

　　从"三苯"(苯、甲苯和二甲苯)和"三烯"(乙烯、丙烯和丁二烯)等石油化工关键化学品出发,经加氢、氧化、氨氧化等重要过程,可以合成包括对苯二甲酸、乙二醇、苯酚、丙烯腈、2-氯-1,3-丁二烯等大宗化学品,用于生产合成纤维、合成塑料和合成橡胶,即石油化工的"三大合成"(图 7.1)。"三大合成"是石油化工中增长最快的产业。2014 年,我国合成纤维产量达 4043.9 万吨、塑料制品产量 7387.8 万吨(合成树脂产量 6950.7 万吨)、合成橡胶产量 549.5 万吨。如何使"三大合成"原料生产满足市场需求,是今后需持续关注的焦点[4, 5]。加快石油化工技术开发,尤其是原始创新技术开发,突破国外市场和技术垄断,是满足"三大合成"原料生产和供应的重要技术保障。

　　催化技术是化工过程的核心技术。采用催化方法生产的化学品占化工产品总量的 90%以上,催化剂产生的价值可达自身价值的 500~1000 倍以上。纵览石油化工历经的多次技术变革,每次技术更新往往伴随着新催化剂及新工艺的出现,催化剂的革新成为石油化工技术进步与发展的推动力[6]。石油化学工业起始于美

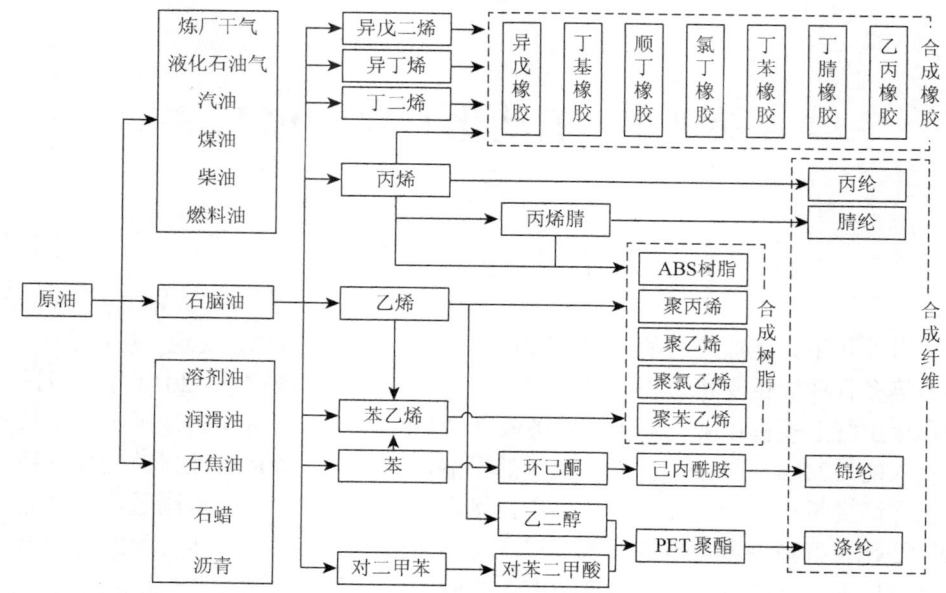

图 7.1 石油化工"三大合成"框架图

国,20 世纪 20 年代,美孚石油公司利用炼厂气丙烯催化水合,制成最早的石油化工产品——异丙醇。自此,石油化工逐渐成为生产化工原料和产品的重要过程。1940 年,合成高辛烷值汽油的催化工艺奠定了现代燃料工业的基础。20 世纪 50 年代,石油化学工业进入迅速发展时期,Ziegler-Natta 催化剂和乙烯络合氧化催化剂的开发极大促进了石油化工的兴起,Karl Waldemar Ziegler 和 Giulio Natta 因相关研究成果获 1963 年诺贝尔化学奖。60 年代初至 70 年代末是世界石油化工发展的全盛时期,相继开发了多种新型催化剂,成功用于丙烯氨氧化合成丙烯腈、邻二甲苯氧化制邻苯二甲酸酐、合成气制甲醇、甲醇均相羰基化制乙酸等工艺。1973 年,Ernst Otto Fischer 和 Geoffrey Wilkinson 因对金属有机化合物的研究成果获诺贝尔化学奖,80 年代,金属有机化合物茂催化剂使聚烯烃工业得到快速发展。80 年代石油化工进入成熟期,工厂规模与数量不断扩大,石油需求量随之增加,造成石油价格飙高。当时的技术追求经济效益,大量排污对环境造成巨大压力,导致石油化工发展速度缓慢。绿色清洁生产的需求和呼声日益突出[8]。国内外相继出台环保政策法规,制约工厂污染排放,使得工厂不能只注重经济效益。这一改变为环保新催化剂和新工艺进入工业应用提供巨大推动。例如,2001 年,William Standish Knowles、Ryoji Noyori 和 Barry Sharpless 因对手性催化加氢和手性催化氧化的研究成果获诺贝尔化学奖,手性催化剂的应用使反应过程更经济,同时大大减少毒害废弃物的产生,并可将医药的疗效提高数十倍,产生的直接经济效益达数千亿美元/年。2005 年,Yves Chauvin、Robert Grubbs 和 Richard Shrock 因在金属卡宾催化剂用于烯烃复分解反应方面的成果获诺贝尔化学奖,该成果可取代大量传统的有机合成方法,用于设计合成新型药品和先进塑料材料。2010 年, Richard F. Heck、Ei-ichi Negishi、Akira Suzuki 因在有机合成中钯催化偶联反应的研究获诺贝尔化学奖,这一成果可使人类造出复杂的有机分子,并减少副产品产生,广泛应用于制药、电子和先进材料等领域。

为实现国民经济可持续发展,石油化工行业迫切需要解决以下问题。

第一,资源优化和合理利用。开发可循环再生的资源新路线,是从根本上解决石油等化石资源短缺问题的有效途径,但目前该路线在技术和经济上还有障碍,生产的产品数量和比例仍然较小,近期难以彻底取代石油、煤、天然气等化石资源。通过技术创新,实现传统工业改造,优化利用有限化石资源,是一条最现实可行的节约化石资源的技术路线,也是目前技术开发的主要方向。

第二,知识产权和环境保护。我国石油化工大型装置几乎全部为引进技术,投资大、费用高,扩产改造受到极大限制和制约。此外,很多石油化工过程选择性低、资源消耗量大、环境污染严重。因此,建立我国自主知识产权的创新技术,将传统高消耗、高能耗、污染严重的过程升级改造为低成本、高效益的清洁过程,成为石油化工行业关注的重点。

本章介绍石油化工和精细化工中具有代表性的工业催化过程,主要介绍通过加氢、氧化、氨氧化、羰基合成、酯化等手段,从基础有机化工原料出发合成有机化学品,重点介绍以下关键过程:苯加氢制环己烯和环己烷、对二甲苯氧化制对苯二甲酸、环己烷氧化制 KA 油(环己醇和环己酮混合物)、苯氧化制苯酚、环己烯氧化制己二酸、丙烯氧化制环氧丙烷等过程。

7.2 催化加氢

催化加氢在现代石油化工和精细化工中具有重要地位,在合成医药、农药等精细化学品中具有广泛应用。加氢反应是有机化合物与氢分子之间发生的反应,广泛用于不饱和碳氢化合物、含氧及含氮化合物制备碳氢化合物、醇类及胺类产品[10]。催化加氢反应具有很多优点:氢气是清洁的还原剂,符合绿色化学的特点;一般副反应较少,具有良好的原子经济性;产物选择性较高,容易分离和提纯。通过制备高活性、高选择性及高稳定性的催化剂进行催化加氢反应,使得医药、农药等精细化学品工业得到迅速发展,同时在可再生资源利用及缓解环境污染等方面也得到重要应用。近年来,生物质转化快速发展,尤其是以纤维素(包括半纤维素)、糖和糖醇衍生物、木质素等为原料,采用催化加氢裂解反应可以制取醇、芳香化合物等精细化学品[11, 12]，为化学品合成提供了绿色环保、原子经济性好的新途径。

7.2.1 加氢催化剂

金属催化剂是最常用的一类加氢催化剂，主要包括 Fe、Co、Ni、Pd、Pt、Cu、Ag 及其合金。除骨架金属外，常负载在多孔载体上，并加入适当助剂提高催化性能。金属能够起到解离氢分子、提供活泼氢原子，使其在金属表面与有机物发生反应的作用。由于金属催化剂对极性官能团吸附活化较弱，加氢主要发生在碳碳不饱和双键（C=C）上。氧化物具有较强极性，对于底物极性基团的吸附活化有利，因此，催化不饱和醛、酮、酸、酯和硝基化合物加氢时，在催化剂中加入 ZnO、Cr_2O_3 等氧化物，一般可以提高其催化加氢性能。

设计合成高活性、高选择性和高稳定性的金属催化体系，对于催化加氢制化学品研究具有重要意义。贵金属是常用的加氢催化剂组分，其中，钯（Pd）常用于碳碳不饱和双键加氢，特别是对于二烯的选择性加氢具有良好的催化活性和选择性。例如，在除去丁烯中的丁二烯时，Pd 可催化丁二烯选择加氢生成丁烯，丁二烯不会过度加氢生成丁烷[12]。此外，Pd 用于催化卤代有机化合物加氢脱卤反应，也具有较好的活性。

铂（Pt）具有加氢、脱氢功能，也广泛用于不饱和碳碳键的加氢反应，但其活性和选择性一般低于 Pd 基催化剂。Pt 在 C=O、C=N 的加氢中具有很高的催化活性。例如，在 α, β-不饱和醛选择加氢制备 α, β-不饱和醇的反应中，Pt 更容易催化 C=O 加氢，而 Pd 则倾向 C=C 双键的加氢。Pt 基催化剂还具有在较低温度条件下就能实现良好催化性能的特点。

钌（Ru）基催化剂主要用于芳香化合物加氢反应，对芳环的催化加氢具有高选择性。Ru 在水相中催化不饱和有机物的加氢反应具有较高的活性。例如，徐杰等合成含有链状钌纳米阵列的 PVP-Ru 两亲性催化剂，在水/有机体系中，对不饱和化合物完全加氢反应具有很高的活性和普适性[13]。Ru 对醛、酮化合物加氢也有较好的活性。例如，葡萄糖加氢制备山梨醇，收率可接近 100%[14]。此外，CO_2/CO 加氢甲烷化反应中，Ru 也被认为是具高催化活性的组分，而且具有较好的低温活性[15]。

镍（Ni）基催化剂是加氢活性高的非贵金属催化剂，已发展成为一类用途广泛的加氢催化剂，既可用于烯烃、炔烃、芳烃、硝基、氰基、羰基等的催化加氢，也可用于饱和烃的氢解、异构、环化等反应。以 Ni 为活性金属的催化剂种类较多，包括 Raney Ni、负载型 Ni 基催化剂等。Raney Ni 是具有海绵状孔结构的镍铝合金催化剂，具有很大表面积，能吸附大量活化氢，因此，Raney Ni 催化剂一般具有高的加氢活性和选择性。它是通过将 Al 等易溶于碱的金属和 Ni 在高温下熔炼成合金,再用氢氧化钠等碱溶液溶出镍铝合金中的铝后,即形成多孔结构的骨架催化剂。负载 Ni 基催化剂是另外一类广泛使用的加氢催化剂,常用载体有活性炭、SiO_2、Al_2O_3、TiO_2、ZrO_2 等。随着新材料发展,负载 Ni 基催化剂的载体拓展到了碳纳米管、碳纤维、介孔碳等材料[16-18]。

铜(Cu)是另一类具有催化加氢活性的非贵金属组分,具有成本低、表面积大、活性高等优点,常用于酯类化合物加氢。例如,在 Cu-Ag/SiO_2 催化剂作用下,草酸二甲酯加氢反应转化率在 90% 以上,乙醇酸甲酯选择性接近 100%[19]。Cu 在糠醛加氢反应中也有重要应用,对糠醛中的羰基加氢具有较好选择性。例如,使用 Raney Cu 催化剂,糠醛接近完全转化,并高选择性地获得糠醇[20]。此外,Cu 基催化剂具有良好的 C—O 裂解选择性。例如,在丙三醇加氢裂解中,可提高丙二醇产物的选择性。常用的 Cu 基加氢催化剂有 Cu/SiO_2、Cu-Zn 催化剂等。夏春谷等使用沉淀-凝胶技术制备了高分散 SiO_2 负载的 Cu 纳米粒子催化剂,用于甘油加氢裂解反应,甘油转化率达到 73.4%,丙二醇选择性达到 94.3%[21]。

7.2.2 苯加氢制环己烯

苯催化选择加氢提供了一种以苯为原料制备环己烯的方法。与环己醇脱水、Birch 还原等传统方法相比,该方法的开发和工业应用使环己烯生产成本显著下降,适合工业化大规模生产[22]。在"三大合成"重要材料尼龙 6 和尼龙 66 生产中,苯选择加氢制环己烯是己内酰胺工艺技术的基本单元之一。与苯加氢制环己烷再氧化制 KA 油的路线相比,苯选择加氢制环己烯再水合制环己醇路线耗氢减少 1/3,选择性高,无酸、酯等副产物,是一条竞争力强的路线。

苯催化选择加氢制环己烯的方法包括均相络合加氢、气相催化加氢和液相催化加氢等。目前研究较多且能应用于工业生产的方法为液相催化加氢法。从苯加氢自由能的变化看,苯加氢反应更容易生成热力学稳定的环己烷(图 7.2)。环己烯具有比苯更活泼的非共轭碳碳双键,很容易一步加氢生成环己烷。气液

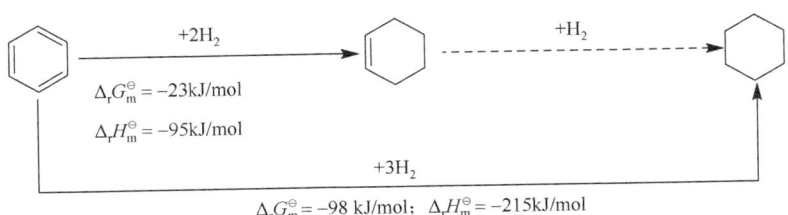

图 7.2 苯加氢反应的热力学变化

液相催化加氢法中，苯选择加氢合成环己烯是通过使用一个含有苯、环己烯和环己烷的油相以及水、催化剂、气体组成的四相体系，改变苯、环己烯等物质的传质等动力学条件而进行的。该方法能够在较高转化率下得到较高选择性的环己烯。

1988年，日本旭化成株式会社在日本水岛建成世界上首套苯选择加氢合成环己烯的工业化装置。该工艺采用钌基催化剂，添加锌化合物，以水作为连续相，油作为分散相，反应温度为120~180℃，压力为3~7MPa，苯转化率为40%时，环己烯选择性为80%；副产物环己烷经分离后也可以作为产品出售。旭化成工艺具有装置运行平稳、原料消耗低、节能环保等优点。1996年，我国河南神马尼龙化工有限责任公司（原中国神马集团尼龙66盐有限责任公司）引进了该技术，建成我国首条苯催化选择加氢合成环己烯生产线。随着环己烯下游产品的开发利用，我国环己烯需求量逐年递增，国内环己烯产能已不能满足需求。

苯选择加氢生成环己烯的催化剂需要具备高选择性和高活性。Milone等发现$RuCl_3·3H_2O$作为前躯体的催化剂性能明显优于$Ru(acac)_3$、$Ru(NO)(NO_3)_3$、$Ru(OAc)_3$等前躯体，可能是催化剂中残留少量Cl^-优先占据催化剂上一些对环己烯吸附能力非常强的活性位，从而有利于环己烯的脱附，提高环己烯的选择性；同时，吸附在催化剂表面的Cl^-可能与水形成氢键，从而有利于增强催化剂表面的亲水性，有利于苯选择性加氢生成环己烯[23]。为使生成的环己烯尽快从催化剂表面脱附，一般采用亲水性较好的载体，包括不溶性硫酸盐及磷酸盐 [$BaSO_4$、$Zn_3(PO_4)_2$]、单金属氧化物（SiO_2、Al_2O_3、ZrO_2）及多金属氧化物、分子筛（SBA-15、MCM-41）等。此外，加入水及$ZnSO_4$等无机添加剂，可增加催化剂表面的亲水性，促使环己烯从催化剂表面及时脱附，提高环己烯的选择性。在苯选择加氢催化剂中，经常加入Fe、Co、Cr、Cu等吸附环己烯能力比Ru强的组分作助剂。这些助剂可能会从Ru上夺取环己烯，使环己烯及时脱附，难以深度加氢，从而提高环己烯的收率。采用KBH_4等化学还原法制取非晶态合金催化剂，在苯选择加氢反应中也具有较高活性和选择性。

7.2.3 硝基化合物加氢制芳香胺

芳香硝基化合物还原为芳胺是一类重要的反应，在精细化工中间体生产中占有极其重要的地位，可用于制备农业化学品、染料、医药中间体、荧光增白剂等。

硝基化合物液相加氢法是在液相介质中进行的加氢还原，一般采用固体催化剂，以氢气还原芳香硝基化合物，实质上为气-液-固三相反应。二氨基甲苯制备是液相催化加氢的典型实例：以甲醇为溶剂，骨架镍为催化剂，在5~10MPa压力下，将按比例配成的二硝基甲苯、甲醇、催化剂及一部分反应产物的混合物压入几个串联的塔式反应器中，保持反应温度 100~170℃。反应完毕后，滤去催化剂，从反应产物中蒸出含水甲醇，精制得到产品，收率在 96%左右。

芳香硝基化合物液相催化加氢机理较为复杂，一般认为其主要历程为硝基依次被还原为亚硝基、羟氨基、氨基，最后得到芳胺。在高纯胺制备过程中，存在某些中间产物容易生成副产物的问题。如果在加氢过程中或反应结束时生成了相当数量的芳基羟胺，会导致偶氮或氧化偶氮副产物生成。添加助剂可以提高催化剂的活性与选择性。例如，在间二硝基苯催化加氢反应中，在 Ni/SiO_2 催化剂中添加助剂 La_2O_3，间二硝基苯转化率接近 100%，间苯二胺选择性为 99.5%[24]。La_2O_3 使 Ni 的晶格常数发生改变，对 Ni 表面产生包埋和掺杂作用，从而削弱 NiO 与载体 SiO_2 之间的相互作用；另外，La_2O_3 在 SiO_2 载体上的单层分散，也一定程度上削弱 NiO 与载体 SiO_2 之间的相互作用，有利于 Ni 物种低温还原，提高催化剂活性。

卤代芳香族硝基化合物加氢，常发生脱卤，防止脱卤副反应发生是关键。关于抑制脱卤的报道很多，使用的脱卤抑制剂有吗啉、$pK_b<3$ 的有机胺或磷酸三苯酯、三苯基亚磷酸、碱性添加剂、甲脒盐、噻唑等。将催化剂预先毒化处理或采用改性催化剂，也可以起到抑制脱卤的作用。水对硝基化合物还原的影响显著，在溶剂乙醇中加入少量水，可以极大促进反应进行。加入 30%的水后，Ru 催化剂活性提高至原来的 4 倍[25]。此外，该方法对于 Ni、Cu 等其他类型催化剂，也有显著的促进效应。

Ni、Pd、Pt 等单一金属催化剂虽然活性较高，但选择性差，易发生副反应而影响收率，复合催化剂的研究开发有助于改善这一状况。添加 Fe、Co、Ni、Cu、Cr、Mn 等可以提高 Pt/TiO_2 催化对氯硝基苯加氢生成对氯苯胺的活性与选择性，其中 Fe 效果最好，反应速率提高近 1 倍，选择性提高至 98%[26]。第二组分加入后，形成了合金，改变了原来金属的电子性质，是其催化性能改善的原因。

7.2.4 脂肪酸及其酯加氢

天然油脂水解得到的脂肪酸中均含有一定量的不饱和双键。为满足应用需求，先将双键加氢处理，转化为饱和或部分不饱和脂肪酸，可用于生产乳化剂、洗涤剂、润滑油添加剂、油田化学品等产品。天然脂肪酸加氢常采用钒土、硅胶、硅胶钒土或高分子等负载的 Ni 基催化剂。

脂肪酸及其酯加氢合成脂肪醇是另一重要过程。由于羧酸较酯加氢困难，一般先将羧酸转化为甲酯，然后再加氢。目前工业上脂肪酸（酯）的加氢过程主要采用 Cu-Cr 催化剂，该催化剂具有催化活性高、反应条件温和的优点，但 Cr 对人体的毒害很大，Cr 的回收利用以及产品中 Cr 含量控制难度大，是该催化体系的缺点。目前，无 Cr 的 Cu 基催化剂研究及应用开发取得了很大进展，但仍存在反应条件苛刻、能耗高等问题。

脂肪酸及其酯的加氢催化剂主要有 Cu 系和 Zn 系催化剂。Cu 系催化剂有 Cu-Cr、Cu-Zn、Cu-Zn-Cr 等，这类催化剂的特点是反应温度相对较低（<280℃），醇的收率高。氢分子在还原态的金属表面发生解离吸附；脂肪酸酯的羰基氧原子同时被催化剂表面金属活性位吸附。然后氢原子在催化剂表面发生迁移，对脂肪酸加氢。最后，生成的醇从催化剂表面脱附。锌系催化剂有 Zn-Cr、Zn-Al、Zn-Cr-Al 等，这类催化剂活性低于铜系，一般需要>300℃的反应温度，但其对双键不易加氢，适用于制备不饱和醇。其中，以脂肪酸酯为原料，腐蚀性小，反应活性高。

脂肪酸酯加氢有多种副反应发生，可显著影响产品质量。烷烃是脂肪酸酯加氢的主要副产物。它是脂肪醇进一步加氢的产物，也可来源于脂肪醇脱水-加氢过程。烷烃的产生与反应条件密切相关，高温、长时间反应、低压均有利于烷烃生成。脂肪醛不稳定，易发生变色，生成聚合物等，因而严重影响产品质量。醛是加氢中间产物，醇脱氢也会导致醛的生成，高温有利于醛的产生。可通过反应条件控制减少其生成。其次，副产物高碳醇酯主要来源为脂肪酸酯与生成的高级脂肪醇发生酯交换反应，或来源于脂肪酸酯水解生成脂肪酸再与脂肪醇发生酯化反应。高碳酯可以进一步加氢生成两分子脂肪醇，该副产物随着反应的进行，浓度有一极值。可以通过提高反应温度、控制原料含水量等措施，降低该副产物的含量，也可通过精馏方法将该副产物除去。

7.2.5 生物质来源化合物加氢制化学品

1. 生物质多羟基化合物加氢制低碳多元醇

乙二醇、丙二醇等低碳多元醇是重要的化工原料和聚酯单体，主要用于生产聚酯纤维和防冻剂，还可用于生产不饱和聚酯树脂、润滑剂、增塑剂、非离子表面活性剂、炸药等，用途广泛。2014 年，我国乙二醇表观消费量约 1224.9 万吨，产量约 380.5 万吨，进口量 845.0 万吨，对外依存度接近 70%。

低碳多元醇传统生产主要采用石油原料路线。乙二醇主要通过乙烯环氧化制环氧乙烷再水合制得。对于丙二醇，美国 Du Pont 公司采用丙烯为原料，氧化制得丙烯醛，再水合加氢制得；荷兰 Shell 公司开发了乙烯环氧化再羰基化、加氢的丙二醇生产工艺。这些路线都需要经过氧化或环氧化等步骤，技术难度大、效率低、副产物多、物耗高且污染严重。针对上述问题，近年来，开发了煤制乙二醇的煤化工路线，以及生物质资源催化转化制乙二醇、丙二醇等低碳多元醇的技术路线研究。

生物质催化转化制低碳多元醇是一条不依赖化石资源的新技术路线，采用包括淀粉、纤维素、半纤维素、木质纤维素等作为多元醇的来源，这些生物质来源丰富，价格低廉，该过程是原子经济性高的环境友好过程。随着化石资源的日益减少，以糖醇为原料生产低碳多元醇越来越受到关注。以碳纤维负载的Ru催化山梨醇氢解，转化率为36%，C_2~C_3醇总选择性为79%[27]。由于贵金属价格昂贵，非贵金属催化剂受到更多关注。负载型Ni基催化剂对山梨醇加氢裂解，主产物是丙三醇与丙二醇。Sivasanker等发现Ni-Pt-NaY可以高选择性地催化山梨醇氢解生成1,2-丙二醇（转化率为59%，选择性为71%）[28]。Cu-ZnO催化甘油氢解制1,2-丙二醇，200℃反应16h，甘油转化率为37%，1,2-丙二醇选择性为92%[29]。Ni基催化剂也可用于甘油加氢脱氧的过程[30, 31]。催化剂合成条件对Ni基催化剂性能影响较大，采用KBH_4处理的催化剂性能最佳。添加Ce可以显著提高Ni基催化剂的活性，以Ni-Ce/C为催化剂，在5MPa H_2下，200℃反应5h，甘油转化率可达90%，产物选择性为66%，副产物乙二醇选择性为11%[31]。此外，载体对Ni基催化剂性能影响也较大，Ni/NaX催化甘油氢解制1,2-丙二醇性能较好，甘油转化率为86%时，产物选择性为80%，副产物主要是乙二醇[32]。ReO_x修饰的Ir/SiO_2催化甘油氢解制1,3-丙二醇，在反应初始阶段，1,3-丙二醇选择性可达67%；当甘油转化率为81%时，1,3-丙二醇选择性降低至38%[33]。

利用碳化钨在涉氢反应中的类贵金属性质，将其应用于纤维素的催化转化，发现活性炭负载的碳化钨能够将纤维素高效转化为乙二醇，尤其是在少量Ni的促进下，乙二醇收率高达61%，为乙二醇的合成提供了一条新途径[34, 35]。中国科学院大连化学物理研究所与企业合作，开发出葡萄糖-山梨醇转化制低碳醇的催化新材料及其工业应用新技术，形成具有自主知识产权的非石油路线制乙二醇和丙二醇的新方法。该技术已在20万吨/年工业装置上实现应用。

2. 木质素加氢制酚类化合物

由于石油资源的不可再生性，近年来，生物质可再生资源研究得到广泛关注。木质素是生物质的重要组分，具有大量的苯环结构，是制备具有重要应用价值的芳香化合物的潜在可再生资源。木质素加氢裂解制芳香化合物反应中，C—O—C键的选择裂解以苯环的选择加氢是两大关键科学问题。徐杰等设计了Ni基催化剂并构建加氢裂解反应环境，实现了木质素模型化合物、天然木质素及木质素磺酸盐的选择加氢裂解，获得优异的反应活性和产物选择性（图7.3）。木质素模型化合物研究是为了模拟木质素的关键结构——C—O—C键，通过研究其断键规律，为天然木质素、废弃木质素等提供研究基础，在设计的Ni基催化剂上，模型化合物转化率达99%以上，C—O—C选择性达99%以上。在模型化合物研究基础上，对天然木质素进行了研究。由于天然木质素结构复杂，含有大量氢键，造成其难于溶解和降解。针对此问题，采用合适的醇溶剂体系，在 Ni 基催化剂作用下，桦木木质素催化转化制丙基愈创木酚和丙基紫丁香酚，转化率为 50%，单体酚类化合物选择性可达到 97%。此外，传统造纸产业上产生木质素磺酸盐等大量废弃木质素，通过设计高效选择加氢裂解催化剂，以乙二醇作介质，木质素磺酸盐转化率达到 60% 以上，酚类化合物选择性为 75%~95%[36-38]。

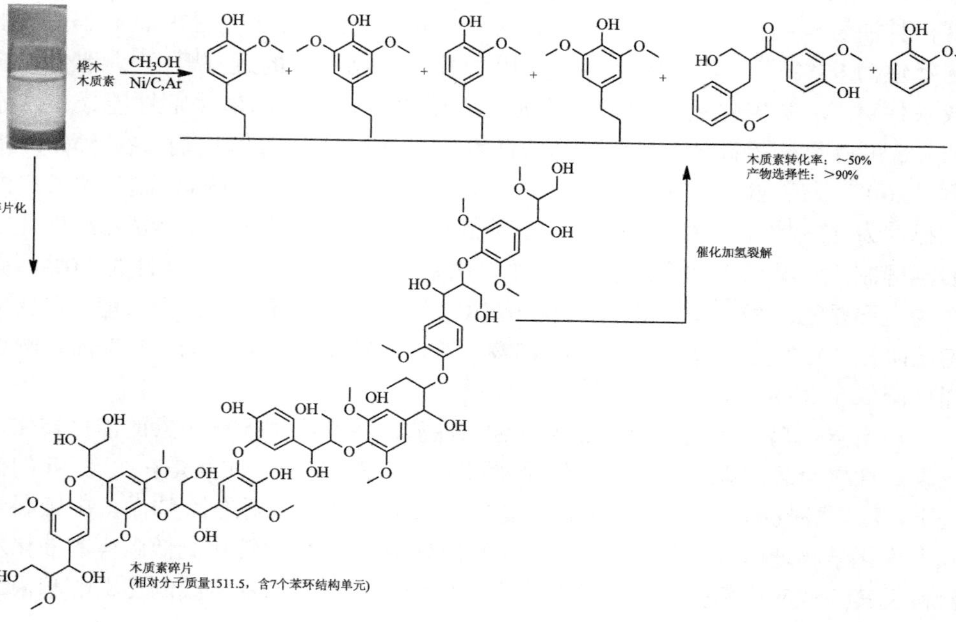

图 7.3 木质素加氢路线示意图

7.3 烃类催化氧化

烃类催化氧化在石油化工中占有极其重要的地位，是化石资源官能团化高值利用的重要途径，即利用氧化手段，使烃分子 C—C 或 C—H 键断裂，生成相应的醇、酮、醛、酸、酯、酚、醚、烷基过氧化物、环氧化物等含氧化合物。据统计，催化过程生产的有机化学品中，选择氧化过程得到的产品约占 25%。烃类催化选择氧化已广泛应用于生产苯甲酸、对苯二甲酸、邻苯二甲酸（酐）、己二酸、马来酸（酐）、反丁烯二酸、丙烯酸（酯）、甲基丙烯酸、环氧乙烷等大宗化学品，以及药物、杀虫剂、环氧树脂、染料、香精香料等精细化工产品，产品用途广、附加值高、需求量大，在国民经济发展中占据重要地位。例如，目前我国对苯二甲酸消费量超过 2700 万吨/年；环氧乙烷消费量超过 350 万吨/年；环氧丙烷消费量超过 200 万吨/年；邻苯二甲酸（酐）、丙烯酸（酯）消费量都超过 100 万吨/年；己二酸、马来酸（酐）消费量都超过 50 万吨/年。

烃类催化氧化面临巨大的挑战。现行工艺存在以下四方面问题：首先，大多反应效率低、选择性差。例如，国内某公司 6 万吨苯甲酸生产工艺中，甲苯单程转化率 10%～15%。低转化率使得大量未反应的原料不得不在分离后重新返回到反应原料中，增加能耗，提高生产成本，降低设备利用率。其次，为了维持产物较高的选择性，有时需要控制转化率在较低水平。在环己烷合成 KA 油的生产中，一旦提高反应转化率，KA 油的选择性会迅速降低。为了维持产物较高的选择性（80%左右），环己烷的转化率必须控制在 4%左右[39]。再次，烃类催化氧化一般要在较高的温度等比较苛刻的条件下实现。过高的反应温度容易造成过度氧化和 C—C 键断裂，产生大量副产物。最后，烃类催化氧化生产过程中容易生成多种、大量副产物，造成环境污染。几十年来，各国都投入大量人力、物力，致力于防止环境污染和解决环境问题，尤其是近几年加大了对环境污染的限制力度。这些传统工艺亟待新工艺替代。

烃类氧化工业过程大多采用分子氧为氧化剂。分子氧为绿色环保的氧化剂，来源广且价格低廉，无论从工业应用还是在环境保护、资源利用上都十分有吸引力。然而，在烃类氧化中，基态分子氧不能与烃分子直接反应。这是由于基态氧分子是惰性的，处于三线态（$^3\Sigma_g O_2$），HOMO 中两个单电子自旋方向相同，不能结合自旋方向相反的成对电子，而烃分子处于基态时恰恰是单线态，二者自旋禁阻，很难发生反应。一般情况下，通过活化分子氧或烃分子这两种途径来实现烃类的氧化。活化氧分子的方式有两种，一种是激发氧分子到单线态；另一种方式是利用单电子还原，依靠还原剂或低价的金属离子转移单电子给氧分子，使氧分子接受一个电子生成超氧阴离子自由基 O_2^-，其 HOMO 中只有一个不成对电子，表现出自由基活泼的反应性。目前对于分子氧活化的研究主要集中在金属络合物均相催化氧化方面。

烃类活化，一般指的是活化 C—H 键。即通过合适的试剂使 C—H 键的反应活性增加，从而发生断裂，变成两个部分。C—H 键活化难易程度与其离解能、电子因素、几何因素等有关。键能越强，C—H 键越难活化。一般来说，键能大小顺序为 C—H（sp）>C—H（sp^2）>C—H（sp^3）（表 7.1）。然而，虽然 C—H（sp^3）的键能最低，但却最难活化，这是电子因素和几何因素共同影响的结果。C—H 键的活化方式很多，如过渡金属配合物参与活化，包括金属中心活化 C—H 键、配体活化 C—H 键及金属配合物先活化其他反应物生成活性物种，再由这些活性物种活化 C—H 键[40-43]。

表 7.1 常见烃类 C—H 键的离解能[44]

键类型	键能/(kJ/mol)	键类型	键能/(kJ/mol)
CH_3—H	439.3	C_6H_5—H	472.2
CH_3CH_2—H	420.5	$C_6H_5(o)$	326
$CH_3CH_2CH_2$—H	422.2	$C_6H_5(m)$	392
$C_2H_5(CH_3)CH$—H	410.5	$C_6H_5(p)$	456
$(CH_3)_2CH$—H	412.1	$CH_2=CH$—H	462.7
$(CH_3)_3C$—H	403.4	$HC\equiv C$—H	557.3
C_6H_{11}—H	416.3	$C_6H_5CH_2$—H	375.4

对于烃分子氧化，一般遵循自由基氧化机理。工业上环己烷、二甲苯、异丙苯、异丁烷均有采用自催化氧化法，在较高的温度下直接被空气氧化。为了缩短反应诱导期，一般加入适量的自由基引发剂。例如，液相丁烷氧化制乙酸工业过程，由$(CH_3)_3COOC(CH_3)_3$引发自由基反应。$(CH_3)_3COOC(CH_3)_3$分解成叔丁基氧自由基，随后对烃分子夺氢，产生烷基自由基。但是，大多数烷烃的氧化都包括自氧化过程，对于这类自由基反应及包含自由基过程的反应，无序反应的特征使其难以同时获得高转化率与高选择性。这不仅造成资源浪费和环境污染，而且给产品的分离和纯化带来很大困难，使投资和生产成本大幅度上升。

7.3.1 烃类氧化催化剂

以分子氧为氧源的烃类氧化难度较大。控制氧化反应深度，提高目的产物选择性一直是烃类选择氧化研究中最具挑战性的难题，是制约烃类高效催化氧化的瓶颈。这是由于烃类选择性氧化是强放热反应，目的产物大多是热力学上不稳定的中间化合物，在较高温度，容易进一步氧化为二氧化碳和水等深度氧化产物。

解决选择性难题的途径主要是研制高效催化体系。实践证明，烷烃的高选择性转化是有可能的。过去二十年，在用过渡金属催化活化 C—H 键方面，有很多成功的案例，其中一些反应是在非常温和的条件下进行的[45]，尤其是高效仿生催化体系的开发，获得了十分可喜的成果。关于高选择性的多相催化剂也不断得以报道，包括对固体材料的结构设计、表面性质修饰、活性中心的调控及活性粒子的尺度控制。另外，新生产工艺的研制开发可以获得高生产率与低成本，例如，膜反应器能够控制放热反应，提高目的产物选择性，减少污染。

1. 金属盐及络合物催化剂

金属羧酸盐和氢溴酸盐是工业常用的氧化催化剂，常用的有钴和锰的乙酸盐、苯甲酸盐或环烷酸盐。例如,美国Du Pont公司的钴盐法催化环己烷氧化工艺中,环己烷在可溶性钴盐存在下,以分子氧作氧化剂,在423~433K和0.9MPa空气压力下,生成环己醇和环己酮,然后脱氢生成环己酮,转化率为4%左右,选择性为80%左右。除环己烷外,工业上甲苯氧化生产苯甲酸,也是在623K下以乙酸钴为催化剂。美国加州大学Mascharak教授合成出一系列烷基过氧化钴配合物[Co(III)-OOR][46],能够在343K迅速催化氧化环己烷、环辛烷、环十二烷、金刚烷、甲苯、环己烯等烃分子,但该类配合物的热稳定性仍需进一步提高。

近几十年来,模拟细胞色素P-450单加氧酶研究取得了飞速发展。最初使用化学计量的单氧原子供体,如亚碘酰苯(PhIO)、次氯酸钠、过氧化氢、烷基过氧化氢、过硫酸氢钾等作为氧源,传递单氧原子给中位四芳基卟啉的过渡金属络合物[如5,10,15,20-四苯基卟吩(H_2TPP)的铁、钴、锰、锌等络合物],生成金属卟啉-氧络合物,之后活泼的高铁氧酰物种氧化烷烃,实现温和条件下烃类的高选择性催化氧化。以氧分子为氧源时,要加入消耗的助还原剂(如H_2/金属、$NaBH_4$等)来帮助金属卟啉得电子发生还原;还可以由电化学还原或光辐射来辅助催化循环的完成。

研究者对金属卟啉的结构进行了修饰,一种是在苯基的邻、对、间位引入烷基或卤素取代基。例如,2,4,6-三甲基苯基卟啉铁(TMPFeCl)苯环上的甲基取代基提供了空间阻碍效应,避免μ-氧二聚体生成;而2,3,4,5,6-五氟四苯基卟啉铁中,强吸电子F取代基提高了卟啉环的氧化电位,避免其氧化,提高了稳定性,高铁氧酰物种中金属中心的亲电性也提高,使得缺电子的铁氧酰物种更易于接受电子,氧化能力增强,从而提高金属卟啉的活性。例如,英国约克大学Lindsay Smith实验小组[47]以四-(五氟苯基)卟啉铁Fe(TF_5PPCl)作催化剂,在无溶剂条件下,373K常压催化分子氧直接氧化乙苯,主要产物为α-苯乙醇、苯乙酮和α-苯乙基过氧化氢,催化剂转化数为2900。另一种是继续在β位引入F、Cl、Br等吸电子取代基,卟啉大环上β卤基取代的吸电子效应比苯环上卤基取代的效果更强,使得卟啉环与中心金属离子的氧化还原电位大为提高。例如,在卟啉苯环邻位引入8个氯原子的TDCPPFeCl比TPPFeCl的氧化电位提高60mV,而再在卟啉吡咯β位引入8个氯原子的(TDCPβCl)FeCl比TPPFeCl的氧化电位增加500mV。从而这使得本来必须加入还原剂或通过光照、电化学辅助手段才能进行的烃类分子氧氧化反应,在β卤基取代的金属卟啉催化下成功实现。除卤原子以外,—NO_2、—SO_3H、—CN等吸电子基进行β取代也可以使金属卟啉表现出类似的高活性[48]。

随着高活性吸电子取代高卤代金属卟啉的合成,金属卟啉直接催化分子氧氧化烃类体系(Lyons体系)也发展迅速,展示出优越的催化特性。20世纪90年代初,Lyons实验小组[49]将一系列多卤代金属卟啉成功用于直接催化分子氧氧化异丁烷成异丁醇,无需助还原剂、化学计量氧源或光、电化学技术辅助,转化数超过 13 000，叔丁醇选择性高达 92%。

类卟啉金属络合物催化体系，包括水杨醛席夫碱金属络合物、β-二酮类络合物、冠醚类金属络合物、金属酞菁络合物等，种类繁多。这些络合物的结构与金属卟啉化合物类似，在烃类选择氧化上表现出优异特性。β-二酮类络合物用于烃类选择氧化反应，可获得高选择性。例如，Nobile 等[50]用 β-二酮类络合物/异戊醛催化金刚烷氧化，1-金刚醇选择性高达 97%。但是该类催化剂的活性较低。冠醚类金属络合物也是一种金属卟啉的重要替代物。这类催化剂应用于分子氧氧化烃分子时，一般要加入共氧化剂。例如，加入异丁醛，使之与氧分子形成过酸 $CH_3CH(CH_3)COOOH$ 或者烷基过氧化物 $CH_3C(CH_3)(CHO)OOH$，转移氧给烃分子。因此，至少要消耗与底物等物质量的醛，并且随之产生的酸需要进一步分离，并会对设备造成腐蚀。

金属卟啉及类金属卟啉催化剂可以使烃氧化反应在较低温度下进行，产物分布得以有效控制。但是，所用配体结构复杂，合成成本偏高，配体在反应过程中容易被破坏，催化剂难以回收再利用。这些弊端成为其工业应用的障碍。

Gif 体系由过渡金属络合物、羧酸、吡啶、还原剂组成，是美国 D. H. Barton 于 1983 年开创的一类新的模拟甲烷单加氧酶（MMO）催化氧化体系。该体系可以在温和的条件下催化氧化饱和烃，其最大的特点是氧化碳氢化合物时所表现出独特的区域选择性：仲＞叔＞伯，2 级碳氢键的选择性最高。催化金刚烷氧化时，金刚烷-2-酮的产率是金刚烷-1-醇的 22 倍[51]；催化环己烷氧化时，转化率高达 35%，环己酮几乎是唯一产物，没有过度氧化现象[52]。而通常情况下，烃氧化的反应位置一般遵循叔＞仲＞伯的由易到难的规律。Barton 等研究认为反应不经过自由基途径，其中，酮不是经过醇继续氧化得到，而是先由铁离子与吡啶或 2-吡啶羧酸络合形成活性络合物，随后活化氧分子，进而生成高铁酰活性物种[53, 54]。但是该体系的机理存在争议，有人认为是经过自由基过程，至今未达成共识。另外，Gif 体系的相对慢的反应速率、昂贵且剧毒吡啶溶剂的使用、催化剂易于水解失活等局限，均使得该体系难于进入工业化应用。

2. 有机物催化体系

近些年，出现了与金属催化完全不同的研究领域——有机物催化（organocatalysis），展现出良好的催化性能和应用前景，为催化剂开发提供了新的研究策略。有机催化是指用有机物分子作为活性中心来催化有机反应。近年来，有机催化体系得到迅速发展。首先，随着现代高等有机合成技术的不断进步与积累，有更多手段可用于实现有机分子结构的优化设计及官能团的变化组合，进而调变催化性能。其次，有机物分子催化剂往往与有机反应底物具有更好的亲和能力，利于充分发挥催化剂活性。再次，在烷基芳烃的氧化过程中，氧化得到的羧酸等产物与金属催化剂络合形成沉淀、结垢是导致催化剂失活的重要原因。而有机催化剂通常可避免这一问题。除此之外,有机物催化剂环境友好。大多数金属离子具有一定毒性,易污染产品。尤其是使用水相的反应过程,金属离子更容易在水相富集,产生有毒废水,难以处理。有机催化剂避免了金属离子的使用,因而具有一定优势。

近年来,有机物催化在均相催化领域中的影响逐渐增加。自由基催化分子氧氧化烃类化合物已经引起人们的关注,其中,对 NHPI 体系的研究尤为广泛。日本大阪关西大学的 Ishii 教授发现一种高效催化剂体系(Ishii 体系),它由 NHPI 及其衍生物与钴、锰金属盐组成。该体系普适性强,能够催化乙烷、异丁烷、金刚烷、环己烷、乙苯等多种烃分子的氧化,生成相应的醇酮或羧酸。例如,Ishii 体系可以在常温常压下用氧气或空气将甲苯氧化为苯甲酸,甲苯转化率达 84%,苯甲酸选择性为 96%。NHPI 催化烃氧化的反应已经实现工业应用,日本 Daicel 公司已将 Ishii 体系用于金刚烷多元醇的工业化生产。

N-羟基邻苯二甲酰亚胺(NHPI)是一种能够有效催化芳香环侧链氧化的有机催化剂,其经过单电子转移过程,生成邻苯二甲酰亚胺-N-氧自由基(PINO),PINO 为高亲电性自由基,可以在温和条件下对 C—H 键夺氢,实现 C—H 键的活化(图 7.4)。利用 ESR 技术,Ishii[55]等检测并证实了反应过程中存在 PINO 自由基,在此基础上提出了 Ishii 体系的催化机理[56]。LnCo(Ⅱ)络合物结合一分子氧形成钴(Ⅲ)氧配合物,随后对 NHPI 夺氢生成 PINO。PINO 对烃分子夺氢,使其形成烷基自由基,同时自身回到 NHPI。而三价的钴氧配合物能够分解中间产物烷基过氧化氢生成醇酮,钴离子还原到初始的二价,形成自身的氧化还原循环。

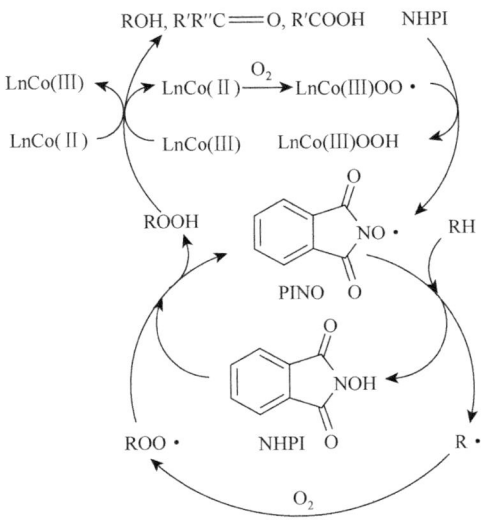

图 7.4 Ishii 体系催化烃类氧化机理

为了提高 NHPI 的催化性能，科学工作者对 NHPI 进行了修饰改进。Notle 等[57]发现，通过在 NHPI 苯环上引入吸电子取代基，可以促进各种取代苯的苄位催化氧化，相对而言，在 NHPI 苯环上引入供电子取代基不利于反应进行。Shelton 等[58]将 NHPI 上的羰基 C═O 变为更具亲电性的磺酰基后，得到 N-羟基邻磺酰基苯甲酰亚胺（NHS），催化大环环烷烃氧化成环酮的活性高于 NHPI。Ishii 等[59]在 NHPI 的苯环上连接长碳链醇的酯基，提高 NHPI 在烃类化合物中的溶解度，使得 Ishii 体系可以在无溶剂条件下催化烃类的氧化，同时提高催化活性。Einhorn 等[60]对 NHPI 的苯环进行苯基修饰，发现 3,4,5,6-四苯基-N-羟基邻苯二甲酰亚胺（NHTPPI）不仅溶解性和催化活性都比 NHPI 高，而且对应的氮氧自由基也比 PINO 稳定。除了 NHPI 衍生物之外，N, N', N''-羟基异氰脲酸（THICA）在 $Co(OAc)_2$ 助催化下，催化分子氧氧化取代甲苯生成取代苯甲酸，表现出比 NHPI 更高的催化活性[61]。

除钴盐外，Cu、Cr、Ce、V 等多种过渡金属盐被尝试与 NHPI 组合用于催化烃类氧化反应。例如，Sung-Hwan Han[62]报道了 Fe/MgO 可以提高 NHPI/乙醛体系在温和条件下催化苄基 C—H 键氧化。除这些过渡金属盐之外，偶氮二异丁腈、烷基过氧化氢、醛类、NO、NO_2 等也可以协助 NHPI 完成催化循环。引发剂在反应过程中先分解产生自由基，再从 NHPI 上夺氢，导致 PINO 的形成，从而起到催化作用。

利用醌类化合物为电子转移助剂，与 NHPI 组成非金属有机催化体系，是第一个不使用计量还原剂和自由基引发剂，用于温和条件下烃类氧化反应的有机催化体系。继而利用邻菲罗啉、吖啶黄、甲基紫、甲基蓝等含氮正离子，在 NHPI（或少量 NaBr、Br_2）存在下，实现烃类氧化过程中的氧化-还原循环。1,4-二氨基-2,3-二氯蒽醌（DACAQ）/NHPI 催化芳香环侧链亚甲基氧化[63]，具有活性高、选择性好、底物适用范围广的优点。进一步研究醌环上取代基的性质对醌-NHPI 体系催化性能的影响，发现取代基的电子效应和空间位阻效应均有影响。醌环上富电子取代基不利于催化反应进行，缺电子取代基有利于反应进行，但并不是拉电子能力越强越好。全卤素取代的对苯醌与 NHPI 组成的催化体系催化乙苯氧化，溴取代的苯醌催化效果最好[64]。取代基的个数和体积也在一定程度上影响醌-NHPI 体系的催化性能。不同烷基取代的苯醌与 NHPI 组成的体系在催化乙苯的氧化反应结果表明，位阻过大、过小都不利于其催化性能的发挥[65]。

3. 负载型多相催化剂

相对非催化自氧化、均相催化氧化而言，多相催化烃类氧化处于起步阶段，但其潜在开发价值不可忽视。国内外均做了大量研究，不少多相氧化过程已处于应用研究阶段，目前进入工业化的烷烃氧化过程有丁烷氧化制马来酐、丁烷氧化脱氢制丁烯和1,3-丁二烯、正丁烷氧化制乙酸等。对于多相氧化来说，主要难题在于如何将氧化反应停留在目标产物阶段。烃分子在固体表面趋向于生成最终稳定产物。例如，甲苯氧化易生成苯甲酸，邻二甲苯氧化易于形成邻苯二甲酸酯。

多相催化机理与均相催化类似，金属或金属离子在固体表面的环境与在溶液中类似，周围的金属或金属离子、氧原子都可以类似认为是特定配体包围在金属或金属离子周围。金属或金属氧化物催化剂能够在较高温度下使用，这对于需要较高活化能的反应非常有用；同时固体催化剂使用过程中不存在溶剂或配体的C—H键与烷烃C—H键进行竞争的问题。多相催化剂一般包括如下典型几类：负载型多相催化剂、分子筛、纳米粒子、杂多酸及过渡金属取代杂多酸、均相固载化催化剂。

负载型多相催化剂应用广泛，已经在不同反应中显示出优良的催化活性与选择性。制备时一般采用浸渍法，将金属氧化物负载于多孔载体上；或者通过共沉淀法，使活性组分进入载体骨架。徐杰等[66-68]合成多组分金属氧化物负载型催化剂CuMn/Carbon，在对苯环侧甲基氧化制取代苯甲醛的研究中，对甲酚几乎定量转化，醛选择性高达96%，并应用到邻甲酚催化氧化制水杨醛过程中。

均相催化剂固载在多相载体后，可以兼有均相和多相催化剂的优点。常用的多相载体主要有硅胶、分子筛和高分子聚合物。固载方法主要有共价嫁接法、离子交换、胶囊化等方法。Clark等[69]在多孔硅胶上共价嫁接丙酸基团，得到有机官能团化的多相材料 silica-$(CH_2)_2CO_2H$，再将羧基与金属络合，生成多相化的络合物$[Co_3(\mu_3\text{-O})(\mu\text{-}O_2CR)_6(Py)_3]^{12+}$，所得多相催化剂用于催化乙苯的液相氧化（403K，1atm O_2，22h），表现出优异的催化性能，转化率达76%，苯乙酮选择性达94%。但是金属络合物多相化后活性往往降低，限制了其应用。

4. 分子筛

分子筛所具有的高内表面积、分子尺寸的孔道和择形性催化性质，使其成为非常有应用前景的催化材料。但是，分子筛本身不具有或者仅具有弱的氧化还原性质，用于催化烃类氧化时，需要通过离子交换、负载、嫁接、包埋等方法将金属组分作氧化还原中心引入分子筛。

最值得重视的是将金属中心植入分子筛的骨架中，既利用了分子筛的催化特性，又避免了活性组分的流失。氧化还原型分子筛磷酸铝（AlPO-n）成功合成以来，已经有Co、Me、Fe、Cr等多种过渡金属引入磷酸铝的骨架中，应用于烃类氧化，并获得较好的进展。钴取代的磷酸铝分子筛中，催化剂活性与钴的价态有很大关联，三价钴表现出更好的催化活性[70]。磷酸铝分子筛的孔径大小强烈影响烃类氧化产物的种类。

Thosmas等[71]报道了一系列MeAlPO-n分子筛在无溶剂条件下催化空气氧化

环己烷，发现环己烷在 7.3Å 的 FeAlPO-5 上获得 65%的己二酸，而在 5.4Å 的 FeAlPO-31 上却得到 77.5%的 KA 油（图 7.5）。他们推测这是由于环己醇、环己酮在小孔径分子筛中扩散受限，会进一步氧化生成己二酸，而链状的己二酸分子易于通过；在大孔径分子筛中不存在这种限制作用，因此 KA 油为主要产物。直链烷烃的氧化，易发生在—CH_2—上，难以发生在端基—CH_3 上。该课题组[72]使用 CoAlPO-18 和 CoAlPO-34 作催化剂，正己烷可以被氧气氧化为正己醇、正己醛、正己酸和己二酸，这是一个非常有价值的突破。徐杰等[73]在磷铝分子筛骨架中同时植入三种金属（FeCoMnAlPO-5），用于催化环己烷氧化，403K 反应 3h，转化率达 6.8%，催化活性高于相应单金属组分的磷铝分子筛。

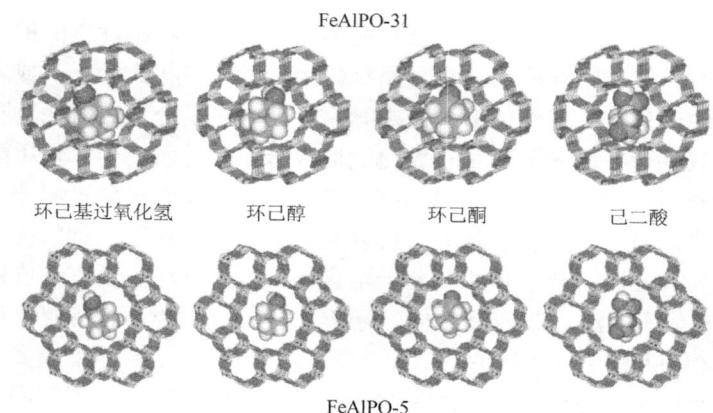

图 7.5　环己烷氧化产物环己基过氧化氢、环己醇、环己酮和己二酸在 FeAlPO-31 和 FeAlPO-5 孔道里的相对尺寸

中孔材料的发现为制备多种高效催化剂提供了可能。中孔材料具有高比表面积（约 $1000m^2/g$）、规则孔结构和强吸附能力，近年来其催化性能引起了普遍关注。利用 SBA-15 表面羟基与钴盐反应，在低负载量时，可获得高分散的四面体配位 Co(Ⅱ)O，Co/SBA-15 催化剂在乙苯氧化制苯乙酮中，表现出高催化性能[74]。Bi-MCM-41 用于环己烷氧化，反应 4h，环己烷转化率可达 17%[75]。六方结构的中孔 Fe-HMA 分子筛作为催化剂，氧气为氧化剂，采用乙酸为溶剂，373K 反应 12h，环己烷转化率为 62.7%；相同条件下，其活性比 Fe-MCM-41 和 FeAlPO-5 高[76]。

5. 纳米金属氧化物

多相催化剂中尤为引人注目的是纳米粒子催化剂。纳米粒子通常指的是尺寸为 1～100nm 的微小固体颗粒，是处在原子簇和宏观物体交界的过渡区域。其表面原子数和体相总原子数之比随着粒径尺寸减小而急剧增加，显示出明显的体积效应、量子尺寸效应和表面效应。这些特点使其具有高的化学活性，因此，纳米粒子催化剂被认为是很具潜力的新型高效催化剂，应用前景广阔。

对纳米颗粒金属催化剂的研究表明，该类催化剂具有很高的催化活性。以无定形 Co_3O_4 为催化剂，70℃反应15～17h，环己烷转化率为4.8%；而在8～10nm Fe_2O_3 催化剂上，环己烷转化率为16.5%，选择性为90%左右，产物中酮醇比为0.4[77-79]。徐杰等[80]合成纳米 Co_3O_4，在环己烷氧化反应中，表现出较高的活性和选择性。平均直径为50nm的 Co_3O_4 表现出最好的催化性能，120℃反应6h，环己烷转化率为7.6%，选择性为89.1%，KA油收率为6.7%。然而，粒径小的同时也带来另一个问题，即纳米粒子不稳定，因此，保证纳米粒子的尺寸成为研究的关键。但是这些催化剂稳定性不足。例如，采用纳米 Fe_2O_3 为催化剂，第一次循环使用，催化剂活性降到新鲜催化剂的70%，这可能与催化剂的无定形结构、共反应物异丁醛生成酸等因素造成催化剂结构破坏和流失有关。尽管催化剂的稳定性成为该类催化剂应用的障碍，但是它为我们提供了一个启示：由于纳米粒子颗粒小，在它的表面上有角和棱产生的活性中心密度大，因而具有独特的物理化学性质，催化环己烷等烃类氧化具有高活性。

表面疏水修饰是提高金属氧化物在烃类氧化中催化性能的另一个进展。传统的金属氧化物往往是亲水性强的非均相催化剂，极性较强，难以在弱极性的烷基芳烃介质中达到有效分散，限制了其催化活性的提高。同时，与反应底物相比，烃的氧化产物如水、醇、醛/酮、酸等极性增大，更容易在金属催化剂表面吸附，从而导致催化剂失活或过度氧化。徐杰等通过引入亲油性的有机基团，对多相催化材料表面进行改性修饰，通过控制表面亲水/疏水基团比例，可调控材料表面由亲水到疏水和超疏水转变（图7.6），合成的系列疏水和超疏水型催化剂用于烃类液相选择氧化，取得较好的效果[81-83]。在乙苯、四氢萘等氧化中，与亲水性催化剂相比，超疏水性的纳米氧化硅基过渡金属氧化物都显示出更高活性。这些催化剂表面的疏水性能提高，减弱其对醇、酮等极性产物分子的吸附，同时增加对烃类分子的吸附能力，从而提高反应的选择性。

6. 杂多酸

杂多酸及过渡金属取代杂多酸的催化作用一直是研究热点之一，它们是一类含氧桥的多核金属配合物，具有酸性和氧化还原性，尤其是在水溶剂或含氧极性溶剂中溶解度大，形成"假液相"反应体系，展示出极高的催化活性与选择性。Mizuno等采用 $Fe_{3x}Ni_x$ 双金属取代的杂多酸，催化氧气氧化环己烷、乙苯、金刚烷等烃，取得较好效果。$\gamma\text{-}SiW_{10}\{Fe(OH_2)_2O_{38}\}^{6-}$ 常温常压下催化分子氧氧化环己烷，反应96h，KA油选择性为99%[84-87]。尽管杂多化合物具有稳定等优点，

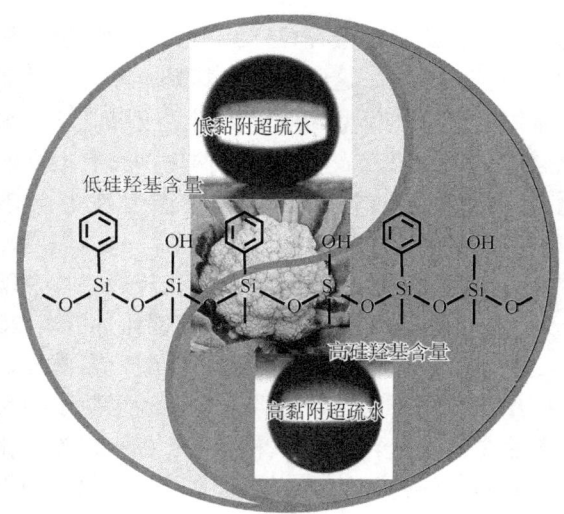

图 7.6 超疏水纳米催化材料[82]

但是直接催化分子氧氧化烃分子的活性不足。

虽然多相催化剂克服了均相催化剂的一些缺陷，具有很大的应用潜力，但是，多相催化剂也具有一定的缺点需要改进。首先，催化剂制备处于摸索阶段，没有明确的理论指导，而且多相催化氧化的作用原理和反应机理尚不清楚。其次，对于烃类氧化而言，由于产物比原料分子极性大，活性更高，不易从催化剂表面脱附，易产生过度氧化和催化剂团聚，极大限制了多相催化剂的实际应用，距离实现大规模的工业应用还有一定距离，还需要进一步深入研究。

7.3.2 环己烷氧化制环己酮和己二酸

1. 环己烷氧化制环己酮

环己烷催化氧化制环己酮，是重要的石油化工中间过程。环己酮是合成尼龙 6、尼龙 66 等聚酰胺类纤维和工程塑料的重要原料，在医药、农药、油漆、涂料、染料、橡胶、油墨、塑料等行业有广泛应用。据统计，2013 年，全球环己酮总产能约 738.7 万吨，产量 517.9 万吨；我国产能 200.0 万吨，产量 130.3 万吨，表观消费量 129.0 万吨。

工业生产环己醇和环己酮主要有无催化氧化法、硼酸酯氧化法和钴盐催化氧化法。目前，世界最成熟的环己烷氧化制环己酮工业生产技术是荷兰矿业公司（DSM）开发的无催化氧化技术，世界上 90% 以上的环己酮是经过该路线生产的。

无催化氧化法又称过氧化物氧化法，该技术第一阶段为环己烷无催化氧化生成环己基过氧化氢；第二阶段在 NaOH 等大量碱存在下，使环己基过氧化氢分解为环己醇和环己酮混合物（简称 KA 油），转化率 3.5%～4.2%，总选择性 76%～81%。此法面临以下主要问题：①转化率低：转化率和选择性之间存在很大矛盾，当转化率超过 3.5%，转化率每提高 1%，选择性下降 4% 以上；②选择性低：氧化过程中，有 19%～24% 的环己烷被转化为副产物而浪费；③污染大：在分解过程中，加入的 NaOH 等大量碱转化为碱渣，每生产 1t 环己酮，产生的碱渣量达到 150～180kg，此外，还有大量废水产生。

硼酸法是以硼酸或硼酸酐为催化剂，使环己烷先氧化生成硼酸环己醇酯，然后水解成环己醇。该工艺的致命弱点在于：工业运行中回收硼酸非常复杂，经济成本高，增加公用工程消耗，并且硼酸很容易造成设备严重堵塞，装置不能长期稳定运行。

钴盐法操作简单、技术成熟。在该工艺中，环己烷在可溶性钴盐存在下，以分子氧为氧化剂，150～160℃，0.9MPa 空气压力下，生成环己醇和环己酮，环己醇再脱氢生成环己酮。转化率为 4% 左右，选择性为 80% 左右。由于转化率低，大量未反应的环己烷不得不在分离后重新回到反应原料中，造成能耗高、设备利用率低等一系列问题。并且由于反应选择性差，生成大量难以处理的副产物，造成环境污染、资源浪费严重等问题。1992 年，日本 Sumitomo 公司开发出异辛酸钴催化剂，氧化转化率提高到 5.9%，但选择性下降到 71.7%。1997 年，日本 Ube 公司通过添加 N-甲基咪唑催化剂，使选择性提高到 82.9%，但转化率下降到 3.9%。

国内环己酮和己二酸生产装置几乎全部采用引进国外技术。例如，中石化巴陵石化有限责任公司、南京帝斯曼东方化工有限公司等的环己酮生产装置引进荷兰国家矿业公司（SDM）技术，中石油辽阳石油化纤公司的己二酸装置引进法国技术，河南神马尼龙化工有限责任公司的己二酸生产装置引进日本旭化成技术，中石化石家庄化纤有限责任公司的苯甲酸生产氧化装置引进意大利米兰实验室（SNIA）技术。因为没有自主知识产权，引进费用高，扩产改造困难，成为制约行业发展的主要瓶颈。

综上所述，目前环己酮的工业生产存在原料转化率低、目标产物选择性差、反应条件苛刻、对环境造成污染等问题，必须解决以下关键问题：①节约资源和技术升级，环己烷氧化过程是资源消耗量大的石油化工过程，污染严重，必须对该传统石油化工过程进行技术升级；②扩产改造和知识产权问题，目前国内环己酮大型生产装置为引进国外技术，没有完整知识产权，扩产改造费用高，应用和发展受到限制。克服这些问题的关键在于自主产权的高效催化剂开发。

正如 U. Schuchardt 指出的那样，"尽管对环己烷氧化过程的催化剂研究已经做了很多努力，但以氧气或空气为氧源的环己烷氧化过程仍将面临挑战"。环己烷分子由六个 CH₂ 组成，没有张力，每个 CH₂ 的燃烧热与正烷烃的燃烧热相当，性质较稳定。环己烷中 C—H 键的键能为 416.3kJ/mol，比其他烷烃的 C—H 键能高，不易活化。由于所有 C—H 键的键能相近，在氧化过程中容易产生过度氧化生成酸类、CO_2 等副产物，并且易发生结焦、开环、脱碳等副反应。空气直接氧化新型催化剂开发，尤其是低温活化、高转化率和选择性、能够长期稳定运行的催化剂体系开发，是该领域的主要发展趋势。

2. 环己烷氧化制己二酸

己二酸是环己烷氧化的另一重要产物，是生产尼龙 66 的单体，也可用于生产造纸化学品、医药、润滑剂等化学品。2012 年，全球己二酸产能 349 万吨，消费量 285 万吨；我国产能 115 万吨，消费量 77 万吨。环己烷氧化制己二酸工业生产是基于 20 世纪 40 年代初美国 Du Pont 公司开发的两步合成工艺[88]。该工艺采用钴盐为催化剂，是最早实现工业化的环己烷氧化法，被称为环己烷氧化的经典方法（图 7.7）。首先由环己烷合成 KA 油，然后由硝酸氧化 KA 油为己二酸。但是两步合成法不仅产率低，而且产生 N_2O 气体等副产物。

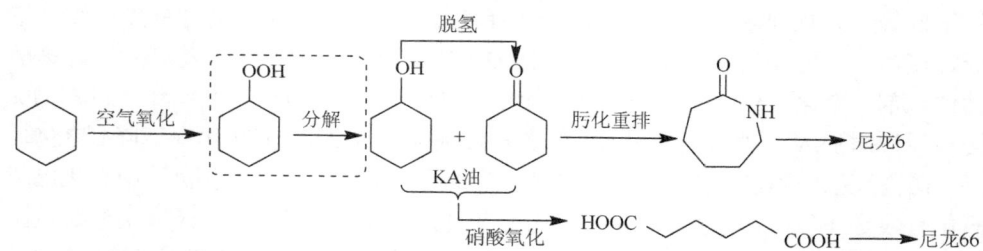

图 7.7　环己烷催化氧化制 KA 油、己内酰胺和己二酸

7.3.3　对二甲苯氧化制对苯二甲酸

对二甲苯氧化制对苯二甲酸是重要的石油化工过程。对苯二甲酸（PTA）是氧化产品中需求量最大的石油化工产品，也是聚酯、树脂和化纤行业最重要的单体，广泛用于生产涤纶纤维、聚酯薄膜、聚酯瓶。

如图 7.8 所示，对苯二甲酸的原料源头是原油，原油经过炼制得到石脑油，然后经重整等过程制得对二甲苯（PX），PX 经过氧化、结晶、分离、干燥等过程，生产出精对苯二甲酸。在以上产业链中，对苯二甲酸是原油的产品，同时又是化纤的原料。2014 年，我国对苯二甲酸产能近 4500 万吨，表观消费量 2744 万吨，产量 2656 万吨，我国连续多年保持世界最大对苯二甲酸生产国地位。

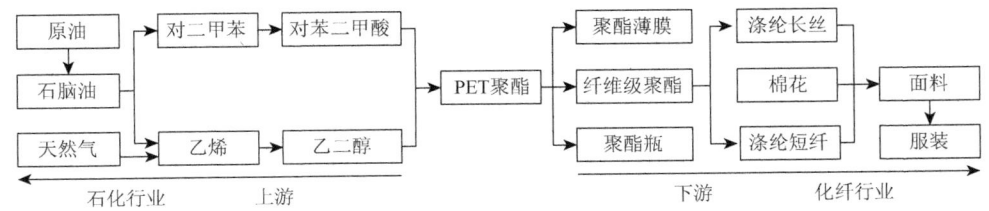

图 7.8 石油化工-PET 聚酯-化纤产业链示意图

对二甲苯氧化制对苯二甲酸的主要生产工艺有 Amoco 工艺、ICI 工艺和三井工艺，包括液相氧化、结晶、离心、干燥、加氢、精制、分离等步骤；其中，对二甲苯的液相氧化是核心单元。尽管不同工艺精制和分离路线不同，但氧化过程均采用 Co-Mn-Br 催化剂、以空气为氧化剂、乙酸为溶剂条件下进行。BP（Amoco）工艺技术是目前生产 PTA 的最成熟工艺，该工艺催化效率高，乙酸溶剂消耗少，产品质量好，反应在 160~240℃、1~2MPa 条件下，以空气为氧源连续进行，装置中对二甲苯进料浓度维持在 20%左右。氧化产物经钯碳催化剂加氢精制，除去少量醛类副产物，得到精对苯二甲酸。

国内 PTA 生产技术和工艺基本以进口技术为主，存在较大的技术风险。并且大部分以 ICI 技术为主，与 BP-AMECO 技术相比，在节能降耗等方面尚存一定差距。近期虽有多套 PTA 装置上马，但市场变化复杂，外国少数公司从上游原料、生产技术、关键设备等控制着中国 PTA 行业。因此，开发自主知识产权的 PTA 催化剂及生产工艺，对于提高国内企业的核心竞争力，打破外国公司的垄断，真正让中国的聚酯行业做大、做强具有重要意义。

对二甲苯氧化是一自由基连续反应，对二甲苯侧链的两个甲基依次被氧化为苄醇基、醛基和羧基，如图 7.9 所示。主要中间产物有对甲基苯甲醇、对甲基苯甲醛、对甲基苯甲酸、对苄基苯甲酸、对醛基苯甲酸等。产物中虽然可产生少量的对苯二甲醛，但其量可以忽略不计。

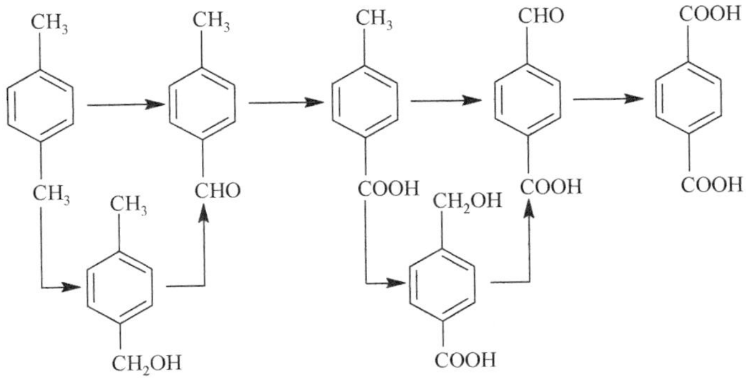

图 7.9 对二甲苯氧化制对苯二甲酸路径

苯环上甲基的氧化类似于典型烷烃的金属盐催化液相氧化。机理描述如图 7.10 所示。氧化态的金属离子 Co(Ⅲ)及 Mn(Ⅲ)可氧化 Br⁻和芳烃，而还原态的金属离子 Co(Ⅱ)、Mn(Ⅱ)又能够被反应过程中生成的过氧化物（过氧自由基或过氧化氢）重新氧化为三价离子。Mn(Ⅲ)和 Co(Ⅲ)通过电子转移氧化溴组分，生成大量溴自由基 Br·，Br·夺取甲基上的氢形成苄基自由基，引发芳环上的链反应，同时使三价金属离子浓度进一步降低。正是由于这种三价离子浓度的降低，减轻了溶剂和氧化中间产物的脱羧副反应，并加快了主反应的速度。然而该反应体系需要使用乙酸溶剂，且体系中溴化物利用率低，腐蚀性大。

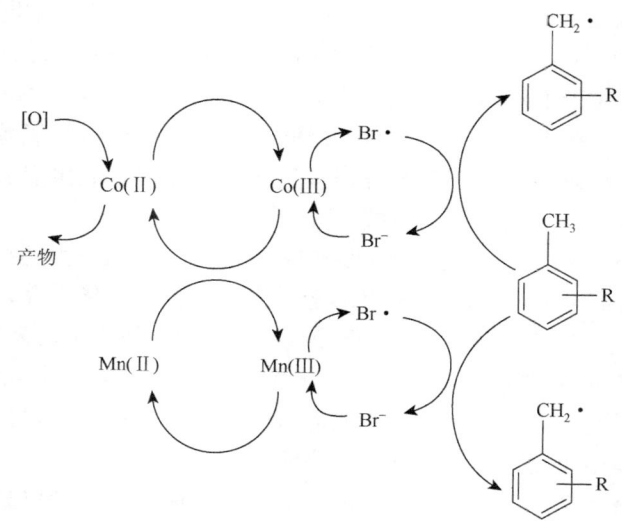

图 7.10 Co-Mn-Br 催化循环机理

目前，PTA 生产过程中，溴在提高催化氧化反应活性、降低反应温度等方面具有不可替代的作用。由于采用大量含溴催化剂，反应过程中排放大量的溴甲烷和其他含溴化合物。以现有 PTA 生产规模计算，我国 PTA 生产过程中溴化物用量超过 65 000 吨/年。大量溴的使用和排放，对环境造成极大持久性污染。此外，溴对金属反应器、管线、阀门等组件的腐蚀非常严重，不仅使装置建设费用提高，而且容易发生管道泄漏、堵塞等非正常停车，造成运行不稳定，并存在安全隐患。

长期以来，改进氧化催化剂及反应工艺，提高反应效率，减少 PX 氧化制 PTA 催化剂的用量及成本，减少副产物生成，提高产品质量等是国内外关注的核心问题，也是实现 PTA 清洁生产的重大需求。例如，三井-Amco 工艺采用鼓泡塔反应器，通过提高催化剂中 Co/Mn 比和溶剂比，可降低反应温度和压力，并减少副产物生成；美国 Praxair 技术公司开发以富氧为基础的 PX 氧化工艺，通过采用纯氧或富氧空气，尽可能提高液相中的氧气浓度，使进料 PX 迅速反应消耗而使液体中烃浓度尽可能降低，提高反应效率；在 Co-Mn-Br 催化体系中添加 Hf、Zr 等金属组分可提高催化剂活性，促进 PX 氧化反应程度加深[89, 90]；通过添加三氟乙酸等强酸或少量碱金属、碱土金属也可以促进反应效率提高；通过改变反应介质，例如，在超临界二氧化碳或水体系中反应，也有助于减轻原有工艺的腐蚀问题，提高产物选择性。上述研究在提高反应效率、减少 Co 用量等方面取得一定进展，但催化剂体系中仍需使用大量的溴。中国科学院大连化学物理研究所开发出 PX 氧化制 PTA 关键新技术，研制出具有自主知识产权的高效催化剂体系，提高氧化反应活性，在反应效率和对二甲苯消耗不变情况下，可大幅降低溴的用量。与企业合作，该技术完成了 10 万吨/年规模的应用试验，连续开车运行结果表明，该技术对于降低消耗和减轻溴化物污染排放，具有显著效果。

7.3.4 甲苯和乙苯氧化

甲苯、乙苯等烷基芳烃的选择氧化是具有代表性的烃类氧化过程，是有机合成过程中最重要的反应类型之一。苯甲酸是甲苯氧化的重要产品，主要用于生产苯甲酸钠/钾、苯甲酸酯增塑剂、醇酸树脂和饲料添加剂。2014 年，全球苯甲酸产能约 73.5 万吨，我国总产能 49.2 万吨。甲苯的另一个重要氧化产品苯甲醛是医药、染料、香料和树脂工业的重要原料，主要用于生产月桂醛、月桂酸、品绿等，还可用作溶剂、增塑剂、低温润滑剂等。

甲苯氧化制苯甲酸是意大利 SNIA 技术生产己内酰胺的主生产单元之一，工业生产过程采用钴、锰等金属的可溶性盐为催化剂，在液相条件下选择氧化甲苯。通过控制适宜的操作条件，控制甲苯转化率，提高苯甲酸选择性。例如，采用钴盐为催化剂，在 160~180℃进行甲苯本体氧化，甲苯单程转化率 15%左右，苯甲酸选择性约 85%，副产物苯甲醛选择性为 5%左右[91]。添加溴化物可以显著提高甲苯液相氧化的转化率及苯甲醛的选择性，但是产品中会有溴代产物生成。

由于苯甲醇、苯甲醛等中间产物比甲苯更容易氧化，因此难以在甲苯高转化率下获得苯甲醛的高选择性：在反应初始阶段，甲苯转化率低，苯甲醛选择性高于 50%，但反应液中苯甲醛浓度累积到一定值，迅速会有苯甲酸生成，苯甲醛选择性迅速降低[92]。从热力学角度来看，甲苯选择性氧化制苯甲醛反应的焓变小于零，吉布斯自由能变也小于零，为强放热反应，可自发进行，且低温对反应有利。但是考虑到甲苯分子的惰性，应适当提高温度，以增加其活化分子数，提高甲苯的转化率[93]。

近年来，多相催化分子氧氧化甲苯合成苯甲醛受到广泛关注。该方法选择性高，且产品不含卤素。该方法按照反应条件不同，可以分为气相反应和液相反应。在气相条件下，以 V-Ag-O 为催化剂，在 300℃、空速为 8.9L/(g·h)条件下，甲苯转化率为 9%，苯甲醛选择性为 61%，副产物苯甲酸选择性为 31%[94]。在液相条件下，采用 CuFeO$_x$/Al$_2$O$_3$ 等多相催化剂，也可获得较高的苯甲醛选择性。目前这两种方法的原料转化率都比较低，需要进一步提高。

乙苯氧化产物苯乙酮属于精细化工产品，可用于制香皂和香烟，也可用于制纤维素醚、纤维素酯、树脂等的溶剂及塑料的增塑剂，还可用于合成医药中间体。目前，苯乙酮的工业生产主要有两种，一种是乙酐与苯的 Friedel-Crafts 反应生产工艺，在计量的无水三氯化铝催化下，乙酐与苯发生酰化来生产苯乙酮，该方法具有产率高、产品纯度好等优点，缺点是伴生大量的酸性废水。另一种是异丁苯法生产甲乙酮，联产苯酚，副产苯乙酮的工业生产路线。每生产 1 吨甲乙酮可联产 1.26～1.28 吨苯酚，副产 0.2～0.26 吨苯乙酮，丁烯利用率为 67%～70%。异丁苯法的特点是反应条件温和、设备腐蚀较轻，但工艺过程复杂，苯乙酮产量受制于甲乙酮的市场销量。乙苯催化氧化直接合成苯乙酮无疑是一条绿色经济的生产路线。

7.3.5 苯氧化制苯酚

苯酚是重要的有机化工原料，主要用于生产酚醛树脂和双酚 A，还用于生产己内酰胺、烷基酚等产品，作为染料、医药、炸药、农药等精细化学品的原料（图 7.11）。自 1923 年采用苯磺化法实现苯酚的工业化生产以来，苯酚的生产发展很快。据统计，2014 年全球苯酚产能为 1321.2 万吨；我国产能 197.5 万吨，表观消费量 165 万吨。近年来，随着电子通讯，汽车工业和建筑行业的迅猛发展，双酚 A 和酚醛树脂的需求量大幅增长，带动苯酚需求强劲增长。

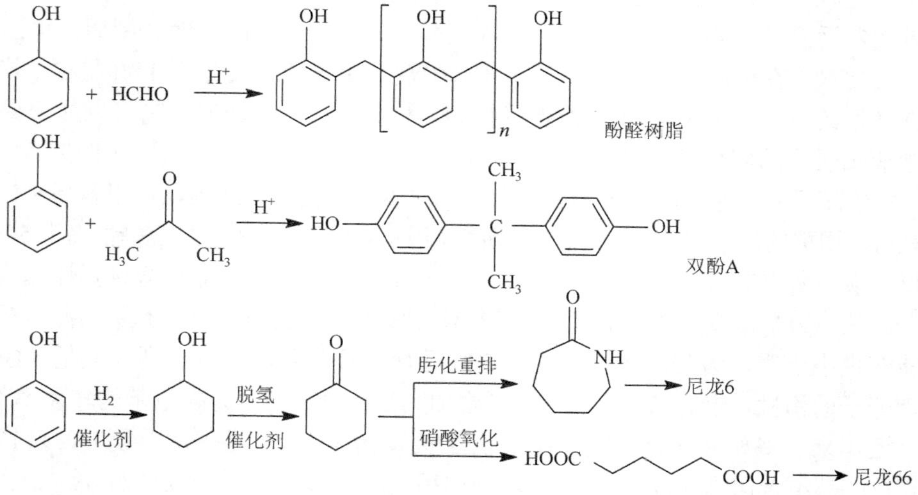

图 7.11 苯酚主要下游产品

最早的苯酚化学合成工艺路线是磺化法，此后相继发展了氯苯法、环己烷法、甲苯-苯甲酸法、联产丙酮的异丙苯法等，目前苯酚生产主要采用异丙苯法（图 7.12）。异丙苯法生产苯酚的方法技术成熟，经济性较好。据统计，世界上 90% 以上的苯酚是通过此工艺生产的。该方法是以苯和丙烯为原料，烷基化反应生成中间产物异丙苯，然后再经空气或氧气氧化生成过氧化氢异丙基苯（CHP），最后，过氧化氢异丙基苯经过酸或树脂处理，得到产物苯酚，联产丙酮。

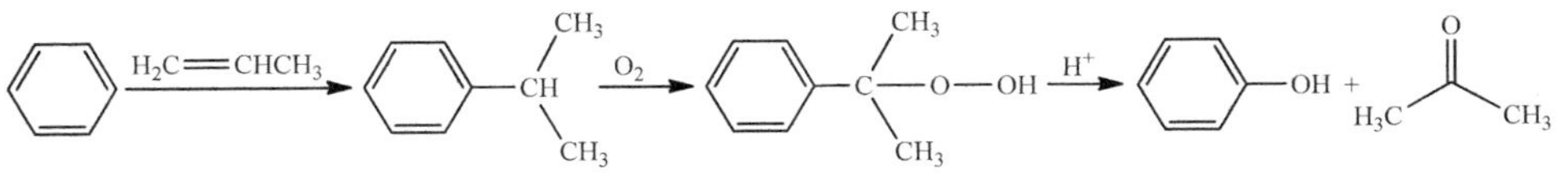

图 7.12 异丙苯法生产苯酚路线图

异丙苯法生产苯酚经过三步反应，流程长，生产成本受副产物丙酮价格影响，生产过程中有大量含酚废水排出，环境污染严重。

苯直接氧化法制苯酚是最具挑战的路线。苯在温和条件下极难被氧化，在高温下虽然容易发生反应，但是也容易发生深度氧化，变成焦油状物质或者完全氧化成 CO_2 和 H_2O。因此，直接氧化法制苯酚的关键是研究开发具有高活性、高选择性的催化剂，同时还要选择合适的氧化剂。直接氧化法的氧化剂主要包括 N_2O、H_2O_2、氧气/空气等。N_2O 来源较少，价格最高；H_2O_2 居中；氧气/空气来源最广，价格最低。

1. 过氧化氢氧化法

苯氧化制苯酚的典型催化体系为芬顿试剂，由 Fe^{2+} 与 H_2O_2 组成。其催化原理是在 Fe^{2+} 作用下，H_2O_2 生成羟基自由基，羟基自由基很容易加成到苯环上从而发生羟基化反应。该方法苯酚转化率较高，但是存在产物、催化剂不易分离的缺点。Karakhanov 等将含有聚乙烯氧化物或聚乙烯-丙烯氧化物的单丁醚与儿茶酚或 JB-环糊精合成出一种大分子配体，与铁离子配合得到一种可溶于水的相转移催化剂。反应过程中，催化剂将苯转移到水相中与 H_2O_2 反应，生成的苯酚重新转移到有机相中[95]。

自从具有独特的拓扑结构的钛硅分子筛催化剂（TS-1）合成以来，在有机化合物选择氧化中的催化作用得到广泛研究。在苯与过氧化氢选择氧化制苯酚的反应中，TS-1 表现出较好的催化活性和很高的选择性。无溶剂条件下，H_2O_2 与苯进行羟基化反应时，该体系的活性比传统采用共溶剂的两相（固体催化剂+液相）体系高，反应没有诱导期，温度为 323K 时，苯转化率可以达到 68%，苯酚选择性为 96%，H_2O_2 的利用率为 70%[96]。中孔结构 V-MCM-41 分子筛及 V-MCM-48 分子筛对苯液相氧化制苯酚也表现出一定的活性[97]。实验结果表明，增加催化剂的酸性，活性有所提高。

Niwa 等报道了苯一步合成苯酚的膜法催化工艺，使用不锈钢外管和外侧沉积 1μm 钯膜的多孔 α-氧化铝内管组成的反应器。反应器置于加热至 150～250℃的加热炉内，苯和氧气流过氧化铝内管，0.2MPa 压力的氢气沿管外侧通过。在 Pd 作用下原位产生 H_2O_2，然后利用 H_2O_2 氧化苯生成苯酚，523K 下，苯转化率为 2%～16%，苯酚选择性为 80%～97%。该工艺的转化率与选择性还有待改进[98]。

由于 H_2O_2 价格较昂贵，苯酚生产的原料成本是对该路线工业化提出的最大挑战。但是，随着 H_2O_2 新生产技术发展及原位生成 H_2O_2 技术的出现，成本有望逐渐降低，这条路线有望成为合成苯酚的新工艺。

2. N_2O 氧化法

1983 年，Iwamato 等报道了使用 N_2O 为氧化剂，苯一步氧化成苯酚[99]。550℃，以 V_2O_5/SiO_2 为催化剂，苯转化率 10%，苯酚选择性 70%，但是催化剂易失活和结焦。对于该反应的机理，认为位于 ZSM-5 孔道内的 α-Fe 为活性中心，在 α-Fe 作用下 N_2O 分解产生活性物种 α-O，然后与苯反应生产苯酚。Panov 等发现含铁的酸性 ZSM-5 分子筛在 500～900℃水蒸气处理后，可极大地提高苯酚的产率，苯酚选择性接近 100%，催化剂的稳定性也得到提高。通过吡啶原位吸附表征认为，铝从骨架脱除，形成 Lewis 酸中心，同时 Brønsted 酸中心也转化为 Lewis 酸中心，提高了催化剂活性。并且经高温水蒸气处理，不会破坏沸石的分子筛结构。但处理时间过长，可能引起活性中心胶结，导致活性反而下降。Waclaw 等[100]发现，Brønsted 酸中心的数量与强度和催化剂的失活密切相关，高 Si/Al 比的 Fe/ZSM-5 表现出好的活性与稳定性；当晶粒直径较大时对反应不利，由于受到扩散阻力，产物苯酚易吸附在 H^+、Na^+等阳离子位上，从而形成积碳导致催化剂失活；700～900℃的焙烧温度，有利于形成活性中心 α-Fe 并降低 Brønsted 酸中心的数量，活性最好。

文献[101]报道了具有等级孔结构的 Fe/ZSM-5 分子筛催化 N_2O 对苯羟基化反应的活性。发现与传统的 Fe/ZSM-5 相比，催化剂的寿命、活性与选择性都得到提高，其中反应活性提高至原来的 4 倍。这可能是因为多级结构分子筛有利于分子的快速扩散，目标产物因扩散速率提高而快速离开催化剂表面，从而降低发生副反应或生成积碳的可能性，因而目标产物选择性及催化剂的活性与寿命增加。此法可充分利用己二酸生产中的 N_2O，产物为苯酚和 N_2，过程环境友好。由于采用该方法的苯酚装置受到相联结的己二酸生产装置规模的牵制，只适用于较小规模的苯酚装置。

3. 氧气氧化法

从经济成本的角度讲，氧气/空气是最便宜的氧化剂，而且来源方便，不会产生环境污染等问题。以氧气/空气为氧化剂直接氧化苯制苯酚是最有开发价值和应用前景的途径，也是国内外研究开发的主要趋势。采用的催化剂主要是以过渡金属为活性组分的催化剂，但是该方法苯酚的收率都很低。目前，氧气/空气氧化苯制苯酚的研究方法主要有气相法和液相法。

气相法是高温反应，反应过程存在催化剂易失活、有副产物生成、产物易深度氧化等问题。Yamanaka 等以 $V_4Mo_8O_x/SiO_2$ 和 $V_8Mo_4O_x/SiO_2$ 为催化剂，在温度为 833K、水蒸气压力大于 10kPa 的条件下，苯酚收率为 4.3%，选择性为 40%；水蒸气的存在抑制了苯的完全氧化[102]。以 Cu/ZSM-5 为催化剂，673K 时，在 N_2 存在下，苯酚最高收率为 1.6%，副产物有少量的 CO 和 CO_2，而高 Si/Al 比的 ZSM-5 载体可以提高苯酚选择性[103]。

Passoni 等采用 $Pd(Oac)_2$-杂多催化剂体系，用 $V(HOAC):V(H_2O)=1:2$ 的溶液作为溶剂，氧气为氧源，在 403K、59MPa 条件下反应 4h，苯转化率为 15%，苯酚选择性为 70%，但是催化剂回收后使用选择性差[104]。Liu 等以杂多酸 $[(C_4H_9)_4N]_5[PW_{11}CuO_{39}(H_2O)]$ 为催化剂，在 323K 下反应 12h，苯转化率达到 9.2%，苯酚选择性为 91.8%，但是反应体系需要加入共还原剂抗坏血酸[105]。研究发现四价钒是苯与氧气合成苯酚的活性中心，四价钒通过"reductive activation"方式还原活化分子氧，产生活性氧进攻苯环，得到产物苯酚[106]。

从原子经济性和绿色化学的角度看，O_2 直接氧化制苯酚的工艺开发意义重大。其优点是 O_2 的价格低廉，缺点是苯酚的收率较低，需极大提高催化剂的效率，距工业化应用的要求还有很大的距离。

7.3.6 环己烯氧化制己二酸

如 7.3.2 节所述，目前工业上采用环己酮氧化法生产己二酸，即环己烷先氧化成环己酮和环己醇（KA 油），然后将 KA 油通过硝酸氧化制得己二酸。硝酸氧化过程产生的 N_2O 会造成严重的环境污染。

有科学家致力于环己烷一步催化直接氧化制己二酸，催化剂主要为过渡金属。该方法的主要难点在于产品纯度达不到生产聚酯的要求，提纯成本高，限制了其工业应用，如何提高该方法的选择性、降低分离提纯成本是今后研究的重点。美国 BASF 公司和 ARCO 公司开发了 1,3-丁二烯催化加氢羰基甲氧基化制备工艺和氧化羰基化路线，这两种方法不用苯作原料，原子利用率高，避免了 N_2O 的产生，但是该法操作条件高，仍需要改进。

以环己烯为原料，采用过氧化氢直接氧化合成己二酸是一条绿色合成路线。反应路径如图 7.13 所示。该方法原子经济性及环己烯利用率高。但是由于过氧化氢价格高，利用率还有待提高，该方法目前成本高于传统路线，提高过氧化氢利用率，降低生产成本是该方法实现应用的关键。

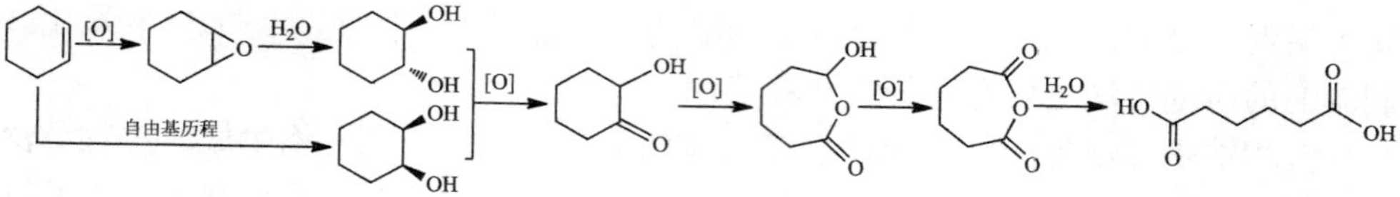

图 7.13 环己烯氧化制己二酸的可能路径

7.3.7 丙烯环氧化制环氧丙烷

环氧丙烷是重要的基础有机化工原料，主要用于生产聚醚、不饱和树脂、丙二醇、非离子表面活性剂、油田破乳剂、农药乳化剂等产品，广泛用于汽车、建筑、食品、烟草、医药、化妆品等行业。2014 年，全球环氧丙烷产能 1026.5 万吨，消费量 850.0 万吨，我国产能 284.5 万吨，产量 208.4 万吨。

环氧丙烷传统生产方法是氯醇法，每吨产品消耗 1.4~1.5 吨氯气，副产 3.5 吨氯化钙，并产生 40 吨废水，污染严重。针对这一问题，开发了共氧化法，包括异丁烷共氧化法和乙苯共氧化法。前者是异丁烷和丙烯共氧化生产环氧丙烷，副产异丁烯。后者是乙苯与丙烯共氧化生产环氧丙烷，副产苯乙烯。共氧化法克服了氯醇法的腐蚀、污水多等缺点，自 1969 年工业化以来，发展迅速。该方法优点在于成本低、无公害，缺点是工艺流程长，所需原料种类多、对丙烯纯度要求较高、设备造价高、装置投资大，同时每吨环氧丙烷联产 2.2~2.5 吨苯乙烯或 2.3 吨异丁烯，原料来源和产品销售相互牵扯较大。

过氧化氢催化丙烯环氧化生产环氧丙烷是一种新的生产技术，反应产物为环氧丙烷和水，无副产品产生，是一种环境友好的清洁生产方法。2003 年，美国 Dow 化学公司和德国 BASF 公司开始合作开发过氧化氢法（HPPO）生产环氧丙烷，采用原位生产的过氧化氢作为氧化剂。与传统的环氧丙烷工艺技术相比，HPPO 技术在经济、环境及未来发展机会等方面具有独特优势。中国科学院大连化学物理研究所也一直在从事过氧化氢直接氧化丙烯制环氧丙烷的技术研究，开发的反应控制相转移催化体系为生产环氧丙烷提供了既经济又环境友好的途径。

由于过氧化氢的制备成本比较高，近年来，人们试图利用氢气和氧气原位生成过氧化氢氧化丙烯。该过程的催化剂主要为 Pd、Ag、Au、Pt 等的负载型催化剂。研究发现的最好催化体系是 Au 负载在含 Ti 载体上，包括金红石型 TiO_2、Ti-MCM-41、Ti-β、TS-1、Ti-TUD 等[107]。该方法选择性高，但是丙烯转化率和过氧化氢的利用率需要进一步提高。

从理论上讲，空气是最理想的氧化剂。但是对于丙烯和氧气的反应，完全氧化反应的速率非常大,导致环氧丙烷的选择性非常低。研究该反应的机理、寻找合适的催化剂抑制完全氧化反应、提高产物的选择性是该方法需要解决的难题。

7.4 醇催化氧化制醛(酮)

醇氧化制醛(酮)的过程广泛应用在香精、医药、食品添加剂等行业。传统的醇氧化方法多采用化学计量氧化剂,使用的氧化剂有活性二氧化锰、Sarrett 试剂、Jones 试剂、Dess-Martin 试剂等,具有活性高、选择性好的优点,适用于实验室小规模合成。计量氧化法成本高,产生大量废弃物,易造成环境污染。分子氧催化醇氧化是公认的绿色过程,采用的催化剂主要有 Pd、Ru、Pt 等贵金属配位化合物,Cu、V 等廉价金属催化剂,以及 TEMPO 等有机催化体系。这方面研究报道众多,本章主要介绍其中一些代表性的分子氧选择氧化醇催化体系。

7.4.1 贵金属催化体系

Pd、Ru、Au、Pt 等贵金属配位化合物在醇氧化中表现出独特的催化性能。1977年,普林斯顿大学 Schwartz 等报道 PdCl$_2$/NaOAc 均相催化体系用于脂肪醇氧化[108]。该体系使用氧气为氧源,能氧化脂肪仲醇生成相应的酮。20 世纪 90 年代后期,均相 Pd 催化醇氧化有了显著进展,研究发现有机配体和溶剂强烈影响 Pd 的催化性能。研究者通过使用不同含氮配体,开发了高效 Pd 均相催化体系,实现常温常压下醇羟基的选择性氧化[109]。Pd 活性对溶剂非常敏感,Stahl 发现 Pd(OAc)$_2$ 在吡啶或 DMSO 中具有高催化性能,认为 DMSO、吡啶能够通过与 Pd(0)络合配位作用阻止 Pd(0)团聚(图 7.14)[110-113]。

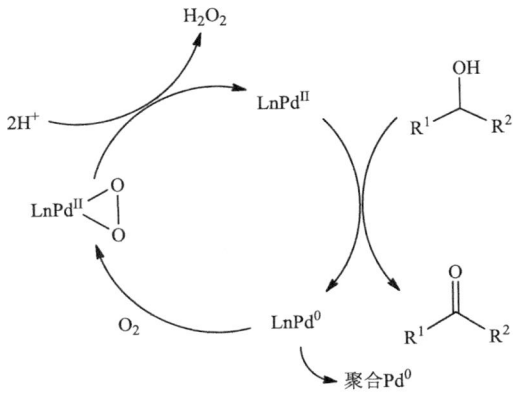

图 7.14 Pd(OAc)$_2$/DMSO 体系催化醇氧化机理

通常需要加入一定量的碱来促进 Pd 配位化合物的催化效果，但 Pd 易发生聚集形成钯黑，严重影响了 Pd 的催化效率。Sheldon 小组使用含氮螯合剂阻止 Pd 的聚集，合成了水溶性金属 Pd 有机络合物 PhenS*Pd(OAc)$_2$ 催化剂（图 7.15），较高转化率实现水溶性好的脂肪仲醇和环醇水相氧化为醛，但苯甲醇转化率不高，这可能与其在水中的溶解度相对较低有关。研究认为 Pd(Ⅱ)催化剂的高活性和稳定性依赖于 Pd^0 的快速氧化，避免其团聚失活[114]。

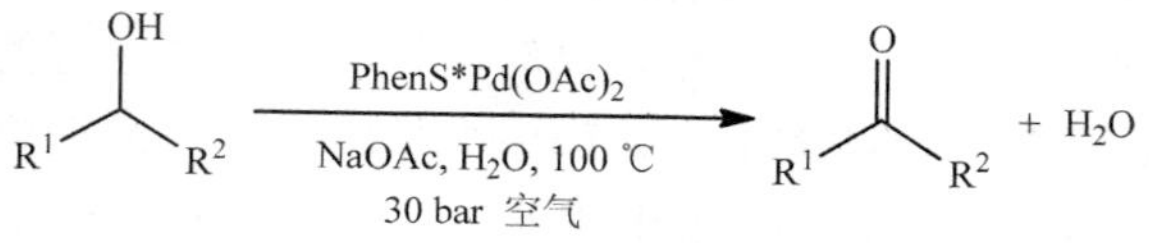

$$\underset{R^1}{\overset{OH}{\underset{|}{C}}}\underset{R^2}{H} \xrightarrow[\substack{\text{NaOAc, H}_2\text{O, 100 ℃} \\ \text{30 bar 空气}}]{\text{PhenS*Pd(OAc)}_2} \underset{R^1}{\overset{O}{\underset{\|}{C}}} R^2 + H_2O$$

图 7.15　PhenS*Pd(OAc)$_2$ 催化醇氧化反应

PhenS*：bathophenanthroline disulfonate

一般情况下，由于 Pd(0)与 C=C 有强配位作用，Pd 催化烯丙醇类氧化反应效果不理想。而 Pd(Ⅱ)-hydrotalcite 催化剂正好克服了这一缺点，Uemura 小组[115]在水滑石[Mg$_6$Al$_2$(OH)$_{16}$CO$_3$·4H$_2$O]表面引入 Pd(OAc)$_2$/pyridine 配合物，该催化剂对于烯丙醇类的氧化反应表现出很好的催化效果。

Ru 用于催化氧气氧化醇的早期研究中，主要采用 RuCl$_3$ 催化剂。随着研究开展，研究者发现与均相 Pd 催化体系类似，配体对 Ru 络合物的催化性能影响很大。例如，[RuCl$_2$(p-cymene)]$_2$/Cs$_2$CO$_3$ 能够高效地氧化脂肪醇和芳香醇[116]。除了 RuCl$_3$、Ru(PPh$_3$)$_3$Cl$_2$ 等单核钌以外，双核钌和三核钌配合物也用于脂肪醇催化氧化成醛反应，表现出高催化活性。多相 Ru 催化剂也表现出高催化活性。Kaneda 等开发的羟磷灰石负载 Ru 催化剂（Ru/HAP），可以高效催化醇氧化，底物适用范围广，循环使用 3 次后仍有较高活性，但 Ru 负载量相对较大[117]。Ru/γ-Al$_2$O$_3$ 能够在 80℃常压下氧化苄醇、含硫含氮的杂环芳香醇、含双键的烯丙醇、脂肪伯醇、仲醇等，而且不需要碱等添加剂，催化剂能够循环使用。该催化剂使伯醇容易氧化成酸，加入少量氢醌可以抑制酸的生成[118]。在八面沸石分子筛孔道内合成的纳米 RuO$_2$ 催化剂，能够催化氧化多种类型的醇，并表现出高的活性与选择性。例如，RuO$_2$/FAU 能实现苯甲醇氧化的化学计量转化，循环使用 5 次未见明显的活性降低，相同条件下普通 RuO$_2$ 仅获得 16%的收率[119]。

与其他贵金属催化剂不同，目前研究的 Au 催化醇氧化主要是多相体系。研究发现 Au 催化剂表现出明显的尺寸效应。例如，Tsukuda 等[120]将 Au 纳米粒子负载到 PVP 上，应用于醇的氧化，反应在 300K 时水相中进行，可以将芳香醇选择性氧化成芳醛，但对于脂肪醇效果不好。动力学实验结果表明，1.3nm 的 Au 粒子活性大大高出 9.5nm 的 Au 粒子，这说明 O$_2$ 在催化剂上的吸附是影响催化效果的关键因素。

载体自身的性质，包括氧空位、碱性、尺寸等都能对 Au 纳米粒子产生强烈影响。负载在纳米 CeO_2 上的纳米 Au 是一种性能独特的催化剂，Au/CeO_2 不仅能高选择性氧化醇生成相应的羰基化合物，而且在无溶剂、常压条件下活性也非常高。作者认为，在 Ce 上的活性氧空位作用下产生的带正电荷的 Au，可能参与了氧化历程（图 7.16）[121]。

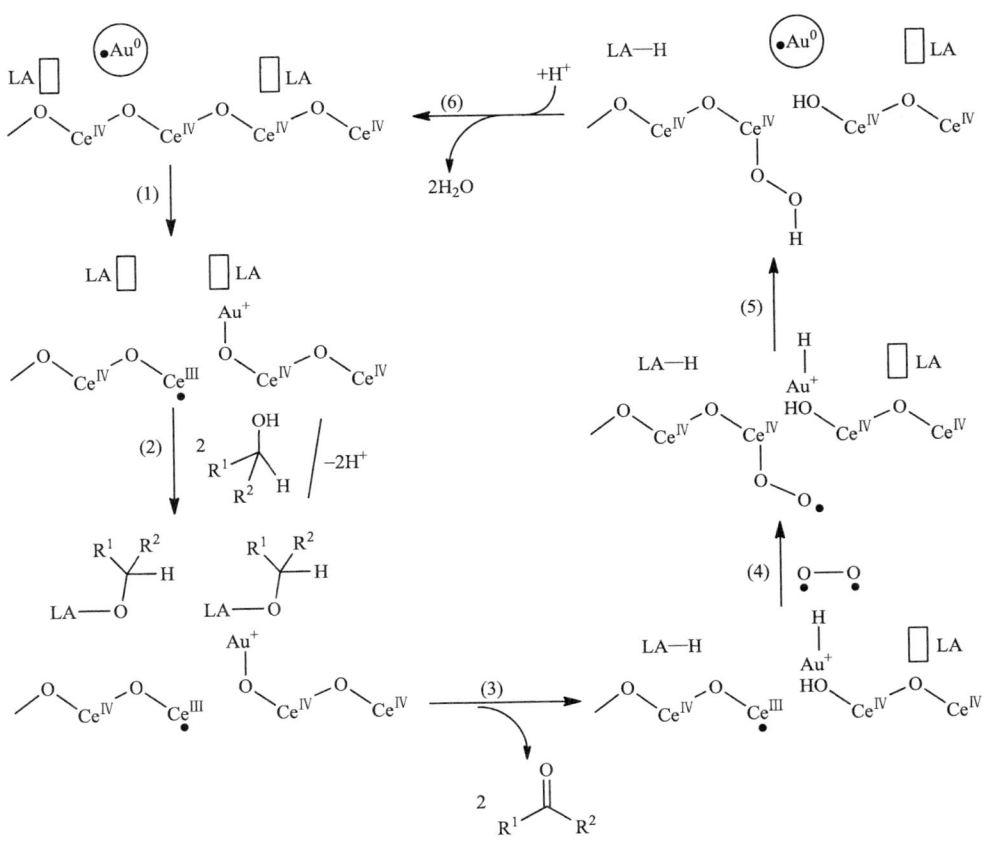

图 7.16　Au/CeO_2 催化氧化醇的反应历程

如何获取稳定性高的小尺寸纳米 Au 粒子是关键。改变载体，调控 Au 的催化性能是一条重要途径。含苯基的聚合物负载 Au 催化醇氧化，实现了室温条件下氧气氧化醇合成醛（酮）的过程，聚合物链上的苯环稳定了 Au 纳米颗粒，降低了 Au 与底物醇的配位能力，使该催化剂具有较宽的底物普适性[122]。利用无机硅铝酸盐分子筛 HY 超笼，对平均粒径为 1nm 的 Au 纳米簇进行空间限域（图 7.17），提高 Au 纳米簇的稳定性和催化活性，在丙三醇和 5-羟甲基糠醛的催化氧化反应中，获得高催化性能[123]。

大量使用碱是 Au 催化醇氧化面临的另一大问题。在反应体系中加入 NaOH 等碱助剂，可以加快羟基脱氢反应速率，避免羧酸产物在催化剂表面吸附和毒化。曹勇等将 Au 纳米粒子负载在 Ga-Al 复合氧化物上，在 80℃和常压下，以甲苯为溶剂，能够实现多种醇的选择氧化。在无溶剂、无碱性添加剂条件下，160℃可高活性催化氧化 α-苯乙醇，TOF 值达到 25 000h^{-1}[124]。

Pt 用于水相醇氧化具有优异的催化活性，通常以 Pt/C、Pt/Al$_2$O$_3$ 等负载型催化剂，用于醇羟基的催化氧化。采用 5%的 Pt 与 1%的 Bi 负载在活性炭上，以水为溶剂、空气为氧化剂，高效地实现了仲醇氧化生成酮[125]。使用苯甲醇还原负载在 PS-PEG 氨基树脂上的 Pt 盐，合成了平均直径在 5.9nm 的 Pt 纳米粒子，实现了水相氧化苄醇、烯丙醇、脂环醇、脂肪醇，且能实现催化剂的循环使用[126]。虽然贵金属催化醇氧化效果非常好，但是由于其价格昂贵，在一定程度上制约了其大规模应用。

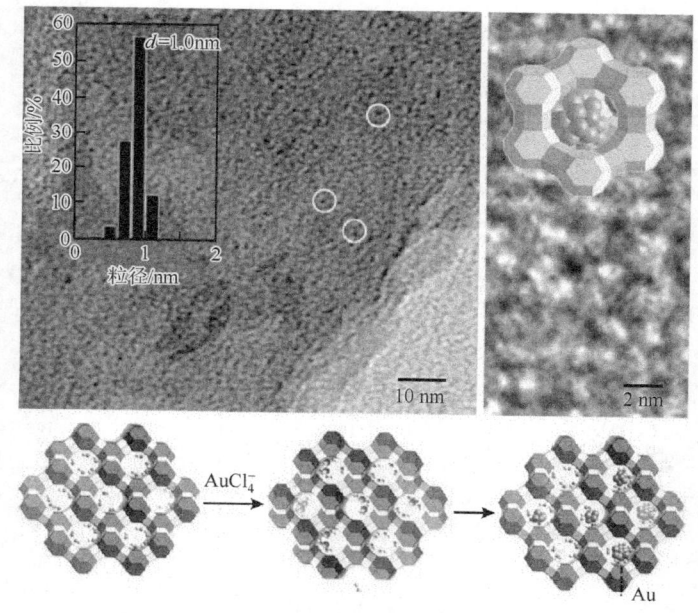

图 7.17　HY 超笼限制的纳米 Au 簇催化剂

7.4.2　非贵金属体系

非贵金属催化具有来源方便、价格便宜的优势，在醇氧化反应中逐渐受到重视。近年来发现多种高效的非贵金属催化体系，其中关于铜的研究比较多。铜的催化最初起源于对半乳糖氧化酶的模拟，这种酶能够高效地、高选择性地催化苄醇类及烯丙醇类的有氧氧化，并且在催化氧化过程中有 H$_2$O$_2$ 生成。研究人员模拟半乳糖氧化酶中铜与氮、氧的配位结构，合成了若干个配位化合物，其催化醇的氧化性能相似，氧化过程中也有 H_2O_2 生成。

邻菲啰啉（phen）被用作铜的配体，与 CuCl、肼二甲酸叔丁酯（DBADH$_2$）组成复合催化体系，在 2 倍化学计量的 K_2CO_3 存在下，实现醇的氧化。该体系具有较宽的底物普适性，但是对脂肪伯醇的氧化效果不理想[127]。随后发现使用氟苯代替甲苯作为溶剂，可以用催化量的 K_2CO_3 或 t-BuOK 代替 2 倍化学计量的 K_2CO_3，不过该体系对脂肪伯醇的氧化效果仍然不好[128]。后来的研究发现，当向体系中加入催化量的 N-甲基咪唑，可以实现铜基催化体系对脂肪伯醇的高效选择性氧化[129]。作者认为，Cu(phen)与脂肪醇生成的醇盐比较稳定，不能进一步反应，而导致催化剂在氧化脂肪伯醇时失活，当加入 N-甲基咪唑，通过其在催化剂活性位上竞争配位，可以阻止催化剂的失活。

铜在醇氧化中还具有另一个重要能力，即催化脱氢能力。铜不仅可以催化醇高温脱氢，在温和条件下催化脱氢方面，也取得了一些进展。Ravasio 等将铜负载到三氧化二铝上，以醛或酮为氢受体，催化氧化多种醇都取得了很高的转化率和选择性，该催化剂具有非常好的稳定性和循环性[130]。钒基催化剂用于氧分子氧化醇的反应，近年来也逐渐受到关注。徐杰小组报道了 $VOSO_4/NaNO_2$ 催化体系催化醇的选择氧化，发现该体系对芳香醇的选择氧化非常有效，苯环上取代基的电子效应对氧化效率无明显影响，反应历程涉及 V^{IV}/V^{V} 的氧化-还原循环。该体系的优点是不怕水，少量水还能够缩短反应诱导期，促进反应进行[131]。该小组还报道了 $Cu(NO_3)_2/VOSO_4$ 催化氧气氧化 5-羟甲基糠醛，室温反应 48h，原料定量转化为 2,5-二醛基呋喃（图 7.18）[132, 133]。

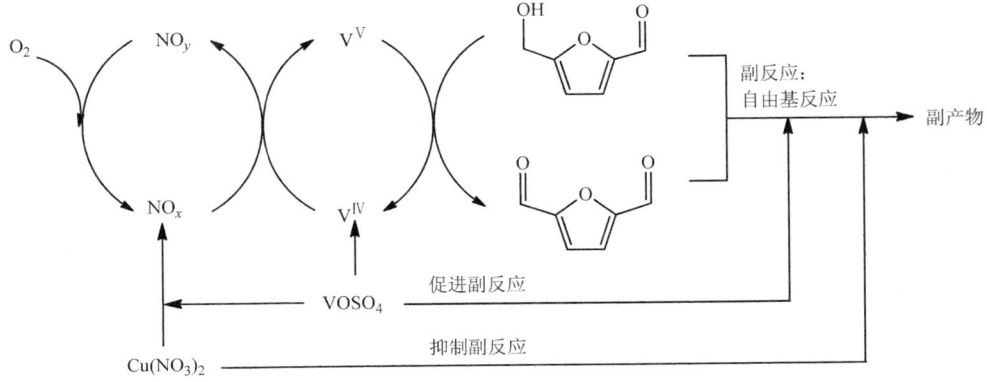

图 7.18　$Cu(NO_3)_2/VOSO_4$ 催化 5-羟甲基糠醛氧化制 2,5-二醛基呋喃[132]

非贵金属固体催化剂的研究日益受到重视，不过这方面取得的进展不及均相催化。Suib 等报道了锰氧化物八面体分子筛 H-K-OMS-2 催化以空气为氧化剂的醇选择氧化，该催化剂用于氧化芳香醇和烯丙醇的收率都很高，且可重复使用[134]。Ni-Al 水滑石催化剂能够用于烯丙基醇、芳香醇和 α-酮醇的氧化，在氧化 α-苯乙醇时循环使用 6 次仍能保持高的催化活性[135]。王峰等研究了 Mo-V-O 氧化物在醇氧化反应中的活性，发现该催化剂可以氧化伯醇生成醛，且苯环上取代基对氧化效率有明显的影响，而仲醇则发生脱水反应生成烯烃[136-138]。

7.4.3 有机催化体系

近年来有机催化剂在醇氧化反应中的应用发展迅速，其中最具代表性的有机催化剂是 2, 2, 6, 6-四甲基哌啶-N-氧自由基（TEMPO），这是一种具有分解过氧化氢、捕获自由基、猝灭激发态等多重作用的高稳定性自由基。在醇的选择性氧化中，醛酮的过度氧化一般是自由基反应，利用 TEMPO 的特点，使醇的氧化停留在醛酮，避免过度氧化进行。TEMPO 催化醇氧化的机理如图 7.19 所示。

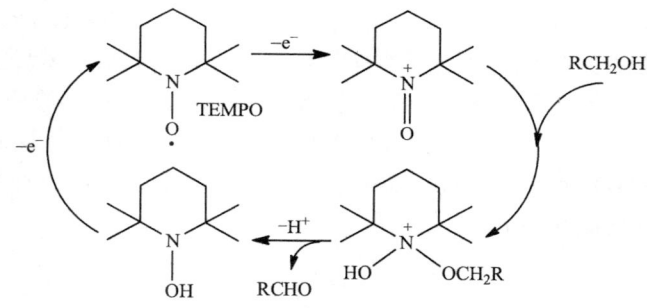

图 7.19　TEMPO 催化醇氧化的反应机理

最初 TEMPO 用于醇氧化是在 1965 年，Golubev 报道了计量的氮氧正离子作为氧化剂，将伯醇氧化成醛。后来发现用 4-甲氧基 TEMPO 生成的氮氧正离子可以氧化伯醇、仲醇及二醇。TEMPO 用于催化则是以间氯过氧苯甲酸、过氧硫酸盐、高碘酸（H_5IO_6）、次氯酸钠等计量氧化剂为最终氢受体的。这些氧化剂可以将 TEMPO 氧化成 TEMPO$^+$，然后 TEMPO$^+$ 再氧化醇成相应的羰基化合物。

最初，TEMPO 作为催化剂应用于醇氧化，是以 NaClO 为氧化剂。1984 年，Semmelnack 等报道了以分子氧为氧化剂，CuCl/TEMPO 催化醇到醛（酮）的氧化，转化频率（TOF）达到 916h^{-1} [139]。之后，以过渡金属为助催化剂的催化体系被开发出来，实现了醇的高效选择氧化。其中具代表性的体系包括：Sheldon 等报道 Ru(PPh$_3$)$_3$Cl$_3$/TEMPO 可以平稳氧化活泼醇和非活泼醇到相应的醛或酮[140]；

Bjorsvik 等发现 Mn(NO$_3$)$_2$、Co(NO$_3$)$_2$ 和 Cu(NO$_3$)$_2$ 作为助催化剂,可以氧化伯醇和仲醇为醛、酮[141]。Buffin 等以乙酸钯与经修饰的水溶性联喹啉形成的配合物为助催化剂、分子氧为氧源,水相中进行醇的选择氧化,结果表明,在少量 NaOAc 存在下,该催化体系以较高的产率实现了各类仲醇到酮的氧化,而伯醇氧化则生成了羧酸[142]。徐杰等报道了 VOSO$_4$/TEMPO 催化氧化醇羟基的新体系,该体系以分子氧为氧源,能够在较温和条件下氧化苄醇、脂肪仲醇等[143]。固体催化剂易于回收使用,采用固体金属氧化物作为助催化剂,也有一些报道。徐杰等研究发现共沉淀法制备的 CuMn 复合氧化物,可以促进分子氧为氧化剂的 TEMPO 催化醇氧化[144],该课题组以 VOPO$_4$/TEMPO 为催化剂、分子氧为氧源,在水溶液中实现了 3,4-二甲氧基-苯甲醇的选择性氧化[145]。

使用过渡金属作助催化剂,可能会带来含过渡金属的污染问题。最近报道的不含过渡金属的助催化剂体系,开辟了 TEMPO 催化氧分子选择氧化醇的新领域。胡信全等以 Br$_2$-NaNO$_2$ 为助催化剂,实现了 TEMPO 催化醇氧化反应[146],反应机理如图 7.20 所示。该小组使用亚硝酸叔丁酯和 HBr 分别替代 NaNO$_2$ 和 Br$_2$,改良了催化体系,提高了催化效率[147]。梁鑫淼等发现 HCl-NaNO$_2$ 为助催化剂,也能高效实现醇的选择氧化[148]。

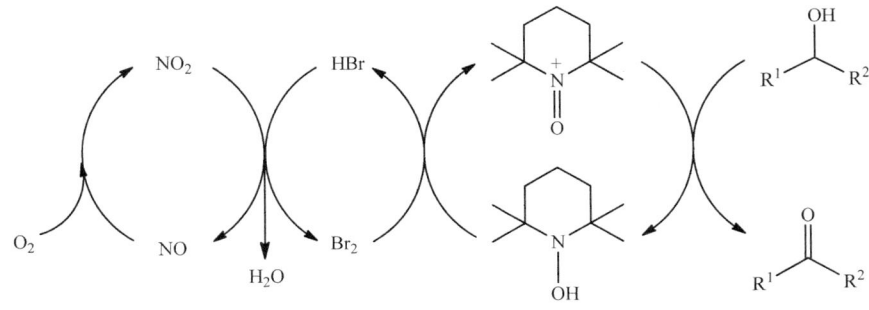

图 7.20 NaNO$_2$/Br$_2$/TEMPO 催化醇氧化反应机理

采用合成简单、便宜的有机催化剂替代 TEMPO 也逐渐受到重视。Repo 等采用 9,10-二氨基-菲催化 3,4-二甲氧基-苯甲醇氧化合成醛,100℃时反应 3h,原料转化率可以达到 80%,加入助催化剂 FeCl$_3$ 或 CuCl$_2$,转化率可以达到 99%[149]。采用 N-羟基邻苯二甲酰亚胺替代 TEMPO,以 VO(acac)$_2$ 为助催化剂,选择氧化仲醇合成酮,而伯醇氧化则生成了羧酸[150]。不含过渡金属的催化体系 2,3-二氯-5,6-二氰基-1,4-苯醌(DDQ)/NaNO$_2$/NHPI 也可催化芳香醇、脂肪醇生成相应的醛(酮)[151]。徐杰等利用 H$_2$SO$_4$-NaNO$_2$ 产生的 NO$_x$ 为催化剂,实现了以 O$_2$ 为氧化剂,醇氧化合成醛的过程[152]。使用更易操作的固体磺酸和亚硝酸异戊酯分别替代

H_2SO_4 和 $NaNO_2$，高效地实现了苯甲醇的选择氧化[153]。

7.5 氨 氧 化

氨氧化也称氨解氧化，即通过 C—H 键的氮官能团化，在氨存在下，使烃催化氧化生成相应的腈。目前已经开发的烃类氨氧化工业过程，主要是通过复合氧化物催化剂来实现。在烃类催化转化中，丙烯或丙烷氨氧化制备丙烯腈是最重要的反应。丙烯腈是三大合成材料——合成纤维、合成橡胶、合成塑料的基础原料。2014 年，全球丙烯腈产能 673.2 万吨，消费量 540.0 万吨；我国产能 151.8 万吨，产量 131.4 万吨，表观消费量 183.2 万吨，腈纶、ABS/SAN、丙烯酰胺对丙烯腈的消费量分别约占 45%、31%和 16%，聚醚多元醇、包括丁腈橡胶在内的其他方面分别约占 4%[154]。

甲基芳烃氨氧化可以得到芳香腈，包括苯甲腈、邻苯二腈、间苯二腈、对苯二腈、烟碱甲腈等重要化学中间体。烟碱甲腈可以水解为烟碱甲酰胺或烟碱酸，用于维生素 B 合成。间苯二腈经氯化反应制得四氯间苯二腈，是一种高效、广谱、低毒、低残留的农药杀菌剂和防霉剂。邻苯二腈是合成酞菁染料的中间体。

除了已经实现工业应用的气相氨氧化过程，最近出现了液相氨氧化报道[155]，将甲基芳烃氨氧化为腈，进一步水合为酰胺。液相氧化为氨氧化这一传统的高能耗转化过程，提供了一条更为绿色的解决思路。

控制氧化反应深度、提高目的产物选择性一直是烃类氨氧化研究中最具挑战的难题。这是因为烃类选择性氧化为强放热反应，目的产物大多是热力学上不稳定的中间化合物，较高温度下容易进一步氧化为二氧化碳、氮气和水或其他深度氧化产物。例如，丙烯氨氧化生成丙烯腈的反应热为–515kJ/mol，反应会生成氢氰酸（0.1kg/kg 丙烯腈）、乙腈（0.03kg/kg 丙烯腈），另外，氧化碳生成及氨气燃烧为氮气是放热反应，使总放热提高到 530～660kJ/mol，进一步增大了控制反应温度的难度，为此，反应通常在流化床装置中进行[156]。

催化剂是氨氧化反应的关键。随着人们对影响反应活性的关键因素认识的深入，催化剂得以不断改善。经过 40 年发展，丙烯氨氧化制丙烯腈的催化剂使产物收率增长了近一倍，达到 80%以上，催化剂中含有 20 多种元素，每一种元素对于优化催化效果都起到关键作用。随着丙烯价格上涨，从更为廉价的丙烷出发制备丙烯腈变得日益重要，这对催化剂提出了新的要求。

7.5.1 丙烯氨氧化

用于丙烯氨氧化的钼酸铋商业催化剂由多组分的 Bi-Fe-Ni-Co 钼酸盐构成，并含有 Cr、Mg、Rb、K、Cs、P、B、Ce、Sb、Mn 等添加剂。这些复合氧化物分散在硅胶上，用于流化床反应装置。经过 40 多年研究开发，丙烯氨氧化制丙烯腈的催化剂已发展到第 5 代。目前，钼铋铁催化剂占主导地位，约 90%的丙烯腈工业装置使用的是钼铋铁催化剂。

催化剂中三价的 Bi/Fe/Cr 钼酸盐提供催化剂活性中心，二价的 Ni/Co/Fe/Mg 钼酸盐主要作用是增大催化剂的氧化再生速率。催化剂中需要过量的 Mo 来实现最佳的催化性能：过量的 Mo 不仅可以将不同钼酸盐桥联起来，还可以补充因 redox 循环而损失的 Mo［Mo 以 MoO(OH)$_2$ 的形式流失］。丙烯中—CH$_3$ 上的氢被催化剂中的氧脱除，形成 π-烯丙基配合物是整个反应的决速步骤[157-159]。随后在没有氨时氧插入形成丙烯醛；氨存在时，氨通过与氧离子交换形成—NH$_2$，插入烯丙基中间体生成丙烯腈。催化剂中消耗的氧随后被氧气补充[160, 161]。

选择性丙烯氨氧化催化剂表面的活性位点具有三种重要功能，分别对应于催化剂中特定的金属组分[162]：Bi^{3+}、Sb^{3+}或 Te^{4+}作为脱除丙烯中—CH$_3$ 上氢的组分；Mo^{6+}或 Sb^{5+}作为烯烃化学吸附及氧或氮插入组分；Fe^{2+}/Fe^{3+}或 Ce^{3+}/Ce^{4+}作为氧化还原电对，增强晶格氧在催化剂体相到表面之间的迁移能力。

7.5.2 丙烷氨氧化

目前生产丙烯腈的工艺中，丙烯成本约占生产总成本的 67%[163]。相对丙烯而言，丙烷更为廉价，具有很强的竞争力。早在 1961 年，已有研究者从热力学上推断了以丙烷为原料生产丙烯腈的可行性。2007 年，日本旭化成株式会社将一套 7 万吨/年的生产线改装成使用丙烷为原料生产丙烯腈。

在丙烷氨氧化催化剂中，主要使用 V、Sb、P、Ga、Mo、Bi 等元素，但用于催化剂改性的元素几乎涉及除惰性元素以外的各族元素。丙烷氨氧化是个复杂的反应系统，反应本身不受热力学平衡限制，完全由动力学因素控制，除 CO_x 外，其他产物都有继续进行反应的可能。目前，对丙烷直接氨氧化反应机理还没有统一认识。大体可分为两种，一种认为丙烷先氧化脱氢生成丙烯，然后丙烯再进行氨氧化反应生成丙烯腈；另一种则认为丙烷先发生环化反应，生成的环化产物过渡态再与氨发生反应生成丙烯腈。大多数研究者认同第一种机理。

很多综述文章对丙烷氨氧化的催化剂及催化反应进行了讨论。文献提到的催化体系主要分为两种，分别是基于具有金红石结构的 V-锑酸盐和多组分钼酸盐（Mo/V/Nb/Te/O）。其中，Mo/V/Nb/Te/O 体系最具潜力，实现了高达 62%的丙烯腈收率[164, 165]。

7.5.3 甲苯及取代甲苯氨氧化

用于这类反应的催化剂有很多，包括 TiO_2 或 ZrO_2 负载的钒、多组分钼酸盐、掺杂的锑酸钒、负载的杂多酸等。很多综述对甲苯氨氧化过程中的催化剂表征、性能及反应机理进行了讨论。以 V_2O_5 催化剂为例,红外光谱表征表明反应为催化剂表面的铵离子与苯甲酸根离子的反应[166],其中吸附苯甲胺和苯甲醛物种是反应的中间体[167]。V=NH 或 V—NHOH 物种可能是催化剂表面进行插入反应的氮物种[168]。取代基对甲苯的氨氧化反应有明显影响,吸电子取代基有利于提高腈的收率,而给电子取代基会促进完全氧化,对提高选择性不利。

7.5.4 结语

混合金属氧化物催化的气相氨氧化是一类重要的工业生产过程。其中最重要的丙烯氨氧化生产丙烯腈过程,在最近 40 年取得了显著发展。当前生产丙烯腈的挑战在于用丙烷代替丙烯做原料。用于直接从丙烷到丙烯腈过程的技术和经济条件(丙烷和丙烯之间的价差)已经具备。预计在不久的将来,丙烯腈将越来越多地由丙烷制得。甲苯或取代甲苯氨氧化是成熟的反应,已经被用于生产特殊用途的精细化学品。尽管已经实现了商业化,但是规模不大,相信随着中国市场的进一步发展,情况会有所改善。

7.6 羰 基 化

在催化剂存在下,CO 可与烯烃、卤代烷、饱和醇、醚、酯、胺、硝基化合物反应,插入反应物中,生成含羰基的化合物。烯烃与 CO 和 H_2 发生氢甲酰化反应,生成醛,加氢可得到醇[169]。全球采用这种方法生产醛、醇的产能超过 700 万吨/年,我国产能达 100 万吨/年。

$$RCH=CHR' + CO + H_2 \xrightarrow{\text{催化剂}} RCH_2\overset{CHO}{\underset{|}{C}}HR' \xrightarrow{H_2}_{\text{催化剂}} RCH_2\overset{CH_2OH}{\underset{|}{C}}HR'$$

烯烃与 CO 和含有活泼氢的亲核试剂反应,生成羧酸及其衍生物的过程为氢羧基化反应。

$$RCH=CHR' + CO + HX \xrightarrow{\text{催化剂}} RCH_2\overset{COX}{\underset{|}{C}}HR'$$

美国 Monsanto 公司以铑为主催化剂、碘化物为助催化剂,甲醇羰基化制乙酸工艺的反应,是目前乙酸主要的生产方法。

$$CH_3OH + CO \xrightarrow{\text{催化剂}} CH_3COOH$$

7.6.1 烯烃氢甲酰化

氢甲酰化反应是在过渡金属羰基化合物催化剂作用下，烯烃与 CO、H_2 生成比原烯烃多一分子的醛或醇的反应过程。氢甲酰化反应最早是由 O. Roelen 于 1938 年在德国 Ruhrchemie 化学公司从事费-托合成中发现的。

20 世纪 50 年代迅速发展起来的第一代氢甲酰化催化工艺，都是以羰基钴为催化剂。$Co_2(CO)_8$ 首先溶解在反应液中，在氢甲酰化反应条件下，转化成活性物种 $HCo(CO)_4$。$HCo(CO)_4$ 极易分解为 Co 和 CO，为保证催化剂活性物种 $HCo(CO)_4$ 的稳定性，需要维持高的压力（20~30MPa）。

采用膦配体部分替代 CO，可提高正构醛的比例。这类配体稳定性较高，可以在较低的压力下使用（约为 10MPa），降低了设备的耐压要求。膦配体可使催化剂的稳定性增加，但反应速率下降。另外，该催化剂能够使醛进一步加氢生成醇，产物中醛的量减少，并使原料中的少量烯烃被加氢还原成烷烃，使产品收率降低。

铑是比钴更具氢甲酰化反应活性的金属，铑催化剂可以有效地在更温和的温度和压力下操作，且醛收率高，烯烃加氢和其他副反应都极大降低。使用未修饰的羰基铑催化剂，正构醛的含量低。采用三苯膦改性的铑催化剂，反应条件温和、正构醛选择性高、醇含量低、反应速度快。20 世纪 70 年代中期，以 $HRh(CO)(PPh_3)_3$ 为催化剂的氢甲酰化反应由美国 UCC 公司（Union Carbide Corporation）实现工业化应用。然而，铑的价格比钴高几千倍，其回收、循环使用是该工艺的难点。

除钴和铑外，钌系和铂系金属也具有一定的催化性能。1984 年，发现水溶性铑膦配合物[$HRh(CO)(TPPTS)_3$]用于油-水两相氢甲酰化反应具有很多优点。催化剂存在于水相中，产品醛存在于有机相，反应后经静置水/有机两相自动分层，催化剂与氢甲酰化产物容易分离，克服了油溶性铑膦配合物催化剂与反应产物难分离的缺点，便于催化剂的循环使用。

为了克服均相催化剂体系产物与催化剂难以分离的问题，均相催化剂的固载化日益受到重视。但是这种固载催化剂的催化活性会随着氢甲酰化反应的进行而持续下降到最后失活，这可能主要是由金属铑活性组分的流失及膦配体被氧化所致。该方法还需改进，才能应用于工业生产。

氢甲酰化反应伴随着很多副反应，为了加快主反应，提高目标产品的收率，需要合理地控制反应条件。副反应主要有烯烃加氢、异构化、生成的醛被加氢生成醇。上述两种加氢反应，与催化剂自身性质和反应条件有关。例如，改性的钴催化剂加氢能力增强，容易发生加氢副反应。氢气摩尔分数增加也会导致加氢副产物的增加。此外，反应体系中烯烃量的减少，还会引起甲烷化反应，使反应体系温度升高。

反应温度对反应速度、产物醛的正/异比例及副产物的生成量都有影响。温度升高，反应速度加快，但正/异比例降低，重组分和醇的生成量增加。因而，氢甲酰化反应温度不宜过高，使用羰基钴催化剂时，一般控制反应温度为 140～180℃；使用膦羰基铑催化剂时，控制反应温度为 100～110℃，并要求反应器有良好的传热条件。

增加 CO 分压，会使反应速率减慢，但 CO 分压太低，对反应也不利。以羰基钴为催化剂，总压一定时，随着 CO 分压增加，正/异比例增高。因此，以羰基钴为催化剂，应采用比较高的 CO 分压。以膦羰基铑为催化剂，总压一定时，随着 CO 分压增加，正/异比例降低。因此，以膦羰基铑为催化剂，应采用比较低的 CO 分压。但是 CO 分压太低，原料丙烯加氢生成丙烷的量增加，原料烯烃损失量大，所以 CO 的分压有一个最适宜的范围。氢分压增高，氢甲酰化反应速率加快，烯烃转化率提高，正/异比例也相应升高，但同时也增加了醛加氢生成醇和烯烃加氢生成烷烃的速度，从而降低醛的收率，增加烯烃消耗，所以在实际使用时，要做全面的权衡，选用最适宜的氢分压。一般 H_2/CO 物质的量的比为 1∶1 左右。

氢甲酰化反应常要用溶剂，溶剂可以溶解催化剂；当原料是气态烃时，使用溶剂能使反应在液相中进行，对气-液间传质有利；溶剂作为稀释剂可以带走反应热。各种原料在极性溶剂中的反应速率大于非极性溶剂。产品醛的选择性与溶剂的性质也有关系。丙烯氢甲酰化反应使用非极性溶剂，能提高正丁醛的产量。

大吨位的产品一般采用连续化工艺，小吨位产品则采用间歇操作。生产过程包括催化剂制备、氢甲酰化反应、反应物料与催化剂分离、催化剂循环与再生、粗产品分离精制等。

催化剂制备一般在氢甲酰化反应器中进行，将金属钴或钴化合物、烯烃一起送入氢甲酰化反应器中，一定反应条件下，钴与 CO 和 H_2 反应，生成羰基钴。

氢甲酰化反应器通常为返混型。间歇式反应可以采用釜式反应器或塔式反应器。连续反应通常采用塔式反应器，一般单塔即可。氢甲酰化反应是强放热过程，需保证足够的冷却面积。

对于催化剂分离，一般采用蒸馏分离方法。反应物料脱除气体后，送入催化剂蒸馏分离塔，将易挥发的产品蒸出，含催化剂液体由塔底排出后，经处理进入循环。目前，德国 Ruhrchemie 化学公司、荷兰 Shell 公司、美国 BASF 公司均采用该方法。

7.6.2 烯烃氢羧基化

氢甲酰化反应中的氢分子，可以采用水、醇、酸、胺等含活泼氢的亲核试剂替代，生成羧酸及其衍生物，这类反应称为氢羧基化反应。如果烯烃分子中含有活泼氢基团，则生成相应的环状化合物。常采用镍、钴、钯、铑等金属的羰基化合物作为催化剂，使用这种催化剂的氢羧基化反应称为 Reppe 羰基化。该催化剂的作用原理与催化氢甲酰化反应类似。这类催化剂还可催化炔烃的氢羧基化反应，如乙炔的氢羧基化合成丙烯酸、丙烯酸酯。

与甲酰化不同，该反应还可采用硫酸、磷酸、HF、BF_3 等 Brønsted 酸或 Lewis 酸作催化剂，该体系的反应称为 Koch 反应。酸催化的历程是亲电加成过程，反应第一步是质子进攻得碳正离子，进攻的位置符合马尔科夫尼科夫规则，得到支链羧酸。此外，碳正离子在反应过程中也可能发生异构化，生成叔碳羧酸。金属羰基催化历程与氢甲酰化类似，能够得到直链羧酸。直链羧酸与支链羧酸的比例与催化剂种类、反应条件等有关。

7.6.3 甲醇羰基化

饱和醇在水存在下与 CO 反应生成羧酸。伯醇和仲醇都可以发生类似反应。例如，以 2-丁醇为原料可生成 2-甲基丁酸。无水条件下则生成酯。工业上甲醇合成乙酸就是采用羰基化路线。甲醇羰基化法占目前世界乙酸生产量的 60%。目前工业上主要有两种工艺：Monsanto 工艺和英国 BP 公司开发的 Cativa^{TM} 工艺。Monsanto 工艺以铑为主催化剂、碘化物为助催化剂。甲醇羰基化制乙酸工艺的反应条件为温度 150~200℃、压力 3~6MPa。乙酸的收率基于甲醇为 99%，基于 CO 为 85%。目前该方法是甲醇羰基化合成乙酸的主要工艺。

铑催化甲醇羰基化制乙酸的反应历程如图 7.21 所示。其中 CH_3I 与 $[Rh(CO)_2I_2]^-$ 的氧化加成反应为决速步骤。该方法的不足之处有：①主催化剂铑的价格昂贵；②反应体系中存在大量的水，造成产物分离困难和投资增加；③碘化物的存在会造成严重的设备腐蚀；④催化剂稳定性不高，CO 不足时，Rh 易被氧化。

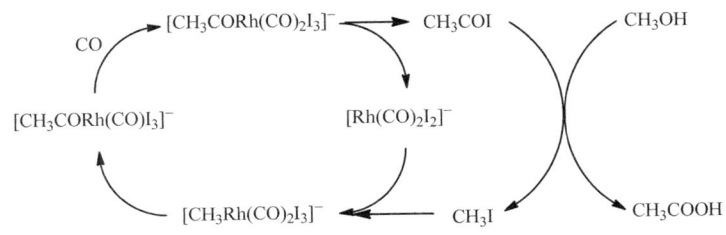

图 7.21 铑催化甲醇羰基化制乙酸的反应历程

英国 BP 公司于 1995 年开发了以铱为主催化剂催化甲醇羰基化制乙酸的新工艺

（命名为 Cativa^{TM}）。该催化体系具有较高的生产效率，催化剂稳定性较高，反应体系水浓度较低。该催化剂的作用机理与羰基铑类似，但决速步骤不同[170]。

7.6.4 卤代烷与 CO 的羰基化反应

卤素原子的电负性较强，且与过渡金属具有较强的配位能力，能进行配位体取代络合，发生羰基化反应。亲核试剂可以是水、醇、胺等含活泼氢的分子。

丙二酸二乙酯是重要的有机合成中间体，在染料、香料、磺酰脲类除草剂等生产中用途广泛。目前，主要以催化羰基化法生产。卤代乙酸乙酯和一氧化碳在乙醇溶剂中一步合成丙二酸二乙酯，反应工艺简单、流程短、产物收率高、条件温和[171]。卤素比较活泼，当采用卤代烯烃羰基化时，羰基优先取代卤素，双键保留。例如，溴代丙烯在甲醇存在下，发生羰基化生成丁烯酸甲酯。羰基化 Suzuki 偶联是合成酮类化合物的重要反应。采用苯硼酸为芳基化试剂，碘代芳烃可与其发生羰化 Suzuki 偶联反应。该反应的催化剂主要为 Pd 的配合物。末端炔也可作为烷基化试剂，发生羰化 Sonogashira 偶联反应，生成 α, β-不饱和炔酮化合物。

7.6.5 胺与 CO 的羰基化反应

在催化剂存在下，胺可与 CO 作用生成 N-甲酰基衍生物和脲素衍生物。常用催化剂有锰、铜、钴的羰基化合物。在氧气存在下，主要生成脲、氨基甲酸酯。

多种催化剂，包括贵金属、非贵金属、非金属催化剂均可催化该类反应。如用于合成对称及不对称脲类化合物的 Rh/C、[Ru(CO)$_3$I$_3$]NBu$_4$、Co-Schiff 碱、MnBr$_2$、W(CO)$_6$、纳米 Au、PdI$_2$/K、S 和 Se 等催化剂体系；PdCl$_2$/CuCl$_2$、Pd/C-NaI 等可用于氨基甲酸酯的合成。如果氨基的邻位有羟基，则生成 2-噁唑烷酮化合物。PdCl$_2$(MeCN)$_2$/CuI、PdI$_2$/KI 等均可催化该反应。

硝基化合物也可以作为该类反应的底物。硝基被还原为氨基后，可参与反应。例如，以 Se 催化剂、硝基苯为原料，合成氨基甲酸酯。仲胺与叔胺也可与 CO 反应生成羰基化合物。

7.7 酯　　化

7.7.1 酯化反应的类型

1. 羧酸与醇的反应

一元醇与一元羧酸发生的反应最为简单，只得到一种酯。二元羧酸与一元醇反应则生成单酯与双酯，二者产率取决于原料配比。

多元羧酸与多元醇酯化，可生成高分子聚酯。这类反应广泛应用于塑料及合成纤维的制备，此外在涂料、黏合剂生产中也有应用。

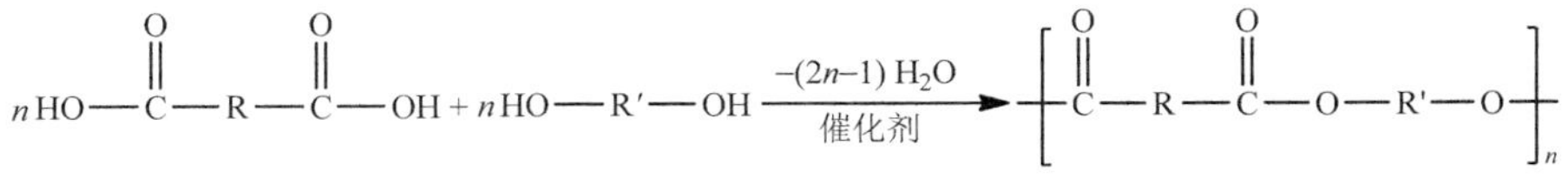

$$n\text{HO}-\overset{\text{O}}{\overset{\|}{\text{C}}}-\text{R}-\overset{\text{O}}{\overset{\|}{\text{C}}}-\text{OH} + n\text{HO}-\text{R}'-\text{OH} \xrightarrow[\text{催化剂}]{-(2n-1)\text{H}_2\text{O}} \left[\overset{\text{O}}{\overset{\|}{\text{C}}}-\text{R}-\overset{\text{O}}{\overset{\|}{\text{C}}}-\text{R}'-\text{O}\right]_n$$

2. 羧酸衍生物与醇反应

酰氯与醇生成酯的活性远高于羧酸，反应是不可逆的，一般不需要催化剂即可进行。例如，碳酸酯与磷酸酯的合成，如直接采用碳酸或磷酸作为原料，得不到理想的产物，一般采用光气（$COCl_2$）、$POCl_3$与醇反应。采用酰氯作为原料成本高于羧酸，只是在特殊情况下使用，如醇在高温不稳定，采用酰氯作为反应原料，可在较低温度下反应。

酸酐也可替代酰氯。第一步，1mol 酸酐与 1mol 醇生成 1mol 酯与 1mol 羧酸，该步骤为不可逆过程；第二步，生成的羧酸与醇反应生成酯，这一步骤为可逆过程，且反应条件更为苛刻。

通常，酯化反应的反应活性如下：

$$\text{RCOCl} > (\text{RCO})_2\text{O} > \text{RCOOH}$$

7.7.2 酯化反应历程与热力学

酸催化酯化是最常用的方法，羧酸与伯醇、仲醇反应，一般是双分子反应历程。首先质子加成到羧酸中羰基的氧原子上，然后，醇分子对羰基碳原子发生亲核进攻，该步骤是整个反应中速率最慢的步骤，如图 7.22 所示。

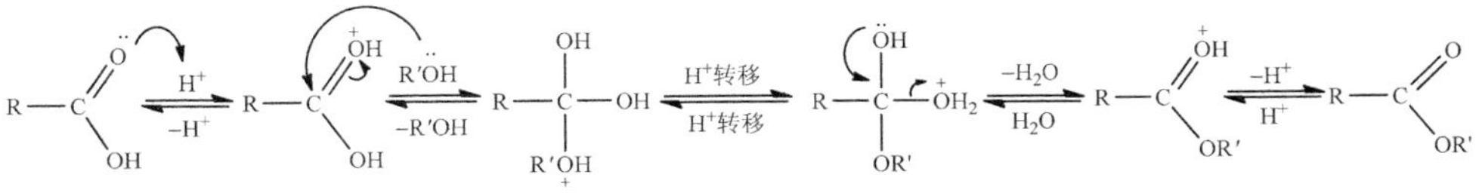

图 7.22 酸催化酸与醇的酯化历程

叔醇的酯化历程与伯醇和仲醇不同，多为单分子历程。此类反应为一级反应，断开的是醇的烃氧键。例如，叔丁醇的酯化即为该历程（图 7.23）。

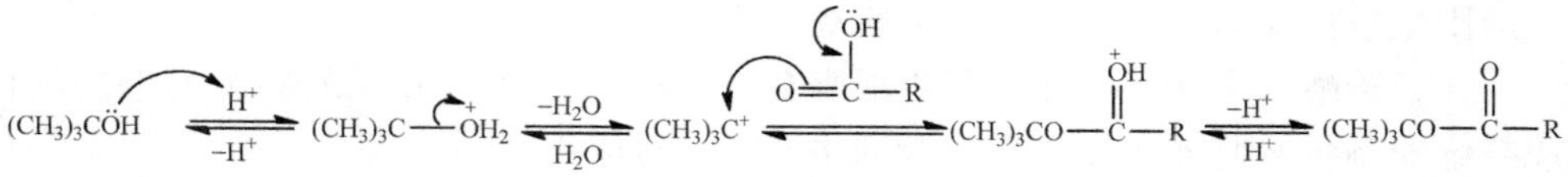

$(CH_3)_3C\ddot{O}H \underset{-H^+}{\overset{H^+}{\rightleftharpoons}} (CH_3)_3C\overset{+}{-}OH_2 \underset{H_2O}{\overset{-H_2O}{\rightleftharpoons}} (CH_3)_3C^+ \rightleftharpoons (CH_3)_3CO-\overset{\overset{\ddot{O}H}{|}}{\underset{|}{C}}-R \underset{+H^+}{\overset{-H^+}{\rightleftharpoons}} (CH_3)_3CO-\overset{\overset{+}{O}H}{\underset{||}{C}}-R \rightleftharpoons (CH_3)_3CO-\overset{O}{\underset{||}{C}}-R$

图 7.23 酸催化叔醇与酸的酯化历程

醇与羧酸的酯化反应热效应很小，$\Delta H=0$。水解与醇解过程类似，热效应也不显著。因而这些过程的平衡常数与温度无关。平衡常数与醇和酸的结构都有关系，但醇的影响更为显著。液相酯化时平衡常数低（通常小于 5），通常可以将反应产物水或酯蒸馏出来，促进反应进行。也可采用某一原料过量的方法，促使另一种反应物更多转化。

7.7.3 酯化反应的催化剂

选择合适的催化剂对于酯化反应非常重要。采用的催化剂主要有无机酸、有机酸、杂多酸及固载化的杂多酸、强酸性离子交换树脂、固体超强酸、分子筛等。硫酸、盐酸、磷酸等无机酸最为常用。硫酸酸性最强，能溶于反应体系中，反应条件较温和，催化活性最高，是传统的酯化反应催化剂。但是硫酸具有氧化性，易使产品色泽变深；此外，硫酸腐蚀性强，排出的酸性废水易造成环境污染。盐酸容易和醇发生反应生成氯代烷副产物。磷酸酸性弱，反应速率慢。苯磺酸、对甲苯磺酸、甲磺酸等有机酸，酸性比硫酸弱，活性较硫酸低，但没有氧化性。其中对甲苯磺酸最为常用，如用于乙酸异戊酯、硬脂酸乙二醇酯等制备。

杂多酸是由 P、Si、Fe、Co 等杂原子和 Mo、W、V、Nb、Ta 等多原子按一定结构，通过氧原子配位桥联组成的一类含氧多酸，不但具有酸性，并有氧化还原能力。其中以 $H_3PW_{12}O_{40}\cdot 28H_2O$ 磷钨酸最为常用。杂多酸活性较高，用量为反应物的 1%～2%，反应温度比硫酸略低。如 USY 负载的磷钨酸铯盐催化剂在苹果酯的合成反应中，不仅表现出较高的催化活性，而且显示出较好的重复使用性能。

强酸性离子交换树脂催化剂反应条件温和，副产物少，并具有固体酸催化剂的优点，产物后处理简单，催化剂易与产品分离，可循环使用，不腐蚀设备。强酸性离子交换树脂催化剂已广泛应用于酯化反应过程，最常用的是酚磺酸树脂和磺化聚苯乙烯树脂。离子交换树脂目前已商品化，酸性、孔结构参数可根据需要选择不同型号的产品。例如，采用苯乙烯-二乙烯基苯共聚磺化物作为催化剂，可合成乙酸丁酯，达到采用硫酸催化剂的水平，催化剂寿命在 500h

以上[172]。

固体超强酸因具有强酸性及固体催化剂的特点,备受重视。其中 SO_4^{2-}/M_xO_y 型固体超强酸催化酯化反应,具有催化剂制备简单、活性高、产品易分离、催化剂可重复使用等优点。例如,采用 SO_4^{2-}/TiO_2 催化剂合成乙酸丁酯,88~98℃下反应 1.5h,转化率可达 95%[173]。

沸石分子筛具有很宽的可调变的酸中心和酸强度,能够满足不同的酸催化反应的活性要求。此外,其比表面积大、孔分布均匀、孔径可调变、对反应原料和产物有良好的形状选择性。但分子筛具有脱水作用,能够使醇脱水生成烯烃和醚,因而反应时温度需严格控制。

目前报道的能够催化酯化反应的分子筛主要有 H-ZSM-5、HY、Hβ、H-MOR、磷酸铝分子筛等。以 H-ZSM-5 为催化剂,合成乙酸正丙酯,醇/酸比为 1,110℃时反应 1h,产品收率约为 85%[174]。在间歇反应器中,以磷酸铝分子筛催化酯化合成丙酸丁酯,124~133℃时反应 5h,酯收率可达 85%;催化剂重复使用 4 次,活性降至 79%[175]。

7.7.4 酯化工艺

酯化反应是一平衡反应,从反应体系中分离出水,促使反应向生成酯的方向进行显得非常重要。反应器可分为连续式和间歇式。当生产规模不大时,常采用间歇式反应器,反应器各部分组成与温度、物料停留时间均一致,随着反应的进行,反应速率逐渐减慢,可以逐渐提高反应温度。通常采用的间歇式反应器为带有搅拌和热交换的釜式反应器。连续操作的反应器类型较多,主要有管式反应器、串联釜式反应器、塔式反应器等。可根据反应的动力学特征、传热、传质要求等选择合适的反应器。

7.8 展 望

"化石资源"在石油化工和精细化工行业中的统治地位牢不可破,但是自 20 世纪 70 年代爆发能源危机开始,人们已经意识到以化石资源为来源的化学品生产面临着严重的危机,有限的化石资源终有一天会消耗殆尽。随着石油化工和精细化工工艺迅速发展,不可避免地将带来环境污染问题。人们还意识到化学品大规模生产以牺牲环境为沉重代价,因此需要研发环保催化剂和环保新技术、新工艺,才能给子孙后代留下足够的生存空间,才能维持社会的稳定运行。今后的发展趋势如下所述。

第一，石油化工趋向于发展大型化装置，整体向着新技术开发、节能、工艺优化、产品延伸等方向发展。应以环境友好为出发点，注重环境保护和减少环境污染，审视与改进传统的石油化工、精细化工生产过程，淘汰污染严重的传统工艺，规范工艺的环保指标要求，尽量降低"三废"排放，创造出新的环境友好的生产过程。

第二，设计开发新型催化剂，提高反应的"原子经济性"。催化剂的革新是石油化工技术进步与发展的推动力；随着先进仪器技术的发展，催化基础研究也快速发展，对催化活性中心/活性相概念的认知上升到分子层面[176]，能够对很多以前的模糊推测进行新的解释。这也为更高效的催化剂的开发带来新的启发。

第三，以生物质资源作为可持续提供化工原料的来源。相对于化石资源储量有限且不可再生，生物质资源储量丰富、再生时间短，具有替代化石资源的巨大潜力。我国是农业大国，具有生物质资源开发利用的优势，每年作物秸秆达7亿吨，为生物质路线生产能源和能源化学品提供了原料来源。利用催化和生物技术，以生物质及生物基平台化合物为原料，制备原依靠"石化路线"生产的能源化学品，是先进催化技术与生物质资源优化交叉利用的重要突破点。

参 考 文 献

[1] 吴越. 应用催化基础. 北京：化学工业出版社，2010.
[2] 钱伯章，王祖纲. 精细化工技术进展与市场分析. 北京：化学工业出版社，2005.
[3] 赖向军，戴林. 石油与天然气——机遇与挑战. 北京：化学工业出版社，2005.
[4] Bäckvall J. Modern Oxidation Methods. Weinheim：Wiley-VCH Verlag GmbH & Co. KGaA，2004.
[5] 黄仲涛，曾昭槐. 石油化工过程催化作用. 北京：中国石化出版社，1995.
[6] 林西平. 石油化工催化概论. 北京：石油工业出版社，2008.
[7] 钟邦克. 精细化工过程催化应用. 北京：中国石化出版社，2002：48-50.
[8] 闵恩泽，吴巍. 绿色化学与化工. 北京：化学工业出版社，2000.
[9] Nishimura S. Handbook of Heterogeneous Catalytic Hydrogenation for Organic Synthesis. New York：John Wiley & Sons, Inc., 2001.
[10] Yang Y L, Du Z T, Xu J, et al. Conversion of furfural into cyclopentanone over Ni-Cu bimetallic catalysts. Green Chemistry，2013，15（7）：1932-1940.
[11] Chen J, Lu F, Xu J, et al. Immobilized Ru clusters in nanosized mesoporous zirconium silica for the aqueous hydrogenation of furan derivatives at room temperature. ChemCatChem，2013，5（10）：2822-2826.
[12] Hou R J, Yu W T, Porosoff M D. Selective hydrogenation of 1, 3-butadiene on Pd-Ni bimetallic catalyst：from model surfaces to supported catalysts. Journal of Catalysis，2014，316：1-10.
[13] Lu F, Liu J, Xu J. Fast aqueous/organic hydrogenation of arenes, olefines and carbonyl compounds by poly（N-vinypyrrolidone）-Ru as amphiphilic microreactor system. Advanced Synthesis and Catalysis，2006，348：857-861.
[14] Sapunov V N, Grigoryev M Y, Sulman E M, et al. D-glucose hydrogenation over Ru nanoparticles embedded in

mesoporous hypercrosslinked polystyrene. The Journal of Physical Chemistry A, 2013, 117（20）: 4073-4083.

[15] 李茂华, 杨博, 刘玉梅, 等. 煤制天然气甲烷化催化剂及机理的研究进展. 工业催化, 2014, 22（1）: 10-24.

[16] Wu W H, Xu J, Ohnishi R. Complete hydrodechlorination of chlorobenzene and its derivatives over supported nickel catalysts under liquid phase conditions. Applied Catalysis B, 2005, 60: 129-137.

[17] Zhang J J, Lu F, Xu J, et al. Selective hydrogenative cleavage of C—C bonds in sorbitol using Ni—Re/C catalyst under nitrogen atmosphere. Catalysis Today, 2014, 234: 107-112.

[18] Zhao J, Yu W Q, Xu J, et al. Ni/NaX: a bifunctional efficient catalyst for selective hydrogenolysis of glycerol. Catalysis Letters, 2010, 134: 184-189.

[19] 李建辉, 段新平, 袁友珠, 等. 草酸二甲酯选择性加氢催化剂的研究进展. 石油化工, 2014, 43（9）: 985-994.

[20] 赵会吉, 李孟杰, 丁宁, 等. Raney 铜催化糠醛加氢制备糠醇的研究. 石油化工, 2014, 43（10）: 1179-1184.

[21] Huang Z W, Cui F, Xia C G, et al. Highly dispersed silica-supported copper nanoparticles prepared by precipitation-gel method: a simple but efficient and stable catalyst for glycerol hydrogenolysis. Chemistry of Materials, 2008, 20（15）: 5090-5099.

[22] 路芳, 刘菁, 徐杰. 负载型钌基催化剂催化苯选择加氢合成环己烯. 化学进展, 2003, 15（4）: 338-343.

[23] Milone C, Neri G, Donato A, et al. Selective hydrogenation of benzene to cyclohexene on Ru/γ-Al$_2$O$_3$. Journal of Catalysis, 1996, 159（2）: 253-258.

[24] Abello S, Berrueco C, Montane D. High-loaded nickel-alumina catalyst for direct CO_2 hydrogenation into synthetic natural gas（Sng）. Fuel, 2013, 113: 598-609.

[25] Ning J B, Xu J, Liu J, et al. A remarkable promoting effect of water addition on selective hydrogenation of p-chloronitrobenzene in ethanol. Catalysis Communications, 2007, 8（11）: 1763-1766.

[26] Han X X, Zhou R X, Lai G H, et al. Influence of support and transition metal（Cr, Mn, Fe, Co, Ni and Cu）on the hydrogenation of p-chloronitrobenzene over supported platinum catalysts. Catalysis Today, 2004, 93-95: 433-437.

[27] Zhou J H, Zhang M G, Zhao L, et al. Carbon nanofiber/graphite-felt composite supported Ru catalysts for hydrogenolysis of sorbitol. Catalysis Today, 2009, 147: S225-S229.

[28] Banu M, Sivasanker S, Sankaranarayanan T M, et al. Hydrogenolysis of sorbitol over Ni and Pt loaded on NaY. Catalysis Communications, 2011, 12（7）: 673-677.

[29] Balaraju M, Rekha V, Prasad P S S, et al. Selective hydrogenolysis of glycerol to 1, 2-propanediol over Cu-ZnO catalysts. Catalysis Letters, 2008, 126（1-2）: 119-124.

[30] Yu W Q, Xu J, Ma H, et al. A remarkable enhancement of catalytic activity for KBH_4 treating the carbothermal reduced Ni/Ac catalyst in glycerol hydrogenolysis. Catalysis Communications, 2010, 11（5）: 493-497.

[31] Yu W Q, Zhao J, Ma H, et al. Aqueous hydrogenolysis of glycerol over Ni-Ce/Ac catalyst: promoting effect of Ce on catalytic performance. Applied Catalysis A: General, 2010, 383（1-2）: 73-78.

[32] Zhao J, Yu W Q, Xu J, et al. Ni/NaX: a bifunctional efficient catalyst for selective hydrogenolysis of glycerol. Catalysis Letters, 2010, 134（1-2）: 184-189.

[33] Nakagawa Y, Shinmi Y, Koso S, et al. Direct hydrogenolysis of glycerol into 1, 3-propanediol over rhenium-modified iridium catalyst. Journal of Catalysis, 2010, 272（2）: 191-194.

[34] Zhang Y H, Wang A Q, Zhang T. A new 3d mesoporous carbon replicated from commercial silica as a catalyst support for direct conversion of cellulose into ethylene glycol. Chemical Communications, 2010, 46（6）: 862-864.

[35] Ji N, Zhang T, Zheng M Y, et al. Direct catalytic conversion of cellulose into ethylene glycol using nickel-promoted tungsten carbide catalysts. Angewandte Chemie International Edition, 2008, 47（44）: 8510-8513.

[36] Song Q, Wang F, Xu J. Hydrogenolysis of lignosulfonate into phenols over heterogeneous nickel catalysts.

Chemical Communications, 2012, 48 (56): 7019-7021.

[37] Song Q, Cai J Y, Xu J, et al. Hydrogenation and cleavage of the C—O bonds in the lignin model compound phenethyl phenyl ether over a nickel-based catalyst. Chinese Journal of Catalysis, 2013, 34 (4): 651-658.

[38] Song Q, Wang F, Xu J, et al. Lignin depolymerization (LDP) in alcohol over nickel-based catalysts via a fragmentation-hydrogenolysis process. Energy and Environmental Science, 2013, 6 (3): 994-1007.

[39] Schuchardt U, Cardoso D, Sercheli R, et al. Cyclohexane oxidation continues to be a challenge. Applied Catalysis A: General, 2001, 211 (1): 1-17.

[40] Shilov A E, Shul'pin G B. Activation of C—H bonds by metal complexes. Chemical Reviews, 1997, 97 (8): 2879-2932.

[41] Labinger J A, Bercaw J E. Understanding and exploiting C—H bond activation. Nature, 2002, 417 (6888): 507-514.

[42] Fokin A A, Schreiner P R. Selective alkane transformations via radicals and radical cations: insights into the activation step from experiment and theory. Chemical Reviews, 2002, 102 (5): 1551-1593.

[43] Mayer J M. Hydrogen atom abstraction by metal-oxo complexes: understanding the analogy with organic radical reactions. Accounts of Chemical Research, 1998, 31 (8): 441-450.

[44] 罗渝然. 化学键能数据手册. 北京: 科学出版社, 2005.

[45] Goldman A S, Goldberg K I. ACS Symposium Series 885. Activation and Functionalization of C—H Bonds, 2004, 1-43.

[46] Chavez F A, Rowland J M, Mascharak P K, et al. Syntheses, structures, and reactivities of cobalt(III)-alkylperoxo complexes and their role in stoichiometric and catalytic oxidation of hydrocarbons. Journal of the American Chemical Society, 1998, 120 (35): 9015-9027.

[47] Evans S, Smith J R L. The oxidation of ethylbenzene and other alkylaromatics by dioxygen catalysed by iron (III) tetrakis (pentafluorophenyl) porphyrin and related iron porphyrins. Journal of the Chemical Society-Perkin Transactions 2, 2000 (7): 1541-1551.

[48] Dimagno S G, Williams R A, Therien M J. Facile synthesis of meso-tetrakis (perfluoroalkyl) porphyrins-spectroscopic properties and X-ray crystal-structure of highly electron-deficient 5, 10, 15, 20-tetrakis (heptafluoropropyl) porphyrin. The Journal of Organic Chemistry, 1994, 59 (23): 6943-6948.

[49] Ellis P E, Lyons J E. Selective air oxidation of light alkanes catalyzed by activated metalloporphyrins-the search for a suprabiotic system. Coordination Chemistry Reviews, 1990, 105: 181-193.

[50] Giannandrea R, Mastrorilli P, Nobile C F, et al. Aerobic oxidation of aldehydes, ketones, sulfides, alcohols and alkanes catalyzed by polymerizable β-ketoesterate complexes of iron (III), nickel (II), and cobalt (II). Journal of Molecular Catalysis, 1994, 94 (1): 27-36.

[51] Barton D H R, Gastiger M J, Motherwell W B. A new procedure for the oxidation of saturated-hydrocarbons. Chemical Communications, 1983, (1): 41-43.

[52] Barton D H R. Gif chemistry: the present situation. Tetrahedron, 1998, 54 (22): 5805-5817.

[53] Stavropoulos P, Celenligil-Cetin R, Tapper A E. The gif paradox. Accounts of Chemical Research, 2001, 34 (9): 745-752.

[54] Barton D H R. On the mechanism of gif reactions. Chemical Society Reviews, 1996, 25 (4): 237-239.

[55] Ishii Y, Iwahama T, Sakaguchi S, et al. Alkane oxidation with molecular oxygen using a new efficient catalytic system: N-hydroxyphthalimide (NHPI) combined with Co (acac) (N) (N=2 or 3). The Journal of Organic Chemistry, 1996, 61 (14): 4520-4526.

[56] Ishii Y, Sakaguchi S, Iwahama T. Innovation of hydrocarbon oxidation with molecular oxygen and related reactions. Advanced Synthesis and Catalysis, 2001, 343 (5): 393-427.

[57] Wentzel B B, Donners M P J, Nolte R J M, et al. N-hydroxyphthalimide/cobalt（Ⅱ）catalyzed low temperature benzylic oxidation using molecular oxygen. Tetrahedron, 2000, 56（39）: 7797-7803.

[58] Baucherel X, Gonsalvi L, Sheldon R A, et al. Aerobic oxidation of cycloalkanes, alcohols and ethylbenzene catalyzed by the novel carbon radical chain promoter NHS (N-hydroxysaccharin). Advanced Synthesis and Catalysis, 2004, 346（2-3）: 286-296.

[59] Sawatari N, Yokota T, Ishii Y, et al. Alkane oxidation with air catalyzed by lipophilic N-hydroxyphthalimides without any solvent. The Journal of Organic Chemistry, 2001, 66（23）: 7889-7891.

[60] Nechab M, Einhorn C, Einhorn J. New aerobic oxidation of benzylic compounds: efficient catalysis by N-hydroxy-3, 4, 5, 6-tetraphenylphthalimide (NHTPPI) /CuCl under mild conditions and low catalyst loading. Chemical Communications, 2004, （13）: 1500-1501.

[61] Hirai N, Sawatari N, Nakamura N, et al. Oxidation of substituted toluenes with molecular oxygen in the presence of N, N', N''-trihydroxyisocyanuric acid as a key catalyst. The Journal of Organic Chemistry, 2003, 68（17）: 6587-6590.

[62] Cho S H, Cheong M S, Han S H, et al. Low temperature activation of benzylic C—H bonds with heterogeneous Fe/MgO catalyst under atmospheric molecular oxygen. Applied Catalysis A: General, 2004, 267（1-2）: 241-244.

[63] Yang G Y, Ma Y F, Xu J. Biomimetic catalytic system driven by electron transfer for selective oxygenation of hydrocarbon. Journal of the American Chemical Society, 2004, 126（34）: 10542-10543.

[64] Zhou L P, Chen Y, Yang X M, et al. Electronic effect of substituent of quinones on their catalytic performance in hydrocarbons oxidation. Catalysis Letters, 2008, 125（1-2）: 154-159.

[65] Yang X M, Wang Y, Zhang C F, et al. Steric effects of substituents of quinones on the oxygenation of ethylbenzene catalyzed by NHPI/quinone and the catalytic oxidation of ascorbate. The Journal of Organic Chemistry, 2011, 24（8）: 693-697.

[66] Wang F, Yang G Y, Xu J, et al. Copper and manganese: two concordant partners in the catalytic oxidation of p-cresol to p-hydroxybenzaldehyde. Chemical Communications, 2003, （10）: 1172-1173.

[67] Wang F, Yang G Y, Xu J, et al. Oxidation of p-cresol to p-hydroxybenzaldehyde with molecular oxygen in the presence of cumn-oxide heterogeneous catalyst. Advanced Synthesis and Catalysis, 2004, 346（6）: 633-638.

[68] Wang F, Xu J, Liao S J. One-step heterogeneously catalytic oxidation of o-cresol by oxygen to salicylaldehyde. Chemical Communications, 2002, （6）: 626-627.

[69] Das B K, Clark J H. A novel immobilised cobalt（Ⅲ）oxidation catalyst. Chemical Communications, 2000, （7）: 605-606.

[70] Sankar G, Raja R, Thomas J M. Redox solid catalysts for the selective oxidation of cyclohexane in air. Catalysis Letters, 1998, 55（1）: 15-23.

[71] Dugal M, Sankar G, Thomas J M, et al. Designing a heterogeneous catalyst for the production of adipic acid by aerial oxidation of cyclohexane. Angewandte Chemie International Edition, 2000, 39（13）: 2310-2313.

[72] Raja R, Sankar G, Thomas J M. Designing a molecular sieve catalyst for the aerial oxidation of N-hexane to adipic acid. Angewandte Chemie International Edition, 2000, 39（13）: 2313-2316.

[73] Zhou L P, Xu J, Miao H, et al. Synthesis of fecomnapo-5 molecular sieve and catalytic activity in cyclohexane oxidation by oxygen. Catalysis Letters, 2005, 99（3-4）: 231-234.

[74] Ma H, Xu J, Chen C, et al. Catalytic aerobic oxidation of ethylbenzene over Co/SBA-15. Catalysis Letters, 2007, 113（3-4）: 104-108.

[75] Qian G, Ji D, Qi Y X, et al. Bismuth-containing MCM-41: synthesis, characterization, and catalytic behavior

in liquid-phase oxidation of cyclohexane. Journal of Catalysis, 2005, 232 (2): 378-385.

[76] Mohapatra S K, Selvam P. Selective oxidation of cycloalkanes over iron-substituted hexagonal mesoporous aluminophosphate molecular sieves. Chemistry Letters, 2004, 33 (2): 198-199.

[77] Kesavan V, Dhar D, Chandrasekaran S, et al. Nanostructured amorphous metals, alloys, and metal oxides as new catalysts for oxidation. Pure and Applied Chemistry, 2001, 73 (1): 85-91.

[78] Perkas N, Wang Y Q, Gedanken A, et al. Mesoporous iron-titania catalyst for cyclohexane oxidation. Chemical Communications, 2001, (11): 988-989.

[79] Kesavan V, Sivanand P S, Chandrasekaran S, et al. Catalytic aerobic oxidation of cycloalkanes with nanostructured amorphous metals and alloys. Angewandte Chemie International Edition, 1999, 38 (23): 3521-3523.

[80] Zhou L P, Xu J, Miao H, et al. Catalytic oxidation of cyclohexane to cyclohexanol and cyclohexanone over Co_3O_4 nanocrystals with molecular oxygen. Applied Catalysis A: General, 2005, 292: 223-228.

[81] Chen C, Xu J, Zhang Q H, et al. Superhydrophobic materials as efficient catalysts for hydrocarbon selective oxidation. Chemical Communications, 2011, 47 (4): 1336-1338.

[82] Wang M, Chen C, Xu J, et al. Preparation of superhydrophobic cauliflower-like silica nanospheres with tunable water adhesion. Journal of Materials Chemistry, 2011, 21 (19): 6962-6967.

[83] Chen C, Shi S, Xu J, et al. Superhydrophobic SiO_2-based nanocomposite modified with organic groups as catalyst for selective oxidation of ethylbenzene. Journal of Materials Chemistry A, 2014, 2 (21): 8126-8134.

[84] Mizuno N, Nozaki C, Hirose T O, et al. Liquid-phase oxygenation of hydrocarbons with molecular oxygen catalyzed by Fe_2Ni-substituted keggin-type heteropolyanion. Journal of Molecular Catalysis A——Chemical, 1997, 117 (1-3): 159-168.

[85] Hayashi T, Kishida A, Mizuno N. High turnover number of γ-$SiW_{10}\{Mn(III)(OH_2)\}_2 O_{38}^{6-}$ for oxygenation of cyclohexane with 1 atm molecular oxygen. Chemical Communications, 2000, (5): 381-382.

[86] Mizuno N. Synthesis of Di-iron-containing inorganic synzyme, γ-$SiW_{10}\{Fe(OH_2)\}_2 O_{38}^{6-}$, and the liquid-phase oxidation catalysis. Catalysis Surveys from Japan, 2000, 4 (2): 149-154.

[87] Mizuno N, Nozaki C, Kiyoto I, et al. Highly efficient utilization of hydrogen peroxide for selective oxygenation of alkanes catalyzed by diiron-substituted polyoxometalate precursor. Journal of the American Chemical Society, 1998, 120 (36): 9267-9272.

[88] Davis D D, Kemp D R. Kirk-othmer Encyclopedia of Chemical Technology. New York: Wiley Press, 1991: 466.

[89] Partenheimer W. The effect of zirconium in metal/bromide catalysts during the autoxidation of p-xylene-Part Ⅰ. Activation and changes in benzaldehyde intermediate formation. Journal of Molecular Catalysis A——Chemical, 2003, 206 (1-2): 105-119.

[90] Partenheimer W. The effect of zirconium in metalibromide catalysts on the autoxidation of p-xylene-Part Ⅱ. Alternative metals to zirconium and the effect of zirconium on manganese (Ⅳ) dioxide formation and precipitation with pyromellitic acid. Journal of Molecular Catalysis A——Chemical, 2003, 206 (1-2): 131-144.

[91] 唐盛伟, 张全忠, 刘昉, 等. 甲苯液相氧化过程中结垢的原因及其影响因素. 化工学报, 2005, 56 (9): 1685-1689.

[92] Borgaonkar H V, Raverkar S R, Chandalla S B. Liquid-phase oxidation of toluene to benzaldehyde by air. Industrial and Engineering Chemistry, Product Research and Development, 1984, 23 (3): 455-458.

[93] Lozar J, Falgayrac G, Savall A. Kinetics of the electrochemically assisted autoxidation of toluene in acetic acid. Industrial and Engineering Chemistry, Product Research and Development, 2001, 40 (26): 6055-6062.

[94] Xue M W, Chen H, Shen J Y, et al. Preparation and characterization of V-Ag-O catalysts for the selective oxidation of toluene. Applied Catalysis A: General, 2010, 379 (1-2): 7-14.

[95] Karakhanov E A, Filippova T Y, Martynova S A, et al. New catalytic systems for selective oxidation of aromatic compounds by hydrogen peroxide. Catalysis Today, 1998, 44 (1-4): 189-198.

[96] Kumar R, Mukherjee P, Bhaumik A. Enhancement in the reaction rates in the hydroxylation of aromatics over TS-1/H_2O_2 under solvent-free triphase conditions. Catalysis Today, 1999, 49 (1-3): 185-191.

[97] Lee C W, Lee W J, Park S E, et al. Catalytic hydroxylation of benzene over vanadium-containing molecular sieves. Catalysis Today, 2000, 61 (1-4): 137-141.

[98] Niwa S, Eswaramoorthy M, Nair J, et al. A one-step conversion of benzene to phenol with a palladium membrane. Science, 2002, 295 (5552): 105-107.

[99] Ren T, Yan L, Suo J S, et al. Selective oxidation of benzene to phenol with N_2O by unsupported and supported $FePO_4$ catalysts. Applied Catalysis A: General, 2003, 244 (1): 11-17.

[100] Waclaw A, Nowinska K, Schwieger W. Benzene to phenol oxidation over iron exchanged zeolite ZSM-5. Applied Catalysis A: General, 2004, 270 (1-2): 151-156.

[101] Xin H C, Koekkoek A, Yang Q H, et al. A hierarchical Fe/ZSM-5 zeolite with superior catalytic performance for benzene hydroxylation to phenol. Chemical Communications, 2009, (48): 7590-7592.

[102] Yamanaka I, Katagiri M, Takenaka S, et al. Direct synthesis of phenol from benzene with O_2 over VMo-Oxide/SiO_2 catalyst. Studies in Surface Science and Catalysis, 2000, 130: 809-814.

[103] Yamanaka H, Hamada R, Nibuta H, et al. Gas-phase catalytic oxidation of benzene over Cu-supported ZSM-5 catalysts: an attempt of one-step production of phenol. Journal of Molecular Catalysis A: Chemical, 2002, 178 (1-2): 89-95.

[104] Passoni L C, Cruz A T, Buffon R, et al. Direct selective oxidation of benzene to phenol using molecular oxygen in the presence of palladium and heteropolyacids. Journal of Molecular Catalysis A: Chemical, 1997, 120 (1-3): 117-123.

[105] Liu Y Y, Murata K, Inaba M. Liquid-phase oxidation of benzene to phenol by molecular oxygen over transition metal substituted polyoxometalate compounds. Catalysis Communlcations, 2005, 6 (10): 679-683.

[106] Gao X H, Xu J. The oxygen activated by the active vanadium species for the selective oxidation of benzene to phenol. Catalysis Letters, 2006, 111 (3-4): 203-205.

[107] Haruta M. Catalysis of gold nanoparticles deposited on metal oxides. CATTECH, 2002, 6 (3): 102-115.

[108] Blackburn T F, Schwartz J. Homogeneous catalytic-oxidation of secondary alcohols to ketones by molecular-oxygen under mild conditions. Chemical Communications, 1977, (5): 157-158.

[109] Schultz M J, Adler R S, Zierkiewicz W, et al. Using mechanistic and computational studies to explain ligand effects in the palladium-catalyzed aerobic oxidation of alcohols. Journal of American Chemical Society, 2005, 127 (23): 8499-8507.

[110] Stahl S S, Thorman J L, Nelson R C, et al. Oxygenation of nitrogen-coordinated palladium (0): synthetic, structural, and mechanistic studies and implications for aerobic oxidation catalysis. Journal of American Chemical Society, 2001, 123 (29): 7188-7189.

[111] Steinhoff B A, Fix S R, Stahl S S. Mechanistic study of alcohol oxidation by the Pd(OAc)$_2$/O_2/DMSO catalyst system and implications for the development of improved aerobic oxidation catalysts. Journal of American Chemical Society, 2002, 124 (5): 766-767.

[112] Steinhoff B A, Stahl S S. Ligand-modulated palladium oxidation catalysis: mechanistic insights into aerobic alcohol oxidation with the Pd(OAc)$_2$/pyridine catalyst system. Organic Letters, 2002, 4 (23): 4179-4181.

[113] Steinhoff B A, Guzei I A, Stahl S S. Mechanistic characterization of aerobic alcohol oxidation catalyzed by

[114] ten Brink G J, Arends I W C E, Sheldon R A. Green, catalytic oxidation of alcohols in water. Science, 2000, 287 (5458): 1636-1639.

[115] Nishimura T, Kakiuchi N, Uemura S, et al. Palladium (II) -supported hydrotalcite as a catalyst for selective oxidation of alcohols using molecular oxygen. Chemical Communications, 2000, (14): 1245-1246.

[116] Lee M, Chang S B. Highly efficient aerobic oxidation of benzylic and allylic alcohols by a simple catalyst system of [RuCl$_2$(p-cymene)]$_2$/Cs$_2$CO$_3$. Tetrahedron Letters, 2000, 41 (39): 7507-7510.

[117] Yamaguchi K, Mori K, Kaneda K, et al. Creation of a monomeric Ru species on the surface of hydroxyapatite as an efficient heterogeneous catalyst for aerobic alcohol oxidation. Journal of the American Chemical Society, 2000, 122 (29): 7144-7145.

[118] Yamaguchi K, Mizuno N. Supported ruthenium catalyst for the heterogeneous oxidation of alcohols with molecular oxygen. Angewandte Chemie International Edition, 2002, 41 (23): 4538-4542.

[119] Zhan B Z, White M A, Sham T K, et al. Zeolite-confined nano-RuO$_2$: a green, selective, and efficient catalyst for aerobic alcohol oxidation. Journal of the American Chemical Society, 2003, 125 (8): 2195-2199.

[120] Tsunoyama H, Sakurai H, Tsukuda T, et al. Size-specific catalytic activity of polymer-stabilized gold nanoclusters for aerobic alcohol oxidation in water. Journal of the American Chemical Society, 2005, 127 (26): 9374-9375.

[121] Abad A, Concepcion P, Corma A, et al. A collaborative effect between gold and a support induces the selective oxidation of alcohols. Angewandte Chemie International Edition, 2005, 44 (26): 4066-4069.

[122] Miyamura H, Matsubara R, Miyazaki Y, et al. Aerobic oxidation of alcohols at room temperature and atmospheric conditions catalyzed by reusable gold nanoclusters stabilized by the benzene rings of polystyrene derivatives. Angewandte Chemie International Edition, 2007, 46 (22): 4151-4154.

[123] Cai J Y, Ma H, Xu J, et al. Gold nanoclusters confined in a supercage of Y zeolite for aerobic oxidation of HMF under mild conditions. Chemistry——A European Journal, 2013, 19 (42): 14215-14223.

[124] Su F Z, Liu Y M, Cao Y, et al. Ga-Al mixed-oxide-supported gold nanoparticles with enhanced activity for aerobic alcohol oxidation. Angewandte Chemie International Edition, 2008, 47 (2): 334-337.

[125] Anderson R, Griffin K, Johnston P, et al. Selective oxidation of alcohols to carbonyl compounds and carboxylic acids with platinum group metal catalysts. Advanced Synthesis and Catalysis, 2003, 345 (4): 517-523.

[126] Yamada Y M A, Arakawa T, Hocke H, et al. A nanoplatinum catalyst for aerobic oxidation of alcohols in water. Angewandte Chemie International Edition, 2007, 46 (5): 704-706.

[127] Marko I E, Giles P R, Tsukazaki M, et al. Copper-catalyzed oxidation of alcohols to aldehydes and ketones: an efficient, aerobic alternative. Science, 1996, 274 (5295): 2044-2046.

[128] Marko I, Gautier A, Chelle-Regnaut I, et al. Efficient and practical catalytic oxidation of alcohols using molecular oxygen. The Journal of Organic Chemistry, 1998, 63 (22): 7576-7577.

[129] Marko I E, Gautier A, Dumeunier R L, et al. Efficient, copper-catalyzed, aerobic oxidation of primary alcohols. Angewandte Chemie International Edition, 2004, 43 (12): 1588-1591.

[130] Zaccheria F, Ravasio N, Psaro R, et al. Synthetic scope of alcohol transfer dehydrogenation catalyzed by Cu/Al$_2$O$_3$: a new metallic catalyst with unusual selectivity. Chemistry——A European Journal, 2006, 12 (24): 6426-6431.

[131] Du Z T, Miao H, Xu J, et al. Trace water-promoted oxidation of benzylic alcohols with molecular oxygen catalyzed by vanadyl sulfate and sodium nitrite under mild conditions. Advanced Synthesis and Catalysis, 2009, 351 (4): 558-562.

[132] Jia X Q, Ma J P, Xu J, et al. Promoted role of Cu(NO$_3$)$_2$ on aerobic oxidation of 5-hydroxymethylfurfural to 2, 5-diformylfuran over VOSO$_4$. Applied Catalysis A: General, 2014, 482: 231-236.

[133] Ma J P, Du Z T, Xu J, et al. Efficient aerobic oxidation of 5-hydroxymethylfurfural to 2, 5-diformylfuran, and synthesis of a fluorescent material. ChemSusChem, 2011, 4 (1): 51-54.

[134] Son Y C, Makwana V D, Howell A R, et al. Efficient, catalytic, aerobic oxidation of alcohols with octahedral molecular sieves. Angewandte Chemic International Edition, 2001, 40 (22): 4280-4283.

[135] Choudary B M, Kantam M L, Rahman A, et al. The first example of activation of molecular oxygen by nickel in Ni-Al hydrotalcite: a novel protocol for the selective oxidation of alcohols. Angewandte Chemic International Edition, 2001, 40 (4): 763-766.

[136] Wang F, Ueda W. Aerobic oxidation of alcohols over novel crystalline Mo-V-O oxide. Applied Catalysis A: General, 2008, 346 (1-2): 155-163.

[137] Wang F, Ueda W. Selective oxidation of alcohols using novel crystalline Mo-V-O oxide as heterogeneous catalyst in liquid phase with molecular oxygen. Catalysis Today, 2009, 144 (3-4): 358-361.

[138] Wang F, Ueda W. Steric effect on the catalytic performance of the selective oxidation of alcohols over novel crystalline Mo-V-O oxide. Topics in Catalysis, 2008, 50 (1-4): 90-97.

[139] Semmelhack M F, Schmid C R, Cortes D A, et al. Oxidation of alcohols to aldehydes with oxygen and cupric ion, mediated by nitrosonium ion. Journal of the American Chemical Society, 1984, 106 (11): 3374-3376.

[140] Dijksman A, Marino-Gonzalez A, Sheldon R A, et al. Efficient and selective aerobic oxidation of alcohols into aldehydes and ketones using ruthenium/TEMPO as the catalytic system. Journal of the American Chemical Society, 2001, 123 (28): 6826-6833.

[141] Bjorsvik H R, Liguori L, Costantino F, et al. A new modified" montanari oxidation process" by means of chlorine dissolved in the reaction solvent as oxidant and TEMPO as catalyst: oxidation of 3-S-quinuclidinol to 3-quinuclidinone. Organic Process Research and Development, 2002, 6 (2): 197-200.

[142] Buffin B P, Clarkson J P, Belitz N L, et al. Pd (Ⅱ)-biquinoline catalyzed aerobic oxidation of alcohols in water. Journal of Molecular Catalysis A: Chemical, 2005, 225 (1): 111-116.

[143] Du Z T, Ma J P, Ma H, et al. Vanadyl sulfate: a simple catalyst for oxidation of alcohols with molecular oxygen in combination with 2, 2, 6, 6-tetramethyl-piperidyl-1-oxyl. Catalysis Communications, 2010, 11 (8): 732-735.

[144] Yang G Y, Ma J P, Wang W, et al. Heterogeneous Cu-Mn oxides mediate efficiently TEMPO-catalyzed aerobic oxidation of alcohols. Catalysis Letters, 2006, 112 (1-2): 83-87.

[145] Du Z T, Ma J P, Ma H, et al. Synergistic effect of vanadium-phosphorus promoted oxidation of benzylic alcohols with molecular oxygen in water. Green Chemistry, 2010, 12 (4): 590-592.

[146] Liu R H, Liang X M, Hu X Q, et al. Transition-metal-free: a highly efficient catalytic aerobic alcohol oxidation process. Journal of the American Chemical Society, 2004, 126 (13): 4112-4113.

[147] Xie Y, Mo W M, Hu X Q, et al. Efficient no equivalent for activation of molecular oxygen and its applications in transition-metal-free catalytic aerobic alcohol oxidation. The Journal of Organic Chemistry, 2007, 72(11): 4288-4291.

[148] Wang X L, Liu R H, Liang X M, et al. TEMPO/HCl/NaNO$_2$ catalyst: a transition-metal-free approach to efficient aerobic oxidation of alcohols to aldehydes and ketones under mild conditions. Chemistry——A European Journal, 2008, 14 (9): 2679-2685.

[149] Lahtinen P, Ahmad J U, Repo T, et al. Organocatalyzed oxidation of alcohols to aldehydes with molecular oxygen. Journal of Molecular Catalysis A: Chemical, 2007, 275 (1-2): 228-232.

[150] Figiel P J, Sobczak J M, Ziolkowski J J. New efficient aerobic oxidation of some alcohols with dioxygen catalysed

by N-hydroxyphtalimide with vanadium Co-catalysts. Chemical Communications, 2004, (2): 244-245.

[151] Zhou L P, Zhang C F, Fang T, et al. Selective oxidation of alcohols catalyzed by a transition metal-free system of NHPI/DDQ/NaNO₂. Chinese Journal of Catalysis, 2011, 32 (1): 118-122.

[152] Sheng X B, Ma H, Xu J, et al. Acid-assisted catalytic oxidation of benzyl alcohol by NO_x with dioxygen. Catalysis Communications, 2010, 11 (15): 1189-1192.

[153] Sheng X B, Ma H, Xu J, et al. Solid sulfonic acid-promoted oxidation of benzyl alcohol catalyzed by isoamyl nitrite. Chinese Journal of Catalysis, 2010, 31 (7): 822-826.

[154] 黄金霞, 陆书来. 2014年丙烯腈市场分析. 化学工业, 2015, 33 (8): 36-39.

[155] Wang Y, Yamaguchi K, Mizuno N. Manganese oxide promoted liquid-phase aerobic oxidative amidation of methylarenes to monoamides using ammonia surrogates. Angewandte Chemic International Edition, 2012, 51 (29): 7250-7253.

[156] David Jackson S, Hargreaves J S J. Metal Oxide Catalysis. New Jersey: John Wiley and Sons, Ltd., 2008.

[157] Burrington J D, Kartisek C T, Grasselli R K. Surface intermediates in selective propylene oxidation and ammoxidation over heterogeneous molybdate and antimonate catalysts. Journal of Catalysis, 1984, 87 (2): 363-380.

[158] Adams C R, Jennings T J. Investigation of the mechanism of catalytic oxidation of propylene to acrolein and acrylonitrile. Journal of Catalysis, 1963, 3 (1): 63-68.

[159] Adams C R, Jennings T J. Mechanism studies of the catalytic oxidation of propylene. Journal of Catalysis, 1964, 3 (6): 549-558.

[160] Keulks G W. The mechanism of oxygen atom incorporation into the products of propylene oxidation over bismuth molybdate. Journal of Catalysis, 1970, 19 (2): 232-235.

[161] Brazdil J F, Suresh D D, Grasselli R K. Redox kinetics of bismuth molybdate ammoxidation. Journal of Catalysis, 1980, 66 (2): 347-367.

[162] Grasselli R K. Selectivity and activity factors in bismuth-molybdate oxidation catalysts. Applied Catalysis, 1985, 15 (1): 127-139.

[163] Brazdil J F. Strategies for the selective catalytic oxidation of alkanes. Topics in Catalysis, 2006, 38 (4): 289-294.

[164] Grasselli R K, Buttrey D J, de Santo P J, et al. Active centers in Mo-V-Nb-Te-Ox (amm) oxidation catalysts. Catalysis Today, 2004, 34 (91-92): 251-258.

[165] Bergh S, Cong P, Ehnebuske B, et al. Combinatorial heterogeneous catalysis: oxidative dehydrogenation of ethane to ethylene, selective oxidation of ethane to acetic acid, and selective ammoxidation of propane to acrylonitrile. Topics in Catalysis, 2003, 23 (1-4): 65-79.

[166] Murakami Y, Niwa M H, T, Osawa S, et al. Reaction mechanism of ammoxidation of toluene: I. Kinetic studies of reaction steps by pulse and flow techniques. Journal of Catalysis, 1977, 49 (1): 83-91.

[167] Centi G, Marchi F, Perathoner S. Effect of ammonia chemisorption on the surface reactivity of V-Sb-oxide catalysts for propane ammoxidation. Applied Catalysis A: General, 1997, 149 (1): 225-244.

[168] Otamiri J C, Andersson A. Kinetics and mechanisms in the ammoxidation of toluene over a V_2O_5 catalyst. Part 1: Selective reactions. Catalysis Today, 1988, 3 (2-3): 211-222.

[169] 金松寿. 有机催化. 上海: 上海科学技术出版社, 1986: 398-433.

[170] 王玉和, 贺德华, 徐柏庆. 甲醇羰基化制乙酸. 化学进展, 2003, 15 (3): 215.

[171] 郭河苗, 李福祥. 羰基化法合成丙二酸二乙酯催化剂的研究进展. 山西化工, 2009, 29 (2): 27-31.

[172] 霍稳周, 李花伊, 陈明, 等. 耐温强酸性阳离子交换树脂催化合成乙酸丁酯. 石油化工, 2006, 35(7): 681-684.

[173] Hino M, Arata K. Solid catalysts treated with anions. 13. Synthesis of esters from terephthalic and phthalic acids

with N-octyl and 2-ethylhexyl alcohol, acrylic-acid with ethanol and salicylic-acid with methanol catalyzed by solid superacid. Applied Catalysis,1985,18(2):401-404.

[174] Kirumakki S R, Nagaraju N, Chary K V. Esterification of alcohols with acetic acid over zeolites H beta, HY and HZSM5. Applied Catalysis A:General,2006,299:185-192.

[175] Zhao Z H. Synthesis of butyl propionate using novel aluminophosphate molecular sieve as catalyst. Journal of Molecular Catalysis A:Chemical,2000,154(1-2):131-135.

[176] 辛勤,罗孟飞. 现代催化研究方法. 北京:科学出版社,2009.

(马 红 黄义争 徐 杰[*])

第8章 环境催化

8.1 环境催化及其特殊性

自从 1836 年由瑞典化学家 Berzelius 提出催化概念以来，催化科学和技术取得了长足进步，成为现代工业文明得以实现的重要基石之一。事实上，催化技术是化学工业和石油化学工业的最核心技术。例如，80%以上的化学工业涉及催化技术，催化剂的世界销售额超过 100 亿美元/年，催化技术所带来的产值达到其本身产值的百倍以上。发达国家 GDP 的 20%~30%来源于催化技术直接的和间接的贡献[1, 2]。

但是，掌握了催化科学和技术的人类在创造工业文明并给我们的物质生活带来利益的同时，也使得人类对自然界的干预和改造能力大大加强，增加了人类活动结果超出环境所能承受范围的风险。以下几个例子清楚地说明，催化是人类征服自然、改造自然的一把利剑，但是如果运用不当也能成为危及人类可持续发展的双刃剑。

20 世纪初，Harber 等开发出用于合成氨的铁催化剂，实现了由氮气和氢气直接合成氨，从而造就了现代化肥工业，大大提高了农业产量，才能在地球上养活超过 70 亿人口，这项研究获得了 1918 年诺贝尔化学奖。然而，正是由于现代农业大量施用氮肥造成了目前普遍的水体富营养化，同时人口剧增也挑战了地球生态系统的负荷极限。

20 世纪 50 年代初，Ziegler 和 Natta 等发现了催化乙烯和丙烯聚合的 Z-N 催化剂，并迅速实现了工业化生产，从此奠定了石化工业的基础，这项研究也获得了 1963 年诺贝尔化学奖。然而，自然界中的微生物显然无法降解人类在催化技术帮助下合成的高分子聚合物，大量合成和使用这类高分子聚合物造成了今天的"白色污染"。

自从掌握了以原油催化裂化和催化重整为代表的石油化工催化技术，人类得以从原油中获得所需的汽油、柴油和煤油，从此交通运输业迅速发展，人类迎来了通行便利的汽车时代。然而大量使用化石燃料消耗了地球宝贵的不可再生资源，并造成了严重的温室气体、酸雨、光化学烟雾等大气污染，给人类的生存环境带来巨大的压力。

由此可见，催化科学和技术与人类今天面临的环境和可持续发展问题关系密不可分。如今，已经取得巨大成功的催化科学和技术面临着保护环境和顾及人类可持续发展问题的新挑战。如果说催化技术是现代工业文明发展至今的基石之一，可以相信它也必将成为解决人类面临的重大生存环境问题的关键技术，因此环境催化应运而生。

8.1.1 环境催化的定义、研究对象和任务

对环境催化给出定义是困难的，所以环境催化至今也没有明确的定义。从催化化学的本质上看，所有的人为催化过程和自然催化过程都会对环境产生直接的或间接的影响。显然，人为的所有催化过程中催化反应活性增加、选择性提高和催化剂寿命增加都可以起到减少有害副产物、减少能源和原材料消耗、减轻环境负荷的作用，这些都可以为改善环境做出贡献。反过来，掌握了催化技术的人类对自然界的干预和改造能力大大加强，这又增加了人类活动结果超出环境所能承受范围的风险。从主观上讲，环境催化的概念是顾及人类可持续发展的环境友好的催化科学和技术。但是从学科划分来看，上述定义在目前看来显然过于宽泛，与现有的知识体系和学科结构有所冲突。不仅如此，这种依据主观愿望所下的定义显然不包括自然界自发的催化过程，然而这种不以人的意志为转移的催化过程都会对环境产生这样或那样的作用。根据作者的理解，环境催化应该包括人为的环境催化和自然界中自发的环境催化[3, 4]。人为的环境催化内容仅限于在以下过程中所研究和使用的催化科学和技术：①消除已经产生的污染物（环境催化的狭义定义）；②减少能源转化过程中有害物质的产生（如天然气催化燃烧、柴油催化脱硫等）；③将废物转化为有用之物（如甲烷和二氧化碳的资源化）。自发的环境催化可以将整个地球大气层看成一个光和热的反应器，仅限于研究和地球表面及大气颗粒物有关的非均相大气化学中的界面催化过程。应当指出，是否应该将自然界自发的催化过程归属到环境催化的范畴，研究者之间并没有形成统一的意见[3-6]。从广义上讲，凡是涉及可以减少污染物排放的绿色催化过程都可以属于环境催化的范畴，如化学计量催化技术（催化分子氧烯烃环氧化）、手性催化技术、替代有毒有害化学品的催化技术（氟氯烃替代）、产生清洁能源（光催化分解水）的催化技术等。

根据以上对环境催化的定义，本书中环境催化的研究对象和任务是：通过催化科学和技术的研究和应用，消除已经产生的污染物；减少能源转化过程中有害物质的产生；将废物转化为有用之物；阐明非均相大气化学中自发的界面催化过程，以增进了解污染物在环境微界面过程中的迁移转化规律。环境催化的任务主要分为以下几个方面。

1. 消除已经产生的污染

1) 消除大气污染物、温室效应气体和臭氧层消耗物质

大气中主要气态污染物有氮氧化物（NO_x 和 N_2O）、二氧化硫（SO_2）、一氧化碳（CO）、二氧化碳（CO_2）、甲烷（CH_4）、氟氯化烃（CFC）、非甲烷挥发性有机物（VOC）、羰基硫（OCS）等。NO_x 和 SO_2 对人体有害，经过大气氧化过程后可以导致干、湿酸沉降（酸雨），其中 NO_x 还可以和 VOC 发生复合污染导致光化学烟雾和近地层臭氧浓度升高。CO_2、CH_4 和 N_2O 是主要的温室效应气体，可导致大气层升温；其中长寿命的 N_2O 上升到臭氧层后被氧化成硝酸盐，进而成为臭氧分解的催化剂。CFC 和 OCS 寿命也很长，上升到臭氧层后成为主要的臭氧层消耗物质。除 CFC 外，上述气态污染物都可以经由天然源的自然过程排放，气态污染物的工业排放源又可以分为移动源（机动车）排放和固定源（发电厂、锅炉、垃圾焚烧等）排放。

移动源催化净化方面，目前的三效催化剂（TWC）可同时去除尾气中碳氢化合物（HC）、CO 和 NO_x。固定源排放的催化净化方面，根据火力发电厂、工业锅炉、垃圾焚烧等固定源的排放特点，目前成熟的技术主要是以氨为还原剂的选择性催化还原 NO_x[选择性催化还原（selective catalytic reduction，SCR）以氨为还原剂还原 NO_x 则简称 NH_3-SCR]。温室效应气体和臭氧层消耗物质的催化转化方面，目前的研究主要集中于可导致温室效应的四种长寿命气体的多相催化转化。

2) 消除室内气态污染物和致病微生物

针对室内空气化学污染和微生物污染，目前的研究主要集中于光催化净化、催化氧化净化和催化空气灭菌（抑菌）。

3) 消除水中污染物和致病微生物

目前的研究主要集中在饮用水和废水处理过程中的催化应用。

2. 减少能源转化过程中有害物质的产生

前面已经提到，化石燃料燃烧过程中排放的 CO_2、SO_2 和 NO_x 造成了大气污染，产生温室效应、酸雨、颗粒物、光化学烟雾等。针对移动燃烧源和固定燃烧源排放 NO_x、SO_2、挥发性有机化合物和天然气的催化剂净化主要是多相催化燃烧。

3. 将废物转化为有用之物

利用丰富、廉价的有机废弃物，如纤维素等生物质资源生产燃料乙醇，有望替代传统的化石燃料，从而实现能源的再生和可持续发展。最近研究结果表明[7, 8]，与传统的纤维素降解方法相比，催化氢解纤维素实现了纤维素降解为多元醇的绿色过程。这些刚刚起步的研究今后很可能为生物质资源转化和资源化利用提供关

键技术和解决方案。

4. 非均相大气化学中的催化过程

前面所介绍的环境催化都是在人的主观愿望指导下进行的,然而自然界中还存在着不以人的意志为转移的环境界面过程,即自发的环境催化过程。这里我们可以将整个大气层看成一个光和热的催化反应器。在自然条件下,地表及大气层中颗粒物表面上自发的多相催化反应对气态污染物在自然界的迁移转化的影响,这种影响进而可以波及相关元素的循环和整个大气化学过程。讨论的对象包括对流层中的地壳元素氧化物、无机盐和冰颗粒物,研究的内容是常见的污染物在颗粒物表面的吸附、表面反应、脱附行为。

总之,放眼 21 世纪,以消除环境污染物质、减轻环境负荷、将废物转化成有用之物为目的的环境催化工业已经日益成为催化工业的主流。根据催化剂集团网站数据显示[9, 10],1999 年世界全球催化剂市场销量为 86 亿美元,其中环境催化剂销量为 26 亿美元,所占比例为 29%,占据世界催化剂市场最大份额。到 2006年,全球催化剂工业价值为 140~145 亿美元。其中环境催化剂部分销售额约为 52 亿美元,所占比例约为 37%,目前是全球催化剂市场增长最快的部分,年增长率达 7%~9%。

8.1.2 环境催化的特殊性

根据环境催化的定义,环境催化无论是研究对象还是工作条件都和通常的工业催化有很多的区别。表 8.1 从反应物浓度、反应毒物浓度及反应条件三个方面总结了环境催化和工业催化的区别[11-15]。

表 8.1 环境催化与工业催化的区别

	工业催化反应	环境催化反应
反应物浓度	>90%,并可更加精制	ppb~ppm 数量级
反应毒物浓度	<1%,甚至可完全去除	5%~20%(反应物浓度的数百倍至数万倍,不可能去除)
反应条件	可选择最适合的操作温度(423~773K)	温度:300~1 273K
	可选择最适合的空速(1 000~5 000h^{-1})	空速:可达 1 000 000h^{-1}
	反应条件稳定可控	反应条件经常变动

注:ppb=10^{-9}。

通常的工业催化所面对的反应物都会经过一定程度的精制,尽可能地去除对反应有害的物质。反应条件方面,可以根据催化反应的特点将反应温度、压力和空速设定在最大限度发挥催化剂作用的范围内。与此相对的环境催化,所面对的反应物经常是在 ppm 级甚至 ppb 级,这种稀薄的程度显然无法进行任何浓缩和精制。同时,对环境催化有害的物质却常常是反应物的数百倍甚至数万倍,并且根本无法去除和避免。环境催化经常需要面对很高的空速,无法调整的温度条件,以及剧烈变动的反应负荷。例如,柴油机尾气催化净化过程就要求催化剂能够在将近10%氧气气氛中,有 SO_2 和颗粒物等毒物共存时,在较低的温度和较高的空速下,利用有限的还原剂选择性地将只有 $10^{-4} \sim 10^{-3}$ 体积比浓度的 NO_x 还原成氮气,并且这个过程中催化转化器还必须承受反应条件的剧烈变化。对于自然界自发发生的环境催化剂过程,研究者还必须面对一个多组分、多介质、复杂过程的自然环境[16-18]。

长期以来工业催化的许多成功是在大量反复试验中取得的,很大程度上依靠研究者的直觉和经验。而这种研究模式越来越难以满足目前环境催化过程中对催化剂更高活性、更高选择性和更高稳定性的苛刻要求。面对如此苛刻的环境催化条件,出路在于能够在理论的指导下设计出高低温活性和高选择性的催化剂,而这必然要求研究者对环境多相催化微观过程如反应机理和催化活性中心结构有深入了解。多相催化是一个表面物理和化学过程,对这一表面过程的分子水平上的理解必定会极大地帮助我们最终设计催化剂[19, 20]。

8.2 移动源燃烧排放的催化净化

机动车的发明使用如同一把双刃剑,在带给人类活动便捷与舒适的同时也对大气环境造成了巨大的污染。随着机动车数量的快速增长,机动车排放的污染物在城市大气污染中的占比越来越高。按所使用的燃料区分,机动车可分为汽油车、柴油车和代用燃料车。机动车排放的尾气成分中,除氮气、氧气及燃烧产物二氧化碳和水为无害成分外,其余均为有害成分。对于汽油车,HC、CO 和 NO_x 是三种主要污染物,而柴油车的主要污染物是颗粒物(PM)和 NO_x。其中大量排放的 CO 与人体血红蛋白结合会造成输氧功能下降,有些未燃烧完全的 HC 是致癌物质,会引发肺癌、甲状腺癌等疾病,机动车排放尾气中的细小 PM 会导致空气能见度下降,给人体的呼吸系统带来伤害。大量 NO_x 的排放带来了更严重的环境污染问题,NO_x 可以导致酸雨形成、水体富营养化、大气能见度下降和光化学烟雾反应发生;在人体健康方面,NO_x 会降低人体的肺功能,破坏呼吸道的自然净化机能,增加过滤性毒菌感染的易感性,降低人体对病毒感染的抵抗力。因此,有效控制机动车尾气污染物的排放和消除机动车尾气污染物具有重要的实际意义。

8.2.1 汽油车尾气催化净化

西方国家从 20 世纪 60 年代开始进行机动车尾气催化净化的研究，70 年代中期开始安装含有 Pt-Pd 的氧化型催化剂[21]，主要目的是控制 CO 和 HC 的排放，并通过 EGR 方法来减少 NO_x 的排放。1976 年德国的 Robert Bosch GmbH 成功研制了能够严格控制机动车空燃比的氧传感器，同年该项技术在 Volvo 和 Saab 汽油车上首次得到应用，1980 年机动车用氧传感器进入美国市场，1993 年欧洲大部分国家要求所有的汽油车安装氧传感器[22]。自此，能同时催化净化 CO、HC 和 NO_x 的三效 Pt-Rh 贵金属催化剂开始在汽油车制造业大规模使用。

1. 汽油车尾气排放特点

汽油车尾气中的主要污染物为 CO、HC 和 NO_x，而对于柴油车排气，CO 和 HC 的排放相对于汽油车有所降低外，NO_x 和颗粒物成为主要排放污染物。表 8.2 给出了典型汽柴油发动机的尾气排放情况。

表 8.2 汽柴油发动机的尾气排放情况[23]

尾气组成和排放条件	柴油发动机	四冲程汽油机	四冲程贫燃汽油机	两冲程汽油机
NO_x（ppm）	350～1 000	100～4 000	≈1200	100～200
HC（ppm）	50～330	500～5 000	≈1300	20 000～30 000
CO（ppm）	300～1 200	0.1%～6%	≈1300	1%～3%
O_2（%）	10～15	0.2～2	4～12	0.2～2
H_2O（%）	1.4～7	10～12	12	10～12
CO_2（%）	7	10～13.5	11	10～13
SO_x^a（ppm）	10～100	15～60	20	≈20
PM（mg/m³）	65	—	—	—
空燃比[λ 或（A/F）]	≈1.8（26）	≈1（14.7）	≈1.16（17）	≈1（14.7）

a. 我国汽柴油的含硫量较高，实际数值应大于表中的数据。

目前，汽油车排气后处理技术的核心是三效催化技术。然而，三效催化转化器的工作状态与发动机的空燃比密切相关，三效催化转化器必须在一定的空燃比范围内，即在人们常说的三效催化剂工作窗口中才能正常工作。图 8.1 给出了不同空燃比下三效催化转化器对主要污染物 HC、CO 和 NO_x 的催化净化效果。从图 8.1 中可以看出，只有发动机在理论空燃比附近工作，三效催化剂才能同时将汽车尾气中的主要污染物 CO、HC 和 NO_x 转化为无害的 CO_2、H_2O 和 N_2。富燃条件下由于氧气不充足,使 CO 和 HC 的转换率下降,而在稀燃条件下 CO 和 HC 可以完全氧化,而 NO_x 很难被完全还原。

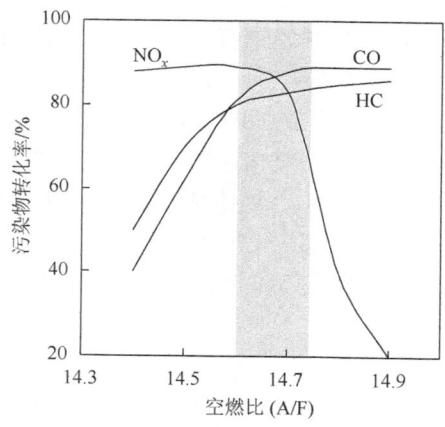

图 8.1　三效催化剂的工作窗口

2. 催化转化器

催化转化器是由壳体、减振层、催化剂三部分构成。其中催化剂是指载体、涂层和催化活性组分,它是整个催化转化器的核心部分,决定着催化转化器的主要性能指标。最早的催化转化器中的催化剂是以球状氧化铝($\gamma\text{-}Al_2O_3$)作载体,稳定剂和活性组分涂覆在表面,然后填装在壳体内,这种载体存在磨损快,阻力大的缺点。后来发展成为蜂窝状的堇青石陶瓷或不锈钢载体上负载涂层和活性组分的整体催化剂,如图 8.2 和图 8.3 所示。催化转化器在催化剂外面包裹减振层,最后由不锈钢壳体封装而成。

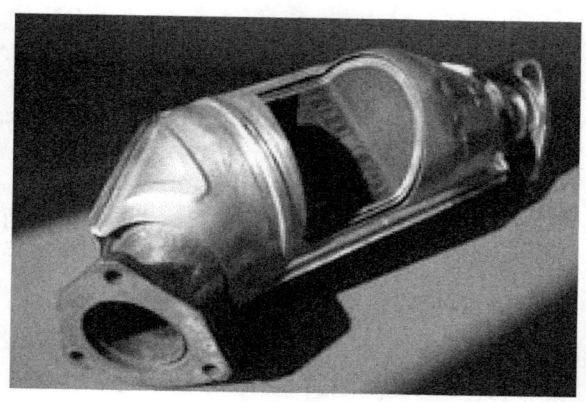

图 8.2　催化转化器的基本结构

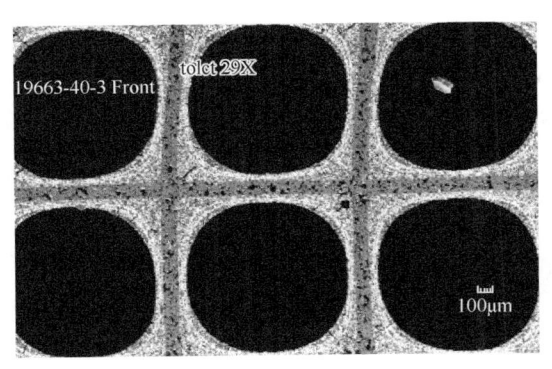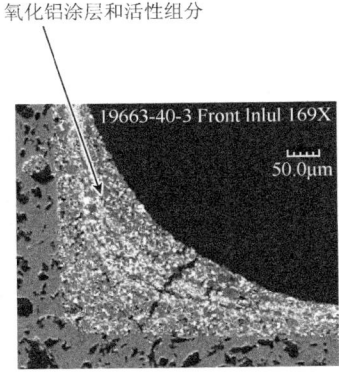

图 8.3 三效催化剂的结构和涂层

壳体：催化转化器壳体一般为不锈钢板材，以防止因氧化壳体脱落造成催化剂的堵塞。许多催化转化器的壳体做成双层结构，用来保证催化剂的反应温度。

减振层：减振层一般有膨胀垫片和钢丝网垫两种，起减振、缓解热应力、固定载体、保温和密封作用。膨胀垫片由蛭石（45%~60%）、硅酸铝纤维（30%~45%）及黏合剂组成。膨胀垫片在第一次受热时体积明显膨胀，而在冷却时仅部分收缩，这样就使金属壳体与陶瓷载体之间的缝隙完全胀死并密封。

催化剂载体：陶瓷蜂窝载体最早由美国康宁（Corning）公司生产，随后日本 NGK 公司也掌握了这种技术，并且开始大量生产。陶瓷蜂窝载体的材料为多孔的堇青石（$2MgO \cdot 2Al_2O_3 \cdot 5SiO_2$）陶瓷，其化学组成大约为 14wt% MgO、36wt% Al_2O_3 和 50wt% SiO_2。目前世界上汽车用催化器载体 90%是陶瓷载体，也有一部分车型的三效催化剂使用金属蜂窝载体，如 Audi、Volvo 等品牌的某些车型。金属蜂窝载体与陶瓷蜂窝载体相比较具有导热率高、开孔面积大、孔壁薄、机械强度高等特点，对汽油车冷启动阶段的污染排放控制和延长三效催化剂的使用寿命大有裨益。此外，摩托车由于振动颠簸原因，其排气污染控制催化剂的载体也多采用金属载体。

3. 汽油车排放污染控制三效催化剂的研究现状和发展

从 20 世纪 70 年代开始，汽油车排气污染控制技术伴随着发动机和车辆制造与控制技术的进步，伴随着汽车排放法规的日益严格而逐步发展完善。人们可以追踪的足迹为[24]

氧化型催化剂

——颗粒和整体载体

——HC 和 CO 排放控制

——Pt 基催化剂

——氧化铝的稳定化

三效催化剂

——HC、CO 和 NO_x 排放控制

——Pt/Rh 催化剂

——Ce 基储氧材料

高温三效催化剂

——950℃稳定

——Pt/Rh、Pd/Rh 和 Pt/Rh/Pd 催化剂

——Zr 稳定的 Ce 基储氧材料

全 Pd 三效催化剂

——分层涂覆

——Zr 稳定的 Ce 基储氧材料

⇩

满足低排放的控制技术

——1050℃高温稳定的密偶催化剂（CCC），不含 Ce 基储氧材料

——主催化剂（安装在车辆底盘上）

⇩

满足超低排放的控制技术

——1050℃高温稳定的密偶催化剂（CCC），不含 Ce 基储氧材料

——增加主催化剂的体积和贵金属负载量

——HC 的吸附捕获，NO_x 的吸附捕获

综上所述，在过去的三十年中，汽油车尾气排放控制三效催化剂技术得到了长足的发展，利用先进的尾气排放控制技术、先进的发动机燃烧控制和汽车制造技术，我们已经可以制备出超低排放或超超低排放的整车。但是，三效催化剂制造技术还是不断地受到日益严格的排放法规、日益枯竭的贵金属资源和日益增长的贵金属价格的挑战。目前，三效催化剂的研究与开发重点是在满足日益严格的排放法规的基础上降低贵金属用量或寻找部分取代贵金属的技术路线，而纳米三效催化剂和稀燃发动机排气控制技术是这一领域研究的核心。

1）稳定氧化铝的研究

如图 8.3 所示，三效催化剂的载体分为两部分：蜂窝陶瓷（或金属）载体和 γ-Al_2O_3 涂层。蜂窝陶瓷（或金属载体）的几何表面积为 $2.0\sim4.0m^2/L$，如此小的表面积不足以提高负载贵金属的表面空间，因此需要在其上涂覆一层氧化物作为三效催化剂的第二载体，通常称为"水洗涂层"（washcoat），以扩大催化剂载体的比表面积，俗称为"扩表"。由于 γ-Al_2O_3 具有高的比表面积和高温水热稳定性，γ-Al_2O_3 通常被选择为三效催化剂的第二载体。α-Al_2O_3 的高温热稳定性高于 γ-Al_2O_3，但是它的比表面积通常小于 $10m^2/g$，经常用作高温条件下的催化剂载体。例如，汽油车的密偶催化剂安装在发动机歧管出口处，需要经受 1000℃ 以上的高温，因此，密偶催化剂经常采用 α-Al_2O_3 作载体[23]。

2）三效催化剂的活性组分

无可置疑，贵金属元素 Pt、Rh 和 Pd 在三效催化剂中起着关键的作用，三效催化反应在 Pt、Rh 和 Pd 原子组成的原子簇或活性中心进行。理解这三种贵金属在催化性质上的异同对开发三效催化剂是十分重要的。

Pt 在三效催化剂中的贡献主要是催化 CO 和 HC 的完全氧化反应。在早期采用的双段催化床的催化转化器中，后段床氧化型催化剂的主要成分是 Pt。Pt 对 NO 有一定的还原能力，但是，当尾气中的一氧化碳的浓度较高或者有二氧化硫存在时，Pt 对 NO 的净化效果比 Rh 差，并且 Pt 还原 NO_x 的窗口比较窄，在还原型气氛中容易将 NO_x 还原为氨气。Pt 在三效催化剂中的典型用量为 $1.5\sim2.5g/L$。据 1990 年统计，汽车催化剂的 Pt 占西方总市场消费量的 36% 左右。

Rh 是三效催化剂中控制 NO_x 的主要活性成分，它在较低的温度下可以选择性地将 NO_x 还原为氮气，同时产生少量的氨。在实际的尾气反应中，还原剂可以是 CO、HC，还可以是 H_2。氧气对 NO_x 还原反应影响很大，在有氧条件下，N_2 是唯一的还原产物，在无氧条件下，低温下的主要还原产物是 NH_3 气体，高温下的主要产物是 N_2。此外，铑对于 CO 的氧化以及 HC 化合物的重整反应也有重要的催化作用，与 Pt 和 Pd 催化剂相比，Rh 催化剂对于 CO 和 HC 的催化活性较低。但是，无论如何，Rh 在三效催化剂中是不可或缺的，没有 Rh 的存在，NO_x 的排放往往不能达到排放标准。

Pd 催化剂在一定条件下可以具有很好的三效催化活性，早在 1975～1976 年，Pd 就被用来制造汽车尾气污染排放控制催化剂，到了 20 世纪 90 年代中期，Pd 的三效催化反应活性得到了深入的研究，形成了单 Pd 三效催化剂制备技术[25]。该技术采用分层负载 Pd 和 CeO_2 及碱土金属氧化物，使单 Pd 催化剂具有了很好的三效催化活性，单 Pd 三效催化剂的结构如图 8.4 所示。在 Pt、Rh 和 Pd 贵金属元素中，Rh 无疑是最重要的一个，它可以促进 NO 的解离，提高 NO 的去除效率[26, 27]，在三效催化剂中是不可缺少的。

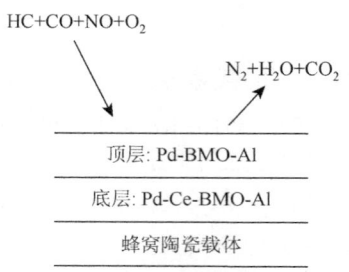

图 8.4 单 Pd 催化剂的层状结构

3）三效催化剂中的储氧材料

在汽车尾气催化剂中使用 CeO_2 或 $CeZrO_2$ 材料可以追溯到 20 世纪 80 年代[28]，那时的催化剂主要活性组分已经包括 Rh 和 Pt 贵金属及作为储氧材料的 CeO_2。我们知道汽车尾气中污染物的高效净化需要在化学计量比即在理论空燃比（$\lambda=1$ 或 A/F=14.7）的条件下进行，远离理论空燃比时，三效催化剂的效率大大降低。因为汽车发动机的排气特性是以一定频率、一定振幅以理论空燃比为中心振荡，在远离理论空燃比时，三效催化剂的催化效率受到了极大的限制。氧化还原反应 $Ce^{4+} \rightleftharpoons Ce^{3+}$ 赋予了 CeO_2 材料储放氧的功能，即在富燃工况下，CeO_2 释放出氧气，稀燃工况下，它又吸收和储存 O_2，从而达到了调节汽车尾气中氧含量的目的。最早的储氧材料是单纯的 CeO_2，而今天使用的储氧材料大多为 CeO_2-ZrO_2 固溶体。研究发现 CeO_2 或 CeO_2-ZrO_2 固溶体不仅具有储存氧的功能，而且还对三效催化剂的性质有更多重要的影响。

8.2.2 柴油机和稀燃汽油机尾气催化净化

传统的汽油机在理论空燃比（14.7）附近的狭窄范围内工作，这在一定程度上牺牲了燃油的经济性。随着人们对全球能源危机和温室效应加剧的关注，对降低 CO_2 排放和节约能源提出了更高要求。在这种背景下，稀燃技术引起了国内外的广泛关注。稀燃汽油机燃烧经济性好，污染物排放量低。柴油机也是典型的稀燃发动机，自 1892 年问世以来，凭借其良好的动力性、经济性、耐久性等优点在车用动力中占据着重要的位置，随着全球石油资源短缺的加剧，其重要性愈发明显。自 20 世纪 70 年代，欧洲和日本就基本实现了载货汽车和大型客车的柴油机化。目前，欧洲轿车年产量中 40%已采用柴油发动机，在法国、西班牙等国的轿车年产量比例更高，达 50%以上。

虽然与汽油机相比，稀薄燃烧发动机是一种环境友好的发动机，采用富氧燃烧技术抑制了 CO、HC 的形成，但是与装配了三效催化剂的汽油车相比，柴油机的 NO_x 和颗粒物（PM）排放和稀燃汽油机的 NO_x 排放成为制约其推广的重要因素[29]。柴油机尾气的两大污染物 NO_x 与 PM 的形成与含量存在着相互制约（trade off）的关系，图 8.5 清楚地表明了这一点：努力减少其一，必然导致另一污染物增加，即通过机内措施同时减少或消除 NO_x 和 PM 的排放是极其困难的。另外，尽管机内净化技术使颗粒物的排放总量得以削减，却生成了对人体危害更大的微细颗粒物，而未来的法规将会对柴油机颗粒物排放的数量进行限制。柴油车尾气净化技术主要包括 NO_x 催化净化、氧化催化技术（DOC）和柴油车颗粒物过滤器技术（DPF）。针对柴油机和稀燃汽油机尾气 NO_x 的催化净化，目前主要的研究方向有：储存-还原氮氧化物（简称 NSR）和选择性催化还原氮氧化物（简称 SCR）。

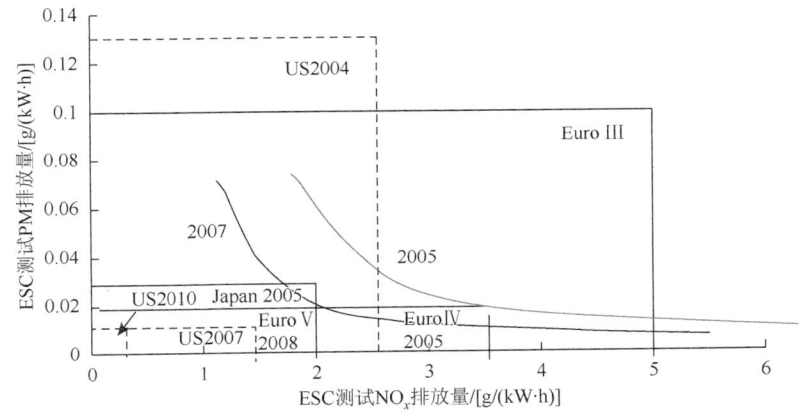

图 8.5　重型柴油机尾气 NO_x 和 PM 的相互制约关系与排放标准[30]

1. 选择性催化还原氮氧化物技术

富氧条件下 NO_x 选择性催化还原是指在催化剂的作用下，通过抑制还原剂的非选择性的氧化，从而促进还原剂与 NO_x 反应形成 N_2 的过程。由于柴油机采用富氧燃烧技术，导致尾气中未燃 HC 的绝对量不足，需要另行添加还原剂以净化 NO_x。根据外加还原剂的不同，可分为氨类（尿素）选择性催化还原 NO_x 与 HC 选择性催化还原 NO_x。

1）尿素选择性催化还原氮氧化物（Urea-SCR）

针对固定源尾气，如燃煤电厂烟气和固定型柴油机尾气中 NO_x 的去除，可以采用 NH_3-SCR 技术，即使用氨水或液氨作为还原剂选择性还原 NO_x。目前该技术已在国外广泛应用于固定源烟气脱硝。它的原理是利用 V_2O_5/TiO_2 催化剂，在 O_2 大大过量的条件下让 NH_3 选择性地还原 NO_x 到 N_2。使用了以 TiO_2 为基础的催化剂保证了催化转化器对 SO_2 有很强的耐受性。目前，NH_3-SCR 已经应用于重型柴油机尾气 NO_x 净化。针对移动源特别是柴油车的特点，氨水或液氨在储存和运输上存在着危险性,且对存储设备具有腐蚀性,因此尿素(Urea 分子式为 $CO(NH_2)_2$)作为 NH_3 的替代品作为柴油车用 SCR 还原剂。尿素是白色颗粒或结晶状的固体,理论含氮量 46.65%,是无毒、不具有腐蚀性的物质。一分子 Urea 水解可生成两分子 NH_3 和一分子 CO_2,因此被视为 NH_3 的有效储存源。Urea-SCR 体系中使用 Urea 质量浓度为 32.5%的水溶液,称为"AdBlue"。使用 Urea 作为还原剂可以克服因使用氨水或液氨造成的诸多问题,因此 Urea-SCR 也成为目前重型柴油机尾气去除 NO_x 的首选技术。

目前商用的 Urea-SCR 催化剂体系和固定源烟气脱硝所用的催化剂体系基本一样,主要是 V_2O_5-WO_3/TiO_2 或 V_2O_5-MoO_3/TiO_2 体系。它的原理是利用该催化剂体系,在 O_2 大大过量的条件下让 Urea 水解生成的 NH_3 选择性地还原 NO 到 N_2。在较宽的温度范围内 Urea 具备了优异的选择性还原 NO_x 的能力,该催化体系在 260~500℃的温度范围内净化率可达 90%以上。

一般而言,V_2O_5-TiO_2 体系应用于选择性催化还原固定源尾气 NO_x 的空速为 10 000h^{-1},而三效催化剂可在空速高达 100 000h^{-1} 时高效工作。因此,为高效去除柴油机尾气中的 NO_x,需要大体积的催化剂。如 $SINO_x$ 只用 SCR 催化剂来净化卡车尾气中的 NO_x,对气缸体积为 12L 的发动机,需要 30L 200 目的 V_2O_5-WO_3/TiO_2 整体催化剂才能获得满意的效果[31]。

用 Urea 还原 NO_x 时须将该还原剂先水解成 NH_3,然后以 NH_3 的形式参与随后的反应,因此同样会面临 NH_3 的泄漏问题,尤其是在发动机工况瞬间变化导致排气温度升高时,这也增加了控制的难度[31]。为了提高 Urea-SCR 体系净化 NO 的效率,减少 NH_3 的泄漏,MAN 公司提出了基于 Urea-SCR 体系的 VHRO 系统,如图 8.6 所示。"V"为前置的氧化催化剂,该催化剂的作用是将排气中的部分 NO 氧化为 NO_2,以提高 SCR 催化剂的低温活性;"H"为 Urea 水解催化剂,其作用在于加速 Urea 水解,从而有利于随后的 NO_x 选择性还原;"R"为 SCR 催

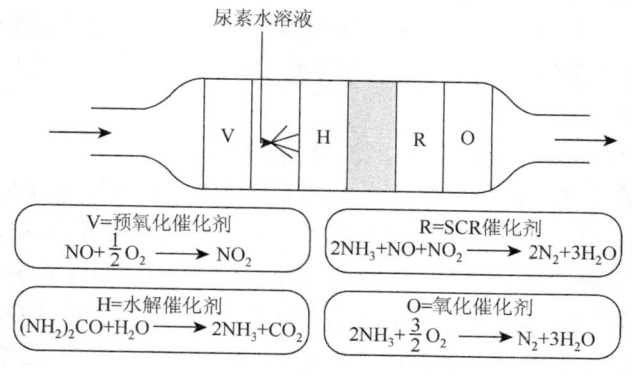

图 8.6 MAN 公司提出的"VHRO"体系[32]

化剂，在该催化剂床层中，排气中的 NO_x 被 Urea 水解形成的 NH_3 选择性还原为 N_2；"O"为 NH_3 选择性氧化催化剂，可将排气中剩余的 NH_3 转化为 N_2，以减少 NH_3 的泄漏。

在 Urea-SCR 技术中，传统的商用催化剂（V_2O_5-WO_3/TiO_2 或 V_2O_5-MoO_3/TiO_2）虽然具有催化活性高、抗 SO_2 中毒性能好的优异性能，但仍存在着以下诸多问题：①催化剂体系中含有毒物质 V，在使用过程中容易发生脱落，对生态环境和人体健康均存在危害；②催化剂操作温度高且窗口较窄；③在使用温度较高时（超过 400℃），N_2O 生成量较大，SCR 反应的选择性降低。因此越来越多的科研工作者开始致力于开发新型的 Urea-SCR 催化剂体系以期解决上述问题。

随着柴油机尾气净化技术发展，颗粒物捕集器（DPF）将置于 SCR 催化体系之前，以现实颗粒物和 NO_x 的同时削减。DPF 再生时所引发的高温水热环境，对后置的 SCR 催化剂提出了更高的要求。从目前研究和应用情况来看，新型 Urea-SCR 催化剂体系主要包括两类：金属氧化物催化剂和分子筛催化剂。

研究较多的非钒金属氧化物催化剂主要有 Fe 基、Ce 基、Mn 基等氧化物催化剂，如铁钛复合氧化物（$FeTiO_x$）[33, 34]、铈钛复合氧化物 $CeTiO_x$[35] 及具有优异抗高空速性能的铈钨复合氧化物 $CeWO_x$[36]。虽然非钒金属氧化物催化剂种类繁多，但是通常存在高温稳定性和抗硫抗水性能不足等问题，目前尚未得到实际应用。

据报道，许多金属分子筛催化剂均在 NH_3-SCR 反应中有较高的活性，比如 Cu、Fe、Mn、Ce 等。在这些催化剂当中，Cu 基和 Fe 基分子筛催化剂是最为活泼的 SCR 催化剂，并得到广泛的研究。特别是 Cu-ZSM-5、Fe-ZSM-5 等催化剂，表现出了较高的 NH_3-SCR 反应活性、较好的抗水抗硫性能和稳定性，被看作是最有可能在机动车上广泛应用的催化剂之一。Fe 分子筛具有优越的水热稳定性，但其优势活性温度窗口在 350℃ 以上，低温活性较差。Cu-ZSM-5 等具有优良的低温活性，但其水热稳定性较差。近年来，CHA 结构的 Cu 基小孔分子筛 Cu-SSZ-13 和 Cu-SAPO-34 由于具备优良活性和高水热稳定性引起广泛关注[37, 38]。

福特汽车公司[39]经过长时间水热老化 Fe 基和 Cu 基分子筛催化剂，然后将其活性和应用于固定源的传统 V 基催化剂进行对比（图 8.7）。该实验选用水热老化条件为 670℃ 老化 64h，这代表装有 DPF 的柴油车上的 SCR 催化剂运行 120 000 英里（1 英里=1.609 344km）。结果发现，V 基 SCR 催化剂显然不能用于美国柴油车尾气净化，而 Fe 基和 Cu 基催化剂是较好的选择。实验结果表明，Cu 基分子筛和 Fe 基分子筛具有良好的水热稳定性。与 Cu 基分子筛相比，Fe 基分子筛催化剂低温活性不佳，但具有较高的高温活性。

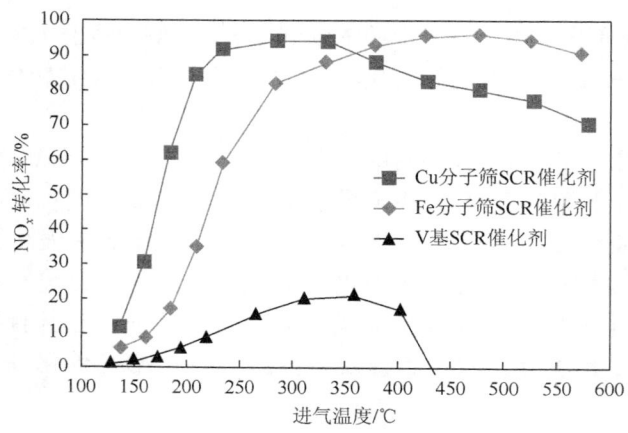

图 8.7 Cu 基、Fe 基和 V 基蜂窝状催化剂的 NH$_3$-SCR 反应的 NO$_x$ 转化率[39]

2）碳氢化合物选择性催化还原氮氧化物（HC-SCR）

20 世纪 90 年代初，Iwamoto 等[40]率先报道了富氧条件下，Cu-ZSM-5 具有较好的催化低碳氢化合物选择性还原 NO$_x$ 活性。随后，碳氢化合物选择性催化还原 NO$_x$（HC-SCR）引起了研究者的广泛兴趣。研究表明，分子筛催化剂、负载型的贵金属催化剂、金属氧化物催化剂均具备了催化碳氢化合物选择性还原 NO$_x$ 的能力。其中，Ag/Al$_2$O$_3$ 催化剂具有优异的催化碳氢化合物及含氧碳氢化合物选择性还原 NO$_x$ 的活性，是最有望实用化的催化剂之一[41-43]。

与 Urea-SCR 相比，HC-SCR 技术的优势在于，能以车载燃油作为还原剂的来源，因而可以免除还原剂添加基础设施的建设，简化后处理系统。但是直接以柴油为还原剂时，NO$_x$ 的净化效率与耐久性还难以满足排放法规的要求[44]。与此相反，乙醇等小分子含氧碳氢具备了优异的选择性催化还原 NO$_x$ 效率[41-43]。鉴于此，He 等 Ag/Al$_2$O$_3$-乙醇这一高效的催化剂-还原组合体系进行了深入研究。利用原位红外技术并辅以量化模拟，首次在 Ag/Al$_2$O$_3$ 催化乙醇部分氧化及其选择性催化还原 NO$_x$ 过程中发现了表面烯醇式物种（enolic speces）[45]。Ag/Al$_2$O$_3$ 催化剂表面吸附态的烯醇式物种能与 NO$_x$ 迅速反应，转化为最终产物氮气，从而揭示了乙醇选择性还原 NO$_x$ 高效特性的微观机制[42, 46]。随后的研究表明，烯醇是碳氢化合物及含氧碳氢化合物氧化过程中关键的中间体[47]。

Ag/Al$_2$O$_3$ 表面吸附态烯醇式物种的特征结构是，C=C 键直接与带负电荷的氧相连（C=C—O$^-$）。通过系统研究甲醇、不同结构的丁醇（正丁醇、仲丁醇、异丁醇和叔丁醇）在 Ag/Al$_2$O$_3$ 催化剂表面的部分氧化及其选择性还原 NO$_x$ 行为发现，醇类部分氧化为烯醇物种形成的两个先决条件是：反应物醇类至少含有两个直接相连的碳原子，至少含有一个 α-H，这也正是高效醇类还原剂的评判依据[48]。氢气促进了 Ag/Al$_2$O$_3$ 催化至少含两个碳原子的小分子碳氢化合物（乙烯、丙烯、丙烷等）部分氧化过程中表面烯醇式物种的形成[49]；氢气对烯醇式物种的促进作用越强，对 NO$_x$ 净化效率的提升越显著。反应动力学、原位红外-质谱联用等的研究表明，氧化态的银及其与载体的接触边界是表面烯醇式物种形成的活性中心，并在乙醇-SCR 反应中起到关键作用[48]。基于上述研究，He 等[48]建立了 Ag/Al$_2$O$_3$ 催化剂上 HSC-SCR 的微观反应机制与构效关系（图 8.8），并由此提出，未来柴油-SCR 的技术路线为：柴油重整耦合 HC-SCR 技术，以高效净化柴油车尾气 NO$_x$。

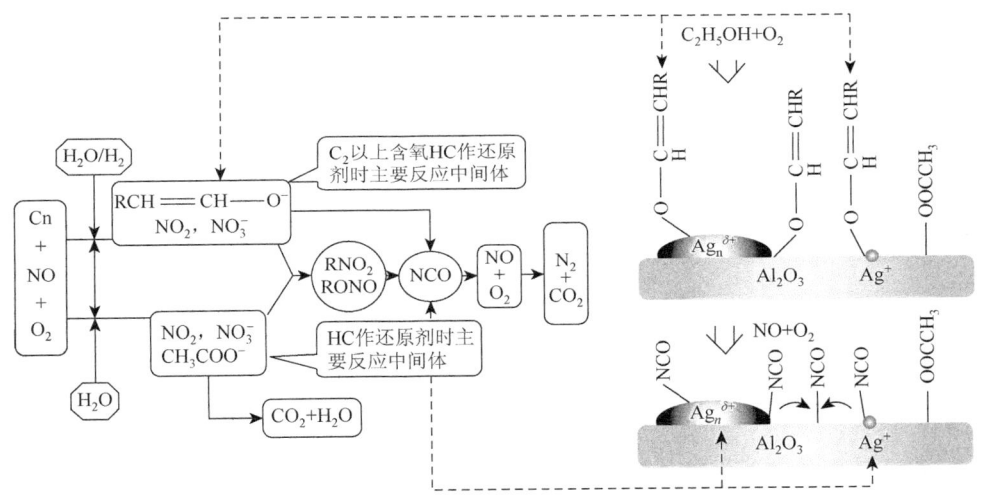

图 8.8　Ag/Al$_2$O$_3$ 催化剂上 HC-SCR 反应机制与构效关系

2. 储存-还原氮氧化物

NSR 技术首先以稀燃汽油机尾气处理为对象研究开发。因为柴油车和稀燃汽油车的排放尾气都为富氧气氛，所以 NSR 催化剂在解决了硫酸盐中毒的条件下也可以处理柴油车尾气。20 世纪 90 年代中期，在研制和评价汽油车三效催化剂的过程中，日本丰田汽车公司的技术研究人员发现一种现象：在大于理论空燃比（$\lambda>1$）的尾气条件下，排放尾气中的 NO$_x$ 可以被一种含有贵金属和碱土金属氧化物的三效催化剂大量吸附。

大部分 NSR 催化剂配方是以贵金属作为催化活性组分，以碱和/或碱土金属氧化物作为 NO$_x$ 储存材料。其反应机理示意图如图 8.9 所示[50]。随着研究的深入，日本丰田公司已将 NSR 技术与颗粒物捕集技术成功整合，在日本轻型柴油车上进行了示范应用，并大力向欧洲推行该技术的实施。

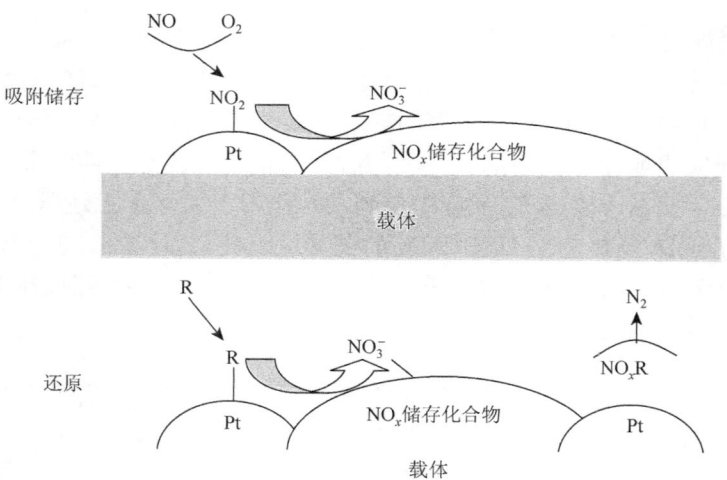

图 8.9 吸附储存还原 NO 的反应机理[50]

8.2.3 清洁燃料车尾气催化净化

能源短缺和城市群复合大气污染成为世界性的问题，选择低排放、资源丰富易得的新型燃料替代汽油已经成为一种趋势。目前的替代燃料研究主要包括压缩天然气（CNG），液化石油气（LPG），含氧燃料如醇类、醚类等，此外还有生物柴油、氢气、电等。

我国天然气资源丰富，预测资源量为 38 万亿 m^3，而且气质良好，甲烷含量 90%以上，含硫少。并且使用天然气作为汽车燃料，可以大大降低发动机废气排放中的主要有害成分。其中的未燃烧甲烷等成分性质稳定，在大气中不会形成有害的光化学烟雾。同时，天然气汽车的使用成本较低，比燃油汽车节约燃料费约 50%。而且与电动汽车相比，天然气汽车的续驶里程长。因此，天然气汽车是目前被认为最具有推广价值的低污染汽车之一，尤其适合于城市公共交通和出租汽车使用[51, 52]。目前中吨位的商用车用压缩天然气的开发目标是能显著降低氮氧化物的排放并保持与柴油型发动机相同的动力性能。然而，天然气汽车降低 CO 和碳氢排放的同时，甲烷的排放量增加。甲烷作为一种温室气体，它对大气的增温潜势是 CO_2 的 32 倍，对温室效应的影响更为严重，需要进行有效控制，此外如何去除 CNG 汽车尾气中的氮氧化物仍然是一个难题。

含氧燃料车中使用最多的是乙醇，此外还有甲醇、二甲醚等。乙醇可以从生物质制取，以乙醇为燃料的发动机所排出的 CO_2 被植物吸收，因此乙醇成为一种能够满足可持续发展要求的燃料[53, 54]。乙醇汽油在巴西、美国等国家已经广泛应用，乙醇汽油中的乙醇浓度为 10%～85%。在美国有 500 万辆具备燃烧含 85%乙醇汽油的车已经上路，巴西全国标准燃料是 25%的乙醇燃料，乙醇燃料的含量范围可扩至 100%乙醇。我国政府已经在许多省市推广应用含 10%的乙醇-汽油混合燃料，以改善我国的汽车能源结构，并于 2013 年颁布了变性燃料乙醇国家标准（GB 18350—2013）和车用乙醇国家标准（GB 18351—2013）。推广应用乙醇汽油的同时，对发动机和催化转换器也提出新的要求，含氧燃料中的氧含量会造成空燃比增大，氮氧化物不能有效去除。此外，乙醇汽油车不可避免地会排放一些醇类及部分氧化的醛和酸，这些化合物排放到大气中对环境危害更大。因此，如何使三效催化剂能够氧化 CO、HC 的同时继续高效还原 NO_x，并同时去除一些含氧有机物醇类及部分氧化的醛和酸，成为目前改进三效催化剂的一个研究课题。

1. 甲烷氧化催化剂

甲烷是最稳定的烃类，通常很难被活化或氧化，且甲烷催化燃烧工作温度较高，燃烧反应过程中会产生大量水蒸气，同时天然气中含少量硫，因此甲烷催化燃烧催化剂必须具备较高的活性和较高的水热稳定性及一定的抗中毒能力。国内外研究者致力于研究开发高效稳定的甲烷低温催化燃烧催化剂，主要包含贵金属和氧化物催化剂两类。

贵金属是活性最高的燃烧催化材料，具有很高的低温催化燃烧活性，并且在 500℃以下具有良好的抗硫性能。但其高温稳定性较差，在 1000℃以上高温时，会因贵金属粒子聚集、烧结、蒸发等失去活性。在众多的贵金属材料中，铂和钯的应用最为广泛。贵金属燃烧催化材料一般采用 γ-Al_2O_3 为载体，主要是利用它的高比表面、低成本特性。其他载体材料还可采用 SiO_2、SnO_2、TiO_2、CeO_2-ZrO_2、分子筛以及组合载体等。

金属氧化物类催化剂一般具有结构稳定、耐高温性能和抗中毒能力强，以及高温活性稳定等特点，目前主要用于甲烷的高温燃烧。金属氧化物与贵金属相比在价格上具有一定优势，但其活性与贵金属催化剂比起来还有一定的差距。金属氧化物催化剂包括单组分金属氧化物催化剂和复合金属氧化物催化剂。单组分过渡金属氧化物，如 CuO、Co_2O_3、Mn_2O_3、Cr_2O_3 等，都是良好的催化燃烧催化剂。一般说来，各种单金属氧化物催化剂在甲烷燃烧中的催化活性有如下顺序：Co_3O_4＞CuO＞NiO＞Mn_2O_3＞Cr_2O_3[55]。钙钛矿型（ABO_3）复合氧化物催化剂、六铝酸盐及取代型六铝酸盐等的热稳定性相对比简单的金属氧化物和贵金属要好得多，被认为是高温催化燃烧有广阔应用前景的催化剂。

2. 甲烷选择性催化还原氮氧化物催化剂及反应机理

甲烷选择性催化还原 NO_x（CH_4-SCR）是利用甲烷作还原剂催化净化 NO_x 的有效方法，该方法的主要优点是 CH_4 是天然气中的主要成分，这使得 CH_4 较其他

HC 化合物更易获得，且非常廉价。此外，相比 NH_3，CH_4 对设备的腐蚀性非常小，这可降低设备的投资。基于上述优势，国内外许多研究者开展了广泛的 CH_4-SCR 研究，并取得了一定的进展。

CH_4 分子非常稳定，对其活化非常困难，在有氧存在的条件下，CH_4 容易发生完全氧化反应，而很难将其活化为对 SCR 有利的含氧有机物中间体，因而许多在其他烃类 SCR 中有很好活性的催化剂对 CH_4-SCR 基本无活性。1992 年，Li 和 Armor[56]报道了 Co-ZSM-5 催化剂对 CH_4-SCR 的高活性，从而使得 CH_4-SCR 成为可能。之后，不断有新的可用于 CH_4-SCR 的催化剂被发现，目前，已报道的 CH_4-SCR 催化剂主要可分为如下几类：分子筛类催化剂、固体超强酸类催化剂和氧化物类催化剂。分子筛催化剂是通过浸渍或离子交换等方式在 Y 型、ZSM-5 型等分子筛上负载 Ag、Co、Mn、In、Ga、Pd 等活性组分，通过干燥、焙烧后制得。该类催化剂在 450~650℃范围内可获得较高的 NO_x 和 CH_4 转化率。固体超强酸类催化剂包括以 SO_4^{2-}/ZrO_2、SO_4^{2-}/Al_2O_3、WO_3/ZrO_2 等超强酸为载体的催化剂，所用的活性组分与分子筛催化剂相似，其活性温度区间通常在 450~600℃。金属氧化物催化剂选择性催化还原 NO_x 的研究也不少，总体上催化活性较前两类催化剂差。

3. 含氧燃料汽车尾气净化方法

在乙醇汽油车尾气污染物中，HC 和 CO 的排放可以明显降低，但对减少 NO_x 排放量的作用不大，甚至会增加 NO_x 的排放量。一些非常规污染物，如乙醛、乙醇等低分子含氧有机物排放量也会增加。此外，乙醇汽油车尾气容易使三效催化剂上积碳，从而减少催化剂的使用寿命。为适应我国乙醇汽油的推广应用，需要针对乙醇汽油车的排放特性开发出专用的催化剂，使其不但能够从总体上控制 CO、HC 和 NO_x 的排放，还能减少乙烯、乙醛及芳香族化合物等有害物质的排放。

8.3 固定源燃烧排放的催化净化

固定污染源是指排放位置和地点固定不变的污染源，如电厂锅炉、各种厂矿的工业锅炉等。在固定污染源的燃料消耗中，燃煤占有相当大的比例。煤炭燃烧过程中会产生大量的污染物，排放的烟气中对环境造成污染的物质主要是一氧化碳、硫氧化物、氮氧化物及可吸入颗粒物。对于 CO，可以通过控制燃料在燃烧过程中的空燃比、燃烧温度和燃烧时间，并使燃料和空气混合均匀，从而使其燃烧完全，达到将 CO 浓度控制在排放标准以内的目的。但通过燃烧过程控制并不能将 SO_2 和 NO_x 完全消除，这些致酸物质的大量排放引起的酸沉降已经与臭氧层破坏、全球气候变化一起成为最突出的大气环境热点问题,其影响范围已经由局部性污染发展成为区域性污染,甚至成为全球性污染。同时,SO_2 和 NO_x 的越境迁移问题也备受关注。

8.3.1 烟气选择性催化还原脱硝原理和技术

选择性催化还原法是目前国际上应用最为广泛的烟气脱硝技术。该方法(SCR)主要采用 NH_3 作为还原剂,将 NO_x 选择性地还原成 N_2。NH_3 具有较高的选择性,在一定温度范围内,它主要与 NO_x 发生作用,而不被烟气中的 O_2 氧化,因而比无选择性的还原剂脱硝效果好。当采用催化剂来促进 NH_3 和 NO_x 的还原反应时,其反应温度操作窗口取决于所选用催化剂的种类,根据所采用催化剂的不同,催化反应器应布置在局部烟道中相应温度的位置。

1. SCR 的工作原理

SCR 是还原剂在催化剂作用下选择性地将 NO_x 还原为 N_2 的方法。对于固定源脱硝来说,主要是采用向温度为 280~420℃ 的烟气中喷入尿素或氨,将 NO_x 还原为 N_2 和 H_2O。反应时,排放气体中的 NO_x 和注入的 NH_3 几乎是以 1∶1 的物质的量比进行反应,可以得到 80%~90% 的脱硝率[57]。NH_3-SCR 法去除 NO_x 的基本原理如图 8.10 所示。

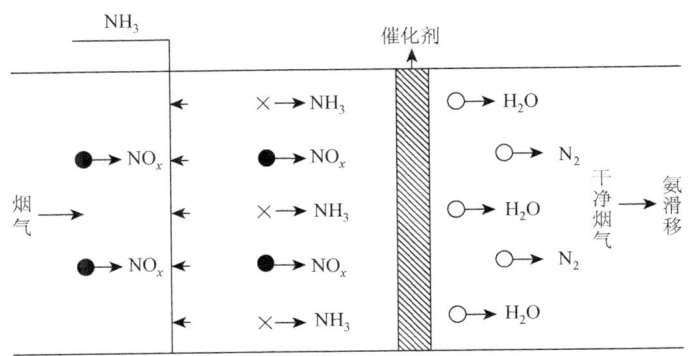

图 8.10 SCR 法脱硝基本原理

2. SCR 催化剂

在 SCR 技术的应用过程中,催化剂的制备生产是其中最重要的部分之一,其催化性能直接影响到 SCR 系统的整体脱硝效率。催化剂的更换与还原剂的消耗是

SCR 系统运行费用的最主要来源，同时催化剂的生产制备更是占据了 SCR 系统初期建设成本的 20%以上。

1）高温催化剂

高温催化剂按照载体的区别，可分为分子筛和金属氧化物催化剂，由于催化剂工作温度在 250℃以上，具有较好的抗水抗硫性能，因此具有一定的实际应用价值。

（1）分子筛类催化剂。分子筛类催化剂是研究非常活跃的一个领域。无论作为催化还原还是催化分解的催化剂，金属离子交换分子筛都具有很高的活性。分子筛用作催化剂是基于其特殊的微孔结构，其类型、热处理条件、硅铝比、交换的离子种类、交换度等都会影响其活性。目前已开展的研究中涉及多种类型的分子筛，主要包括 Y 型、ZSM 系列[58, 59]、发光沸石（MOR）[60]、菱沸石（CHA）[37, 61]等，而用于离子交换的金属元素主要包括 Mn、Cu、Co、Pd、V、Ir、Fe、Ce 等。离子交换法制备的分子筛催化剂中，Cu-ZSM-5 和 Fe-ZSM-5 催化剂因其还原活性高、活性温度区间宽而引起了广泛关注，国内外学者开展了大量的研究，取得了一些研究进展，并开始实际应用。

（2）金属氧化物催化剂。金属氧化物催化剂在富氧条件下，NH_3 选择性催化还原 NO_x 反应中表现出了较好的催化活性，应用最多的是以 V_2O_5 为活性组分，将其负载于 Al_2O_3、SiO_2、Al_2O_3-SiO_2、ZrO_2、TiO_2、TiO_2-SiO_2 等氧化物上。

2）低温催化剂

目前工业上应用最广的 SCR 催化剂是 V_2O_5-WO_3/TiO_2，该催化剂具有较高的脱硝活性和抗 SO_2、H_2O 中毒能力，但其催化剂成本较高和操作窗口均较高（>350℃）。为了避免烟气的预热耗能，降低脱 NO_x 成本，研制开发与之匹配的低温 SCR 催化剂成为该研究领域的热点。

（1）贵金属催化剂。贵金属催化剂是研究较早的一类催化剂，通常以 Pt、Rh、Pd 等为活性组分，氧化铝或整体式陶瓷作为载体[62, 63]。在这类催化剂中，较多采用 CO 及碳氢化合物或 CO、H_2 混合气作为还原剂。贵金属催化剂的应用研究目前还有待于进一步的实验探索，低温活性的进一步提高、抗硫性能的增强及还原产物 N_2 的选择性问题都将是未来的主要研究目标。

（2）碳基载体的氧化物催化剂。活性炭以其特殊的孔结构和大比表面积成为一种优良的固体吸附剂，广泛用于空气或工业废气的净化。实际上，在 NO_x 的治理中，它不仅可以作吸附剂，还可以作为催化剂，在低温（90~200℃）条件下有 NH_3、CO 或 H_2 存在时可选择性地还原 NO_x；没有催化剂时，它还可以直接作还原剂，在 400℃以上使 NO_x 还原为 N_2，自身转化为 CO_2。所以，活性炭在固定源 NO_x 治理中有较高的应用价值。其最大优势在于来源丰富，价格低廉，易于再生，适用于温度较低的环境，这是使用其他催化剂所不能实现的。但是活性炭作催化剂时活性很低，特别是空速较高的情况下。在实际应用中，常常需要经过预活化处理或负载一些活性组分以改善其催化性能。

（3）锰基氧化物催化剂。根据报道，许多含有过渡金属（Fe、V、Cr、Cu、Co 和 Mn）的 SCR 催化剂具有良好的低温 SCR 活性，其中含 Mn 的 SCR 催化剂由于具有优越的低温活性而得到了广泛研究，但其较差的抗 H_2O 和 SO_2 性能是该类催化剂实际应用的最大障碍。如果能通过改进配方，提高该类催化剂的抗 H_2O 和 SO_2 能力，那么锰基催化剂具有广阔的应用前景。

（4）分子筛载体催化剂。在前文提到，分子筛类型催化剂是研究非常活跃的一个领域。目前，分子筛载体也广泛应用于低温催化剂的研究中。

3. SCR 催化反应机理

1）V_2O_5/TiO_2 等金属氧化物催化剂上的反应机理

20 世纪 70 年代以来，对于钒基催化剂上进行的 SCR 反应的机理和潜在的活性位，已经进行了大量的研究，这些研究是建立在反应动力学和反应物吸附态光谱分析基础之上的。研究发现，任何一种金属氧化物，如果在催化氧化反应中有活性，对选择性催化还原反应也同样具有活性。催化剂组分中，如果以 TiO_2 为载体，对于部分氧化具有高选择性，那么同样对 SCR 反应也具有高选择性。过渡金属氧化物对于氧化催化有低的活性，在 SCR 反应中的活性也较低。这都表明 SCR 反应是一个氧化还原反应，其机理是氧化还原机理，或 Mars-van-Krevelen 机理。

2）金属离子交换分子筛上的反应机理

Fe-ZSM-5 是研究较多的分子筛催化剂，NH_3 选择性催化还原 NO_x 反应机理也得到许多研究。原位红外的实验数据表明：NH_3 在催化剂表面主要以 Brønsted 酸位上化学吸附 NH_4^+ 和 Lewis 酸位上配位结合 NH_3 这两种形式存在，此外，还有部分以气相或弱吸附 NH_3 存在。Long 等[64]提出如下反应机理，他们认为 NH_3 被吸附活化为 NH_4^+，然后 NO_2 与邻近的 NH_4^+ 形成 $(NH_4)_xNO_2$（$x=1, 2$），然后分解生成 N_2 和 H_2O。

$$[NH_4^+]_2 NO_2(s) + NO(g) \longrightarrow 2N_2 + 3H_2O + 2H^+ \qquad (8.1)$$

$$[NH_4^+]_2 NO_2(s) + NO_2(g) \longrightarrow N_2 + N_2O + 3H_2O + 2H^+ \qquad (8.2)$$

4. SCR 反应的动力学

关于 SCR 反应的化学动力学研究，大部分都是在接近"真实"反应条件下获得的。基本上他们都同时采用两种方法，即经验方法和机理模型（如 Langmiur-Hinshelwood 或 Eley-Rideal 模型）。一般认为 NO 的转化速率与反应物 NO、NH_3、O_2 的浓度（C_{NO}、C_{NH_3}、C_{O_2}）有关。其动力学关系式一般表示为

$$\gamma_{NO} = kc\, C_{NO}^\alpha C_{NH_3}^\beta C_{O_2}^\gamma C_{H_2O}^\delta \qquad (8.3)$$

式中，NO 浓度的反应级数认为近似为 1[65-68]。也有一些研究测量出更低的 α 值为 0.5～0.8[69]。Odenbrand 等[70,71]发现 α 随反应温度升高而增大，对于 Cr_2O_3/TiO_2、Fe-Y、Cu-ZSM-5 和其他 Cu-Exchanged 沸石催化剂，NO 的反应级数也近似为 1。另外，Komatsu 等[72]测得在 Fe-ZSM-5 催化剂上 α=0.8；Willey 等[73]测得在铁的氧化物上反应时 α=0.64。

在富氧和水蒸气含量大于 5%时，上式中 C_{O_2} 和 C_{H_2O} 可以忽略，在这种条件下并且当 $NH_3/NO>1$ 时，根据 Inomata 等[53]对 V_2O_5/TiO_2 的研究，反应式可写为

$$\gamma_{NO} = kc\, C_{NO}^{\alpha} \tag{8.4}$$

这意味着 β 为 0。

5. SCR 系统及应用

选择性催化还原脱硝系统主要包括脱氮反应器、还原剂储存及供应系统、氨喷射器、控制系统四个部分（图 8.11）。

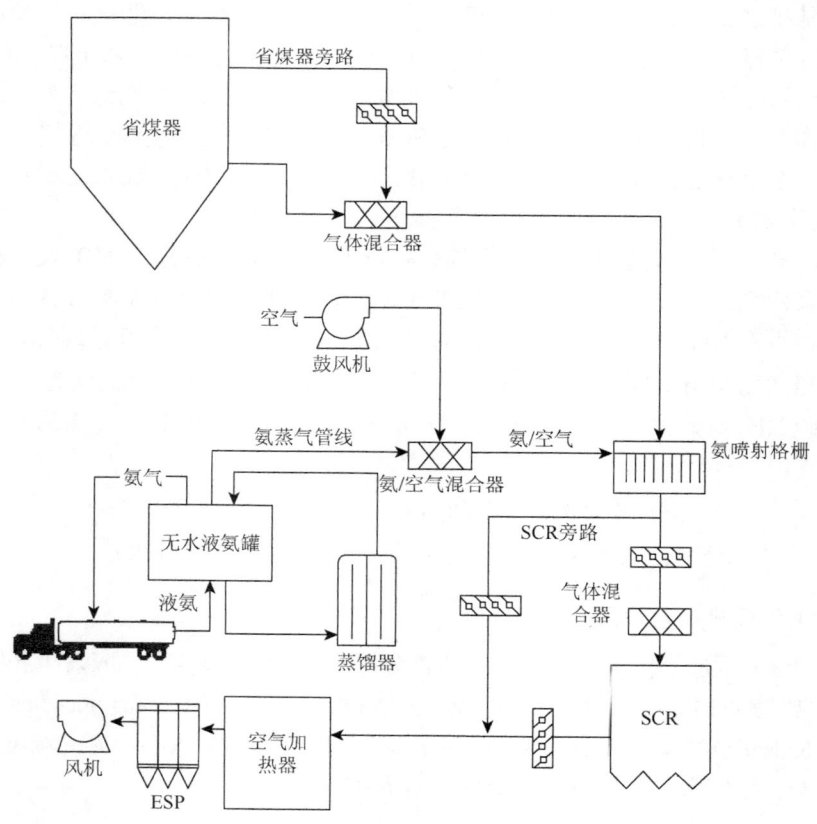

图 8.11　SCR 系统示意图

1) SCR 反应床的布置

脱氮反应器的安装位置有多种可能。图 8.12 是几种不同的安装位置示意图[74]。催化反应器在锅炉尾部烟道中布置的位置，有三种可能的方案。

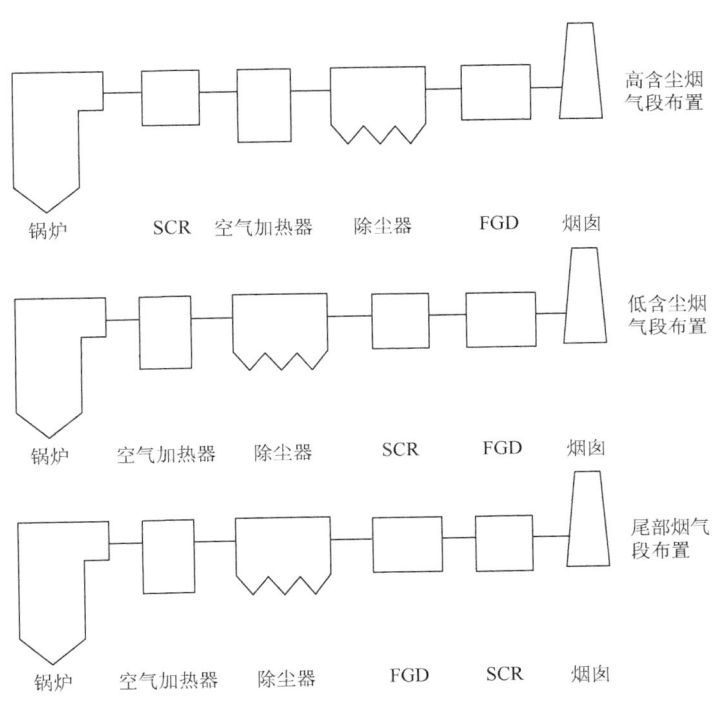

图 8.12 烟气脱硝 SCR 系统安装位置示意图[60]

（1）高温高粉尘布置。该方式布置在空气预热器前，温度为 350℃ 左右的位置，此时烟气中所含有的全部飞灰和 SO_2 均通过催化反应器，反应器的工作条件是在"肮脏"的高尘烟气中。由于这种布置方案的烟气温度在 300～400℃ 的范围内，适合于多数催化剂的反应温度，因而应用最为广泛。

（2）低粉尘布置。该方式 SCR 反应器布置在静电除尘器和空气预热器之间，温度为 300～400℃ 的烟气先经过电除尘器以后再进入催化反应器，这样可以防止烟气中的飞灰对催化剂的污染和将反应器磨损或堵塞，但烟气中的 SO_2 始终存在，因此烟气中的 NH_3 和 SO_3 反应生成硫酸铵而发生堵塞的可能性仍然存在。采用这一方案的最大问题是，常规静电除尘器无法在 300～400℃ 的温度下正常运行，需要高温静电除尘器，因此很少被采用。

（3）尾端布置。该方式 SCR 反应器布置在除尘器和湿法烟气脱硫装置（FGD）之后，催化剂完全工作在无尘、无 SO_2 的"干净"烟气中。由于不存在飞灰对反应器的堵塞及腐蚀问题，也不存在催化剂的污染和中毒问题。这一布置方式的主要问题是，当将反应器布置在湿式 FGD 脱硫装置后时，其排烟温度仅为 50~60℃，因此，为使烟气在进入催化剂反应器之前达到所需要的反应温度，需要在烟道内加装燃油或燃烧天然气的燃烧器，或蒸汽加热的换热器以加热烟气，从而增加了能源消耗和运行费用。

2）制氨系统

在 SCR 系统中，利用氨与 NO_x 反应达到脱硝的目的。稳定、可靠的氨系统在整个 SCR 系统中是不可或缺的。制氨一般有尿素、纯氨、氨水等三种方法[75]。

3）影响 SCR 脱硝效率的主要因素

催化剂是 SCR 系统中最关键的部分，理想条件下催化剂的寿命可以无限长，但实际上许多因素都可以导致催化剂活性降低。催化剂的类型、结构和表面积都对脱除 NO_x 效果有很大影响。此外，在 SCR 系统设计中，最重要的运行参数是烟气温度、烟气流速、氧气浓度、水蒸气和 SO_2 的存在、钝化影响、氨滑移等。

4）烟气脱硝 SCR 技术在国内外的应用和实例

1975 年日本在 Shimoneski 电厂建立了第一个 SCR 系统的示范工程[76]，其后 SCR 技术在日本得到了广泛应用。SCR 技术在日本的运行结果显示了良好的性能和较高的脱硝率，引起了欧洲各国的极大关注，并在德国等欧洲国家迅速推广。

8.3.2 烟气催化脱硫

按照催化氧化还原机理，可以将催化脱硫分为两条途径：一条途径是利用催化剂把 SO_2 氧化为 SO_3，SO_3 可以用来制硫酸，该途径称为催化氧化法；另一条途径是利用催化剂把 SO_2 还原为单质硫，这种方法可副产硫黄，称为催化还原法。

1. 二氧化硫的催化氧化

二氧化硫气体分子和氧气分子直接反应的速率很慢，均相气态反应的活化能很高，甚至在 800℃的高温下也难以进行，因此二氧化硫氧化反应必须在有催化剂的条件下才能进行。在催化剂作用下，烟气的中 SO_2 同烟气中的 O_2 反应生成 SO_3，然后再把 SO_3 用 H_2O 吸收转化为稀硫酸或与其他化合物反应转化为所需的产品。下面按催化剂类型来介绍催化氧化工艺。

1）钒系催化剂

SO_2 氧化用的催化剂大都是以钒的氧化物 V_2O_5 为催化剂的活性组分，以碱金属硫酸盐如 K_2SO_4、Na_2SO_4 或焦硫酸盐为助催化剂，以硅藻土（或加少量的铝、钙、镁等）为载体，通常称为钒-钾-（钠）-硅体系催化剂。钒系催化剂是目前工业应用比较成熟的催化剂，国外钒催化剂制造企业生产的催化剂载体均采用美国赛力特公司的硅藻土，该公司按产地、硅藻种属及硅藻土孔容、孔径、生产工艺将硅藻土分成不同的牌号出售。国外很多公司都有自己专利的产品，如丹麦的 Topsøe 公司开发生产的 VK 系列，美国 MECS 公司的 Cs 系列，德国 BASF 公司的含铯钒催化剂，德国 Lurgi 公司开发的在二氧化硅或沸石载体上负载氧化铁和钒的新型催化剂。

2) 铜系催化剂

铜系催化剂是由氧化铜负载在载体上构成的，根据载体的不同，铜系催化剂主要有 CuO/AC 和 CuO/γ-Al_2O_3 两种。可再生铝基氧化铜干法烟气脱硫的原理为：烟气流过反应器（位于低温省煤器后）内的氧化铝载体颗粒，烟气中的 SO_2 与负载在氧化铝上的氧化铜发生反应生成 $CuSO_4$（300~500℃），从而达到脱除烟气中 SO_2 的目的。

3) 活性炭

活性炭烟气脱硫方法具有脱硫效率高、工艺连续的特点，但由于吸附材料价格较高，限制了其推广应用。近年来，利用活性碳纤维、沸石、树脂、氧化铝等材料作为吸收剂及变压吸附等领域均有突破性进展。由于活性炭的内表面积较大（活性炭的外表面积与内表面积相比非常小），因此催化反应主要发生在内表面的活性中心。活性炭吸附脱硫是多步复杂的过程，包括 SO_2、水蒸气和 O_2 在活性炭表面的吸附、SO_2 催化氧化生成 SO_3 并进一步生成 H_2SO_4 等。脱硫效果的好坏主要取决于活性炭的催化活性，只有具有较高催化活性的活性炭才能达到理想脱硫效果。在活性炭催化活性一定的前提下，水蒸气、O_2 的体积分数、反应温度等对脱硫效果都有较大影响。

4) Mg/Al/Fe 复合氧化物催化剂

Mg/Al/Fe 复合氧化物脱硫是一种氧化和吸附的偶合机理，具体过程为：先把二氧化硫氧化成三氧化硫再吸附生成硫酸盐，吸附饱和后的 Mg/Al/Fe 复合氧化物可以用氢气、甲烷或一氧化碳还原硫酸盐再生，高浓度的再生产物二氧化硫和硫化氢可回收利用。

5) 液相催化氧化催化剂

SO_2 的液相催化氧化包括化学吸收和催化氧化两大过程，化学吸收是固硫过程，催化氧化则是脱硫过程。液相催化氧化法是在水溶液中加入氧化催化剂，使 SO_2 在液相中被催化氧化，制取稀硫酸、石膏、N-P 复合肥料、聚合硫酸铁等多种副产品。该法避免了复杂的吸附、脱附步骤，回收工艺简单。

2. 二氧化硫的催化还原

催化还原法是 SO_2 在还原剂的作用下直接还原成固态 S，比起将 SO_2 催化氧化成 SO_3 再吸收制取稀硫酸的工艺要简单得多，而且副产品硫黄具有易运输、无二次污染、经济效益高等多种优点，因此学术界从 20 世纪三四十年代就开始探索

SO_2 的催化还原,目前已有许多成功的实验室催化脱硫的方法,但尚未工业化,主要是未克服烟气中过量氧对还原过程的干扰问题和催化剂的中毒问题。根据所用还原剂不同,催化还原脱硫可分为 H_2 还原法、CO 还原法、CH_4 还原法、碳还原法、合成气还原法等方法。

1)H_2 还原法

H_2 作为还原剂,没有催化剂的情况下,还原 SO_2 需要在 500℃ 以上才会发生化学反应,而采用催化还原法可使反应温度大大降低。铝矾土、Ru/Al_2O_3、$Co\text{-}Mo/Al_2O_3$ 及 Fe 族金属负载到 Al_2O_3 上的催化剂具有较好的催化还原活性。

H_2 还原法的优点是操作温度较低(<300℃),其副产物只有 H_2S,如果通过循环操作,则可使硫的收率进一步提高。缺点是 H_2 的来源、运输和储存都不方便,而且烟道气中含有过量的 O_2,对反应有较大的抑制作用。此外,H_2 易爆、易燃,操作危险,脱硫成本偏高,因而难以实现工业化。

2)CO 还原法

CO 还原 SO_2 的研究比较深入,目前人们已经研制开发出几十种催化剂,可分为负载型金属氧化物催化剂,钙钛矿型复合氧化物催化剂,萤石型复合氧化物催化剂和其他复合氧化物催化剂,并针对不同类型的催化剂提出各种类型的还原脱硫反应机理。用 CO 还原 SO_2 到单质 S 所涉及的反应如下

$$SO_2 + 2CO \longrightarrow 2CO_2 + \frac{1}{x}S_x \qquad (8.5)$$

$$CO + \frac{1}{x}S_x \longrightarrow COS \qquad (8.6)$$

$$2COS + SO_2 \longrightarrow 2CO_2 + \frac{3}{x}S_x \qquad (8.7)$$

式中,$x=2\sim8$ 或更高。高温下反应容易发生,生成比 SO_2 更毒的 COS,因此在反应过程中要尽量减少 COS 的生成。

(1)负载型金属催化剂。负载型金属氧化物催化剂一般采用 Cu、Fe、Co、Mo、Ni、Cr 等过渡金属负载在氧化铝上制得。Hass 和 Khalafalla[77]研究了 Fe/Al_2O_3 催化剂上的反应,认为 Al_2O_3 不仅起载体作用,而且和 Fe 存在协同效应,是双功能催化剂,后与 Fe/SiO_2 比较,发现 Al_2O_3 可以催化反应式(8.5)的进行。为了减少 COS 的量,他们用 Fe/Al_2O_3 作第一床层,Al_2O_3 作第二床层,在 410℃ 得到了 90% 以上的 SO_2 转化率,COS 浓度可降低到 0.05%。

(2)钙钛矿型催化剂。钙钛矿型催化剂用于催化还原 SO_2 一直受到国内外学者的关注,Happel[78]最早研究了用钙钛矿型催化剂还原二氧化硫,结果显示,用 $LaTiO_3$ 作催化剂时,COS 的生成与 SO_2 转化率无关,而与 CO 分压有关,只要控制 CO/SO_2 比为 1.9,就可使 COS 减小到最少。500℃ 时 SO_2 转化率达到 95%,而 COS 仅为 0.3%。

钙钛矿结构作为 CO 还原 SO_2 的催化剂有着优异的性能,首先在于其抑制 COS

的生成。但反应后钙钛矿结构消失,实际起作用的是金属硫化物和硫氧化物。钙钛矿结构促进了活性相 La_2O_2S 和 CoS_2 的生成。

(3) 萤石型复合氧化物催化剂。萤石型复合氧化物催化剂用于催化还原 SO_2 已经有许多研究进展,Tschope[79]研究发现 Cu/CeO_2 催化剂和复合氧化物 Cu-Ce-O 都对催化脱硫反应有很高的活性和选择性。在反应温度大于450℃时,CO/SO_2 比为 2 时,S 产率大于 95%。

3) CH_4 还原法

CH_4 是天然气的主要成分,作为还原剂的优点是价廉易得,因此 CH_4 催化还原 SO_2 一直是研究热点。SO_2 和 CH_4 之间的基本反应为

$$2SO_2 + CH_4 \longrightarrow 2H_2O + 2[S] + CO_2 \tag{8.8}$$

式中,[S]代表气相中不同的硫物种,可以是 S_2、S_6 或 S_8。

4) 碳还原法

用碳还原 SO_2 的过程相对复杂,但由于焦炭原料易得,仍引起人们极大的兴趣。碳还原 SO_2 的过程除发生还原脱硫反应: $C + SO_2 \longrightarrow S + CO_2$ 外,还会伴随发生一系列副反应,使脱硫过程变得复杂。

8.3.3 同时催化脱硫脱硝技术

干法同时脱硫脱硝技术按照氧化和还原反应过程,可分为催化氧化 SO_2 同时还原 NO_x、同步氧化 SO_2 和 NO_x 及同步还原 SO_2 和 NO_x 技术。

1. 催化氧化 SO_2 同时还原 NO_x

1) 活性炭加氨法

活性炭用于发电厂烟道气脱硫脱硝的处理过程分为两个阶段:静电除尘以后,气体温度降至 120~150℃,利用焦炭的吸附性能吸附 SO_2;然后以焦炭为催化剂,氨为还原剂催化还原 NO_x。由于催化反应温度较低,除尘后的气体可不必加热直接处理,节约了能源;同时,活性炭具有范围极宽的孔径分布,NH_4HSO_4 等颗粒的沉积问题也不严重;此外,在已装配了湿法脱 SO_2 装置的系统中,只需附加一个催化还原反应器,即可处理 NO_x,而不需进行大的设备改造。

2) CuO 氧化还原法

可再生金属氧化物法脱硫脱硝技术是目前较新的一种脱硫脱硝一体化烟气净化技术,应用较多的金属氧化物为 CuO[80]。CuO 法吸收还原过程一般采用负载型的 CuO 作吸收剂,其中以 CuO/Al_2O_3 和 CuO/SiO_2 为主,CuO 含量通常占 4%~6%,在 300~450℃的温度范围内,与烟气中 SO_2 发生反应。

3）复合金属氧化物吸附催化法

20 世纪 90 年代，Yoo 等[81]将 Ce 加入到尖晶石结构的复合氧化物 $MgO \cdot MgAl_{2-x}M_xO_4$（M：Fe，V，Cr；$x \leqslant 0.4$），研究了其催化 SO_2 氧化和 NO_x 还原的性能，反应过程如下

$$SO_2 + O_2 \longrightarrow SO_3 \qquad (8.9)$$

$$SO_3 + MgO \longrightarrow MgSO_4 \qquad (8.10)$$

$$MgSO_4 + 4H_2 \longrightarrow MgO + H_2S + 3H_2O \qquad (8.11)$$

$$NO + CO \longrightarrow N_2 + CO_2 \qquad (8.12)$$

2. 同时催化氧化 SO_2 和 NO_x

1）$Pt/BaO/Al_2O_3$ 吸附氧化

使用 $Pt/BaO/Al_2O_3$ 吸附还原技术可以进行同时脱硫脱硝，其机理是：在催化剂上，Pt 提供了 NO_x 和 SO_2 的氧化活性位，BaO 主要作用是储存 NO_x 和 SO_2；NO 和 SO_2 在贵金属 Pt 活性位上氧化后生成的 NO_2 和 SO_3 从贵金属上迁移到与贵金属邻近的储存组分 BaO 上，并与 BaO 反应生成硝酸盐和硫酸盐。由于硫酸盐比硝酸盐稳定，SO_2 占据了 NO_x 的储存点后会降低 NO_2 的储存能力，因此共存的 SO_2 将大大降低催化剂对 NO_2 储存能力。在 BaO 吸附位上，NO/SO_2 要大于 5 时才能有效地吸附 NO_x。吸附饱和后的 $Pt/BaO/Al_2O_3$ 材料先升温脱除吸附的 NO_x，然后通过还原性气体把吸附的硫酸盐还原后去除。

2）Na_2CO_3/Al_2O_3 吸附氧化

NOXSO 工艺采用负载在高表面积氧化铝小球上的 Na_2CO_3 吸收剂同时吸收 SO_2 和 NO_x，NOXSO 过程的脱硫脱硝率可分别达到了 97%和 70%。

NOXSO 工艺的优点是能同时高效去除 SO_2 和 NO_x，并副产有用的硫黄或硫酸。与传统的脱硝（如 SCR 技术）和脱硫技术相比，除净化效率更高以外，它是一种干式的可再生过程，没有淤泥和废液的排放问题；规模可大可小，适应性强，不受电厂操作条件变化的影响，还可用于老厂的改造。

3. 同时催化还原 NO_x 和 SO_2

同时催化还原方法是最理想的干法脱硫脱硝技术，采用还原性气体将 NO_x 和 SO_2 选择性催化还原为 N_2 和 S，可避免目前脱硝脱硫工艺冗长的问题，既消除了烟气中的 NO_x 和 SO_2，又回收了产品固态元素 S。目前该方法待解决的主要问题有：一是优化还原剂 H_2、CO、C、CH_4、NH_3 等与催化剂的匹配技术；二是烟气中的过量氧对还原过程的干扰问题和催化剂的中毒问题。目前的研究只有以 CO 作还原剂的同时催化还原法。

除上述介绍的各种脱硫脱硝技术外，光催化氧化还原法是近十年来发展起来的一种节能型高效净化污染物处理工艺，常用的催化剂有 TiO_2、CdS 等。TiO_2 是性能良好的半导体催化剂，在波长相当于或小于 380nm 时，能被激发活化，起催化降解作用。光氧化法的原理是基于在光的照射下，光敏半导体上的价带电子发生带间跃迁，激发出光电子和空穴，它们可以与吸附于表面的 O、S 等发生作用，从而发生一系列的氧化-还原反应。在半导体催化剂作用下产生的活性自由基能使 SO_2 和 NO_x 分解。

8.4 室内空气催化净化

城市中人的生活时间大约有 90%是在室内度过的，因此室内空气污染与人们的身体健康密切相关[82, 83]。室内空气污染包括物理性污染、化学性污染和生物性污染。随着国家环境法规的日益严格和公众环保意识的提高，室内空气污染引发的一系列问题受到越来越多的关注。科研人员开始深入探讨室内空气污染物的来源、危害、对人类健康的影响，以及可行的解决途径。

根据 Spengler 等的研究[82]，可以将室内常见的空气污染物及其主要来源总结如表 8.3 所示。由此可见，化学性污染和生物性污染最为突出，且人为污染是主要污染源。因此，采取切实有效的措施以控制此两类污染显得尤为重要。

表 8.3　主要室内污染物[83]

污染物	主要排放源
过敏原	灰尘、宠物、昆虫
石棉	防火材料、绝缘材料
CO_2	生理代谢、燃料燃烧、车库机动车尾气
CO	燃料燃烧、锅炉、壁橱、吸烟
HCHO	实木板释放、绝缘材料、家具
微生物	人类、动物、植物产生或空调产生
NO_2	室外空气、燃料燃烧、车库机动车尾气
有机物	黏合剂、溶剂、建筑材料、挥发过程、燃烧、涂料、吸烟
O_3	光化学反应
颗粒物	气流扰动重悬浮、吸烟、燃烧产物
多环芳烃	燃料燃烧、吸烟
花粉	室外空气、树木、草、种子、绿植
Rn	土壤、建筑材料（混凝土、石材）
真菌孢子	土壤、绿植、粮食
SO_2	室外空气、燃料燃烧

控制室内空气污染主要有三种途径：一是消除污染源；二是加强室内空气流通；三是净化污染物。消除污染源实际操作较为困难。室内通风换气简单、经济，然而现代化的生活方式使室内通风量受到限制，而且在外界大气污染比较严重的地区，采用通风换气对降低和消除室内污染不再有任何积极作用。因此，通过净化技术来控制室内污染就成为改善室内环境的有效手段[83]。

室内空气净化技术主要包括物理吸附技术、催化技术[83]。物理吸附技术利用活性炭、硅胶、分子筛等高比表面材料吸附空气中的污染物，选择性好，对低浓度污染物清除效率高，且操作方便。缺点是吸附剂需要定期更换，常伴有二次污染。催化技术则一定程度拟补了其缺点。本节将主要介绍光催化技术、热催化氧化及低温等离子体催化净化，同时专门介绍微生物的常温催化净化技术。

8.4.1 室内空气光催化净化

1. 光催化原理

光催化是基于光催化剂在光照条件下促进反应进行的催化氧化还原反应。1972 年 Fujishima 和 Honda 发现在受紫外光照射的 TiO_2-Pt 电极对上可以持续发生水的氧化还原反应生成氧气和氢气[84]。进入 20 世纪 80 年代，光催化在环境净化和有机合成反应中的应用发展迅速，已成为日益受到重视的一项污染治理新技术。

光催化反应机理如图 8.13 所示，半导体受到能量大于其禁带宽度的光辐照时，半导体价带（VB）中的电子会吸收光子的能量，跃迁到导带（CB），从而在导带产生自由电子（e^-），同时在价带产生空穴（h^+），该过程为价带电子的光激发过程。而激发的电子和空穴可分别参与还原反应和氧化反应。

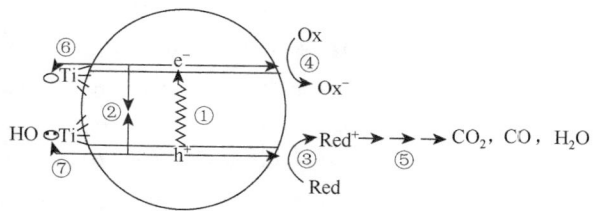

图 8.13 光催化空气净化作用机理示意图[85]

①光激发电子跃迁；②电子和空穴的复合；③价带空穴氧化吸附物的过程；④导带电子还原表面吸附物；⑤进一步的热反应或光催化反应；⑥半导体表面悬挂空键对导带电子的捕获；⑦半导体表面钛羟基对价带空穴的捕获

根据激发过程，禁带宽度直接决定了光催化剂所能够吸收利用的光的最长波长。禁带宽度足够低时，光催化剂才可能有效利用可见光成分。更进一步地，Sobczynski 等[86]提出，合适的光催化剂必须具有如下条件：具有光催化活性（即价带和导带位置与反应体系匹配);最好能吸收可见光,或至少吸收紫外线(禁带宽度适合);呈现光蚀惰性及生物惰性;最好廉价。

2. 常见光催化剂

由上所述,光催化剂多为半导体。研究最为广泛的光催化剂为 TiO_2。其他一些常见的光催化剂还包括 $SrTiO_3$、$GaAs$、$MoSe_2$、CdS、WO_3 等[87],均为典型的半导体材料。近年来,铁氧体材料也获得了较大关注[88],包括 $BaFe_2O_4$、$CoFe_2O_4$、$NiFe_2O_4$、$ZnFe_2O_4$、$CaFe_2O_4$、$MnFe_2O_4$、$CuFe_2O_4$、Fe_3O_4 等。几种铁氧体与其他常见光催化剂价带、导带位置相当,决定了其潜在的应用前景。铁氧体相比于 TiO_2,禁带宽度更窄,因而能有效利用丰富的可见光资源。此外,铁氧体一般具有良好的铁磁性,对于其固定、脱离污染体系等均更易操作。

3. 光催化净化室内污染物

光催化剂也广泛应用于室内空气净化方面,由于其实验条件温和,而具有良好的应用前景。

Sano 等[89]对不同贵金属(Pt、Pd、Ag)负载的 TiO_2(P25)光催化净化乙醛进行了研究。如图 8.14 所示,湿度为 50%时,Pt 的添加大大提高了纯 TiO_2 的光催化活性,这是由于水分子的存在促进了 O^{2-}、$\cdot OH$ 的形成。Sinha 等[90]发现,在室温条件下,Pt/CeO_2-TiO_2 具有较好的光催化去除甲苯的活性。

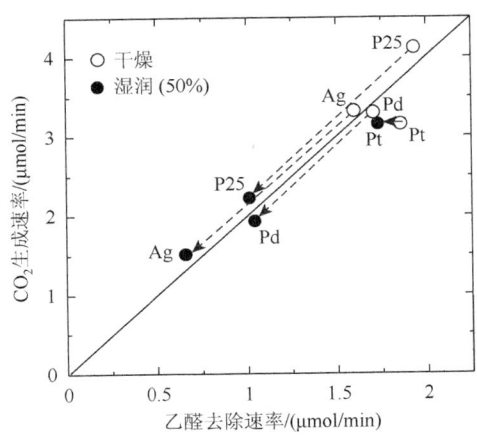

图 8.14 贵金属(Pt、Pd、Ag)负载的 TiO_2(P25)光催化净化乙醛性能[89]

8.4.2 室内空气常温催化净化

从原理上讲,现有的 VOC 催化燃烧技术与室内 VOC 的净化没有本质区别。

其关键差异在于室内空气净化需要室温常压环境,对催化剂性能提出更高的要求。到目前为止,已成功研制出可室温条件下催化净化 CO、甲醛的催化材料,并在室内空气净化方面展现出良好的应用前景。

1. 常温催化净化室内 CO

目前,可在室温,甚至零摄氏度以下催化氧化 CO 的催化剂主要有两类,分别是以 Au 为代表的贵金属催化剂和以 Co_3O_4 为主的金属氧化物催化剂。

1) Au 催化剂

Au 一直以来都被认为是没有催化活性的惰性金属,但 20 世纪 80 年代后期,Haruta 等[91]发现负载在过渡金属氧化物上的纳米 Au 催化剂对 CO 低温氧化具有很高的催化活性。目前,关于 Au 粒径在 2~4nm 的金属氧化物负载的 Au 催化剂具有高催化氧化 CO 活性的论断已基本达成共识,虽然纳米效应的起源目前还存在一定争议。另外,具有活性的 Au 的价态也存在一定争议。

2) 金属氧化物催化剂

贵金属催化剂被广泛应用于 CO 催化氧化,由于价格高昂限制了其广泛应用,因此研究者一直在寻求开发能够替代贵金属的非贵金属催化剂,其中 Co_3O_4 以其优异的低温催化 CO 氧化性能而成为最具应用前景的非贵金属催化剂。

2. 常温催化净化室内甲醛和 VOC

初期研究主要集中于甲醛催化氧化上。Sekine 等[92]对 Ag_2O、PdO、Fe_2O_3、ZnO、CeO_2、CuO、MnO_2、Mn_3O_4、CoO、TiO_2、WO_3、La_2O_3、V_2O_5 等金属氧化物室温下对密闭体系中甲醛的分解进行了研究(表 8.4),发现 MnO_2 室温下可氧化分解甲醛为 CO_2 和 H_2O,有望作为净化室内甲醛材料的活性组分。

表 8.4 室温下金属氧化物对甲醛的分解活性对比[92]

金属氧化物	甲醛/ppm	R/%	R' (%/m^2)	CO_2/%	ΔCO_2/%
Ag_2O	50	93	52	0.05	−0.020
MnO_2^a	70	91	3	0.1	0.030
TiO_2	160	79	19	0.07	0.000
CeO_2	300	60	8	0.075	0.005
CoO	300	60	5	0.075	0.005
Mn_3O_4	350	53	6	0.08	0.010
PdO	350	53	7	0.07	0.000
WO_3	450	40	14	0.07	0.000
Fe_2O_3	600	20	6	0.08	0.010
CuO	600	20	11	0.07	0.000

续表

金属氧化物	甲醛/ppm	R/%	R'/(%/m^2)	CO_2/%	ΔCO_2/%
V_2O_5	700	7	2	0.07	0.000
ZnO	700	7	3	0.07	0.000
La_2O_3	750	0	0	0.06	−0.010
空白	750	—	—	0.07	—

a. 粗制样品

注：R 为甲醛转化率；R' 为单位比表面积和单位质量下的甲醛转化率（$R'=R/(W\times S)$（其中，W 为催化剂质量；S 为催化剂比表面积）；CO_2 为催化氧化甲醛反应后反应器中的 CO_2 浓度；ΔCO_2 为新产生的 CO_2 浓度（$\Delta CO_2=CO_2-$空白反应器中 CO_2 浓度）。

贵金属催化剂是目前最接近室温条件催化甲醛的催化剂。最近，Zhang 等[93]在高效室温氧化甲醛催化剂研究方面已经取得了突破，开发出了可室温催化氧化甲醛的 Pt/TiO_2 催化剂。

到目前为止，利用催化氧化技术仅仅实现了对甲醛的室温催化氧化，而针对室内其他主要 VOC，如乙醛、环己酮及苯系物等的催化氧化在室温下还难以实现，在众多应用于醛酮类和苯系物催化氧化的贵金属、过渡金属氧化物催化剂中，完全分解上述污染物的最低反应温度分别要在 200℃和 150℃以上。另外，从研究现状和发展趋势看，开发可室温催化氧化室内其他有机污染物的催化材料也具有很大难度。

8.4.3 低温等离子体协同催化技术

近年来兴起的低温等离子体催化技术（non-thermal plasma catalysis）是一种新兴的技术，结合了低温等离子体和催化反应的优点，在有效弥补了两种净化技术的不足的同时，充分发挥了催化剂和低温等离子体之间的协同作用[94]，因此在环境污染物处理方面引起了人们的极大关注，被认为是环境污染物处理领域中很有发展前途的高新技术之一[95]，有望实现在室内 VOC 净化中的实际应用。

1. 低温等离子体产生方式

低温等离子体主要是通过气体放电产生，目前利用的主要是介质阻挡放电（dielectric barrier discharge）。介质阻挡放电产生于由电介质隔开的两个电极之间，当两极间加上足够高的交流电压时，电极间隙的气体会被击穿而产生放电。介质阻挡放电结合了辉光放电和电晕放电的优点，具有电子密度高和可在常压产生大面积的低温等离子体的特点，所以具有大规模工业应用的可能性。

2. 低温等离子体协同催化作用机理

将催化剂引入低温等离子体，则低温等离子体和催化反应之间存在协同作用。

在低温等离子体空间内富集了大量极活泼的粒子,如离子、电子、激发态的原子、分子及自由基等含有巨大能量的高活性物种。活性粒子一方面活化了反应分子,另一方面活化了催化剂中心。因此,可使常规条件下需要很高活化能(加热到300℃以上)才能实现的催化反应在室温条件下即可顺利进行,大大减少了能耗。另外,催化剂的存在还可促进等离子体产生的副产物的完全氧化和臭氧分解反应,消除二次污染[95, 96]。但是必须指出,低温等离子体和催化剂之间的相互作用十分复杂,目前关于二者协同作用的机理并没有一个非常明确的解释,还需要更加深入的研究。

3. 低温等离子体催化净化室内 VOC

多种催化剂已用于低温等离子体催化反应,主要包括常见的光催化剂、金属氧化物催化剂、贵金属催化剂、分子筛类等。典型的催化剂有 TiO_2、MnO_2、Pt/Al_2O_3、Al_2O_3、铁锰氧化物、CoO_x、ZSM-5 等。

Subrahmanyam 等[97]设计了一种新式介质阻挡低温等离子体催化反应器。反应器结构如图 8.15 所示。其研究甲苯净化,甲苯转化率如图 8.16 所示。可以看出,在 235J/L 的能量输入密度下,对于负载有 Mn 或 Co 氧化物的 SMF,甲苯的转化

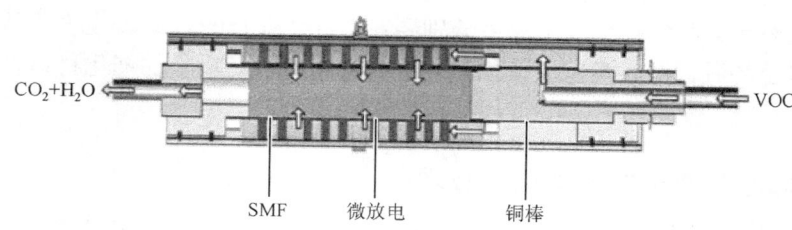

图 8.15 新式介质阻挡低温等离子体催化反应器[83]

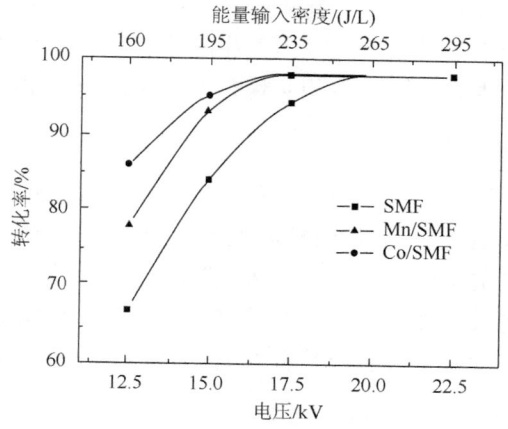

图 8.16 低温等离子体催化净化甲苯性能[97]

率可以达到 100%。

在放电等离子体处理 VOC 的过程中,臭氧作为强活性氧化物质对 VOC 的氧化降解起着积极的作用,但是若降解后最终排气的臭氧浓度过高,也将造成空气污染。S. Futamura 等[96]研究发现 MnO_2 能够加速 O_3 向 O_2 的转化,可以作为放电等离子体反应器的后处理来改善最终的排气品质,并且转化过程生成的活性氧物质可能对 MnO_2 分解 VOC 起到作用。

总的来说,该技术本身来讲,还存在一些急需解决的问题。首先,该复合技术的理论还不完全成熟。其次,设备制造技术难度大、成本费用高、价格贵。最后,尽管低温等离子体基本上是安全的,但在实际应用上还是存在着一定的安全隐患,如辐射等。

4. 常温催化净化室内微生物

常温催化净化室内微生物可以根据是否利用光照条件分为两类:一类是光催化技术;另一类是非光催化技术。

1)光催化净化室内微生物污染

构成微生物的有机物的化学键主要为 O—H、C—H、N—H、O—P 键等。从理论上讲,只要光催化产生的自由基的氧化能力大于这些化学键的键能,就可以达到杀菌的目的,这与光催化氧化 VOC 的机理是相同的。光催化体系利用各种途径的紫外光产生的 ·OH 具有极强的氧化能力,其氧化作用几乎无选择性,且能够穿透细胞膜破坏细胞膜结构,阻止成膜物质的传输,阻断其呼吸系统和电子传输系统,在室温条件下即可将室内空气中的病毒、细菌等微生物灭活,甚至导致细胞完全矿化[98]。

2)非光致催化净化室内微生物污染

光催化虽然是一种比较高效的室内空气常温消毒手段,但该技术对太阳光利用率低,应用较难。实际上现在日常使用最为广泛的还是化学消毒剂,开发无毒无害、长效安全的新型抗菌材料和技术是十分迫切的任务,也是当前和今后抗菌领域的重要研究课题和发展方向[99]。

将具有抗菌性质的金属及其化合物,如银、铜、锌等,牢固地负载于适当的无机载体上获得金属负载型无机抗菌材料,可使二者相互作用起到加强抗菌效果和增强杀菌稳定性的目的,是近年来备受研究者关注的热点之一。基于银的无机抗菌剂的抗菌作用机理具有两种解释:一是银离子的缓释杀菌抗菌机理;二是活性氧杀菌机理。银离子缓释杀菌抗菌机理是指在其使用过程中,抗菌剂缓慢释放出 Ag^+,因为 Ag^+ 在很低的浓度下即可强烈地吸引细菌体中酶蛋白的巯基,并迅速结合在一起降低细胞原生质活性酶的活性,具有抗菌作用[100, 101]。活性氧抗菌机理认为金属态的 Ag 能活化空气中的氧气或水中的溶解氧，生成的 $\cdot O_2^-$ 和 $\cdot OH$ 等强氧化性活性氧物种，可以迅速有效地杀灭细菌[102, 103]。

8.5 水处理过程中的多相催化

随着化学工业的高速发展，出现了很多难降解的有毒有机污染物，如农药、医药品类化合物、内分泌干扰物、染料等。现有的废水处理工艺如吸附、絮凝、臭氧氧化和生物氧化技术均不能有效去除这类污染物，它们被直接排放或通过地表径流进入淡水体系，致使全世界的水环境都遭受不同程度的污染。我国的水资源不足、分布不均匀、利用率很低。据统计，我国有 669 个城市，400 个城市供水不足，110 个城市严重缺水。我国的水环境污染出现恶化趋势，水质富营养化、有机物、氨氮及病源性微生物严重超标，人类的身体健康受到极大的威胁。面对国家在饮用水安全保障及水质改善方面的重大需求，亟待研究经济高效高新的水处理技术，解决水质污染问题。

目前，水质催化净化技术有可能处理所有类型的有机和无机污染物，这些催化净化技术包括氧化和还原过程。氧化过程是基于氧化剂的过程，也通常称为高级氧化过程，主要包括光催化氧化、芬顿催化氧化、臭氧催化氧化和湿式催化氧化。这些氧化过程主要以光、H_2O_2、O_3 等物理、化学氧化剂为媒介，协助多相催化氧化，产生羟基自由基、超氧自由基等强氧化活性物种，氧化分解结构稳定的有机物，获得无机矿化，或者提高有机物的可生化性，与生物氧化处理工艺结合，对高浓度有机废水达到净化目的。还原过程是利用金属催化还原水体中的无机污染物，达到脱毒的目的。针对地下水中硝酸盐的去除，可以通过双金属催化还原的方法，将硝态氮转化为无毒的氮气。本节立足于水中难降解有机污染物和硝酸盐的去除，介绍了光催化、芬顿催化氧化、臭氧催化氧化、湿式催化氧化及双金属催化还原等水处理技术原理与应用，重点阐述了催化氧化和催化还原降解污染物的过程及催化材料的研究进展，进一步提出了每种催化技术存在的优势与不足及未来发展的方向。

8.5.1 光催化水处理技术

光催化是一种具有成本效益的高级氧化技术，特别是对持久性有毒有机污染物的催化降解，并且有望用太阳能作为反应光源。光催化过程中，半导体催化剂吸收高于其禁带宽度的光能后，价带中的电子受激发，形成电子/空穴对，在电场作用下，电子与空穴发生分离，并与吸附在催化剂表面的 O_2 或者 H_2O 发生反应形成活性氧自由基，这些活性自由基能氧化大多数的有机污染物及部分无机污染物。TiO_2、ZnO、$SrTiO_3$、CeO_2、WO_3、Fe_2O_3、ZnS 等因其满价带空导带的特殊电子结构而作为光催化剂用于氧化还原和电子转移过程中。其中 TiO_2 因其化学稳定性高、耐腐蚀，且具有较深的价带能级，催化活性好，无毒无害和成本较低而成为最为广泛应用的光催化材料。然而，对于 TiO_2 光催化体系中的大多数降解反应，量子产率低于 10%。通过阴阳离子掺杂可以提高 TiO_2 的光吸收和光催化活性。在锐钛矿型 TiO_2 表面掺入贵金属如 Pt、Pd、Ir、Ag 等能够显著提高其光催化活性，这些贵金属是电子捕获中心。锐钛矿型氧化物也可以与 WO_3、SnO、ZrO_2 或其他体系建立联系，以便影响其电子空穴分离过程。

在自然界中，辐射到地面的紫外光能量只占太阳光总辐射能量的 5%左右。基于 TiO_2 的催化剂对可见光的响应效率低，为了扩大光谱利用范围，充分利用全波谱太阳能，因此多种多样的新型可见光催化剂涌现，主要有钙钛矿（$A^{2+}B^{4+}O_3$）及其相关结构材料、白钨矿（$A^{3+}B^{5+}O_4$）和尖晶石型材料（AB_2O_4）。特别是类钙钛矿型化合物具有稳定的结构，可以与一系列金属离子形成固溶体，成为可取代 TiO_2 的具有应用前景的可见光催化剂。钙钛矿结构的材料主要有铋酸盐化合物 $MBiO_3$（M=Li、Na、K、Ag）和铁酸盐化合物（如 $BiFeO_3$）。这些材料一般通过水热法合成，通过控制水热合成的参数可以得到不同的形貌。张伟德等[104]指出不同的形貌发生不同的光催化反应，微米盘和纳米片在紫外辐射下都具有光反应活性，而纳米片在可见光辐射下具有更高的光催化活性。钙钛矿相关结构材料中，Bi_2WO_6 是最简单研究最为广泛的催化材料，Bi_2MoO_6 和 $PbBiO_2Cl$ 也具有可见光催化活性。与之相关的卤氧化物在可见光范围也具有光活性，溴氧化物和碘氧化物，如 $BiOBr$、$PbBiO_2Br$、$BiOI_xBr_{1-x}$ 或 $BiOI_xCl_{1-x}$ 都具有良好的可见光响应能力。另外，有研究表明，纳米金或银与半导体复合可以形成具有 Plasmon 效应的可见光催化剂。胡春等[105]以介孔氧化铝为载体，成功地研制了新型高效的 Ag-AgI/Al_2O_3 可见光催化剂，将纳米银的 Plasmon 共振效应引起的很强的可见光吸收应用到光催化降解中，并且发现纳米银与卤化银半导体匹配，受光激发引发两个界面电子转移过程（图 8.17）：一个是纳米银到卤化银的导带，另一个是从水中污染物到表

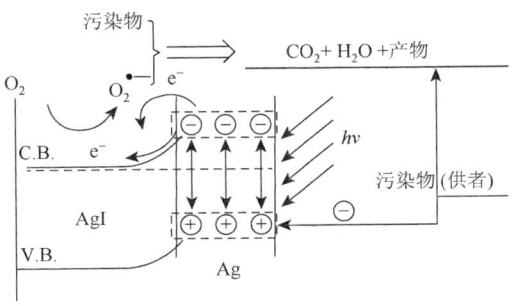

图 8.17　Ag-AgI/Al_2O_3 的光催化机理示意图[105]

面光致纳米银离子,产生了两种活性物种:超氧自由基和光致纳米银空穴,二者的协同产生强氧化能力,并保证了纳米银与卤化银的光稳定性。

在光催化降解污染物的过程中,O_2 参与了污染物转化及矿化的整个反应过程,如羟基化、开环、脱羧等,污染物降解反应的最终净结果为污染物与 O_2 反应生成 H_2O 和 CO_2,期间伴随着各种含氧活性物种的生成及反应,因此,光催化活化 O_2 的微观机理是该领域的一个重要基础科学问题。研究者利用同位素标记等手段研究了 TiO_2 光催化活化 O_2 的微观过程,发现反应物分子中的氧原子在转化过程中完全被 O_2 中的 1 个氧原子所置换(置换率>99%),提出了与以往贵金属等催化氧化机理完全不同的 TiO_2 光催化氧原子转移机理[105, 106]。进一步的研究阐明了芳环类污染物光催化羟基化过程中 O_2 与 H_2O 的活化机理和参与途径[107]。另外,多相光催化作为一种多相催化反应,存在着催化剂结构对催化性能的影响。研究者发现不同晶面结构对光催化降解过程中 O_2 的活化有着显著的影响,随着锐钛矿 TiO_2{001} 晶面比例的提高,中间产物中羟基氧来源于 O_2 的比例上升,相同污染物转化率的条件下,矿化率提高,与此同时转化单位污染物所消耗的 O_2 量上升,这主要与 O_2 在不同晶面上的吸附能力及光生电子产生速率不同有关[108, 109]。

光催化作为一种高级氧化技术被广泛研究用于太阳能转化和水质净化。通过紫外或可见光催化进行水处理,在液固界面产生羟基自由基,随后的自由基反应服从异相反应动力学。目前光催化的主要缺陷是量子产率低,不能对所有的水质进行有效地净化。然而,强大的理论支持和应用性促进光催化的发展,太阳光助水环境修复是光催化的主要应用领域,并将继续作为光催化技术的重要实践平台和建立相关理论知识的动机。

8.5.2 绿化催化新工艺——芬顿技术的发展及应用

芬顿(Fenton)试剂一般是指 Fe^{2+} 与 H_2O_2 构成的体系,由法国化学家 Fenton 于 1894 年在 H_2O_2 氧化苹果酸的实验中发现[110],Haber-Weiss 于 1934 年提出芬顿反应的羟基自由基机制,指出了 Fe^{2+} 在反应过程中的催化作用,Fe^{2+}/Fe^{3+} 的电子转移催化分解过氧化氢产生强氧化性的羟基自由基,如式(8.13)和式(8.14)所示。羟基自由基的氧化电位高达 2.8V,而且反应没有选择性,能够将有机污染物分解为小分子有机物或部分矿化为二氧化碳和水。Eisenhouser 于 1964 年首次将芬顿试剂应用于处理苯酚和烷基苯废水[111]。芬顿氧化符合目前国际社会所倡导的绿色化学理念,能够在环境友好的氧化剂——过氧化氢存在条件下,将有毒或难降解的有机污染物矿化为对环境无污染的二氧化碳和水,是一种环境友好的绿色催化新工艺。

$$Fe^{2+} + H_2O_2 \longrightarrow Fe^{3+} + \cdot OH + OH^- \quad k_1 = L/(mol \cdot s) \quad (8.13)$$

$$Fe^{3+} + H_2O_2 \longrightarrow Fe^{2+} + HO_2^{\cdot} + H^+ \quad k_2 = 0.02 L/(mol \cdot s) \quad (8.14)$$

均相芬顿反应具有高效、成本低廉的优点，但是其反应效率受溶液中亚铁离子浓度和亚铁离子再生能力的影响，而且在反应过程中产生大量含铁污泥，处理成本较高，很容易造成二次污染，这成为制约其实际应用的重要因素[112]。非均相芬顿催化能够克服这些缺陷，这是因为非均相芬顿催化拓宽了pH适用范围，而且反应后催化剂可以回收再利用，降低了废水处理成本，具有广泛的应用前景。非均相芬顿催化剂主要分为过渡金属或过渡金属氧化物复合体、负载型芬顿催化剂。

过渡金属，如零价铁，在酸性条件下可以跟H_2O_2反应产生Fe^{2+}并促进Fe^{2+}再生。国外有研究者认为Fe^0/H_2O_2体系无论是处理效果，还是运营成本均优于Fe^{2+}/H_2O_2体系[113, 114]。过渡金属氧化物也可以催化H_2O_2产生羟基自由基，从而降解水体中的有机污染物。以典型的铁氧化物为例，如磁铁矿、赤铁矿、针铁矿、水铁矿等均可直接作为非均相芬顿催化剂催化降解偶氮染料、喹啉、单萜烯等。为了提高催化剂的催化活性，许多研究通过掺杂其他的过渡金属阳离子或者H_2热处理还原等方式对铁氧化物结构进行修饰[115]。胡春等[116, 117]研究了Cu掺杂α-FeOOH、Bi_2O_3和$LaTiO_3$钙钛矿的催化活性及催化机理，研究表明，这些催化剂均能催化H_2O_2产生羟基自由基，活性金属不同价态间发生电子转换，可以循环高效地去除水体中染料、内分泌干扰物、医药品等有机污染物。

负载型催化剂是另一种比较具有应用前景的非均相芬顿催化剂。活性组分包括过渡金属离子、过渡金属氧化物及以过渡金属离子为中心的金属有机化合物；载体的选择有多种类型，包括无机和有机载体，如碳材料、无机氧化物、黏土矿物、阳离子交换树脂等。例如，Navalon等[118]将Au负载于芬顿反应处理的金刚石，此催化剂能有效去除苯酚，在pH=4条件下的催化效率比其他固体催化剂高4个数量级。王建龙[119]最近采用浸渍法成功地研制出磁性纳米型Fe_3O_4/CeO_2复合催化剂，研究了该催化剂对4-氯酚的多相芬顿催化降解效果，结果显示2.0g/L Fe_3O_4/CeO_2和30mmol/L H_2O_2在pH=3.0及30℃条件下对0.78mmol/L 4-CP降解的拟一级动力学常数为0.11min^{-1}，该催化剂对H_2O_2的利用率高达79.2%。

芬顿催化氧化技术具有操作过程简单，无需复杂设备且对环境友好等优点，已被逐渐应用于染料、农药等废水处理工程中，具有很好的应用前景和极大的推广价值。但从现有国内外的研究成果看，芬顿催化氧化技术尚存在氧化降解能力需要提高、污染物矿化速度偏慢、需要紫外光、超声等外能辅助、粉末催化剂难以回收等缺点，因此，改善芬顿反应羟基自由基的产生机制和反应条件，提高羟基自由基生成率和利用率，设计结构简单、效率高、可长期稳定运行的反应器将是该技术发展的必然趋势。

8.5.3 臭氧催化氧化水处理技术

臭氧催化氧化技术是近年来发展起来的一种具有较强竞争力的高级氧化技术，它可以在常温常压下高效地降解矿化难降解的有机污染物，具有催化效率高、稳定性好、不引入二次污染、催化剂可再生的优点。在酸性介质中，臭氧在室温时的标准氧化还原电位为 2.07V，是自然界最强的氧化剂之一。臭氧化应用技术最广泛、最成功的领域是饮用水的处理。臭氧用于饮用水处理，主要有杀菌消毒、无机物和有机物的氧化、控制氯化消毒副产物和藻类、助凝等功能[120]。非均相催化臭氧氧化的催化剂主要有两类：金属氧化物和负载型金属氧化物。

非均相催化臭氧氧化中常用的金属氧化物催化剂有 MnO_2、Al_2O_3、TiO_2、CeO_2、ZnO、$FeOOH$ 等。其中 MnO_2 因其表现出最好的催化臭氧化活性、可有效催化降解的有机物种类最多而受到广泛关注。MnO_2 的活性随 pH 的降低而提高，催化剂的结构、合成方法也是决定其活性的主要因素。工业生产的 MnO_2 因粒子比较大、比表面积比较小几乎没有任何催化活性，而因合成方法的不同，预合成的以固相形式存在的水合 MnO_2（水合 Mn^{IV}）比原位形成的 MnO_2 催化活性略低[121]。马军等研究发现α-FeOOH、β-FeOOH 和γ-FeOOH 中α-FeOOH 在催化臭氧化降解硝基苯时显示出最高的催化活性。Co、Mn 掺杂α-Fe_2O_3 和 Fe_3O_4 也能够有效地催化臭氧化 2, 4-D、2, 4, 6-三氯苯酚和安替比林[122, 123]，多氧化态有助于界面电子转移，提高其催化反应性，催化臭氧分解形成羟基自由基是加速水中有机污染物去除的主要原因。

金属氧化物如 MnO_2、TiO_2、Fe_2O_3、CoO_x 等固定于硅胶、Al_2O_3、ZrO_2 和 TiO_2 等载体上也能作为催化臭氧化催化剂催化去除水中有机污染物。这些负载型金属氧化物的催化活性主要取决于其制备方法、受热历程、金属氧化物的性质及其表面特性。胡春等[124]将 MnO_x 负载于介孔 ZrO_2 或 Al_2O_3，将 CoO_x 负载于 ZrO_2，研究了其在去除水中除草剂 2, 4-D 和医药品类如安替比林、布洛芬等过程中的催化活性。研究结果表明 MnO_x 和 CoO_x 的多氧化态和高分散性增强其界面电子转移速率，提高其催化活性，羟基自由基的形成导致有机污染物的矿化降解，如图 8.18 所示。介孔 Al_2O_3 上负载β-FeOOH 导致表面 Lewis 酸位增强，能使表面产生更多的化学吸附水，增强与臭氧的相互作用，能够有效地催化臭氧氧化水溶液中布洛芬和环丙沙星[125]。

董青石、钙钛矿、沸石和蜂窝陶瓷被普遍地应用于催化臭氧化中催化降解硝基苯、苯甲酮、酚类化合物等。马军等[126]研究发现，蜂窝陶瓷是催化臭氧化硝基苯的活性催化剂且反应过程中涉及羟基自由基。进一步对蜂窝陶瓷进行修饰，发现负载 Mn、Cu 或 K 后，羟基自由基的产生明显加速。其反应机制是中性的表面

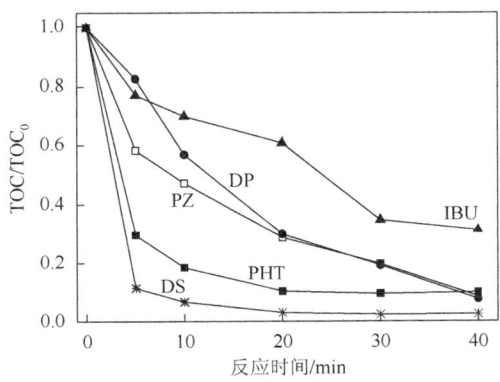

图 8.18　臭氧催化剂 MnO_x/介孔 Al_2O_3 对不同有机污染物的矿化[124]

键合羟基促使臭氧分解形成羟基自由基,从而加速硝基苯的催化降解。Beltran 等[127]研究指出,$LaTi_{0.15}Cu_{0.85}O_3$ 钙钛矿和活性炭能更有效地催化去除含医药品水中的总有机碳(TOC)。钙钛矿催化臭氧化的控制步骤是化学反应(均相和异相反应);而对于活性炭,外部扩散(臭氧扩散到活性炭表面)是控制步骤。此外,沸石和火山岩在催化臭氧化没食子酸时也显示出很高的催化活性。

非均相催化臭氧化作为有效的深度处理技术,能进一步去除 TOC,满足日益严格的出水排放标准,日渐受到国内外学者的关注。该项技术还有以下进步空间:首先,臭氧在水中溶解度较低,提高臭氧利用效率已经成为该技术研究的热点;其次,研制催化效果好、寿命长、重复利用率高的催化剂,提高臭氧催化分解生成羟基自由基的效率;最后,研究臭氧与其他技术的联合,降低物耗和能耗,降低污水处理成本也是今后研究工作的重点。

8.5.4　湿式催化氧化技术

湿式催化氧化法(catalytic wet oxidation,CWO)是指在高温(200~280℃)、高压(2~8MPa)下,以富氧气体或氧气为氧化剂,利用催化剂的催化作用,加快废水中有机物与氧化剂间的反应,使废水中的有机物及含 N、S 等的毒物氧化成 CO_2、N_2、SO_2、H_2O,达到净化之目的。该技术专门用于高浓度工业废水的处理,是一种废水深度处理技术[128],表 8.5 为催化湿式氧化处理我国部分行业高浓度工业废水的试验结果。发达国家把湿式催化氧化技术视为第二代工业废水处理高新技术,专用于解决第一代常规技术(如生物处理、物理化学处理等)难以解决或无法解决的净化处理问题。湿式催化氧化技术将成为 21 世纪工业废水处理的替代新技术。

表 8.5　湿式催化氧化处理国内部分行业高浓度工业废水的试验结果[128]

废水类型	处理条件	水样类型	pH	COD_{cr}/(mg/L)	NH_3-N/(mg/L)
焦化废水	250℃	进口原水	9.5	10 664	1 262.74
	5MPa	处理出水	5.4	64.48	—
		去除率（%）		99.40	100
造纸黑液	250℃	进口原水	12.19	50 048	385.66
	7MPa	处理出水	7.52	39.44	0.50
		去除率（%）		99.92	99.87
生物制药废水	270℃	进口原水	9.94	31 280	2 110.47
	7MPa	处理出水	5.62	13.60	—
		去除率（%）		99.96	100
糖厂糖蜜废水	270℃	进口原水	5.09	50 320	1 063.95
	7MPa	处理出水	7.81	64.60	0.85
		去除率（%）		99.87	99.92
化工乙糠酸废水	250℃	进口原水	3.19	43 520	396.51
	7MPa	处理出水	4.87	47.6	0.26
		去除率（%）		99.89	99.93
植物化工烤胶废水	250℃	进口原水	5.55	39 440	3 674.42
	7MPa	处理出水	7.07	68.00	0.60
		去除率（%）		99.83	99.98
合成香料厂废水	270℃	进口原水	7.0	20 680	1.68
	9MPa	处理出水	7.6	100.80	—
		去除率（%）		99.50	100
印染厂硫化染料废水	270℃	进口原水	12.6	17 517	4.9
	9MPa	处理出水	1.2	87.58	—
		去除率（%）		99.50	100
石油化工炼油废水	270℃	进口原水	14.0	39 600	5.6
	9MPa	处理出水	8.7	238.57	—
		去除率（%）		99.4	100
化学合成制药废水	270℃	进口原水	12.30	22 669	1.96
	9MPa	处理出水	8.02	462.90	—
		去除率（%）		98.00	100
农药扑草净废水	250℃	进口原水	13.17	20 128	64.92
	7MPa	处理出水	1.25	1 727.20	8.28
		去除率（%）		91.42	87.25

湿式催化氧化法的最初研究集中在均相催化剂上。均相湿式催化氧化法是向反应溶液中加入可溶性的催化剂，以分子或离子水平对反应过程进行催化。均相催化的活性和选择性可以通过配体的选择、溶剂的变换及促进剂的添加等因素，精细调配和设计。常用过渡金属（如 Co、Cu、Ni、Fe、Mn、V 等）的盐作为催化剂，但是由于均相催化剂溶于废水出水中，为避免催化剂流失及对环境的二次污染，需要进行后续处理，同时也提高了废水处理的成本，从而使处理工艺的实用性较差，较难实现工业化应用。

从 20 世纪 70 年代后期，湿式催化氧化反应的研究重点转移到非均相湿式催化氧化反应上。催化剂在非均相湿式催化氧化反应过程中以固态存在，催化剂和废水的分离比较简便，使处理流程大大简化；此外非均相湿式催化氧化催化剂还具有催化活性高、稳定性好等特点。因此开发高活性、高稳定的固态催化剂是湿式催化氧化法进行工业化生产的关键。非均相催化剂主要有贵金属系列（如 Ru、Rh、Pd、Pt 等）和非贵金属（如 Cu、Mn、Ce、Mo 等）。其中贵金属经常以低于 5%的负载量负载于 γ-Al_2O_3、TiO_2、CeO_2、ZrO_2、活性炭等载体上；普通金属常作为活性组分，以氧化物、复合氧化物或负载型催化剂形式应用于湿式催化氧化过程中。例如，Keav 等[129]以铈氧化物为载体，制备了贵金属 Pt 或 Ru 负载型催化剂，用于湿式催化氧化去除苯酚，在 160℃，苯酚的转化率可达 100%。Ayusheev 等[130]在氮掺杂碳纳米纤维上负载 Ru 为催化剂进行了湿式催化氧化去除苯酚的研究，发现氮掺杂能够在一定程度上提高催化剂的活性。贵金属如钌、铂、钯等在氧化反应中具有高活性和稳定性，但是贵金属的昂贵在某种程度上限制了其在催化湿式氧化中的应用。常规的金属如锰、铈、锌、钼或其氧化物作为催化剂的活性已得到证实。例如，Arena 等[131]以 $MnCeO_x$ 为催化剂，研究了其在 0.9MPa O_2 条件下苯酚、乙酸、草酸、甲酸的降解情况，结果表明在 110～150℃温度范围内，$MnCeO_x$ 显示最高的污染物去除率和矿化率。许银等[132]在 pH=7 的条件下利用浸渍法研制了 Mo-Zn-Al-O 催化剂，该催化剂在常温常压下对阳离子紫 XB-L 的脱色率达 94.6%，TOC 去除率可达 86.7%。

湿式催化氧化主要有以下优点：①由于反应在接近绝热状态下进行，出口温度高，停留时间短，氧化反应速率快；②装置从静止到正常运行所需时间很短；③工艺过程不受污染水组分改变的影响；④占地面积小，可产业化；⑤由于反应生成二氧化碳，无二次污染问题；⑥可回收热量；⑦处理效率高，适应范围广；⑧处理后生物降解性能提高。

目前湿式催化氧化的应用存在着较大的困难：均相催化剂一般比非均相催化剂活性高，反应速率快，但流失的金属离子易引起二次污染；在非均相催化剂中，大部分情况下贵金属的催化活性高，但价格昂贵。普通金属系列催化剂往往存在溶出问题而限制了其工业化应用，制备高稳定性、高效非均相负载型催化剂，是当今湿式催化氧化研究的热点和湿式催化氧化工业应用的关键。

湿式催化氧化技术今后的发展趋势为：①湿式氧化法是处理难降解废水的重要方法，应进一步扩大应用范围，开展湿式氧化与其他处理工艺相结合的废水处理新工艺，使这一方法在环境治理中发挥更大的作用；②随着环保要求的不断提高，危险废物处理成了环境研究的热点和难点，湿式氧化技术将是一个很好的选择；③高效稳定的催化剂及应用材料方面的研究将是限制湿式催化氧化发展的限制性因素，因此，制备高效高稳定性的非均相催化剂是湿式催化氧化技术发展的关键。

8.5.5 双金属催化剂催化去除水中硝酸盐

天然水中硝酸盐的污染，近些年来已经上升为世界各国最严重的问题之一。NO_3^-的污染对人类健康尤其是婴幼儿的危害极大，诱发如婴幼儿高铁血红蛋白症及先天性心脏功能缺陷综合征等疾病[133]。因而，世界卫生组织和美国国家环保局、欧盟及我国制定的饮用水中硝态氮最高允许浓度分别为 10mg/L、11.3mg/L 及 20mg/L[134]。

硝酸盐在水中溶解度高，化学性质稳定，可以长期在地下水中积累，传统给水处理工艺技术难以将其除去，所以地下水中的硝酸盐污染与防治值得我们密切关注。目前脱硝酸盐的技术有物理化学法、生物反硝化法和催化还原法。物理化学法（如离子交换法、反渗透）使硝酸盐在反应过程中只是发生了转移，浓缩在副产的废水中，仍需要进一步处理，费用较高，而且这些处理方法对于硝酸盐没有选择性；微生物法是目前最有前途的工艺，但也存在脱硝酸盐过程慢的缺点，有时反硝化过程进行地不完全，会释放大量的NO_2^-、NO_x和N_2O，而且产生的大量剩余生物污泥需后处理；因此需要使用更有利于环境保护的技术。

催化还原是一种很有前景的水处理技术，选择性地将污染物转化为无毒或低毒并且易于生物降解的物质。化学催化还原硝酸根指以氢气、甲酸等为还原剂，在反应中加入适当的催化剂，以减少副产物的生成，也就是利用催化剂的催化作用将硝酸盐氮还原，反应历程如下：

$$2NO_3^- + 5H_2 \longrightarrow N_2 + 2OH^- + 4H_2O \tag{8.15}$$

$$NO_3^- + 2H_2 \longrightarrow NH_4 + 2OH^- + H_2O \tag{8.16}$$

目前已经研究发展了几种催化剂用于催化还原水中的硝酸盐污染物，如负载 Pd、Pt、Cu、Zn 等及基于 Pd 等的双金属催化剂。一般来说，基于 Pd 的催化剂活性更高、更稳定并且选择性地形成无毒或低毒的终产物。Pd 与其他金属结合形成双金属催化剂，通过改变其几何形态和电子性质，能够有效地增强其催化活性。例如，赵伟荣等[135]制备了一系列单金属或双金属催化剂用于水中硝酸盐的还原，包括负载于 Al 颗粒上的单金属 Cu、Ni 和双金属 Pd-Cu、Pt-Cu、Au-Cu、Ru-Cu，实验研究表明 0.4% Pd-4% Cu/Al 在 pH=4 的条件下对硝酸盐还原形成氮气具有最高的选择性（34.1%）和最高的硝酸盐去除速率（$1.41\times10^{-2}min^{-1}$）。

为了增加金属分散度和促进相分离，Pd 和其他金属经常负载于载体材料上。普遍用于污染物还原的载体有活性炭、氧化铝和氧化硅。其他不常用但是能有效催化还原硝酸盐和亚硝酸盐的载体有 TiO_2、ZrO_2、SnO_2 和有机树脂、导电聚合物和碳纳米管。这些载体通过影响其表面金属团簇的密度、粒度、形貌和活性位点的分布而间接影响催化剂的活性和选择性，高比表面或微孔载体因传质效应而影响其反应活性和选择性[136, 137]。

影响化学催化还原硝酸根的因素很多，包括催化剂的性质（载体、负载量、双金属质量比、催化剂的制备方法、负载型催化剂的用量）、水体因素（反应温度、pH）、反应条件（氢气气压或流速）及传质过程等。其中任一因素发生变化，都会影响硝酸盐的脱除速率及最终反应物的组成，即影响催化剂的活性和选择性。催化剂活性以单位质量催化剂在单位时间内脱除硝酸盐氮的量来表示；催化选择性以某一产物（通常为氮气）的产率表示。

目前，国内外大多数的硝酸盐催化加氢脱氮研究都是在实验室中进行，实际地下水处理仅限于规模尝试性研究，大规模运用加氢催化还原脱除硝酸盐的技术尚不成熟。在实际应用过程中仍可能存在不少问题。因此，在将来的研究中，下列两个方面应加以重视。

（1）硝酸盐还原成 N_2 是一个连续的反应，反应中会生成一些毒性较高的中间产物如亚硝酸盐、铵根离子和气体 NO_x，如何设计反应器使这些中间产物不排放出来或控制在排放标准以内，是一个必须解决的问题。设计两段反应器，前段用双金属负载催化剂仅催化还原硝酸盐，后段用单金属负载催化剂来还原亚硝酸盐，完全或最大限度转化这些中间产物，可能是一个有效的解决途径。

（2）虽然地下水中常见的硫酸根、磷酸根、碳酸根和氯离子不会使其失活，但是，当水中出现硫离子时就会使催化剂中毒。地下水中永久性硬度虽然对 NO_3^- 的去除率和反应选择率影响不大，但是当地下水的 pH 较高时，$CaCO_3$、$Mg(OH)_2$ 可沉淀在催化剂表面上，使其"结垢"失活。如果处理的地下水中出现溶解的、易还原的金属盐，它们就会被还原成单质沉淀在催化剂的表面上从而改变催化剂的性质，影响催化剂的活性及选择性。因此，在将来的研究中应重点考虑提高催化剂的活性和对目标还原产物的选择性，解决催化剂"结垢"失活问题，以便长时间保持催化剂的活性，设计大规模应用的反应器，促进催化还原技术在水处理方面的实际应用。

8.6 温室效应和臭氧层消耗物质的催化转化

8.6.1 甲烷二氧化碳催化重整

二氧化碳和甲烷都是自然界中廉价且资源丰富的含碳化合物，同时也是引起全球气候变暖的两种最主要的温室气体。随着全球环保意识的提高及排放法规的日趋严格，如何将二氧化碳和甲烷有效消除、处置或资源化利用引起了世界各国的关注。研究者们分别针对二氧化碳和甲烷的资源化转化进行了大量的研究。本节将重点对甲烷和二氧化碳重整反应进行评述。

1. CH_4-CO_2 重整反应的热力学

CH_4-CO_2 重整反应主要按照式（8.17）进行，热力学计算可知，CH_4-CO_2 重整反应制取合成气是强吸热过程。

$$CO_2(g) + CH_4(g) \longrightarrow 2CO(g) + 2H_2(g)$$
$$\Delta H_{298K} = 247 \text{kJ/mol}; \quad \Delta G^{\ominus} = 61770 - 67.32T \tag{8.17}$$

CH_4-CO_2 重整反应除按照式（8.17）反应外，同时存在逆水汽变换（RWGS）式（8.18）、CO_2 歧化反应式（8.19）和甲烷裂解反应式（8.20）。

$$CO_2(g) + H_2(g) \longrightarrow H_2O(g) + CO(g)$$
$$\Delta H_{298K} = 41 \text{kJ/mol}; \quad \Delta G^{\ominus} = -8545 + 7.84T \tag{8.18}$$

$$2CO(g) \longrightarrow CO_2(g) + C(s)$$
$$\Delta H_{298K} = -172 \text{kJ/mol}; \quad \Delta G^{\ominus} = -39810 + 40.87T \tag{8.19}$$

$$CH_4(g) \longrightarrow C(s) + 2H_2(g)$$
$$\Delta H_{298K} = 75 \text{kJ/mol}; \quad \Delta G^{\ominus} = 21960 - 26.45T \tag{8.20}$$

除上述四个反应，下面的反应也存在于 CH_4-CO_2 重整反应中：

$$C(s) + H_2O(g) \longrightarrow CO(g) + H_2(g) \tag{8.21}$$

2. 催化剂体系

用于 CH_4-CO_2 重整反应的催化剂活性组分主要为Ⅷ族金属元素，如金属 Ni、Fe、Co、Ru、Rh、Pd、Ir 和 Pt 对催化 CH_4-CO_2 重整反应都具有较高活性[138]，Os[139]在 OsO_4/$NaIO_4$ 水溶液中也能活化甲烷。贵金属催化剂 Pt、Ir、Ru、Rh 同时具有较高催化活性和很好的抗积碳性能[140]。由于贵金属资源匮乏，导致其价格高昂，所以非贵金属催化剂仍是研究的热点。在相同分散度下，Ni 基催化剂的转化率仅低于 Pt 和 Ir，因此成为最具有可能取代贵金属的 CH_4-CO_2 重整催化剂[141]。

CH_4-CO_2 重整反应除了要求高的催化剂活性之外，同时由于整个反应是在较高温度下进行，对催化剂的热稳定性要求很高，因此必须选择既具有高温稳定性同时又具有较高表面积的载体。最初选择使用的载体多为 Al_2O_3[142]、MgO[143]等，但反应测试表明 Ni 负载在该类载体上，催化剂活性迅速降低，催化剂失活的主要原因是 Ni 颗粒迅速长大和表面碳的累积。在这个基础上，增强 Ni 和载体之间相互作用及具有高耐积碳能力的镁铝尖晶石载体成为众多催化剂选用的载体[144]。不仅镁铝尖晶石具有这些优点，同样能增强 Ni 和载体之间相互作用及具有高耐积碳能力的载体 ZrO_2[145]、钙钛矿类[146]、分子筛等载体[147]也被发现并报道出来。

3. CH_4-CO_2 重整反应的动力学

在反应过程中，活性金属组分直接参与了甲烷和二氧化碳的活化，因此其对反应动力学影响显著。甲烷和二氧化碳的活化主要是通过与活性组分的 HOMO 轨道和 LUMO 轨道的相互作用来进行，因此活性金属组分的电子结构是影响反应速率的主要因素。研究发现甲烷和二氧化碳重整反应的转化频率与活性金属组分的 d 特性因子有较好的关联性[148]。

4. 反应机理

Iglesia[149]通过使用同位素和动力学测试，提出 Ni 基催化剂上 CH_4-CO_2 重整反应机理，认为反应过程中没有通过 CH_xO 含氧物种参与反应这一步，同时认为甲烷活化是反应的速率控制步骤。反应的进程如下：

$$CH_4 + * \rightleftharpoons CH_x* + \left(\frac{4-x}{2}\right)H_2 \quad (8.22)$$

$$2\left[CO_2 + * \rightleftharpoons CO_2*\right] \quad (8.23)$$

$$H_2 + 2* \rightleftharpoons 2H* \quad (8.24)$$

$$2\left[CO_2 + H* \rightleftharpoons CO* + OH*\right] \quad (8.25)$$

8.6.2 氧化亚氮的催化消除

1. 氧化亚氮的来源、危害和对策

氧化亚氮（N_2O）是一种无色的有微弱甜味的气体。主要有两大来源：一是来自自然界，如海洋、森林、土壤等自然源；另一个主要来源是人类活动。目前

对于 N_2O 的催化消除主要有两种方法：直接催化分解法和选择性催化还原法。前者是使 N_2O 直接在催化剂上分解为 N_2 和 O_2 的方法，后者主要是通过添加还原剂（如 CO、H_2、NH_3 或 CH_4、C_3H_6 等碳氢化合物）实现对 N_2O 的还原。下面将主要对直接催化分解法方面的研究进展情况进行总结，并在介绍分子筛催化剂体系时对选择性催化还原法进行简单回顾，最后对将来的研究方向和方法提出建议。

2. 氧化亚氮直接催化分解反应及反应机理

1) 催化氧化亚氮直接分解反应

N_2O 是一个不对称分子，N—N 之间的键级为 2.7，N—O 之间的键级为 1.6，相比之下 N—O 键更容易断裂。但是 N—O 键能为 250~270kJ/mol，要使该键断裂并按方程式（8.26）发生反应至少需要 600℃ 以上的高温[150]。

$$2N_2O \longrightarrow 2N_2 + O_2 \qquad \Delta_r H^\ominus (25℃) = -163kJ/mol \qquad (8.26)$$

2) 反应机理

在不同的催化体系上 N_2O 分解机理各不相同，但总结起来分为两步：第一步 N_2O 与活性中心相互作用造成 N—O 键断裂，生成 N_2 和吸附氧[方程式（8.27）]，第二步是吸附氧的脱附[反应式（8.28）和反应式（8.29）]。

$$N_2O + * \longrightarrow N_2 + O* \qquad (8.27)$$

$$2O* \rightleftharpoons O_2 + 2* \qquad (8.28)$$

$$N_2O + O* \longrightarrow N_2 + O_2 + * \qquad (8.29)$$

3. 氧化亚氮的催化分解催化剂

自从 Iwamoto 等发现 Cu-MFI 对分解 NO_x 有很高的活性以来，一系列的离子交换分子筛也被用来研究催化 N_2O 直接分解[151]。从 90 年代开始，随着人们对 N_2O 认识的加深及对环境问题的日益重视，研究者开始致力于研究有较高催化 N_2O 分解活性的催化剂，一些性能优异、有工业应用潜力的催化剂体系（如类水滑石分解产物催化剂及尖晶石催化剂等）被相继研究出来。

N_2O 分解催化剂可以大致分为三类：金属催化剂、氧化物催化剂和分子筛催化剂，下面将就这几种催化剂目前在国内外的研究进展情况作简要介绍。

1) 氧化亚氮的催化分解金属催化剂

可以催化 N_2O 直接分解的金属催化剂主要是负载型贵金属催化剂，如 Pt、Pd、Rh、Ru、Au 等单金属催化剂，及 Ag-Rh/Al_2O_3、Ag-Pd/Al_2O_3 等双金属催化剂。对于单金属催化剂，其催化活性的顺序依次为 Rh＞Au＞Ru＞Pd＞Pt；双金属 Ag-M 催化剂，主要活性区间在 300℃ 以上（如果没有特别说明，活性区间或活性温度一般指没有其他共存气体且 N_2O 转化率达到 50% 以上的温度区间）。而 Rh、Ru、Au 催化剂，其活性区间主要在 200~400℃，表现出较好的低温催化活性。

2）氧化物催化剂

氧化物催化剂是目前研究最集中的可以催化 N_2O 直接分解的催化体系。早期的研究主要在纯氧化物催化剂和钙钛矿催化剂上展开，但它们对于 N_2O 分解反应的低温催化活性都不太令人满意。尽管如此，相关的机理研究为后继研究者提供了很好的参考。近十年来，类水滑石分解产物及尖晶石催化剂等对于催化 N_2O 直接分解具有高活性的复合氧化物催化剂陆续被开发出来。

(1) 纯氧化物催化剂。对 N_2O 分解有催化活性的主要是过渡金属氧化物及碱土金属氧化物[152]。活性最高的氧化物是Ⅷ（Rh、Ir、Co、Fe、Ni）、CuO 和一些镧系（La）氧化物；Ⅲ-Ⅶ（Mn、Ce、Sn、Cr）和Ⅱ（Mg、Ca、Sr、Zn）氧化物也有较高的活性。总体来看，除了 Rh_2O_3 有较好的低温活性外，其余都属于中高温催化剂[153]，如图 8.19 所示。

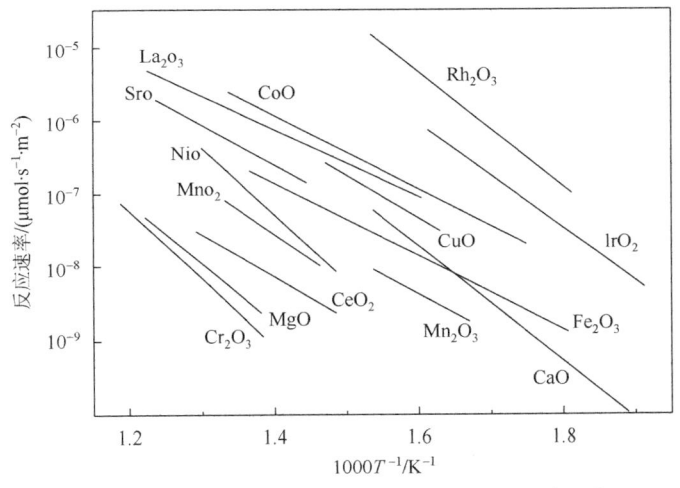

图 8.19 纯氧化物催化 N_2O 分解速率（$\mu mol \cdot s^{-1} \cdot m^{-2}$）

N_2O 分压为 10kPa，O_2 分压为 0.1kPa

(2) 钙钛矿催化剂。在钙钛矿氧化物上充当活性位的一般是 B 位元素。如果固定 A 位元素为 La，B 位元素选择第四周期过渡元素（Cr→Cu），对比其对 N_2O 分解反应的活性就可以发现其呈现以 Co 为峰顶的单峰模式（图 8.20），$LaCoO_3$ 的活性是 $LaFeO_3$ 的 20 倍，是 $LaMnO_3$ 的 40 倍[154]。由此可见 B 位元素的氧化还原性质直接影响了催化剂的活性。尽管 B 位是催化剂的主活性位，A 位元素也会因为对 B 元素有修饰作用而对催化剂的活性有一定影响。如果固定 B 位元素，A 位元素选择稀土金属（La、Nd、Sm、Gd），则催化剂上 N_2O 分解反应的活化能依次为 $GdMO_3 > SmMO_3 > NdMO_3 > LaMO_3$，这在 $LnMnO_3$ 系列和 $LnSrFeO_4$ 系列催化剂上都得到了实验支持[155]，这是因为虽然 B 是主要的活性位，但由于从 La

到 Gd，f 电子的连续增加使得 B 位金属离子的电子密度不断增大，降低了对和 B 位结合的 O^- 的束缚，有利于氧的脱附。

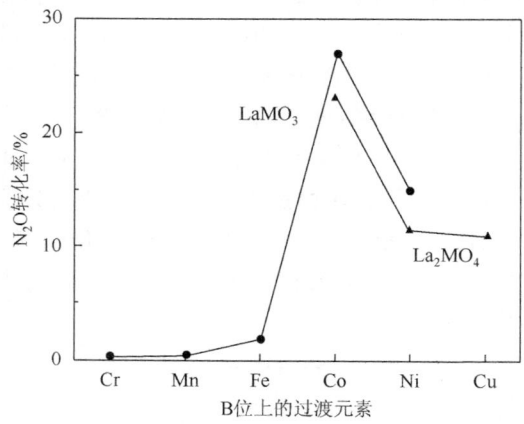

图 8.20　$LaMO_3$ 和 La_2MO_4 型复合氧化物上催化 N_2O 直接分解活性的比较

（3）类水滑石分解产物催化剂。对该类型催化剂的研究主要是选择合适的 M^{2+} 和 M^{3+} 金属离子，到目前为止，已经研究过的+2 价离子主要有 Cu、Zn、Ni、Co、Mg 等，+3 价离子主要有 Al、Cr、Fe、Rh、La、Mn 等，这些金属离子以不同比例组合起来，将显示出完全不同的催化活性。+2 价离子中以 Co^{2+} 的活性最佳，其余依次为 $Ni^{2+}>Cu^{2+}>Mg^{2+}$，Zn^{2+}。且随着 Co/Al 物质的量比）增大，催化剂的活性逐渐升高，Kannan 等认为物质的量比为 3 时得到的催化剂的活性最好[156]。而赵丹等的实验结果却发现，随着 Co/Al 物质的量比的增大，催化剂的活性会继续提高。由此可见对于 N_2O 的催化分解反应，主要的活性中心是 M^{2+}[157]。

（4）尖晶石催化剂。在实验研究的众多尖晶石复合氧化物催化剂中，纯 Co_3O_4 本身就有比较好的分解 N_2O 的活性，这与对类水滑石分解产物催化剂的研究结果相一致；各种进行了 A 位或 B 位部分取代后的含 Co 的尖晶石（主要指 $M_xCo_{1-x}Co_2O_4$）更是表现出了非常好的低温催化活性[158]，其中以 Yan[158]等报道的部分取代的 $M_xCo_{1-x}Co_2O_4$（M=Mg，Zn，Ni）催化分解 N_2O 的活性最高：它们可在 200℃左右将 1000ppm 的 N_2O 完全消除，即使当原料气中含有 5% H_2O 和 10% O_2 时，也可在 300℃左右实现完全消除，图 8.21 给出了 $Ni_{0.74}Co_{0.26}Co_2O_4$ 的 N_2O 转化曲线。

3）分子筛催化剂

分子筛是由 TO_4 四面体之间通过共享顶点而形成的三维四连接骨架。TO_4 四面体通过共享氧原子按照不同的连接方式最终形成多种孔道结构。特殊的孔道结构和骨架特征使其在成为催化剂时，具有特殊性质，如高的比表面、择形催化与分离。自 20 世纪 60 年代初，美国联合碳化物公司将 A 型沸石基催化剂应用于石油裂解以来，整个石油炼制的面貌发生改变。与此同时，分子筛催化剂在其他工业催化上的应用逐渐增多，相关理论不断成熟，催化与吸附分离应用领域得到了较大发展，有关详细情况可参考相关专著[159]。

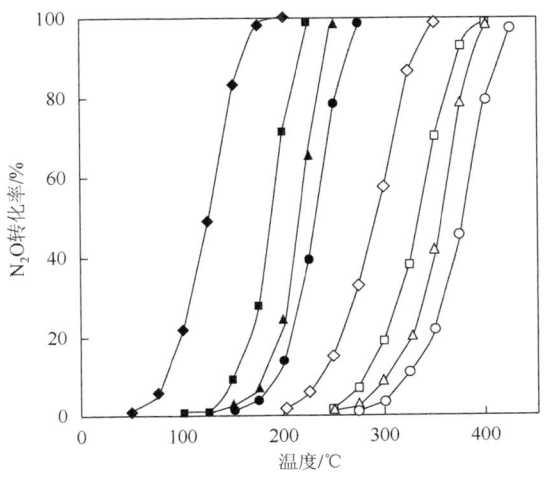

图 8.21 在 $Ni_{0.74}Co_{0.26}Co_2O_4$ 和 Co_3O_4 催化剂上 N_2O 分解为 N_2 和 O_2 的活性[158]

气体组成：(◆, ◇) 1000ppm N_2O；(■, □) 1000ppm N_2O+10% O_2；(▲, △) 1000 ppm N_2O+5% H_2O；(●, ○) 1000ppm N_2O+10% O_2+5% H_2O；$Ni_{0.74}Co_{0.26}Co_2O_4$（实心符号），$Co_3O_4$（空心符号）

8.6.3 氯氟烃的无害化

1. 氯氟烃的来源、危害和消除对策

氯氟烃类物质（chlorofluorocarbons，CFC）是一类分子中含氯和氟元素的碳氢化合物。CFC 都是无色、无味、无毒、无腐蚀性的气体，化学性质十分稳定，当 CFC 被释放到大气时，在低空的对流层中不易分解，然而当上升至平流层后，在紫外线照射下，它们会释放出原子氯（强还原剂），这些原子氯与平流层中臭氧（强氧化剂）发生相互作用后，臭氧被还原成氧分子，从而减少了平流层中的臭氧含量，因此，臭氧层遭到破坏。

将 CFC 无害化的方法可以粗略的分为三大类：直接分解、催化分解（或光催化分解）及加氢脱氯。下面分别对 CFC 无害化的催化分解、光催化分解及加氢脱氯反应的特点和所用催化剂进行总结。

2. 氯氟烃的催化分解

CFC 催化分解指在催化剂的作用下，CFC 与 H_2O 或 O_2 作用，生成 CO_2、CO、HCl、HF 等的反应，多采用金属氧化物、SO_4^{2-} 修饰金属氧化物、沸石分子筛、磷酸盐等为催化剂。例如，Fung 等[160]研究了负载到活性炭（AC）上的金属氧化物对 $CFCl_3$ 在有水的条件下的分解（$CFCl_3 + H_2O \longrightarrow CO_2 + HCl + HF$）的活性，他们发现 Fe_2O_3/AC 是所研究的催化剂中性能最好的催化剂，在该催化剂上氯氟化烃的分解温度为 450℃。

3. 氯氟烃的光催化分解

目前，TiO_2 光催化理论和应用研究得到广泛的重视，研究表明利用纳米 TiO_2 上的光催化反应可以有效地分解和去除水与空气中的有机污染物。CFC 在大气同温层能够被紫外光分解，因此，我们可以利用光催化剂在地面上让 CFC 加速分解。近几年，CFC 的光催化分解成为重要的研究课题之一。

4. 氯氟烃的催化氢化脱氯无害化

在大多数研究报道中，用于 CFC 的氢化脱氯反应的催化剂为负载型贵金属催化剂，如 Pd、Pt 和 Rh，其中 Pd 催化剂因具有最高的转化率和选择性而得到深入研究。除了催化剂的活性组分外，许多作者也深入研究了催化剂载体在该类反应中的重要作用。对于 CFC 的氢化脱氯反应而言，催化剂载体一般为活性炭、氧化铝或硫酸化的氧化铝。

8.6.4 羰基硫的催化水解和氧化

1. 羰基硫的环境效应

SSA 对极地臭氧耗损有重要影响[161]。在极地的冬季，HNO_3 和 H_2O 可凝结在 SSA 表面，从而清除了 Cl 自由基的清除剂 NO_x，而间接促进平流层臭氧耗损。此外，硫酸盐气溶胶还为 HCl 和 $ClONO_2$ 相对惰性的含氯物种重新分解为活性 Cl 自由基提供了催化反应的界面[162]，而 Cl 自由基是臭氧耗损的关键物种之一。因此，OCS 是臭氧的间接耗损物质。

2. 羰基硫的催化水解和氧化

OCS 的脱除技术主要包括燃烧法、有机胺吸收法、催化水解法、氧化转化法、加氢转化法等[163]。其中，催化水解是目前脱除尾气中 OCS 的主流技术[164]。本节将主要介绍 OCS 催化水解的研究进展。

OCS 催化水解的反应式为

$$OCS + H_2O \longrightarrow CO_2 + H_2S \tag{8.30}$$

1）OCS 水解催化剂体系

催化剂的活性组分有碱金属、碱土金属、过渡金属氧化物及稀土金属硫氧化物；载体主要有 $\gamma\text{-}Al_2O_3$、TiO_2 和活性炭。由于成本和应用历史的原因，$\gamma\text{-}Al_2O_3$ 仍然是市场上 OCS 催化水解主要催化剂载体。事实上，$\gamma\text{-}Al_2O_3$ 本身也具有一定的催化水解活性[165]。例如,在无氧体系中,空速为 $2500h^{-1}$、$20℃$时 $γ-Al_2O_3$ 对 OCS 的稳态转化率可达 54.9%[165],当空速增加到 $12\,300h^{-1}$ 时,$γ-Al_2O_3$ 对 OCS 的稳态转化率仍可保持在 20%左右[166]。

2) OCS 催化水解动力学

研究发现,OCS 在 $γ-Al_2O_3$ 上的催化水解反应满足 Langmiur-Hinshelwood 动力学模型。其反应速率可表达为

$$r_0 = \frac{k_1 p_{OCS} p_{H_2O}}{(1 + K_{OCS} p_{OCS} + K_{H_2O} p_{H_2O})^2} = \frac{kK_{OCS} K_{H_2O} XS^2 p_{OCS} p_{H_2O}}{(1 + K_{OCS} p_{OCS} + K_{H_2O} p_{H_2O})^2} \quad (8.31)$$

式中,r_0 为初始反应速率;k_1 为表面反应速率常数;XS 为催化剂表面活性位浓度;K 为吸附平衡常数;c 为反应器入口反应物浓度。

3) OCS 催化反应机理

OCS 首先与催化剂表面的碱性羟基作用生成 THC,THC 可在 Brønsted 的作用下分解生成 CO_2 和 H_2S,也可在表面吸附水的参与下分解为 CO_2 和 H_2S。该反应机理与 George 比较接近,也与动力学研究中得到的 Langmiur-Hinshelwood 模型相吻合。Akimoto 等[167]认为,OCS 的催化水解还与催化剂表面还原位点和 Lewis 酸位相关。当反应气氛中加入戊烯后,由于其在 Lewis 酸位与 H_2O 发生竞争吸附,而使催化活性降低;而反应体系中加入 SO_2 后,Akimoto 认为 SO_2 与 OCS 在催化剂表面的还原性位点的竞争吸附导致催化活性的降低。Liu 等[165]利用原位红外光谱研究发现,如图 8.22 所示 OCS 在催化剂表面吸附的同时伴随着表面碱羟基(Brønsted 碱)的消耗。因此,OCS 在还原性位点发生吸附值得商榷。

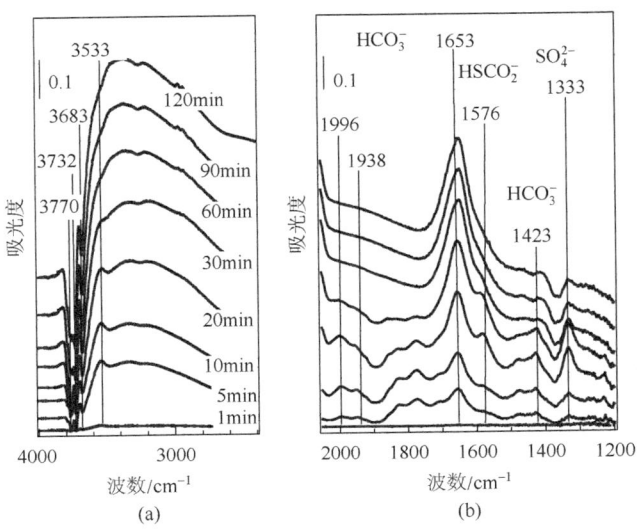

图 8.22　OCS 在 $γ-Al_2O_3$ 含氧体系催化水解的原位红外光谱

$φ(OCS)=0.05\%$,$φ(O_2)=95\%$,298K

4) OCS 催化氧化

OCS 的催化氧化研究相对较少。奚强等[168]利用金属酞菁（TsPc）在液相中可将 OCS 催化氧化为单质硫。不同金属酞菁的活性顺序为 CoTsPc＞ZnTsPc＞NiTsPc＞FeTsPc＞MnTsPc＞CuTsPc。OCS 先被水解为 HS^-，HS^-进一步被氧化为 S。在多相催化中，李福林等[169]开发了一步法羰基硫脱硫剂的催化剂。催化剂含 1wt%～20wt%的 Al_2O_3、TiO_2、ZrO_2 和 CuO 中的一种金属氧化物，4wt%～12wt%的 Na_2CO_3、K_2CO_3、NaOH 和 KOH 中一种或几种为调变剂，0.01wt%～0.1wt%的磷酸盐、磺酸盐和醇胺为传质促进剂。据专利报道，该催化氧化剂可在 60℃有氧条件下，将 OCS 催化氧化为单质硫。

参 考 文 献

[1] 吴越. 催化化学. 北京：科学出版社，2000.

[2] 李灿，林励吾. 催化基础国家重点实验室中国基础科学，2005，7（2）：30-32.

[3] Ertl G，Knözinger H，Weitkamp J. Environmental Catalysis. Weinheim：Wiley-VCH，1999.

[4] Grassian V H. Environmental Catalysis. London：Taylor & Francis Group，2005.

[5] 岩本正和. 環境触媒ハンドブック．（株）エヌ・ティー・エス，2001.

[6] Janssen F，van Santen R A. Environmental Catalysis. London：Imperial College Press，1999.

[7] Fukuoka A，Dhepe P L. Catalytic conversion of cellulose into sugar alcohols. Angewandte Chemie International Edition，2006，45：5161-5163.

[8] Luo C，Wang S，Liu H C. Cellulose conversion into polyols catalyzed by reversibly formed acids and supported ruthenium clusters in hot water. Angewandte Chemie International Edition，2007，46：7636-7639.

[9] http：//www.catalystgrp.com/catalystsandchemicals.html.

[10] http：//www.catalystgrp.com/newsandpress2.html#Anchor-Chemi-48622. Catalysts：possible changes on the horizon. Chemical Week，April 12-19，2006.

[11] Orilik S N. Contemporary problems in the selective catalytic reduction of nitrogen oxides（NO_x）. Theoretical and Experimental Chemistry，2001，37（3）：135-162.

[12] Heck R M，Gulati S，Farrauto R J. The application of monoliths for gas phase catalytic reactions. Chemical Engineering Journal，2001，82：149-156.

[13] Farrauto R J，Heck R M. Catalytic converters：state of the art and perspective. Catalysis Today，1999，51：351-360.

[14] Meunier F C，Ross J R H. Effect of ex situ treatments with SO_2 on the activity of a low loading silver-alumina catalyst for the selective reduction of NO an NO_2 by propene. Applied Catalysis B，2000，24（1）：23-32.

[15] Larese C，Granados M L，Galistro F C, et al. TWC deactivation by lead：a study of the RN-CeO_2 system. Applied Catalysis B，2006，62：132-143.

[16] Wachs I E，Deo G，Weckhuysen B M, et al. Selective catalytic reduction of NO with NH_3 over supported vanadia catalysts. Journal of Catalysis，1996，161：211-221.

[17] Li J，Chang H，Ma L, et al. Low-temperature selective catalytic reduction of NO_x with NH_3 over metal oxide and zeolite catalysis——a review. Catalysis Today，2011，175：147-156.

[18] Kašpar J，Fornasiero P，Hickey N. Automotive catalytic converts：current status and some perspectives. Catalysis Today，2003，77：410-449.

[19] Somorjai G A, Blakely D W. Mechanism of catalysis of hydrocarbon reactions by platinum surface. Nature, 1975, 258: 580-583.
[20] Bell A T. The impact of nanoscience on heterogeneous catalysis. Science, 2003, 299: 1688-1691.
[21] Twigg M V. Twenty-five years of autocatalysts. Platinum Metals Review, 1999, 43: 168-171.
[22] http://en.wikipedia.org/wiki/Oxygen_sensor.
[23] Kašpar J, Fornasiero P, Hickey N. Automotive catalytic converters: current status and some perspectives. Catalysis Today, 2003, 77: 419-449.
[24] Heck R M, Fattauto R J. Automobile exhaust catalysts. Applied Catalysis A, 2001, 221: 443-457.
[25] Hu Z, Wan C Z, Lui Y K, et al. Design of a novel Pd three-way catalyst: integration of catalytic functions in three dimensions. Catalysis Today, 1996, 30: 83-89.
[26] Oh S H, Fisher G B, Carpenter J E, et al. Comparative kinetic studies of CO-O_2 and CO-NO reactions over single crystal and supported rhodium catalysts. Journal of Catalysis, 1986, 100: 360-376.
[27] Taylor K C, Schlatter J C. Selective reduction of nitric-oxide over noble metals. Journal of Catalysis, 1980, 63: 53-71.
[28] Kašpar J, Fornasiero P, Graziani M. Use of CeO_2-based oxides in the three-way catalysis. Catalysis Today, 1999, 50: 285-298.
[29] Webster D E. 25 years of catalytic automotive pollution control: a collaborative effort. Topics in Catalysis, 2001, 16/17: 33-38.
[30] Johnson T V. Diesel emission control technology-2003 in review. SAE paper, 2004-01-0070.
[31] Koebel M, Elsener M, Madia G. Recent advances in the development of Urea-SCR for automotive applications. SAE paper, 2001-01-3625.
[32] Koebel M, Elsener M, Kleemann M. Urea-SCR: a promising technique to reduce NO_x emissions from automotive diesel engines. Catalysis Today, 2000, 59: 335-345.
[33] Liu F, He H, Zhang C. Novel iron titanate catalyst for the selective catalytic reduction of NO with NH_3 in the medium temperature range. Chemical Communications, 2008, 2043-2045.
[34] Yang S, Li J, Wang C, et al. Fe-Ti spinel for the selective catalytic reduction of NO with NH_3: Mechanism and structure-activity relationship. Applied Catalysis B: Environmental, 2012, 117-118: 73-80.
[35] Shan W, Liu F, He H, et al. The remarkable improvement of a Ce-Ti based catalyst for NO_x abatement. ChemCatChem, 2011, 3: 1286-1289.
[36] Shan W, Liu F, He H, et al. Novel cerium-tungsten mixed oxide catalyst for the selective catalytic reduction of NO_x with NH_3. Chemical Communications, 2011, 47: 8046-8048.
[37] Kwak J H, Tonkyn R G, Kim D H, et al. Excellent activity and selectivity of Cu-SSZ-13 in the selective catalytic reduction of NO_x with NH_3. Journal of Catalysis, 2010, 275: 187-190.
[38] Xie L, Liu F, Ren L, et al. Excellent performance of one-pot synthesized Cu-SSZ-13 catalyst for the selective catalytic reduction of NO with NH_3. Environmental Science and Technology, 2014, 48: 566-572.
[39] Cavataio G, Girard J, Patterson J E, et al. Laboratory testing of Urea-SCR formulations to Meet Tier 2 Bin 5 emissions. SAE 2007-01-1575.
[40] Sato S, Yu-u Y, Yahiro H, et al. Cu-ZSM-5 zeolite as highly active catalyst for removal of nitrogen monoxide from emission of diesel engines. Applied Catalysis, 1991, 70: L1-L5.
[41] Burch R, Breen J P, Meunier F C. A review of the selective reduction of NO_x with hydrocarbons under lean-burn conditions with non-zeolitic oxide and platinum group metal catalysts. Applied Catalysis B, 2002, 39: 283-303.

[42] He H, Yu Y B. Selective catalytic reduction of NO_x over Ag/Al_2O_3 catalyst: from reaction mechanism to diesel engine test. Catalysis Today, 2005, 100: 37-47.

[43] Li J H, Zhu Y Q, Ke R, et al. Improvement of catalytic activity and sulfur-resistance of Ag/TiO_2-Al_2O_3 for NO reduction with propene under lean burn conditions. Applied Catalysis B, 2008, 80: 202-213.

[44] Houel V, Millington P, Rajaram R, et al. Promoting functions of H_2 in diesel-SCR over silver catalysts. Applied Catalysis B, 2007, 77: 29-34.

[45] Yu Y B, He H, Feng Q C. Novel enolic surface species formed during partial oxidation of CH_3CHO, C_2H_5OH and C_3H_6 on Ag/Al_2O_3: an in situ DRIFTS study. Journal of Physical Chemistry B, 2003, 107: 13090-13092.

[46] Yu Y B, He H, Feng Q C, et al. Mechanism of the selective catalytic reduction of NO_x by C_2H_5OH over Ag/Al_2O_3. Applied Catalysis B, 2004, 49: 159-171.

[47] Taatjes C A, Hansen N, McIlroy A, et al. Enols are common intermediates in hydrocarbon oxidation. Science, 2005, 308: 1887-1889.

[48] Liu F D, Yu Y B, He H. Environmentally-benign catalysts for the selective catalytic reduction of NO_x from diesel engines: structure-activity relationship and reaction mechanism aspects. Chemical Communications, 2014, 50: 8445-8463.

[49] Yu Y B, He H, Zhang X L, et al. A common feature of H_2-assisted HC-SCR over Ag/Al_2O_3. Catalysis Science and Technology, 2014, 4: 1239-1245.

[50] Miyoshi N, Matsumoto S, Katon K, et al. Development of new concept three-way catalyst for automotive lean-burn engines. SAE paper, 950809.

[51] 欧翔飞, 罗东晓. 国内压缩天然气汽车产业发展分析. 天然气工业, 2007, 27: 129-132.

[52] 彭红涛. 天然气汽车发展现状及对策. 汽车工业研究, 2006, 1: 47-48.

[53] Hansen A C, Zhang Q, Lyne P W L. Ethanol-diesel fuel blends——a review. Bioresource Technology, 2005, 96: 277-285.

[54] Wheals A E, Basso L C, Alves D M G, et al. Fuel ethanol after 25 years. Trends in Biotechnology, 1999, 17: 482-487.

[55] Choudhary T V, Banerjee S, Choudhary V R. Catalysts for combustion of methane and lower alkanes. Applied Catalysis A, 2002, 234: 1-23.

[56] Li Y J, Armor J N. Catalytic reduction of nitrogen oxides with methane in the presence of excess oxygen. Applied Catalysis B, 1992, 1: L31-L40.

[57] 新井纪男. 燃烧生成物的发生与抑制技术. 北京: 科学出版社, 2001, 77-94.

[58] Seyedeyn-Azad F, Zhang D K. Selective catalytic reduction of nitric oxide over Cu and Co ion-exchanged ZSM-5 zeolite: the effect of SiO_2/Al_2O_3 ratio and cation loading. Catalysis Today, 2001, 68: 161-171.

[59] Wang X, Chen H, Sachtler W M H. Selective reduction of NO_x with hydrocarbons over Co/MFI prepared by sublimation of $CoBr_2$ and other methods. Applied Catalysis B, 2001, 29: 47-60.

[60] Long R Q, Yang R T. Selective catalytic reduction of NO with ammonia over Fe^{3+}-exchanged mordenite (Fe-MOR): catalytic performance, characterization, and mechanistic study. Journal of Catalysis, 2002, 207: 274-285.

[61] Wang L, Qin G S, Weng D. Location and nature of Cu species in Cu/SAPO-34 for selective catalytic reduction of NO with NH_3. Journal of Catalysis, 2012, 289: 21-29.

[62] Nikolopoulos A A, Stergioula E S, Efthimiadis E A, et al. Selective catalytic reduction of NO by propene in excess oxygen on Pt-and Rh-supported alumina catalysts. Catalysis Today, 1999, 54: 439-450.

[63] Denton P, Giroir-Fendler A, Schuurman Y, et al. A redox pathway for selective NO_x reduction: stationary and transient experiments performed on a supported Pt catalyst. Applied Catalysis A, 2001, 220: 141-152.

[64] Long R Q, Yang R T. Temperature-programed desorption/surface reaction (TPD/TPSR) study of Fe-exchanged ZSM-5 for selective catalytic reduction of nitric oxide by ammonia. Journal of Catalysis, 2001, 198: 20-28.

[65] Svachula J, Alemany L J, Ferlazzo N, et al. Oxidation of SO_2 to SO_3 over honeycomb $deNO_x$ing catalysts. Industrial and Engineering Chemistry Research, 1993, 32: 826-834.

[66] Orlik S N, Ostapyuk V A, Martsenyukkukharuk M G. Selective reduction of nitrogen-oxides with ammonia on V_2O_5/TiO_2 catalysts. Kinetics and Catalysis, 1995, 36: 284-289.

[67] Inomata M, Miyamoto A, Murakami Y. Mechanism of the reaction of NO and NH_3 on vanadium oxide catalyst in the presence of oxygen under the dilute gas condition. Journal of Catalysis, 1980, 62: 140-148.

[68] Pinoy L J, Hosten L H. Experimental and kinetic modeling study of $deNO_x$ on an industrial V_2O_5-WO_3/TiO_2 catalyst. Catalysis Today, 1993, 17: 151-158.

[69] 宣小平, 姚强, 岳长涛, 等. 选择性催化还原法脱硝研究进展. 煤炭转化, 2002, 25: 26-31.

[70] Odenbrand C U I, Lundin S T, Andersson L A H. Catalytic reduction of nitrogen oxides 1. The reduction of NO. Applied Catalysis, 1985, 18: 335-352.

[71] Boulahouache A, Kons G, Lintz H G, et al. Oxidation of carbon monoxide on platinum-tin dioxide catalysts at low temperatures. Applied Catalysis A, 1992, 91: 115-123.

[72] Komatsu T, Uddin M A, Yashima T. In: Bonneviot L, Kaliaguine S. Zeolites, arefined tool for designing catalytic sites zeolites, Amsterdam: Elsevier, 1995, 437.

[73] Willey R J, Eldridge J W, Kittrell J R. Mechanistic model of the selective catalytic reduction of nitric oxide with ammonia. Industrial and Engineering Chemistry, Product Research and Development, 1985, 24: 226-233.

[74] 东方锅炉(集团)股份有限公司环保工程公司脱氮技术交流资料. 2004.

[75] 陈杭君, 赵华, 丁经纬. 火电厂烟气脱硝技术介绍. 热力发电, 2005, 2: 15-18.

[76] 刘今. 发电厂烟气脱硝技术-SCR法. 江苏电机工程, 1996, 15(1): 51-55.

[77] Haas L A, Khalafalla S E. Kinetic evidence of a reactive intermediate in reduction of SO_2 with CO. Journal of Catalysis, 1973, 29: 264-269.

[78] Happel J, Hnatow M A, Bajars L, et al. Lanthanum titanate catalyst-sulfur dioxide reduction. Industrial and Engineering Chemistry, Product Research and Development, 1975, 14: 154-158.

[79] Tschope A, Liu W, Ying J Y. Redox activity of nonstoichiometric oxide-based nanocrystalline catalyst. Journal of Catalysis, 1995, 157: 42-50.

[80] Yeh T, Demeki R T, Strakey J P. Combined SO_2/NO_x removal from flue gases. Environmental Progress, 1985, 4: 223-229.

[81] Yoo J S, Bhattacharyya A A, Radlowski C A. Advanced $DeSO_x$ catalyst: mixed solid solution spinels with cerium oxide. Applied Catalysis B, 1992, 1: 169-189.

[82] Klepeis N E, Nelson W C, Ott W R, et al. The national human activity pattern survey (NHAPS): a resource for assessing exposure to environmental pollutants. Journal of Exposure Analysis and Environmental Epidemiology, 2001, 11: 231-252.

[83] 朱天乐. 室内空气污染控制. 北京: 化学工业出版社, 2002.

[84] Fujishima A, Hond K. Electrochemical photolysis of water at a semiconductor electrode. Nature, 1972, 238: 37-38.

[85] 张金龙, 陈峰, 何斌. 光催化. 上海: 华东理工大学出版社, 2004.

[86] Yu C, Crump D. A review of the emission of VOCs from polymeric materials used in buildings. Building and

Environment, 1998, 33: 357-374.

[87] Molhavc L, Clausen G, Berglund B, et al. Total volatile organic compounds (TVOC) in indoor air quality investigations. Indoor Air, 1997, 7: 225-240.

[88] Jones A P. Indoor air quality and health. Atmospheric Environment, 1999, 33: 4535-4564.

[89] Sano T, Negishi N, Uchino K, et al. Photocatalytic degradation of gaseous acetaldehyde on TiO_2 with photo deposited metals and metal oxides. Journal of Photochemistry and Photobiology A, 2003, 160: 93-98.

[90] Sinha A K, Suzuki K. Preparation and characterization of novel mesoporous ceria-titania. The Journal of Physical Chemistry B, 2005, 109: 1708-1714.

[91] Haruta M, Yamada N, Kobayashi T, et al. Gold catalysts prepared by coprecipitation for low-temperature oxidation of hydrogen and of carbon monoxide. Journal of Catalysis, 1989, 115: 301-309.

[92] Sekine Y. Oxidative decomposition of formaldehyde by metal oxides at room temperature. Atmospheric Environment, 2002, 36: 5543-5547.

[93] Zhang C B, He H, Tanaka K. Catalytic performance and mechanism of a Pt/TiO_2 catalyst for oxidation of formaldehyde at room temperature. Applied Catalysis B, 2006, 65: 37-43.

[94] Francke K P, Miessner H, Rudolph R. Plasmacatalytic processes for environmental problems. Catalysis Today, 2000, 59: 411-416.

[95] Yamamoto T, Hill C. Methods and apparatus for controlling toxic compounds using catalysis-assisted non-thermal plasma. US Patent: 5609736, 1997.

[96] Futsmura S, Zhang A, Einaga H, et al. Involvement of catalyst materials in nonthermal plasma chemical processing of hazardous air pollutants. Catalysis Today, 2002, 72: 259-265.

[97] Subrahmanyam C H, Magureanu M, Renken A, et al. Catalytic abatement of volatile organic compounds assisted by non-thermal plasma, Part 1. A novel dielectric barrier discharge reactor containing catalytic electrode. Applied Catalysis B, 2006, 65: 150-156.

[98] Jacoby W A, Maness P C, Wolfrum E J, et al. Mineralization of bacterial cell mass on a photocatalytic surface in air. Environmental Science and Technology, 1998, 32: 2650-2653.

[99] 金宗哲. 无机抗菌材料及其应用. 北京: 化学工业出版社, 2004.

[100] Thurman R B, Gerba C P. The molecular mechanisms of copper and silver ion disinfection of bacteria and viruses. CRC Critical Reviews in Environmental Control, 1989, 18: 295-315.

[101] Feng Q L, Wu J, Chen G Q, et al. A mechanistic study of the antibacterial effect of silver ions on *Escherichia coli* and *Staphylococcus aureus*. Journal of Biomedical Materials Research Part A, 2000, 52: 662-668.

[102] Inoue Y, Hoshino M, Takahashi H, et al. Bactericidal activity of Ag-zeolite mediated by reactive oxygen species under aerated conditions. Journal of Inorganic Biochemistry, 2002, 92: 37-42.

[103] Pape H L. Solano-Serena F, Contini P, et al. Involvement of reactive oxygen species in the bactericidal activity of activated carbon fibre supporting silver Bactericidal activity of ACF (Ag) mediated by ROS. Journal of Inorganic Biochemistry, 2004, 98: 1054-1060.

[104] Ruan Q J, Zhang W D. Tunable morphology of $Bi_2Fe_4O_9$ crystals for photocatalytic oxidation. The Journal of Physical Chemistry C, 2009, 113: 4168-4173.

[105] Hu C, Peng T, Hu X, et al. Plasmon-induced photodegradation of toxic pollutants with Ag-AgI/Al_2O_3 under visible-light irradiation. Journal of the American Chemical Society, 2010, 132: 857-862.

[106] Zhou X F, Hu C, Hu X X, et al. Enhanced electron transfer and silver-releasing suppression in Ag-AgBr/titanium-doped Al_2O_3 suspensions with visible-light irradiation. Journal of Hazardous Materials, 2012, 219: 276-282.

[107] Wang Q, Zhang M, Chen C, et al. Photocatalytic aerobic oxidation of alcohols on TiO_2: the acceleration effect of a Bronsted acid. Angewandte Chemie International Edition, 2010, 49: 7976-7979.

[108] Li Y, Wen B, Ma W, et al. Photocatalytic degradation of aromatic pollutants: a pivotal role of conduction band electron in distribution of hydroxylated intermediates. Environmental Science and Technology, 2012, 46: 5093-5099.

[109] Zhao Y, Ma W, Li Y, et al. The surface-structure sensitivity of dioxygen activation in the anatase-photocatalyzed oxidation reaction. Angewandte Chemie International Edition, 2012, 51: 3188-3192.

[110] Fenton H J H. Oxidation of tartaric acid in the presence of iron. Journal of the Chemical Society, 1894, 65: 899-901.

[111] Eisenhauer H R. Oxidation of phenolic wastes. Journal of the water pollution control federation, 1964, 36: 1116-1128.

[112] Martins R C, Amaral-Silva N, Quinta-Ferreira R M. Ceria based soid catalysts for Fenton's depuration of Phenolic wastewaters, biodegradability enhancement and toxicity removal. Applied Catalysis B, 2010, 99: 135-144.

[113] Bremner D H, Burgess A E, Houllemare D, et al. Phenol degradation using hydroxyl radicals generated from zero-valent iron and hydrogen peroxide. Applied Catalysis B, 2006, 63: 15-19.

[114] Segura Y, Martínez F, Melero J A, et al. Enhancement of the advanced Fenton process (Fe^0/H_2O_2) by ultrasound for the mineralization of phenol. Applied Catalysis B, 2012, 113-114: 100-106.

[115] Guimaraes I R, Giroto A, Oliveira L C A, et al. Synthesis and thermal treatment of Cu-doped goethite: oxidation of quinoline through heterogeneous Fenton process. Applied Catalysis B, 2009, 91: 581-586.

[116] Nie Y, Hu C, Qu J, et al. Photoassisted degradation of endocrine disruptors over CuO_x-FeOOH with H_2O_2 at neutral pH. Applied Catalysis B, 2009, 87: 30-36.

[117] Zhang L, Nie Y, Hu C, et al. Enhanced Fenton degradation of Rhodamine B over nanoscaled Cu-doped $LaTiO_3$ perovskite. Applied Catalysis B, 2012, 125: 418-424.

[118] Navalon S, Miguel M, Martin R, et al. Enhancement of the catalytic activity of supported gold nanoparticles for the Fenton reaction by light. Journal of the American Chemical Society, 2011, 133: 2218-2226.

[119] Xu L, Wang J. Magnetic nanoscaled Fe_3O_4/CeO_2 composite as an efficient Fenton-like heterogeneous catalyst for degradation of 4-chlorophenol. Environmental Science and Technology, 2012, 46: 10145-10153.

[120] 彭长征. 饮用水的臭氧氧化技术. 山西建筑, 2006, 32: 173-174.

[121] Nawrocki J, Kasprzyk-Hordern B. The efficiency and mechanisms of catalytic ozonation. Applied Catalysis B, 2010, 99: 27-42.

[122] Lv A, Hu C, Nie Y, et al. Catalytic ozonation of toxic pollutants over magnetic cobalt and manganese co-doped γ-Fe_2O_3. Applied Catalysis B, 2010, 100: 62-67.

[123] Lv A, Hu C, Nie Y, et al. Catalytic ozonation of toxic pollutants over magnetic cobalt-doped Fe_3O_4 suspensions. Applied Catalysis B, 2012, 117: 246-252.

[124] Yang L, Hu C, Nie Y, et al. Catalytic ozonation of selected pharmaceuticals over mesoporous alumina-supported manganese oxide. Environmental Science and Technology, 2009, 43: 2525-2529.

[125] Yang L, Hu C, Nie Y, et al. Surface acidity and reactivity of β-FeOOH/Al_2O_3 for pharmaceuticals degradation with ozone: in situ ATR-FTIR studies. Applied Catalysis B, 2010, 97: 340-346.

[126] Zhao L, Sun Z, Ma J. Novel relationship between hydroxyl radical initiation and surface group of ceramic honeycomb supported metals for the catalytic ozonation of nitrobenzene in aqueous solution. Environmental Science and Technology, 2009, 43: 4157-4163.

[127] Beltrán F J, Pocostales P, Álvarez P M, et al. Catalysts to improve the abatement of sulfamethoxazole and the

resulting organic carbon in water during ozonation. Applied Catalysis B, 2009, 92: 262-270.

[128] 陈嵩, 孙珮石, 李福华, 等. CWO 技术处理我国高浓度工业废水的应用研究. 贵州环保科技, 2003, 9: 1-5.

[129] Keav S, Monteros A E, Jr J B, et al. Wet air oxidation of phenol over Pt and Ru catalysts supported on cerium-based oxides: Resistance to fouling and kinetic modelling. Applied Catalysis B, 2014, 150-151: 402-410.

[130] Ayusheev A B, Taran O P, Seryak I A, et al. Ruthenium nanoparticles supported on nitrogen-doped carbon nanofibers for the catalytic wet air oxidation of phenol. Applied Catalysis B, 2014, 146: 177-185.

[131] Arena F, Italiano C, Ferrante G D, et al. A mechanistic assessment of the wet air oxidation activity of $MnCeO_x$ catalyst toward toxic and refractory organic pollutants. Applied Catalysis B, 2014, 144: 292-299.

[132] Li Y, Xu Y, Chen X, et al. High catalytic activity of Mo-Zn-Al-O catalyst for dye degradation: effect of pH in the impregnation process. Applied Catalysis B, 2014, 160-161: 115-121.

[133] World Health Organization. Health hazards from nitrates in drinking water, WHO Regional Office for Europe, Copenhagen, 1985.

[134] Drinking water regulation, health advisories. Washington, DC: Office of water: 1995.

[135] Zhao W, Zhu X, Wang Y, et al. Catalytic reduction of aqueous nitrates by metal supported catalysts on Al particles. Chemical Engineering Journal, 2014, 254: 410-417.

[136] Soares O S G P, Órfão J J M, Pereira M F R. Nitrate reduction catalyzed by Pd-Cu and Pt-Cu supported on different carbon materials. Catalysis Letters, 2010, 139: 97-104.

[137] Kim M S, Lee D W, Chung S H, et al. Pd-Cu bimetallic catalysts supported on TiO_2-CeO_2 mixed oxides for aqueous nitrate reduction by hydrogen. Journal of Molecular Catalysis A, 2014, 392: 308-314.

[138] Al-Fatesh A S, Ibrahim A A, Haider S, et al. Sustainable production of synthesis gases via state of the art metal supported catalytic systems: an overview. Journal of the Chinese Chemical Society, 2013, 60: 1297-1308.

[139] Osako T, Watson E J, Dehestani A, et al. Methane oxidation by aqueous osmium tetroxide and sodium periodate: inhibition of methanol oxidation by methane. Angewandte Chemie International Edition, 2006, 45: 7433-7436.

[140] Rostrupnielsen J R, Hansen J H B. CO_2-Reforming of methane over transition-metals. Journal of Catalysis, 1993, 144: 38-49.

[141] Liu H, Li Y, Wu H, et al. Promoting effect of glucose and beta-cyclodextrin on Ni dispersion of Ni/MCM-41 catalysts for carbon dioxide reforming of methane to syngas. Fuel, 2014, 136: 19-24.

[142] Ashcroft A T, Cheetham A K, Green M L H, et al. Partial oxidation of methane to synthesis gas-using carbon-dioxide. Nature, 1991, 352: 225-226.

[143] Estifaee P, Haghighi M, Babaluo A A, et al. The beneficial use of non-thermal plasma in synthesis of Ni/Al_2O_3-MgO nanocatalyst used in hydrogen production from reforming of CH_4/CO_2 greenhouse gases. Journal of Power Sources, 2014, 257: 364-373.

[144] Guo J J, Lou H, Zhao H, et al. Improvement of stability of out-layer $MgAl_2O_4$ spinel for a $Ni/MgAl_2O_4/Al_2O_3$ catalyst in dry reforming of methane. Reaction Kinetics and Catalysis Letters, 2005, 84: 93-100.

[145] 陶凯. 甲烷二氧化碳重整催化剂制备及反应性能研究. 大连: 大连理工大学硕士学位论文, 2007.

[146] Lima S M, Assaf J M, Pena M A, et al. Structural features of $La_{1-x}Ce_xNiO_3$ mixed oxides and performance for the dry reforming of methane. Applied Catalysis A, 2006, 311: 94-104.

[147] Topalidis A, Petrakis D E, Ladavos A, et al. A kinetic study of methane and carbon dioxide interconversion over 0.5%$Pt/SrTiO_3$ catalysts. Catalysis Today, 2007, 127: 238-245.

[148] Bradford M C J, Vannice M A. CO_2 reforming of CH_4. Catalysis Reviews, 1999, 41: 1-42.

[149] Wei J M, Iglesia E. Isotopic and kinetic assessment of the mechanism of reactions of CH_4 with CO_2 or H_2O to

[150] Kapteijn F, Rodriguezmirasol J, Moulijn J A. Heterogeneous catalytic decomposition of nitrous oxide. Applied Catalysis B, 1996, 9: 25-64.

[151] Boron P, Chmielarz L, Gurgul J, et al. The influence of the preparation procedures on the catalytic activity of Fe-BEA zeolites in SCR of NO with ammonia and N_2O decomposition. Catalysis Today, 2014, 235: 210-225.

[152] Zabilskiy M, Erjavec B, Djinovic P, et al. Ordered mesoporous $CuO-CeO_2$ mixed oxides as an effective catalyst for N_2O decomposition. Chemical Engineering Journal, 2014, 254: 153-162.

[153] Haber J, Nattich M, Machej T. Alkali-metal promoted rhodium-on-alumina catalysts for nitrous oxide decomposition. Applied Catalysis B, 2008, 77: 278-283.

[154] Wang J, Yasuda H, Inumaru K, et al. Catalytic decomposition of dinitrogen oxide over perovskite-related mixed oxides. Bulletin of the Chemical Society of Japan, 1995, 6: 1226-1231.

[155] Christopher J, Swamy C S. Studies on the catalytic decomposition of N_2O on $LnSrFeO_4$ (Ln=La, Pr, Nd, Sm and Gd). Journal of Molecular Catalysis, 1991, 68: 199-213.

[156] 王立秋, 张守臣, 刘长厚. 类水滑石复合产物催化消除氮氧化物的研究进展. 化工进展, 2003, 10: 1076-1080.

[157] Kannan S, Swamy C S. Catalytic decomposition of nitrous oxide over calcined cobalt aluminum hydrotalcites. Catalysis Today, 1999, 53: 725-737.

[158] Yan L, Ren T, Wang X L, et al. Catalytic decomposition of N_2O over $M_xCo_{1-x}Co_2O_4$ (M=Ni, Mg) spinel oxides. Applied Catalysis B, 2003, 45: 85-90.

[159] Xie P, Ma Z, Zhou H, et al. Catalytic decomposition of N_2O over Cu-ZSM-11 catalysts. Micropor Mesopor Mater, 2014, 191: 112-117.

[160] Fung S C, Sinfelt J H. Hydrogenolysis of methyl-chloride on metals. Journal of Catalysis, 1987, 103: 220-223.

[161] Andreae M O, Crutzen P J. Atmospheric aerosols: biogeochemical sources and role in atmospheric chemistry. Science, 1997, 276: 1052-1058.

[162] Leung F Y T. Elucidation of the origins of stratospheric sulfate aerosols by isotopic methods. California Institute of Technology, 2003

[163] Rhodes C, Riddel S A, West J, et al. The low-temperature hydrolysis of carbonyl sulfide and carbon disulfide: a review. Catalysis Today, 2000, 59: 443-464.

[164] Wang H, Yi H, Tang X, et al. Catalytic hydrolysis of COS over calcined CoNiAl hydrotalcite-like compounds modified by cerium. Applied Clay Science, 2012, 70: 8-13.

[165] Liu J F, Liu Y C, Xue L, et al. Oxygen poisoning mechanism of catalytic hydrolysis of OCS over Al_2O_3 at room temperature. Acta Physico-Chimica Sinica, 2007, 23: 997-1002.

[166] Thomas B, Williams B P, Young N, et al. Ambient temperature hydrolysis of carbonyl sulfide using gamma-alumina catalysts: effect of calcination temperature and alkali doping. Catalysis Letters, 2003, 86: 201-205.

[167] Akimoto M, Lana I G D. Role of reduction sites in vapor-phase hydrolysis of carbonyl sulfide over alumina catalysts. Journal of Catalysis, 1980, 62: 84-93.

[168] 奚强, 刘常坤, 赵春芳, 等. 酞菁钴液相催化氧化羰基硫 (COS) 的研究. 离子交换与吸附, 1997, 06: 603-607.

[169] 李福林, 王树东, 吴迪镛, 等. 一步法羰基硫脱硫剂, 中国: CN1340373. 2002.

(李俊华* 贺 泓*)

第 9 章　生物质催化转化

9.1　生物质简介

9.1.1　生物质的定义

众所周知，21 世纪人类面临的一个重要挑战是如何满足日益增长的能源需求，降低温室气体排放。近年来，随着石油、煤炭等化石资源储量的逐渐减少，许多新能源的研究日益兴起。生物质是一类重要的可再生能源，在绿色、可持续等方面具有突出的优势，因此许多政府及科研机构十分重视生物质能源替代传统化石能源方面的研究[1]。例如，美国能源部计划在 2030 年利用生物质能源替代 20%的化石燃料；欧盟则预计在 2020 年之前，生物质能源将在能源消耗中占比不低于 10%。我国也把生物质替代燃料列为可再生能源重点建设工程之一。因此，以生产液体燃料和化学品为目标，再结合生物质资源的结构特点，建立和发展生物质能源体系，实现二氧化碳的零排放（图 9.1），具有重要的科学意义和应用前景。

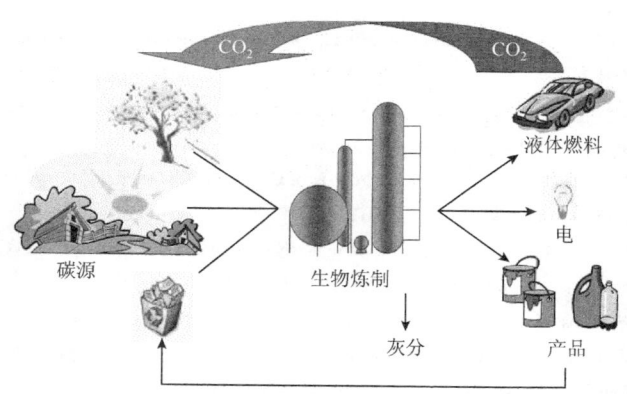

图 9.1　可再生生物质能源的循环利用示意图[2]

"生物质"一词最初是生态学专业术语，而在石油危机之后，人们提出可再生能源的概念，因此生物质的定义发生了一定的变化[3]。

生物质是指源于自然的、非化石的且通过光合作用合成的各种生物有机体。广义上的生物质通常包括各种植物、动物和微生物，以及它们产生的废弃物。而狭义上的生物质主要是指农林业生产过程中产生的废弃物,如秸秆、木质素、禽类粪便等物质。无论广义或狭义,生物质本质上都是来自植物的光合作用。正因如此,生物质具有可再生性、环境友好等特点[1]。

9.1.2 生物质的分类

生物质有多种分类的方法[3, 4]。一般根据生物质来源[3]可以分为以下六类。

（1）木本类生物质：各种木质类树木,包括软木、硬木、被子植物、裸子植物、木屑等。

（2）草本植物及农作物类生物质：各种花草等草本植物（包括种子、果实等）及各种农作物（玉米、小麦等）。

（3）水生生物质：包括各种水生藻类、微藻、水草等。

（4）动物及人类废弃物类生物质：动物油脂、人类排泄物等。

（5）污染及工业废弃生物质（半生物质）：城市污水、废纸、废弃皮革等。

（6）混合类生物质：上述各种生物质的混合。

9.1.3 生物质的主要组分

地球上有巨大的生物质存储量,同时通过光合作用,生物质不断生成。陆地生物质量约 1.8 兆吨,海洋约 40 亿吨,且每年陆地生物质净生产量约 1150 亿吨,海洋约 550 亿吨。即使除去动植物必需的消耗,生物质的总量依然惊人[3]。因此,高效利用生物质,可为人类可持续发展提供丰富的能源。在种类众多的生物质资源中,代表性的有木质纤维素（包括纤维素、半纤维素及木质素）、糖、油脂（包括废弃油脂）、微藻等。

1. 纤维素

纤维素占木质纤维素总量的 40%～50%,是目前自然界中已知的含量最为丰富的生物高分子材料,也是生物质转化利用过程中的重要组分[5]。纤维素以 1,4-β-糖苷键连接葡萄糖单元,具有高度有序的结晶结构并且分子内富含氢键。因此,纤维素溶解性能差、难降解。目前,纤维素主要有三种转化方式,其中热解反应可用于生产成分复杂的生物油,气化反应可以用于制备合成气,而水解反应（即酸水解或生物酶解）则可通过葡萄糖等平台分子将纤维素定向转化为众多高附加值的下游产品[6]。

2. 半纤维素

半纤维素在木质纤维素中占 25%～35%,其中聚木糖是含量最丰富的半纤维素。

与纤维素仅含葡萄糖单一组分不同，半纤维素是由多种糖聚合而成，包括五碳糖（木糖、阿拉伯糖）、六碳糖（甘露糖、葡萄糖、半乳糖）及其他糖酸等[7]。以木聚糖为例，其主要以 1,4-β-D-吡喃型木糖为主链，阿拉伯糖、葡萄糖酸、乙酸、甲基醚等构成支链[8]。正是因为半纤维素的组成糖基多样化，可以从半纤维素获得葡萄糖、甘露糖、阿拉伯糖、果糖、核糖等多类下游平台分子。

3. 木质素

木质素占木质纤维素总量的 18%～25%，主要以苯丙基单元构成，同时含有羧基、羟基等其他官能团[9]。丰富的基团使得木质素成为具有应用潜力的生物质原料之一。与其他两种木质纤维素类似，同样可以通过气化、热解等方法将之转化为合成气、生物油等，并进一步转化为液体燃料和化学品。同时，与纤维素和半纤维素不同，木质素中富含芳香基团，因此可以将之催化转化为丰富的芳香族化合物。但是木质素组成结构复杂且具有不确定性，限制了其高效利用[10]。

4. 糖

糖的组成复杂多样，在人类生活中占据重要的地位。糖不但是人类赖以生存的食物来源，也是生命体的重要信息物质，承担着识别、免疫、运输等多种生命过程。同时，糖也是植物的重要组成部分，占生物质能源总量的约 2/3。因此，在生物质能源转化过程中，糖分子的转化利用十分重要[11]。从糖类制备下游化学品，如多元醇、呋喃及其衍生物等，已经成为一个重要的研究热点。

5. 油脂

动植物油脂同样是工业生产中的重要原料，油脂化学品中主要包含约 52%油酸、11%甲酯、9%胺类、25%醇类组分等[12]。利用动植物油脂可以生产多种重要化学品，包括表面活性剂、润滑剂、涂料等。近年来，由于生物柴油的兴起，动植物油脂的研究与应用量大规模增长。此外，废弃食用油脂（如地沟油）的利用及动植物油脂基生物高分子材料的制备也是当前研究的一个热点[13]。

6. 微藻

藻类生物质是原生生物界一类真核生物，有些藻类为原核生物，如蓝藻门等。藻类生物质包括大型藻与微藻两部分，是生物燃料的重要原料之一。其中微藻以其生长速度快、产油量高、不占用耕地、可在污水中生长、有效捕获工厂排放的 CO_2 等优点，成为藻类生物质研究的重点[14]。微藻通常含有碳链长度为 C_{14}～C_{26} 的油脂及一定含量的游离脂肪酸（20%～50%）。利用微藻生产生物燃料可以很好地解决"汽车与人争粮食"等问题[15, 16]。

9.1.4 生物质的转化利用

通过化学转化和生物发酵等方法，可以将上述木质纤维素、糖、油脂等生物质转化为现代社会所需的燃料和化学品。这些产品包括生物汽油、生物柴油和生物乙醇及生物质基高分子聚合物单体、药物中间体等。化学转化的常见反应包括催化水解、热解、气化、加氢、氧化等。本章将以燃料和化学品为目标，重点介绍木质纤维素、油脂及其衍生物的重要化学催化转化过程。

9.2 纤维素转化

木质纤维素（lignocellulose）是自然界最丰富的可再生生物质资源。木质纤维素是植物骨架的重要部分，主要包括纤维素、半纤维素及木质素（图 9.2）。自然界中富含木质纤维素的材料（如树木、棉花、亚麻等）千百年来都以不同的方式用作能源，在人类社会发展中有着举足轻重的地位。现代社会对木质纤维素能源的要求已经不仅仅限于造纸、布匹等传统工业，而是希望将其转化为更丰富的能源产物，以缓解化石能源减少所造成的能源短缺问题。在木质纤维素中，纤维素（cellulose）的含量最高，约占其总量的 40%（图 9.3）[17, 18]。

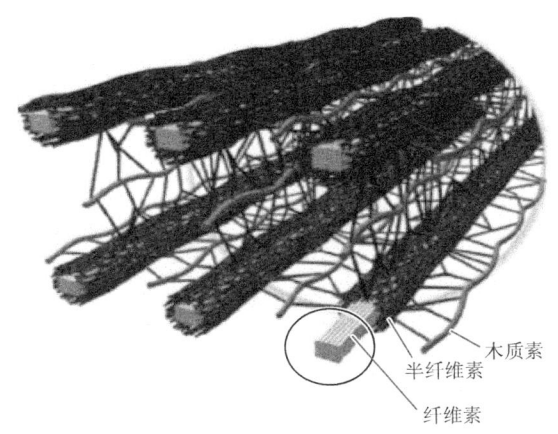

图 9.2　植物中纤维素、半纤维素和木质素的结构模型[17]

9.2.1 组成结构

纤维素是由 Anselme Payen 在 1839 年时发现的。他将木材用硝酸、氢氧化钠

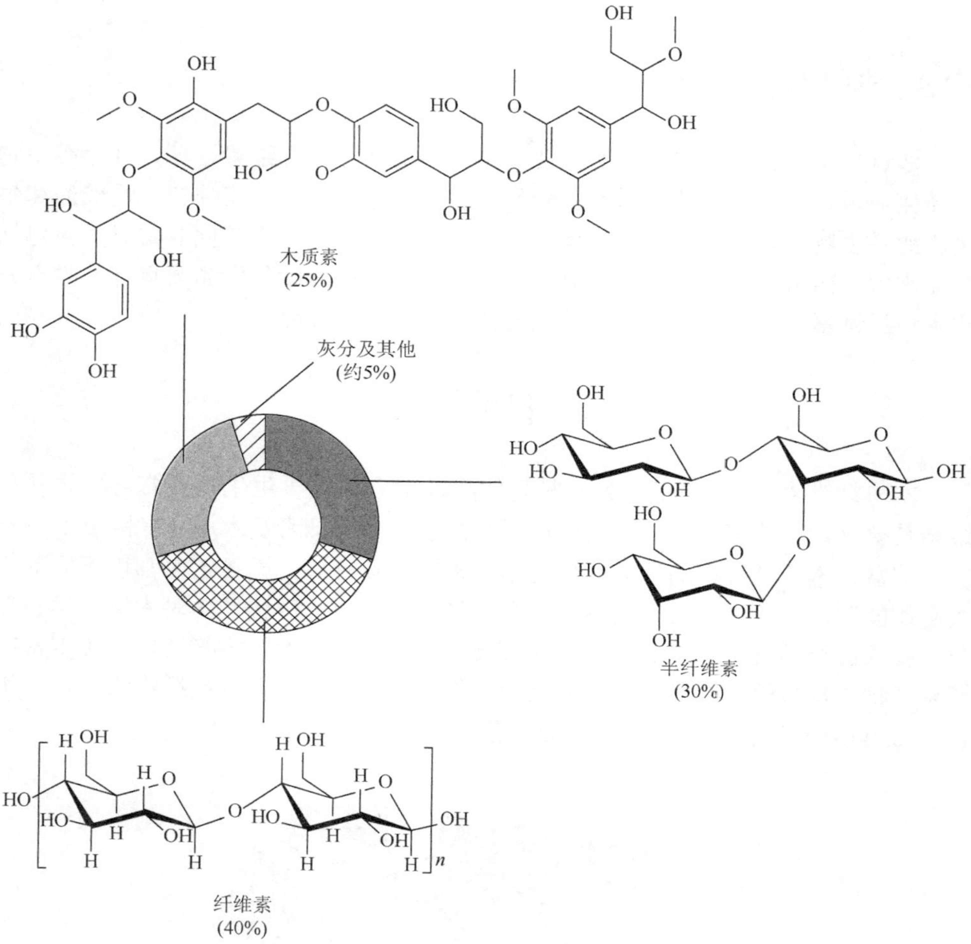

图 9.3 植物中纤维素、半纤维素和木质素的含量分布[18]

溶液交替处理后，分离出了一种均匀的化合物，并确定其分子组成为 D-葡萄糖单元以 β-1,4-糖苷键结合起来的链状高分子化合物。纤维素结构可以从纳米尺度延伸到厘米尺度[19]。

纤维素的基本单元（图 9.4）包含两个脱水葡萄糖，化学式为$(C_6H_{10}O_5)_n$，n为聚合度，取决于纤维素的结构，通常 n=10 000～15 000。在两个葡萄糖分子之间，O 原子分别连接了 C_1 与 C_4 原子，称为 β-1,4 糖苷键。纤维素分子结构中含有丰富的氢键，包含单元结构内部的氢键及两个单元结构之间的氢键，这些氢键起到了稳定纤维素结构的作用。

纤维素的不同尺度结构单元在空间中的相对排列包括链结构和聚集态结构。

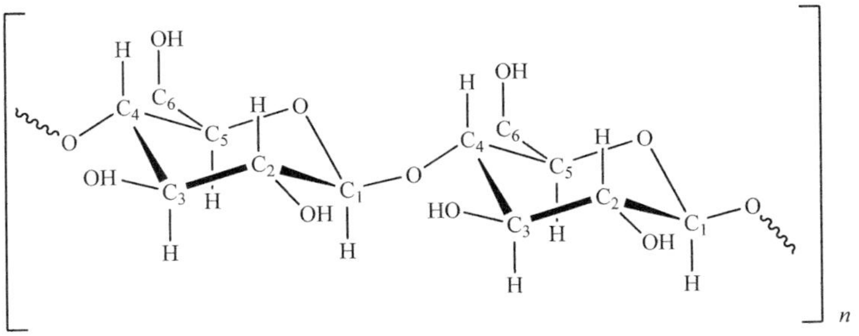

图 9.4 纤维素分子结构[19]

链结构代表第一层次结构，显示分子链上基团的几何排列情况。聚集态结构又称二级结构，指高分子整体的内部结构，包括晶体结构、非晶体结构、取向结构及液晶结构。链结构直接影响聚合物的熔点、密度、黏度等性质，而聚集态结构则决定纤维素制品的使用性能。

天然纤维素含有上万个葡萄糖单元，这些结构在一定空间范围内，当其内部氢键达到一定数量后，可以在 X 射线衍射分析中显示出来，此空间结构代表结晶区，而其余部分则为无定形区。纤维素的大分子聚集体中，处于结晶区的分子排列比较整齐、有规律，可以观测到清晰的 X 射线衍射图谱，并且密度较大（$1.588g/cm^3$）。无定形区的分子链则排列疏松、不整齐，且密度较低（$1.500g/cm^3$）。纤维素结构中的结晶区占纤维素整体的比例则称为纤维素结晶度。

纤维素的晶相结构有Ⅰ型、Ⅱ型、Ⅲ型、Ⅳ型等主要形式。Ⅰ型结构是自然界中存在最广泛的一种，由纤维素高分子链反平行排列形成，可以在一定条件下转化为Ⅱ型和Ⅲ型结构。纤维素Ⅱ型结构中高分子链呈平行排列，是最为稳定的纤维素结构，主要通过Ⅰ型纤维素在离子液体或者浓酸/浓碱溶液中重结晶得到。纤维素Ⅲ型结构可由Ⅰ型结构或Ⅱ型结构在胺类溶液中处理得到，其进一步热处理后即可得到Ⅳ型纤维素结构。

由于Ⅰ型纤维素是自然界中最为常见的，因此在各种研究过程中得以普遍使用。Ⅰ型纤维素又可以分为Ⅰα型和Ⅰβ型两种。其中Ⅰα型为三斜晶系，主要存在于海藻和细菌中；Ⅰβ型主要为单斜晶系，主要存在于植物中（图 9.5）。Ⅰα型纤维素通过碱溶液高温水热处理后可以转变为Ⅰβ型。

9.2.2 理化性质

当固体吸收液体后，固体内部的内聚力减小，容积增大，通常固体变软，称

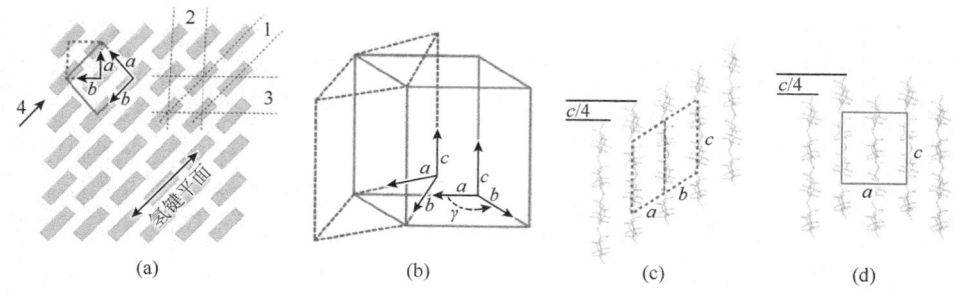

图 9.5　Ⅰα 型（虚线）和 Ⅰβ 型（实线）纤维素[19]

1～3 分别为 Ⅰα 型(110)$_t$、(010)$_t$、(100)$_t$ 或 Ⅰβ 型(200)$_m$、(110)$_m$、(1$\bar{1}$0)$_m$ 晶面；4 为晶向 Ⅰα 型[1$\bar{1}$0]$_t$ 或 Ⅰβ 型[010]$_m$

为润胀。纤维素的润胀分为结晶区间和结晶区内两种。结晶区间润胀指润胀剂只能达到无定形区和结晶区表面，X 射线衍射图谱不发生变化。结晶区内润胀指润胀剂可以渗透到结晶区内部，产生新的晶相，因而 X 射线衍射图谱发生变化。纤维素无限润胀即为溶解。碱性溶剂通常可以以水合离子的形式存在，因而更易进入结晶区，其次为酸、水、极性有机溶剂等[20]。

纤维素属高分子化合物，其内聚力较大，因此扩散能力差，很难在溶液中分散。纤维素溶解后，形成的溶液是纤维素与溶剂组分加成的产物。纤维素的溶剂分为水溶剂和非水溶剂两种。其中水溶剂主要包括无机酸（盐酸、硫酸等）或 Lewis 酸（氯化锌、碘化物等）、无机碱（锌酸钠、NaOH 等）、有机碱（季铵盐、胺氧化物等）及部分配合物（铜氨、铜乙二胺等）。非水溶剂则以不含水的有机溶剂组成，包括多聚甲醛/二甲基亚砜体系、四氧二氮/二甲基甲酰胺体系等[20]。

纤维素的组成单元中具有多个活泼的羟基，可以发生多种与羟基有关的反应。这些羟基的反应能力通常反映了纤维素的反应性能。一般来讲，纤维素伯羟基的反应性高于仲羟基，其中 C_6 位的羟基由于位阻最小，因而表现出较高的反应活性[20]。纤维素的反应性能受其分子中氢键的影响，也与纤维素的可及性密切相关。纤维素的可及性是指反应试剂达到纤维素中羟基的难易程度，主要受到其结晶度的影响。

纤维素热分解反应在不同温度可以生成不同的产物。在 200～280℃ 之间进行热分解，主要产物为脱水纤维素，也会有一定量的木炭和气体等产物；280～340℃ 主要获得焦油等易燃的挥发性产物；400℃ 以上，则形成类似石墨结构的芳环物质[21, 22]。

9.2.3　纤维素的催化转化

1. 纤维素水解反应

在纤维素水解反应中，关键步骤是两个葡萄糖苷单元之间的 1,4-β-糖苷键的水解断裂。这一步骤也是纤维素进一步向下游转化的基础。由于纤维素的结晶结构以及其丰富的氢键，纤维素水解反应比淀粉等其他多糖水解反应更具有挑战性。在碱催化下，纤维素水解反应容易发生多种降解反应，限制了其应用，因此一般采用酸催化。从 1945 年 Saeman 的研究[23]开始直至近期的动力学分析[24]，一般认为纤维素水解反应可用准一级动力学模型进行模拟：

$$\text{纤维素} \xrightarrow{k_1} \text{葡萄糖} \xrightarrow{k_2} \text{降解产物}$$

反应速率常数 k_1 和 k_2 符合修正的 Arrhenius 方程：

$$k_i = k_{i,0} C_A^{m_i} e^{-\frac{E_{a,i}}{RT}} \quad (i=1,2)$$

式中，T 为温度；C_A 为酸浓度；$k_{i,0}$ 为指前因子；m_i 为反应级数；$E_{a,i}$ 为活化能。

在纤维素水解为葡萄糖反应中，E_a 为 172~189kJ/mol[25]。同时，除葡萄糖等主要产物外，只有部分副产物如 5-羟甲基糠醛（5-HMF）、乙酰丙酸、甲酸等可以确定。其他副产物，尤其是不溶性的固体副产物无法准确定性分析，通常统称这些固体副产物为胡敏素（humin）[26, 27]。正是由于纤维素水解产物的复杂多样性，因此与传统的催化反应相比，现阶段仍然没有准确的模型可以对纤维素催化转化过程进行预测[26]。

通常纤维素水解反应为酸催化多相反应体系，总包反应速率取决于传质效应，并且也与纤维素的结晶度有关。Sharples 等[28]提出的动力学模型推测，纤维素水解反应的速率常数与纤维素晶体结晶度等相关。因此，为了降低纤维素结晶度对反应的影响，可以通过一定的前处理来破坏纤维素之间的氢键，降低结晶度，从而促进纤维素水解反应的进行。这种前处理包括机械粉碎、酸处理、水汽处理、氨水处理等[29, 30]。

酸催化纤维素水解反应主要有两种反应机理，如图 9.6 所示[31]。

途径 1：催化剂中的 H^+ 进攻糖苷键上的 O 原子，形成氧鎓盐（物质 A），并发生糖苷键断裂，分别产生 4-OH（物质 B）和 1-C^+（物质 C）。然后 1-C^+ 与一分子水结合，脱去 H^+，形成 1-OH（物质 D），完成催化循环。

途径 2：催化剂中的 H^+ 进攻葡萄糖环上的 O，形成氧鎓盐（物质 E），然后糖环发生开环反应，同时，H^+ 转移到糖苷键的 O 原子上，形成 5-OH（物质 F）。最后一分子水进攻糖苷键，发生断裂反应，产生 4-OH（物质 G）和 1-C=O 中间体，1-C=O 脱去 H^+，形成 1-OH（物质 D），完成催化循环。

1）液体酸

液体酸是工业上纤维素水解反应最常用的催化剂，其中硫酸和盐酸使用最多。Grethlein 等[32]研究发现，180~240℃时，纤维素在稀硫酸催化作用下，仅反应 10~20s 可得到 55%葡萄糖的收率。Torget 等[33]通过收缩床渗透反应器将纤维素水解得到的葡萄糖原位分离，得到了高达 92%的葡萄糖收率。但是，使用液体酸催化

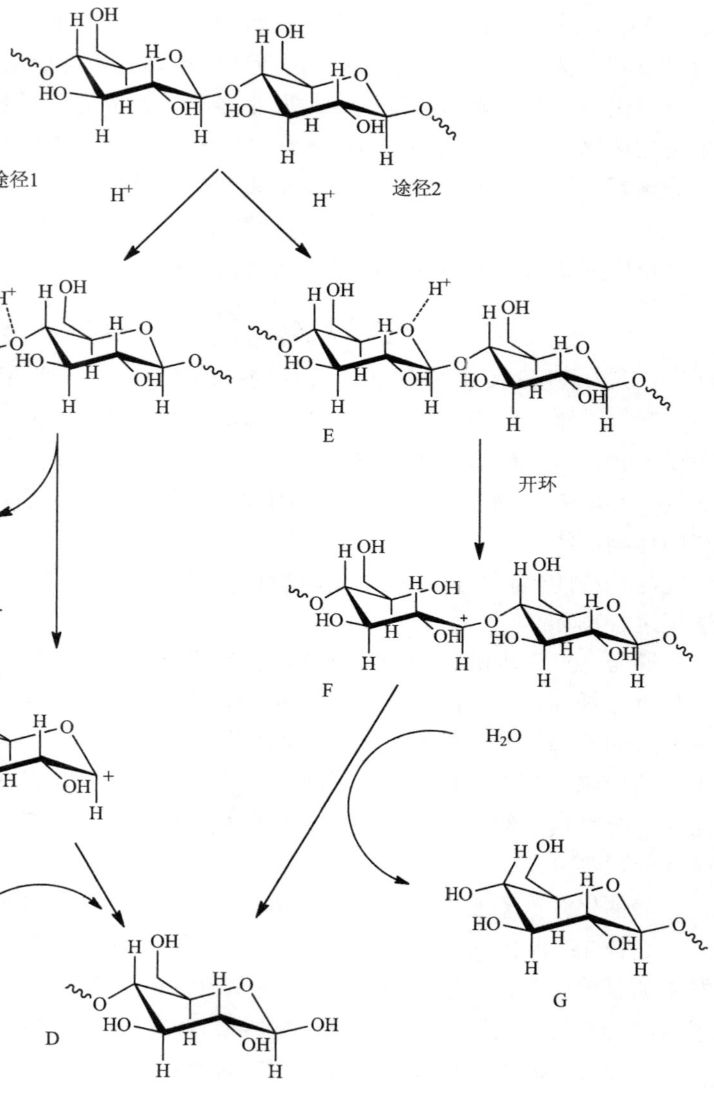

图 9.6 酸水解断裂纤维素糖苷键的反应机理[31]

时，存在液体酸的使用量较大、催化剂回收困难、反应器腐蚀严重、产物的中和与分离等问题。

杂多酸（如 $H_3PW_{12}O_{40}$、$H_4SiW_{12}O_{40}$ 等）作为典型的 Brønsted 酸，可以有效地促进纤维素中糖苷键的断裂，其水解效率高于 H_2SO_4[34, 35]。但是杂多酸催化剂的价格高昂，同时，也存在一般液体酸的分离等问题，到目前为止只能通过重结晶的方法进行分离。

2）固体酸及负载型催化剂

在纤维素水解到葡萄糖反应中，作为液体酸的替代，多种固体酸催化剂也都取得较好的结果。例如，Kitano 等[36]分别利用含—SO_3H 基团的碳催化剂、含—SO_3H 基团的 SiC 催化剂、酸性树脂（如 Amberlyst、Nafion 等）及分子筛（如 H-ZSM5、H-USY 等），均在纤维素水解反应中取得了较好的结果。但是对固体酸的催化机理仍然缺乏统一的认识，需要进一步研究，从而提高其催化纤维素水解的效率（图 9.7）。

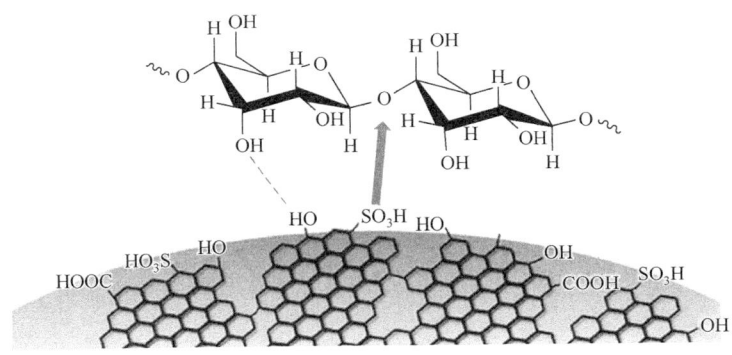

图 9.7　固体酸催化纤维素水解示意图[36]

在超临界条件下，水可以自身解离出 H^+ 水解纤维素。使用负载型金属催化剂可以促进纤维素的水解反应。如 Ru/CMK-3 的使用[37]，具有 Brønsted 酸性质的 Ru 可以在一定程度上与水结合形成$[Ru(H_2O)_6]^{3+}$，释放出 H^+，从而促使纤维素的水解反应。

3）微波处理

微波处理可以加速纤维素的水解过程。如使用 SO_3H-C 催化剂，在微波处理的条件下，90℃反应 60min 即可达到 24%的葡萄糖收率[38]。微波处理的促进作用主要体现在微波处理可以降低纤维素的结晶度，并加速纤维素与催化剂之间的碰撞概率。

4）机械处理

将酸性催化剂与纤维素进行机械研磨可以促使纤维素水解反应高效进行。例如，使用高岭石和纤维素进行机械研磨，可以在 3h 之内将 84%的纤维素水解转化，产物除葡萄糖之外，还有葡萄糖的降解产物[39]。机械研磨的方法并不是随机水解纤维素的糖苷键，而是选择性断裂末端的糖苷键。但是机械研磨的方法到目前为止难以实现工业化。

2. 纤维素水解加氢反应

在纤维素水解的基础上，可以利用双功能催化剂实现纤维素水解及葡萄糖的进一步转化。纤维素水解后进一步加氢,可以得到山梨醇、甘露醇等多元醇(图 9.8)。一般使用 Ru、Pt 等过渡金属加氢催化剂和稀酸溶液或者酸性载体(如碳材料、硅铝氧化物等)等。同时,若达到两类催化中心的活性匹配,可以获得最佳的纤维素转化效果[27]。

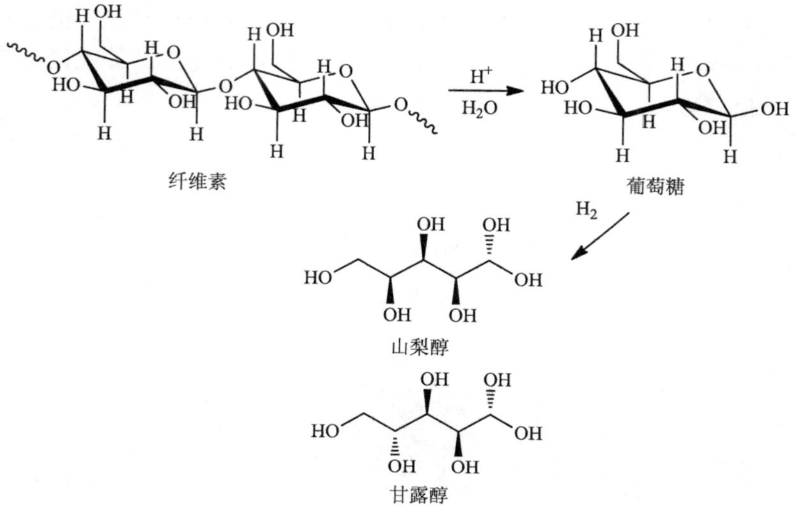

图 9.8 纤维素水解加氢反应

Sharkov 等早在 1963 年就报道了纤维素在硫酸等酸性溶液中水解转化为葡萄糖后进一步加氢合成多元醇[40]。Robinson 等改进了这个过程,提高了葡萄糖加氢效率和多元醇的选择性。但无机酸的使用会引起腐蚀和环境污染等问题[41]。针对这个问题,国内外一直探索纤维素在不使用无机酸条件下的绿色高效水解转化途径。2006 年 Fukuoka 等采用氧化铝、分子筛等固体酸代替液体酸,与 Pt 加氢催化剂耦合,实现了纤维素在水相中水解加氢转化为山梨醇等多元醇[42]。但纤维素自身的刚性结构和固体酸表面有限的可利用酸性中心数目使得纤维素的转化率较低,限制了其实用性。为此,2007 年 Liu 等[43]利用水在近临界条件下原位解离生成的 Brønsted 酸,实现了纤维素的水解;同时与加氢过程耦合,将水解生成的葡萄糖即时在负载 Ru 催化剂上加氢转化为山梨醇等多元醇。原位产生的 Brønsted 酸,在室温下自动消失,从而解决了使用传统无机酸水解过程中所遇到的废酸回收、处理和污染等问题,达到了纤维素到 C_6 多元醇比较绿色、高效的转化。

3. 纤维素水解氢解

在纤维素水解后,采用钨基催化剂或碱性催化剂,对葡萄糖中间体进行加氢的同时,发生选择性断裂 C—C 键反应,从而可以加氢得到乙二醇、丙二醇等低碳多元醇（图 9.9）。

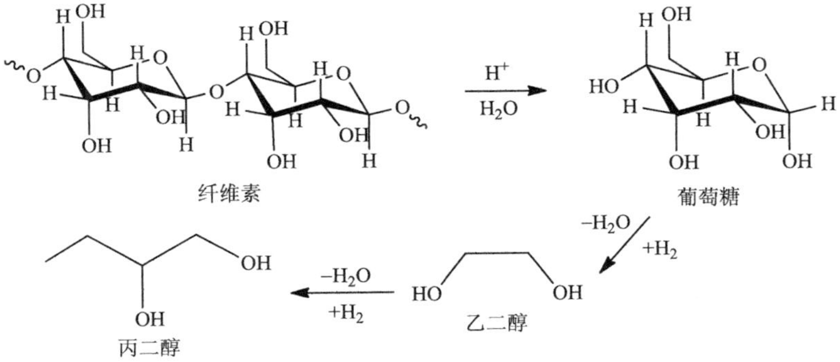

图 9.9 纤维素水解氢解反应

Ni-W$_2$C/AC 等催化剂可以成功将纤维素一步转化为乙二醇，实现纤维素的水解氢解过程[44]。纤维素水解为葡萄糖后，由葡萄糖在催化剂 Ni 和 W 的作用下，发生 C—C 键断裂等过程，最终生成氢解产物乙二醇。其中，催化剂中的 W 还有促进 H$_2$ 活化的作用。

Liu 等[45]利用 Ru/C+WO$_3$ 催化剂对纤维素进行水解氢解反应，通过调变 WO$_3$ 表面结构及添加剂，可以选择性地得到产物乙二醇、丙二醇或者山梨醇，实现纤维素选择性水解氢解得到特定的产物。例如，若同时使用碱性活性炭，则直接将纤维素转化为丙二醇。其中 WO$_3$ 在反应中经历 WO$_3$(反应前) ⟶ H$_x$WO$_3$(反应中) ⟶ WO$_3$(反应后)的催化剂循环过程。

4. 纤维素水解氧化反应

使用碳纳米管（CNT）负载的 Au 纳米粒子（Au/CNT）催化剂可以促使纤维素在氧气的条件下转化为葡萄糖酸[46]（图 9.10）。其中催化剂载体 CNT 上存在的

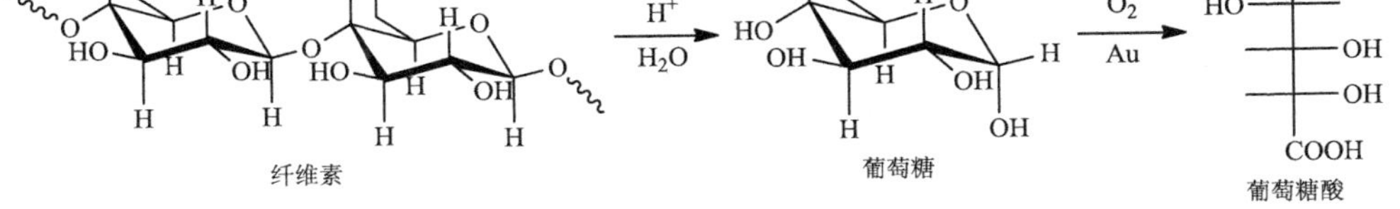

图 9.10 纤维素水解氧化反应

酸性基团可以提供酸性中心，促使纤维素水解到葡萄糖；然后 Au 在氧气气氛下将葡萄糖氧化到葡萄糖酸。

Niu 等[47]利用 NaVO$_3$-H$_2$SO$_4$ 体系，以氧气为氧化剂，对纤维素进行水解氧化反应，产物以甲酸为主，产率可达到 60%左右（图 9.11）。在反应中，纤维素首先水解为葡萄糖或果糖，之后可能按照两条平行途径进行反应：①由葡萄糖直接深度氧化成为甲酸；②由葡萄糖脱水形成 5-羟甲基糠醛（5-HMF 或 HMF），以及 5-HMF 转化为乙酰丙酸等产物后，由这些中间产物进一步氧化生成甲酸。

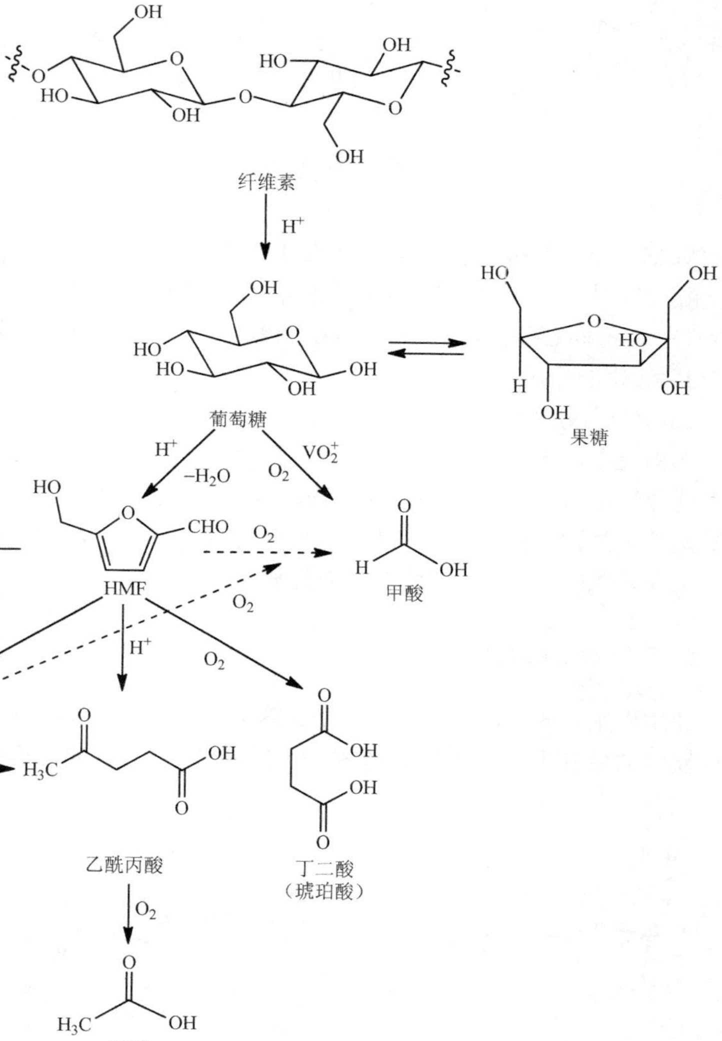

图 9.11　NaVO$_3$-H$_2$SO$_4$ 体系中纤维素水解氧化制备甲酸过程[47]

5. 纤维素水解脱水反应

5-羟甲基糠醛是一种重要的生物质基平台分子，可以用来合成许多其他重要的化合物。由纤维素制备 5-HMF，首先纤维素水解为葡萄糖，葡萄糖异构反应得到果糖，最后由果糖脱水形成 5-HMF（图 9.12）。

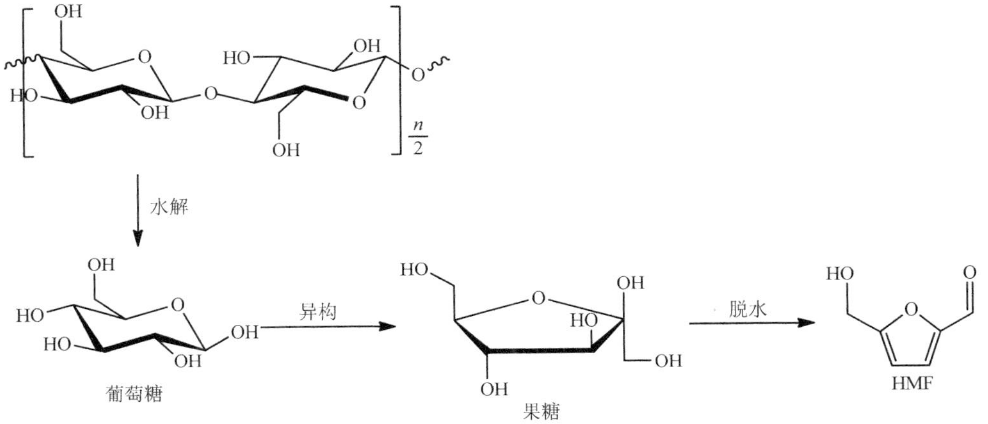

图 9.12　纤维素水解脱水制备 HMF 反应途径[49]

Nandiwale 等[48]利用分子筛 HZSM-5 作为催化剂，对纤维素进行水解脱水反应，并在 190℃水溶液条件下，得到 46%的 5-HMF 产率，并且催化剂循环具有良好的稳定性。

由于 5-HMF 比较活泼，在其制备的条件下容易发生聚合等副反应，利用水相-有机相两相反应体系则可以提高其稳定性和收率等。纤维素在水相中转化为 5-HMF，之后 5-HMF 立即转移到有机相中。这样由于水相中的 5-HMF 减少，从而促进纤维素的转化。同时，使用两相体系由于副产物少、产物不易降解，因而产物的产率较高。在两相体系中，水相主要使用纯水、水-二甲基亚砜并添加盐酸、硫酸等酸性催化剂；有机相通常使用对产物吸附性能较强的有机溶剂，如甲基异丁酮、四氢呋喃等。

Shi 等[50]在四氢呋喃-水（THF-H_2O）双液相体系中，利用 $NaHSO_4$-$ZnSO_4$ 催化纤维素水解脱水制备 5-HMF，在 160℃反应温度下，得到 53%的 5-HMF 产率。

但是，两相体系的使用，由于有机溶剂、无机盐等的存在，因此成本高、环境危害性大，从而可能带来工业化困难等问题[51]。

纤维素经过水解脱水得到 5-HMF 后，可以进一步转化为乙酰丙酸。乙酰丙酸同样也是重要的平台分子之一，并且被广泛应用于药物、食品、化妆品、生物燃料等行业。通过纤维素制备乙酰丙酸是纤维素催化转化的方向之一。

Ding 等[52]制备了一系列 Al 修饰的磷酸铌（Al-NbOPO$_4$），在纤维素水解脱水制备乙酰丙酸（LA）反应中得到了 53%的乙酰丙酸收率，催化剂中的 Brønsted 酸是促进反应进行的主要活性中心。同时，在反应后得到的乙酰丙酸溶液中，加入 Ru/C 催化剂后，可以进一步将乙酰丙酸转化为 γ-戊内酯（GVL）（产率达到 57%）（图 9.13）。

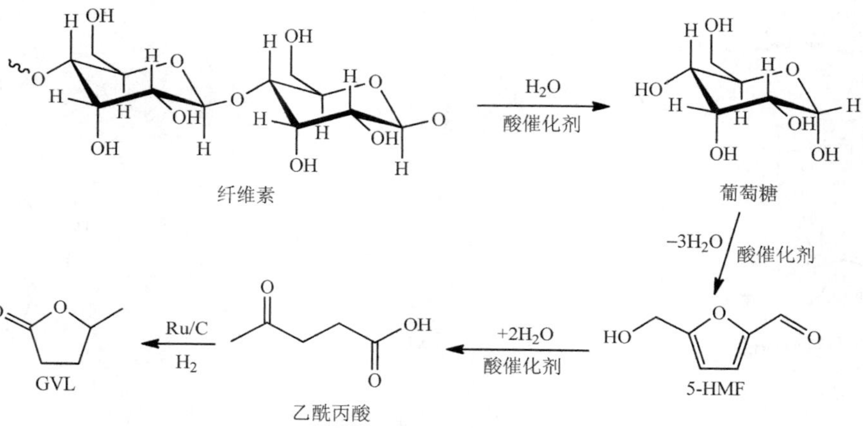

图 9.13　纤维素催化转化为乙酰丙酸反应途径[52]

6. 纤维素制氢反应

在离子液体或超临界水中，利用水汽重整反应，纤维素可以转化为氢气[53, 54]。主要可能途径有三种：①纤维素水解生成葡萄糖后，葡萄糖转化为 5-HMF，由 5-HMF 降解产生 2,5-己二酮，此后 2,5-己二酮的水解产物 3-甲基-2-环戊烯-1-酮经过降解产生 H$_2$；②纤维素水解为葡萄糖后，发生降解反应生成甲酸，之后由甲酸分解产生 H$_2$；③水解产生的葡萄糖发生降解反应生成丙烯酸，之后加氢生成丙酸并分解为 H$_2$（图 9.14）。

7. 其他纤维素反应

纤维素的转化还有多种其他方式。例如，在使用硫酸及杂多酸作为催化剂、甲醇作为溶剂时，可以将纤维素一锅法转化为甲基葡萄糖苷，产率达到 40%，并可进一步醇解，转化为乙酰丙酸甲酯等[55]。相比水相中纤维素水解反应，在甲醇中的醇解反应可以得到更稳定的产物（图 9.15）。

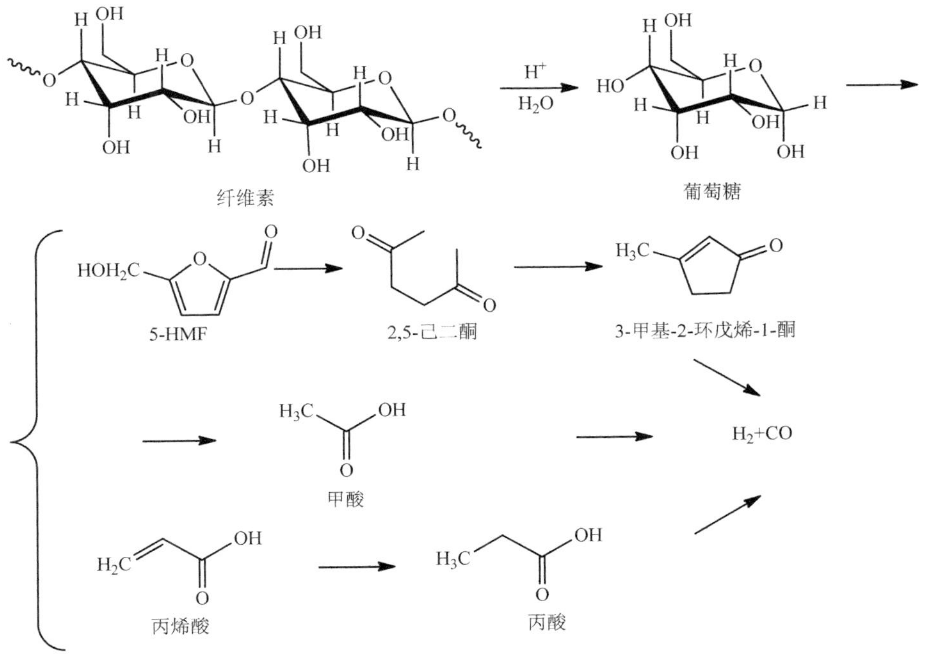

图 9.14　纤维素制氢

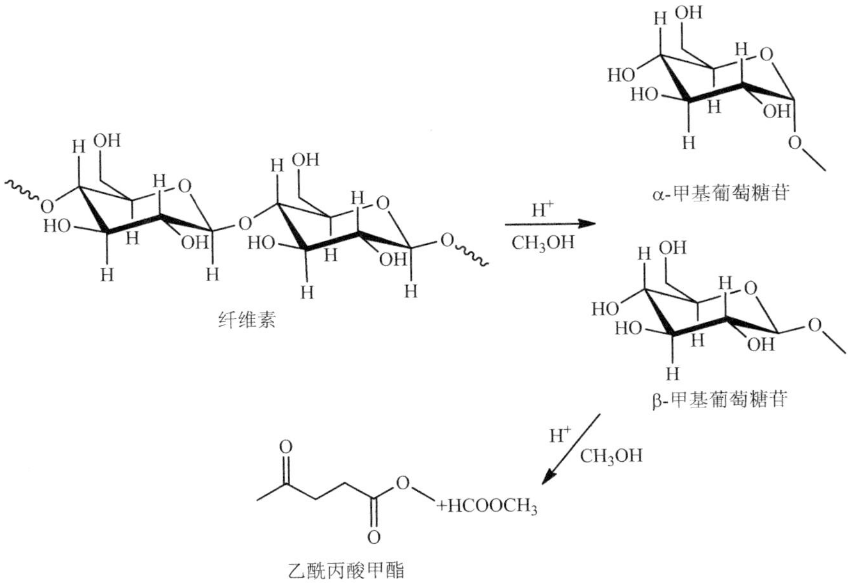

图 9.15　纤维素转化为甲基葡萄糖苷

乳酸也是一种重要的基本化学品，可以应用于食品、药物、化妆品、工业等多种行业。Wang 等[56]首次实现利用化学催化的方法将纤维素转化为乳酸。利用 Pb（Ⅱ）离子[Pb(NO$_3$)$_2$]作为催化剂，在 190℃反应条件下，得到了 62%的乳酸产率。该反应可能按照下面的机理进行。在无 Pb（Ⅱ）离子催化时，反应中主要以纤维素水解脱水产物 5-HMF 为主，而引入 Pb（Ⅱ）离子后，产物以乳酸为主。首先，纤维素水解为葡萄糖，葡萄糖在 Pb（Ⅱ）离子催化下异构为果糖，这一过程可能存在两种途径：①酮-烯醇式互变异构（K-E）；②氢转移（1, 2-H）。然后，果糖通过反羟醛缩合反应（Retro-aldol），产生可互变异构的三种 C$_3$ 中间体。最后，由 C$_3$ 中间体进一步转化为乳酸（同样可能通过 K-E 或 1,2-H 途径进行）（图 9.16）。

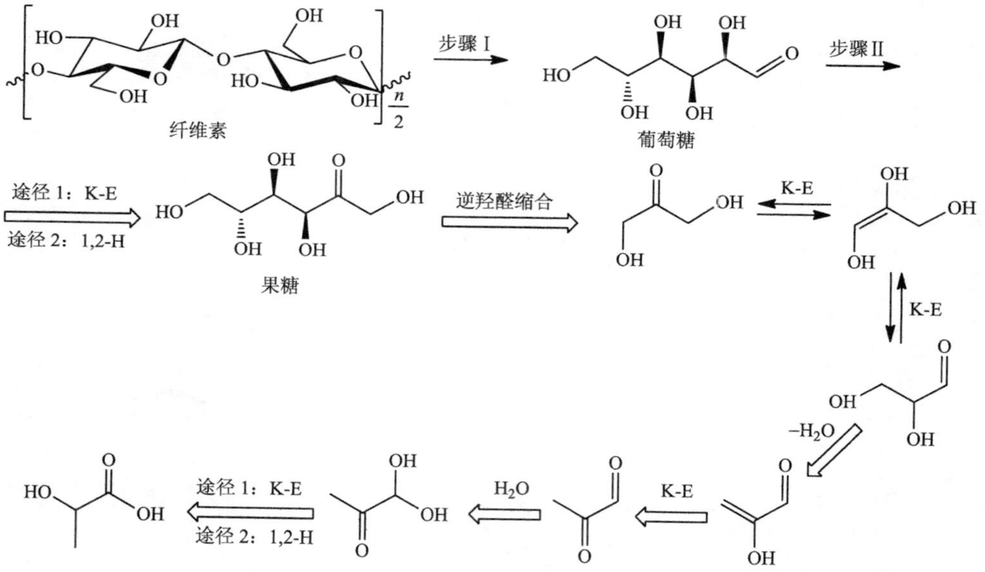

图 9.16 Pb（Ⅱ）催化纤维素制备乳酸的可能反应机理[56]

9.3 半纤维素转化

半纤维素是植物的重要组成部分之一。1891 年，Schulze 将在植物组织中较易分离出的一类多糖物质，看作可能是纤维素的半成品或前体分子，因此称之为半纤维素。1962 年，Aspinall 进一步明确半纤维素为源于植物的聚糖类物质，含有 D-木糖基、D-甘露糖基与 D-葡萄糖基或者 D-半乳糖基的基础链，其他糖基作为支链而连接于基础链上。显然，与只含有均一 D-葡萄糖基的、直链纤维素不同，半纤维素则是由多种糖单元构成的共聚物。

9.3.1 组成

半纤维素由多种不同糖组成，结构较复杂（图9.17）。半纤维素主要成分为聚木糖、葡糖甘露聚糖、甘露聚糖、木葡聚糖等。例如，硬木树中的半纤维素主要为聚木糖，而软木树中则以葡糖甘露聚糖为主。

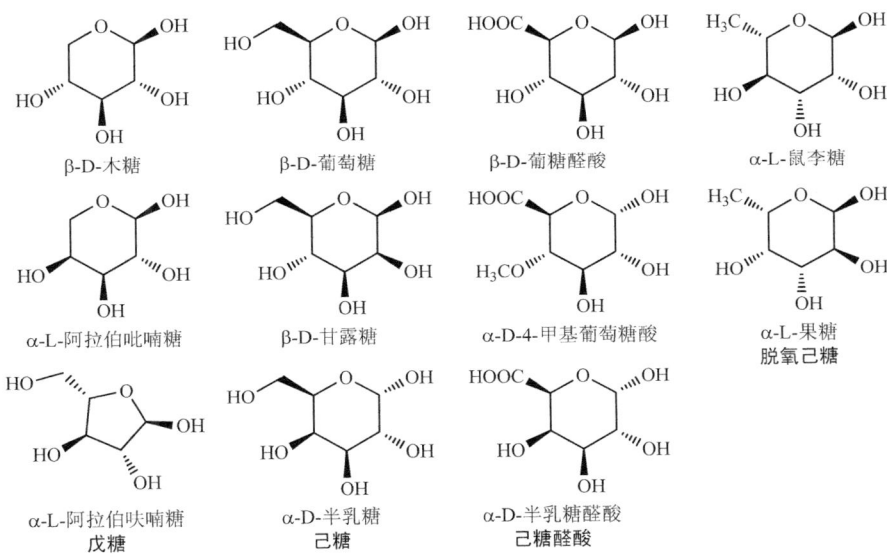

图9.17 半纤维素的基本构成结构单元[57, 58]

1. 聚木糖

聚木糖是由D-木糖基相互连接成的均聚物线形分子。聚木糖类半纤维素是以1,4-β-D-吡喃型木糖为主链，以4-甲氧基-吡喃型葡萄糖醛酸为支链的多糖。

白桦树中的聚木糖，其木糖含量约89%，阿拉伯糖1%，葡萄糖1%，甲酸8%[59]；米糠中的聚木糖，其木糖约46%，阿拉伯糖45%，甘露糖6%，葡萄糖2%，甲酸1%[60]；玉米中的半纤维素结构较为复杂，含有木糖48%~54%，阿拉伯糖33%~35%，甘露糖5%~11%，葡萄糖醛酸3%~6%[61]。

不同来源的聚木糖，如草本植物、谷类植物、硬木或软木中的聚木糖组成各不相同。约80%的聚木糖侧链由阿拉伯糖和葡萄糖醛酸连接到O-2和/或O-3位上，也有部分木糖基和乙酰基支链[62]。

2. 葡糖甘露聚糖

不同来源的葡糖甘露聚糖也同样具有不同的组成结构。魔芋中提取出的葡糖甘露聚糖（konjac glucomannan）为线性多糖，主要由 1,4-β-D-吡喃甘露糖、β-D-吡喃葡萄糖及乙酰基构成（图 9.18）。每个葡糖甘露聚糖主链单糖分子构成，支链由 3~4 个单糖分子连接到主链葡萄糖或甘露糖的 C-3 或 C-6 上[63]。

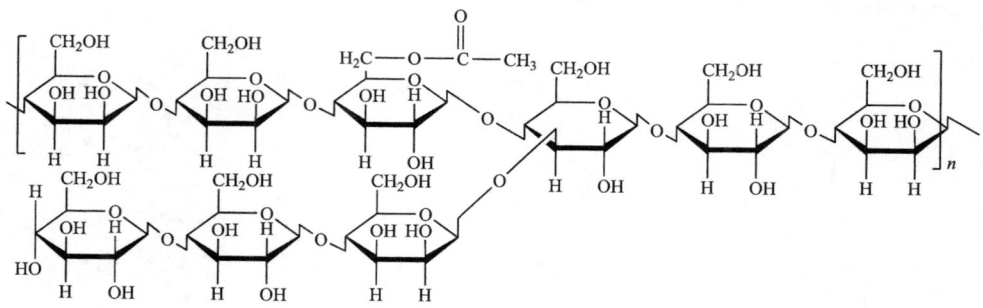

图 9.18　魔芋中葡糖甘露聚糖的结构[63]

魔芋中提取出的这类葡糖甘露聚糖可溶于水，但是非常黏稠，不溶于甲醇、乙醇等溶剂。广泛应用于食品行业中，还可以作为肥胖患者的治疗食品之一。

3. 阿拉伯半乳聚糖

阿拉伯糖和半乳糖结合形成另一种重要的半纤维素——阿拉伯半乳聚糖（图 9.19）。通常阿拉伯半乳聚糖有两类。一种以 β-(1→4)-D-半乳糖残基为主链，支链为连

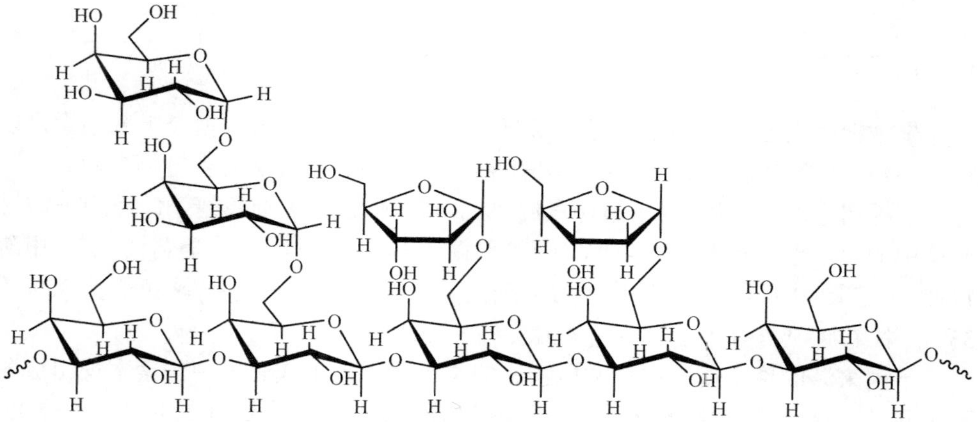

图 9.19　阿拉伯半乳聚糖的结构[64]

接在 O-3 上的 α-(1→5)-L-阿拉伯呋喃糖残基。另一种是 β-(1→3)-D-吡喃半乳糖残基作为主链，以 β-1,6-半乳糖残基为支链连接在 O-6 上。此外，阿拉伯半乳聚糖也有可能是由几个阿拉伯糖残基构成的寡糖。

9.3.2 理化性质

半纤维素的聚合度低、结晶结构低，因此在酸性条件下易水解。半纤维素的糖基种类多，有吡喃式、呋喃式，有 β-糖苷键、α-糖苷键，有 D 型、L 型等，且糖基之间的连接方式也多种多样，有 1→2、1→3、1→4、1→6 的连接方式。半纤维素对水的亲和力相对较高，因此在水中为黏性状态或者胶状[65]。

9.3.3 半纤维素的催化转化

1. 半纤维素水解反应

纤维素具有较高的结晶度、较强的分子间作用力和良好的机械性能，因此不易水解。而与纤维素相比，半纤维素的结构基本为非晶相、分子间作用力较弱，因此更易在酸或碱溶液中水解[65]。

酸催化是目前为止最为高效、廉价的半纤维素水解方法。硫酸、盐酸是常用的催化剂。例如，阿拉伯半乳聚糖在盐酸的催化下可以水解为半乳糖与阿拉伯糖（图 9.20）[64]。但是硫酸和盐酸对环境的毒性和对反应器的腐蚀性较大，且回收较困难[66]。因此，近年来，磷酸、甲酸、有机酸等催化剂也逐渐被使用。

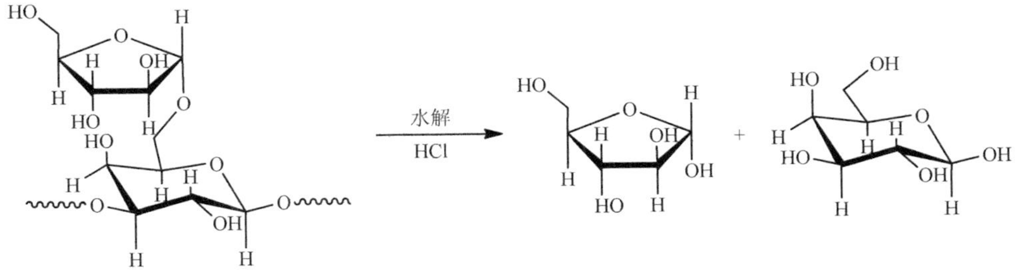

图 9.20 阿拉伯半乳聚糖水解[64]

1) 半纤维素水解机理

一般认为，多糖水解的主要步骤是多糖糖苷键氧原子与 H_3O^+ 作用，产生 O^+ 导致糖苷键的断裂。多糖水解反应包含多糖到低聚糖，低聚糖到单糖，再由单糖到产物分子等多个步骤，每一步都为一级反应[66]。

以半乳葡甘露聚糖水解反应为例（图 9.21），H_3O^+ 吸附后形成的 O^+，脱水后糖苷键断裂，得到水解产物[67]。水解反应主要在 Brønsted 酸催化下，在半纤维素的任意糖苷键上进行反应。在水解反应中，需要较强的酸性（$pK_a<4$），但如果使用过强的无机酸，会导致水解产物的深度脱水以及降解[68]。

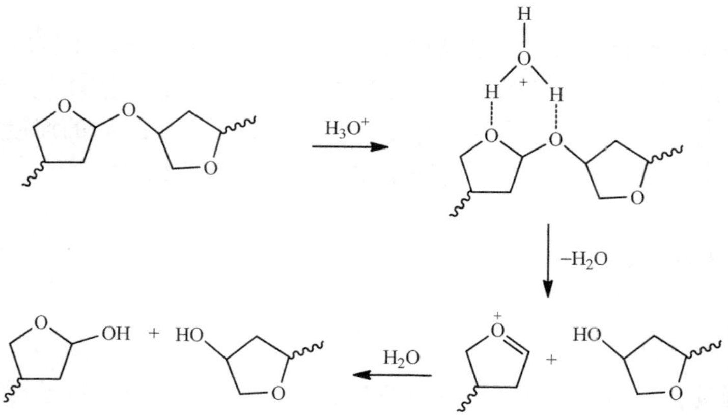

图 9.21　半乳葡甘露聚糖水解反应

2）水解产物

（1）木糖及其下游产物。通过聚木糖水解，可以得到木糖。木糖在 Lewis 酸的催化下，进一步加氢可以制备木酮糖，木酮糖是一种重要的甜味剂。木酮糖及木糖同时也可以在 Brønsted 酸作用下，发生脱水反应，产生糠醛。伴随着深度加氢以及降解反应，也会产生呋喃、呋喃甲醇等产物（图 9.22）[69, 70]。

（2）甘露糖及其下游产物。聚甘露糖类纤维素水解可以得到甘露糖。甘露糖在人体中的分解时间更为缓慢，且可以与人体中的部分有害菌结合，促使其排出体外；并且可以有效地降低人体的甘油三酯[69]。通过加氢反应，可以由甘露糖转化为甘露醇，甘露醇是甜味剂以及重要的药物组分[71]。

（3）半乳糖及其下游产物。半乳糖广泛地应用在药物以及食品行业中。半乳糖可以异构化为塔格糖及海藻糖（图 9.23），塔格糖也同样是低热量甜味剂及药物添加剂的一种[72]。此外，半乳糖通过加氢的方法可以得到半乳糖醇[69]。

（4）阿拉伯糖。阿拉伯糖是一种低热量的甜味剂，将其与蔗糖混合后，可以将人体对蔗糖的吸收度降低到 40%。

在钼酸、硫酸镁等催化剂的作用下，可以将阿拉伯糖异构为核糖（图 9.24）。核糖是一种重要的药物中间体，可用于生产核苷类药物，并且是抗 HIV 药物的重要组分[69, 73]。

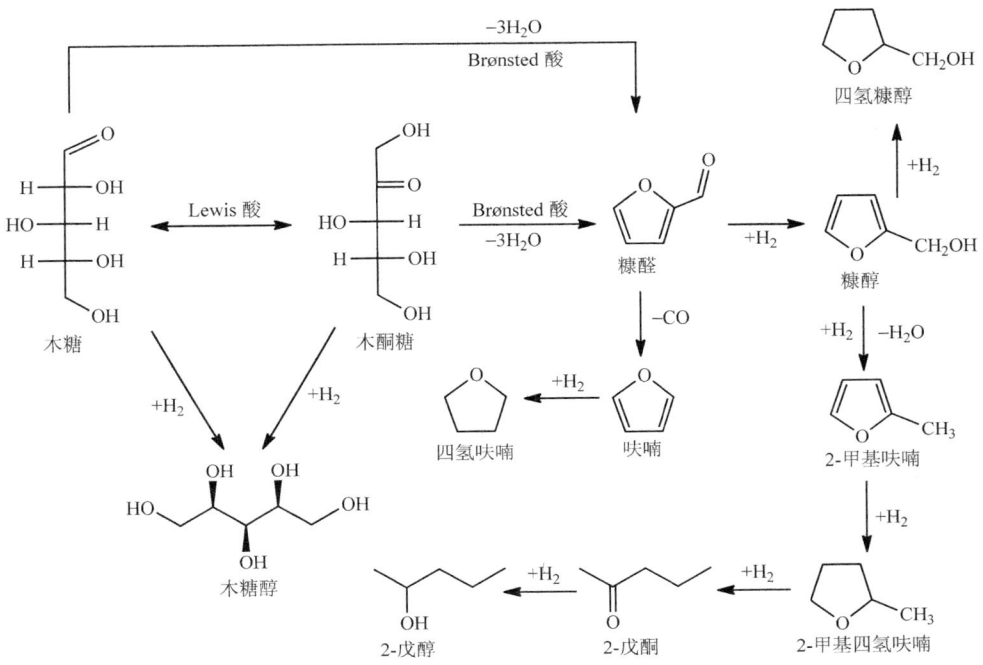

图 9.22 木糖及其下游产物[70]

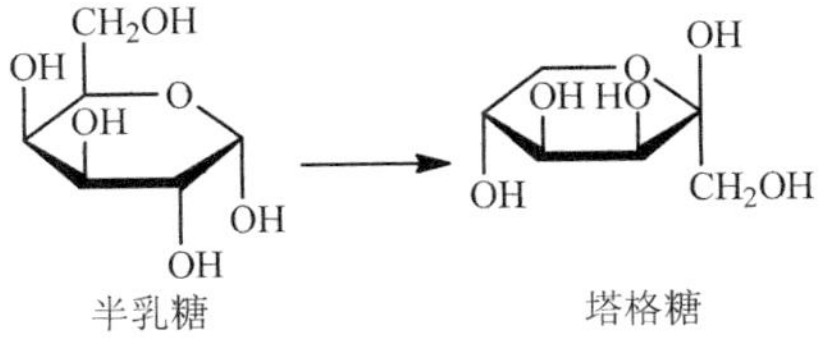

图 9.23 半乳糖异构到塔格糖

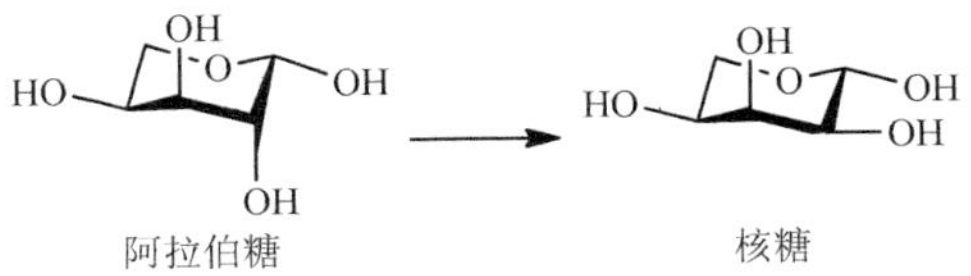

图 9.24 阿拉伯糖异构为核糖

2. 半纤维素水解-脱水反应

Wang 等[74]利用双液相体系对半纤维素进行水解脱水反应,可以比较高收率地制备糠醛。通过对山毛榉木进行研磨、提纯等处理,得到以聚木糖为主的半纤维素原料。在 2-甲基四氢呋喃(2-MTHF)/水组成的双液相体系中,利用 $SnCl_4$ 催化剂,将聚木糖水解后得到的木糖进一步脱水,得到糠醛,并利用双液相体系中的 2-MTHF 对糠醛进行萃取,糠醛产率达 78%。

3. 半纤维素水解-加氢反应

将半纤维素水解后的产物进一步进行加氢后,可以得到多种多元醇产物。

Takata 等[75]通过水解象草中丰富的聚木糖,得到木糖或糠醛,通过进一步加氢得到木糖醇或四氢糠醇(图 9.25)。首先对象草进行研磨、萃取后,进一步对其进行磷酸处理,通过调变处理时间及处理温度,可以选择性得到木糖或者糠醛水解产物;利用 Pd/C 催化剂,进行加氢反应后,它们转化为木糖醇(产率达到 50%左右)或四氢糠醇(约 40%产率)。

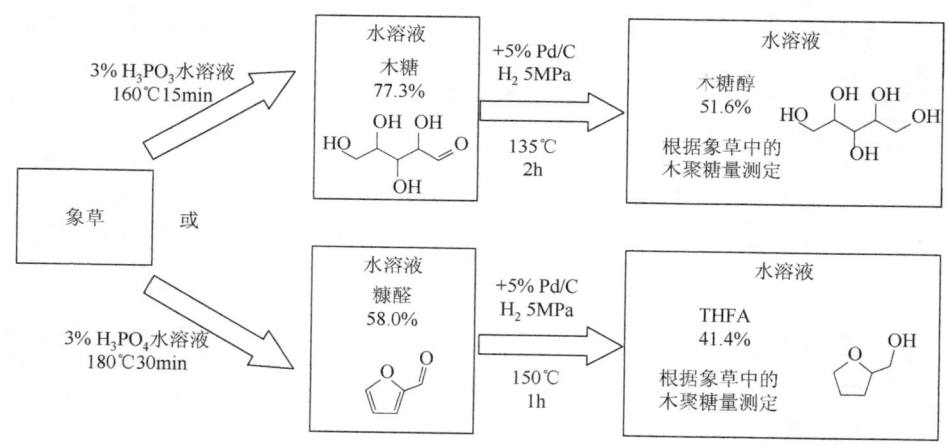

图 9.25 象草水解加氢反应[75]

Luo 等[76]对毛竹水解后得到的半纤维素进行加氢反应(图 9.26),可以高选择性得到 γ-戊内酯。首先通过 $AlCl_3$ 水溶液处理毛竹,使其中的半纤维素充分溶解;之后,在溶液中加入 SiO_2 和四氢呋喃,形成 $AlCl_3$-SiO_2-THF/H_2O 体系,经过一定温度处理,促使半纤维素转化为单体(如木糖、糠醛等);最后,使用甲酸作为氢源,Pt/C 作为加氢催化剂,可以高选择性(约 90%)得到 γ-戊内酯。

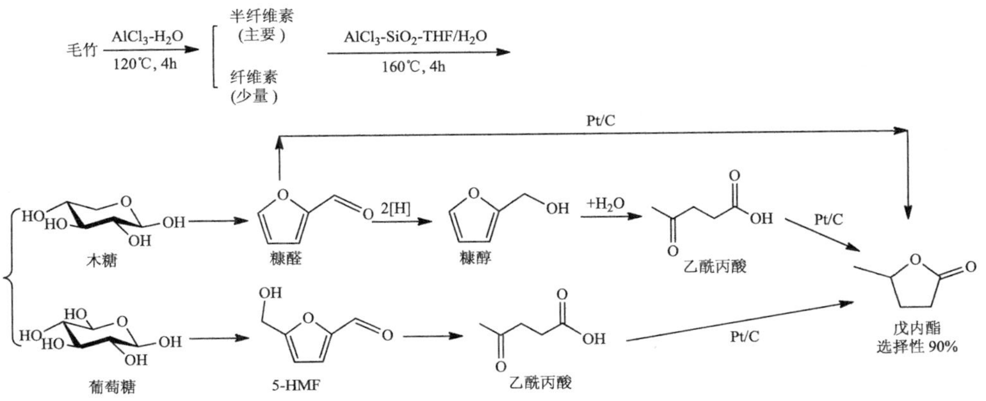

图 9.26 毛竹水解加氢反应[76]

4. 半纤维素水解-氢解反应

半纤维素的组成复杂多样，将其水解-氢解，可以转化为丰富的下游产品。以聚木糖为例，Tomishige 课题组[77]利用 Ir-Re/SiO$_2$ 催化剂，通过 HZSM-5 及 H$_2$SO$_4$ 的辅助，成功将聚木糖转化为正戊烷，产率可达 70%；并且，通过调变反应条件，可以选择性得到戊醇（产率 32%）或者木糖醇（产率 79%）（图 9.27）。

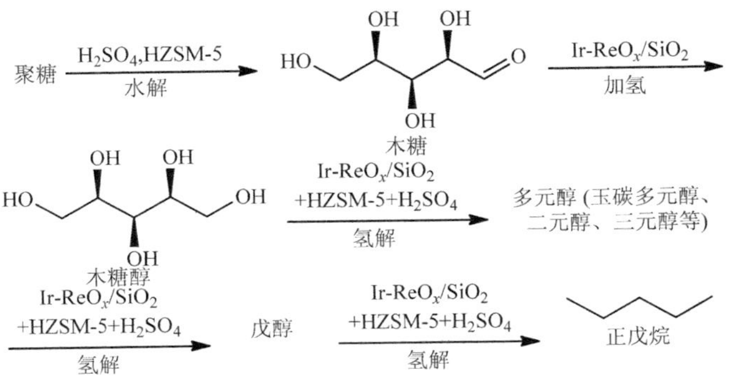

图 9.27 聚木糖水解氢解反应[77]

聚木糖在 HZSM-5 及 H$_2$SO$_4$ 的作用下，通过双液相体系，水解得到木糖；Ir-Re 催化剂对木糖进行进一步加氢后形成木糖醇；木糖醇通过进一步的转化可以选择性得到目标产物正戊烷、戊醇及其他多元醇类。

5. 半纤维素热分解反应

尽管不同来源的半纤维素的组成各有不同,但是在200～350℃时均会发生热分解。在甘露聚糖的热解反应研究中,通过失重曲线发现,在310℃时出现失重峰,表明开始出现热分解现象。聚木糖的热解失重峰则在230℃和290℃。当热解温度超过350℃后,主要发生炭化作用。由于半纤维素中的矿物盐含量较高,因此高温产生的炭化产物也较多[78, 79]。

以木聚糖热分解为例,第一阶段(150～240℃):200℃开始,失水逐渐加速,一些甲氧基基团也逐渐分解产生甲醇、甲酸、CO_2 等;第二阶段(240～320℃):从240℃开始,产生脱水的聚糖产物(如吡喃型木糖、呋喃及其衍生物)等[80];第三阶段(320～800℃):温度升高到550℃后,CH_4 成为主要产物,并伴随 CO 的生成。值得一提的是,480～800℃范围内,在矿物盐催化下发生脱氢反应,因此也会产生一定的 H_2(图9.28)[79, 81, 82]。

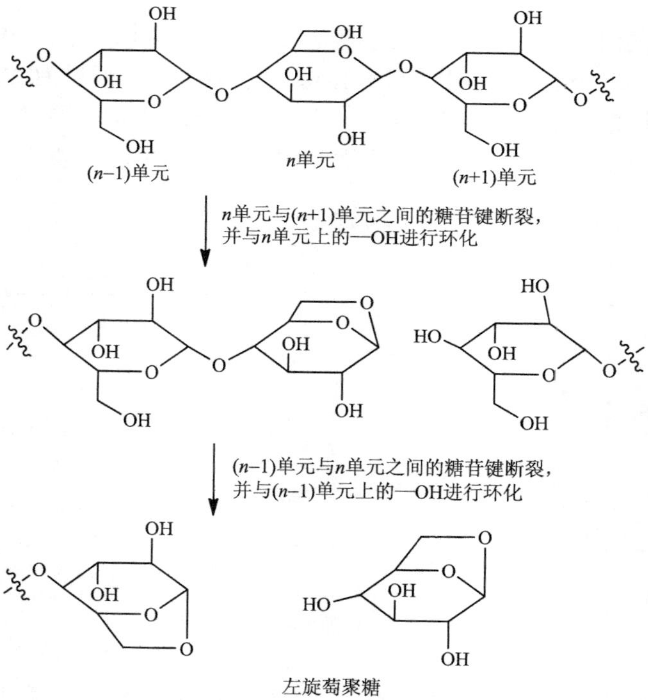

图 9.28 热解反应机理[75]

9.4 木质素

1838年，Payen 使用酸碱处理并结合酒精乙醚萃取的方法处理木材，得到了一种比纤维素含碳量更高的物质。其后，1857年，Schulze 分离出了这种物质，称之为"lignin"，即木质素。

木质素与纤维素、半纤维素共同组成植物骨架的主要部分，其中木质素约占总量的 25%，在植物中主要起到强化组织的功能。植物的根、茎、叶、果实等都含有不同结构组成的木质素。不同种类、部位的木质素含量及组成均不同[83,84]。

9.4.1 组成结构

木质素主要由 C、H、O 组成，部分含有少量 N 元素，是一种以苯丙烷作为结构主体，通过 C—C 键或醚键连接的，具有三维结构的高分子化合物。组成木质素结构的侧链主要包含 α-乙二醇、丙三醇、松柏醇（醛）、α-醇羟基或醚、酯型侧链。

木质素的结构连接方式比纤维素、半纤维素更为复杂。木质素的连接方式主要有 β-O-4、β-5、β-β、α-O-4、5-5、4-O-5、β-1、α-O-γ 等多种形式（图 9.29）。正是由于木质素主体结构、侧链结构及链接方式的多样性，导致了木质素结构无规律可循，其复杂程度至今仍未研究清楚。

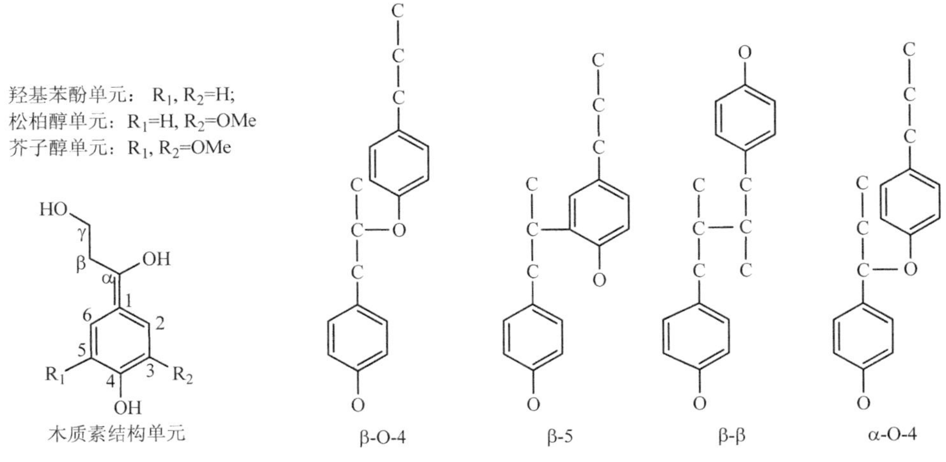

羟基苯酚单元： R_1, R_2=H;
松柏醇单元： R_1=H, R_2=OMe
芥子醇单元： R_1, R_2=OMe

木质素结构单元　　β-O-4　　β-5　　β-β　　α-O-4

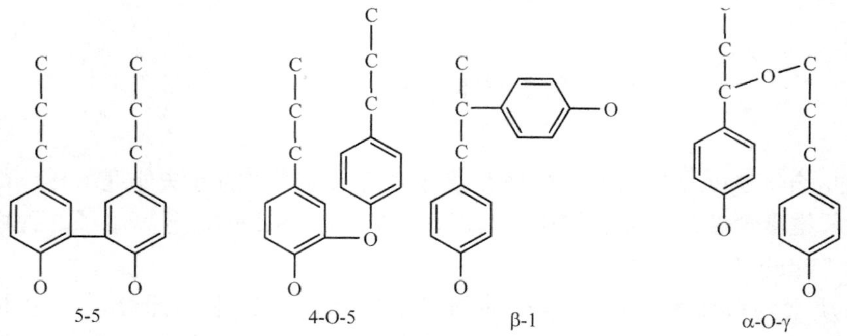

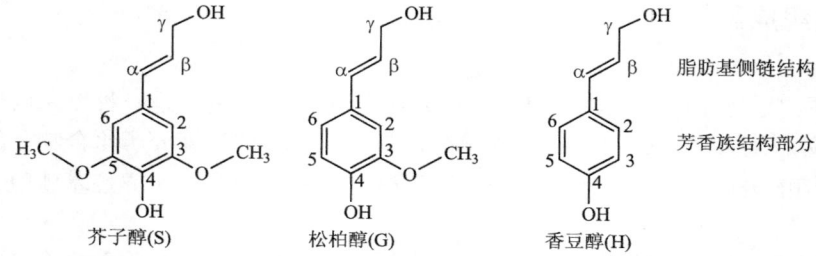

图 9.29 木质素结构单元的连接[85]

木质素主要由三种基本结构单体构成（图 9.30）[86]。

图 9.30 木质素三种基础结构单体[86]

（1）3,5-二甲氧基-4-对羟基肉桂醇（3,5-dimethoxy-4-hydroxycinnamyl），即芥子醇（sinapyl alcohol），产生紫丁香基单元（syringyl units，S）。

（2）4-羟基-3-甲氧基肉桂醇（4-hydroxy-3-methoxycinnamyl），即松柏醇（coniferyl alcohol），产生愈创木基单元（guaiacyl units，G）。

（3）对羟基肉桂醇（p-hydroxycinnamyl），即香豆醇（coumaryl alcohol），产生对羟基苯酚单元（p-hydroxyphenyl units，H）。

9.4.2 木质素的性质

1. 物理性质

木质素的物理性质随植物种类、部位、生长期等变化而不同，其分子量变化较大，从几千到几百万不等。由于木质素的结构单元中含有多种官能团，且内部因羟基而产生较多的氢键，因此木质素不溶于水和其他溶剂。

另外，木质素是一种高分子阴离子电解质，可以在电场中向阳极方向移动。

利用这一特点,可以分离木质素与糖类物质。

2. 化学性质

木质素的分子结构中存在丰富的官能团,羟基、羧基、甲氧基、共轭双键等,可以进行氧化、还原、水解、醇解、光解等多种化学反应。其中显色反应是木质素的一个重要化学性质,可以用于定性和定量分析。经过近年分析手段的逐渐发展,已经提出 150 多种显色反应用以分析木质素。例如,苯酚使木质素显蓝绿色,间苯二酚使木质素显紫红色等。

9.4.3 木质素的催化转化

1. 氧化反应

木质素主体和侧链结构中的多种官能团都能够发生氧化反应,且反应类型多样,可以通过均相催化、多相催化以及电催化、光催化等手段进行。木质素的选择氧化反应是近年来生物质高效利用的研究热点之一。

木质素均相选择氧化反应中,主要使用过氧化氢、硝基苯、高锰酸钾、过氧乙酸等氧化剂。以过氧化氢为例,其可以解离为 H^+ 和 HOO^-,与木质素主体与侧链结构进行氧化反应。反应过程中,首先苯环结构转变为醌式结构;进一步氧化,醌式结构被破坏,发生开环反应,进而形成各种低分子脂肪族化合物;当氧化剂含量过大时,这些低分子物质甚至会进一步发生降解反应(图 9.31)[87]。

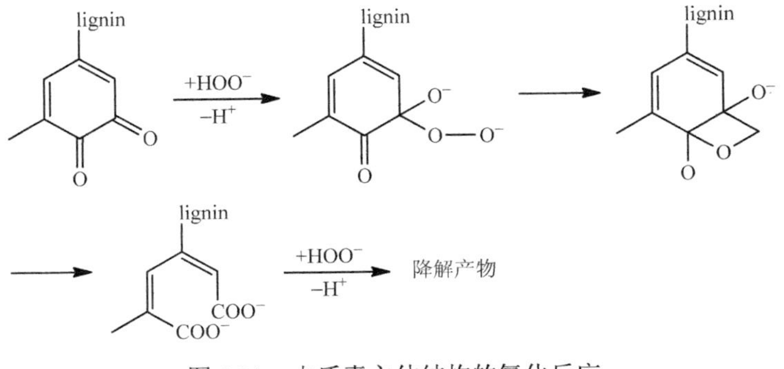

图 9.31 木质素主体结构的氧化反应

lignin 表示木质素,下文同

当木质素的侧链含有共轭结构时,也同样会被氧化剂破坏(图 9.32),进而产生低分子化合物[86]。

由此可以发现,经过过氧化氢氧化后,木质素可以断裂成为一系列脂肪酸和芳香酸。过度氧化时甚至会进一步发生降解反应。使用过氧化氢作为氧化剂的木质素

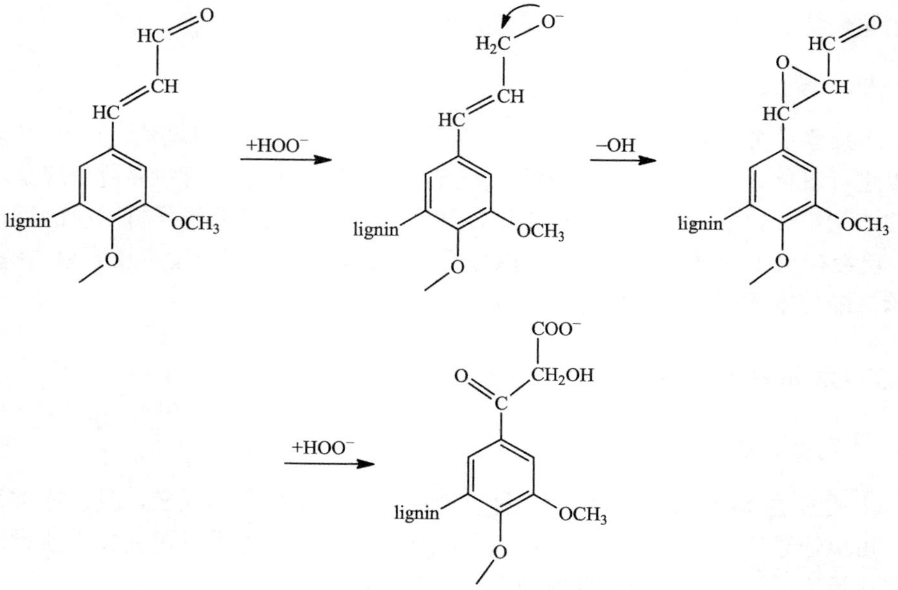

图 9.32 木质素侧体结构的氧化反应

氧化反应，也是纸浆漂白技术之一。

在木质素氧化反应中，多相催化剂的使用可以更好地调节产物的分布。在 Co-Mn 金属催化剂的作用下（图 9.33），木质素苯环上的脂肪族基团逐步被氧化

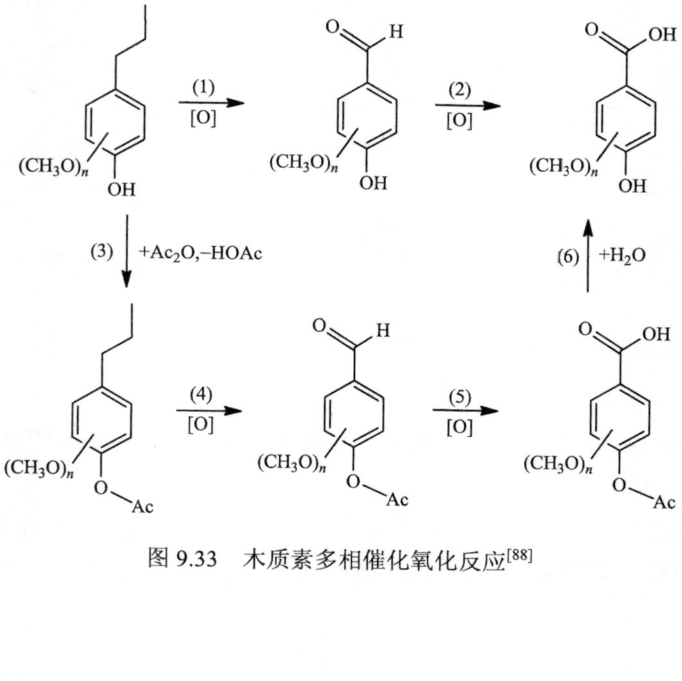

图 9.33 木质素多相催化氧化反应[88]

为醛基，进而氧化到羧基。反应过程中，由于苯环上的酚羟基很容易被氧化为苯醌进而发生降解反应，因此，使用乙酸保护的方法，将酚羟基转化为乙酸酯后再进行氧化反应，可以比较高效地获得羧酸化合物。

近年来，随着电化学技术的发展，木质素氧化反应同样可以利用电化学方法进行。Parpot 等[89]利用贵金属 Pt、Au 等催化剂，可以在电催化的作用下氧化木质素的侧链结构，形成芳香族化合物。利用电解氧化的方法，可以将芳香环上的甲氧基氧化为羟基与羧基，从而提高了木质素的酸浓度。此外，利用氧化铅电解氧化木质素后，产物中香草醛的产率可达到 64%。

2. 解聚反应

大部分木质素的解聚反应在 250~650℃进行，在碱催化剂或酸催化剂作用下，可以得到一系列复杂的苯酚类化合物等产物[86]。

1）碱催化解聚反应

在碱催化木质素解聚反应中，产物的种类、选择性及产率取决于反应的温度、压力、时间以及碱和溶剂的用量，尤其是碱催化剂的类型。通常情况下，催化剂的碱强度高，有利于木质素的转化；提高反应温度或者延长反应时间可以促使更多单体的生成。在木质素解聚反应中，生成的低聚物或单体可能重新发生聚合反应，从而生成难溶于水的副产物，导致单体产率下降。因此，抑制碱催化过程中再聚合反应的发生是提高产物产率的重要手段[90, 91]。

碱催化过程中，醚键的断裂是主要的速率控制步骤。醚键主要有两种断裂形式（图 9.34）[86, 92, 93]。

（1）α-芳基醚键断裂：对于含有—OH，尤其是对位含有—OH 的 α-芳基醚体系，由苯酚盐首先转化为醌结构中间体，中间体进一步在碱作用下转化为愈创木酚及松柏醇结构，或转化为乙烯醚结构。

（2）β-芳基醚键断裂：对于在 α 位含有—OH，且对位酚基醚化的木质素结构，酚羟基不参与 β-芳基醚键断裂反应，而是由 α 位—OH 作为亲核试剂，进攻 β-芳基醚键，形成环氧结构，最终形成丙三醇基团。

2）酸催化解聚反应

酸催化剂同样可以用于木质素的解聚，使用的酸催化剂包括 Brønsted 酸（HCl 等）、Lewis 酸（$FeCl_3$、$AlCl_3$ 等）及酸性离子液体等[86]。

对于 α-芳基醚键断裂[图 9.35（a）]，按照单分子亲核取代（SN_1）机理进行，遵循一级反应动力学规律。

对于 β-芳基醚键断裂[图 9.35（b）]，首先经历脱水反应，得到烯醇芳基醚（EE）中间产物，然后中间产物继续经过水解、烯丙基重排等反应，转化为 Hibbert 酮（一组同分异构体混合物）。

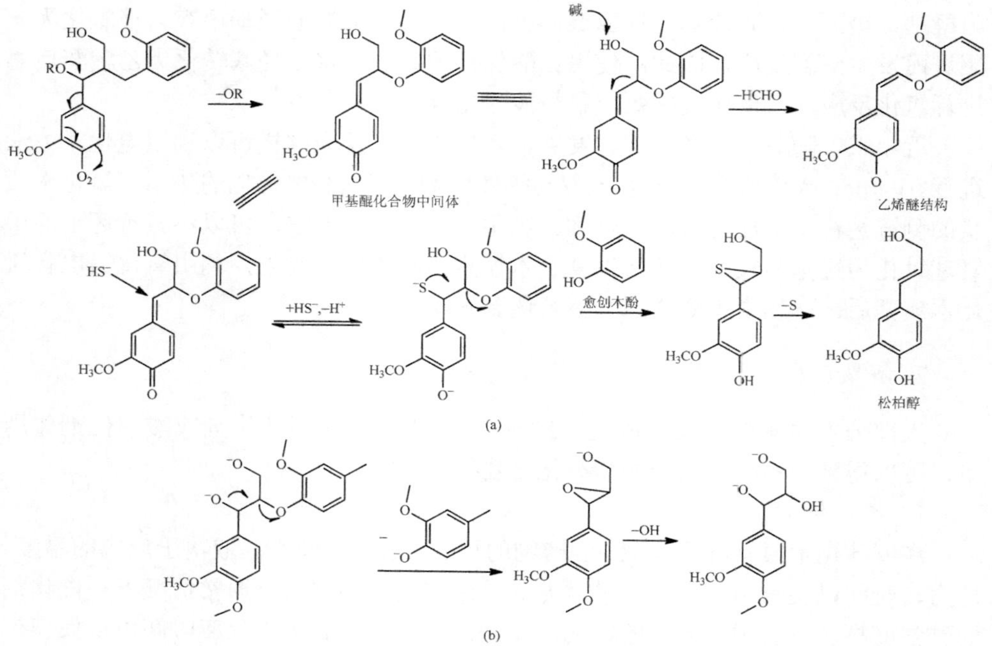

图 9.34 碱催化的木质素解聚反应模型[86, 92, 93]

（a）α-芳基醚键断裂； （b）β-芳基醚键断裂

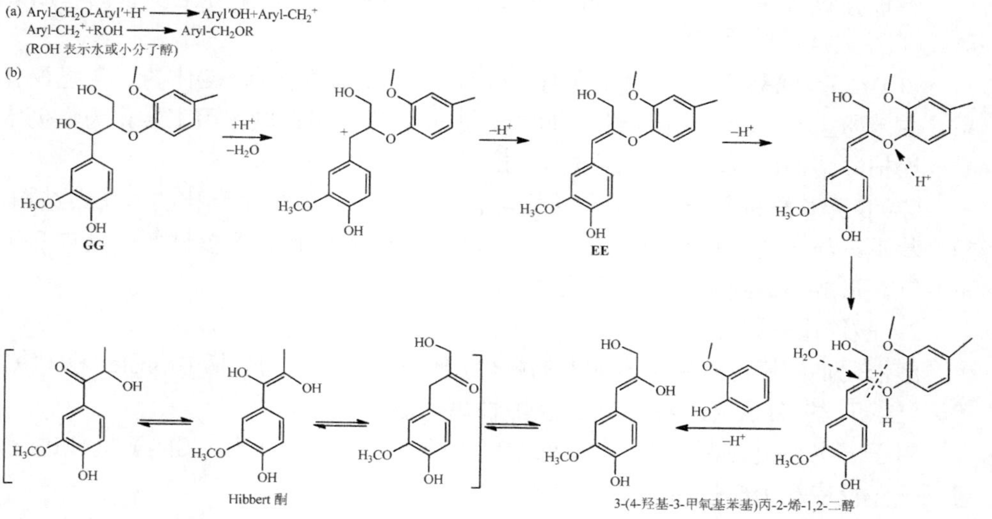

图 9.35 酸催化的木质素解聚反应模型[86, 94, 95]

（a）α-芳基醚键断裂； （b）β-芳基醚键断裂

3）解聚反应实例

（1）水解反应。利用木质素水解反应，可以获得香草醛、香草酸、松柏醇、豆香醇等多种附加产品（图9.36）。

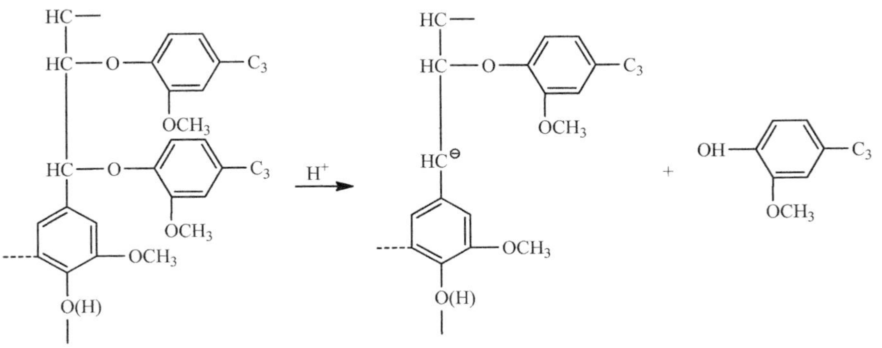

图9.36 木质素水解[96]

以马尾松、麦草、芦苇及苦竹的水解为例，在温和酸性条件下进行水解，断裂木质素中的 α-芳基醚键，脱去侧链基团，可以形成酚类化合物[96]。

Kou 等[97]利用 Pd/C 和 H_3PO_4 作为催化剂，将木质素水解为单体或二聚体后，进一步加氢，得到了 $C_8 \sim C_9$ 或 $C_{14} \sim C_{20}$ 的烷烃产物。首先木质素水解，断裂 C—O—C 键，形成单体或二聚体。随后，在 Pd/C 作用下，单体或二聚体进一步发生芳环加氢反应，形成 $C_8 \sim C_9$ 或 $C_{14} \sim C_{20}$ 的烷烃。其中，$C_8 \sim C_9$ 烷烃产率可达 42wt%（图9.37）。

（2）醇解反应。醇解反应主要利用甲醇、乙醇等低碳醇溶剂对木质素良好的溶解作用，达到解聚高分子的目的。同时，低碳醇的使用，还可以有效地提高醚溶性酚类化合物的生成效率。

Ma 等[98]利用超临界乙醇和 Mo/Al_2O_3 催化剂，对硫酸盐木质素进行醇解反应，主要得到了 $C_6 \sim C_{11}$ 产物，包括醇类、酯类及芳香族化合物等（其中醇和酯占 75wt%）（图9.38）。整个反应没有明显地生成焦油或者炭等副产物。其中金属态 Mo 的存在是促进反应进行的重要组分，Mo/Al_2O_3 催化剂在 280℃ 的木质素醇解反应中，最高产率可达 1.39g 产物/g 木质素，且循环五次其活性基本维持稳定。

（3）氢解反应。利用氢解的方法，可以选择性地断裂木质素的 C—O—C 键，从而高效促进木质素向下游酚类化合物转化。利用氢解的方法，还可以有效避免木质素转化过程中，酚类化合物进一步转化为低聚物等副反应的发生。

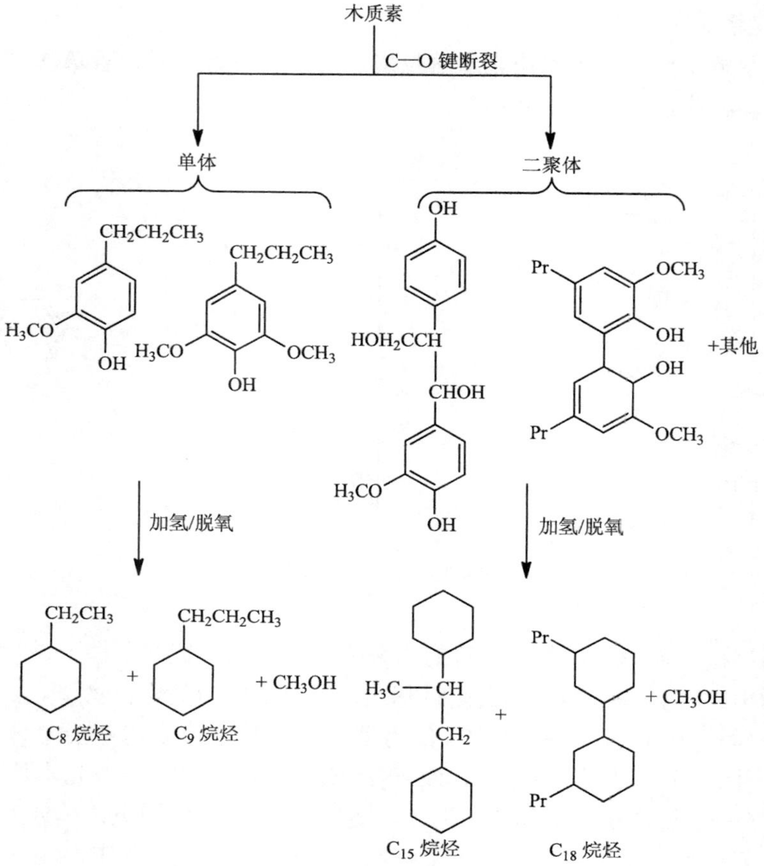

图 9.37 木质素水解-加氢制备烷烃[97]

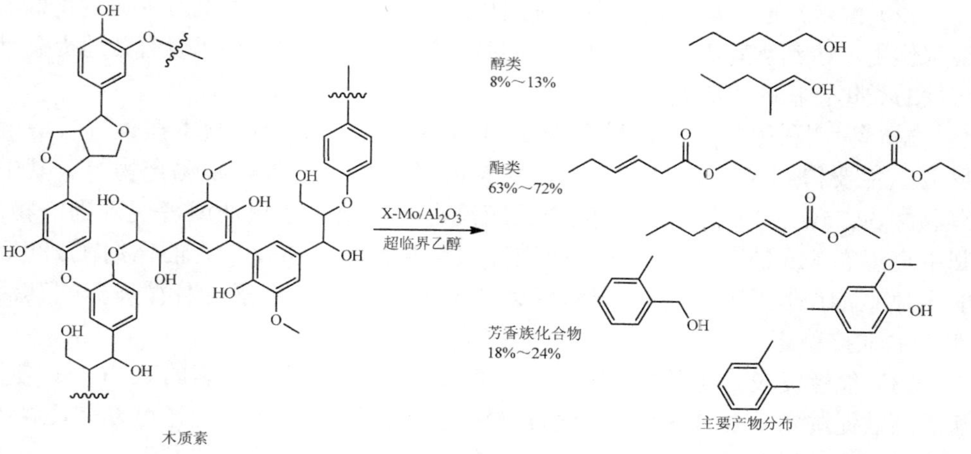

图 9.38 木质素醇解反应[98]

Song 等[99]利用 Ni/C 催化剂对木质素进行氢解反应,高选择性(97%)得到了单分子的酚类物质(图 9.39)。反应主要通过两步进行:首先,以甲醇为亲核试剂,木质素发生醇解反应,C—O—C 键断裂,得到分子量在 1100～1600 的木质素片段小分子;之后,这些小分子片段在 Ni/C 催化下,利用甲醇作为氢源,通过氢解反应,得到酚类化合物、愈创木酚等产物。

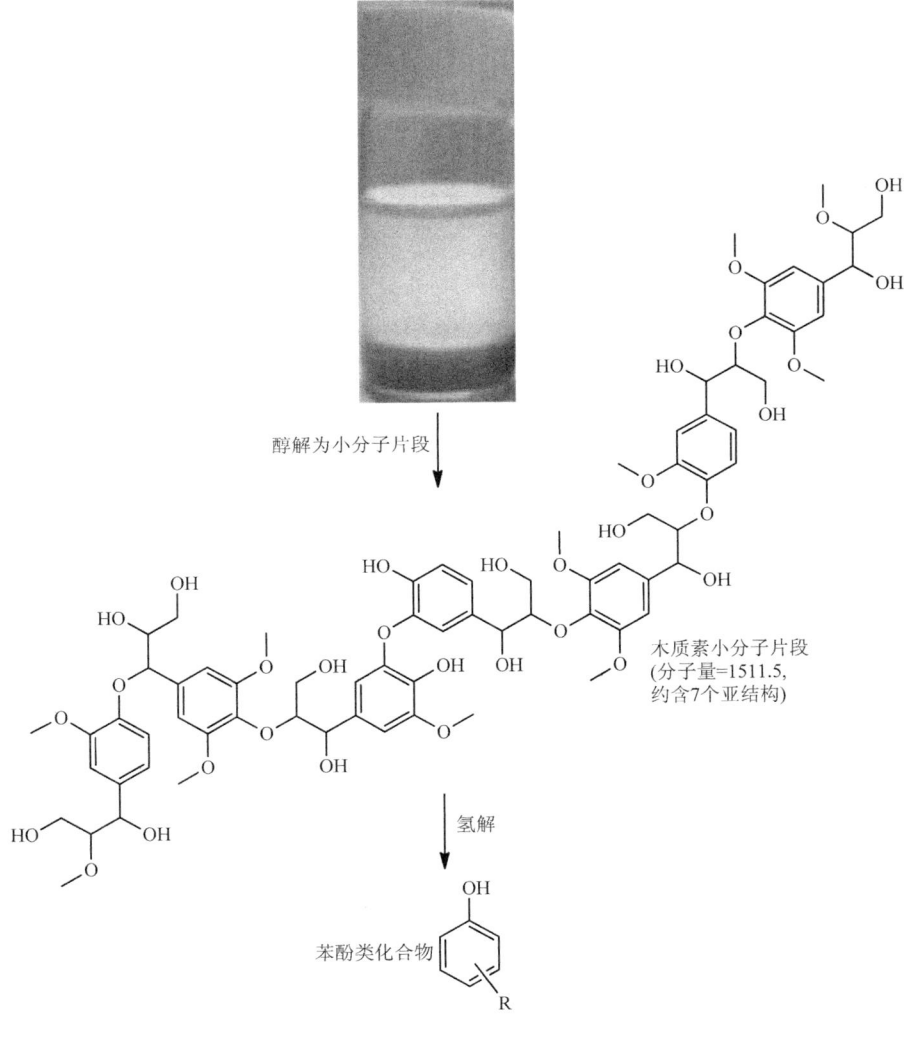

图 9.39 木质素氢解反应[99]

与上述 Ni 催化剂相比较，贵金属催化剂（Pt、Rh、Ru 等）在氢解反应中具有更高的活性。将贵金属引入木质素氢解反应中，发现其活性较高，但是需要较为温和的反应条件。如果反应条件苛刻（即过高温度或压力），醇类等产物在贵金属催化剂作用下，则无法保持稳定。

Torr 等[100]利用 Pd/C 催化剂，在二氧六环/水混合溶剂中，进行木质素氢解反应，主要产物为二氢松柏醇及其二聚体或低聚体，这些油状产物总收率可达 80% 以上（图 9.40）。

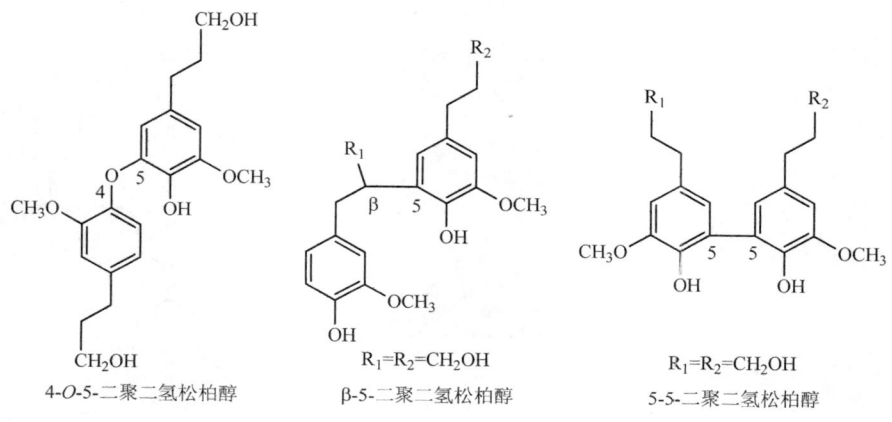

图 9.40　Pd/C 氢解木质素产物

（4）液相重整反应。Jongerius 等[101]利用两步法的液相重整反应，可以将木质素转化为多种单体芳香化合物。首先，通过液相重整反应，在 Pt/Al_2O_3 催化剂作用下，将木质素解聚，转化为木质素单体、二聚体及低聚体。利用有机溶剂提取这部分解聚后的木质素油（lignin-oil）后，进行第二步反应。利用 CoMo 或 Mo_2C 催化剂，将木质素油进一步加氢脱氧，得到了一系列芳香化合物单体（图 9.41）。

（5）氧化解聚。通过氧化的方法，同样可以断裂 C—C 或 C—O 键，从而解聚木质素。

Rahimi 等[102]在研究木质素解聚过程中发现，将木质素 C_α 位的—OH 首先氧化为 C_α 位酮羰基[图 9.42（a）]，形成的产物快速与 HCOONa 发生甲酰化反应[图 9.42（b）]，随之发生双分子消除反应，这一步骤为整个反应的速控步骤；最后经过脱羧、水解等步骤，高选择性生成 1-（3,4-二甲氧基苯基）-1, 2-丙二酮（产率达 96%）。值得注意的是，如果木质素 C_α 位的—OH 没有经历氧化过程，则反应无法进行[图 9.42（c）]。

第 9 章 生物质催化转化

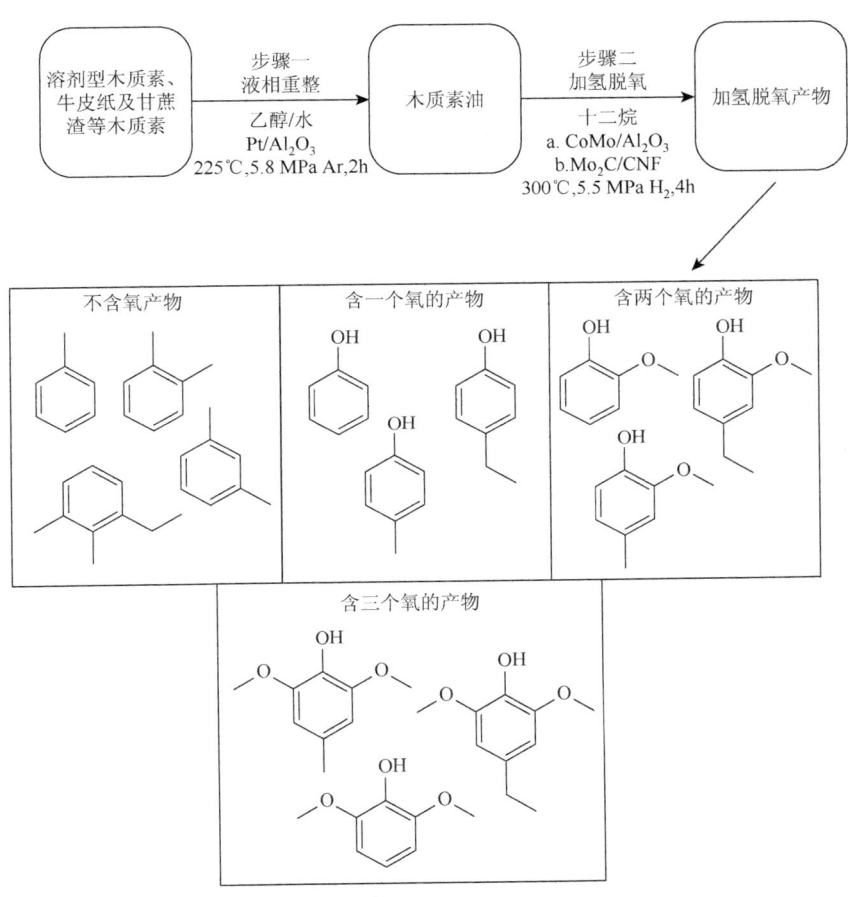

图 9.41 木质素液相重整反应[101]

(a)

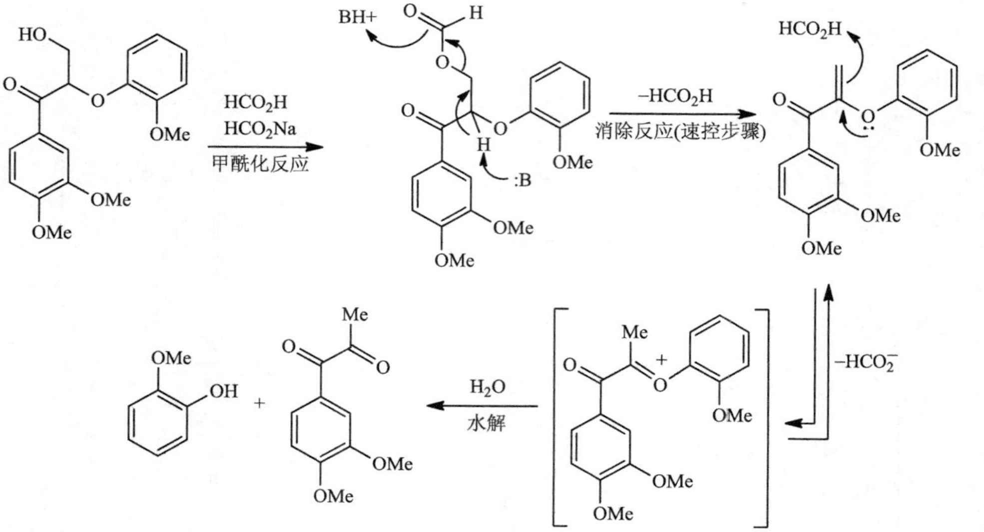

图 9.42 木质素氧化解聚反应[102]

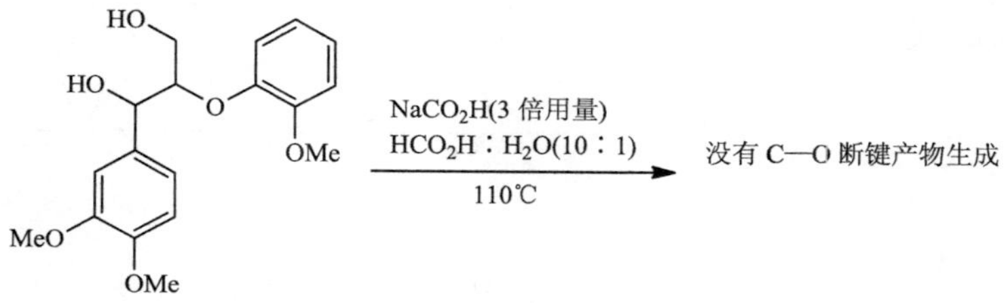

氧化解聚是将木质素转变为简单化学制品的新方法之一。其反应条件温和，例如，可以采用 110℃的相对较低的温度，并且不需要昂贵金属催化剂，这也是该反应区别其他反应的优势所在。且该方法是目前为止，报道的单体芳烃总产率最高的木质素处理方式。

3. 热解反应

木质素通过热解反应可以得到多种产物：CO、CO_2、气相烃类（如 CH_4、C_2H_4、C_2H_2 等）、易挥发性液相产物（如苯类、甲醇、丙酮、乙醛等）、酚类单体（如苯酚、邻苯二酚、愈创木酚等）、多取代苯酚类化合物及副产物焦油、炭等。具体产物的分布取决于木质素的种类、分离方法、热解温度、热解生物速率等。[86]

在木质素热解反应中使用催化剂，可以有效地提高产物的选择性。Ma 等[103]在木质素热解反应中，引入分子筛催化剂（如 HZSM-5 等），并与无催化剂时的反应结果进行对比。他们发现通过分子筛对木质素的解聚作用及分子筛的择型效应,可以选择性得到目标产物,降低副产物炭类的生成。其中 H-USY 分子筛的使用,可以促使 40%木质素转化为液相产物,且液相产物中,75%为芳香族化合物(图 9.43)。

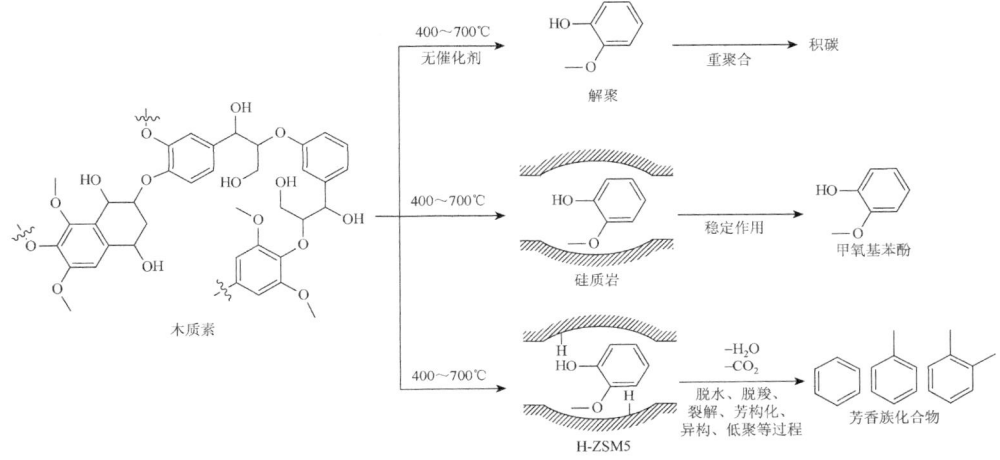

图 9.43　分子筛催化的木质素热解反应[103]

4. 木质素模型化合物的转化

木质素复杂的组成结构,限制了对其反应的深入研究。利用组成木质素的基本结构单元作为模型化合物进行研究,可以在一定程度上简化反应途径,揭示关键 C—O、C—C 等化学键的活化机理,从而有助于认识木质素催化转化的基本规律。

1) 氢解反应

He 等[104]利用苄苯醚、二苯醚及 2-苯乙基苯基醚作为木质素 α-O-4、4-O-5 及 β-O-4 连接方式的模型化合物,对木质素进行氢解反应探索。利用 Ni 催化剂进行的氢解反应过程中,产物主要包括苯酚、甲苯、苯、环己酮、环己醇等(图 9.44)。

反应结果发现,α-O-4 及 β-O-4 模型的 C—O 键在 Ni 催化剂下可以直接发生氢解反应,而 4-O-5 模型的 C—O 键则是氢解反应和水解反应同时进行,C—O 键断键速率 α-O-4＞4-O-5＞β-O-4。

2) 脱羟基反应

在木质素转化过程中,酚羟基脱除的解离能(465kJ/mol)高于甲烷 C—H 键的解离能(439kJ/mol)。Wang 等[105]利用 Raney Ni 和 H-Beta 分子筛催化剂,实现了将木质素模型化合物转化为具有低沸点的烷烃化合物(如苯、甲苯、环己烷等)。

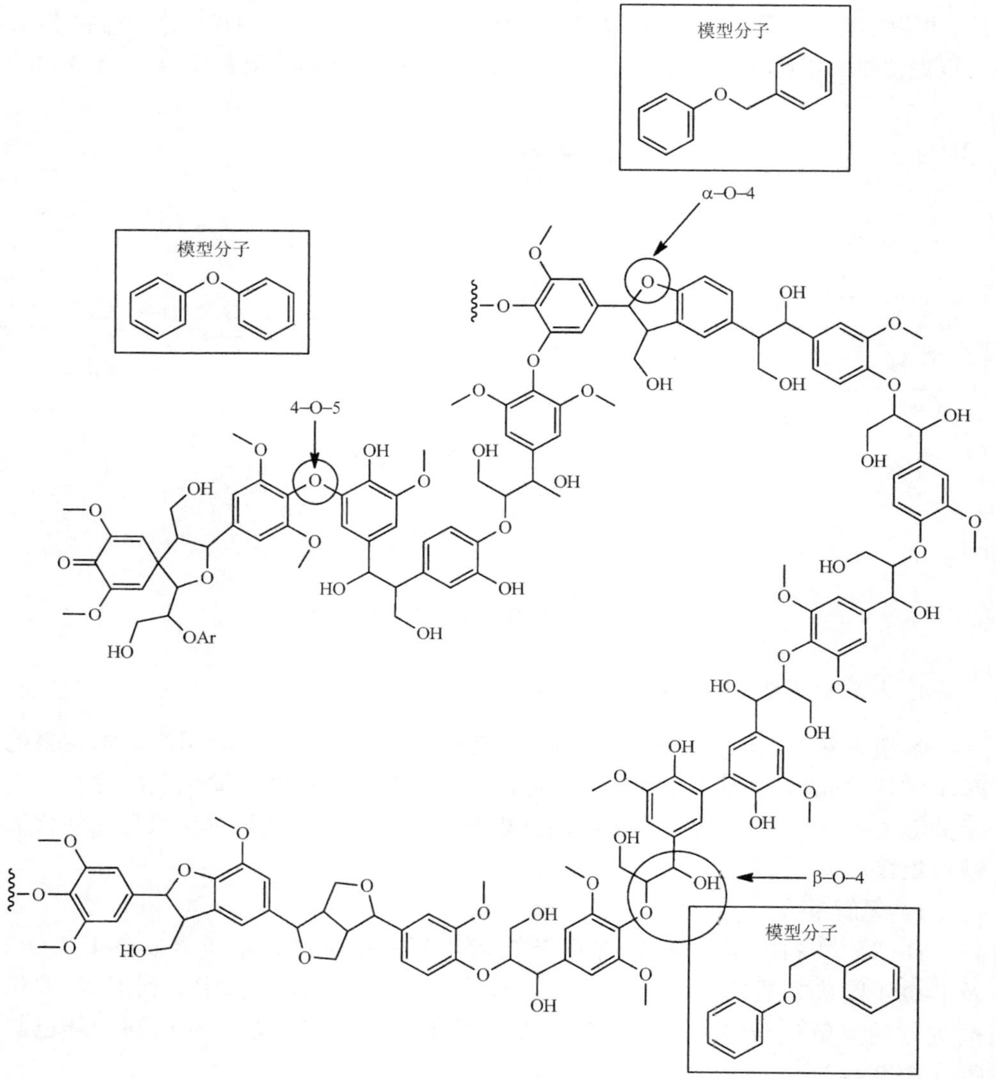

图 9.44 苯基醚作为模型的氢解反应[104]

反应过程利用反应物与异丙醇耦合进行脱羟基反应。以苯酚为例（图 9.45），通过路径 A，以异丙醇为 H 转移剂，将苯酚转化为环己醇及部分环己酮，同时异丙醇转化为丙酮；环己醇脱水产生环己烯，环己烯经过途径 B，将环己酮转化为环己醇的同时，转变为目标产物苯。反应中同时会按照途径 C，即环己烯与异丙醇反应，生成环己烷与丙酮。途径 D 则由于环己烯在反应中浓度较低，因此很难发生。最终，苯酚在 Raney Ni+H-Beta 催化下，高效得到苯（产率 82%）。同时，利用二苯醚、二苯甲基醚等木质素模型化合物进行反应，均可高选择性生成苯及甲苯。

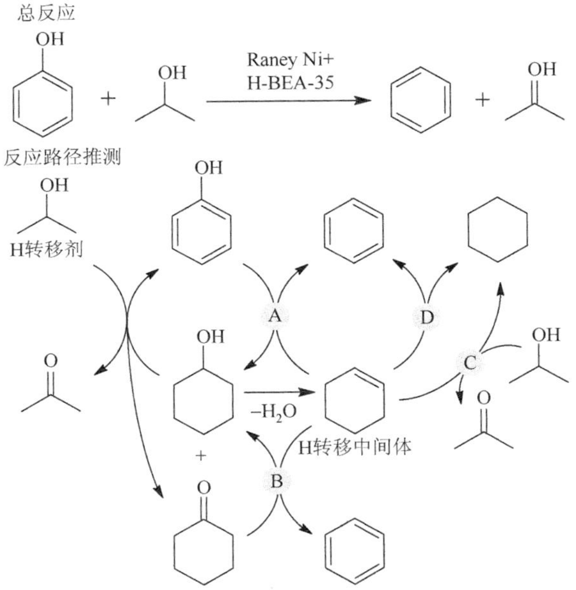

图 9.45 苯酚为模型化合物的脱羟基反应

3）氧化反应

如前所述,利用氧化的方法也同样可以达到解聚木质素的目的。Jastrzebski 等[106]利用木质素模型分子——邻苯二酚,在 Fe（Ⅲ）离子的作用下,得到一系列己二酸及脂类化合物,总产率可达 80%。同时,将得到的己二酸进一步利用 Pd/C 加氢、Amberlyst-15 酯化,可以得到 62%产率的己二酸甲酯（图 9.46）。

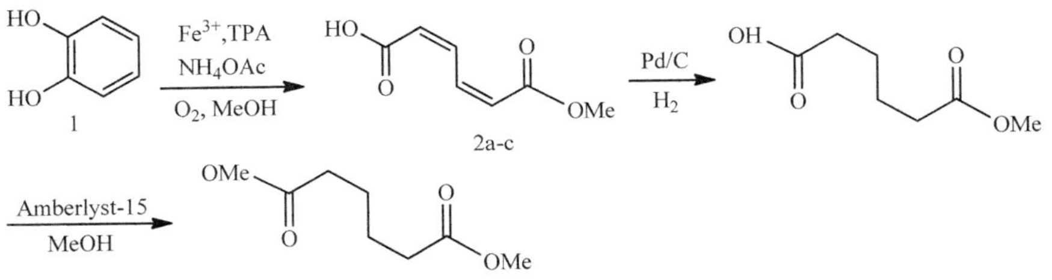

图 9.46 邻苯二酚为模型化合物的氧化反应

4）热解反应

利用热解反应可以直接将固体木质素转化为液相产物。Chu 等[107]利用香草醛制备了 β-O-4 连接的木质素低聚模型化合物,并用于热解反应。他们认为在木质素热解反应中,以自由基反应占主要作用,这些自由基主要产生于 C_β-O 键的均裂[107];自由基可以通过 C—H 键或 O—H 键较弱的部分（如苯酚中的酚羟基）获得质子,由于1、3、4位断键较易（图9.47），因此这一过程可以直接得到香草醛和2-甲氧基-4-甲基苯酚。反应过程中，重排、脱氢、异构等反应也同时会发生[反应（c）和（d）]。最终，当两个自由基分子相遇后，自由基链反应结束[反应（a）和（b）]。

不过即使使用了比木质素结构简单的模型分子，反应中仍然生成积碳副产物[反应（e）和（f）]。为了抑制积碳的生成，可以适当引入自由基抑制剂，如乙醛、苯酚、硝基苯等。

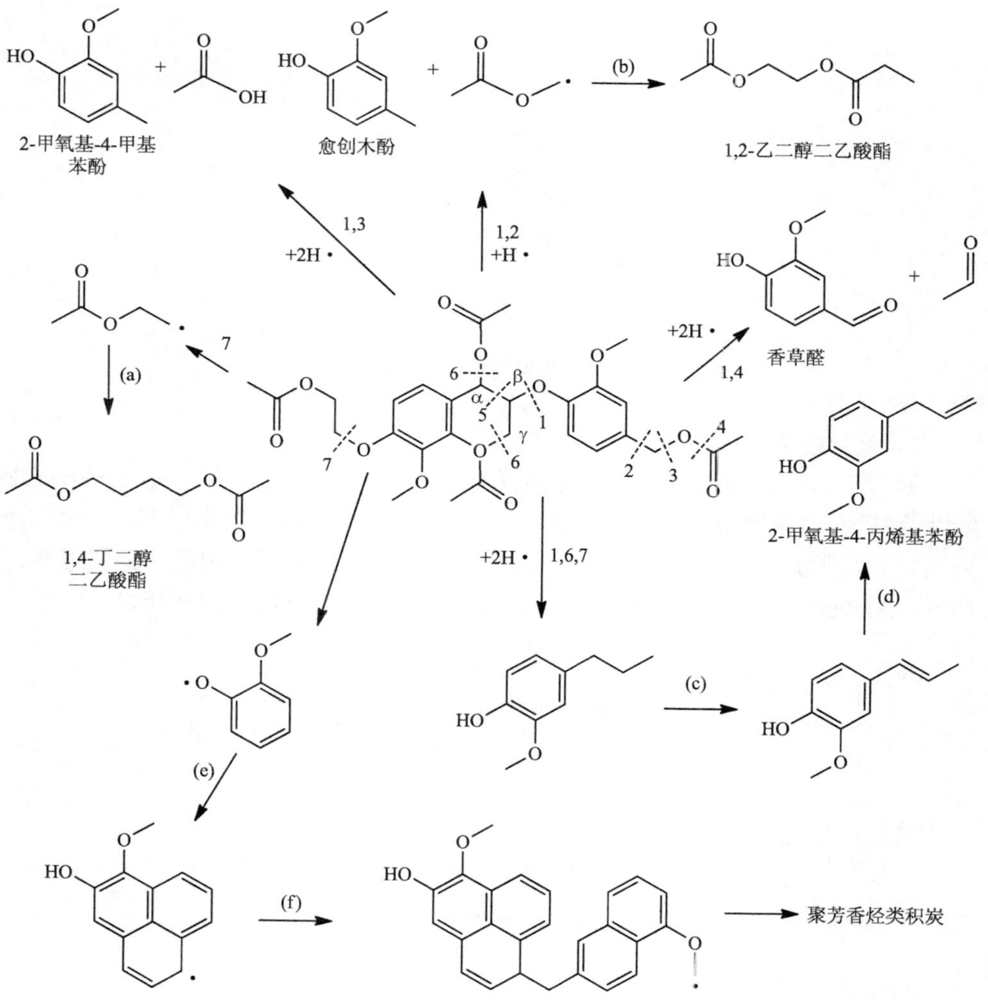

图9.47 木质素模型化合物的热解反应

5. 木质素作为材料直接利用——木质素Mannich反应

利用木质素、甲醛及仲胺进行Mannich反应后，可以生成木质素胺。木质素胺可用于乳化剂生产、聚氨酯改性等。尤其是利用木质素胺进行改性后的水性聚氨酯，其抗腐蚀性大幅提高[108]。

在木质素苯酚结构中，由于酚羟基的活化，Mannich 反应的胺取代主要发生在 C-5 位（图 9.48）。若 C-5 位上有基团或者酚羟基被醚化，则无法发生 Mannich 反应。

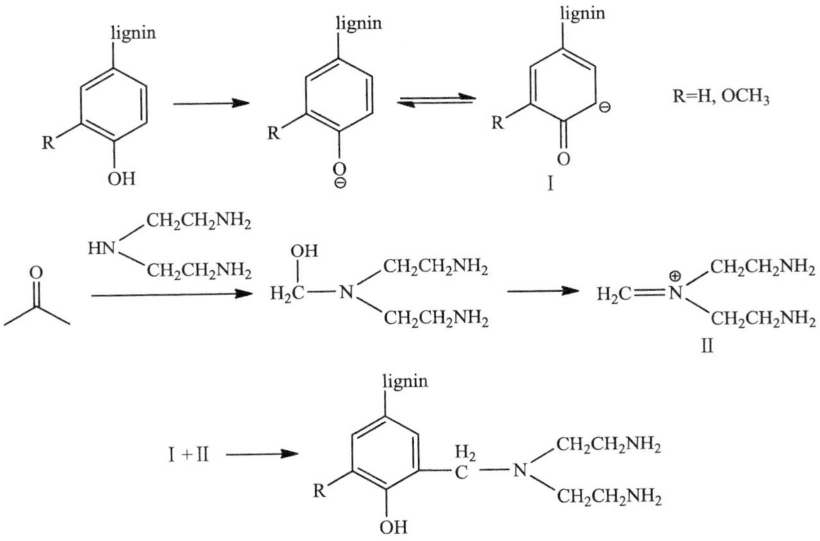

图 9.48　木质素的 Mannich 反应[108]

值得一提的是，木质素的官能团丰富，可以发生各种各样的反应，除上述氧化、水解、Mannich 等反应外，还可以发生芳环卤化、硝化、缩合、光解等，生成许多重要的化合物。

9.5　糖及其衍生物的转化

糖是我们赖以生存的主要能量来源，在战国时期我国便有了甘蔗制糖的记载。糖分子无处不在，大到动植物组成，小到生命体中细胞识别、免疫抑制等。随着分离与分析技术的进步和发展，对糖分子的化学结构也有了更深层次的认识。糖分子含有多种官能团和手性中心，因此其分子结构、构象，以及可进行的化学反应均较复杂。由于糖的重要性及复杂性，因此，糖的分析、合成、转化等方面的研究尤为重要。

9.5.1 糖的基本知识

1. 糖的 D 和 L 构型

在糖化学发展初期，因缺少有效的表征手段，德国著名化学家费歇尔，对糖的结构进行假设，并以 D 型和 L 型进行区分。这两种构型的区别在于距离糖分子中的羰基最远端的分子构型。如下面的结构示意图所示，距离羰基最远的手性碳原子上的羟基，在费歇尔投影式中位于右边为 D 型，位于左边则为 L 型。

同一糖分子的 D 型与 L 型互为对映异构体，除光学性质外，其他物理、化学性质均相同。

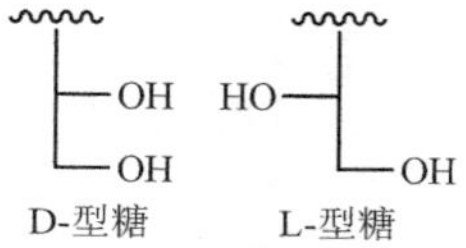

2. 糖的 α 和 β 构型

在糖的命名中，前缀 α 和 β 指代半缩醛中碳的构型。以 D-葡萄糖为例，支链结构转变为环式结构时，半缩醛的碳原子（也称为端基碳原子）变为手性中心。赫德森旋光规则规定，D 型糖的端基异构体中，更右旋的异构体为 α 型；而对于 L 型糖，更左旋的为 α 型。

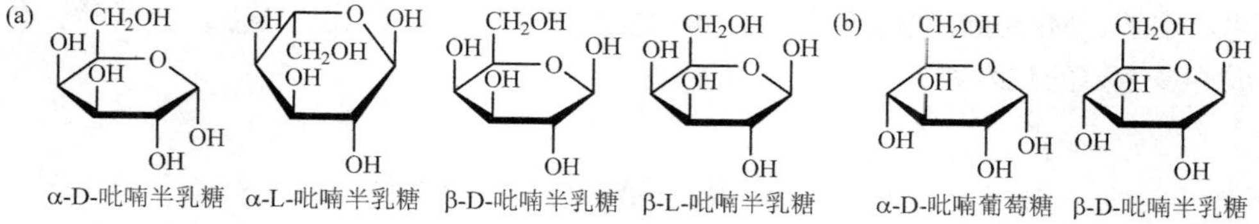

(a) α-D-吡喃半乳糖　α-L-吡喃半乳糖　β-D-吡喃半乳糖　β-L-吡喃半乳糖　(b) α-D-吡喃葡萄糖　β-D-吡喃半乳糖

3. 糖苷键

苷键是把单糖连接成为寡糖和多糖的化学键。而糖苷泛指由糖的半缩醛羟基与其他羟基化合物进行反应，脱水后产生的一类糖的衍生物。若与糖的半缩醛羟基反应的化合物同样是糖分子，则产生了聚糖。

例如，乳糖是由一个 D-半乳糖的半缩醛羟基与 D-葡萄糖的 C-4 羟基连接后得到的二糖。其中连接两个糖分子的化学键称为 β-糖苷键。

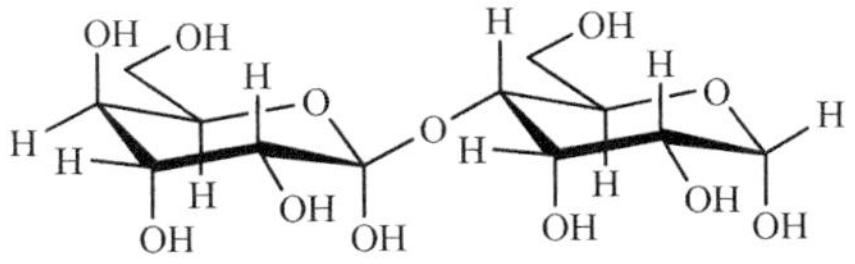

乳糖

4. 醛糖和酮糖

糖的化学结构是多羟基醛或者多羟基酮，因此，分别称为醛糖或酮糖。最简单的醛糖是甘油醛。酮糖可以看作对应醛糖的异构体，理论上其羰基可以在任意一个二级碳位置，但是天然的糖中，绝大多数酮糖为 C-2 酮糖。

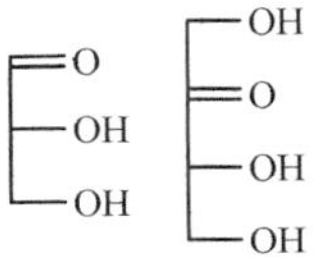

甘油醛　赤藓酮糖

9.5.2 单糖、寡糖和多糖

1. 单糖

单糖是多羟基醛或多羟基酮，是寡糖和多糖的结构单元。由于单糖内部具有活泼的羟基及醛、酮结构，非常有利于亲核反应的进行，因此单糖的链式结构在一定条件下可以转化为环式结构。

以葡萄糖形成五元环和六元环为例（图 9.49）[109, 110]：

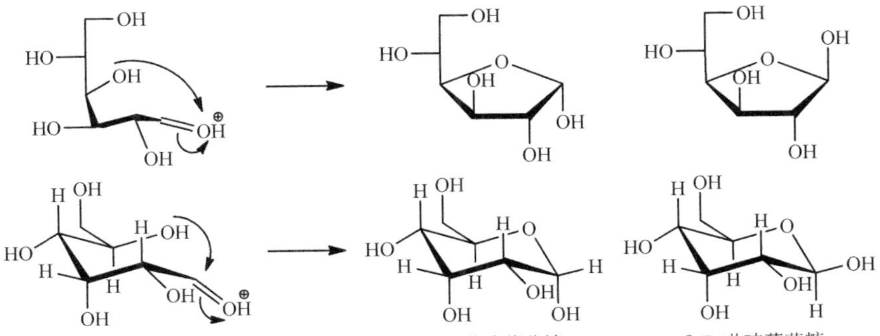

α-D-吡喃葡萄糖　β-D-吡喃葡萄糖

图 9.49　葡萄糖成环过程

对于葡萄糖而言，五元环不稳定，因此葡萄糖通常以六元环形式即吡喃形式存在。实际上，水溶液中的 D-葡萄糖 99%以上均为吡喃形式。

1）环状结构

大部分碳数足够的醛糖，成环时多以 C-4 或 C-5 位上的羟基进攻羰基，形成五元环或六元环结构的半缩醛形式。由于生成的环状糖分子与呋喃和吡喃类似，因此分别称为呋喃糖和吡喃糖。

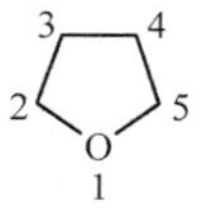

四氢呋喃 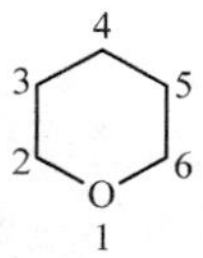　　四氢吡喃

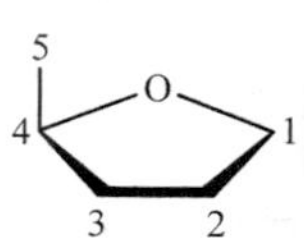

呋喃糖 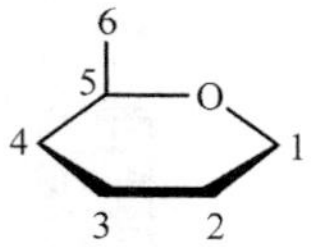　　吡喃糖

2）常见的单糖分子

以下列举了一些常见的糖分子，以直链结构表示。

四碳糖

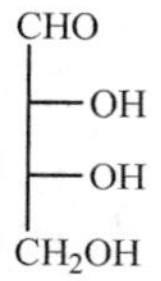

D-赤藓糖 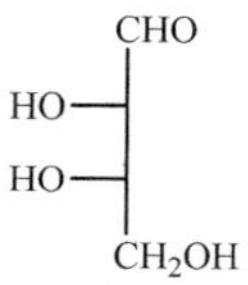　　L-赤藓糖 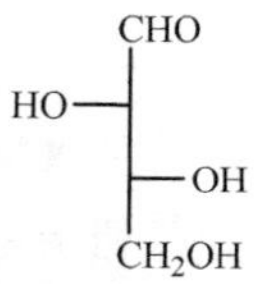　　D-苏阿糖 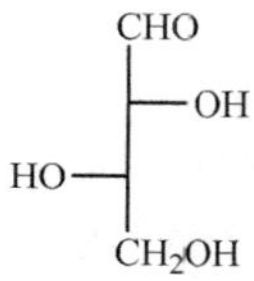　　L-苏阿糖

五碳糖

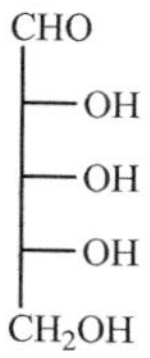

D-核糖 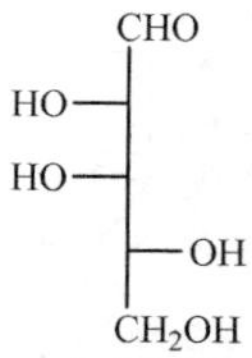　　L-阿拉伯糖 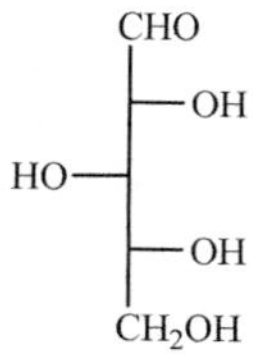　　D-木糖

六碳糖

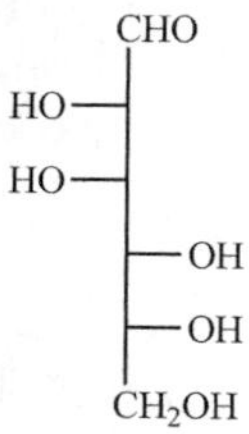

D-甘露糖 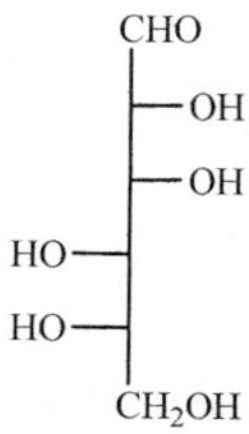　　L-甘露糖 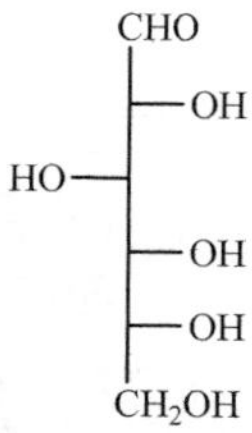　　D-葡萄糖 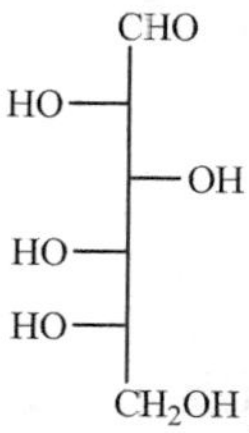　　L-葡萄糖

3）单糖的构象

（1）呋喃环构象。

环构象主要为信封式（E）和扭曲式（T）。在 E 式中，四个原子组成一个平面，另一个原子（x）在平面上方或下方，按照该原子的排序，在上方或下方分别标记为 ^xE 或 E_x；在 T 式中，三个原子组成一个平面，另外两个原子（x, y）分别处于平面的上方和下方，按照原子的排序，标记为 ^xT_y。

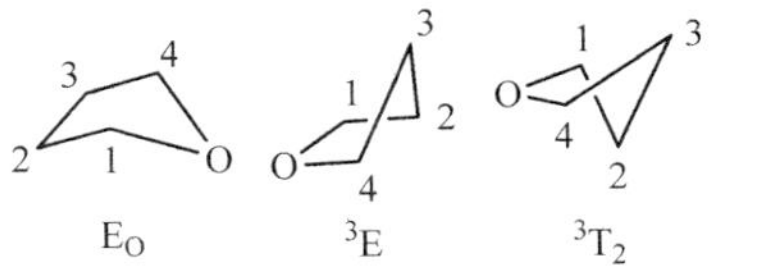

E_O ^3E $^3T_2$

由于 E 式和 T 式对于呋喃糖而言，能量差异较小，因此采取何种构象取决于糖环上的取代基团。

（2）吡喃环构象。

糖的吡喃环构象包含 2 种椅式（C）、6 种船式（B）、6 种扭船式（S）及 12 种半椅式（H），其中以椅式结构最为稳定常见。

与呋喃环构象类似，将参考平面上的原子与平面下的原子按照原子的排序进行标记表示。

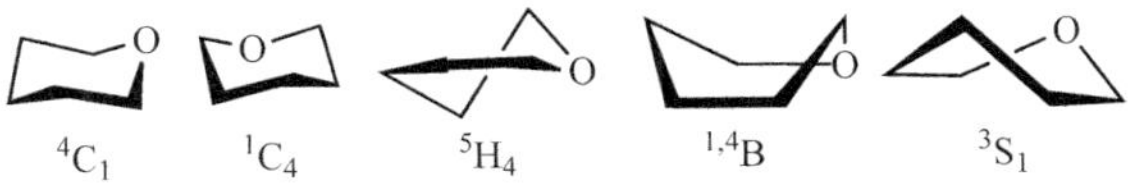

$^4C_1$ $^1C_4$ $^5H_4$ $^{1,4}B$ $^3S_1$

在呋喃环构象中，以 $^4C_1$ 和 $^1C_4$ 最为稳定。

4）高级糖

碳数大于六的糖分子一般称为高级糖，其中七碳糖称为庚糖，八碳糖称为辛糖。

5）单糖衍生物

除了上述没有取代基的单糖外，带有取代基或者官能团的单糖分子在自然界中也大量存在，通常这些较为复杂的单糖衍生物使用俗称。

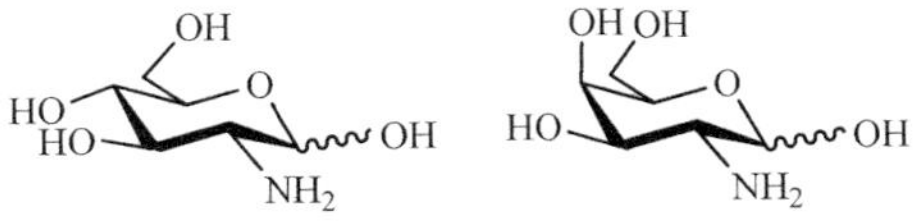

氨基葡萄糖   氨基半乳糖

2. 寡糖

寡糖是 2~10 个单糖分子通过糖苷键结合而成，以单糖个数计算，可以称为二糖、三糖、四糖等。

根据组成单体,还可以分为同寡糖和杂寡糖。同寡糖是由同一种类型的单糖分子组成,而杂寡糖则由不同类型单糖分子组成。

1) 蔗糖

蔗糖由 D-葡萄糖和 D-果糖通过端基碳原子以糖苷键相连接。

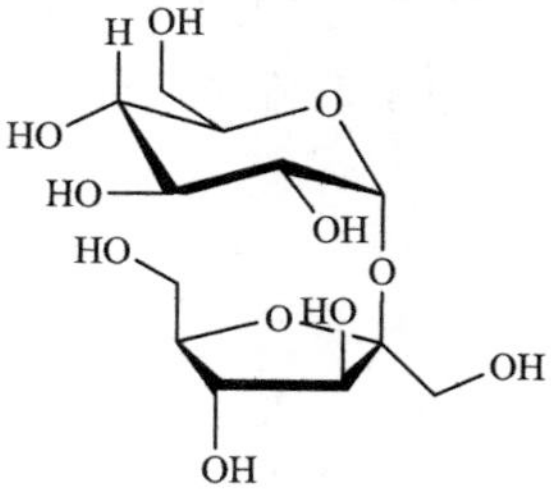

蔗糖

2) 乳糖

乳糖是少数天然的还原性寡糖之一,由 1 个 D-半乳糖和 1 个 D-吡喃葡萄糖连接而成。

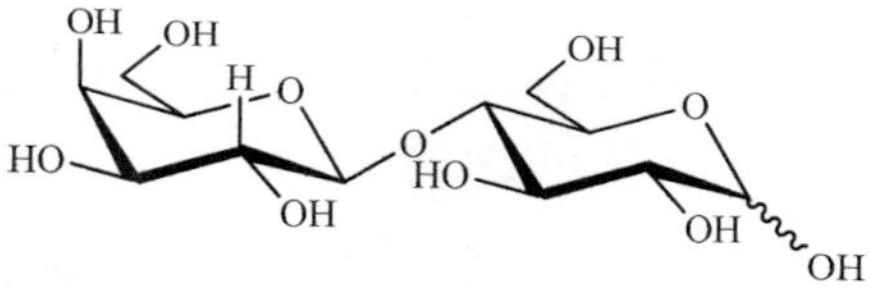

乳糖

3) 纤维二糖和麦芽糖

纤维二糖和麦芽糖是淀粉水解的产物,由 D-葡萄糖组成,分别以 β 和 α 糖苷键相连。

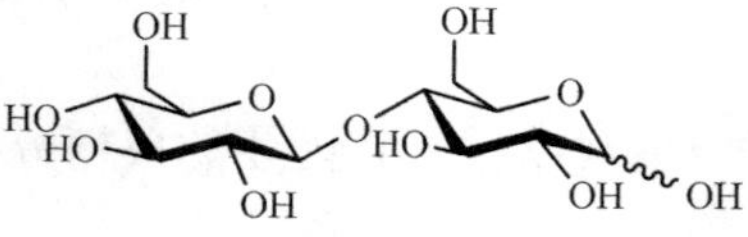

纤维二糖 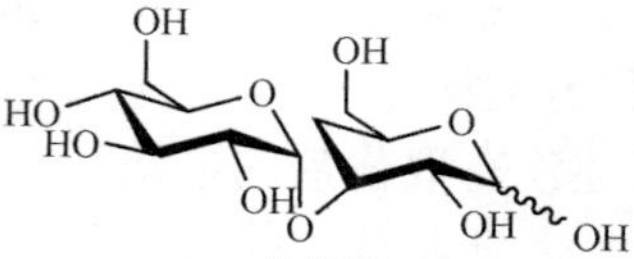　　　麦芽糖

3. 多糖及糖缀合物

多糖也称聚糖,与寡糖相比,多糖由 10 个以上糖分子构成,聚合度大于 10,是自然界中存在量最大的糖。

多糖从来源可以分为植物多糖和动物多糖,其中植物多糖包括淀粉、纤维素等,而动物多糖包括透明质酸、甲壳素、糖原等;根据组成可以分为同多糖和杂多糖;根据形状可分为线性多糖和分枝多糖。

糖缀合物也被称为复合糖,是由寡糖或多糖与生物分子结合而成,如糖蛋白、糖脂等。

9.5.3 单糖的催化转化

糖分子结构组成多样，并且富含羟基以及醛基官能团，因此糖反应丰富且多样化。糖分子可以发生水解、异构化、脱水、加氢、氧化等反应。利用这些不同类型反应，可以将糖分子转化为许多高附加值的下游产品。

多糖是生物质的重要组成部分，也为生物炼油提供大量的能源[111]。但是与单糖相比，其市场占有率及转化效率也相对较低。二糖和多糖转化一般首先水解为单糖，如蔗糖。Tagusagawa 等[112]利用水滑石结构的 $HTaMoO_6$ 作为催化剂，对蔗糖水解反应进行研究（图 9.50）。其催化效率远高于离子交换树脂及 HZSM-5 分子筛等。

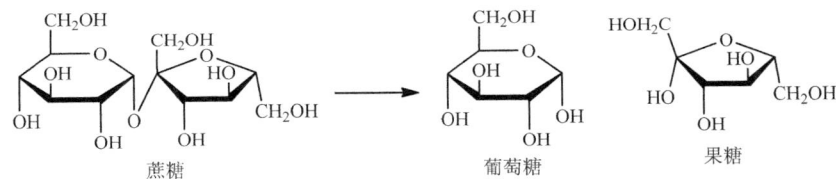

图 9.50　蔗糖水解反应

现阶段，多糖水解主要集中在均相酸催化及酶催化，而多相催化剂，特别是固体酸的使用，如前面介绍纤维素水解时所提及的，可以更好地实现催化剂分离、循环并减轻对环境污染程度[111]。

1. 异构化反应

葡萄糖异构化反应制备果糖是生物质转化为下游产物的关键步骤之一。该反应的研究过程中发现，使用生物酶方法进行转化，由于需要维持体系 pH、反应温度可控性差、原料要求纯度高及酶失活等原因，成本较高。使用无机盐作为催化剂时，会造成单糖不稳定，因此产率较低。因此，固体碱及固体酸催化剂的使用在异构反应中更具优势。

在葡萄糖异构化反应中，包含两种可能路径（图 9.51），一种通过质子转移（碱催化），另一种则通过中间氢物种进行转移（酸催化）[113]。碱催化过程中，以烯二醇为中间体。首先 α 羰基去质子后，形成 1,2-烯二醇类中间体，之后 C-1 发生质子化反应，形成果糖。酸催化过程中，如利用 Sn-Beta 分子筛催化剂时，Sn 活性中心与葡萄糖的羰基与羟基中的氧原子配位，促进了 C-2 上的氢发生氢转移至 C-1 上，从而实现葡萄糖异构成果糖。

Son 等[114]利用 ZrC 固体碱催化剂，在 150℃下得到 34%的果糖产率。Tessonnier[115]

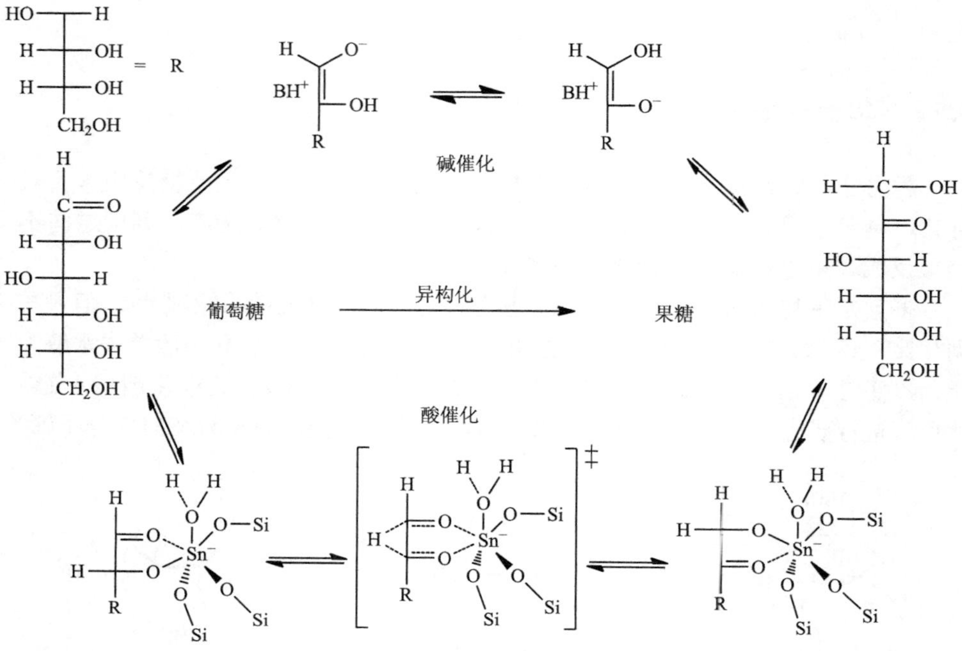

图9.51 葡萄糖异构化反应制备果糖的可能机理[113]

使用有机胺（如三乙胺等）作为碱催化剂，100℃下得到32%的果糖产率。但是固体碱催化剂在使用过程中，副反应及碱催化剂的流失，易导致较低的果糖产率和选择性。

固体酸催化剂也可以促进葡萄糖异构反应。Davis 等[116,117]利用 Sn-Beta 催化剂，在110℃下，仅30min即可得到32%的果糖收率。同时，Davis 等证明了，在 Sn-Beta 催化剂上，Sn-Beta 中 Sn 的开式结构（open site）及分子筛的疏水结构直接影响异构反应（9.52）。Sn-Beta 分子筛中，Sn 主要存在于骨架内，起 Lewis 酸的作用，通过分子内氢转移过程，将 C-2 上的 H 转移到 C-1 上，从而实现葡萄糖到果糖的异构反应。而 Sn-Beta 中的闭合结构（close site），其酸强度明显低于开式结构，并且葡萄糖异构反应更容易在开式结构上进行。

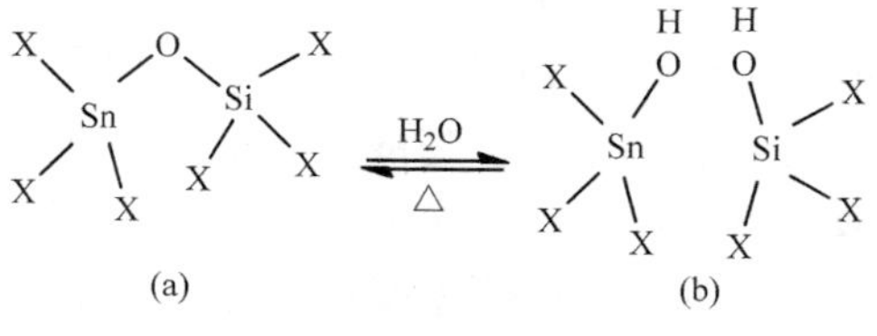

图9.52 Sn-Beta 分子筛的闭合结构（close site）(a) 和开式结构（open site）(b) X 表示分子筛中的 O-Si 结构单元

与葡萄糖异构为果糖反应类似，乳糖异构为乳果糖及麦芽糖异构为麦芽酮糖反应，均是一端 D-葡萄糖残基转化为 D-果糖残基的过程（图 9.53）[118, 119]。

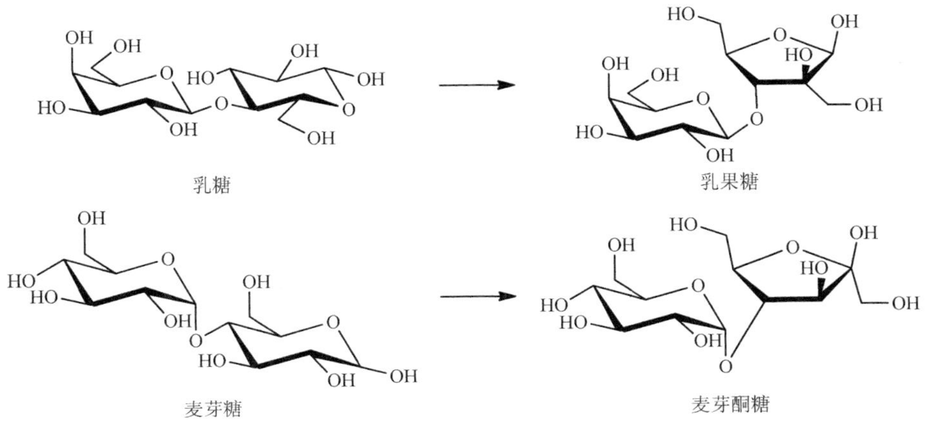

图 9.53 乳糖和麦芽糖异构反应

由葡萄糖到果糖的这一类异构反应，也称为 Lobry de Bruyn-van Ekenstein 重排反应[120, 121]（图 9.54）。

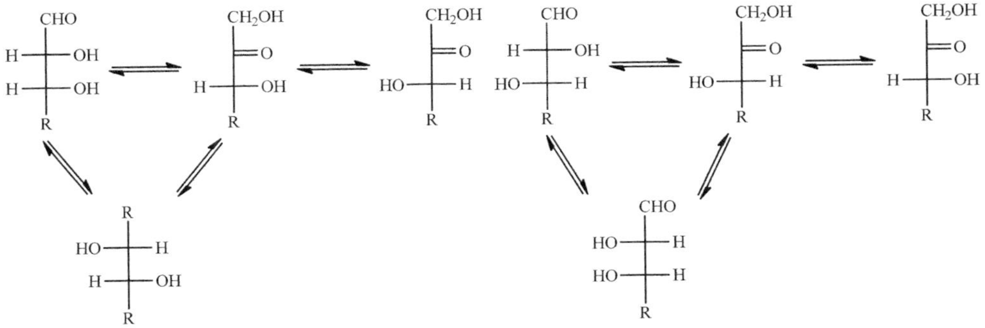

图 9.54 Lobry de Bruyn-van Ekenstein 重排反应[120]

由此可知，在碱性环境中，D-果糖、D-葡萄糖及 D-甘露糖可以相互转换。但当重排反应进一步在较强的碱性条件下进行时，则会导致糖酸的生成（图 9.55）[119]。

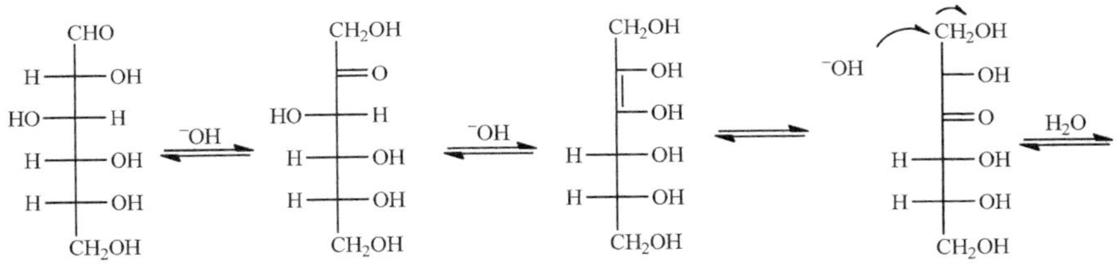

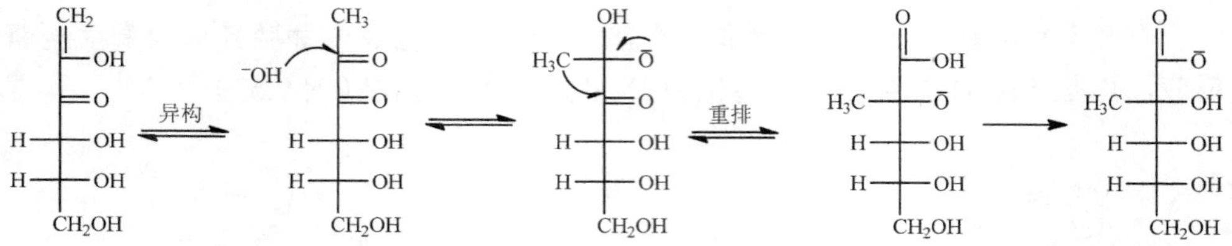

图 9.55 糖酸的生成

使用 D-葡萄糖在 Ca(OH)$_2$ 的作用下，经过 D-果糖，异构为 3-酮糖，再由 3-酮糖进行脱水生成 1,2 脱水-3-酮糖，最后由异构和重排反应，生成糖酸。

2. 脱水反应

1）脱水反应制备 5-羟甲基糠醛

糖在酸性条件下可以进行脱水反应，其中以生成 5-羟甲基糠醛研究较多。5-羟甲基糠醛（HMF）是一种重要的中间体，可以用来制备呋喃二醛、呋喃二酸、呋喃二醇、乙酰丙酸、液体燃料等。[122]

由纤维素、半纤维素、二糖等出发，首先经过水解得到单糖（葡萄糖或果糖），由单糖进行脱水反应，得到 HMF。对于反应机理存在多种推测（图 9.56）[122, 123]。

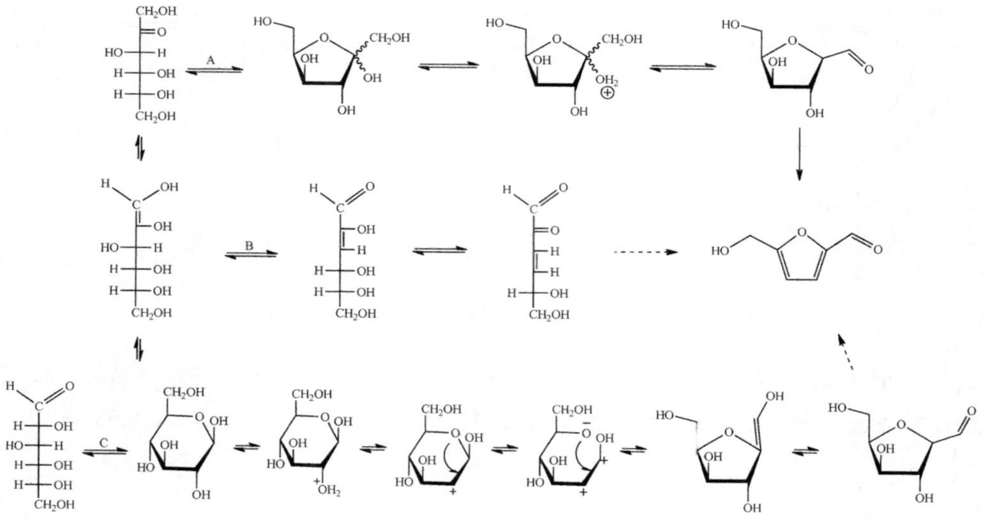

图 9.56 果糖或葡萄糖脱水制备 HMF 的反应路径[122]

从果糖出发，其首先以呋喃果糖形式与 H$^+$ 作用，形成呋喃果糖阳离子中间体并发生脱水形成醛基结构，最后环上羟基脱水形成 HMF（图 9.56 途径 A）。也有人认为形成 HMF 果糖首先进行链上的异构化反应，形成 1,2-烯醇，并进一步脱水，最后进行成环反应，生成 HMF（图 9.56 途径 B）。

从葡萄糖出发，一般认为葡萄糖首先异构为果糖，然后与果糖路径（图 9.56 途径 A）一样，转化为 HMF。但也有研究认为葡萄糖可能直接与 H^+ 作用，脱去其 C-3 或 C-4 位上的羟基，发生开环、羟醛缩合反应，形成 HMF（图 9.56 途径 C）。

糖分子脱水反应目前可通过三种措施：水相反应、非水相反应及混合相反应[124]。

(1) 水相反应：利用水作为溶剂是最为经济环保的方法，但是由于 HMF 在水相中的不稳定及不可溶副产物（Humins）的生成，造成 HMF 的产率相对较低（最高可达 50%~60%）。

(2) 非水相反应：利用非水溶剂，如乙腈、丙酮、二甲基亚砜、离子液体等作为溶剂进行脱水反应。使用丙酮溶剂，在超临界状态下，H_2SO_4 可以催化果糖高产率（约 71%）转化为 HMF[125]。Binder 等[126]在果糖脱水制备 HMF 中，利用 N,N-二甲基乙酰胺作为溶剂，H_2SO_4 作为催化剂，NaBr 作为添加剂，得到 93%产率的 HMF。Yang 等[127, 128]以水/2-丁醇作为混合溶剂，通过 Nb_2O_5 催化果糖，得到了 89%产率的 HMF；利用 Ta_2O_5 催化葡萄糖，可以得到 58%产率的 HMF。Yang 等[129]通过乙醇/水制备混合溶剂，以 $AlCl_3$ 作为 Lewis 酸催化剂，对葡萄糖进行脱水反应，得到了 57%的 HMF 和 5-乙氧甲基糠醛（EMF）总收率。

近年来，离子液体为溶剂的糖脱水制备 HMF 的研究逐渐增多。离子液体不但可以转化果糖及果糖高聚物（如菊粉等），还可以促进葡萄糖、纤维素等向 HMF 的高效转化。Yong 等[130]利用 1-丁基-3-甲基咪唑氯盐离子液体作为溶剂，以氮杂环卡宾/$CrCl_2$ 作为催化剂进行果糖脱水反应，得到 96%产率的 HMF。Li 等[131]同样使用 1-丁基-3-甲基咪唑氯盐作为溶剂，通过 $CrCl_3$ 催化葡萄糖，HMF 产率达到 91%。

(3) 混合相反应：两相体系的研究是糖脱水反应的研究热点之一。通过两相体系，可以不断地将反应中生成的 HMF 从反应相中，萃取到另一相体系中，从而稳定 HMF。

除两相体系外，混合溶剂（单相）的使用，也可以在一定程度上稳定 HMF。如水/二氧六环、水/PEG-600、水/丙酮、丙酮/二甲基亚砜等混合溶剂的使用，可以减少（抑制）HMF 的降解过程，从而使得 HMF 产率得到提高[124]。

2) 脱水反应制备乙酰丙酸

乙酰丙酸是一种可溶性有机物，也是多种化学品的基本构成，可以用于制备琥珀酸、γ-戊内酯、丙烯酸等。从糖分子直接脱水经 HMF 制备乙酰丙酸，是近年糖催化转化的研究热点之一。

糖脱水生成乙酰丙酸反应，主要经历糖脱水到 HMF，再由 HMF 水合脱羧得到乙酰丙酸，反应过程中同时伴随副产物甲酸的生成。

在 HMF 转化为乙酰丙酸的步骤中，酸催化作用下，经过一系列水合、脱水过程，HMF 的呋喃环打开，形成中间物种 2,5-二羰基-3-己烯醛。由于 C1 与 C2 之间的 C—C 键非常不稳定，因此中间物种脱去甲酸，最终形成乙酰丙酸（图 9.57）[132]。

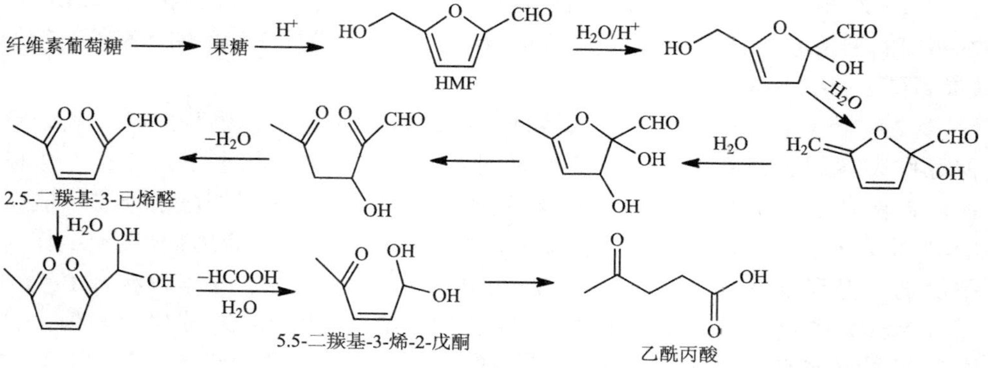

图 9.57 糖制备乙酰丙酸机理[132]

无机酸，尤其是 Brønsted 酸在糖催化制备乙酰丙酸中具有较好的活性，但是液体酸存在难分离、无法循环等问题，因此近年对固体酸进行乙酰丙酸制备的研究逐渐增多。

Son 等[133]利用离子交换树脂 Amberlyst-15 作为酸催化剂，将果糖转化为乙酰丙酸，得到 52%的产率，同时反应中见产物 HMF 的产率仅为 3%。

Upare 等[134]通过氧化石墨烯（GO）固载化—SO_3H 基团（GO-SO_3H），并将制备的固体酸催化剂应用于六碳糖（葡萄糖、果糖）制备乙酰丙酸反应中（图 9.58）。反应可以得到 78%的乙酰丙酸产率，并且催化剂稳定，循环使用五次后，仍保持较好的催化活性，葡萄糖转化率由 90%仅降低到 75%，这表明催化剂固载的官能团仍然保持稳定，流失较小。对于 GO-SO_3H 催化剂，其活性中心主要为—SO_3H 基团提供的 Brønsted 酸，但是 GO 中的羧基、羟基等活性基团，也可能起到吸附糖分子的作用。

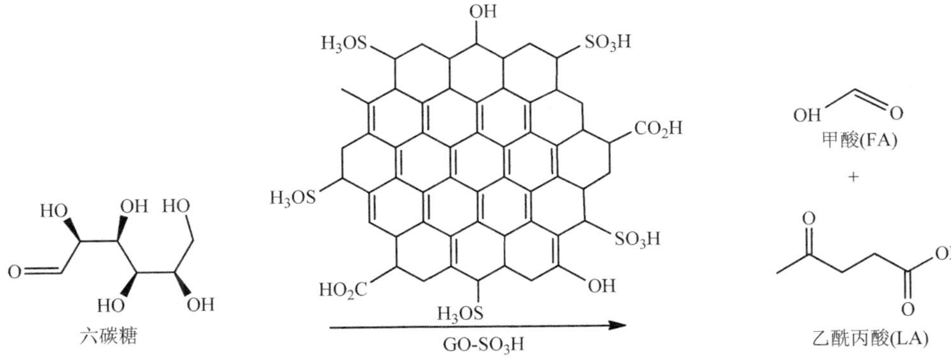

图 9.58 六碳糖脱水制备乙酰丙酸[134]

Amin 课题组[135, 136]制备 Cr/HY 及 Fe/HY 分子筛,并将其应用于葡萄糖脱水制备乙酰丙酸的反应中,利用 HY 分子筛孔径的择形效应,葡萄糖分子进入分子筛孔道,脱水后产生的中间物种 HMF 则无法通过孔道,从而促使 HMF 在分子筛孔道内继续反应,产生乙酰丙酸,产率可达 62%。

3. 氧化反应

葡萄糖等糖分子可以通过非催化氧化途径得到糖酸及二酸等产物。

D-葡萄糖在溴或碘的存在下,会发生氧化反应形成内酯,后可水解形成葡萄糖酸(图 9.59)[119]。

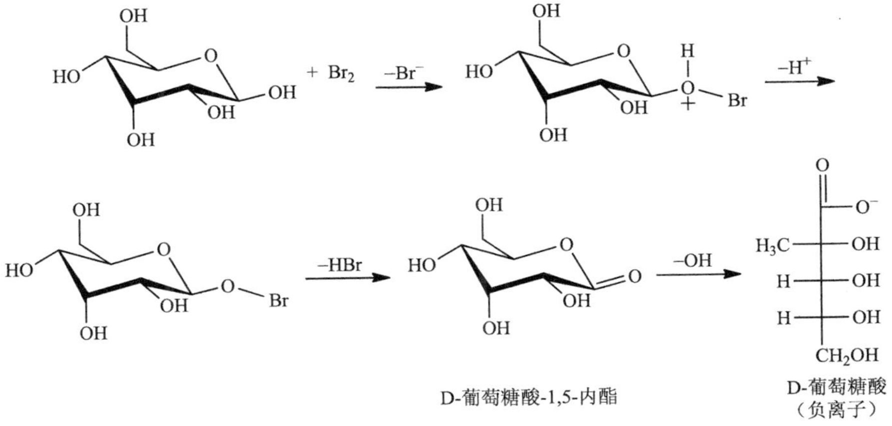

图 9.59 葡萄糖氧化反应[119]

醛糖的进一步氧化可以将末端羟基与醛基同时氧化，成为二酸，且过程中不影响仲羟基。其中，硝酸是过去常用的一种氧化剂[119]。

糖二酸自身还可以形成单内酯或双内酯（图 9.60）[119]。

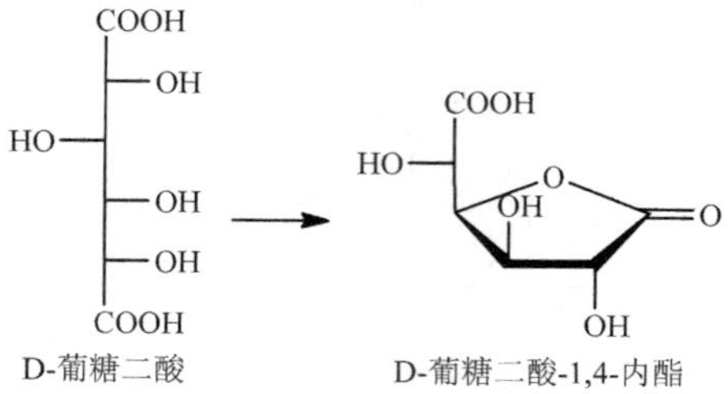

图 9.60　糖二酸形成内酯

Rinsant 等[137]利用 FeSO$_4$ 作为催化剂，H$_2$O$_2$ 作为氧化剂，通过超声的方法提高羟基自由基的生成，达到 97% 的葡萄糖酸产率。

近年来，使用多相催化剂进行糖氧化反应逐步得到发展。Qi 等[138]使用 Au/CMK-3 催化剂进行葡萄糖氧化反应，葡萄糖酸的选择性达到 90%。若氧化反应过程中添加一定的碱性助剂，则会在一定程度上催化葡萄糖异构化为果糖。

Jin 等[139]制备了 Pt-Cu 合金催化剂，并将其应用于葡萄糖制备葡萄糖二酸的反应中。其中葡萄糖二酸选择性最高可达 46%，产率最高可达 25%。并且，利用 Pt-Cu 合金催化剂，可以有效实现催化剂循环、回收。

Jin 等[140]还利用 Pt-Pd 催化剂，对葡萄糖氧化制备葡萄糖二酸的反应机理推测如下（图 9.61）：①葡萄糖最先在 Pt-Pd 催化剂上氧化为葡萄糖酸；②葡萄糖酸进一步氧化为葡萄糖醛酸，然后葡萄糖醛酸氧化成为葡萄糖二酸，过程中，葡萄糖酸也可能发生 C—C 键断裂，形成乳酸、甘油酸等一系列副产物；③葡萄糖醛酸可能会异构为 5-羰基-葡萄糖酸，并断裂 C—C 键形成丙醇二酸，同时，葡萄糖醛酸可能经 C—C 断键形成草酸。

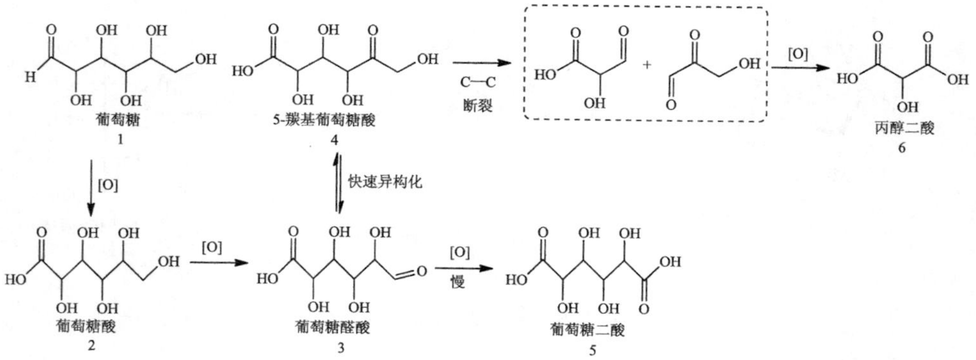

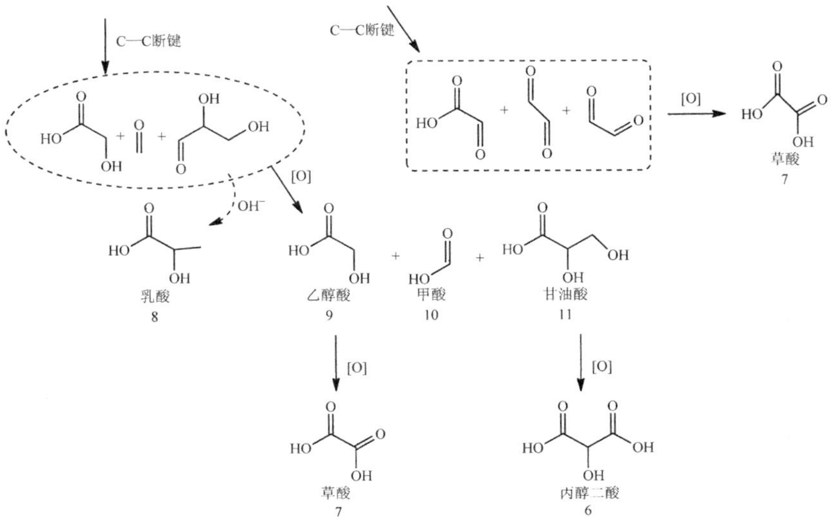

图 9.61　葡萄糖氧化制备葡萄糖二酸的可能反应路径[140]

4. 还原反应

糖加氢反应的应用广泛，反应条件比较温和，用于制备相应的糖醇，即多元醇。例如，使用 Raney Ni 在乙醇溶液中可以将甘露糖还原为甘露糖醇（图 9.62）。实际上，工业上山梨醇制备一般也通过 Raney Ni 催化葡萄糖加氢来实现（图 9.62）[119]。

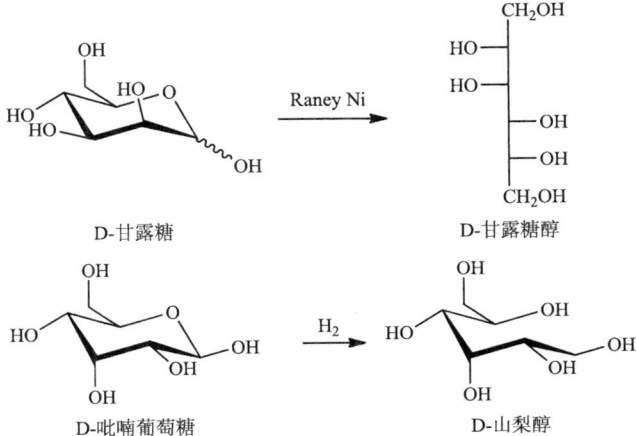

图 9.62　糖加氢反应

Edwin 等[141]利用 Ru/C 催化剂，经过动力学研究，发现葡萄糖加氢反应为一级反应。反应过程中，葡萄糖以吡喃环的形式，通过 O-1、O-5 和 O-6 三个氧原子吸附在 Ru 催化剂上，进行加氢反应（图 9.63）。

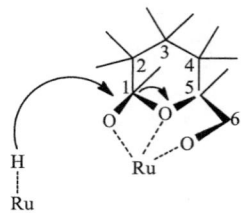

图 9.63　Edwin 等推测葡萄糖加氢机理[141]

Dabbawala 等[142]利用胺修饰的高分子纳米多孔材料（AFPS）作为载体，制备了 Ru@AFPS 催化剂，并将其应用于葡萄糖加氢制备山梨醇的反应中，山梨醇产率最高可达 96%。葡萄糖加氢反应机理可能为：H_2 通过 Ru 发生氢溢流，成为 H 原子，吸附在 Ru 上；葡萄糖中的羰基和邻位羟基与 Ru，以及 Ru 吸附的 H 原子形成吸附中间体（成环）；之后发生 H 转移，羰基加氢后，形成山梨醇（图 9.64）。

5. 氢解反应

糖的氢解反应主要包含 C—O 键的断裂、低碳醇的生成。反应过程中部分或全部脱除—OH。反应深度加氢的产物为甲烷等烷烃。

葡萄糖氢解反应最早可追溯到 20 世纪 30 年代，Zartman 和 Adkins 利用 CuCr 催化剂，氢解产物 1, 2-丙二醇的产率达到 60%[143]。从 20 世纪 90 年代开始，逐

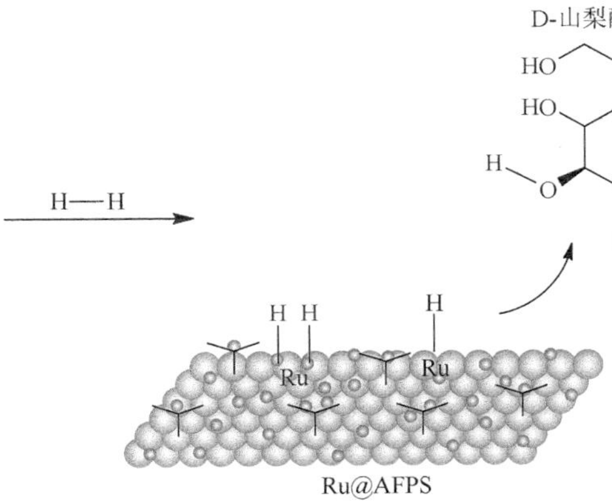

图 9.64　Dabbawala 等推测的葡萄糖加氢机理[142]

渐利用葡萄糖进行丙三醇、丙二醇及乙二醇的制备。

葡萄糖氢解过程包含葡萄糖加氢到山梨醇，以及山梨醇的进一步氢解到丙三醇、丙二醇及乙二醇（图 9.65）[144, 145]。

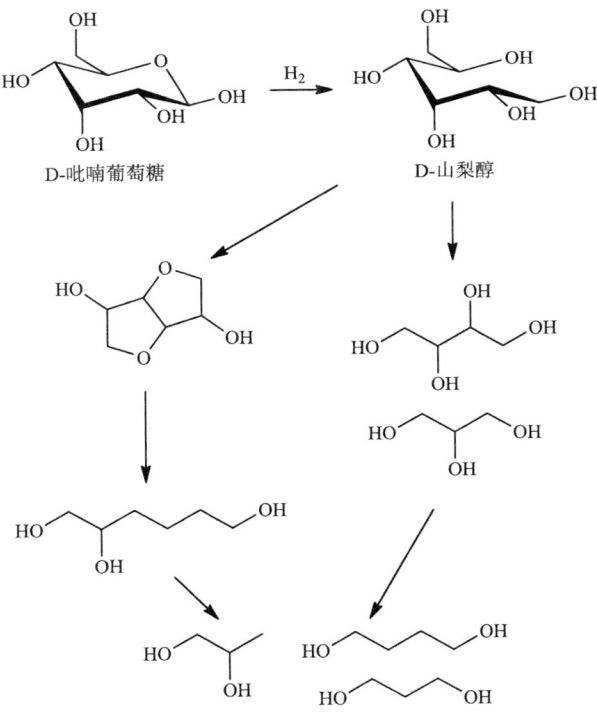

图 9.65　葡萄糖氢解部分产物

与葡萄糖相似，其他糖的氢解反应也主要是首先加氢成为相应醇分子后，由醇分子进一步发生氢解反应（图 9.66）。因此，反应的细节将在下面多元醇部分进行详细的描述。

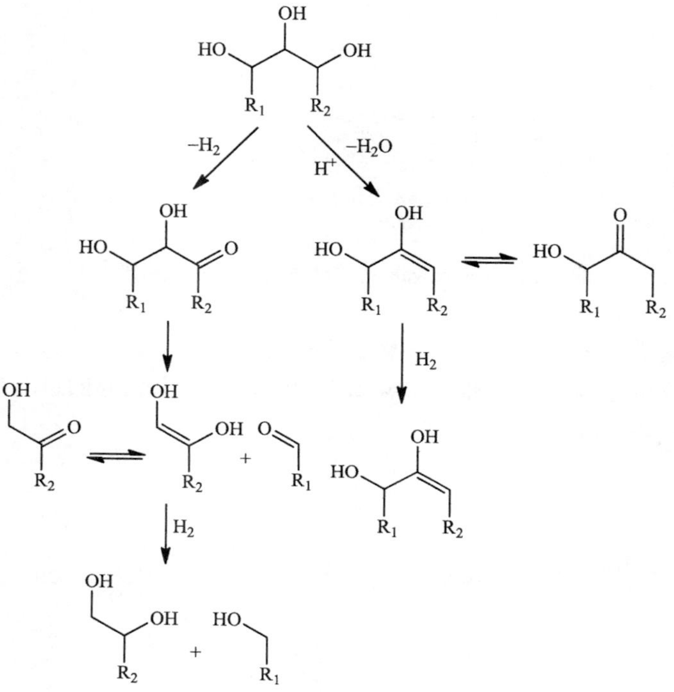

图 9.66 多元醇氢解反应路径[146, 147]

9.6 多元醇的转化

从前面几节关于纤维素、半纤维素及糖的催化转化过程可以发现，它们通过水解、加氢等反应转化得到的多元醇是一类重要的平台分子，其中代表性的多元醇包括山梨醇、甘露醇、木糖醇、丙三醇等。多元醇有丰富的反应性能，可以进一步转化为更多具有高附加值的下游产物，是生物质能源利用的重要途径。

9.6.1 多元醇性质和来源

1. 山梨醇

山梨醇是美国能源部在 2004 年基于碳水化合物提出的十二个重要平台分子

之一,在常温下为固体[148]。作为添加剂,其市场占有量位居糖类添加剂的首位,广泛应用于食品、化妆品、牙膏等。同时,山梨醇是生产维生素 C 的重要前体,占全世界 15%的山梨醇消耗量[149]。此外,山梨醇可以转化为其他碳数较低的多元醇、乳酸、异山梨醇等[150]。

山梨醇工业上主要通过葡萄糖还原,采用釜式、半流动或流动体系三种方式来生产[151]。例如,将淀粉(如木薯、玉米、小麦等)在生物酶催化水解作用下产生葡萄糖等糖类中间体,然后在 130~150℃、4~12MPa H_2 条件下,利用 Ni 或 Ru 催化剂进行加氢反应得到山梨醇[151]。

2. 甘露醇

甘露醇是 1920 年首先从花白蜡树的渗透液中提取出的,是典型的低热量甜味剂。另外,在临床上,甘露醇的引入可以辅助肠癌、肾衰竭等疾病的治疗[152]。

甘露醇的市场需求量每年约有 5 亿吨,且今后将逐年以接近 5%~6%的速度增长。目前甘露糖主要通过 Raney Ni 催化果糖/葡萄糖加氢等化学方法生产[153],产物通常是甘露醇和山梨醇的混合物,然后利用结晶的方法实现甘露醇与山梨醇的分离。近年来,双金属催化剂(如 CoNi 等催化剂)的使用可以有效地提高甘露醇的选择性[154]。

3. 木糖醇

木糖醇是一个重要的五碳多元醇,在自然界中主要存在于草莓、蓝莓、李子、花椰菜等果蔬中。每年对木糖醇的需求量约在 20 万~40 万吨[155]。木糖醇主要用作食品、牙膏制品及药物的添加剂。例如,作为药物添加剂,木糖醇可以防止上呼吸道感染、耳鼻炎等[155]。

目前,木糖醇的制备主要利用 Ni 催化剂催化木糖加氢反应及生物方法进行。利用半纤维素水解的方法也同样可以得到木糖醇,但是工业生产中仍然以纯木糖作为原料生产木糖醇,收率在 50%~60%[156]。

4. 丙三醇

丙三醇,俗称甘油,是甘油三酯的基本组成成分,在动植物油脂中广泛存在[157]。在传统工业中,丙三醇的用途广泛,尤其是在制药、个人护理、食品、化妆品等方面。在制药行业中,主要用于溶解药物、增加药丸湿度及提高液体药物的黏度等。在个人护理行业中,丙三醇主要添加在身体乳液及护发剂中,用作润滑剂和保湿剂。在食品行业中,丙三醇主要用作溶剂、甜味剂及防腐剂。此外,在造纸行业及纺织行业中,丙三醇可用于定型、润滑及软化纸张与纤维等[158]。

传统的制皂、油脂水解及生物发酵等过程都会产生丙三醇副产物,目前则可以大量从生物柴油生产过程中的酯交换反应所获得[159]。

9.6.2 多元醇的转化利用

多元醇可以发生多种不同类型的反应,如酯化反应、氢解反应、氧化反应、聚合反应、卤代反应等,用于制备具有高附加值的下游产品。相应的反应以丙三醇转化利用为例总结在图 9.67 中[160]。

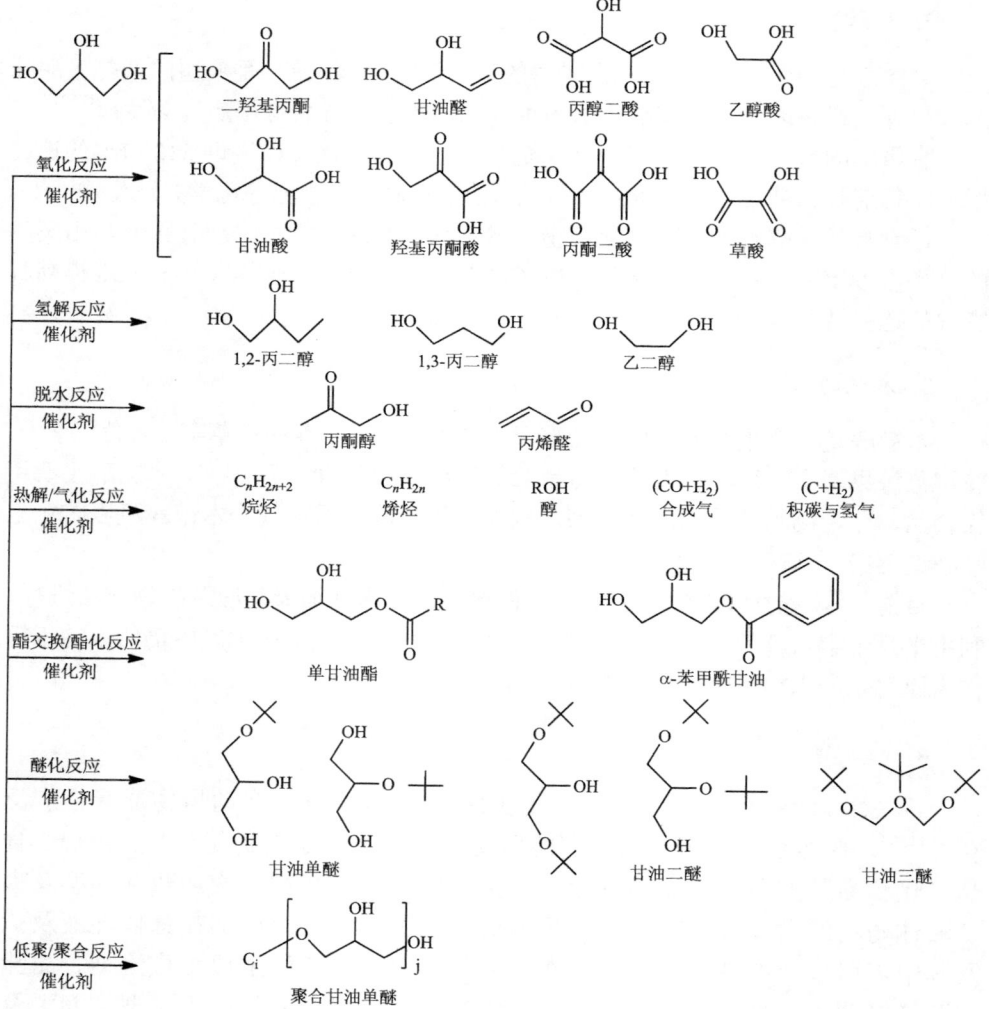

图 9.67 丙三醇的重要转化途径[160]

同样，高碳醇也可以通过各种途径进行转化，图 9.68 列出了部分山梨醇反应途径[148, 151]。

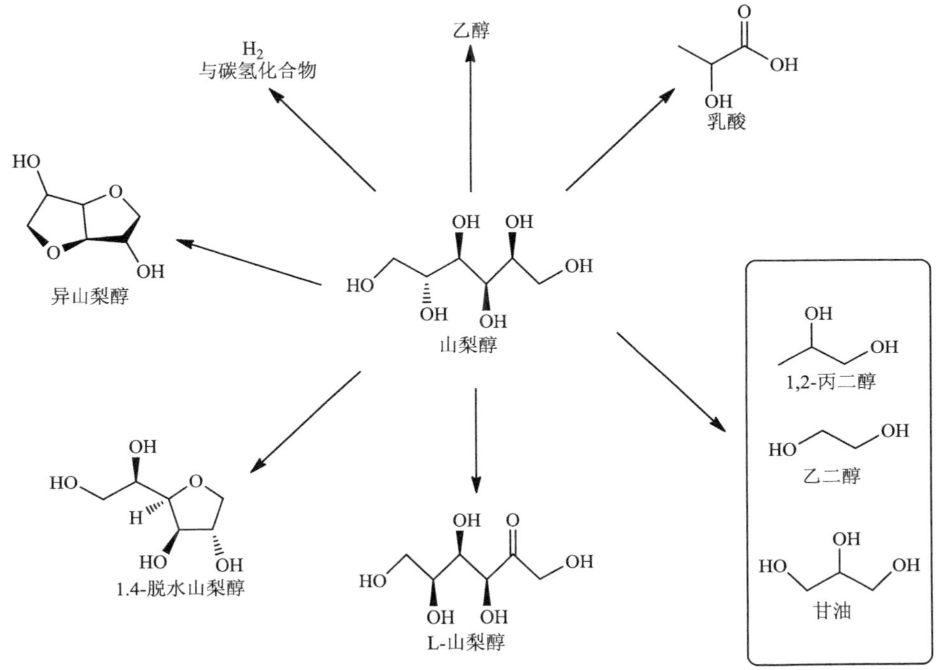

图 9.68　山梨醇多种转化途径[148, 151]

1. 氢解反应

多元醇氢解反应主要指在氢气作用下，通过选择性催化断裂多元醇的 C—C 键或 C—O 键，获得重要的下游产物。

丙三醇氢解反应主要基于 C—O 键断，通过脱水步骤与加氢步骤，从而转化为 1,3-丙二醇、1,2-丙二醇、乙二醇、正丙醇、异丙醇等产物。其中，1,2-丙二醇可以用作保健食品添加剂、冷冻剂、保湿剂、化妆品添加剂等，而 1,3-丙二醇主要作为重要的药物中间体以及合成聚酯纤维——聚对苯二甲酸丙二醇酯（PTT）[161]。丙三醇氢解反应主要使用 Cu、Ni、Ru、Pt、Pd、Ir、Rh 等金属催化剂[161-168]。目前，丙三醇氢解制备 1,2-丙二醇反应中，1,2-丙二醇选择性可达 100%，产率可达 98%以上。1,3-丙二醇是一种比 1,2-丙二醇价值更高，但也更难得到的产物。这主要是因为 1,3-丙二醇相较 1,2-丙二醇，具有更高的反应活性，因而通过甘油氢解反应合成 1,3-丙二醇更具挑战性，相关的研究报道还比较少。目前，丙三醇氢解制备 1,3-丙二醇反应中，1,3-丙二醇产率最高可达 66%。

关于丙三醇氢解合成 1,2-丙二醇的反应机理，一些研究认为其决速步骤主要为甘油脱水反应，经历羟基丙酮中间体[169]。但部分研究表明该反应的速率可能主要由甘油脱氢步骤决定[170]。Tomishige 等[171]使用 Ru/C 催化剂，并在反应中添加酸性离子交换树脂 Amberlyst 15，认为丙三醇首先脱水生成丙酮醛或 3-羟基丙醛中间产物，进而加氢得到 1,2-丙二醇或 1,3-丙二醇。所加入的酸性离子交换树脂可能促进了丙三醇的伯羟基脱水步骤，进而提高反应的活性及 1,2-丙二醇的选择性。

Wang 等[170]在 Cu-ZnO 催化剂上，从甘油氢解得到了 97%的 1,2-丙二醇选择性。通过动力学研究，提出了丙三醇氢解的脱氢反应机理（图 9.69）。丙三醇首先在金属活性中心的作用下脱氢，得到甘油醛中间产物，这一步认为是决速步骤。然后甘油醛脱水转化为 2-羟基丙烯醛或丙酮醛，并进一步加氢得到 1,2-丙二醇。而乙二醇的生成可能经历如下反应过程：甘油醛发生反羟醛缩合或反克莱森反应生成乙醇醛或乙烯二醇，并进一步加氢生成乙二醇[170]。

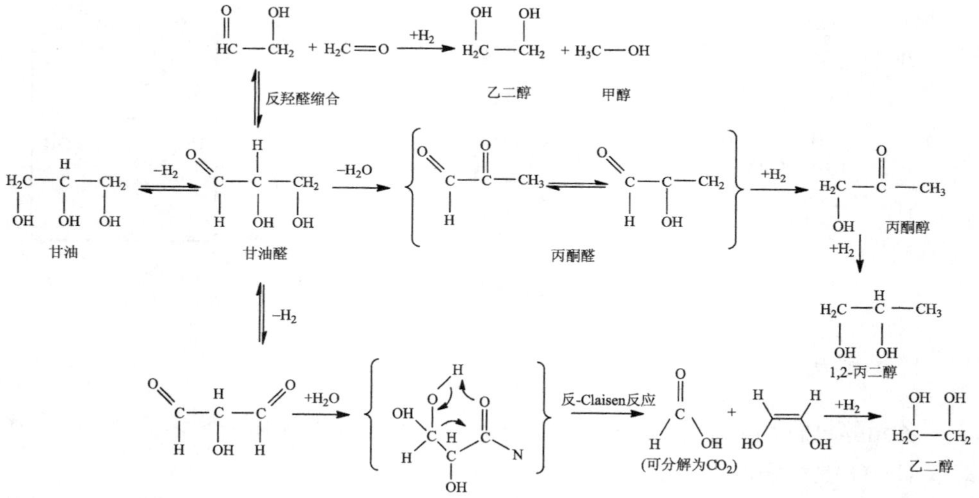

图 9.69 丙三醇氢解反应脱氢机理[170]

与丙三醇氢解反应不同，山梨醇、木糖醇等高碳多元醇氢解反应制备 C_2~C_3 低碳醇（主要包括乙二醇、丙二醇、丙三醇等），涉及 C—C 键断裂。这样，反应除金属催化剂外，还需要耦合碱性助剂。

Zhou 等[172]利用碳纳米纤维负载的 Ru 催化剂，以 CaO 为碱性助剂，将两者机械混合，在 86%的山梨醇转化率下获得了 61%的乙二醇、丙二醇和甘油的总选择性。碱助剂能中和反应中产生的有机酸，其中，$Ca(OH)_2$（或 CaO）由于在反应过程中，能缓慢释放 OH^-，维持反应溶液 pH[172]，因此是较为常见的碱性助剂。

Sun 等[173]制备了固体碱 CeO_2 或 CaO 与金属 Ni 共负载催化剂,并将它们应用于木糖醇氢解反应中。在不影响乙二醇和丙二醇选择性的情况下,乳酸的生成也大幅度减少,可以得到 70%的乙二醇、丙二醇和甘油的总产率,且反应中基本没有乳酸的生成。但是固体碱水热稳定性较差,需要进一步提高催化剂的循环稳定性。

Sun 等[175]对 $Ru/C+Ca(OH)_2$ 催化的木糖醇氢解反应进行了研究,提出了如下反应机理(图 9.70):木糖醇的伯羟基首先在 Ru 表面脱氢形成醛糖(如木糖)中间体,该中间体发生反羟醛缩合反应,得到 C_2—C_3 键断裂的乙醇醛和甘油醛中间体,并分别加氢形成乙二醇和甘油。同时,甘油醛脱水转化为丙酮醛,并进一步加氢得到丙二醇,或者与溶液中的 OH^-反应,通过安息香重排反应得到乳酸。另外,木糖醇脱氢所生成的木糖等中间体也可以直接加氢转化为阿拉伯醇,或脱去羰基后加氢得到苏阿醇。显然,这些加氢和碱催化的反应步骤的相对速率是决定产物选择性的关键因素。

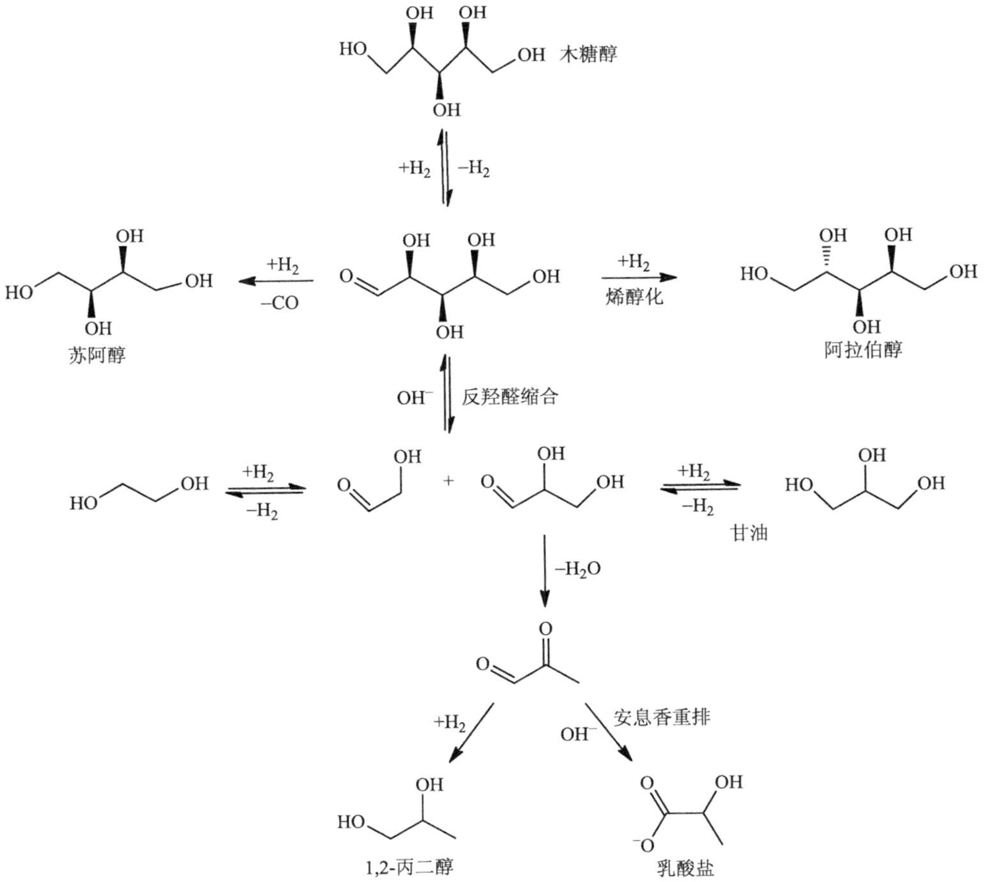

图 9.70 木糖醇催化氢解反应的机理推测[175]

上述机理也同样适用于山梨醇氢解反应。例如,Jin 等[176]在研究 Cu/CaO-Al$_2$O$_3$ 催化山梨醇氢解反应时,也提出了相似的机理。这个机理充分反映了多元醇氢解反应的双功能催化的特点,即需要由金属中心和碱性中心的共同作用。

2. 氧化反应

以丙三醇氧化反应为例,在温和反应条件(反应温度低于 100℃,常压)下[177],可以制备 1,3-二羟基丙酮(DHA)、甘油酸、丙醇二酸、乙醇酸、丙酮二酸等很多高附加值的化学品。在负载型单金属或双金属催化剂上,DHA 或甘油酸为主要产物。通过催化剂调控,丙三醇氧化反应还可以合成乳酸等重要产物[178, 179]。

丙三醇选择氧化性生成 DHA 具有很高的工业价值,如其价格可达 150$/kg,而丙三醇仅 0.6$/kg[180]。这一反应可在碱性和酸性条件下进行(图 9.71)。使用 Au 催化剂时,在碱性条件下,丙三醇的伯羟基发生氧化脱氢,生成甘油醛中间体,其异构为 DHA。Pt 催化剂可以在酸性环境中,直接催化甘油的仲羟基氧化生成 DHA[180]。

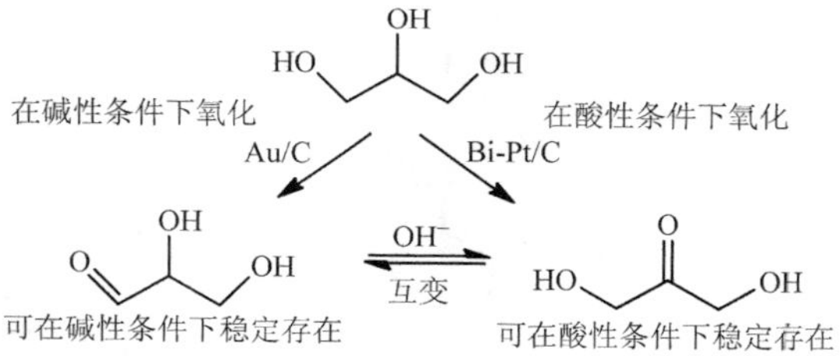

图 9.71 丙三醇氧化反应生成 DHA 的两种途径[180]

乳酸也是一种在工业、食品、药物等领域广泛应用的化学品之一。利用丙三醇氧化反应同样可以得到乳酸[180, 181]。Shen 等[182]利用 TiO$_2$ 负载的 Au-Pt 双金属催化剂,以 NaOH 作为碱助剂,通过控制反应条件,在 90℃、常压条件下,丙三醇氧化获得了 86%的乳酸产率。对丙三醇氧化反应机理的研究发现,如图 9.72 所示,丙三醇首先在 Au-Pt 表面上氧化脱氢转化为甘油醛或二羟基丙酮中间体(这两个中间体之间可以发生互变反应),然后经历两个竞争过程,或者在金属表面上进一步氧化转化为甘油酸产物,或者跟碱作用发生安息香重排反应生成乳酸。其中,第一步的氧化脱氢为反应的决速步骤,而中间体的竞争反应则直接决定产物的选择性。

3. 脱水反应

山梨醇的脱水产物——异山梨醇,在改性塑料、药物、化妆品、表面活性剂

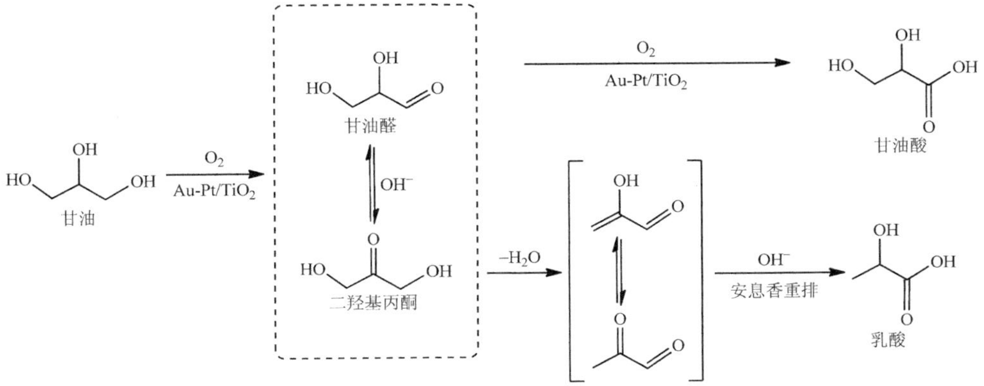

图 9.72 甘油选择氧化反应路径[182]

等方面有着非常广泛的应用。Shi 等[183]制备了磺酸修饰的 SiO$_2$ 催化剂（SA-SiO$_2$），异山梨醇的产率可达 84%，并且催化剂表现出较好的稳定性。山梨醇脱水制备异山梨醇可能经历山梨醇脱除一分子水后形成的 1,4-脱水山梨醇和 3,6-脱水山梨醇中间体。其中，受到山梨醇构象位阻限制，可能优先形成 1,4-脱水山梨醇，并进一步脱水为异山梨醇（图 9.73）。反应过程中，也观察到了 2,5-脱水-D-葡萄糖醇、1,5-脱水-D-葡萄糖醇等副产物。

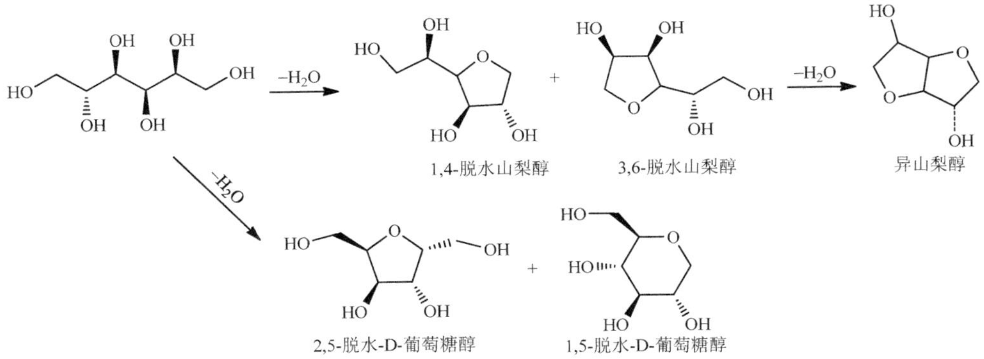

图 9.73 山梨醇脱水制备异山梨醇反应途径[183]

Xi 等[184]利用 Pt/NbOPO$_4$ 催化山梨醇脱水反应，得到 60%产率的 C$_5$ 和 C$_6$ 烷烃产物。反应过程主要通过山梨醇脱水形成异山梨醇后，进一步发生氢解反应，最后转化为烷烃（图 9.74）。

甘露醇通过分子内脱水反应可以得到多种有价值的化学品，如脱水甘露醇（包括 1,4-脱水、2,5-脱水及 1,5-脱水）、异甘露糖醇等。Yamaguchi 等[185]利用高温水

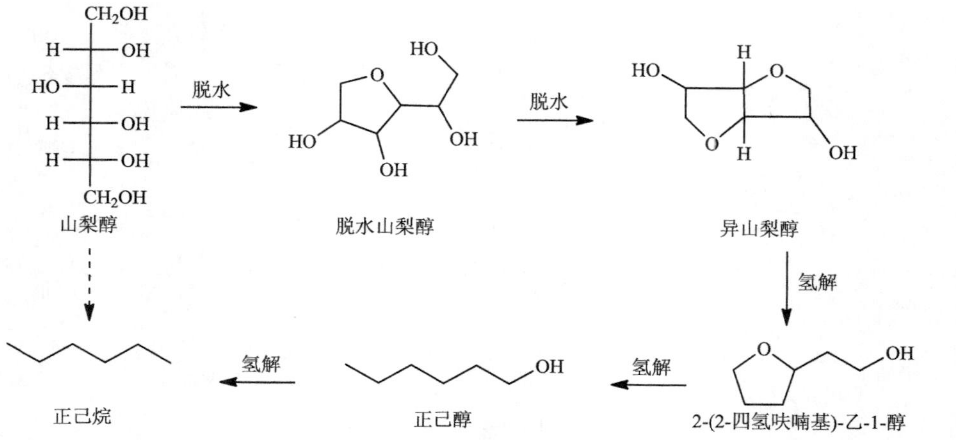

图 9.74 山梨醇脱水制备烷烃反应途径[184]

处理、无催化剂条件下，甘露醇分子间脱水生成了 1,4-脱水甘露醇和 2,5-脱水甘露醇，产率可分别达到 40%和 20%（图 9.75）。

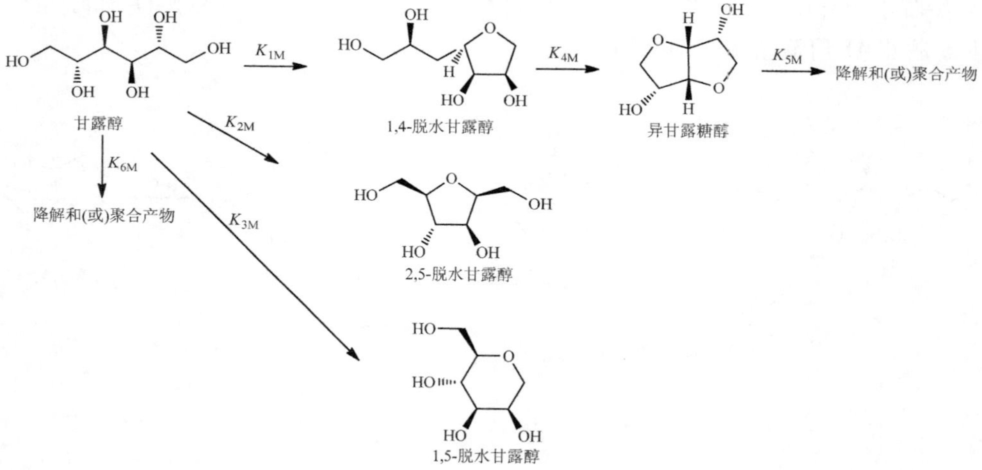

图 9.75 甘露醇分子内脱水反应[185]

丙三醇脱水反应也可以得到丙烯醛等重要产物。Chai 等[186]对在酸性氧化物上，丙三醇脱水反应获得了高达 70%的丙烯醛。同时发现，丙烯醛的选择性与催化剂的酸强度密切相关，酸度函数（H_0）小于 -8.2 的强酸催化剂上，丙烯酸选择性较低，而 H_0 处于 $-8.2 \sim -3.0$ 时，丙烯酸选择性较高。

Witsuthammakul 等[187]进一步耦合丙三醇脱水反应与氧化反应，可以直接将丙三醇转化为丙烯酸。丙三醇含有两种羟基，脱水反应可能发生在端位或中间位，因此会产生两种中间产物。利用 HZSM-5 催化剂中丰富的 Brønsted 酸，3-羟基丙醛成为主要中间产物，并脱水产生丙烯醛。然后，利用 V-Mo-O 催化剂进行丙烯醛氧化反应，丙烯酸选择性可高达 98%[187]。

4. 重整反应

利用液相重整（aqueous-phase reforming）反应，将山梨醇、木糖醇、丙三醇等多元醇可以转化为如烷烃、H_2、CO 等多种产物。多元醇重整反应一般在 200～250℃、2～5MPa 压力下进行，主要使用负载型金属催化剂，其中 Pt 催化剂效率最高，且稳定性也较好[188, 189]。

重整反应过程中，产生的 H_2 会进一步促使多元醇发生氢解反应，生成烃类化合物等。山梨醇、木糖醇等高碳数多元醇重整反应的产物种类较多，且碳数较高。例如，Li 等[190]在山梨醇重整反应中，检测到了 43 种产物。

山梨醇重整反应可能主要涉及两条反应路径[191]。路径 1：山梨醇首先发生脱氢反应，然后发生脱羰基和水汽迁移反应，得到醇类化合物、正戊烷、正丁烷、H_2 等。路径 2：山梨醇发生脱水以及加氢反应，得到烷烃等产物（图 9.76）。

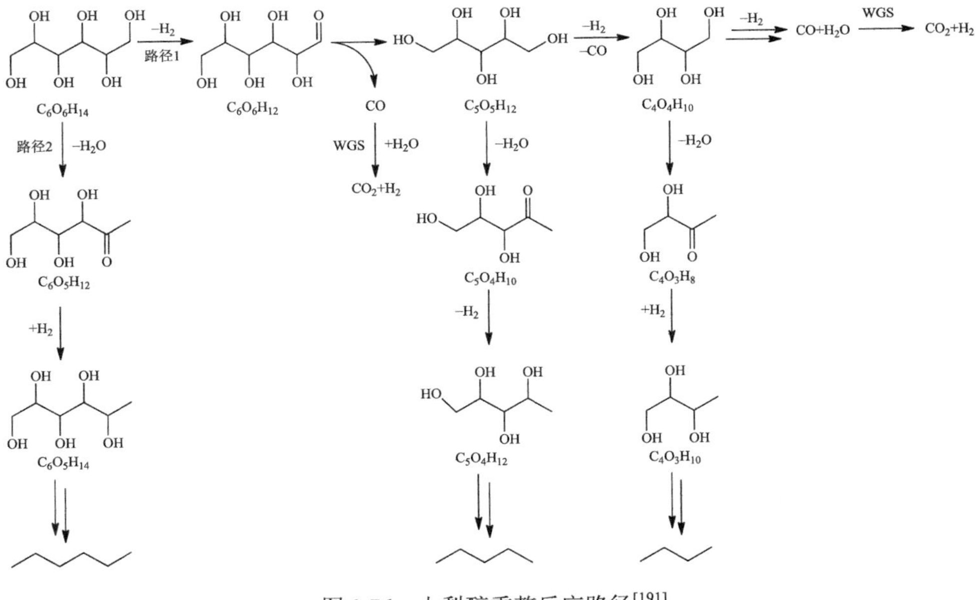

图 9.76　山梨醇重整反应路径[191]

相较于山梨醇等高碳多元醇，丙三醇重整反应产物较少，因此研究也较为深入。该反应通常使用 Co、Ni、Pt 等催化剂在 3MPa 及 270℃左右进行，并且可以直接利用粗制丙三醇,以降低反应成本[192]。

Wawrzetz等[193]认为丙三醇液相重整反应包含三条平行路径(图9.77)。路径1:丙三醇首先脱水形成甘油醛中间体,然后其通过Tishchenko/Cannizzarro反应(歧化反应)转化为甘油酸,进而甘油酸脱羧或氢解,得到乙二醇、乙醇等产物。路径2:丙三醇首先脱水得到羟基丙酮,并加氢为1,2-丙二醇,进而1,2-丙二醇继续发生氢解、脱水等反应,与路径1相似,生成乙醇、丙醇等产物。路径3:丙三醇脱去其仲羟基,得到3-羟基丙醛(3-羟基丙醛非常活泼,反应中没有监测到其存在)。然后3-羟基丙醛发生氢解或歧化反应,生成1,3-丙二醇、3-羟基丙酸等产物,并可进一步转化为乙醇等跟路径1和路径2相似的产物。

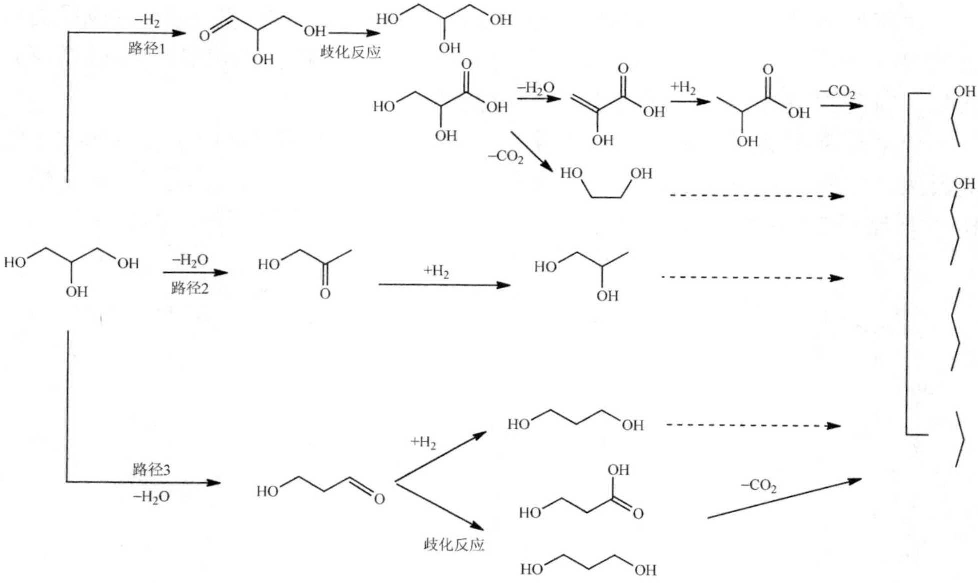

图9.77 丙三醇液相重整反应的可能路径[193]

5. 醚化反应

丙三醇分子间发生脱水缩合,形成醚。产物中包含环状甘油醚、支链甘油醚及直链甘油醚(图9.78)[194]。这些醚类化合物可以应用于增塑剂、润滑油、化妆品、药物等多种领域。固体碱催化剂是较常使用的醚化反应催化剂,如BaO、CaO、MgO等。

Hidesh等[195]对碱催化丙三醇醚化反应机理进行分析(图9.79)。一个丙三醇分子在OH$^-$的作用下脱去质子,形成醇盐;然后,醇盐中的O$^-$进攻另一丙三醇分子,最终形成醚。

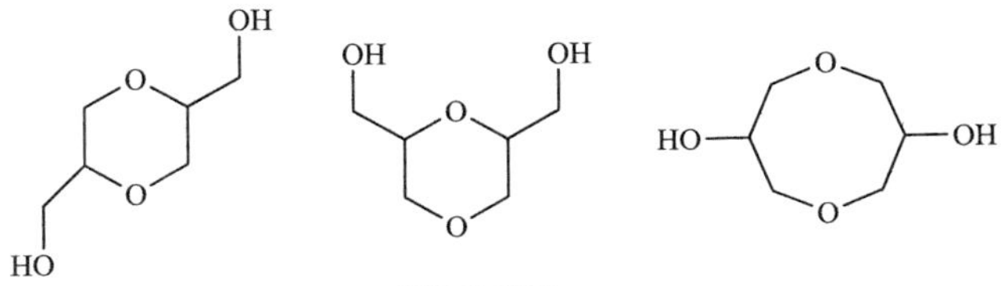

环状甘油醚

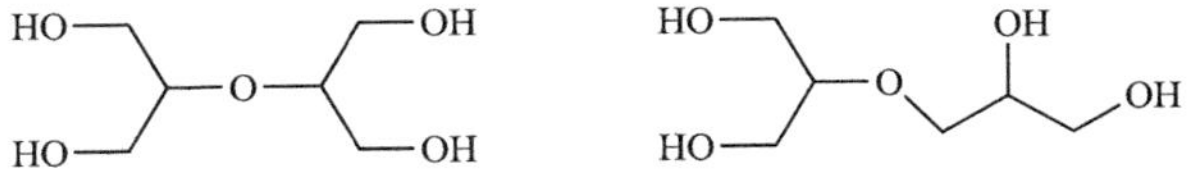

支链甘油醚

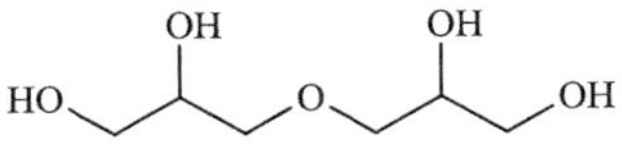

直链甘油醚

图 9.78　丙三醇醚化反应的部分产物[194]

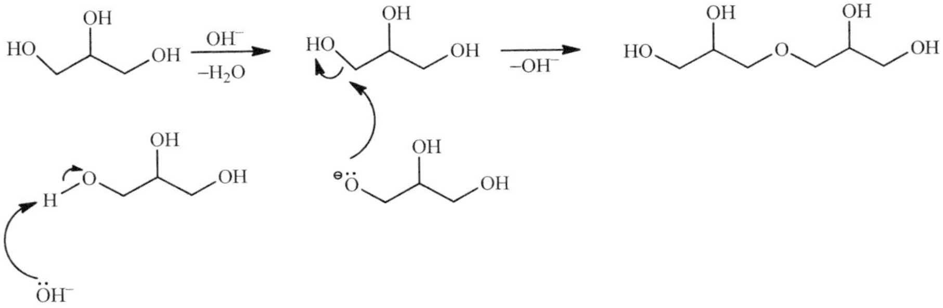

图 9.79　碱性条件下的丙三醇醚化反应机理[194, 195]

Ruppert 等[194]推测丙三醇醚化反应过程中，载体上的 Lewis 酸中心也对反应有催化作用。其中，Lewis 酸中心促进了丙三醇分子中羟基上质子的离去，形成的 O^{-}进攻另外的丙三醇分子，其反应途径（图 9.80）与碱性条件（图 9.79）类似。

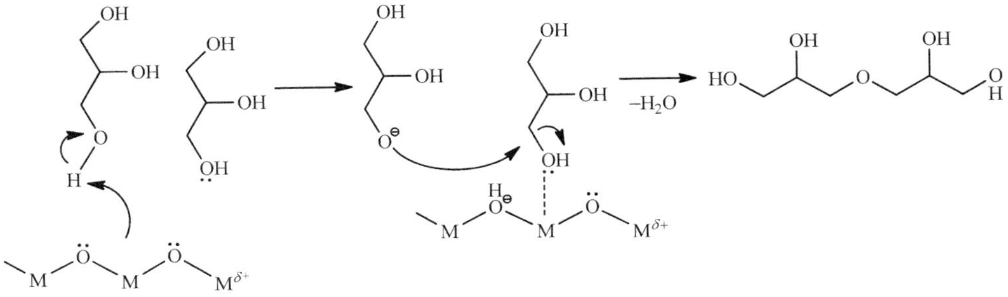

图 9.80　Lewis 酸辅助下的丙三醇醚化反应机理[194]

9.7 油脂和藻类生物质

油脂和藻类生物质可以为人类提供丰富的生活用品，如食用油、肥皂、藻类保健品等。近年来，油脂和微藻用于生产生物柴油的研究受到了人们的重视。生物柴油是未来可能替代化石柴油，降低对化石资源依赖的重要动力燃料之一。并且，其对降低环境污染、提高城市空气质量也具有重要的战略意义。

9.7.1 油脂的分类与组成

1. 油脂的分类

动植物油脂是生物质的重要来源之一。目前，人们已经发现自然界中存在8000多种天然油脂。但是由于油脂的复杂性，即使同一生物不同部分的油脂都可能存在差异，因此油脂的分类比较困难。常见的油脂分类方法有：碘值分类、油脂来源分类、油脂存在状态分类及油脂中脂肪酸类型分类四种方法[196]。

1) 按碘值分类

碘值（IV）是表示有机化合物不饱和程度的指标，指100g所测物质中可以吸收碘（与碘发生加成反应）的克数。主要用于油脂、脂肪酸、蜡、聚酯等的测定。不饱和程度越大，碘值越高。

IV<80的油脂称为不干性油脂，即在空气中不能被氧化干燥形成固态膜的油类，代表性油类为棕榈油等。IV=80~130的油脂称为半干性油脂，即在空气中氧化后仅局部固化，形成非完全固态膜，有黏性。代表性油类为豆油、糠油、向日葵油等。IV>130的油脂称为干性油脂，即在空气中易氧化干燥形成固态膜，富有弹性且柔韧。代表油类为桐油、梓油、亚麻油等。

2) 按油脂来源分类

通过油脂来源，可以分为植物油脂、动物油脂及微生物油脂三类。其中植物油脂还可以根据植物种类分为草本植物油脂和木本植物油脂；动物油脂根据动物栖居地可以进一步分为陆地动物油脂、水产动物油脂及两栖动物油脂；微生物油脂则包含各种细菌、真菌、藻类等所含油脂。

3) 按油脂存在状态分类

通过油脂存在状态可以分为固态油脂、半固态油脂及液态油脂。固态油脂如羊脂、牛脂等；半固态油脂如乳脂、椰子油等；液态油脂可以根据其组成的油酸、亚油酸、亚麻酸等含量进一步分类，如油酸含量较多的液态油脂（橄榄油、茶油等）、亚油酸较多的液态油脂（玉米油、葵花油等）。

4)按油脂中脂肪酸类型分类

根据油脂中脂肪酸类型，油脂可以分为乳脂类、月桂酸型油脂类、植物脂类、陆地动物脂类、水产动物脂类、油酸-亚油酸型油脂类、亚麻酸型油脂类、芥酸型油脂类、共轭酸型油脂类、羟基酸型油脂类及单细胞油脂类。

2. 油脂的重要组分——三脂肪酸甘油酯

动植物油脂中最主要的成分是三脂肪酸甘油酯，也称为甘三酯。甘三酯由甘油基和脂肪酸基两部分组成，其中脂肪酸基分子量占全部分子量的95%左右。因此，脂肪酸基是影响油脂性质、应用的主要因素[196]。

根据 IUPAC 定义，脂肪酸是天然油脂与水进行水解反应生成的脂肪族羧酸化合物总称。天然油脂中的脂肪酸数量在 800 种以上，目前鉴别出的有 500 多种[196]。

9.7.2 油脂的利用

目前，油脂类生物质可以为人类提供必需脂肪酸及能量，同时可以应用在添加剂、食用油、皂化等方面。而在工业应用中，油脂类生物质主要用于生物柴油的生产，并且也可以直接作为燃料进行利用。

1. 油脂制备生物柴油

利用动植物油脂、藻类油脂及废弃油脂（如地沟油等）作为原料，通过与低碳链醇进行酯交换反应得到生物柴油，这是目前油脂转化利用的最主要的方式，近年来发展迅速。

1）植物油脂的利用

生物柴油的发展历史基本与柴油机一样，在柴油机发展初期，人们即开展了植物油作为动力燃料的研究。Rudolf Diesel（1858~1913年）在发明柴油机的初期，便尝试将花生油直接用作燃料[197]。棕榈油、豆油、蓖麻子油、棉花籽油等其他植物油也都在柴油机发展初期作为柴油机动力燃料进行了测试[198]。但是，这些植物油相比于石化柴油，价格昂贵，限制了其发展。同时，植物油的最大缺点在于其黏度高，从而导致注入柴油机时，由于积碳等问题，产生大量沉淀沉积于柴油机中[199]。为了解决植物油的这一问题，可以通过酯交换、热解、石化柴油稀释及乳化四种方法解决[200]。酯交换是最常见的方法，用于制备脂肪酸烷基酯。这一方法源于1938年，当时由于植物油中的甘油基易形成积碳沉积到柴油机中，而通过酯交换（图9.81）可以将其除去[201]。这一过程中产生的脂肪酸酯被称为生物柴油。

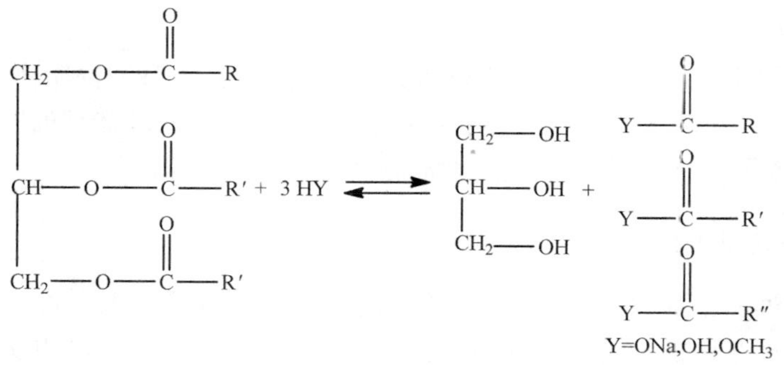

$$CH_2-O-\overset{\overset{O}{\|}}{C}-R$$
$$CH-O-\overset{\overset{O}{\|}}{C}-R' + 3HY \rightleftharpoons \begin{matrix} CH_2-OH \\ CH-OH \\ CH_2-OH \end{matrix} + \begin{matrix} Y-\overset{\overset{O}{\|}}{C}-R \\ Y-\overset{\overset{O}{\|}}{C}-R' \\ Y-\overset{\overset{O}{\|}}{C}-R'' \end{matrix}$$
$$CH_2-O-\overset{\overset{O}{\|}}{C}-R'$$

Y=ONa,OH,OCH$_3$

图 9.81 酯交换反应生产生物柴油

植物油脂作为生物柴油原料，受到产地、气候等因素的限制。例如，欧洲、加拿大等国家主要使用菜籽油，美国主要使用大豆油，印尼主要使用棕榈油，等等[197]。植物油脂的主要组成为甘三酯，其脂肪酸基部分含有 10～24 个碳原子，不同植物油脂的主要区别也在于脂肪酸基的不同。

酯交换反应可以利用不同酸碱性质的均相催化剂、多相催化剂及酶催化进行，反应机理有一定差异。目前，大部分工业化生产中使用的均为均相碱催化剂，其反应产率高、时间短、温度低并且环境危害较小[199]。当反应原料油脂中游离脂肪酸及水分较高时，则主要使用酸催化剂。近年来，固体酸、碱催化剂也逐渐应用在酯交换生产生物柴油过程中，这样可以简化反应后的分离步骤并且降低废水的产生，但是现阶段多相催化剂的催化效率仍然较低[202]。酶催化剂也同样可以用于生物柴油生产，但是其价格昂贵并且反应条件苛刻[203]。利用超临界状态生产生物柴油可以在无催化剂条件下进行，但是反应温度及压力非常高，易导致较多的副产物[204]。

（1）均相碱催化剂的使用。均相碱催化剂（如 NaOH、KOH 等）的使用，可以在短时间（10min～2h）、25～70℃低温下，催化酯交换反应的进行，生物柴油的产率可达 97%以上[197]。

其催化过程包含三个基本步骤：第一步，醇 ROH 与碱反应，形成 RO$^-$，进攻甘三酯中的羰基位，形成四面体结构中间体；第二步，所形成的中间体与醇 ROH 反应，重新生成 RO$^-$；最终，四面体结构发生重排反应，形成二酯（R″OH）及脂肪酸酯（R′COOR），即生物柴油。重复这一反应过程，最终生成生物柴油和副产物甘油（图 9.82）[197]。

（2）均相酸催化剂的使用。当植物油脂中含有较多的游离脂肪酸及水分时，酸催化剂对酯交换反应更为适合。在均相酸催化剂（如硫酸、磷酸、盐酸等）作用下，油脂通过酯交换反应转化为生物柴油的同时，游离脂肪酸可以与醇形成脂肪酸酯[205]。但是，使用酸催化剂时，需要较高的反应温度及较长的反应

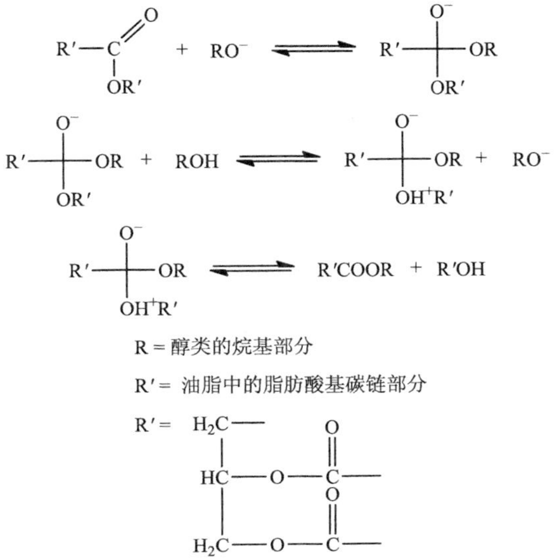

图 9.82 均相碱催化剂催化酯交换反应

时间，并且反应容器需要耐酸[197]。

酸性催化机理如图 9.83 所示[197]。首先，油脂中的羰基在酸作用下发生质子化反应，在羧基碳位形成 C^+；之后，形成的 C^+ 进攻醇分子，形成四面体结构中间体，最终与碱催化类似，形成生物柴油与甘油[197]。

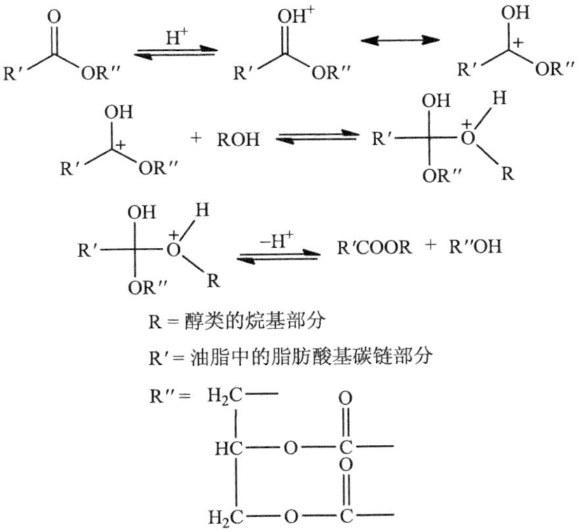

图 9.83 均相酸催化剂催化酯交换反应

(3) 多相碱催化剂的使用。

多相催化剂由于具有易分离、回收、可循环使用等优点,是近年来研究的热点。但是质量较差的植物油脂中,游离脂肪酸含量较高,会导致多相催化剂的失活,因此对多相催化剂的进一步优化研究仍在进行。以 CaO 催化剂为例进行生物柴油生产的机理分析如图 9.84 所示[197]:

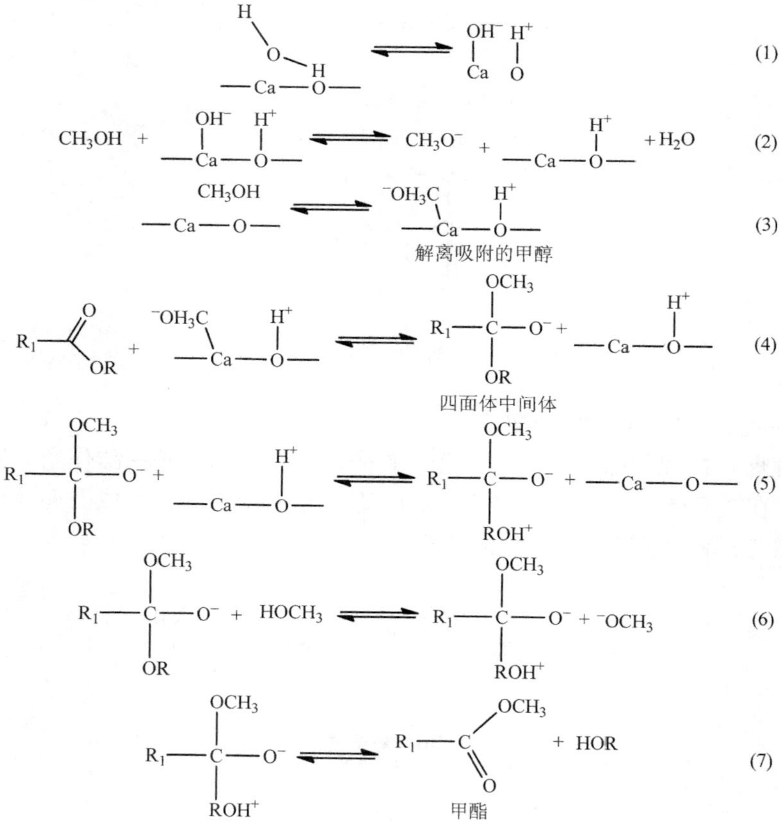

图 9.84　碱性多相催化剂(以 CaO 为例)催化酯交换反应[197]

首先,水分子通过 CaO 解离出 H^+ 与 OH^-[图 9.84(1)],产生的 H^+ 与甲醇结合产生 CH_3O^-[图 9.84(2)]。这一过程也可能是通过甲醇直接在 CaO 表面解离的方式进行[图 9.84(3)]。之后,产生的 CH_3O^- 基团进攻甘三酯中羰基位,产生四面体中间体[图 9.84(4)],并进一步质子化[图 9.84(5)或(6)]。最终,质子化后的四面体中间体发生重排反应,生成生物柴油与甘油。

(4) 多相酸催化剂的使用。

多相酸催化剂被认为是生物柴油生产中最具潜力的催化剂。其优势除节省催化剂回收步骤、降低废水的产生外,最重要的一点在于,对于质量较差的油脂(游离脂肪酸及水分含量较高)同样具有较好的催化活性。但是,使用多相酸催化剂所需反应温度较高(200℃左右),反应时间较长(8~20h),并且在反应过程中的流失也一定程度上限制了它们的应用[197]。同时,使用酸性多相催化剂进行油脂的酯交换反应,会涉及酯交换及酯化两个反应,其反应机理如图9.85所示[197]。

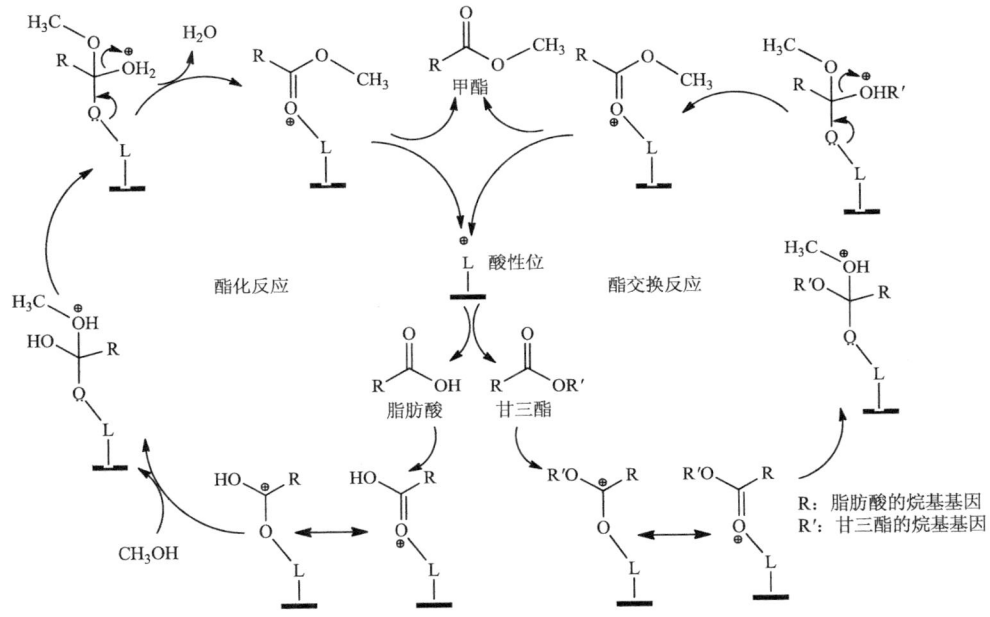

图9.85 多相酸催化剂催化酯交换反应[197]

油脂中的游离脂肪酸在酸性催化剂下,会与甲醇发生酯化反应,此过程中,首先游离脂肪酸在酸催化剂表面吸附,在酯基的羰基位产生C^+;之后由甲醇进攻C^+位,形成四面体中间体;最后,中间体形成脂肪酸甲酯。

酯交换反应与酯化反应机理类似,首先,甘三酯吸附在酸性位形成C^+后,与甲醇形成四面体中间体;之后四面体中间体再产生脂肪酸甲酯;最后,形成的二酯继续这一过程,变为一酯,最终形成甘油。

常用的多相酸催化剂主要有离子交换树脂(如 Amberlyst、Nafion 等)、WO_3/ZrO_2、SO_4^{2-}/ZrO_2、杂多酸、Fe-Zn 复合氧化物等[206-210]。

2)动物油脂的利用

相比石化柴油,生物柴油昂贵的价格是限制其推广的重要原因之一。现阶段,大部分生物柴油生产依靠植物油脂,但植物油脂的价格较高,占生物柴油成本的70%~95%[211]。并且,生物柴油使用的大部分植物油脂都来源于农作物(大豆、葵花籽、玉米等），因此产生了"人与汽车争能源"的问题。因此，选择更加廉价、非食用的油脂作为原料将更有利于生物柴油的发展与推广[212]。

植物油脂与动物脂肪的物理化学性质（如水溶性、极性等）基本类似，组成的主要成分均为甘三酯。而两者主要区别在于，动物脂肪中的脂肪酸含量较高。正因为此，大部分植物油脂在常温下均为液体，而动物脂肪则以固体为主。现阶段，大部分肉类加工过程中都会废弃肉类中的脂肪部分，因此选用这些非食用且廉价的动物脂肪作为生物柴油生产原料更为经济[213]。与植物油脂生产生物柴油过程一样，同样可以利用不同酸碱性质的多相或均相催化剂。

通过酯交换反应也可以处理餐饮业废弃油脂，制备生物柴油。我国餐饮业每年可以产生约400万吨的废弃油脂，包括地沟油，但是这些数量庞大的废弃油脂没有得到有效的回收利用，甚至被不法人士收集后使其重新回到餐桌，危害人们的健康[214]。将这些废弃油脂转化为生物柴油，可以实现变废为宝，并且消除危害国民健康的一大隐患。

2. 油脂催化加氢

通过对油脂进行加氢反应可以制备一系列液体燃料，主要利用 Ni、Mo、Co 等催化剂，反应过程包含脂肪酸碳链加氢、加氢脱氧、加氢脱羧等过程[215]。

Barron 等[216]在 340℃、1MPa H_2/N_2 条件下，对 $CF_3SO_3H/SBA-15$ 催化红花油加氢反应进行评价，得到石脑油（C_5～C_9）产率 30%，轻组分（C_1～C_4）产率 15%；Guzman 等[217]在 $NiMo/Al_2O_3$ 催化棕榈油加氢反应中，通过调变 H_2 压力，得到的不同产物：H_2 压力较低时，产物加氢除氧不充分，以 C_{16}～C_{18} 的醇、酸、酯的中间体为主，H_2 压力处于 4～9MPa 时，产物以正构烷烃为主。

3. 油脂脱羧反应

油脂脱羧（脱羰）过程相比油脂加氢过程，需要的 H_2 压力较低，反应主要利用贵金属催化剂。Santillan-Jimenez 等[218]对研究了油脂脱羧（脱羰）反应（图9.86），发现相比脱羰反应，脱羧反应的 ΔG 更低，更易发生。

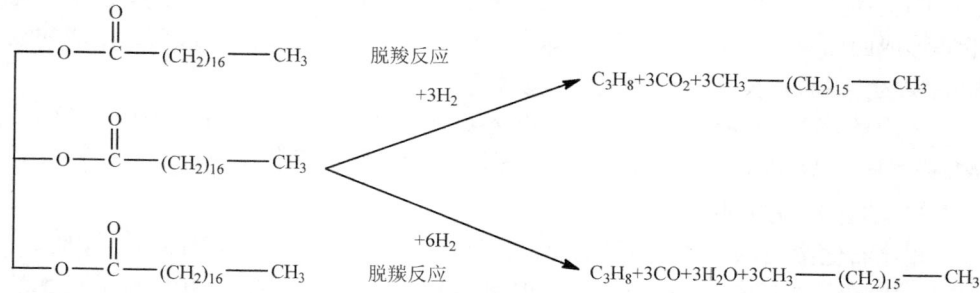

图 9.86　三硬脂酸甘油酯脱羧与脱羰反应比较

Fu 等[219]利用 Pt/C 对棕榈酸脱羧反应进行分析,主要产物为十五烷的选择性大于 90%,并且循环三次后,催化剂仍然保持稳定,产物产率为 70%~80%。由于贵金属催化剂的价格较为昂贵,且催化剂易受到反应中 CO 的影响,因此近年来开始研究非贵金属催化剂。Alwan 等[220]利用 Ni 催化剂,在无 H_2 条件下,对油酸以及大豆油的脱羧反应进行研究,但是十七烷的产率仍然较低,仅约为 6%。

4. 油脂的直接利用

除将动植物油脂转化为生物柴油作为燃料外,人们还试图直接利用动植物油脂作为燃料的一种。从 20 世纪 80 年代,这一研究逐渐兴起,巴西已经实现 20% 植物油与 80%柴油混合作为燃料,并且在短时间测试中,可以将这一比例提高到 50%:50%[221]。

但是,就现阶段研究成果发现,直接使用动植物油脂过程中存在许多问题,如柴油机中积碳量增加、油管堵塞、尾气中烃类及 CO 含量增加等问题亟需解决[221]。

5. 油脂制备生物材料

利用价格相对较低廉的植物油脂可以制备多种生物高分子材料,如聚醚、聚酯、聚烯烃、低聚的多元醇等[222]。

以制备油酸聚酯的合成为例(图 9.87)。首先,将从植物油脂中提取出的油酸

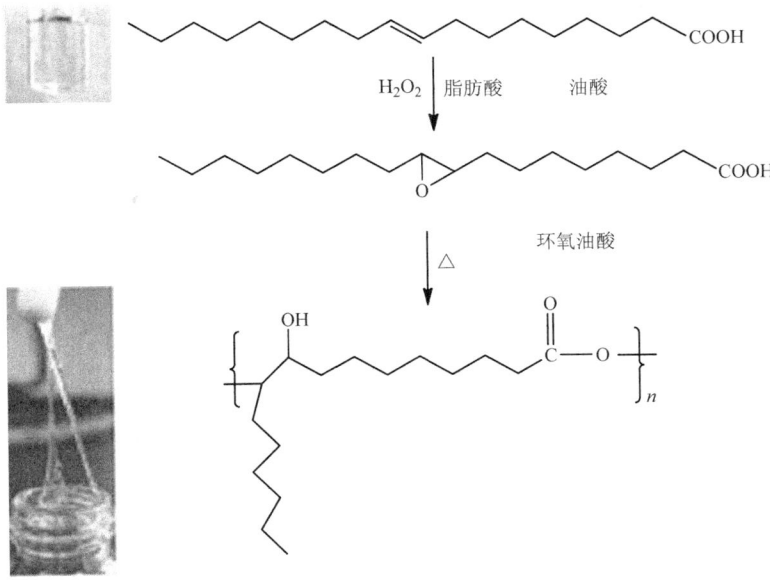

图 9.87 利用动植物油脂制备生物高分子材料[223]

催化环氧化，形成聚合物的单体；将得到的聚合物单体在 90~120℃下加热，得到油酸的高聚物，其聚合度在 9 左右，且富含羟基；进一步将这些高聚物与二异氰酸盐进行反应，得到交联聚合物（透明塑胶），并且通过调变反应条件和所用的偶联底物，可以获得软硬不一的塑胶化合物[223]。

9.7.3 微藻的利用

1. 微藻概述

微藻是原核或真核的光合作用微生物，由于其结构为单细胞或简单的多细胞，因此它们繁衍迅速，并且可以在极端的环境中存活。原核微藻代表为蓝藻，真核微藻代表为绿藻及硅藻[224]。

微藻广泛分布在地球的各个水陆生态系统中，目前已知的种类达到 50 000 种，其中已分析与研究的种类约 30 000 种[225]。

近年来，许多研究报告阐述了使用微藻作为原料生产生物柴油的优越性。首先，从最实用的角度出发，利用不适用于人类的污水及太阳能即可进行微藻的培养，极大地降低了耕地的使用。其次，微藻的繁殖速度远远高于其他植物及农作物等生物质，其生长周期甚至只需数天。并且，微藻中的油脂含量达到 30%[226]。

目前，利用不同种类的微藻可以获得多种生物燃料，如生物柴油、生物乙醇、甲烷、氢气及其他生物燃料。微藻基生物柴油与石化柴油的性能基本一致，且不含硫，因此相较石化柴油，CO、SO_x 等排放量较低。但是，NO_x 的排放量相对较多[227]。

除用于生物燃料生产外，微藻还可以应用在以下方面[224]：①通过生物固定的方法，利用海草移除工业烟道气中的 CO_2；②工业污水中的 NH_4^+、NO_3^- 及 PO_4^{3-} 可以提供微藻生长的营养成分，因此利用微藻可对污水进行净化处理；③提取油脂后的微藻由于其较高的 N/P 比，可以继续将其应用于其他微生物的培养，或作为燃料燃烧使用；④除油脂外，通过微藻还可以提取多种其他高附加值的精细化学品、天然色素、不饱和脂肪酸、抗氧化剂等。

2. 微藻利用的发展概况

在过去的 50 年间，人们对微藻的高效转化利用进行了大量的工作。20 世纪60 年代，日本利用日本小球藻实现了微藻的第一次大规模培养[228]。在 20 世纪 70 年代第一次石油危机中，人们开始研究微藻能源利用[228]。美国国家可再生能源实验室（NREL）通过水生物种计划（ASP），1978 年启动了对微藻制备可替代燃料的研究[226]，认为利用微藻进行生物柴油的生产在技术上完全可行。但是这项研究在 1995 年，由于美国经费的削减而停止[226]。

直到近年来，由于原油价格上涨、污染问题加剧等原因，利用生物质能源进行生物柴油生产的研究又逐渐兴起，其中包括微藻的利用。

目前，微藻被认为是生物柴油的重要原料之一，许多政府组织及科研机构对高效廉价利用微藻技术进行研究。并且，微藻与木质纤维素、农业废料、麻疯树等多种生物质均被视为非食用型生物燃料的来源[229]。现阶段对于微藻利用的研究主要集中在提高产品收率及资源的高效利用。同时，通过基因改良的方法提高微藻中油脂或其他目标化学品的含量也是微藻研究的目标之一[224]。

3. 微藻制备生物燃料技术

相比其他植物资源，利用微藻制备生物燃料，有许多优势[230]：①微藻的生长可以贯穿全年，因此利用微藻可为生产生物柴油提供更稳定的原料；②微藻的生长不需要利用土地等资源，不干扰正常的农作物种植，从而避免"人与汽车争能源"的现象；③尽管为水生生物，但是微藻对水的需求量低于其他农作物；④微藻含油量为20%～50%，并且每千克微藻可以吸收1.83kg的CO_2，有利于降低温室效应；⑤除去生物液体燃料外，微藻还可以提供丰富的化学品，甚至微藻可以通过光催化转化为生物氢气。

微藻的利用包含微藻的选择、培养、收获、处理和油脂提取及最终成品的生产[224]。

对微藻的处理是影响产物（如生物燃料、多糖、胡萝卜素等化学品）最重要的经济限定因素。以微藻的干燥过程为例，其对微藻的储存、目标产物生产都会对产量有一定的影响。常见的微藻干燥方法包括喷雾干燥、滚筒干燥、冷冻干燥及日晒法。由于微藻中水分含量较大，因此使用日晒法进行干燥的方法效率较低；喷雾干燥的方法对生产价格较为低廉的生物柴油、蛋白质等而言，成本较为昂贵[224,225]。

干燥之后，需要对微藻的细胞进行破碎处理以释放其油脂等有用物质。破壁的方法包括机械方法（高速搅拌、研磨、超声、高压处理等）和非机械方法（冻干、有机溶剂萃取、渗透处理、酸碱处理、酶反应等）。以提取虾青素为例，相较于其他方法，利用高压处理可以提高产率近三倍。以生产生物柴油所需的油脂为例，使用冻干法处理后，采用不同溶剂，如己烷、乙醇及混合溶剂，可以萃取出近98%的油脂[225]。

提取油脂及其他目标物质的过程可以利用超声或微波进行辅助。Cravotto等[231]利用微波辅助的方法对隐甲藻中的二十二碳六烯酸提取，发现油脂的收率提高了近50%，且提取过程所需时间降低了近10倍。

但是，现阶段从微藻生产生物燃料仍然存在许多问题需要突破[218]：①提高微藻的光合作用效率，从而提高微藻产量；②发展对单一品种微藻的培养、油脂提取以及降低CO_2损耗的技术；③降低微藻基生物油品中NO_x的含量。

9.7.4 微藻的催化转化利用

1. 利用微藻生产生物柴油

微藻经过干燥、破壁等处理后，得到的中油脂可以通过与低级醇的酯交换反应制备生物柴油，同时副产甘油。

微藻生物柴油若要替代传统的石化柴油，其性能需要达到甚至超过欧盟制订的生物柴油标准（EN14214）[230]。与普通植物油制备的生物柴油相比较，微藻生物柴油中的不饱和脂肪酸含量较高，因此在存储过程中更易被氧化，从而影响其使用与推广。但是，与普通植物油产生物产油相比，微藻生物柴油在物理化学性质上（如黏度、密度、沸点、闪点、组成等性能）与石化柴油更为接近。[232]

此外，微藻产生物柴油比石化产油也同样具有一定优势[230]：①具有可再生性和生物降解性；②无毒，小颗粒物、CO、烃类化合物以及SO_x等污染物的排放量低；③CO_2的排放量低，较石化柴油可下降近78%。

2. 微藻热化学转化

利用热化学方法转化微藻可以将其中的有机物分解为燃料产物，方法包括直接燃烧、气化、热化学液化、热解等[233]。

1）微藻的气化

微藻的气化通常在 800～1000℃下进行，与氧气、水汽反应，转化为合成气（CO 和 H_2），同时也可以得到CO_2、N_2 和 CH_4[234]。利用合成气便可以生产甲醇、液体燃料等。例如，Hirano 等[235]将螺旋藻，在 1000℃下气化，最后转化为甲醇的产率达到 64%。Minowa 等[236]利用特殊装置在 Ni 基催化剂作用下，将小球藻进行气化反应，则主要得到 CH_4 和 CO_2，并且小球藻中的 N 组分转化为 NH_3 得以利用。

2）微藻的热化学液化

微藻的热化学液化反应是在一定催化剂作用下，将未干燥的微藻直接转化为液体生物燃料的过程，反应温度主要为 300～350℃，同时需要 5～20MPa H_2[237]。微藻热化学液化装置体系复杂，因此价格也比较昂贵[230]。但该热化学液化方法可以利用水在亚临界下的高度活泼性，将含水量高的微藻直接转化为具有高能量密度的小分子化学品[238]。

3）微藻的热解反应

微藻热解反应指在 350～700℃、无氧的条件下，将微藻转化为生物燃油、合成气、生物炭等[237]。微藻热解被认为是将生物质大规模转化为生物燃料，从而替代石化燃料的一个可行过程。

微藻催化热解主要发生在温度为300～600℃，相比常规热解，催化热解产率更高，且产物含氧量较低。Pan 等[239]利用 HZSM-5 催化热解微藻（*Nannochloropsis* sp.），产物含氧量仅 19.5%，明显低于没有使用催化剂时的产物含氧量（30.1%）。Campanella 等[240]对 HZSM-5 催化剂上浮萍的催化热解反应进行研究，添加催化剂后，产物（包含甲烷、乙烷、丁烷等碳氢化合物）产率达 43%，而不添加催化剂时产率仅为 22%。

但是微藻热解反应仍然存在许多问题亟待解决，如热解产生的油品酸性较高、黏度较大、产物中会存在一定固体产物等。针对这些问题，微藻热解反应可以通过进一步加氢以降低热解油品的含氧量等过程而得以完善[241]。

3. 微藻生物转化

微藻生物转化的方式主要有厌氧发酵、乙醇发酵及生物光化学制氢[230, 242]。

厌氧发酵可以将微藻转化为 CH_4、CO_2 及其他一些微量气体如 H_2S，包括水解、发酵、甲烷产生等步骤。微藻首先水解转化为糖类化合物，然后在发酵菌作用下，糖转化为醇、乙酸、不稳定脂肪酸等；这些不稳定脂肪酸进一步被代谢为 CH_4（60%～70%）和 CO_2（30%～40%）[230, 243]。

微藻乙醇发酵是通过发酵菌酶催化，将微藻中的各种糖、淀粉、纤维素等转化为乙醇的过程[239]。所得到的乙醇经过提纯后，可以直接添加到油品中使用[230]。

利用微藻生物光化学性质可以实现水制氢气[234]。在厌氧环境下，微藻利用吸收 CO_2 的过程可以为制氢反应提供电子，从而将水分子转化为 H^+，而 H^+ 在氢化酶的作用下转化为 H_2[244]。

参 考 文 献

[1] Melero J A, Iglesiasb J, Garcia A. Biomass as renewable feedstock in standard refinery units. Feasibility, opportunities and challenges. Energy and Environmental Science, 2012, 5: 7393-7420.

[2] Ragauskas A J, Williams C K, Davison B H, et al. The path forward for biofuelsand biomaterials. Science, 2006, 311, 484-489.

[3] 生物质和生物能源手册. 日本能源学会. 北京：化学工业出版社, 2007.

[4] Vassilev S V, Baxter D, Andersen L K, et al. An overview of the chemical composition of biomass. Fuel, 2010, 89: 913-933.

[5] Wang Y, Song H, Hou J P, et al. Systematic isolation and utilization of lignocellulosic components from sugarcane bagasse. Separation Science and Technology, 2013, 48: 2217-2224.

[6] Wang Y, Song H, Peng L, et al. Recent developments in the catalytic conversion of cellulose. Biotechnology Equipment, 2014, 28: 981-988.

[7] Saha B C. Hemicellulose bioconversion. Journal of Industrial Microbiology and Biotechnology, 2003,

30: 279-291.

[8] McMillan J D. Pretreatment of lignocellulosic biomass. In: Himmel M E, Baker J O, Overend R P. Enzymatic conversion of biomass for fuel production. Washington: American Chemical Society, 1994.

[9] Lennartsson P R, Niklasson C, Taherzadeh M J. A pilot study on lignocelluloses to ethanol and fish feed using NMMO pretreatment and cultivation with zygomycetes in an air-lift reactor. Bioresource Technology, 2011, 102: 4425-4432.

[10] Avérous L, Laurichesse S. Chemical modification of lignins: towards biobased polymers. Progress in Polymer Science, 2014, 39: 1266-1290.

[11] Ton X, Ma Y, Li Y. Biomass into chemicals: conversion of sugars to furan derivatives by catalytic processes. Applied Catalysis A: General, 2010, 385: 1-13.

[12] Gunstone F D. Basic oleochemicals, oleochemical products and new industrial oils. In: Gunstone F D, Hamilton R J. Oleochemical Manufacture and Applications. Academic, Sheffield, 2001.

[13] 任连海, 刘慧, 张明露. Cupriavidus necator (DSM428) 利用地沟油合成 PHA 的条件优化. 环境工程学报, 2016, 10: 3166-3172.

[14] Andrich G, Nesti U, Venturi F, et al. Supercritical fluid extraction of bioactive lipids from the microalga *Nannochloropsis* sp. European Journal of Lipid Science and Technology, 2005, 107: 381-386.

[15] Carvalho A P, Meireles L A, Malcata F X. Microalgal reactors: a review of enclosed system designs and performances. Biotechnology Progress, 2006, 22: 1490-1506.

[16] Chisti Y. Biodiesel from microalgae. Biotechnology Advances, 2007, 25: 294-306.

[17] Ghaffar S H, Fan M. Structural analysis for lignin characteristics in biomass straw. Biomass and Bioenergy, 2013, 57: 264-279.

[18] Xu C, Arancon R A D, Labidid J, et al. Lignin depolymerisation strategies: towards valuable chemicals and fuels. Chemical Society Reviews, 2014, 43: 7485-7500.

[19] Moon R J, Martini A, Nairn J, et al. Cellulose nanomaterials review: structure, properties and nanocomposites. Chemical Society Reviews, 2011, 40: 3941-3994.

[20] 陈洪章. 纤维素生物技术. 北京: 化学工业出版社, 2011.

[21] Devi L, Ptasinski K J, Janssen F J J G .A review of the primary measures for tar elimination in biomass gasification processes. Biomass Bioenergy, 2003, 24: 125-140.

[22] Collard F X, Blin J. A review on pyrolysis of biomass constituents: mechanisms and composition of the products obtained from the conversion of cellulose, hemicelluloses and lignin. Renewable and Sustainable Energy Reviews, 2014, 38: 594-608.

[23] Saeman J F. Kinetics of wood saccharification-hydrolysis of cellulose and decomposition of sugars in dilute acid at high temperature. Industrial and Engineering Chemistry Research, 1945, 37: 43-52.

[24] Mosier N S, Ladisch C M, Ladisch M R. Characterization of acid catalytic domains for cellulose hydrolysis and glucose degradation. Biotechnology and Bioengineering, 2002, 79: 610-618.

[25] Girisuta B, Janssen L P B M, Heeres H J. Kinetic study on the acid-catalyzed hydrolysis of cellulose to levulinic acid. Industrial and Engineering Chemistry Research, 2007, 46: 1696-1708.

[26] Vanoye L, MFanselow M, Holbrey J D, et al. Kinetic model for the hydrolysis of lignocellulosic biomass in the ionic liquid, 1-ethyl-3-methyl-imidazolium chloride. Green Chemistry, 2009, 11: 390-396.

[27] Vyver S V, Geboers J, Jacobs P A, et al. Recent advances in the catalytic conversion of cellulose. ChemCatChem, 2011, 3: 82-94.

[28] Sharples A. The hydrolysis of cellulose and its relation to structure. Transactions of the Faraday Society, 1957, 53: 1003-1013.

[29] Zhao X, Cheng K, Liu D. Organosolv pretreatment of lignocellulosic biomass for enzymatic hydrolysis. Applied Microbiology Biotechnology, 2009, 82: 815-827.

[30] Sun Y, Cheng J. Hydrolysis of lignocellulosic materials for ethanol production: a review. Bioresource Technology, 2002, 83: 1-11.

[31] Knill J, Kennedy J F. Degradation of cellulose conversion under alkaline conditions. Carbohydrate Polymers, 2003, 51: 281-300.

[32] Fagan R D, Grethlein H E, Converse A O, et al. Kinetics of acid hydrolysis of cellulose found in paper refuse. Environmental Science and Technology, 1971, 5: 545-547.

[33] Torget R W, Kim J S, Lee Y Y. Fundamental aspects of dilute acid hydrolysis/fractionation kinetics of hardwood carbohydrates. 1. Cellulose hydrolysis. Industrial and Engineering Chemistry Research, 2000, 29: 2817-2825.

[34] Kitano M, Yamaguchi D, Suganuma S, et al. Adsorption-enhanced hydrolysis of β-1, 4-glucan on graphene-based amorphous carbon bearing SO_3H, COOH, and OH groups. Langmuir, 2009, 25: 5068-5075.

[35] Shimizu K, Furukawa H, Kobayashi N, et al. Effects of Brønsted and Lewis acidities on activity and selectivity of heteropolyacid-based catalysts for hydrolysis of cellobiose and cellulose. Green Chemistry, 2009, 11: 1627-1632.

[36] Tian J, Wang J, Zhao S, et al. Hydrolysis of cellulose by the heteropoly acid $H_3PW_{12}O_{40}$. Cellulose, 2010, 17: 587-594.

[37] Komanoya T, Kobayashi H, Haraa K, et al. Catalysis and characterization of carbon-supported ruthenium for cellulose hydrolysis. Applied Catalysis A: General, 2011, 407: 188-194.

[38] Wu Y, Fu Z, Yin D, et al. Microwave-assisted hydrolysis of crystalline cellulose catalyzed by biomass char sulfonic acids .Green Chemisry, 2010, 12: 696-700.

[39] Hick S M, Griebel C, Restrepo D T, et al. Mechanocatalysis for biomass-derived chemicals and fuels. Green Chemistry, 2010, 12, 468-474.

[40] Sharkov V I. Production of polyhydric alcohols from wood polysaccharides. Angewandte Chemie International Edition, 1963, 2: 405-409.

[41] Robinson J M, Burgess C E, Bently M A, et al. The use of catalytic hydrogenation to intercept carbohydrates in a dilute acid hydrolysis of biomass to effect a clean separation from lignin. Biomass & Bioenergy, 2004, 26: 473-483.

[42] Fukuoka A, Dhepe P L. Catalytic conversion of cellulose into sugar alcohols. Angewandte Chemie International Edition, 2006, 45: 5161-5163.

[43] Luo C, Wang S, Liu H C. Cellulose conversion into polyols catalyzed by reversibly formed acids and supported ruthenium clusters in hot water. Angewandte Chemie International Edition, 2007, 46: 7636-7639.

[44] Ji N, Zhang T, Zheng M, et al. Direct catalytic conversion of cellulose into ethylene glycol using nickel-promoted tungsten carbide catalysts. Angewandte Chemie International Edition, 2008, 120: 8638-8641.

[45] Liu Y, Luo C, Liu H C. Tungsten trioxide promoted selective conversion of cellulose into propylene glycol and ethylene glycol on a ruthenium catalyst. Angewandte Chemie International Edition, 2012, 51: 3249-3253.

[46] Tan X, Deng W, Liu M, et al. Carbon nanotube-supported gold nanoparticles as efficient catalysts for selective oxidation of cellobiose into gluconic acid in aqueous medium. Chemical Communications, 2009: 7179-7181.

[47] Niu M, Hou Y, Ren S, et al. The relationship between oxidation and hydrolysis in the conversion of cellulose in $NaVO_3$-H_2SO_4 aqueous solution with O_2. Green Chemistry, 2015, 17: 335-342.

[48] Nandiwale K Y, Galande N D, Thakur P, et al. One-pot synthesis of 5-hydroxymethylfurfural by cellulose hydrolysis over highly active bimodal micro/mesoporous H-ZSM-5 catalyst.ACS Sustainable Chemistry and Engineering, 2014, 2: 1928-1932.

[49] Deng W, Zhang Q, Wang Y. Catalytic transformations of cellulose and its derived carbohydrates into 5-hydroxymethylfurfural, levulinic acid, and lactic acid. Science China Chemistry, 2015, 58: 29-46.

[50] Shi N, Liu Q, Zhang Q, et al. High yield production of 5-hydroxymethylfurfural from cellulose by high concentration of sulfates in biphasic system. Green Chemistry, 2013, 15: 1967-1974.

[51] Dashtban M, Gilbert A, Fatehi P. Recent advancements in the production of hydroxymethyl furfural. RSC Advances, 2014, 4: 2037-2050.

[52] Ding D, Wang J, Xi J, et al. High-yield production of levulinic acid from cellulose and its upgrading to γ-valerolactone.Green Chemistry, 2014, 16: 3846-3853.

[53] Taccardi N, Assenbaum D, Berger M E M, et al. Catalytic production of hydrogen from glucose and other carbohydrates under exceptionally mild reaction conditions. Green Chemistry, 2010, 12: 1150-1156.

[54] Goodwin A K, Rorrer G L. Conversion of glucose to hydrogen-rich gas by supercritical water in a microchannel reactor. Industrial and Engineering Chemistry Research, 2008, 47: 4106-4114.

[55] Deng W, Liu M, Zhang Q, et al. Acid-catalysed direct transformation of cellulose into methyl glucosides in methanol at moderate temperatures. Chemical Communications, 2010, 46: 2668-2670.

[56] Wang Y, Deng W, Wang B, et al. Chemical synthesis of lactic acid from cellulose catalysed by lead (Ⅱ) ions in water. Nature Communications, 2013, 4: 2141-2147.

[57] Fengel D, Wegener G. Wood: Chemistry, Ultrastructure, Reactions. Berlin: Walter de Gruyter & Co, 1984.

[58] Rinaldi R, Schuth F. Design of solid catalysts for the conversion of biomass. Energy Environmental Science, 2009, 2: 610-626.

[59] Kormelink F J M, Voragen A G. Degradation of different[(glucurono) arabino]xylans by a combination of purified xylan-degrading enzymes. Applied Microbiology and Biotechnology, 1993, 38: 688-695.

[60] Shibuya N, Iwasaki T. Structural features of rice bran hemicellulose. Phytochemistry, 1985, 24: 285-289.

[61] Saha B C, Bothast R J. Pretreatment and enzymatic saccharification of corn fiber. Applied Biochemistry and Biotechnology, 1995, 76: 65-77.

[62] Saulnier L, Marot C, Chanliaud E, et al. Cell wall polysaccharide interactions in maize bran. Carbohydrate Polymers, 1995, 26: 279-287.

[63] Wang Y, Liu J, Li Q, et al. Two natural glucomannan polymers, from Konjac and Bletilla, as bioactive materials for pharmaceutical applications. Biotechnology Letters, 2015, 37: 1-8.

[64] Kusema B T, Xu C, Maki-Arvelaz P, et al. Kinetics of acid hydrolysis of arabinogalactans. International Journal of Chemical Reactor Engineering, 2010, 8: A44.

[65] 陈洪章. 纤维素生物技术. 北京: 化学工业出版社, 2011.

[66] Mamman A S, Lee J M, Kim Y C, et al. Furfural: hemicellulose/xylosederived biochemical. Biofuels, Bioproducts and Biorefining, 2008, 2: 438-454.

[67] Rinaldi R, Schuth F. Design of solid catalysts for the conversion of biomass. Energy and Environmental Science, 2009, 2: 610-626.

[68] Vilcocq L, Castilho P C, Carvalheiro F, et al. Hydrolysis of oligosaccharides over solid acid catalysts: a review. ChemSusChem, 2014, 7: 1010-1019.

[69] Maki-Arvela P, Salmi T, Holmbom B, et al. Synthesis of sugars by hydrolysis of hemicelluloses-a review.

Chemical Reviews, 2011, 111: 5638-5666.

[70] Perez R F, Fraga M A. Hemicellulose-derived chemicals: one-step production of furfuryl alcohol from xylose. Green Chemistry, 2014, 16: 3942-3950.

[71] Sundu B, Hatta U, Chaudhry A S. Potential use of beta-mannan from coprameal as a feed additive for broilers. Worldps Poultry Science Association, 2012, 68: 707-716.

[72] Spiridon I, Popa V I. Monomers, polymers and composites from renewable resources. In: Belgacem M N, Gandhini A. Amsterdam: Elsevier, 2008.

[73] Jokela J, Pastinen O, Leisola M. Isomerization of pentose and hexose sugars by an enzyme reactor packed with cross-linked xylose isomerase crystals. Enzyme and Microbial Technology, 2002, 31: 67-76.

[74] Wang W, Ren J, Li H, et al. Direct transformation of xylan-type hemicelluloses to furfural via $SnCl_4$ catalysts in aqueous and biphasic systems. Bioresource Technology, 2015, 183: 188-194.

[75] Takata E, Tsuruoka T, Tsutsumi K, et al. Production of xylitol and tetrahydrofurfuryl alcohol from xylan in napier grass by a hydrothermal process with phosphorus oxoacids followed by aqueous phase hydrogenation. Bioresource Technology, 2014, 167: 74-80.

[76] Luo Y, Yi J, Tong D, et al. Production of γ-valerolactone via selective catalytic conversion of hemicellulose in pubescens without addition of external hydrogen. Green Chemistry, 2016, 18: 848-857.

[77] Liu S, Okuyama Y, Tamura M, et al. Selective transformation of hemicellulose (xylan) into n-pentane, pentanols or xylitol over a rhenium-modified iridium catalyst combined with acids. Green Chemistry, 2016, 18: 165-175.

[78] Devi L, Ptasinski K J, Janssen F J J G. A review of the primary measures for tar elimination in biomass gasification processes. Biomass Bioenergy, 2003, 14: 125-140.

[79] Collard F X, Blin J. A review on pyrolysis of biomass constituents: mechanisms and composition of the products obtained from the conversion of cellulose, hemicelluloses and lignin. Renewable and Sustainable Energy Reviews, 2014, 38: 594-608.

[80] Branca C, DiBlasi C, Mango C. Products and kinetics of glucomannan pyrolysis. Industrial and Engineering Chemistry Research, 2013, 52: 5030-5039.

[81] Wu Y, Zhao Z, Li H. Low temperaure pyrolysis characteristics of major commponents of biomass. Journal of Fuel Chemistry and Technology, 2009, 37: 427-432.

[82] Widyawati M, Church T L, Florin N H. Hydrogen synthesis from biomass pyrolysis with in situ carbon dioxide capture using calcium oxide. Internatinal Journal of Hydrogen Energy, 2011, 36: 4800-4813.

[83] Ghaffar S H, Fan M. Structural analysis for lignin characteristics in biomass straw. Biomass and Bioenergy, 2013, 57: 264-279.

[84] Xu C, Arancon R A D, Labidid J, et al. Lignin depolymerisation strategies: towards valuable chemicals and fuels. Chemical Society Reviews, 2014, 43: 7485-7500.

[85] Kang S, Li X, Fan J, et al. Hydrothermal conversion of lignin: a review. Renewable and Sustainable Energy Reviwes, 2013, 27: 546-558.

[86] Li C, Zhao X, Wang A, et al. Catalytic transformation of lignin for the production of chemicals and fuels. Chemical Reviews, 2015, 115: 11559-11624.

[87] 蒋挺大. 木质素. 北京: 化学工业出版社, 2009.

[88] Partenheimer W. The Aerobic oxidative cleavage of lignin to produce hydroxy-aromatic benzaldehydes and carboxylic acids via metal/bromide catalysts in acetic acid/water mixtures. Advanced Synthesis and Catalysis, 2009, 351: 456-466.

[89] Parpot P, Bettencourt A P, Carvalho A M, et al. Biomass conversion: attempted electrooxidation of lignin for vanillin production. Journal of Applied Electrochemistry, 2000, 30: 727-731.

[90] Yuan Z S, Cheng S N, Leitch M, et al. Hydrolytic degradation of alkaline lignin in hot-compressed water and ethanol. Bioresource Technology, 2010, 101: 9308-9313.

[91] Lavoie J M, Baré W, Bilodeau M. Depolymerization of steam-treated lignin for the production of green chemicals. Bioresource Technology, 2011, 102: 4917-4920.

[92] Chakar F S, Ragauskas A J. Review of current and future softwood kraft lignin process chemistry. Industrial Crops and Products, 2004, 20: 131-141.

[93] Gierer J. Chemistry of delignification.1. General concept and reactions during pulping. Wood Science and Technology, 1985, 19: 289-312.

[94] Meshgini M, Sarkanen K V. Synthesis and kinetics of acid-catalyzed hydrolysis of some alpha-aryl ether lignin model compounds. Holzforschung, 1989, 43: 239-243.

[95] Jia S, Cox B J, Guo X, et al. Cleaving the β-O-4 bonds of lignin model compounds in an acidic ionic liquid, 1-H-3-methylimidazolium chloride: an optional strategy for the degradation of lignin. ChemSusChem, 2010, 3: 1078-1084.

[96] 吴梦然, 薛著雯, 李琪, 等. 木材和禾草木素中非环 α-芳醚键的测定. 纤维素科学与技术, 1995, 3: 32-39.

[97] Yan N, Zhao Cm Dyson P J, Wang C, et al. Selective degradation of wood lignin over noble-metal catalysts in a two-step process. ChemSusChem, 2008, 1: 626-629.

[98] Ma X, Cui K, Hao W, et al, Li Y. Alumina supported molybdenum catalyst for lignin valorization: effect of reduction temperature. Bioresource Technology, 2015, 192: 17-22.

[99] Song Q, Wang F, Cai J, et al. Lignin depolymerization (LDP) in alcohol over nickelbased catalysts via a fragmentation-hydrogenolysis process. Energy and Environmental Science, 2013, 6: 994-1007.

[100] Torr K M, van de Pas D j, Cazeils E, et al. Mild hydrogenolysis of in-situ and isolated Pinus radiata lignins. Bioresource Technology, 2011, 102: 7608-7611.

[101] Jongerius A L, Bruijnincx P C A, Weckhuysen B M. Liquid-phase reforming and hydrodeoxygenation as a two-step route to aromatics from lignin. Green Chemistry, 2013, 15: 3049-3056.

[102] Rahimi A, Ulbrich A, Coon J J, et al. Formic-acid-induced depolymerization of oxidized lignin to aromatics. Nature, 2014, 515: 249-252.

[103] Ma Z, Troussard E, van Bokhoven J A. Controlling the selectivity to chemicals from lignin via catalytic fast pyrolysis. Applied Catalysis A: General, 2012, 423-424: 130-136.

[104] He J, Zhao C, Lercher J. Ni-catalyzed cleavage of aryl ethers in the aqueous phase. Journal of the American Chemical Society, 2012, 134: 20768-20775.

[105] Wang X, Rinaldi R. A route for lignin and bio-oil conversion: dehydroxylation of phenols into arenes by catalytic tandem reactions. Angewandte Chemie International Edition, 2013, 52: 11499-11503.

[106] Jastrzebski R, van den Berg E J, Weckhuysen B M, et al. Sustainable production of dimethyl adipate by non-heme iron (Ⅲ) catalysed oxidative cleavage of catechol. Catalysis Science and Technology, 2015, 5: 2103-2109.

[107] Chu S, Subrahmanyam A V, Hubert G W. The pyrolysis chemistry of a β-O-4 type oligomeric lignin model compound. Green Chemistry, 2013, 15: 125-136.

[108] Liu J, Liu H F, Deng L, et al. Improving aging resistance and mechanical properties of waterborne polyurethanes modified by lignin amines. Journal of Applied Polymer Science, 2013, 130: 1736-1742.

[109] 蔡孟深, 李中军. 糖化学: 基础、反应、合成、分离及结构. 北京: 化学工业出版社, 2006.

[110] 孔繁祚. 糖化学. 北京：科学出版社，2006.
[111] Vilcocq L，Castilho P C，Carvalheiro F，et al. Hydrolysis of oligosaccharides over solid acid catalysts：a review. ChemSusChem，2014，7：1010-1019.
[112] Tagusagawa C，Takagaki A，Takanabe K，et al. Layered and nanosheet tantalum molybdate as strong solid acid catalysts. Journal of Catalysis，2010，270：206-212.
[113] Roman-Leshkov Y，Moliner M，Labinger J A，et al. Mechanism of glucose isomerization using a solid Lewis acid catalyst in wate. Angewandte Chemie International Edition，2010，49：8954-8957.
[114] Son P A，Nishimura S，Ebitai K. Preparation of zirconium carbonate as water-tolerant solid base catalyst for glucose isomerization and one-pot synthesis of levulinic acid with solid acid catalyst. Reaction Kinetics，Mechanisms and Catalysis，2014，111：183-197.
[115] Liu C，Carraher J M，Swedberg J L，et al. Selective base-catalyzed isomerization of glucose to fructose. ACS Catalysis，2014，4：4295-4298.
[116] Bermejo-Deval R，Assary R S，Nikolla E，et al. Metalloenzyme-like catalyzed isomerizations of sugars by Lewis acid zeolites. Proceeding of the National Academy of Sciences of USA，2012，109：9727-9732.
[117] Bermejo-Deval R，Orazov M，Gounder R，et al. Active sites in Sn-Beta for glucose isomerization to fructose and epimerization to mannose. ACS Catalysis，2014，4：2288-2297.
[118] Gounder R，Davis M E. Monosaccharide and disaccharide isomerization over Lewis acid sites in hydrophobic and hydrophilic molecular sieves. Journal of Catalysis，2013，308：176-188.
[119] 张军良，郭燕文. 基础糖化学. 北京：中国医药科技出版社，2008.
[120] Aider M，Halleux D. Isomerization of lactose and lactulose production：review. Trends in Food Science Technology，2007，18：356-364.
[121] Hajek J，Murzin D Y，Salmi T，et al. Interconversion of lactose to lactulose in alkaline environment：comparison of different catalysis concepts. Topics in Catalysis，2013，56：839-845.
[122] Cinlar B，Wang T，Shanks B H. Kinetics of monosaccharide conversion in the presence of homogeneous Bronsted acids. Applied Catalysis A：General，2013，450：237-242.
[123] Moreau C，Durand D，Razigade S，et al. Dehydration of fructose to 5-hydroxymethylfurfural over H-mordenites. Applied Catalysis A：General，1996，145：211-224.
[124] van Putten R J，van der Waal J C，Jong E，et al. Hydroxymethylfurfural，a versatile platform chemical made from renewable resources. Chemical Reviews，2013，113：1499-1597.
[125] Bicker M，Hirth J，Vogel H. Dehydration of fructose to 5-hydroxymethylfurfural in sub-and supercritical acetone. Green Chemistry，2003，5：280-284.
[126] Binder J B，Raines R T. Simple chemical transformation of lignocellulosic biomass into furans for fuels and chemicals. Journal of the American Chemical Society，2009，131：1979-1985.
[127] Yang F，Liu Q，Bai X，et al. Conversion of biomass into 5-hydroxymethylfurfural using solid acid catalyst. Bioresource Technology，2011，102：3424-3429.
[128] Yang F，Liu Q，Yue M，et al. Tantalum compounds as heterogeneous catalysts for saccharide dehydration to 5-hydroxymethylfurfural. Chemical Communications，2011，47：4469-4471.
[129] Yang Y，Hu C，Abu-Omar M A.Conversion of glucose into furans in the presence of $AlCl_3$ in an ethanol-water solvent system. Bioresource Technology，2012，116：190-194.
[130] Yong G，Zhang Y，Ying Y. Efficient catalytic system for the selective production of 5-hydroxymethylfurfural from glucose and fructose. Angewandte Chemie International Edition，2008，47：9345-9348.

[131] Li C, Zhang Z, Zhao Z K. Direct conversion of glucose and cellulose to 5-hydroxymethylfurfural in ionic liquid under microwave irradiation. Tetrahedron Letters, 2009, 50: 5403-5405.

[132] Deng W, Zhang Q, Wang Y. Catalytic transformations of cellulose and its derived carbohydrates into 5-hydroxymethylfurfural, levulinic acid, and lactic acid. Science China Chemistry, 2015, 58: 29-46.

[133] Son P A, Nishimura S, Ebitani K. Synthesis of levulinic acid from fructose using Amberlyst-15 as a solid acid catalyst. Reaction Kinetics, Mechanisms and Catalysis, 2012, 106: 185-192.

[134] Upare P P, Yoon J W, Kin M Y, et al. Chemical conversion of biomass-derived hexose sugars to levulinic acid over sulfonic acid-functionalized graphene oxide catalysts. Green Chemistry, 2013, 15: 2935-2943.

[135] Ya'aini N, Amin N A S, Endud S. Characterization and performance of hybrid catalysts for levulinic acid production from glucose. Microporous and Mesoporous, Materials, 2013, 171: 14-23.

[136] Ramli N A S, Amin N A S. Fe/HY zeolite as an effective catalyst for levulinic acid productionfrom glucose: characterization and catalytic performance. Applied Catalysis B: Environmental, 2015, 163: 487-498.

[137] Rinsant D, Chatel G, Jérôme F. Efficient and selective oxidation of d-glucose into gluconic acid under low-frequency ultrasonic irradiation. ChemCatChem, 2014, 6: 3355-3359.

[138] Qi P, Chen S, Chen J, et al. Catalysis and reactivation of ordered mesoporous carbon-supported gold nanoparticles for the base-free oxidation of glucose to gluconic acid. ACS Catalysis, 2015, 5: 2659-2670.

[139] Jin X, Zhao M, Shen J, et al. Exceptional performance of bimetallic Pt_1Cu_3/TiO_2 nanocatalysts for oxidation of gluconic acid and glucose with O_2 to glucaric acid. Journal of Catalysis, 2015, 330: 323-329.

[140] Jin X, Zhan M, Vora M, et al. Synergistic effects of bimetallic $PtPd/TiO_2$ nanocatalysts in oxidation of glucose to glucaric acid: structure dependent activity and selectivity. Industrial and Engineering Chemistry Research, 2016, 55: 2932-2945.

[141] Crezee E, Hoffer B W, Berger R J, et al. Three-phase hydrogenation of d-glucose over a carbon supported ruthenium catalyst-mass transfer and kinetics. Applied Catalysis A: General, 2003, 251: 1-17.

[142] Dabbawala A A, Mishra D K, Hwang J S. Selective hydrogenation of D-glucose using amine functionalized nanoporous polymer supported Ru nanoparticles based catalyst. Catalysis Today, 2010, 265: 163-173.

[143] Zartman W H, Adkins H. Hydrogenolysis of sugars. Journal of the American Chemical Society, 1933, 55: 4559-4563.

[144] Liu C, Zhang C, Liu K, et al. Aqueous-phase hydrogenolysis of glucose to value-added chemicals and biofuels: a comparative study of active metals. Biomass and Bioenergy, 2015, 72: 189-199.

[145] Ruppert A M, Weinberg K, Palkovits R. Hydrogenolysis goes bio: from carbohydrates and sugar alcohols to platform chemicals. Angewandte Chemie International Edition, 2012, 51: 2564-2601.

[146] Wang K, Hawley M C, Furney T D. Mechanism study of sugar and sugar alcohol hydrogenolysis using 1,3-diol model compounds. Industrial and Engineering Chemistry Research, 1995, 34: 3766-3770.

[147] Liang D, Liu C, Deng S, et al. Aqueous phase hydrogenolysis of glucose to 1,2-propanediol over copper catalysts supported by sulfated spherical carbon. Catalysis Communications, 2014, 54: 108-113.

[148] Werpy T, Petersen G, Aden A, et al. Top Value Added Chemicals from Biomass. U.S. Department of Energy: Oak Ridge, TN, 2004, 1.

[149] Gallezot P, Cerino P J, Blanc B, et al. Glucose hydrogenation on promoted raney-nickel catalysts. Journal of Catalysis, 1994, 146: 93-102.

[150] Li G J, Cai H G, Liu Y Q, et al. Study on influencing factors in preparing C2-C3 polyols with Ru/C hydrogenolysis sorbitol. Hebei Journal of Industrial Science and Technology, 2009, 26: 497-499.

[151] Zhang J, Li J, Wu S B, et al. Advances in the catalytic production and utilization of sorbitol. Industrial and Engineering Chemistry Reseerch, 2013, 52: 11799-11815.
[152] Bhatt S M, Mohan A, Srivastava S K. Challenges in Enzymatic Route of Mannitol Production. ISRN Biotechnology, 2013: 1-13.
[153] Saha B C, Racine F M. Biotechnological production of mannitol and its applications. Applied Microbiology Biotechnology, 2011, 89: 879-891.
[154] Liaw B J, Chen C H, Chen Y Z. Hydrogenation of fructose over amorphous nano-catalysts of CoNiB and polymer-stabilized CoNiB. Chemical Engineering Journal, 2010, 157: 140-145.
[155] Prakasham R S, Sreenivas R R, Hobbs P J. Current trends in iotechnology production of xylitol and future prospects. Current Trends in Biotechnology and Pharmacy, 2009, 3: 8-36.
[156] Nigam P, Singh D. Process for fermentative production of xylitol-a sugar substitute. Process Biochemistry, 1995, 30: 117-124.
[157] Choi W J. Glycerol-based biorefinery for fuels and chemicals. Recent Patents on Biotechnology, 2008, 2: 173-180.
[158] Katryniok B, Paul S, Bellière-Baca V, et al. Glycerol dehydration to acrolein in the context of new uses of glycerol. Green Chemistry, 2010, 12: 2079-2098.
[159] Mizuno N. Modern heterogeneous oxidation catalysis, design, reactions and characterization. Weinheim: John Wiley and Sons, 2009: 77-118.
[160] Zhou C H, Beltramini J N, Fan Y X, et al. Chemoselective catalytic conversion of glycerol as a biorenewable source to valuable commodity chemicals. Chemical Society Reviews, 2008, 37: 527-549.
[161] Wang S, Zhang Y C, Liu H C. Selective hydrogenolysis of glycerol to propylene glycol on Cu-ZnO composite catalysts, structural requirements and reaction mechanism. Chemistry-An Asian Journal, 2010, 5: 1100-1111.
[162] Yu W Q, Xu J, Ma H, et al. A remarkable enhancement of catalytic activity for KBH_4 treating the carbothermal reduced Ni/AC catalyst in glycerol hydrogenolysis. Catalysis Communications, 2010, 11: 493-497.
[163] Ma L, He D H. Influence of catalyst pretreatment on catalytic properties and performances of Ru-Re/SiO_2 in glycerol hydrogenolysis to propanediols. Catalysis Today, 2010, 149: 148-156.
[164] Van Ryneveld E, Mahomed A S, van Heerden P S, et al. Direct hydrogenolysis of highly concentrated glycerol solutions over supported Ru, Pd and Pt catalyst systems. Catalysis Letters, 2011, 141: 958-967.
[165] Musolino M G, Scarpino L A, Mauriello F, et al. Selective transfer hydrogenolysis of glycerol promoted by palladium catalysts in absence of hydrogen. Green Chemistry, 2009, 11: 1511-1513.
[166] Amada Y, Shinm Y, Koso S, et al. Reaction mechanism of the glycerol hydrogenolysis to 1, 3-propanediol over Ir-ReO$_x$/SiO$_2$ catalyst. Applied Catalysis B: Environmental, 2011, 105: 117-127.
[167] Shimao A, Koso S, Ueda N, et al. Promoting effect of Re addition to Rh/SiO$_2$ on glycerol hydrogenolysis. Chemistry Letters, 2009, 38: 540-541.
[168] Montassier C, Menezo J C, Hoang L C, et al. Aqueous polyol conversions on ruthenium and on sulfur-modified ruthenium. Journal of Molecular Catalysis A: Chemical, 1991, 70: 99-110.
[169] Zhou Z, Li X, Zeng T, et al. Kinetics of hydrogenolysis of glycerol to propylene glycol over Cu-ZnO-Al$_2$O$_3$ catalysts. Chinese Journal of Chemical Engineering, 2010, 18: 384-390.
[170] Wang S, Zhang Y, Liu H C. Selective hydrogenolysis of glycerol to propylene glycol on Cu-ZnO composite catalysts, structural requirements and reaction mechanism. Chemistry-An Asian Journal, 2010, 5: 1100-1111.
[171] Zhu S, Gao X Zhu Y, et al. Alkaline metals modified Pt-H$_4$SiW$_{12}$O$_{40}$/ZrO$_2$ catalysts for the selective hydrogenolysis of glycerol to 1, 3-propanediol. Applied Catalysis B: Environmental, 2013, 140-141: 60-67.

[172] Zhao L, Zhou J H, Sui Z J, et al. Hydrogenolysis of sorbitol to glycols over carbon nanofiber supported ruthenium catalyst. Chemical Engineering Science, 2010, 65: 30-35.

[173] Sun J, Liu H. Selective hydrogenolysis of biomass-derived xylitol to ethylene glycol and propylene glycol on Ni/C and basic oxide-promoted Ni/C catalysts. Catalysis Today, 2014, 234: 75-82.

[174] Banu M, Venuvanalingam P, Shanmugam R, et al. Sorbitol hydrogenolysis over Ni, Pt and Ru supported on NaY. Topics in Catalysis, 2012, 55: 897-907.

[175] Sun J Y, Liu H C. Selective hydrogenolysis of biomass-derived xylitol to ethylene glycol and propylene glycol on supported Ru catalysts. Green Chemistry, 2011, 13: 135-142.

[176] Jin X, Shen J, Yan W, et al. Sorbitol hydrogenolysis over hybrid Cu/CaO-Al_2O_3 catalysts: tunable activity and selectivity with solid base incorporation. ACS Catalysis, 2015, 5: 6545-6558.

[177] Jin X, Zhao M, Zeng C, et al. Oxidation of glycerol to dicarboxylic acids using cobalt catalysts. ACS Catalysis, 2016, 6: 4576-4583.

[178] Augugliaro V, El Nazer H A H, Loddo V, et al. Partial photocatalytic oxidation of glycerol in TiO_2 water suspensions. Catalysis Today, 2010, 151: 21-28.

[179] Kim H J, Choi S M, Green S, et al. Highly active and stable PtRuSn/C catalyst for electrooxidations of ethylene glycol and glycerol. Applied Catalysis B: Environmental, 2011, 101: 366-375.

[180] Katryniok B, Kimura H, Shrynska E, et al. Selective catalytic oxidation of glycerol: perspectives for high value chemicals. Green Chemistry, 2011, 13: 1960-1979.

[181] Li Y, Chen S, Xu J, et al. Ni promoted Pt and Pd catalysts for glycerol oxidation to lactic acid. Clean-Soil Air Water, 2014, 42: 1140-1144.

[182] Shen Y, Zhang S, Li H, et al. Efficient synthesis of lactic acid by aerobic oxidation of glycerol on Au-Pt/TiO_2 catalysts. Chemistry——A European Journal, 2010, 16: 7368-7371.

[183] Shi J, Shan Y, Tian Y, et al. Hydrophilic sulfonic acid-functionalized microbead silica for dehydration of sorbitol to isosorbide. RSC Advances, 2016, 6: 13514-13521.

[184] Xi J, Xia Q, Shao Y, et al. Production of hexane from sorbitol in aqueous medium over Pt/$NbOPO_4$ catalyst. Applied Catalysis B: Environmental, 2016, 181: 699-706.

[185] Yamaguchi A, Sato O, Mimura N, et al. Intramolecular dehydration of mannitol in hightemperature liquid water without acid catalysts. RSC Advances, 2014, 4: 45575-45578.

[186] Chai S H, Wang H P, Liang Y, et al. Sustainable production of acrolein: investigation of solid acid-base catalysts for gas-phase dehydration of glycerol. Green Chemistry, 2007, 9: 1130-1136.

[187] Witsuthammakul A, Sooknoi T. Direct conversion of glycerol to acrylic acid via integrated dehydration-oxidation bed system. Applied Catalysis A: General, 2012, 413-414: 109-116.

[188] Tanksale A, Beltramini J N, Qing G, et al. A Review of catalytic hydrogen production processes from biomass. Renewable and sustainable Energy Reviews, 2010, 14: 166-182.

[189] Davda R R, Shabaker J W, Huber G W, et al. A review of catalytic issues and process conditions for renewable hydrogen and alkanes by aqueous-phase reforming of oxygenated hydrocarbons over supported metal catalysts. Applied Catalysis B: Environmental, 2005, 56: 171-186.

[190] Li N, Huber H. Aqueous-phase hydrodeoxygenation of sorbitol with Pt/SiO_2-Al_2O_3: identification of reaction intermediates. Journal of Catalysis, 2010, 270: 48-59.

[191] Kirilin A, Wärnå J, Tokarev A, et al. Kinetic modeling of sorbitol aqueous-phase reforming over Pt/Al_2O_3. Industrial and Engineering Chemistry Research, 2014, 53: 4580-4588.

[192] Vaidya P D, Rodrigues A E. Glycerol reforming for hydrogen production: a review. Chemical Engineering and Technology, 2009, 32: 1463-1469.

[193] Wawrzetz A, Hrabar B P A, Jentys A, et al. Towards understanding the bifunctional hydrodeoxygenation and aqueous phase reforming of glycerol. Journal of Catalysis, 2010, 269: 411-420.

[194] Ruppert A M, Meeldijk J D, Kuipers B W M, et al. Glycerol etherification over highly active CaO-based materials: new mechanistic aspects and related colloidal particle formation. Chemistry——A European Journal, 2008, 14: 2016-2024.

[195] Hattori H. Heterogeneous basic catalysis. Chemical Reviews, 1995, 95: 537-550.

[196] 张根旺. 油脂化学. 北京: 中国财政经济出版社, 1998.

[197] Issariyakul T, Dalai A. Biodiesel from vegetableoils. Renewable and Sustainable Energy Reviews, 2014, 31: 446-471.

[198] Knothe G.The history of vegetable oil-based diesel fuels. In: Knothe G, Gerpen J V, Krahl J. The Biodiesel Handbook.Champaign, Illinois: AOCS Press, 2005.

[199] Ma F, Hanna M A. Biodiesel production: a review. Bioresource Technology, 1999, 70: 1-15.

[200] Schwab A W, Bagby M O, Freedman B. Preparation and properties of diesel fuels from vegetable oils. Fuel, 1987, 66: 1372-1378.

[201] Walton J. The fuel possibilities of vegetable oils. Gas Oil Power, 1938, 33: 167-168.

[202] Issariyakul T, Kulkarni M G, Dalai A K, et al. Production of biodiesel from waste fryer grease using mixed methanol/ethanol system. Fuel Process Technology, 2007, 88: 429-436.

[203] Leung D Y C, Wu X, Leung M K H. A review on biodiesel production using catalyzed transesterification. Applied Energy, 2010, 87: 1083-1095.

[204] Saka S, Kusdiana D. Biodiesel fuel from rapeseed oil as prepared insuper-critical methanol. Fuel, 2001, 80: 225-231.

[205] Liu K S. Preparation of fatty acid methyl esters for gas-chromatographic analysis of lipids in biological materials. Journal of the American Oil Chemists Society, 1994, 71: 1179-1187.

[206] Dos R S C M, Lachter E R, Nascimento R S V, et al. Transesterification of Brazilian vegetable oils with methanol over ion-exchange resins. Journal of the American Oil Chemists Society, 2005, 82: 661-665.

[207] Ramu S, Lingaiah N, Prabhavathi B L A, et al. Esterification of palmitic acid with methanol over tungsten oxide supported on zirconia solid acid catalysts: effect of method of preparation of the catalyst on its structural stability and reactivity. Applied Catalysis A: General, 2004, 276: 163-168.

[208] Furuta S, Matsuhashi H, Arata K. Biodiesel fuel production with solid amorphous-zirconia catalysis in fixed bed reactor. Biomass Bioenergy, 2006, 30: 870-873.

[209] Melero J A, Bautista L F, Morales G, et al. Biodiesel production from crude palm oil using sulfonic acid-modified mesostructured catalysts. Chemical Engineering Journal, 2010, 161: 323-331.

[210] Jacobson K, Gopinath R, Meher L C, et al. Solid acid catalyzed biodiesel production from waste cooking oil. Applied Catalysis B: Environmental, 2008, 85: 86-91.

[211] Gui M M, Lee K T, Bhatia S .Feasibility of edible oil vs. non-edible oil vs.waste edible oil as biodiesel feedstock. Energy, 2008, 33: 1646-1653.

[212] Banković-Ilić I B, Stojković I J, Stamenković O S, et al. Waste animal fats as feedstocks for biodiesel production. Renewable and Sustainable Energy Reviews, 2014, 32: 238-254.

[213] Canakci M. The potential of restaurant waste lipids as biodiesel feedstocks. Bioresource Technology, 2007,

98: 183-190.

[214] 郭晓亚, 慈冰冰, 于晶露, 等. 废油脂的利用及我国生物柴油的生产状况. 现代化工, 2010, 30: 6-9.

[215] 张家仁, 邓甜音, 刘海超. 油脂和木质纤维素催化转化制备生物液体燃料. 化学进展, 2013, 25: 192-208.

[216] Barron C A E, Melo-Banda J A, Dominguez E J M, et al. Catalytic hydrocracking of vegetable oil for agrofuels production using Ni-Mo, Ni-W, Pt and TFA catalysts supported on SBA-15. Catalysis Today, 2011, 166: 102-110.

[217] Guzman A, Torres J E, Prada L P, et al. Hydroprocessing of crude palm oil at pilot plant scale. Catalysis Today, 2010, 156: 38-43.

[218] Santillan-Jimenez E, Crocker M. Catalytic deoxygenation of fatty acids and their derivatives to hydrocarbon fuels via decarboxylation/decarbonylation. Journal of Chemical Technology and Biotechnology, 2012, 87: 1041-1050.

[219] Fu J, Lu X, Savage P E. Catalytic hydrothermal deoxygenation of palmitic acid. Energy and Environmental Science, 2010, 3: 311-317.

[220] Alwan B A, Salley S O, Simon-Ng K Y. Biofuels production from hydrothermal decarboxylation of oleic acid and soybean oil over Ni-based transition metal carbides supported on Al-SBA-15. Applied Catalysis A: General, 2015, 498: 32-40.

[221] Mondal P, Basu M, Balasubramanian N. Direct use of vegetable oil and animal fat as alternative fuel in internal combustion engine. Biofuels, Bioproducts and Biorefining, 2008, 2: 155-174.

[222] Miao S, Wang P, Su Z, et al. Vegetable-oil-based polymers as future polymeric biomaterials. Acta Biomaterialia, 2014, 10: 1692-1704.

[223] Mian S D, Zhang S P, Su Z G, et al. Chemoenzymatic synthesis of oleic acid-based polyesters for use as highly stable biomaterials. Journal of Polymer Science Part A: Polymer Chemistry, 2008, 46: 4243-4248.

[224] Mata M T, Martins A A, Caetano N S. Microalgae for biodiesel production and other applications: a review. Renewable and Sustainable Energy Reviews, 2010, 14: 217-232.

[225] Richmond A. Handbook of microalgal culture: biotechnology and applied phycology. Blackwell Science Ltd, 2004.

[226] Sheehan J, Dunahay T, Benemann J, et al. A look back at the U.S. Department of Energy's aquatic species program: biodiesel from algae. NREL/TP-580-24190, National Renewable Energy Laboratory, USA, 1998.

[227] Delucchi M A. A Lifecycle Emissions Model (LEM): lifecycle emissions from transportation fuels: motor vehicles, transportation modes, electricity use, heating and cooking fuels. Main report UCD-ITS-RR-03-17, 2003.

[228] Spolaore P, Joannis-Cassan C, Duran E, Isambert A. Commercial applications of microalgae. Journal of Bioscience Bioengineering, 2006, 101: 87-96.

[229] European Commission. The impact of a minimum 10% obligation for biofuel use in the EU-27 in 2020 on agricultural markets, impact assessment renewable energy roadmap. European Commission (EC), Directorate-General For Agriculture and Rural Development, March 2007.

[230] Brennan L, Owende P. Biofuels from microalgae——A review of technologies for production, processing, and extractions of biofuels and co-products. Renewable and Sustainable Energy Reviews, 2010, 14: 557-577.

[231] Cravotto G, Boffa L, Mantegna S, et al. Improved extraction of vegetable oils under high-intensity ultrasound and/or microwaves. Ultrasonics Sonochemistry, 2008, 15: 898-902.

[232] Chisti Y. Biodiesel from microalgae. Biotechnology Advances, 2007, 25: 294-306.

[233] Tsukahara K, Sawayama S. Liquid fuel production using microalgae. Journal of Japan Petroleum Institute, 2005, 48: 251-259.

[234] Clark J, Deswarte F. Introduction to chemicals from biomass. In: Stevens C V. Wiley series in renewable resources. Weinheim: John Wiley & Sons, 2008.

[235] Hirano A, Hon-Nami K, Kunito S, et al. Temperature effect on continuous gasification of microalgal biomass: theoretical yield of methanol production and its energy balance. Catalysis Today, 1998, 45: 399-404.

[236] Minowa T, Sawayama S. A novel microalgal system for energy production with nitrogen cycling. Fuel, 1999, 78: 1213-1215.

[237] Goyal H B, Seal D, Saxena R C. Biofuels from thermochemical conversion of renewable resources: a review. Renewable and Sustainable Energy Reviews, 2008, 12: 504-517.

[238] Patil V, Tran K Q, Giselrød H R. Towards sustainable production of biofuels from microalgae. International Journal of Molecular Sciences, 2008, 9: 1188-1195.

[239] Pan P, Hu C, Yang W, et al. The direct pyrolysis and catalytic pyrolysis of *Nannochloropsis* sp. residue for renewable bio-oils. Bioresource Technology, 2010, 101: 4593-4599.

[240] Campanella A, Harold M P. Fast pyrolysis of microalgae in a falling solids reactor: Effects of process variables and zeolite catalysts. Biomass and Bioenergy, 2012, 46: 218-232.

[241] Chiaramonti D, Oasmaa A, Solantausta Y. Power generation using fast pyrolysis liquids from biomass. Renewable and Sustainable Energy Reviews, 2007, 11: 1056-1086.

[242] USDOE. Roadmap for biomass technologies in the United States. U.S. Department of Energy, Office of Energy Efficiency and Renewable Energy, 2002.

[243] EU. Biomass conversion technologies: achievements and prospects for heat and power generation. EUR 18029 EN. European Commission Directorate-General Science, Research and Development, 1999: 178.

[244] Cantrell K B, Ducey T, Ro K S, et al. Livestock waste-to-bioenergy generation opportunities. Bioresource Technology, 2008, 99: 7941-7953.

（刘海超* 李宇明）

作 者 简 介

辛勤，研究员、博士生导师。1962 年毕业于吉林大学。曾任催化基础国家重点实验室学术委员会副主任、中国科学院大连化学物理研究所学位委员会副主任、中国化学会催化专业委员会秘书长。现任《催化学报》顾问，中国化学会催化委员会顾问委员，中国科学院大连化学物理研究所咨询委员会副主任。享受国务院政府特殊津贴。

主要从事直接醇燃料电池、纳米材料、催化原位表征等催化基础研究。主持了同比利时天主教鲁汶大学催化和材料中心、西班牙石油和催化研究院、英国利物浦大学表面科学和催化研究中心、法国里昂大学、意大利米兰大学、希腊 Thessalia 大学、挪威科技大学、美国通用汽车公司、韩国三星集团公司九个长期国际合作项目。他发展的原位红外光谱方法、双分子探针方法技术和装备先后为国内外近百个实验室采用。

在国内外期刊发表 500 余篇研究论文，Web of Science 检索引用率一万余次。中英文专著 9 部。2014 年入选 Thomson Reuters（汤森路透）发布的 21 个主要学科领域"全球最有影响力科学家"榜单；2015 年入选爱思唯尔公布的"世界最高被引科学家"榜单。1994 年由于组建催化基础国家重点实验室所做出的贡献荣获由国家教育委员会、国家科学技术委员会、中国科学院等七部委联合颁发的金牛奖。

获国家发明二等奖 1 次，国家自然科学二等奖 1 次，教育部自然科学一等奖 1 次，辽宁省自然科学一等奖 1 次，中国分析测试协会科学技术一等奖 1 次（CAIA 奖）；中国科学院自然科学奖、发明奖和科技进步奖（二等奖以上奖励计 7 次），辽宁省自然科学二等奖 1 次，国家自然科学基金委员会优秀奖一次。两次获中国科学院优秀博士生导师奖和一次杰出贡献教师奖。

申文杰，研究员，博士生导师。1994 年毕业于中国科学院山西煤炭化学研究所，获工学博士学位；1996～1998，韩国化学研究院博士后；1998～2001，日本通产省工业技术研究院大阪工业技术研究所，产业技术研究员；2001 年至今，中国科学院大连化学物理研究所催化基础国家重点实验室研究员、课题组长；2015 年，任实验室主任。

围绕催化剂的纳米结构与性能调控，开展纳米催化材料制备技术研究，调控催化剂尺寸、形貌、晶相结构；利用原位动态谱学及电镜技术表征反应条件下的催化剂结构及动态演变行为，在催化材料制备方面以调控催化组分的尺寸、形貌、晶相、界面结构为导向，系统研究催化剂制备的溶液化学、纳米粒子尺寸、形貌、晶相的可控合成、金属-载体相互作用机制。涉及的主要催化材料包括：贵金属纳米粒子、过渡金属及其氧化物、复合氧化物、固体酸碱氧化物等。催化反应化学研究着重于能源和环境的关键过程，包括：甲醇/二甲醚催化转化制 C2 系列化合物、低碳含氧化合物低温氧化、精细化学品选择加氢/脱氢等。

获中国科学院"百人计划"、国家杰出青年科学基金、中国青年催化奖。在国际期刊上发表论文约 180 多篇；任《催化学报》、《物理化学学报》、*ChemCatChem*、*ACS Catalysis* 等期刊编委。

梁长海，教授。大连理工大学盘锦校区科研与学科工作部部长。1994年、1997年于大连理工大学先后获工学学士和硕士学位，2000年中国科学院大连化学物理研究所获博士学位，随后在大连化学物理研究所催化基础国家重点实验室工作。2004年获得德国洪堡基金会资助波鸿鲁尔大学从事研究工作，2004～2006年苏黎世瑞士联邦理工大学博士后，2006年大连理工大学教授。2007年入选教育部"新世纪优秀人才支持计划"；2007年和2009年两次获得高等学校科学技术奖自然科学奖一等奖（排名第二和第三）；2008年辽宁省科学技术奖自然科学奖二等奖（第二）；2010年获第二届SCOPUS青年科学之星新人奖，2014年和2015年两次入选化学工程领域中国高被引学者榜单，2016年入选科技部创新人才推进计划中青年科技创新领军人才。发明的非常规油品催化精馏-加氢提质工艺已在两家企业实现工业化应用；发明的高活性和稳定性的金属催化剂已成功用于工业化树脂加氢提质，填补了国内空白；研究开发的脱硝脱汞协同催化剂成功应用于燃煤锅炉的尾气处理。至今发表研究论文160余篇，其中SCI收录150篇，SCI他人引用4500次，h因子33，授权发明专利38项。目前主要研究领域包括非常规资源催化转化生产清洁燃料和化学品、（类）贵金属催化新材料以及精细化学品的多相催化合成。

蒋宗轩，中国科学院大连化学物理研究所研究员，博士生导师。1991 年于中国科学院大连化学物理研究所获硕士学位；1991~2000 年在中国石油化工股份有限公司抚顺石油化工研究院工作（高级工程师），从事馏分油加氢处理应用基础研究工作；2003 年在中国科学院大连化学物理研究所获得博士学位；2003~2004 年法国里昂催化研究所博士后；2004 年 12 月至今，在中国科学院大连化学物理研究所工作，从事燃油超深度脱硫研究工作。

在国内外正式学术刊物发表研究论文 50 余篇，其中加氢柴油乳液催化氧化超深度脱硫研究工作被英国皇家化学会 *Green Chemistry* 杂志评为 2004 年世界绿色化学研究的亮点；乳液催化分子氧氧化超深度脱硫研究工作被美国化学会评为 Heart Cut 论文；利用荧光显微镜首次观察到了乳液催化剂存在于乳化液滴界面的直接证据，该文发表在 *Chem. Commun.*（2008，332-334.）后，得到了学术界的关注，被 Nature China 网站评为亮点文章。申请中国发明专利 60 余项（其中 3 项美国专利授权）。

长期从事燃油超深度脱硫技术开发研究工作，于 2010 年与陕西延长石油（集团）有限责任公司合作开展了"FCC 汽油选择吸附超深度脱硫中试研究"及"FCC 汽油选择加氢脱二烯烃催化剂（含保护剂）及工艺中试研究"。自主开发了高性能的脱二烯烃催化剂、保护剂以及纳米催化吸附剂；开发了脱二烯烃催化剂和保护剂的器外预硫化技术。在具有高脱硫活性和高硫容特性纳米催化吸附剂的基础上，创新开发了脱二烯烃与超深度催化吸附脱硫串联组合工艺（YD-CADS），拥有我国自主知识产权。该技术已于 2013 年 12 月通过了中国石油和化学工业联合会的专家鉴定，鉴定专家一致认为 YD-CADS 工艺为国际首创，整体技术处于国际同类技术的领先水平。汽油固定床超深度脱硫组合技术还荣获 2013 年第二届中国创新创业大赛团体奖。

在开展柴油超深度加氢脱硫研究工作中，开发的具有层状结构的体相催化剂具有高的加氢脱硫活性，可在比较缓和的操作条件下将柴油中的硫脱至 10ppm 以下，能够满足国 V 柴油硫含量指标的要求。该催化剂目前正在进行 20 万吨工业试验。

孙文华，中国科学院化学研究所二级研究员和中国科学院大学岗位教授。1986 年于兰州大学获学士学位，1986~1989 年在中国科学院兰州化学物理研究所获硕士学位并参加工作。1991~1994 年在兰州化学物理研究所完成在职博士学习，同期，1993 年 12 月经中国科学院批准在该所任副研究员。1995 年 11 月~1999 年 10 月在日本学术振兴会、日本科学技术事业团和日本文部省外国人客座教授资助下在日本北海道大学催化中心工作。1999 年 10 月在中国科学院"百人计划"支持下到化学研究所任研究员。其兰州工作集中在羰基原子簇设计合成和氢甲酰化催化，日本工作集中在有机合成方法学。此外，作为洪堡基金会访问教授在德国明斯特大学、作为日本文部省访问教授在名古屋大学，以及作为访问教授在法国路易斯-帕斯卡大学和斯特拉斯堡大学，进行访问研究。在化学研究所的工作集中开展"过渡金属配合物烯烃聚合"催化剂与聚合工艺，以及新型聚烯烃材料研究；发表研究论文三百余篇，获得授权专利 52 项，是爱思唯尔统计"2014 年中国高被引化学研究者"之一。基于其研究成果，获得了 2009 年度北京市科技进步奖一等奖，2011 年中国石油和化学工业联合会科技进步奖一等奖，2011 年推选为英国皇家化学会会士和中国侨界（创新人才）贡献奖，以及 2013 年第七届冯新德高分子奖最佳文章奖。

葛庆杰，中国科学院大连化学物理研究所研究员，博士生导师。长期从事多相催化的应用基础研究，以具有重要科学意义和应用背景的能源化工反应为对象，进行催化新材料、新工艺、新技术等科学研究，为能源资源的合理化应用提供新型催化材料、工艺和技术。主要研究方向为：合成气转化制洁净液体燃料和化学品，合成甲醇耐硫催化新材料，多功能催化材料的制备化学，烃类选择氧化制合成气和氢，烃类催化脱氢新材料等。承担多项国家、中国科学院和企业项目，在 *ACS Nano*，*Nanosacle*，*Catalysis Science & Technology*，*Applied Catalysis* 等期刊发表研究论文 120 余篇，申请发明专利 50 项，培养研究生 10 余名。

徐杰，研究员，博士生导师。现担任中国科学院大连化学物理研究所大连洁净能源国家实验室（筹）洁净能源部部长、中国化学会催化专业委员会委员、中国化学会均相催化专业委员会委员、中国化学会绿色化学专业委员会委员，任《催化学报》、*J. Energy Chemistry*、*Materials focus* 和 *Energy and environment focus* 等期刊编委，大连市第四、五批优秀专家。长期从事有机催化的应用基础研究，在物理化学、催化化学和有机合成交叉学科的基础上，以具有重要科学意义和应用背景的石油化工、精细化工、能源化学品合成等反应为对象，进行催化新材料、合成新方法、技术新路线等科学研究，为工业应用提供绿色催化合成和资源优化利用新技术和新方法。研究方向主要为烃类催化选择氧化、催化选择加氢、生物质转化和催化新材料制备和应用。近年来，主持国家高技术研究发展计划（863）项目、国家自然科学基金重点项目、国家"十一五"科技支撑项目、中国科学院知识创新工程重要方向项目、中国科学院东北振兴科技行动计划重点项目等多项，完成多项应用成果和工业化技术，建立烃类催化氧化辽宁省重点实验室。在 *Angew. Chem. Int. Ed.*、*Energy Environ. Sci.*、*J. Am. Chem. Soc.* 和 *Chem. Commun.* 等期刊发表研究论文 200 余篇，出版专著 1 部。申请发明专利 100 余件，授权 45 件，鉴定和验收成果 15 项。培养毕业博士研究生 25 名，多次获得科研奖励。

　　李俊华，清华大学环境学院教授，博士生导师。中组部"万人计划"首批科技创新领军人才，国家杰出青年基金获得者，教育部长江学者特聘教授。1992 年毕业于吉林大学，获理学学士学位；2001 年于中国原子能科学研究院获工学博士学位；2008.3～2009.8 在美国密歇根大学访问教授。学术期刊 *J. Environ. Sci.*、*Fron. Environ. Sci. Eng.*、*Appl. Catal. B. Environ.* 和《环境化学》等杂志编委。长期从事大气污染控制方面的教学和科研工作，在环境类主流期刊上连续发表 SCI 论文 183 篇，总他引 5000 余次。编写学术专著 2 部，授权国家发明专利 25 项。主要技术成果在燃煤电厂、冶金及建材等行业烟气脱硝、机动车尾气排放控制等方面实现了工业化应用。先后获国家科技进步二等奖和国家技术发明二等奖各 1 项，以及省部级一等奖 3 项。

贺泓，中国科学院生态环境研究中心研究员，大气污染控制中心主任。2015年起任中国科学院城市环境研究所副所长。中国科学院"百人计划"入选者，国家杰出青年科学基金获得者。1994年在日本东京大学获得化学专业理学博士学位。先后在日本、美国、加拿大留学和工作11年，2001年年底回国工作。回国后主要研究方向为环境催化和非均相大气化学过程，系统研究大气复合污染形成机理、环境催化体系设计及其在大气污染物催化净化方面的应用，取得了柴油车排放污染控制、室内空气净化和大气灰霾成因研究方面的系列成果。

发表《环境催化——原理及应用》专著1部，学术论文290余篇（SCI论文260余篇）。回国后申请国家发明专利60余项，其中已经授权33项，有7项专利技术转让给企业实施应用。2011年以第一完成人获国家技术发明奖二等奖；2014年以第一完成人获国家科学技术进步奖二等奖，同年领衔入选科技部创新人才推进计划重点领域创新团队。

主要学术兼职：京津冀协同发展专家咨询委员会委员；中国科学院区域大气环境研究卓越创新中心首席科学家，中国科学院大学岗位教授；中国化学会催化委员会委员，中国化学会环境化学专业委员会委员。现任 *Catalysis Surveys from Asia* 主编，现任或曾任多个国际、国内学术期刊编委/顾问编委。多次组织国际和双边会议，并4次客座编辑 *Catalysis Today* 国际会议特刊。

　　刘海超，北京大学化学与分子工程学院教授，博士生导师。教育部"长江学者"特聘教授。1990 年毕业于四川大学化学系，1993 年在该校获硕士学位，1996 年在石油化工科学研究院获博士学位，1997～2003 年在东京大学和加州大学伯克利分校做博士后研究。主要从事分子催化与能源化学基础研究，近年来在多相催化剂构-效关系、多相催化反应机理以及生物质选择催化转化等方面取得了突出进展。2008 年获得国家杰出青年科学基金资助，2012 获得第四届"中国催化青年奖"，2013 年获得首届"闵恩泽能源化工奖-杰出贡献奖"等。应邀担任 *Journal of Catalysis*、《催化学报》等期刊副主编及多个期刊编委。兼任中国化学会理事、中国化学会催化委员会和绿色化学专业委员会委员、中国化工学会离子液体专业委员会委员等。